제10판

민법입문

양 창 수

박영사

제10판 머리말

제 9 판이 나온 지 2년이 지났다. 이번에도 내용과 표현을 전면적으로 재검토하여 현재의 입장에서 스스로 납득할 수 있도록 수정과 보충을 가하였다. 그 과정에서 그 사이에 나온 새로운 법령과 중요한 재판례를 반영하였다. 그리고 민법의 전체 모습을 이해하는 데 필요하다고 생각되는 사항에 대하여 새로운 항목을 마련하여 서술하기도 하였다.

나는 2023년 2월에 석좌교수의 자리를 물러남으로써 학교를 떠나게 되었다. 그러나 법 공부에서 손을 놓은 것은 물론 아니다. 우리 사회가 온갖 시련을 극복하고 산업화와 민주화를 이룩하였다고 하지만, 그럼에도 우리 사회에서 법이 하여야 하는 일은 아직 중요하고 또 수없이 많다. 나는 법률가가 되려고 하는 이들이 법 공부의 초입에서 민법을 제대로 배우기를 바란다. 이는 단지 민법이 지금 어떠한 내용으로 되어 있는지 하는 것뿐만이 아니라 그렇게 된 이유는 무엇이며 어떻게 해서 그렇게 되었는지를 알고 스스로 납득하는 것이다.

부디 법 공부를 하는 이들이 공부의 기본에 충실하게 성의를 다하여 법에 대한 이해를 깊게 하여 가기를 기원한다.

2025년 10월 20일

양 창 수

초판 서문(발췌)

이 책은 민법의 공부를 이제 새로이 시작하려고 하는 학생들, 그리고 민법 공부를 어느 정도 하고 나서 한 번 전체를 통관하여 보고자 하는 학생들을 독자로 예정하고 쓰여진 것이다.

법을 공부하려는 학생들은 대체로 민법총칙의 교과서를 읽는 데서 그것을 시작한다. 그러나 참으로 역설적인 것은, 민법총칙은 법학의 여러 분야 중에서도 가장 추상적인 제도로 차 있는 곳이어서 「민법총칙」교과서를 여러 차례 읽어 본다고 하더라도 그 이해가 결코 용이하다고는 할 수 없다는 점이다. 거기다가 최근의 교과서를 보면, 민법총칙의 구체적인 제도에 대한 설명에 앞서서, 법 전반에 관계 있는 사항들, 예를 들면 법률관계라든가 권리나 의무 등의 개념에 관한 일반적인 설명을 하고 있다. 그리고 그 설명은 민법총칙에 고유한 제도들에 대해서보다도 훨씬 더 추상적인 내용으로 되어 있다. 그러므로 상당히 재능이 있는 학생들도 법 공부의 초입에서부터 이것을 계속할 흥미를 잃거나, 아니면 억지로 참을성을 발휘하면서 그 어이 없는 무지無知의 숲을 일단 통과하려고 불필요한 노력을 하고 있는 것으로 생각된다. 마치 마라톤경주를 하는데 그 코스의 처음에 깎아지른 듯이 가파른 오르막길이 길게 놓여 있어 대부분의 선수들을 혼나게 하는 형상이라고나 할까.

모든 학습이 그러한 것처럼, 법학의 공부도 구체적인 것에서부터 시작하여 점차 추상적인 것으로 나아가는 것이 바람직하다. 대뜸 법률행위니 취소니 형성권이니 해서 그 개념을 추상적으로 설명하는 것보다 구체적으로, 가령 상대방에게 사기당하여 부동산매매계약을 체결한 경우를 법적으로 어떻게 처리할 것인가를 설명하는 과정에서 자연히 위와 같은 개념들에 익숙해지도록 하면, 공부를 하는 데 드는 수고를 훨씬 덜 수 있을 것이다. 이 책은 우선 민법의 여러 중요한 제도들을 그와 같은 방식으로 알기 쉽게 설명하여, 민법에 대한 이해가 —단지 수험용 지식으로서뿐만이 아니라— 하나의 탐구대상으로서도 흥미로운 것일 수 있음을 보이려는 의도에서 쓰여진 것이다.

그리고 민법은 그 양이 매우 방대하고, 또 일견 서로 관련이 없는 듯한 다양한 각종의 제도들을 정하고 있다. 그리하여 공부하는 학생들로서는 자칫하면 각 제도를 따로따로 이해하는 데 골몰하여서 그 제도들 사이의 연관을 파악하는 것을 소홀히 하기 쉽다. 이와 같이 나무만을 보고 숲을 보지 않으면, 실제로는 나무조차도 제대로 보지 못하게 되는 것이다. 이 책에서는 민법에서 정하고 있는 각종의 제도들이 서로 관련되어서 하나의 규범체계를 이루고 있음을 가능한 범위에서 보여 주고, 그러한 체계 속에서 각 제도들이 어떠한 위치를 차지하고 있는지를 제시하고자 노력하였다. 그러므로 어느 정도 민법 공부를 한 학생들에게도 민법 전체를 체계적으로 개관하는 데 도움을 줄 수 있지 않을까 기대하여 본다.

우리나라에는 아직 민법에의 입문을 돕는 것을 목적으로 하는 책이 나와 있지 않다. 물론「법학개론」의 유類는 상당수에 이른다. 그러나 그 내용을 살펴보고 느끼는 것은 첫째로 그것들은 독자로서 법을 전공하는 학생과 그렇지 않은 학생을 구별하지 아니하고 쓰여져서 법을 이제부터 전공하려는 학생에게는 거의 쓸모 없지 않은가 생각된다는 것이다. 나는 이 둘을 명확하게 구별할 필요가 있다고 생각한다. 법을 일반 교양으로 배우려는 학생들에게는 헌법, 민법, 형법, 소송법 등 법의 여러 중요분야에 대한 대체적인 개요概要를 제공하는 것이 중요할는지도 모른다. 그러나 앞으로 법을 전공하려는 학생들은 장차 여러 법분야에 대하여 보다 상세한 지식을 가지게 될 것이므로 그러한 개요는 거의 불필요하다.

둘째로 「법학개론」에는 많은 경우에 법의 "개념", 법과 정의, 법과 사회의 관계 등 법을 일생 동안 연구한 사람들도 확연한 답을 할 수 없는 어려운 문제들이 나열되고 있고, 또한 이에 대하여 피상적이고 무미건조한 답이 주어지고 있는 일도 적지 않다고 느껴진다. 이러한 서술은, 읽는 사람들로 하여금 법을 신비롭게 여기게 하고, 자신이 그 신비의 영역에서 귀중한 지혜를 얻은 것 같은 오해는 하게 할지언정("소문들"), 앞으로 법 공부를 해 나감에 있어서 긴요한 법적인 사고의 방식을 익히고, 구체적인 법률의 규정이 해석되고 적용되는 데 있어서 어떠한 요소들이 어떻게 고려되고 있는가(또는 고려되어야 하는가)를 탐색하는 데 별다른 도움을 주지 못하지 않을까 의심이 되기도 한다.

한 마디로 말하면, 법학도들이 장차 법 공부를 함에 필요한 사전의 지식을 주는 입문서가 요청된다. 법 공부가 대체로 실정법률의 해석론을 중심으로 하는 것이라면, 그러한 책은 「실정법학입문」이라고 불리울 수 있을 것이다. 이 책을 씀에 있어서는 민법이라는 한정된 영역, 그 중에서도 재산법(제 1 편 내지 제 3 편)을 소재로 하여 그러한 필요에도 대응하려는 의도(또는 과잉의욕)가 없지 않았음을 고백하여 둔다.

이 책을 집필함에 있어서는 다음과 같은 점에 유의하였다.

첫째, 쉽게 이해되도록 한다는 것을 항상 잊지 않으려고 하였다. 「입문入門」이라는 이름에 어울리지 않게 어렵거나 막연한 설명은 하지 않도록 애써 보았다. 그리고 분량의 점도 지나치게 부담이 되지 않도록 하였다. 따라서 민법에서 규정되어 있는 여러 제도들을 모두 망라하여 담는 것은 도저히 불가능하였다. 그러나 그 제도들 모두가, 또 하나의 제도 내에서도 그 법명제 모두가 중요성을 같이하는 것이 아님을 깨닫는 것도 민법 공부의 요점 중의 하나라고 생각된다. 그러나 역시 각 제도들을 연결지어 서술하는 데에 약간의 억지가 있는지도 모르겠다.

둘째, 그러나 그렇다고 해서 의미 있는 사고나 공부의 단서가 될 만한 소재를 슬며시 비켜 가서는 안 된다고 생각하여, 가능한 한 이를 지적하여 두었다. 물론 지나치게 상세한 논의는 피하지 않을 수 없었으나, 이는 장차의 민법 공부에서 본격적으로 탐구될 것을 기대하였기 때문이다.

셋째, 민법에 관한 지식뿐만 아니라, 법 일반을 공부하는 데 있어서 갖추어야 할 마음가짐이나 공부의 착안점도, 서술의 본줄기에서 지나치게 벗어나지 않는 한도에서 적어 보았다. 이 부분은 얼마간 나의 개인적인 생각이 배어 나오는 것은 일의 성질상 어쩔 수 없을 것이다.

마지막으로, 이 책의 구성에 관하여 말하면, 우선 현실적으로 있을 수 있는 가장 흔한 민법적 거래의 예로 부동산매매의 경우를 상정하고 그 계약이 유효하게 성립하여 정상적으로 진행되어 가는 과정에서 등장하는 민법의 제도들을 설명하였다(제 1 장).* 그 계약이 성립하는 과정에 고장이 있어서 계약의 효력이 발생하지 않는 경우(제 2 장)와 그 계약으로 발생한 채무가 제대로 이행되지 않은 경우(제 3 장), 그리고 채권의 만족을 확보하는 것과 관련되는 민법제도들을(제 4 장) 살펴보았다. 여기까지가 말하자면 실정민법의 내용을 더듬는 것이다. 이에 이어서, 우

---

* 그 후 새로운 판을 내면서 소유권의 변동과 효력에 관한 서술을 따로 떼어 새로운 장(제 2 장)으로 하였다.

리 나라의 민법전과 관련된 몇 가지 기본적인 사항들을 초학자들에게 필요한 범위에서 지적하여 두었다(제 5 장). 이 부분은 민법을 바라보는 시각視角과 관련되는 것이다.

이 책은 이상과 같이 구체적인 사태의 진행을 뒤쫓아 감으로써 민법에 대한 기초적인 이해를 북돋우면서, 나아가 실정법 전반에 관하여 그 공부의 실마리를 얻게 하려는 것이다. 내가 아는 한, 이러한 유類의 저술은 우리 나라에서는 이 책이 처음이다. 따라서 부족한 점이 많고, 어쩌면 羊의 머리를 내걸고는 개고기를 파는 꼴이 되지는 않았는지 저으기 걱정이 된다. 특히 저술에 있어서의 중요한 덕목의 하나인 「체계의 균제미均齊美」는 내가 애초부터 도모하지 않은 것으로서 그것을 이 책에서 찾아볼 수는 없을 것이다. 그러나 이러한 「서론」적 작업을 앞세우지 않고서는 다른 하여야 할 일, 가령 민법 "교과서"의 집필에 착수할 마음은 도저히 나지 않을 것이다.

여러분들의 가차 없는 비판을 바란다. 그리고 수정·보완하여야 할 점에 대하여는 뒷날을 기약하기로 한다.

1991년 4 월 25일

서울대학교 법과대학 연구실에서

양 창 수

들어가기 전에

1. 이 책을 읽기 전에 법전을 마련해야 한다. 그리고 본문 중에 민법이나 기타의 법령의 조항을 지적하는 대목이 나오면, 법전을 펴고 그 부분을 찾아서 찬찬히 읽어 보아야 한다. 처음에는 그 의미가 얼른 잡히지 않을는지도 모른다. 그러나 법전을 들여다 보는 습관, 나아가 일단 법조문에 비추어 자신의 생각을 정리하는 습관은 매우 중요한 것이다(공부를 함에는 좋은 습관을 가지는 것 이상으로 바람직한 것은 없다).

법전은 최신의 것이 좋다. 법 공부를 처음으로 시작하는 단계에서는「대법전」이나「육법전서」와 같은 방대한 법전을 갖출 필요는 별로 없다.

2. 대부분의 법학 교과서에서도 그러하지마는, 이 책에서도 뒤에 나올 것이나 앞에 이미 나온 것들을 '참조하라'는 지시가 많이 등장한다. 이 지시는 반드시 실행되어야 한다. 다시 말하는데, 반드시 실행되어야 한다. 이 책을 포함하여 법학 교과서를 읽는 경우에는 읽어 넘긴 쪽수의 양에 집착하여서는 안 된다.

3. 앞으로 이 책에서, 일상생활에서 잘 쓰지 않는 낯선 용어를 많이 보게 될 것이다. 이와 같이 새로운 용어가 빈번하게 나온다는 것 자체가 견딜 수 없는 것으로 느껴지는 사람은 애초에 법 공부를 그만 두는 것이 좋다.

모든 전문분야가 그러하듯이, 법에서도 고유한 용어를 많이 사용하고 있다. 그 용어는 말하자면, 법을 전문으로 하는 사람 사이에서 통용되는 공통의 교신부호와 같은 것으로서, 수학이나 컴퓨터프로그래밍 또는 기호논리학에서 쓰이는 숫자나 각종의 부호와 별로 다를 바 없는 것이다. 이것은 모름지기 애써 의미를 이해하고 익혀서 몸에 배게 할 일이다.

물론 우리나라의 법언어에 관하여는 개선하여야 할 점이 많이 있으나, 그렇다고 해서 그것 때문에 법이 도대체 불만스러워서 견딜 수 없다고 하면, 이는 법 공부가 적성에 맞지 않는 것이라고 말할 수밖에 없다.

4. 이상을 읽어 보아도 알겠지만, 현재의 단계에서 법을 공부하는 데는 한자를 잘 알 필요가 있다. 헌법을 위시하여 민법이나 형법 기타 주요한 법률이 한자를 쓰고 있기 때문에, 이는 부득이한 일이다.

그러나 이 책에서는 한자를 쓰지 않는 것을 원칙으로 하였다. 그리고 한자로 알아 둘 필요가 있는 법률용어에는 한자를 병기하여 보이기로 하였으나, 그것도 최소한도로 하였다. 그러나 법률에는 이보다 훨씬 많은 한자, 그리고 어려운 한자가 쓰이고 있음을 항상 유의하여야 한다.

5. 이 책의 성격상 관계문헌을 일일이 인용하지 않았다. 단지 "교과서를 보라" 또는 "교과서의 설명에 미룬다"는 부분이 있다. 우리 나라의 민법 교과서는 대개 민법총칙·물권법·채권총론·채권각론·친족상속의 다섯으로 나뉘어서 출판되고 있으므로, 그 중 어느 것인지를 지적하여 두었다. 그러니 그 책에 붙어 있는 사항색인에서 문제되고 있는 논점을 찾아보면 된다. 현재의 민법 교과서는 어느 저자의 것이라도 좋다.

차 례

제10판 머리말 ··· i
초판 서문(발췌) ··· ii
들어가기 전에 ··· vii

제 1 장 계약의 원만한 진행

제 1 절 계약의 유효한 성립 ··· 1

[1] 설례 / [2] 매매계약의 성립 / [3] 의사의 합치 / [4] 증서의 작성 / [5] 증서가 없는 경우의 불이익 / [6] 계약금 / [7] 법적인 계약과 단순한 약속 / [8] 계약의 구속력 / [9] 의사표시와 법률행위 / [10] 계약을 체결하는 방법—대리 / [11] 법인제도

제 2 절 계약의 효과 ··· 18

[12] 매매계약의 효과 / [13] 계약의 망 / [14] 계약관계에의 실제적 의식 / [15] 계약자유의 원칙 / [16] 계약자유의 존중과 그 외곽질서 / [17] 쌍무계약 / [18] 법학에서의 분류와 정의 / [19] 동시이행의 항변권 / [20] 항변권 / [21] 변제와 이행행위 / [22] 변제의 제공 / [23] 법률의 횡단면

제 3 절 금전채권 ··· 36

[24] 금전채권 / [25] 금전의 특성 / [26] 대금 지급의 장소 / [27] 총칙과 각칙 / [28] 채권총칙과 채권각칙 / [29] 변제와 매매대금 지급 / [30] 준용 / [31] 임의규정 / [32] 상계 / [33] 상계의 요건 / [34] 법률요건과 법률효과 / [35] 법률요건의 이해

—적극요건과 소극요건 / [36] 원칙과 예외 / [37] 채권의 양도 / [38] 채권양도가 제한되는 사유 / [39] 채권양도의 유효요건 / [40] 대항요건 / [41] 공시의 필요 / [42] 채권의 이중양도 / [43] 채권양도에서 채무자의 지위 / [44] 소멸시효 / [45] 시효 제도의 존재이유 / [46] 소멸시효기간과 시효 중단 / [47] 소멸 시효 완성의 효과

제2장 소 유 권

제1절 소유권의 양도와 점유의 이전 73

[48] 부동산매도인의 의무 / [49] 부동산—토지와 건물 / [50] 등기부와 등기 / [51] 부동산등기의 기본법리 / [52] 등기에 관한 매도인의 구체적 의무 / [53] 점유 / [54] 법률요건으로서의 점유 / [55] 점유의 종류 / [56] 인도

제2절 물권의 변동과 효력 86

[57] 매수인이 취득한 소유권의 관점에서 / [58] 권리 침해에 대한 구제수단 / [59] 채권자들의 지위—책임재산의 관점 / [60] 처분·승계상의 보호 / [61] 물권과 채권이 교차하는 장면 / [62] 지배권으로서의 물권과 청구권으로서의 채권 / [63] 물권법정주의와 민법이 정하는 물권 / [64] 물권 거래에 있어서의 공시의 원칙 / [65] 매매계약에 기한 소유권 이전의 요건 / [66] 채권행위와 물권행위—의무부담행위와 처분행위 / [67] 물권행위의 요소 / [68] 채권행위와 물권행위의 관계 / [69] 등기 없는 부동산 물권변동 / [70] '…주의' 또는 '…원칙' / [71] 물권적 청구권 / [72] 부당이득 / [73] 불법행위 일반 / [74] 사용자책임

제3절 타인의 물건을 사용하는 관계 126

[75] 매매목적물에 전세 사는 사람이 있을 경우 / [76] 용익물권과 채권적 이용권 / [77] 임차권 / [78] 부동산임차권의 대항력 / [79] 주택임차권에 대한 특별한 보호 / [80] 보증금 등의

반환 / [81] 점포·사무실 등 상업용 건물의 임차권에 대한 특별한 보호 / [82] 이용권과 담보권의 조절 / [83] 차임증감청구권 / [84] 현실의 관찰과 민법 / [85] 매도인의 책임 / [86] 법률의 해석

제 3 장 계약의 효력불발생

제 1 절 계약의 성립과정에서의 고장 ········ 151

[87] 계약의 성립과정에서의 고장사유 개관 / [88] 계약의 성립 / [89] "표시의 잘못은 해치지 아니한다" / [90] 의사무능력 / [91] 제한행위능력 / [92] 계약의 취소 / [93] 취소의 효과 / [94] 취소 여부의 확정 / [95] 부동적인 법률관계의 확정—최고권 / [96] 법률가의 덕목 / [97] 로마법 / [98] 허위표시 / [99] "무효는 선의의 제 3 자에게 대항하지 못한다" / [100] 대항불능 / [101] 선의·악의 / [102] 내심의 일에 대한 증명책임 / [103] 제 3 자 / [104] 판례 / [105] 판례와 재판례를 공부하는 의미 / [106] 대법원판결의 형식적 측면 / [107] 상고의 제한 / [108] 대법원판결의 검토—사실인정의 잘못 / [109] 대법원판결의 검토—대항요건의 구비 / [110] 대법원판결의 이해와 판례의 인식 / [111] 판결과 판례 / [112] 판례의 인식과 해석론 / [113] 재판례를 읽는 관점 / [114] 법률문장 / [115] 판결의 출전 / [116] 비진의의사표시 / [117] 대리권의 남용 / [118] 유추해석 / [119] 착오 / [120] 법률요건의 구체화 / [121] '중요한 착오'의 유형 / [122] 사기·강박

제 2 절 계약의 내용에 관한 고장사유 ········ 220

[123] 계약의 내용으로 인한 고장 / [124] 법률의 금지에 반하는 행위에 대한 제재 / [125] 강행규정과 임의규정 / [126] 구체적인 예 / [127] 다수의견과 소수의견 / [128] 반사회질서의 계약 / [129] 사회질서 위반의 유형 / [130] 원상회복의 제한—불

법원인급여 / [131] 청구권경합 / [132] 폭리행위 / [133] 어느 법률요건의 연유 / [134] 원시적으로 불능인 급부를 목적으로 하는 계약

제 4 장 채무불이행

제 1 절 채무불이행의 여러 유형 249

[135] 채무불이행 / [136] 채무불이행과 계약 위반 / [137] 채무불이행의 유형 / [138] 이행불능 / [139] 이행불능의 분류 / [140] 귀책사유 없는 이행불능의 해방효 / [141] 위험부담 / [142] 이행지체 / [143] 이행기 / [144] 지체책임 / [145] 채무불이행의 폐쇄적 3유형? / [146] 채무불이행의 다른 유형들—이행거절 / [147] 불완전급부 / [148] 부수의무의 위반 / [149] 법정의 부수의무로서의 정보제공의무 / [150] 귀책사유 / [151] 법개념의 상대성

제 2 절 강제이행과 민사소송 276

[152] 채무의 강제이행 / [153] 강제이행의 원칙적 보장 / [154] 강제이행을 청구할 수 없는 경우 / [155] 강제이행의 방법 / [156] 자력구제의 원칙적 금지 / [157] 채권법과 강제집행법 / [158] 민사소송 / [159] 사실인정과 증명책임 / [160] 증명책임의 분배 / [161] 추정과 간주 / [162] 증명의 완화 / [163] 법규정에 의한 증명 완화 내지 사실 추정

제 3 절 손해배상 300

[164] 채무불이행책임 개관 / [165] 손해배상청구권 / [166] 이행이익과 신뢰이익 등 / [167] 전보배상과 지연배상 / [168] 재산적 손해와 비재산적 손해 / [169] 손해배상의 범위 / [170] 배상범위를 정하는 사고의 단계 / [171] 인신사고에서의 소극적 손해 / [172] 징벌적 손해배상 / [173] 손해배상액 산정에서의 증명도 경감 / [174] 금전채무의 불이행으로 인한 손해배상 /

[175] 이자의 제한 / [176] 부동산의 이중매매 / [177] "할 수 있으나, 하여서는 안 된다"

제 4 절 계약의 해제 ······ 328

[178] 계약의 해제 / [179] 형성권 / [180] 해제권의 발생 / [181] 외국의 이론 / [182] 해제의 효과 / [183] 원상회복 / [184] 소급효 / [185] 해제의 소급효 / [186] 소급효의 제한 / [187] 해제와 손해배상 / [188] 합의해제 또는 해제계약

제 5 절 매도인의 담보책임 ······ 343

[189] 매도인의 담보책임 / [190] 타인 권리의 매매 / [191] 공신의 원칙—선의취득 / [192] 추탈담보책임 / [193] 민법에 정면으로 규정되지 아니한 법규칙 / [194] 권리자의 처분과 무권리처분의 무효 / [195] 취득시효 / [196] 부동산소유권의 점유취득시효 / [197] 부동산소유권의 등기부취득시효 / [198] 물품의 하자와 결함 / [199] 매도인의 하자담보책임 / [200] 하자담보책임의 내용으로서의 손해배상 / [201] 하자담보책임과 채무불이행책임 / [202] 제조물책임 / [203] 불특정물매매에 있어서의 완전물급부청구권 / [204] 특정물과 불특정물 / [205] 물권법과 채권법의 기능적 연관성

제 5 장 채권 담보

제 1 절 책임재산의 보전 ······ 379

[206] 채권의 만족을 확보하는 방도 / [207] 담보적 기능을 가지는 다른 제도 / [208] 금전채권의 만족을 확보하기 위한 방도 / [209] 책임재산 / [210] 채권자대위권 / [211] 채권자대위권의 전용 / [212] "할 수 있으나, 하여야 하는 것은 아니다" / [213] 채권자취소권

제 2 절 인적 담보 ······ 398

[214] 소비대차 / [215] 담보 일반 / [216] 채무와 책임 / [217] 책임이라는 말 / [218] 보증 / [219] 보증인 보호를 위한 법적 장치로서의 서면방식 기타 / [220] 보증채무의 성립과 내용 / [221] 채권자의 보증인에 대한 정보제공의무 / [222] 계수법과 민법학의 과제 / [223] 신원보증 / [224] 계속적 보증의 규율 / [225] 사정변경의 원칙 / [226] 주채무자에 대한 구상 / [227] 여러 가지의 구상제도 / [228] 연대보증 / [229] 연대채무

제 3 절 담보물권 ······ 428

[230] 담보물권과 권리이전형 담보 / [231] 권리이전형 담보가 상존하는 이유 / [232] 유치권 / [233] '…에 관하여'라는 법률요건 / [234] 소유자가 모르는 제한물권 / [235] 유치권과 동시이행항변권의 비교 / [236] 질권과 저당권 / [237] 저당권을 둘러싼 이해관계의 대립 / [238] 담보와 도산 또는 무자력 / [239] 저당권의 설정 / [240] 저당권의 효력 / [241] 저당권의 실행 / [242] 유저당약정 / [243] 최우선변제권 / [244] 동산담보권·채권담보권

제 4 절 권리이전형 담보 ······ 456

[245] 권리이전형 담보 개관 / [246] 가등기담보 / [247] 소유권유보부 매매 / [248] 양도담보의 일반법리 / [249] 「가등기담보 등에 관한 법률」 / [250] 가등기담보권의 내용 / [251] 법률의 태도에 대한 의문 / [252] 해석론과 입법론 / [253] 위헌법률심사와 민사법률 / [254] 친족법 및 상속법에 대한 헌법적 통제 / [255] 민사법 해석·운용에서의 헌법적 고려

제 6 장 민법과 민법 공부

제 1 절 민법이란 무엇인가? ······ 479

Ⅰ. 민법의 의의 / Ⅱ. 실질적 의미의 민법—민법의 법체계상의 지위 / Ⅲ. 민법의 법원 / Ⅳ. 민법전 / Ⅴ. 우리 민법의 기본원칙

제 2 절 민법 공부 ········ 499

Ⅰ. 법 공부에의 초대 / Ⅱ. 법 공부의 '방법' 일반에 대하여 / Ⅲ. 민법의 공부에 대하여 / Ⅳ. 소결

재판례 색인 ········ 525

사항 및 인명 색인 ········ 532

제 1 장

계약의 원만한 진행

제 1 절　계약의 유효한 성립

[1]　설　례

A는 자기가 살던 집을 팔기 위하여 부동산중개소에 내놓았다. B는 주택을 구입할 만큼의 돈을 모았기 때문에, 이제 그 동안의 무주택상태를 청산하려고 한다. 그는 그 가용한 돈의 액수, 통근 기타의 교통관계, 장래의 가치상승전망 등을 종합적으로 고려하면서 여러 모로(가령 여러 부동산중개소를 돌아다녀 보는 등 하여) 알아 본 결과 그 중에서 A 소유의 주택을 점찍었다. B는 그 주택에 가서 내부를 돌아본 다음, A와의 사이에 그 가격을 5억원으로 정하고 기타 인도날짜, 대금의 지급방법과 지급일자 등 세부적인 계약조건에 관하여 교섭을 진행하였다.

[2]　매매계약의 성립

돈을 주고 물건을 사는 계약을 매매계약이라고 한다. 민법 제563조는 그 표제를 '매매의 의의'라고 하고서는, "매매는 당사자 일방이 재산권을 상대방에게 이전할 것을 약정하고 상대방이 그 대금을 지급할 것을 약정함으로써 그 효력이 생긴다"(원래 민법전의 법문은 한자를 전폭적으로 사용하며, 띄어쓰기도 하지 않고 또 마침표를 찍지 않고 있다. 민법전이 공포된 단기 4291년(1958년) 2월 22일자의 관보 참조. 그러나 이하에서는 띄어쓰기를 가하고 적의하게 한글로 쓰기로 한다)라고 정의하고 있다. 여기서 '재산권'이라고 하고 단지 물건이라고 하지 아니한 것은, 매매계약의 대상에는 주택이나 연필과 같이 눈에 보이는 물건뿐만 아니라, 채권과 같은 무형의 권리 등도 포함되기 때문이다. 우리가 "물건을 산다"고 하는 경우에, 그 뜻은 법적으로 엄밀하게 말하자면 무엇보다도 그 물건의 완전한 소유권을 이전받는다는 것이므로(그 외에 점유의 이전, 즉 인도도 문제된다. 이에 대하여는 뒤의 [48] 및 [56] 참조), '재산권'이라고 하게 되면 그 경우도 포함하게 된다.

여하튼 간에 주택을 돈 주고 사는 계약은 매매계약이다. 위의 설례에서 A와 B는 매매계약을 맺으려고 하는 것이다. 그러면 그 계약은 언제 성립하는가? 위에서 본 민법 제563조는 "… 약정함으로써 그 효력이 생긴다"고 정한다. 이는 당사자들이 합의하여 약속하면('약정約定') 계약이 성립한다는 의미이다. 그러니까 당사자들이 합의, 즉 두 사람의 의사가 합치하기만 하면 법적으로 계약이 성립한다. 그 외에 가령 계약금을 지급한다든가 계약서를 작성한다든가 하는 것과는 아무런 상관이 없는 것이다. 이와 같이 당사자들의 의사가 합치하기만 하면 성립하는 계약을 낙성계약諾成契約이라고 부른다. 이에 반하여 계약금을 지급한다든가 하여 현물이 인도되어야만 무슨 계약의 성립이 인정되는 계약들을 요물계약要物契約이라고 한다. 또 합의가 계약서를 작성하거나 그 서면에 공증을 받는 등으로 일정한 방식을 갖추어서 이루어져야만 계약이 유효하게 성립하는 것을 요식계약要式契約이라고 한다.

그러니까 민법 제563조는 매매계약이 낙성계약임을 정한 규정이라고도 할 수 있다. 그리고 우리 민법은 매매계약뿐만 아니라 임대차를 포함한 기타의 계약은 일반적으로 낙성계약이라고 하는 태도를 취하여, 당사자 사이에 합의만 있으면 바로 성립하고(뒤 [15]의 계약자유의 원칙에 대한 설명도 참조하라), 그 외에 무슨 서면 기타 방식을 갖추거나 현물이 지급될 것을 요구하지 않는다(그에 대하여 근자에 도입된 예외로서 보증에서의 서면방식에 대하여는 뒤의 [219] 참조).

[3] 의사의 합치

그러므로 위의 설례에서 A와 B의 의사가 합치되면, 또 의사가 합치되기만 하면, 매매계약이 성립한다. 여기서 '의사가 합치'된다고 하는 것은, 가령 B가 5억원에 A의 주택과 그 대지를 사겠다는 의사를 표시하고 A가 5억원에 팔겠다는 의사를 표시한 것과 같이, 그 서로의 의사가 합쳐서 하나의 공통된 약속을 이루는 경우를 말한다. 교과서에서는 이러한 점을 '서로 **대립하는** 의사표시의 **합치**'라는 말로써 표현한다. A도 사겠다고 하는 의사를 표시하고, B도 그와 똑같이 사겠다고 한 경우를 말하는 것이 아님은 물론이다.

[4] 증서의 작성

그러나 중요한 거래를 하는 경우에는 통상 계약서가 작성된다. 그것은 그 거래를 신중하게 하고 또 당사자들 사이에 합의의 내용을 분명히 하여 장래에 분쟁이 생길 소지를 없앤다는 생활의 지혜에 의한 것이다. 그러한 문서는 재판에서 증거(문서로 된 증거를 서증이라고 한다)로서 중시되고 있다. 계약이 체결되었음을 증명하는 서면은 이른바 처분문서에 해당하는 것으로서, 법원은 그것이 사실에 맞지 않는다는 특별한 사정이 입증되지 아니하는 한은 그 내용대로의 계약이 있었던 것으로 사실 인정한다.

그래서 계약서를 작성하지 않으면 '법적으로는' 아직 계약이 성립하지 않은 것으로 생각하는 사람도 없지 않다. 그러나 이는 틀린 생각이다. 친구 사이에 돈을 꾸어 주고 아무런 계약서도 받지 않았다고 해서, 꾼 사람이 이것을 갚을 '법적 의무'가 없다고 할 수는 없지 않은가.

[5] 증서가 없는 경우의 불이익

다만 그 경우에 차용증과 같은 채권증서(민법 제475조도 참조)가 작성되지 않으면, 돈을 꾸어 준 사람이 소송을 제기하여 권리주장을 하는 과정에서 어려움을 겪을 수도 있다. 돈을 꾸어 간 사람이 소송에서 그 사실을 부정하면, 원고는 피고가 돈을 꾸어 갔음을 증명하여야 한다(민사소송을 적극적으로 제기하여 일정한 청구를 하는 사람을 '원고'라고 하고, 그 상대방이 된 사람을 '피고'라고 부른다). 즉 그 증거를 대서 법관으로 하여금 피고가 돈을 꾸어 갔음을 일정한 정도까지 믿도록 하여야만 승소할 수 있다. 그런데 때로는 증인을 대기도 어렵거니와, 특히 증인이 원고의 근친이라면 증거로서의 가치가 미심쩍은 경우도 있다. 그리하여 만에 하나 입증에 실패하면, 원고는 소송에서 지게 되는 것이다. 이러한 증명의 문제는 어떠한 내용의 소송에서도 일반적으로 제기된다.

나아가 예외적으로는 서면을 갖추지 아니하면 그 계약의 효력 자체가 약하게 되는 경우도 있다. 남에게 대가를 받지 않고 재산적인 이익을 주기로 약속하는 것을 **증여계약**이라고 한다. 그런데 증여의 의사가 서면으로 표시된 것이 아니면, 각 당사자는 증여계약을 해제할 수 있다(민법 제555조). 해제에 대하여는 뒤에서 보다 상세히 살피기로 하는데([178] 이하), 쉽게 말하면 일방적으로 계약의 효력을 없애 버리는 것을 말한다. 예를 들면 어떤 사람이 자기 친지에게 매월 100만원씩을 주겠다고 진지하게 약속하였는데 그 약속을 서면으로 한 것은 아니었다. 그리고 그 약속을 한 사람이 나중에 이를 지키지 않는다. 그리하여 그 친지가 약속을 지키라고 요구하다가, 결국 매월 100만원을 지급해 줄 것을 청구하는 소송을 제기했다고 하자. 이 소송에서 원고가 이길 가능성은 별로 없다. 피고가 언제라도 그 계약을 일방적으로 해제해 버리면 그 계약은 효력이 없는 것이 되고, 따라서 그 돈을 지급하여야 할 피고의 의무는 소멸하기 때문이다. 그렇다고 해서 이미 받은 것을 반환할 필요는 없다. 증여의 이행이 끝나 버린 것에 대하여는 그 계약이 해제되어도 영향이 없는 것으로 특별히 정하고 있는 것이다(민법 제558조. 물론 일반적인 경우에는 이와는 달리 계약이 해제되면 받은 것을 돌려주어야 한다. 뒤의 [182] 참조).

[6] 계 약 금

우리나라의 부동산 거래의 실태를 보면, 부동산을 산 사람(이를 매수인이라고 부른다. 민법 제568조 제 1 항을 보라)이 대금을 한꺼번에 지급하지 않고, 우선 계약을 체결하면서 '계약금'으로 대금의 1할 가량을 지급하고, 나머지 대금은 중도금 또는 잔금이라고 하여 몇 번에 나누어 지급하는 것이 통상이다. 이와 같이 애초에 지급하는 계약금은 적어도 계약이 성립되었음을 확인하는 징표가 되고, 또 대금의 일부를 지급한다는 의미가 있다.

그런데 그 이외에도 계약금은 법적으로 중요한 의미를 가진다. 원칙적으로 매수인은 이를 포기하면 그 계약을 해제할 수 있고, 또 판 사람(이를 매도인이라고 부른다)은 그 두 배의 돈을 반환하고서 계약을 해제할 수 있는 것이다(민법 제565조). 앞서 본 대로 해제란 일방적인 의사표시로 계약의 효력을 없애 버리는 것을 말한다. 위와 같이 계약금을 지급한 경우에는 매매계약의 당사자 쌍방이 그 계약을 해제할 수 있는 권리(이것을 **해제권**이라고 한다)를 가지게 된다. 그러므로 통상적으로 계약이 체결되더라도 계약금만이 교부된 상태에서는, 예를 들어 계약의 체결을 후회하는 등의 일이 있으면, 각 당사자는 어느 시점까지는 —위와 같은 불이익을 감수한다면— 그 계약을 '무를' 수 있는 가능성을 가지는 것이다.

그러나 이에는 다음과 같은 제한이 있다(앞서 든 민법 제565조를 잘 읽어 보라). 첫째, 계약을 해제할 수 있는 것은 "당사자의 일방이 이행에 착수할 때까지"로 한정된다. 그러므로 매도인이 목적물을 매수인에게 인도하거나 등기를 이전해 주거나, 또는 매수인이 나머지 대금을 일부라도 지급하면, 이제는 쌍방 모두 계약을 해제할 수 없다. 둘째, "당사자 간에 다른 약정"이 있으면 그 약정이 우선하게 된다. 이는 무슨 의미인가 하면, 당사자 사이에 계약금을 주고 받았더라도 계약의 해제권은 없는 것으로 특별히 약정한 바 있으면, 이에 따라 해제하지 못한다는 것이다.

그 외에도 계약금과 관련하여서는, "매도인이 계약을 위반하면 계약금의 배액을 배상(또는 변상)하고 매수인이 계약을 위반하면 계약금을 몰취한다"는 내용의 약정이 행하여지는 경우가 많다(시중에서 부동산 매매에 쓰여지는 계약서용지에는 흔히 이러한 문구가 인쇄되어 있다). 이러한 약정을 '위약금약정'이라고 하는데, 이에 대하여는 채권총론 교과서를 보라.

[7] 법적인 계약과 단순한 약속

사람은 살아가는 동안에 여러 가지 약속을 한다. 물론 여기서 A와 B가 서로 주택을 사고 팔기로 계약한 것도 하나의 약속이다. 그러나 그 외에도 친구들끼리 같이 산책을 가기로 한다든가 어떤 사람이 저녁식사에 초대되어 이에 가기로 하는 등 수많은 약속이 이루어진다. 이러한 약속은 법적으로 어떠한 의미가 있는가. A와 B 사이의 매매계약과 이러한 약속은 어떻게 다른가. 이에 대하여는 대체로 다음과 같은 설명이 이루어지고 있다.

산책이나 식사초대 등의 약속이 이루어진 경우에 당사자들은 법과는 상관없는 차원에서 행위한 것이다. 이들은 이러한 약속을 법적으로 구속될 의사로써 한 것이 아니다. 바꾸어 말하면 애초 이러한 약속은, 한쪽 당사자가 이를 지키지 않았다고 하여도 상대방이 그에 대하여 약속의 이행을 강제할 수 있다거나 하는 무슨 법적인 권리가 발생한다는 생각에서 행하여진 것이 아니다. 또 실제로 그러한 강제를 한다는 것은 무의미하다. 산책이나 초대는 기분의 전환이나 사교 등을 위하여 하는 것인데, 강제된 기분전환 또는 강제된 사교란 그 자체 모순인 것이다. 이와 같은 약속은 법적인 효과를 가지지 못하는 그야말로 '사교상의 약속'이다(이른바 신사협정gentlemen's agreement이라고 하는 것을 상기하여 보라). 그러므로 가령 식사초대를 받고 그 답례로 주기 위하여 자기에게는 별로 필요 없는 물건을 샀는데 갑작스럽게 초대가 취소되어 버렸다고 하여도, 또 손님을 위하여 음식을 잔뜩 차려 놓았는데 약속한 시간에 나타나지 않았다고 하여도, 일반적으로는 계약의 위반을 이유로 하여 그 물건값이나 음식을 차리는 데 쓴 비용 등을 배상하여 달라고 청구할 수는 없는 노릇이다.

그에 반하여 위에서 A와 B가 한 매매계약은 A는 주택소유권의 이전의무를, B는 대금의 지급의무를 발생시킬 의사로써 행하여진 것이다. 이와 같이 법적으로 구속되려는 의사(또는 법적인 효과를 발생시킬 의사)를 가지고 행하여진 약속만을 법에서는 계약이라고 부른다.

그런데 구체적인 경우에 들어가 보면 어떠한 약속이 과연 법적으로 구속될 의사에 기하여 행하여진 것인지 아닌지가 불분명한 일이 없지 않다. 이는 특히 대가를 받지 않고 상대방에 대한 단순한 호의로 그에게 일정한 이익을 주기로 하는 약속들에서 많이 문제가 된다. 가령 이웃사람이 잠시 외출하는 동안에 그의 아이를 '맡아 주기로' 한 경우에, 이는 "당사자 일방이 상대방에 대하여 사무의 처리를 위탁하고 상대방이 이를 승낙"함으로써 성립하는 위임계약(민법 제680조)이 체결된 것인가? 그러므로 맡은 아이를 탁아소에서처럼 "선량한 관리자의 주의로" 보살펴야 하고(민법 제681조), 단지 자기 아이와 놀게만 한 채로 더 이상 주의를 기울이지 않아서 이웃집 아이가 위험한 물건을 가지고 놀다가 다쳤다면(또는 사망하였다면), 이는 계약상의 의무를 위반한 것으로서 치료비 등의 손해를 배상할 책임을 진다고 할 것인가? 만일 위와 같은 아이 위탁이 법적인 의미에서의 계약이 아니라면, 아이를 맡긴 쪽이 계약의 위반을 이유로 손해배상을 청구할 수 없는 것은 당연하다. 계약이 성립하지 아니한 터에 그 위반을 운운할 수는 없기 때문이다.

이와 같이 한계적인 경우는 얼마든지 있을 수 있으나, 우선은 분명한 것에서부터 생각을 정리하는 것이 순서다.

[8] 계약의 구속력

일단 계약이 성립하면, 이는 당사자들 모두를 구속한다. 약約이나 속束이나 계契나 모두 '묶는다', 즉 구속한다는 뜻을 가지고 있다.

사람이 어떠한 계기에서 자신의 의사나 희망이나 계획을 남에게 밝혔다고 하여도 그것에 반드시 구속된다고는 말할 수 없다. 사람은 바뀌는 것이다. 얼마든지 앞서와는 다른 계획을 세우고, 새로운 희망을 품으며, 의견이나 의사를 바꿀 수 있다. 그리고 이와 같이 바뀐 내용을 밝히고 그에 따라 행동하였다고 해도, 그에게 법적으로 어떠한 불이익이 가하여지지 않는 것이 원칙이다. 과거에 얽매이지 않고 미래를 결단할 수 있는 것을 우리는 자유라는 이름으로 존중한다.

그러나 계약에서 당사자들은 서로 구속된다. 계약은 지켜야 한다(Pacta sunt servanda). 계약의 당사자들은 계약으로부터 발생하는 의무를 이행하여야 한다. 만일 이를 스스로 이행하지 않으면, 상대방은 원칙적으로 그 의무의 실현을 강제할 수 있고 또 그 계약위반으로 말미암아 입은 손해를 배상하여 줄 것을 청구할 수 있다.

계약의 가장 큰 의미는 그것이 이와 같이 의무를 발생시키는 근거가 된다는 데 있다(한편 계약의 사회적 기능에 대하여는 뒤의 [13]도 참조). 중요한 것은, 이러한 의무, 즉 "…을 하여야 한다(sollen)"는 것이 스스로 그렇게 하기를 원하였다는 것에서, 즉 "…을 하려고 한다(wollen)"는 것에서 발생한다는 점이다. A가 주택소유권을 B에게 이전하여 줄 의무를 부담하는 것은 그가 스스로 그렇게 의욕하였기 때문이다. 그것은 뒤집어서 말하면, 그 의무가 타율적으로 남에 의하여 부과된 것이 아니라 스스로 자신을 구속에 넣음으로써 발생한 것이다. 계약은 실로 자유의 실로 짠 그물이다. 어떤 사람은 이것을 '자기결정에 의한 자기구속'이라고 부르기도 한다.

[9] 의사표시와 법률행위

앞에서 A와 B 사이의 부동산매매계약은 그들 사이의 의사표시가 합치하면 성립한다고 하였다. 그런데 민법의 규정을 보면, '의사표시'는 계약에 대하여 규정하고 있는 곳(민법 제3편 제2장 참조)에서는 일절 언급되지 않고 '법률행위'에 대한 규정들(민법 제1편 제5장 참조)에서 규율되고 있다. 예를 들면 의사표시는 법률행위에 관한 규정을 모아 놓은 부분의 한 절을 이루고 있는 것이다(제 1 편 제 5 장 제 2 절). 그렇다면 법률행위란 도대체 무엇이고, 계약과는 어떠한 관계가 있는가?

쉽게 말하면 계약은 어떠한 것이라도 모두 법률행위에 속하며, 법률행위의 가장 중요한 종류를 이룬다. 그러나 법률행위가 모두 계약인 것은 아니며, 그에는 계약이 아닌 행위, 예를 들면 유언 같은 것이 포함된다. 매매계약과 같은 계약이나 유언이나 모두 사람의 의사에 의하여 결정되는 행위인 점에서는 공통된다. 그리고 거기에 **표시된 의사의 내용대로** 권리나 의무가 결정된다는 점에서도 공통된다. 유언의 경우에도, 비록 대상이 되는 사항은 한정되어 있지만, 유언을 하는 사람이 거기에 표시한 의사대로 다른 사람이 재산을 취득하기도 하고 법인이 설립되기도 하는 것이다. 단지 계약은 두 사람의 의사가 합치된 경우에만 성립하고 (B가 아무리 산다고 외쳐 보아도 A가 판다고 하지 않으면, 둘 사이에 계약이 성립하지 않고 따라서 아무런 권리의무가 발생하지 아니한다), 유언은 유언을 하는 사람 혼자서 그러한 의사를 표시하면 그것으로써 성립한다는 점이 다를 뿐이다.

이와 같이 사람의 의사에 의하여 결정되는 것으로서 그 표시된 의사 내용대로 권리나 의무가 발생하는 행위는, 그것이 계약이든 유언이든 아니면 또 다른 무엇이든, 그 전부에 공통적으로 적용되는 법리를 마련할 수 있지 않을까? 이렇게 생각하고 만들어낸 개념이 바로 법률행위이다. 그리고 법률행위 전부에 **공통적으로** 존재하는 요소로서 추출된 것이 '표시된 의사', 즉 의사표시인 것이다.

그러므로 A와 B 사이에 체결된 매매계약은 B가 한 매수의 의사표시와 A가 한 매도의 의사표시가 합치함으로써 성립하였다고도 말할 수 있다. 그리고 그 각각의 의사표시에 대하여는 의사표시에 공통적으로 적용되는 민법의 규정들이 적용된다. 말하자면 민법은 뒤에서도 보는 대로([27] 참조) 공통적인 규정("총칙")과 특수하게 그 개별적인 제도 또는 유형에만 적용이 있는 규정("각칙")을 나눔으로써 수많은 제도에 대한 규정 전체를 체계적으로 또 되도록 적은 수의 조문으로 하나의 법률 안에 담을 수 있게 되는 것이다.

이와 같이 우리의 일상적인 생활경험과는 별로 관계없는 개념인 의사표시가 주로 문제되는 것은, 계약이 원만하게 성립하고 진행되는 경우에서가 아니라, 그 성립과정에서 어떠한 고장이 발생한 경우를 법적으로 처리하여야 할 경우에 있어서이다. 그렇게 보면 의사표시의 개념은 오히려 그러한 병적인 경우를 처리하기 위하여 특히 법이 마련한 기술개념이라고 하는 편이 옳을지도 모른다. 그러므로 의사표시의 법리에 대하여는 그 고장사유를 살펴보는 부분에서 설명하기로 한다(뒤의 [98] 이하 참조).

[10] 계약을 체결하는 방법 — 대리

계약(나아가 법률행위)에 대한 법리를 지배하는 원칙 중의 하나는, 계약의 구속력, 다시 말하면 계약으로부터 발생하는 법률효과는 의사표시를 한 당사자에게만 미친다는 것이다. 남이 한 의사표시에 의하여 내가 구속을 받을 이유는 없다. 자식이 체결한 계약이라고 해도 그로부터 부모에 대하여 의무의 이행을 청구할 권리가 발생하지는 않으며, 반대의 경우도 마찬가지이다. 이러한 계약법상의 원칙은 다른 많은 원칙과 마찬가지로 민법에 정면에서 명백하게 규정되어 있지는 않다(이에 대하여는 뒤의 [193] 이하 참조). 그러나 이 원칙은 이에 대한 예외가 특히 규정됨으로써 간접적으로 선언되어 있다. 그러한 예외 중에서 가장 중요한 것이 대리제도이다.

계약은 반드시 본인이 스스로 체결하여야 할 필요는 없다. 본인이 다른 사람에게 계약의 체결을 맡기고 그 맡은 사람이 본인을 대리하여 상대방과의 사이에 계약을 체결한 경우에도, 그 계약의 효과가 본인에게 돌아갈 수 있다. 민법은 이와 같이 대리인이 본인을 대리하여 체결한 계약의 효과가 바로 본인에게 돌아가고, 대리인 자신은 그 계약 자체로부터는 아무런 권리나 의무도 취득하지 않는 제도를 마련하여 두고 있다. 민법 제1편 제5장("법률행위")의 제3절("대리")이 그것이다. 이 대리제도는 극히 유용하여 극도로 빈번하게 이용되며, 동시에 분쟁이 많이 일어나는 분야이기도 하다.

우리의 설례에서 B가 다른 곳에 거주하고 있어서 스스로 주택을 물색하거나 집주인과 흥정할 수 없는 경우에 C에게 위임장을 써 주어서 C로 하여금 주택을 물색하게 하고 나아가서 매매계약도 체결하도록 하는 것과 같은 경우는 실제에서 얼마든지 일어날 수 있다. 또한 규모가 큰 주식회사에서 회사가 하여야 할 각종의 계약, 예를 들면 원료나 자재를 구입하고 직원을 채용하고 제품을 팔고 대리점을 두는 등의 계약을 일일이 대표이사 본인이 체결하여야 한다면, 대표이사를 열 명을 두어도 모자랄 것이다. 그 경우에 회사의 간부급 직원으로 하여금 각 업무분야마다 그 분야에 속하는 계약에 대하여는 그의 결정에 좇아 이를 체결하도록 하되, 그로 인한 법적인 효과(가령 원료의 대금을 지급할 의무, 급료를 줄 의무, 제품의 대금을 받을 권리 등등)는 회사 자신이 가진다고 하면, 그 방대한 조직의 계약사무는 간편하게 처리될 수 있다(이상과 같이 본인이 그 의사에 기하여 대리인을 선임하고 대리권한을 주어 대리행위가 이루어지는 경우를 임의대리任意代理라고 한다). 대리제도는 무엇보다도 이러한 필요를 충족시킨다.

나아가 대리제도는 가령 미성년자와 같이 스스로 계약을 체결할 정신적 능력이 없거나 모자란 사람들도 법적으로 의미 있는 행위를 통하여 권리를 취득하고 의무를 부담할 수 있도록 하여 준다. 미성년자·피성년후견인·피한정후견인·피특정후견인과 같은 '제한행위능력자' 내지 '제한능력자'에 대하여는 뒤에서 보기로 하거니와([91] 참조), 제한능력자라도 재산적인 권리를 보유할 수는 있다. 예를 들면 할아버지가 사망하면서 유언으로 미성년자인 손자들에게 재산을 증여한 경우에는 손자들은 그 유언대로 재산을 취득하게 된다. 또 일정한 재산을 가진 사람이 정신병에 걸려서 행위능력을 제한 또는 박탈하는 법원의 선고를 받았다고 하여도, 그의 재산이 돌연 다른 사람에게 돌아가는 것은 아니다. 그와 같이 제한능력자가 가지는 재산이라도 제 3 자에의 양도나 담보설정과 같은 처분이 가능하여야 할 것인데, 어떻게 이를 할 것인가? 제한능력자 자신이 스스로 결정하여 제 3 자에게 매도하는 계약을 유효하게 체결할 수 있다고 하면 그가 부당하게 불이익을 입게 되는 경우가 많을 것이다. 그러므로 법은 제한능력자를 위하여 대리인(미성년자에 대하여는 우선 친권자인 부모가 당연히 대리인이 된다. 민법 제911조 참조)을 정하고, 대리인이 그를 대리하여 계약을 체결하되 그로부터 발생하는 법률효과는 제한능력자 본인에게 돌아가게 한다(이와 같이 대리가 본인의 의사와는 무관하게 행하여지는 경우를 법정대리法定代理라고 한다). 이와 같이 대리제도는 행위능력이 제한된 사람으로 하여금 —비록 자신의 고유한 의사에 의한 것은 아니나— 권리를 취득하고 의무를 부담할 수 있게 하고, 이로써 법의 세계에서 하나의 온전한 '사람'으로 위치를 잡을 수 있도록 보조하여 준다.

위와 같이 다른 사람이 체결한 계약의 효과가 본인에게 귀속되게 하려면 다음의 세 가지 조건을 갖추어야 한다. 다시 말하면, 의사표시를 한 사람에게 법률효과가 귀속된다는 원칙에 대하여 대리제도로써 예외가 인정되기 위하여는 특별히 이들 요건이 구비되어야 하는 것이다.

첫째는, 본인이 대리행위를 하는 사람에게 대리를 할 권한(대리권)을 주어야 한다(또는 앞서 본 미성년자의 친권자와 같이, 법이 그러한 권한을 인정하여야 한다). 본인이 다른 사람에게 어떠한 일의 처리를 맡겼는데 그 일이 제 3 자와 계약을 체결함으로써 처리되어야 하는 것이라면 통상적으로 그 맡기는 행위 속에는 대리권을 수여하는 의사가 같이 존재한다고 볼 수 있다. 여기서 일의 처리를 맡기는 것은, 예를 들면 변호사에의 사건 위임과 같이 서로 대등한 입장에서 하는 경우일 수도 있고(위임. 민법 제680조 이하 참조), 사람을 고용하여서 이를 지휘·감독하는 관계에서일 수도 있다(고용. 민법 제655조 이하 참조). 회사나 단체에서와 같이 직책상 대리행위를 하는 경우가 아니라 개별적·일회적으로 대리행위를 하는 때에는 많은 경우에 대리권의 증명을 위하여 위임장과 같은 서면을 대리인에게 교부하여 그로 하여금 상대방에게 제시하도록 한다.

둘째는, 대리행위를 하는 사람이 상대방과 계약을 체결하면서 계약의 효과가 자신이 아니라 본인에게 돌아간다는 점을 밝혀야 한다. 민법 제114조 제 1 항에서 "본인을 위한 것임을 표시"한다고 정하는 것은 이를 의미한다. 이를 '대리행위에서의 현명顯名' 또는 '현명대리'라고 한다(뒤의 [109] "둘째"도 참조). 여기서 '본인을 위하여'라는 것은 본인에게 이익이 돌아가도록 하려는 마음에서라는 뜻이 아니고, 그러한 속마음과는 상관없이 객관적으로 보아 계약의 법률효과를 본인에게 귀속시키려고 하는 행위라는 의미이다. 예를 들면 "김 아무개 대리인 박 아무개" 또는 "갑 회사 영업담당 상무이사 을"이라고 하여 계약서를 작성하는 경우가 이에 해당한다. 그런데 '본인을 위한 것임의 표시'는 반드시 이와 같이 명시적으로 하여야 하는 것은 아니고, 상대방의 입장에서 합리적으로 볼 때 계약체결이 위와 같은 의미에서 '본인을 위한' 것으로 이해되면 충분하다. 별다른 말이 없어도 전자제품을 파는 상점의 직원이

상점 안에서 손님과 가격을 흥정하여 물건을 파는 경우에, 이는 다른 특별한 사정이 없는 한 상점의 주인을 '위하여' 행하여지는 것이다(이에 대하여는 상법 제16조, 제48조도 참조). 또 가령 은행 지점의 직원이 객장에서 고객으로부터 예금을 받는 것은 통상 그 은행을 '위하여' 하는 것으로 해석된다.

셋째는, 대리인은 대리권의 범위 안에서 대리행위를 하여야 한다. 대리권이 전혀 없는 사람이 하거나 대리권이 있어도 그 범위를 넘어서 행하여진 대리행위를 무권대리행위無權代理行爲라고 하는데, 그러한 행위는 원칙적으로 본인에게 그 효과가 귀속되지 않는다. 그러므로 예를 들면 앞서의 설례에서 A가 은행으로부터 돈을 꾸는데 D에게 자신을 대리하여 은행과의 사이에 담보계약을 맺으라고 인감도장을 맡겼더니 D가 이 인장으로 위임장을 함부로 만들어서 A를 대리하여 그 소유의 주택을 B에게 매도하는 계약을 체결하였다면, 그 행위는 D가 가지는 대리권의 범위를 넘는 것이므로 매매계약의 효력이 원칙적으로는 A에게 미치지 않는다. 그러므로 A는 B에게 그 주택의 소유권을 이전할 채무를 부담하지 않으며, 만일 그 계약에 기하여 이미 B 앞으로 소유권이전등기가 경료되었으면 그 말소를 청구할 수 있다. 그러나 이러한 원칙에 대하여는 특히 민법 제126조에서 예외를 정하고 있는데, 통상 표견대리表見代理라는 이름 아래 설명되는 이 예외적 규정에 대하여는 민법총칙 교과서를 보라(또한 민법 제125조, 제129조도 참조).

한편 대리인이 그 권한범위 안에서 행위하기는 하지만 내심으로 자기 또는 제 3 자의 이익을 도모할 목적을 가지고 "본인을 위한 것임을 표시"하는 경우는, 형식적으로는 대리행위의 요건을 모두 갖추었으나, 본인에 대한 그의 의무를 위반하는 것이 된다. 이러한 대리권의 '남용'의 문제에 대하여는 뒤의 [117]에서 보기로 한다(또한 [177]도 참조).

[11] 법인제도

앞의 [10]에서 주식회사의 대표이사에 대하여 언급한 바 있다. 회사에 대하여는 민법에는 규정이 없고 상법에 상세한 규정이 있다(상법 제3편은 "회사"라는 이름 아래 500개가 넘는 조항을 거느리고 있다). 그러나 회사도 법인法人임에는 틀림없는데(상법 제169조 참조), 법인에 대한 일반적인 규정은 민법의 제1편 제3장에 자리잡고 있다.

우리의 설례에서 그 주택과 대지의 소유자가 법인이라고 상정하여 보자. 법인은 소유권이나 채권 등 각종의 재산을 보유할 수 있음은 물론이고, 또 그 대표기관이 한 계약에 의하여 재산적인 권리나 의무를 새로이 가지게 될 수 있다. 법인은 사람이 아니로되, 법의 힘에 의하여 적어도 재산관계에 관한 한은 사람과 같은 자격을 가지기 때문에, 법인이라고 불리는 것이다. 이와 같이 권리와 의무의 주체가 될 수 있는 자격 내지 능력을 권리능력이라고 한다. 권리능력은 곧 법공동체의 온전한 구성원이 되는 자격이므로, 이를 법인격이라고도 한다. 법인은 하나의 관념적 존재에 불과함에도 불구하고, 사람(사람은 '인격'을 갖춘 존재로서, 살아 있기만 하면, 정신능력의 부족 기타 어떠한 성질상의 흠에도 불구하고, 누구나 평등하게 권리능력이 있다), 즉 자연인과 아울러 이러한 권리능력을 가지는 것이다.

법인에는 사단법인과 재단법인이 있다. 사단법인은 여러 사람이 일정한 공동목적의 달성을 위하여 결합한 단체 그 자체에 대하여 권리능력이 부여된 것이고, 재단법인은 설립자가 일정한 목적을 달성하기 위하여 출연出捐한 별도의 재산을 법적으로 독립시켜서 권리능력을 부여한 것이다. 이러한 단체나 재산에 법인격이 부여되면, 무엇보다도 설립목적의 추구를 위한 지속적인 단위체單位體를 가지게 될 뿐 아니라, 구성원들 각자의 개인재산(사단법인의 경우) 또는 특히 출연자의 개인재산(재단법인의 경우)으로부터 구별하여 재산을 별도로 보유·관리할 수 있고 그리하여 나아가 단체 등의 일과 구성원들 또는 출연자 개인의 일에서 발생하는 각각의 책임(예를 들면 채무의 부담 등)을 서로 분리함으로써 위험을 분산시킬 수 있게 된다. 그 외에도 특히 사단법인의 경우에는 단체의 일을 처리하기 위한 각종의 계약 기타 업무를 그 구성원들 전부의 이름으로 하지 아니하여도 되므로 법률관계의 처리가 간편하다.

이러한 법인이 구체적으로 계약을 체결하려면 아무래도 사람으로 이루어진 대표기관의 의사표시가 요구된다. 법인의 이사는 원칙적으로 각자가 단독으로 법인의 대표기관이 된다(민법 제59조 제 1 항 본문 참조). 이 대표기관과 법인과의 관계는 앞의 [10]에서 본 대리인과 본인과의 관계와 별로 다를 바가 없다. 즉 대표기관이 "법인을 위한 것임을 표시"하여 한 계약은 그 효과가 직접 법인에게 돌아가고, 대표기관 개인에게는 전혀 돌아가지 않는 것이다(민법 제59조 제 2 항 참조). 다만 대표기관의 이러한 권한(이를 특히 **대표권**이라고 부른다)은 원칙적으로 법인의 모든 사무에 미치고 그 범위에 제한이 없으며, 특히 이를 제한하려면 그 내용을 정관에 기재하고 또한 법인등기부에 등기하여야 한다는 점이 다를 뿐이다(민법 제41조, 제60조 참조).

물론 이사가 대표행위를 함에 있어서는 법인의 자체적 내부규정인 정관에 따라야 하고, 특히 사단법인의 경우에는 사원총회의 결의에 좇아서 이를 하여야 한다(민법 제59조 제 1 항 단서). 그리고 이사는 그 직무를 "선량한 관리자의 주의"로 처리하여야 한다(민법 제61조). 이는 대리인이 본인으로부터 맡겨진 일을 "선량한 관리자의 주의로" 처리하여야 하는 것과 마찬가지이다(민법 제681조 참조). 그런데 이와 같이 정관이나 사원총회의 결의에 좇아야 한다는 것은 어디까지나 이사가 법인에 대한 내부관계에서 부담하는 의무일 뿐이고, 그 의무의 위반이 있어도 원칙적으로 제 3 자에 대한 외부관계가 영향을 받지는 않는다('내부관계' 및 '외부관계'에 대하여는 뒤의 [177] 참조).

그러므로 예를 들어서 사단법인의 정관에 법인재산의 처분에는 사원총회의 결의를 얻어야 한다고 규정되어 있어도, 그것이 위에서 본 바와 같이 법인등기부에 이사의 대표권의 제한으로 등기되지 아니한 이상, 이사가 법인재산을 제 3 자에게 양도하면 비록 사원총회의 결의가 없어도 그 제 3 자는 당해 재산을 유효하게 취득한다(대법원 1975년 4월 22일 판결 74다410사건(대법원판결집 23권 1집, 민사편 224면) 참조). 그리고 대법원 1992년 2월 14일 판결 91다24564사건(법원공보 917호, 1022면)은 이와 같은 경우 양수인인 제 3 자가 위의 대표권 제한을 알고 있었다고 하여도(어떠한 사정을 아는 것을 민법에서는 '악의'라고 부른다) 마찬가지라고 한다(이러한 입장은 대법원 2014년 9월 4일 판결 2011다51540사건(판례공보 2014하, 1969면)에서도 이어지고 있다).

물론 이 경우 그 이사는 법인에 대하여 의무 위반을 이유로 손해배상책임을 져야 할 것이나, 이는 당해 재산의 처분이 유효하다는 것과는 별개의 문제이다(이에 대하여는 뒤의 [177]도 참조).

제 2 절 계약의 효과

[12] 매매계약의 효과

계약이 성립되면 이 계약은 원칙적으로 바로 계약을 구성하는 의사표시의 내용대로의 법률효과를 가지게 된다. 우리의 설례에서 B는 A에 대하여 A가 약속한 것, 즉 주택과 그 대지의 소유권 및 점유를 이전할 것을 청구할 권리를 가지게 되고, A는 B가 약속한 것, 즉 대금 5억원을 지급할 것을 청구할 권리를 가지게 된다. 이와 같이 상대방(채무자)에 대하여 일정한 급부를 청구할 수 있는 권리를 채권債權이라고 하고, 그의 반면으로 채권자에 대하여 일정한 급부를 실행하여야 할 의무를 채무債務라고 한다. 그러니까 매매계약에 의하여 B는 A에 대하여 소유권이전채권과 대금지급채무를, A는 B에 대하여 대금채권과 소유권이전채무를 각각 가지게 된 것이다(그 각각에 대하여는 절을 바꾸어 살펴보기로 한다).

계약이 민법에서 중요한 지위를 차지하는 것은 이와 같이 계약이 일단 성립하면 그 내용에 좇은 법률효과가 발생하기 때문이다. 다시 말하면, 계약에 의하여 당사자들은 누구의 간섭을 받지 않고 서로의 합의만에 의해서 권리를 취득하고 특히 의무를 부담할 수 있으므로, 자유를 바탕으로 하는 자율적 사회를 형성·유지함에 있어서 불가결한 법적 장치인 것이다.

[13] 계약의 망

우리 사회에서 거의 모든 거래는 상대방과의 합의, 즉 계약이라는 법형식을 통하여 이루어진다. 현대 사회는 사람이 세상을 살아가는 데 필요한 각종의 재화, 예를 들면 식품이나 옷이나 주택 등을 각자가 스스로 생산하여 쓰는 사회가 아니다. 사회의 구성원들이 필요로 하는 것 전부가 극도로 세분화된 분업에 의하여 생산·제공된다. 한 사람은 어느 하나의 물자나 서비스만을 사회에 공급하고 나머지는 모두 다른 사람으로부터 공급받는 것이다.

그리고 그러한 재화의 분배는 기본적으로 국가 기타의 중앙기관의 명령에 따라서 행하여지는 것이 아니다. 각 개인은 자신이 보유하는 재화에 대하여 남이 침범할 수 없는 배타적인 지배권을 가지고 그것을 자신의 의사에 기하여서만 남에게 넘겨준다. 그러므로 모든 사람은 자신에게 필요한 것을 가지고 있는 다른 개인(회사 등의 법인을 포함하여)으로부터 그것을 얻으려면 그 보유자와의 사이에 그 재화를 자신에게 넘길 것을 약속하도록 하는 수밖에 없다. 마르크스는 이러한 자본주의 사회의 움직임을 다음과 같이 표현하였다(『자본론』 제 1 권, 제 1 장 제 2 절 "교환").

> "이 물건들이 서로 상품으로서 관계를 맺기 위하여 상품보유자들은 서로 자신의 의사를 그 물건에 담은 사람으로 상대하여야만 한다. 그리하여 한편은 다른 편의 동의 아래서만, 즉 양쪽 모두 양자에 공통된 하나의 의사행위를 매개하여서만 자기의 상품을 상대방의 것으로 만들고 상대방의 상품을 자기의 것으로 만든다. 그러므로 그들은 서로를 사적私的 소유자로 인정하여야 한다. 하나의 계약 안에 표현되는 이 법적 관계는 그 계약이 발달된 법체계의 일부를 이루는가에 상관없이 두 사람의 의사관계意思關係이며, 이 관계에는 경제적 관계가 반영되어 있다."

실로 우리 사회는 이러한 계약의 망으로 덮여 있다. 계약의 핏줄이 사람들이 필요로 하는 재화를 사회의 구석구석에까지 실어다 주고, 그 안에서 살고 있는 사람들의 생존을, 생활을 가능하게 하는 것이다.

[14] 계약관계에의 실제적 의식

그런데 계약은 보통 사람들이 이와 같은 행위를 하고 있다고 명확하게 의식하지 못하는 경우에도, 법적으로 보면 그것이 체결되는 경우가 매우 많다. 예를 들어 자동판매기에서 캔음료를 살 때, 우리가 병원에

가서 의사로부터 진찰을 받을 때, 또는 정류장에 서 있다가 마침 도착한 버스에 올라 탈 때, 우리는 이로써 무슨 '계약'이 체결되고 있다고는 생각하지 않는다. 그리고 그러한 행위를 할 때마다 당해 행위의 법적인 의미를 곰곰이 따져보지 않고서도, 우리는 통상 마찰 없이 생활을 영위해 갈 수 있다. 또 계약이라고 하더라도 계약의 성립과 동시에 모든 채무의 이행이 바로 끝나 버리는 경우가 매우 많다. 우리가 일상적으로 빈번하게 행하는 거래, 가령 현장에서 바로 돈을 주고 학용품을 산다든가 하는 계약(이러한 것을 현실매매現實賣買라고 한다)에서는, 거기서 채권이 발생하였다가 이행에 의하여 소멸한다든가 하는 것은 거의 의식되지 않는다. 그것은 계약이 성립하여 채권이 발생함과 동시에 만족되어 무슨 청구를 상대방에게 별도로 하여야 할 필요를 거의 느끼지 않기 때문이다.

그러나 세상일이란 모든 것이 그와 같이 원활하게 돌아가기만 하는 것은 아니다. 예를 들면 자동판매기에 동전을 넣었는데도 캔음료가 나오지 않을 때, 의사가 오진을 하여 불필요한 수술을 받게 하거나 수술을 잘못 하였을 때 또는 타고 가던 버스가 운전사의 잘못으로 사고를 일으켜 승객이 부상을 당하였을 때, 그러한 피해를 입은 당사자는 그 어느 누구로부터 그 피해에 대하여 '구제'를 받아야 한다. 또 가령 현금으로 산 만년필이 불량품이어서 그것을 교환해 주기를 요구하였으나 상대방이 어떠한 이유를 내걸면서 이를 거부하는 경우가 되면, 판 사람에 대하여 그 교환을 요구할 '권리'가 있지 않은가 하는 것을 따져 보게 된다. 이와 같은 경우에는, 자동판매기에 동전을 넣는 행위, 병원에 가서 진찰이나 치료를 받는 행위 또는 버스에 타는 행위 또는 현금으로 무엇을 산 행위는 과연 법적으로 어떠한 의미가 있는 것인가를 음미해 보아야 할 필요가 제기된다.

위와 같은 행위들은 모두 계약이라고 해야 하지 않을까. 비록 자동판매기의 설치자와 맞대면을 한 것은 아니라도, 역시 동전을 넣는 사람과의 사이에 캔음료를 사고 판다는 것이 그가 자동판매기를 설치·유지할 때의 '의사'가 아닐까. 또한 별로 자력이 많지 않아서 손해배상을 해 줄 능력이 없는 의사 개인이 아니라 병원을 운영하는 '의료법인'(의료법 제33조 제 2 항 제 3 호, 제48조 이하 참조)이, 버스운전사가 아니라 버스회사가 그 계약의 상대방으로서 위와 같은 사고에 책임을 져야 하지 않을까. 그 계약의 내용에 비추어 볼 때 위와 같은 사고가 있으면 병원 또는 버스회사 쪽에서 계약을 제대로 이행한 것이라고 볼 수는 없지 않을까. 만일 제대로 이행한 것이 아니라면 어떠한 내용으로 그 책임을 물을 수 있을까 등등.

민법의 여러 문제들은 이와 같이 어떠한 종류이든 고장 내지 장애를 통하여 사람들의 의식에 떠오르는 경우가 많다. 우리의 설례에서도 가령 매수인 B가 A에게 매매대금을 제때에 지급하지 않는다든가(또는 지급하지 못한다든가), 매매목적물인 주택과 그 대지에 이미 다른 사람이 저당권을 가지고 있어서 B가 소유권을 이전받더라도 나중에 그 저당권으로 말미암아 경매를 당할 우려가 있다든지 하면, 그와 같은 경우에는 "법적으로 어떻게 되는가?" 하는 문제가 당사자 또는 기타의 이해관계인으로부터 당장 제기되는 것이다.

[15] 계약자유의 원칙

민법은, 어디서도 그것을 명문의 규정으로 정하고 있지는 않지만, 명백하게 계약자유의 원칙 위에 서 있다. 계약자유의 원칙의 구체적 내용으로 가장 중요한 것은, 계약은 자유롭게 당사자들의 합의로 그 내용을 정할 수 있고, 그 합의된 내용은 어떠한 '검열'을 받지 않고도 그대로 효과를 발휘하여 그에 따른 권리와 의무를 발생시킨다는 것이다('계약내용의 자유' 또는 '계약내용 형성의 자유'). 그러므로 우리의 설례에서 A와 B가 매매계약에서 대금액이나 그 지급방법, 주택의 인도시기 등에 대하여 어떠한 내용으로 합의를 하였든지 간에 그것은 일단 유효한 것으로 다루어진다.

이러한 계약내용 형성의 자유 외에도 계약자유의 원칙에는 다음과 같은 내용이 포함된다고 일컬어지고 있다.

첫째는, 계약 체결의 자유라고 하여, 각자는 계약을 체결할 것인지 아닌지를 결정할 수 있다는 것이다. 자신에게 '유리한' 계약이라고 해서 체결하여야만 하는 것은 아니다. 바꾸어 말하면 상대방이 자신에게 유리한 계약조건을 제시하였다고 하여도 반드시 이를 승낙하여야 하는 것은 아니다. 또 계약의 교섭을 어느 정도 진행하였다고 하여도 이를 언제라도 중단하고 계약체결을 거부하는 것은 허용된다.

둘째는, 상대방 선택의 자유로서, 이는 누구와의 사이에 계약을 체결할 것인가를 자유로 정할 수 있다는 것이다. 가령 동일한 조건인 경우에는 먼저 계약을 신청한 사람과 계약을 체결하여야 한다든지 하는 구속은 존재하지 않는다.

셋째는, 계약방식의 자유라고 불리는 것인데, 계약을 체결하는 방식은 당사자들이 임의로 정할 수 있으며 그러한 합의가 없는 한 이에는 제한이 없다는 것이다(앞의 [2]도 참조). 서면을 작성하든 구두로 하든 상관없으며, 공증을 받지 않아도 됨은 물론이다. 외국의 경우를 보면, 예를 들어 부동산매매 등과 같은 중요한 계약에는 계약서면의 작성 등 일정한 방식을 요구하는 것이 오히려 일반적이다. 그러나 우리 민법은 이러한 계약에 대하여도 이러한 방식을 요구하지 않는다(다만 보증계약에서는 보증의 의사가 보증인의 기명날인 또는 서명이 있는 서면으로 표시되어야 한다. 민법 제428조의 2 제 1 항 본문 참조. 이에 대하여는 뒤의 [219]를 보라.

한편 유언은 엄격하게 제한된 방식에 좇아서 하여야 한다. 민법 제1060조, 제1065조 이하 참조. 그러나 유언은 유언자가 일방적으로 하고 누구의 동의를 요하지 않는 행위로서 이른바 단독행위에 해당하며 계약이 아니다).

이러한 계약 자유의 원칙은 그 이념적 바탕을 찾아 올라가면, 자유롭고 독립한 개인을 전제로 하여 그가 자신의 생활(가장 넓은 의미에서의)을 스스로의 의지·선택에 따라 형성하여 갈 수 있다는 것을 출발점으로 한다. 그것은 사람이 누구나 '인간으로서의 존엄과 가치'(헌법 제10조)의 핵심에 있는 윤리적 인격성, 즉 일반적으로 수긍할 수 있는 '규칙'을 스스로 정립할 수 있는 능력을 갖춘 존재임을 인정하는 것이다(이에 대하여는 뒤의 제 6 장 제 1 절 V. 1. (1)에서 민법의 기본원칙으로서의 '인격 존중의 원칙'과 관련하여 다시 보기로 한다).

[16] 계약자유의 존중과 그 외곽질서

민법이 계약내용의 자유를 채택하고 있다는 것은, 민법이 계약의 내용을 이유로 하여 계약이 무효로 되는 사유를 한정적으로 열거하고 있다는 데서 단적으로 드러난다(어떠한 것이 이러한 무효사유인가에 대하여는 뒤의 [123] 이하 참조). 이것을 뒤집어 말하면 그러한 무효사유가 없는 한은 어떠한 내용의 계약이라도 허용된다는 것이 되기 때문이다. 무효사유가 인정되는 경우가 실제로는 매우 많다면, 계약자유의 원칙을 운운할 수는 없을 것이다.

물론 예를 들면 계약의 내용을 규제하는 강행규정(이에 대하여는 뒤의 [125] 이하 참조)이 늘어가는 경향임은 부인할 수 없다. 또 가령 기업이 마련한 약관의 인정이 실질적으로는 소비자들에게 강요되어 있어서 '계약내용의 자유로운 형성'이라는 것이 그 범위에서는 유명무실하게 될 우려가 없지도 않다. 그러나 그렇다고 하여도, 사회의 흐름을 관찰하여 보면 오히려 당사자들의 합의만에 의하여 각종의 새로운 거래유형이 활발하게 창출되는 등으로 여전히 계약자유의 원칙은 실제에 있어서 유효하고도 합리적으로 기능하고 있다고 생각된다. 무엇보다도 중요한 것은, 하나의 인격으로서의 '인간의 존엄과 가치'(헌법 제10조)에 맞게 사회관계를 형성하는 법형식으로서도 각자의 자발성을 전제로 하는 계약은 불가결한 것이다.

위와 같은 내용을 가지는 계약자유의 원칙에는 일정한 위험이 따른다. 그것은 우선 경제적 강자가 우월한 힘을 이용하여 약자에게 당사자의 합의라는 이름 아래 부당한 조건을 강요할 우려가 있다는 데서 나타난다. 그러므로 계약자유가 하나의 원칙으로서의 사명을 제대로 다하고 정의를 실현할 수 있는가는 많은 부분 우리 사회의 시장체제가 공정하고 자유로운 경쟁을 보장해 주는가 여부에 달려 있다. 우리 법은 이러한 공정하고 자유로운 경쟁을 보장하기 위하여, 우선 「독점규제 및 공정거래에 관한 법률」을 두어서, (i) 시장을 지배하는 사업자가 그 지위를 남용하는 행위를 금지하고, (ii) 경제력의 집중을 억제하며, (iii) 사업자끼리 경쟁을 제한하는 담합과 같은 공동행위 기타 불공정거래행위를 하지 못하도록 하고 있다. 또 「부정경쟁 방지 및 영업비밀 보호에 관한 법률」도 예를 들면 시장에서 사업자의 동일성을 인식시키기 위하여 사용되는 상표·상호 등의 표지가 서로 혼동되지 않게 함으로써 계약체결의 의사가 왜곡되어 형성되지 않도록 배려하고 있다.

이들 법률은 계약자유의 원칙을 그 한도에서 배제하는 것이 아니라, 그 원칙이 실질적으로 정당하게 기능하는 것을 확보하기 위한 전제조건을 마련하려는 것이다. 그러한 의미에서 이러한 분야에 관한 공정거래법은 계약법의 외곽질서를 형성한다고도 할 수 있다.

[17] 쌍무계약

우리의 설례에서 A와 B는 하나의 계약에 의하여 서로가 각각 채권(그리고 그 반면으로서의 채무)을 가지게 되었다. 이들 채권과 채무 사이에는 다음과 같은 관계가 있다. 즉, B가 대금지급채무를 부담한 것은 소유권이전채권을 취득하기 위한 것이고, A의 소유권이전채무도 대금채권을 얻기 위한 것이다. 이와 같이 "다른 것을 받기 위하여 이것을 준다"는 관계(이러한 목적적 상호구속관계를 대가관계對價關係 또는 쌍무관계雙務關係라고 한다)에 있는 채권채무를 발생시키는 계약, 다시 말하면 give and take의 계약을 쌍무계약雙務契約이라고 한다.

매매계약은 대표적인 쌍무계약의 하나이다. 그 외에 남의 물건을 일정한 기간 동안 대가를 주고 빌려 사용하는 계약, 즉 임대차계약(민법 제618조)도 쌍무계약에 해당한다. 이에 반하여 대가를 받지 아니하고 재산을 넘겨 주기로 하는 증여계약에서는 증여자만이 일방적으로 채무를 부담한다. 이와 같은 것을 편무계약片務契約이라고 한다. 그리고 대가를 주지 않고 남에게서 물건을 빌려 사용하는 계약을 사용대차라고 하는데(민법 제609조), 이는 편무계약에 속한다. 물론 빌린 사람(민법은 이를 사용차주라고 부른다)도 사용을 마친 다음 물건을 반환할 채무를 부담하기는 한다. 그러나 이 채무는 빌려 주는 사람(민법은 이를 사용대주라고 부른다)의 빌려 주어야 할 채무와의 사이에 위에서 말한 대가관계에 있지 않다. 즉 사용차주는 그와 같은 반환의무를, 사용대주로 하여금 자신에게 목적물을 빌려 주도록 하기 위하여 별도로 부담하는 것이 아니라, 그 '빌리는 것'이 원래 돌려 주는 것을 내용으로 하기 때문에 부담하는 것이다.

이와 같이 계약의 당사자 쌍방 모두가 채무를 부담한다고 해서 당연히 그 계약이 쌍무계약이 되는 것은 아니며, 그 채무 상호간에 위와 같은 "받기 위하여 주는" 관계가 있어야 쌍무계약이라고 할 수 있다.

[18] 법학에서의 분류와 정의

앞에서의 쌍무계약/편무계약의 경우와 같이, 법 또는 법학에서는 일정한 개념의 짝(대개념對槪念)을 사용하여 분류를 행하는 경우가 많다. 그러한 분류는 단지 분류 그 자체를 위하여 사고의 서랍을 만들어 놓는 데 그치는 것이 아니라, 그렇게 할 일정한 실익이 있기 때문에 행하여지는 것이다. 예를 들면 쌍무계약/편무계약의 분류는 쌍무계약에 속하는 계약들에게만 적용되는 규정들(민법 제536조 이하. 그 중 하나가 바로 뒤의 [19] 등에서 보는 '동시이행의 항변권'이다)이 있고, 따라서 쌍무계약만에 특유한 규율이 행하여지기 때문에(바꾸어 말하면 편무계약에서는 그와는 다른 규율이 행하여지기 때문에) 유용한 것이다. 그리고 이러한 실제적 결과를 놓고서야 비로소 그 분류의 타당성을 검증할 바탕이 마련되기도 하는 것이다. 그러므로 이러한 실익이 없다면 그 분류는 유용성이 없는 말장난이나 사고놀이가 되기 쉬워서 공연히 노력을 허비하고 나아가서는 불필요한 다툼만 불러일으킬 우려도 있는 것이므로 가능한 한 피하는 것이 좋다.

또 민법의 여기저기서 발견되는 여러 가지의 정의규정도 이와 유사하게 규정의 적용대상이나 범위를 명확하게 하려는 의도를 가진다. 가령 부동산을 "토지 및 그 정착물"이라고 정의하는 규정(민법 제99조 제 1 항)은 '부동산'이라는 말이 일반 사람들 사이에서 어떠한 의미로 쓰이는가를 나타내려는 것이 아니라(그러한 의미를 알아볼 생각이라면 사전을 들추어봄으로써 족하다), 민법 기타 법률에 빈번하게 등장하는 부동산에 관한 규정들(예를 들면 민법 제186조, 제303조 제 1 항, 제356조 등)의 적용대상을 일괄하여 밝혀 둠으로써 그 규정의 내용을 분명히 하려는 취지에서 마련되어 있는 것이다.

그리하여 우리는 일반적으로 유체물만을 '물건'이라고 하지만 민법에서는 그 외에도 "전기 기타 관리할 수 있는 자연력"도 이에 해당한다고 정한다(민법 제98조). 그리고 일상에서 개·고양이와 같은 동물을 '물건'이라고 부르지 않는다. 그러나 법에서는 동물은 유체물임이 명백하여 역시 물건인 것이다(독일민법은 1990년에 제90조의 a를 새로 마련하여 "동물은 물건이 아니다. 동물은 별도의 법률에 의하여 보호된다. 동물에 대하여는 다른 정함이 없는 한 물건에 관한 규정이 준용된다"고 정하였다. 이러한 규정을 민법에 두고자 하는 움직임은 근자에 우리나라에서도 활발하지만, 그 규정이 없어도 동물보호법 등이 시행되고 있는 한 법상태는 크게 다르지 않다고 할 수 있겠다).

[19] 동시이행의 항변권

이제 A와 B는 서로 채권채무를 가지게 되었다. 앞에서 본 대로 B는 A에 대하여 한편으로 대금을 지급하여야 할 채무를 가지면서, 다른 한편으로 소유권의 이전(및 목적물의 인도)을 청구할 채권을 가진다. 그러면 B는 자신이 부담하는 대금지급채무는 이행하지 않으면서 A에 대하여 소유권의 이전(보다 구체적으로는 소유권이전등기의 이행)을 청구할 수 있는가? 또 A는 자신이 부담하는 소유권이전채무(및 인도채무)는 이행하지 않으면서 B에 대하여 대금의 지급만을 청구할 수 있는가?

이 문제와 관련하여 법은 기묘한 기술을 부리고 있다. 즉, B는 A에 대하여 소유권이전등기를 청구할 권리를 가지고 있기는 하지만, A쪽에서는 B가 대금을 지급할 때까지 그 등기를 경료하는 것을 거절할 수 있다. 또 A는 B에 대하여 대금의 지급을 청구할 권리를 가지고 있기는 하지만, B쪽에서는 A가 소유권이전등기를 경료하고 목적물을 인도해 줄 때까지 대금의 지급을 거절할 수 있다는 것이다. 민법 제536조가 "쌍무계약의 당사자 일방은 상대방이 그 채무이행을 제공할 때까지 자기의 채무이행을 거절할 수 있다"고 정하는 것은 바로 이를 말한다. 이와 같은 채무자의 이행거절권을 동시이행同時履行의 항변권抗辯權이라고 한다. 이는 **채무의 부담 자체는 인정하면서도 그 이행은 이를 거절할 수 있음**을 의미한다.

[20] 항 변 권

이와 같이 상대방에게 청구권(채권과 청구권의 구별에는 복잡한 문제가 있으나, 여기서는 일단 청구권은 채권의 내용을 실제로 달성하는 수단적인 권리라고 생각해 두면 족하다)이 있기는 하되, 그것이 실현되는 것을 일시적으로 또는 영구적으로 저지할 수 있는 권리를 일반적으로 항변권이라고 한다. 민법에서 정하는 것으로는, 우선 보증인에 대한 채권자의 보증채무이행청구에 대하여 보증인이 먼저 주채무자에게 청구하고 또 그 재산에 집행할 것을 주장하는 이른바 최고催告·검색檢索의 항변권(민법 제437조. 뒤의 [220] 참조)이 이에 해당한다. 또 매매목적물에 대하여 권리를 주장하는 자(예를 들면 자신의 소유물이라고 주장하는 자)가 있어서 매수인이 매수한 권리를 확정적으로 취득하지 못할 염려가 있는 경우에 매수인이 그 한도에서 가지는 대금지급거절권(민법 제588조)도 마찬가지이다.

이와 같이 청구권이 상대방의 동시이행의 항변권에 의하여 바로 실현될 수 없다면 상대방에게 청구권이 있다는 것이 도대체 무슨 의미가 있는가, 그 권리는 청구권자가 자신의 반대채무를 이행하거나 적어도 그 이행을 '제공'하여야 비로소 발생하며 그 전에는 아예 성립하지 않는다고 말하는 것이 솔직한 파악이 아닌가라고 할는지도 모른다. 그러나 그것은 반드시 그렇지 않으며, 채무자의 위와 같은 법적 지위를 항변권으로 파악함으로써 다음과 같은 상당한 차이가 생긴다.

첫째, 위에서 본 동시이행의 항변권은 그것이 있다고 해서 상대방의 청구권이 영구히 실현될 수 없게 되는 것이 아니다. 단지 그 실현은 "상대방이 그 채무이행을 제공할 때까지" 일시적으로 정지될 수 있는 것뿐이다. 따라서 우리의 설례에서 B가 A에 대하여 소유권이전등기를 청구한 것에 대항하여 A가 동시이행의 항변권을 행사하였다면, B의 권리가 아예 부인되는 것이 아니라, 단지 B는 A에게 매매대금을 제공하는 것과 맞바꾸어서 그의 권리를 실현할 수 있게 되는 것뿐이다. 확고한 재판실무도 동시이행의 항변권이 소송상 행사된 경우에 이와 같은 처리를 하여, "피고는 원고로부터 … 을 수령함과 동시에 원고에게 … 을 이행하라"는 이른바 상환판결相換判決을 한다(이는 B의 입장에서 보면 전부 패소가 아니라 일부 승소의 판결이다). 이와 같이 두 당사자의 채권채무를 하나로 묶어 일거에 그 실현을 도모하는 것은 바로 앞의 [17]에서 본 "받기 위하여 준다"는 대가관계를 실제의 거래에서 관철하는 것이기도 하다. 이러한 해결은 만일 소유권을 이전받을 B의 권리를 아예 부정한다면 달성될 수 없다. B에게 소유권이전등기청구권이 없는 것이 아니라 그에게 그러한 권리를 인정하면서도 이것이 채무자 A의 동시이행항변권에 걸려 있다고 구성하는 것은, 바로 위와 같은 대가관계를 그대로 법의 차원에 반영하기 위한 해결인 것이다.

둘째, 동시이행의 항변권을 포함하는 모든 항변권은 상대방이 권리를 행사해 오는 것을 전제로 이에 대하여 방어하는 것을 내용으로 한다. 그리하여 항변권은 이를 가지는 사람이 이를 주장하여야만 비로소 상대방의 청구권 실현을 저지할 수 있다. 그러므로 상대방이 권리를 행사하는

데 대하여 채무자가 이를 주장·행사하지 아니하면 그 존재는 법적으로 고려되지 아니한다. 따라서 우리의 설례에서 B가 A에 대하여 소유권이전등기를 소송으로 청구하는 경우에 A가 이에 대항하여 동시이행의 항변권을 소송상으로 행사하지 아니하면, B는 무조건으로 소유권이전등기의 경료를 명하는 전부 승소의 판결을 받게 되는 것이다. 또한 채무자가 동시이행의 항변권을 행사하지 아니하고 채권자의 청구대로 급부를 하였다면, 이는 자신의 채무를 적법하게 이행한 것으로 그 반환을 청구할 근거는 없다(이는 채무자가 동시이행의 항변권의 발생을 알면서도 이를 행사하지 아니한 경우는 물론, 이를 알지 못하여 주장하지 못한 경우에도 마찬가지이다). 만일 그에게 채무가 없는데도 이를 이행한 것이라면, 그는 자신의 급부가 '법률상 원인 없는 것'이라고 해서 부당이득을 이유로 그 반환을 청구할 수 있었을 것이다(민법 제741조. 뒤의 [72]도 참조).

[21] 변제와 이행행위

우리의 설례에서 B가 그 계약에서 정한대로 대금을 제대로 A에게 지급하였고, 또 이와 맞바꾸어 A가 소유권과 점유를 B에게 넘겨주었다고 하자. 이와 같이 채권이 채무자 스스로의 의사에 따른 이행행위에 의하여 그 내용이 실현되는 것을 변제辨濟라고 하며(민법 제460조 이하 참조), 변제에 의하여 채권은 소멸한다. 그리고 채무자는 자신의 채무를 자진하여 이행하는 것이 대부분이고, 그 불이행으로 여러 가지 법적 문제가 제기되는 것은 오히려 예외에 속한다. 만일 그렇지 않고 채무자가 제대로 이행하지 않는 것이 보통의 경우라면, 채권제도는 애초 사람들에 의하여 기피되어서 존립하기 어려울 것이다.

그런데 다음과 같은 경우를 생각하여 보자. A는 계약에서 정한 대로 B로부터 대금을 다 지급받고, 인감증명 등과 같이 B 앞으로 소유권이전등기를 경료하는 데 필요한 모든 서류(이에 대하여는 뒤의 [51] "셋째" 및 [52] 참조)를 빠짐없이 갖추어 B에게 교부하였다. 그런데 B는 이럭저럭 날짜를 보내고 있다가, 그 서류 중에서 이제 살펴보는 인감증명의 '유효기간'을 넘기고 말았다는 것이다(인감증명에 대하여는 무엇보다 인감증명법이 이를 규율한다).

대법원규칙인 부동산등기규칙에 의하면, 등기신청을 하면서 제출되어야 하는 인감증명은 발행일로부터 3개월 이내의 것에 한정된다(동규칙 제62조). 따라서 B가 그 서류를 가지고 등기신청을 하여도 서류의 미비를 내세워 등기공무원은 등기하기를 거절한다(부동산등기법 제29조 제 9 호 참조). 이 경우에 소유권이전등기를 넘겨받지 못한 것은 채권자 B 자신의 책임이므로, A는 이제 더 이상 소유권이전등기를 해 줄 의무가 없다고 할 것인가?

부동산소유권의 이전을 내용으로 하는 채무의 경우에는 채무자가 한 이행행위에 의하여 채권자가 현실적으로 소유권을 취득하는 결과가 발생하여야만 그 채무가 변제로 인하여 소멸된다. 이에 반하여 가령 의사가 환자를 치료하는 채무와 같이, 성의를 다하여 치료에 필요한 행위를 다하기만 하면, 비록 치유의 결과가 발생하지 아니하더라도, 의사의 채무는 채무의 내용에 좇은 이행(민법 제390조 본문 참조), 즉 변제로 인하여 소멸한다. 대법원 1988년 12월 13일 판결 85다카1491사건(대법원판례집 36권 3집, 79면) 및 대법원 2015년 10월 15일 판결 2015다21295사건(법고을)도 이러한 구분을 인정하고 있다(결과채무/수단채무라는 용어를 쓰고 있으나 그것이 타당한지 여부는 보다 엄밀한 검토를 요한다). 이는 결국 구체적으로 무엇이 채무의 내용인가에 의하여 구별된다고 하겠다.

이와 같이 일정한 채무에 있어서는 채무자가 이행행위를 다하였어도 실제로 급부결과가 발생하지 않으면 채무소멸의 효과가 발생하지 않음을 유의하여야 한다. 따라서 B에게 소유권이 이전되지 아니한 이상 A는 여전히 B에 대하여 소유권 이전의 채무를 부담하게 되는 것이다.

[22] 변제의 제공

그러면 그 경우에 채무자가 자기편에서 하여야 할 바를 다하였다는 것이 법적으로 아무런 의미가 없는가. 그것은 그렇지 않다. 민법은 채무자가 자기 편에서 하여야 할 바를 다하는 것을 '변제의 제공'이라고 하여(민법 제460조 이하. 또는 '이행의 제공'이라고도 한다. 민법 제400조 등 참조), 이에 여러 가지 효과를 인정하고 있다.

첫째, 변제의 제공이 있으면 "그때로부터 채무불이행의 책임을 면한다"(민법 제461조). 채무불이행에 관하여는 뒤에서 살펴보기로 하거니와(제 4 장 참조), 요컨대 변제의 제공이 있으면 이제는 채무자는 무엇보다도 이행지체로 인한 책임을 지지 않는다는 의미이다.

둘째, 채무자는 채무의 목적물을 공탁하여 채무를 면할 수 있다(민법 제487조). 즉 변제의 제공을 하였는데도 채권자가 이를 수령하지 아니한다고 해서 언제까지나 채무에 묶여 있어야 하는 것이 아니라, 스스로 변제공탁을 함으로써 채무로부터 아예 해방될 수 있는 것이다.

셋째, 채권자가 채무자의 변제제공에 응하여 채권의 실현을 위한 협력(예를 들면 매매목적물을 인도받는 것, 소유권이전등기를 자기 앞으로 이전하는 것 등)을 하지 아니하거나 할 수 없으면, 그는 이른바 채권자지체를 이유로 각종의 불이익을 받게 된다(민법 제400조 이하. '수령지체'라고도 한다). 예를 들어서, 갑이 을에게 그림을 매도하고 이를 넘겨주기 위하여 약정대로 을의 집으로 가지고 갔으나 을이 대금이 미처 준비되지 않았다고 하면서 대금을 지급하지 아니하므로 그대로 가지고 돌아왔다고 하자. 이 경우에 갑은 자기쪽에서 할 수 있는 바를 다하였으므로, 을은 수령지체에 빠진다. 이때 갑은 그림을 을에게 넘겨야 할 채무를 여전히 부담하기는 하지만, 이제 새로 그림을 넘겨 주는 데 드는 비용(예를 들면 운송비용)은 을의 수령지체로 말미암아 "증가된 변제비용"으로서 을이 부담하여야 한다(민법 제403조). 또 위와 같은 상태에서 며칠 후 갑의 집에 화재가 나서 그 목적물인 그림이 소실되었다고 하자. 그렇다면 이제 갑의 매도인으로서의 채무는 이행불능이 된 것이다(이에 대하여는 뒤의 [139] 참조). 이 때 갑에게 화재 발생에 대하여 통상의 과실(이를 경과실 輕過失이라고 부른다)이 있더라도, 을은 갑에 대하여 채무불이행으로 인한 책임을 물을 수 없고(그러나 갑에게 고의나 중대한 과실이 있으면 그렇지 않다), 오히려 갑은 그 채무로부터 해방된다(민법 제401조. 귀책사유 없는 이행불능의 해방효에 대하여는 뒤의 [140] 참조). 이와 같이 을은 자신의 채권을 상실하는 한편으로, 오히려 갑에 대하여 자신이 부담하는 반대채무, 즉 대금지급채무는 그대로 이행하지 않으면 안 된다(민법 제538조 제 1 항 후단. 이 점에 대하여는 반대의 견해도 있다). 또 만일 채무자가 이자를 지급하여야 하는 채무를 부담하는 경우라면, 원금의 이행제공이 있었는데 채권자가 그 수령을 지체하면 그 때부터는 이자를 지급하지 않아도 된다(민법 제402조).

넷째, 채권자는 이제 동시이행의 항변권(앞의 [17]도 참조)을 주장할 수 없게 된다. 민법 제536조 제 1 항 본문은 동시이행의 항변권은 "상대방이 그 채무이행을 제공할 때까지" 존속한다고 정하고 있는 것이다. 이와 같이 채권자가 동시이행의 항변을 할 수 없게 되면, 그 자신의 반대채무(위의 예에서 을의 대금지급채무)에 관하여 그는 지체책임을 지게 될 수 있다. 원래 채무자가 채무의 이행을 거절할 수 있는 동시이행의 항변권과 같은 사유를 가지고 있는 경우에는 그는 지체책임을 지지 않는다

(이에 대하여는 뒤의 [144] 참조). 그러나 이제 동시이행의 항변권이 소멸하였으므로, 그는 지체책임을 지게 되는 것이다(다만 판례는 이러한 경우에 지체책임을 물으려면 채무자로서는 자기 채무의 이행 제공을 '계속'하여야 한다는 태도를 취하는 것으로 보이기도 한다). 그러므로 채무자 갑의 변제제공이 있으면, 우선 그 자신이 채무불이행책임을 지지 않게 될 뿐 아니라(위의 "첫째"), 나아가 채권자 을에 대하여 그의 반대채무, 즉 대금지급채무에 관하여 지체책임을 물을 수 있게 되는 것이다.

변제의 제공과 연결되어 있는 법률효과를 모아 보면, 대체로 이상과 같다. 이 중 앞의 둘은 변제의 제공을 한 채무자에게 법적으로 불이익이 돌아가지 않게 하는 것이고, 뒤의 둘은 변제의 제공이 있었음에도 이를 수령하지 아니한 채권자에게 일정한 불이익을 돌리는 것이라고 할 수 있겠다.

[23] 법률의 횡단면

여기서 주목하여야 할 것은 민법에서 '변제의 제공' 또는 '이행의 제공'에 관련된 규정들이 한 곳에 모여서 가지런히 정리되어 있지 아니하고, 여기저기에 흩어져 있다는 점이다. 민법 제400조 이하, 제460조 이하, 제487조, 제536조 하는 식으로. 그러니까 사회적 사실로 보면 하나인 사태에 대하여 민법은 관점을 달리하여 이에 대하여 여러 가지의 효과를 부여하면서 그 각각에 대하여 장소를 달리하여 규정하고 있는 것이다.

뒤에서도 보겠지만([27] 참조), 민법은 나름대로의 고유한 편성방식을 취하고 있다. 그런데 그 방식은 반드시 상식적인 생활감각에 좇은 것이 아니라, 오히려 이론적이고 추상적인 체계사고에 따르고 있는 것이다. 그리고 대부분의 대학의 커리큘럼은 법학전문대학원을 포함하여 이러한 민법의 편성체계에 좇아서, 민법총칙·물권법·채권총론·채권각론을 독자적인 단위로 만들어 놓고 있다. 그러나 교과과정이 이렇게 되어 있다고 해서 민법의 각 과정을 별개의 독립된 단위로 이해하고 그 사이에 서로 관련이 없는 것으로 생각하여서는 안 된다. 오히려 일정한 생활상의 문제를 중심에 놓고 이와 관련된 제도들을 민법의 여기저기서부터 모아서 종합하여 보는 것은 극히 유익한 일이다. 다시 말하거니와, 민법 전체(가능하면 다른 법분야도 아울러 시야에 두는 것이 바람직하나, 그것은 이 단계에서는 무리일지도 모른다)를 횡단하여 바라보는 것은 제도들 상호간의 관련을 파악하고 하나의 문제를 바라보는 다양한 시각을 익히는 데 절호의 공부가 된다.

제 3 절 금전채권

[24] 금전채권

우리의 설례에서 매도인 A는 B와의 매매계약이 유효하게 성립됨으로써 앞서 본 대로 B에 대하여 매매대금채권을 가지게 되었다. 매매대금채권은 채권 중에서 가장 빈번하게 발생하는 금전채권에 속한다.

금전채권이란 금전의 지급을 청구하는 것을 내용으로 하는 채권을 말한다. 금전채권은 매우 다양한 원인에 기하여 발생한다. 예를 들면 여기서 문제되고 있는 매매계약에 있어서 매도인의 매매대금채권뿐만 아니라 가령 어음이나 수표상의 채권이나 은행 등 금융기관에 대한 예금반환채권은 예외없이 금전채권이다. 물론 돈을 꾸고 갚는 관계에서의 대여금반환채권 등도 대표적인 금전채권의 하나이다. 또 민법은 손해배상은 원칙적으로 금전으로 한다는 태도(이를 '금전배상의 원칙'이라고 부른다)를 취하고 있으므로(민법 제394조. 이 규정은 불법행위로 인한 손해배상채권에 대하여 민법 제763조에 의하여 준용되고 있다), 각종의 원인으로 인하여 발생하는 손해배상채권도 역시 금전채권이다. 또 임대차에서 임차인이 지급하여야 하는 차임이나 보증금, 건축공사계약과 같은 도급계약 또는 의사진료계약과 같은 위임계약에서 약정되는 보수 등도, 반드시 금전으로 지급하여야 하는 것이 아니지만, 실제로는 거의 예외없이 금전으로 지급할 것을 약정하고 있으므로 이 역시 금전채권이다.

이와 같이 금전채권은 오늘날의 경제실상을 반영하여 우리 사회에서 결정적으로 중요한 역할을 하고 있다. 금전채권의 만족을 어떻게 확보할 것인가는 민법의 가장 중요한 문제의 하나로서(우선 뒤의 [205] 참조), 민법은 뒤의 제 5 장에서 보는 대로 이를 위하여 담보제도 등 여러 가지 장치를 마련하고 있다.

그러나 민법이 이에 대하여 명문으로 정하는 것은 몇 조문 되지 않는다. 민법 제376조부터 제378조까지 그리고 제397조의 모두 4개조가 전부이다. 그나마 제377조와 제378조는 다른 나라의 통화로 지급하여야 하는 이른바 외화채권에 관한 것이다. 그러나 이와 같이 금전채권에 대한 명문규정이 적다고 해서, 민법에서의 금전채권의 의미를 과소평가하여서는 안 된다. 특히 채권총칙(민법 제 3 편 제 1 장) 중의 많은 규정이나 제도들은 실제적으로 보면 주로 금전채권을 염두에 두고 마련되었다고 보아야 할 것이다. 그 대표적인 예로는 연대채무·보증채무 등의 이른바 다수당사자의 채권관계(민법 제408조 이하), 채권양도(민법 제449조 이하), 상계(민법 제492조 이하) 등을 들 수 있다. 여기서는 그 중에서 상계와 채권양도에 대하여 보기로 하겠다(아래 [32] 이하 및 [37] 이하). 그리고 금전채권을 주요한 적용대상으로 하는 소멸시효제도에 대하여도 언급하기로 한다(아래 [44] 이하).

그런데 그 전에 금전채무의 이행에 대하여 간략하게 살펴보자.

[25] 금전의 특성

금전도 외계의 공간을 차지하고 있으니까 민법 제98조에서 정하는 "유체물"로서 물건에 해당한다. 금전은 토지도 아니고 그 정착물도 아니므로, 물건 중에서 동산이라고 할 것이다(민법 제99조 참조). 그런데 금전 또는 화폐는 다른 물건과는 다른 독특한 성질이 있다. 금전은 종이나 금속이라는 물질로서의 효용보다는 그것이 가지고 있는 교환가치에 의미가 있는 것이다. 따라서 일반적으로 금전은 그것이 어떠한 형태로 존재하든 그 가치표상의 측면만을 문제삼는 것이 적절하다. 금전이 개성을 가지는 경우는 화폐수집과 같은 매우 예외적인 경우를 제외하고는 별로 없다.

민법이 금전을 다른 물건과 다르게 취급하는 예는 가령 제250조 단서에서 볼 수 있다. 이 규정이 의미하는 바에 대해서는 물권법 교과서를 보라. 그러나 그 이외에도 금전 또는 금전채권은 위와 같은 독특한 성질로 인하여 민법에서 다양하게 특수한 취급을 받고 있다. 가령 금전채무의 불이행에 대하여는 특별한 규정이 있다(민법 제397조. 이에 대하여는 뒤의 [174] 참조). 또 금전에 대한 소유권은 다른 동산과는 달리 금전에 대한 현실적인 직접점유(이에 대하여는 뒤의 [55] 참조)를 가지게 됨으로써 바로 취득된다고 해석되고 있다. 그러니까 가령 훔친 돈이라도 이로써 직접점유를 취득하였으니까 훔친 자가 그 금전의 소유자가 된다는 것이다(이에는 의문이 없지 않다). 그리고 또 금전채무의 이행에 있어서도, 예를 들어 1백만원을 지급하는데 그것을 1만원짜리 지폐 1백장으로 하든 아니면 1천원짜리 지폐 1천장으로 하든 차이가 인정되지 않는다(물론 그것을 10원짜리 동전 10만 개로 하는 것이 적절한 이행이 되는가는 신의칙에 비추어 문제될 수 있다). 또 반드시 금전이 아니더라도 자기앞수표와 같이 금전과 동일한 가치가 있다고 인정되는 것은 이를 채권자에게 교부함으로써 그대로 금전채무의 적법한 이행이 있는 것으로 이해되고 있다.

[26] 대금 지급의 장소

당사자들이 매매계약을 체결할 때에는 목적물이나 대금액, 대금지급날짜와 같은 중요한 사항을 정할 뿐인 경우가 대부분이다. 그리고 가령 매매대금을 어디서 지급할 것인가 등에 대하여는 아무런 합의도 하지 않는다. 이 문제는 어떻게 해결되는가(이는 계약 해석과도 관련되는 것이나, 일단 그 점은 도외시하기로 한다).

위와 같은 문제에 대하여는 민법의 여기저기에 흩어져 있는 규정들을 종합함으로써 해결을 볼 수 있다. 우선 민법 제586조는 "매매의 목적물의 인도와 동시에 대금을 지급할 경우에는 그 인도장소에서 이를 지급하여야 한다"라고 규정하고 있다. 따라서 목적물의 인도와 동시이행관계(앞의 [19] 참조)에 있는 매매대금에 관하여는 그 인도장소에서 지급한다는 것을 알 수 있다. 그러나 '인도장소'란 어디인가. 예를 들어 갑이 을에게 자기 집에 소장하고 있던 그림을 팔았다고 할 때, 그는 구체적으로 목적물을 어디서 인도하여야 하는가. 갑의 집인가, 을의 집인가, 아니면 이도저도 아닌 어느 제3의 장소인가. 이에 대하여는 민법 제467조에서 정하고 있다. 그 중에서 매매목적물인 그림의 인도와 관련이 있는 것은 제1항인데(왜냐하면 위의 예에서 그림은 특정물에 해당하기 때문이다. 특정물/불특정물에 대하여는 뒤의 [204] 참조), 이에 의하면 원칙적으로

"채권 성립 당시에 그 물건이 있던 장소에서 하여야 한다." 그러므로 결국 이때 인도장소란 매매계약 당시 그림이 있던 갑의 집이라는 셈이 되고, 거기서 대금도 지급하여야 한다는 결론이 된다.

그러면 만일 대금은 미리 지급하고 나중에 그림을 인도받기로 하였다면, 따라서 앞서 본 민법 제586조에서 정하는 "매매의 목적물의 인도와 동시에 대금을 지급할 경우"에 해당하지 않는다면, 이 경우에는 대금을 어디에서 지급하여야 할 것인가. 이에 대하여는 민법 제467조 제 2 항이 정하고 있다. 즉 원칙적으로 "채권자의 현주소", 다시 말하면 매매대금채권의 채권자인 매도인의 현주소에서 지급하여야 한다.

[27] 총칙과 각칙

이와 같이 민법은 매매대금의 지급장소에 대하여는 제586조에서 정하고, 변제의 장소에 대하여는 제467조에서 정한다. 그런데 대금의 지급은 대금채무의 이행으로서, 즉 변제로서 하는 것이다. 그렇다면 이와 같이 동일한 사항에 대한 규정은 이를 한곳에 모아서 두는 것이 합리적이 아닐까. 왜 민법은 동일한 사항을 서로 관련이 없어 보이는 뚝 떨어진 곳에서 나누어 규정하고 있을까.

민법의 목차를 펼쳐 보라. 민법은 편, 장, 절, 관, 항으로 나누어 규정들을 배열하고 있는데, 제467조와 제586조는 모두 제 3 편("채권") 안에 편성되어 있다. 그러나 제467조는 그 중 제 1 장("총칙")의 제 6 절("채권의 소멸")에 속해 있고, 제586조는 제 2 장("계약")의 제 3 절("매매")에 들어 있다. '채권'이나 '채무의 소멸'이나 '계약'이나 '매매' 등은 모두 어떠한 실질적인 규율대상을 지시하는 데 반하여, 유독 '총칙'만은 그러한 대상을 지시하지 않는, 말하자면 민법의 편성 그 자체를 위한 용어이다. 그런데 민법의 목차를 잘 살펴보면, 이러한 순수한 기술용어인 '총칙'은 비단 제 3 편 제 1 장에서뿐만 아니라, 여러 군데에서 당당하게 자리잡아 두드러진 위치를 차지하고 있음을 알 수 있을 것이다. 여기서 문제되고 있는 매매에 관한 규정에 이르기까지, '총칙'들은 다음과 같이 배치되어 있다.

제 1 편 <u>총 칙</u>
제 2 편 물 권
제 3 편 채 권
　　제 1 장 <u>총 칙</u>
　　제 2 장 계 약
　　　　제 1 절 <u>총 칙</u>
　　　　제 2 절 증 여
　　　　제 3 절 매 매
　　　　　　제 1 관 <u>총 칙</u>
　　　　　　제 2 관 매매의 효력
　　　　　　………

이렇게 보면, 민법에서 정하는 규율들을 배치하는 방식의 기초를 이루고 있는 것이 바로 총칙 규정과 그 이외의 규정들(이들을 각칙이라고 한다)을 나누는 사고방식, 즉 저자의 표현으로 하자면 '총칙/각칙 구성'임을 알 수 있다(뒤의 제 6 장 제 1 절 Ⅳ. 2.의 설명도 참조하라). 이것은 따지고 보면, 사물의 모든 현상을 일반적인 것과 특수한 것으로 나누어 생각하는 널리 행하여지는 사고방식을 법률의 편성에 끌어들인 데 불과한 것이다. 이러한 편성방식은 우리나라에서도 비단 민법뿐만 아니라, 다수의 규정을 담고 있는 그 밖의 다른 중요한 법률들, 예를 들면 상법(제

1 편)이나 형법(제 1 편 "총칙", 제 2 편 "각칙")에서도 채택되고 있다(한편 민법이나 상법의 제 1 편 '총칙'의 첫머리에 오는 그 제 1 장은 '통칙'이라는 제목을 달고 있다. 이 용어는 예를 들면「가족관계의 등록 등에 관한 법률」제 4 장 제 1 절의 표제에서 보듯이 다른 법률에서도 흔히 쓰이는데, 이는 '총칙'과 같은 의미로서 대체로 '총칙'이라는 말이 반복적으로 사용되는 것을 피하기 위하여 말하자면 미학상의 고려에서 나온 것이다).

총칙은 그 법률 또는 당해 항목에서 다루어지고 있는 사항에 일반적으로 적용되는 규정들을 담고 있다. 민법의 제 1 편 총칙에는 민법에서 정하고 있는 제도 전부에 적용이 있다고 —적어도 이념적으로는— 생각되는 규정들이 포함되어 있다. 또 채권총칙에서는 채권이라면 어떠한 것에든 적용이 있을 것을 —적어도 이념적으로는— 예정하고 있는 규정들이 다루어지고 있는 것이다. 비유하자면 수학에서 $ax+bx=y$ 라는 식을 $x(a+b)=y$ 로 만들어 공통항 x 를 추려내는 것과 같다.

그러나 이는 어디까지나 원칙이고 이념이지, 구체적으로 가령 민법총칙에 포함된 규정이 민법에서 정하여진 제도 전반에 모두 적용되는가는 개별적으로 음미되어야 한다. 특히 그것이 가족관계에 대하여 정하는 제 4 편("친족")에도 그대로 적용되는가는 신중히 검토할 필요가 있다. 하나의 예를 들면 민법총칙의 중요부분을 차지하는 법인(제 1 편 제 3 장)은 친족관계와는 무관한 것이다.

어쨌거나 주의할 것은, 가령 매매계약에 대하여 적용할 것으로 예정되어 있는 규정은 민법의 편성 자체에 의하더라도 우선 민법총칙, 다음에 채권총칙, 나아가 계약총칙, 그리고 마지막으로 "매매"라는 표제를 붙인 항목(제 3 편 제 2 장 제 3 절) 등 여기저기에 흩어져서 존재한다는 점이다. 바꾸어 말하면, 매매계약과 관련한 실제의 또는 이론상의 법률문제에 부딪혔을 때 그에 관한 해결기준을 찾기 위하여는 "매매"라는 표제를 붙인 항목만을 살펴보아서는 안 된다는 것이다. 결국 민법의 구성 자체가 민법 전반에 대한 보다 전문적인 지식을 요구한다고 할 수 있다.

[28] 채권총칙과 채권각칙

채권총칙과 채권각칙도 민법 전체의 총칙과 각칙에서와 같은 방식에 의하여 규정을 구분·편성하고 있다. 즉 채권에 관한 규정에 대하여, 우선 민법 전체에 적용되는 것으로 예정되어서 총칙에 돌려진 것을 제외하고, 그 나머지 중에서 채권 일반에 적용되는 것으로 적어도 이념적으로 생각되는 규정을 제 3 편의 제 1 장 총칙에 두고, 나머지는 이를 다시 제 2 장 이하의 각칙으로 돌리는 것이다. 비유하여 보면 수학식의 $x\{p(a+b)+c\}=y$ 에서 x 가 민법총칙에, p 가 채권총칙에 해당하게 된다.

그리고 그때 각칙의 규정은 다시 채권의 발생원인에 좇아 계약, 사무관리, 부당이득, 불법행위의 각 장(제 3 편 제 2 장부터 제 5 장까지)에 나누어 배치된다. 물론 그 중에서 계약에 관한 규정은 다시 위와 같은 방식으로 총칙/각칙으로 나누어 배열하고, 또 그 중에서 매매계약에 관한 규정에 대하여도 마찬가지이다.

그러므로 채권총칙에는 채권이라고 하면 일반적으로 적용된다고 생각되는 규정들이 담겨져 있다. 예를 들면 채무불이행(뒤의 제 4 장 참조)에 대하여는 민법 제390조 이하가 정하고 있는데, 채무불이행의 문제는 그 채무가 계약으로부터 발생한 것이든 불법행위로부터 발생한 것이든 채무자가 "채무의 내용에 좇은 이행을 하지 아니한 때"에는 제기되는 것이다. 또 이는 가령 민법 제400조 이하에서 정하는 채권자지체의 문제(앞의 [22] "셋째" 참조)에 있어서도 다를 바 없다.

다만 민법의 제 3 편에 있어서는 가령 제 2 편 물권에서와는 달리 그 제 1 장에 많은 수의 중요한 제도들이 규정되어 있다. 그리하여 물권편 총칙은 모두 7개의 조문으로 되어 있음(제185조에서 제191조까지)에 반하여, 채권편 총칙은 도합 154개의 조문으로 되어 있다(제373조에서 제526조까지). 이와 같이 채권총칙의 조문수가 많은 것은 다음과 같은 이유 때문이라고 생각된다. 즉, 채권은 물권과는 달리 당사자들의 의사에 의하여 자유로운 내용으로 설정될 수 있는 것이 원칙이어서(계약내용 형성의 자유. 앞의 [15] 참조. 한편 이와 대비되는 물권법정주의에 대하여는 뒤의 [63] 참조), 다양한 종류와 내용을 가지고 있다. 따라서 당사자들이 구체적으로 합의를 하지 않았을 때를 대비하여 그 합의를 보충하는 규정들 역시 다양하고 풍부하게 마련할 필요가 있고, 또 채권은 당사자에 대하여 일정한 급부의 청구를 내용으로 하는 권리로서 물권에서는 제기되지 아니하는 바의 변제나 기타의 채권소멸사유, 나아가 이행의 확보 또는 채무불이행의 문제 등에 대하여 일반적으로 논의되어야 할 사항이 그만큼 많아지는 것이다.

[29] 변제와 매매대금 지급

총칙/각칙의 한 예를 앞서 본 변제와 매매대금지급의 각 장소에 관한 규정을 통하여 살펴보자. 이행장소는 각종의 채무 전부에서 문제될 수 있다. 가령 피용 근로자가 노무를 제공할 장소, 물건을 인도하는 채무에서 그 인도장소, 빌린 돈을 갚을 장소, 교통사고를 일으켜 물어 줄 치료비를 지급할 장소 등과 같이. 그러므로 이와 같이 채무 전반에 걸쳐서 문제되는 사항에 관한 규정은 채권총칙에 자리잡게 된다. 그것이 바로 민법 제467조이다. 이 규정은 원칙적으로 "채권자의 현주소에서" 변제를 하라고 정하여서, 채무자가 목적물을 들고 채권자에게 가서 이행하여야 하는 이른바 **지참채무**의 원칙을 정한 것이다(동조 제 2 항 본문. 다른 나라의 경우에는 오히려 채권자가 채무자의 주소로 와서 급부를 수령하여 가야 한다는 이른바 **추심채무**의 원칙을 채택하는 예가 많다. 어느 편이 더 낫다고 생각하는가?). 다만 특정물을 인도할 채무에 대해서만은 "채권 성립 당시에 그 물건이 있었던 장소"라고 하여 그 예외를 정하였다(제 1 항). 특정물인도채무는 여러 가지의 원인에 기하여 발생할 수 있기 때문에, 역시 이에 대한 총칙적 규정을 둘 수 있을 것이다.

그러나 매매대금은 금전으로서 특정물이 아니므로(따라서 불특정물이다), 그것도 역시 원칙에 좇아 채권자(즉 매도인)의 현주소에서 지급하여야 할 것인가? 그렇지 아니하고, 대금을 매매목적물의 인도와 동시에 지급하여야 할 경우라면 아예 한꺼번에 그 인도가 이루어지는 장소에서 지급하는 것이 당사자에게 편리하겠다고 보아, 민법이 이 경우에 대하여 예외를 정하는 것이 바로 제586조이다. 금전채권을 가지는 사람쪽에서 동시에 목적물의 인도라는 채무도 부담하고 있는 경우에는, 두 개의 대립하는 채권채무를 모아 한꺼번에 일을 처리하기 위하여, 그 중에 보다 간편한 금전지급을 목적물의 인도장소에서 하도록 하려는 것이다. 그러므로 매매로 인한 대금지급채무에 대하여 특별히 규정을 두면 족하고, 기타의 원인에 의하여 발생한 대금지급채무에는 적용이 없다. 따라서 이 규정은 매매만에 관련되는 각칙으로 자리잡은 것이다.

[30] 준 용

그러나 잘 살펴보면, 민법 제567조는 "본절의 규정[즉 매매에 관한 규정]은 매매 이외의 유상계약有償契約에 준용된다. 그러나 그 계약의 성질이 이를 허용하지 아니하는 때에는 그러하지 아니하다"라고 정하고 있다. 여기서 '준용'이라고 하는 것은 필요한 경우에는 그 한도에서 변경을 가하여 적용한다는 의미이다. 그러므로 위 규정에서 단서로 "그 계약의 성질이 이를 허용하지 아니하는 때에는 그러하지 아니하다"라고 하는 것은 당연한 것을 덧붙인 데 불과하다고 하겠다. 이와 같은 준용이 빈번하게 이루어지면 법률의 조문수는 줄일 수 있어서 간결한 체제를 갖추는 이점은 있으나, 다른 한편으로는 법률의 이쪽저쪽을 부지런히 들춰보아야 규정의 전모를 파악할 수 있게 되는 불편함이 있다.

그러면 매매대금의 지급장소에 관한 제586조는 매매 이외의 어떠한 계약에 적용될 것인가? 그 전제로는 위의 제567조에서 말하는 '유상계약'의 의미가 명확하게 되어야 할 것이다. 그러나 이 점은, 앞에서 본 쌍무계약의 개념([17] 참조)과 구별하는 데 초보자로서는 어려움이 있을 것이므로 더 이상 들어가지 않고, 다만 임대차나 도급 등과 같은 쌍무계약은 모두 유상계약에 해당한다는 것만을 말하여 두기로 한다. 그러면 임대차계약을 체결하고서 임차인이 그 이행으로 보증금을 지급하기로 한 경우, 그 보증금은 어디에서 지급되어야 할까? 스스로 생각하여 보기 바란다.

[31] 임의규정

이상과 같이 민법은 매매대금의 지급장소에 관하여 규정을 두고 있다. 그러나 당사자 사이에 대금지급장소에 관하여 별도의 약정을 한 경우에는 그에 따라야 한다. 예를 들어 부동산중개업자의 사무실에서 부동산등기에 필요한 서류와 맞바꾸어서 잔금을 지급하기로 정하였다면 그렇게 하여야 하는 것이다.

이처럼 당사자들이 그와는 다른 내용으로 계약을 체결하여도 그 계약의 효력에 영향을 미치지 않는 법률규정을 임의규정이라고 한다. 그리하여 임의규정은 그에 반하는 계약조항이 없는 경우에만 계약을 보충하는 지위에서 적용되는 것이다(민법 제105조 참조). 다시 말하면 임의규정은 당사자들이 따로 약정한 바가 없는 한 계약의 내용이 되는 것으로서, 민법에서 계약에 관하여 규정한 것은 통상적으로 이에 해당한다. 이와는 달리, 그에 반하는 약정은 효력을 가질 수 없는 법률규정을 강행규정이라고 한다. 양자의 구별 기타에 대하여는 나중에 살펴보기로 한다(뒤의 [125] 참조).

[32] 상 계

금전채무를 이행하려면, 현금 또는 이와 동등한 가치가 있는 것(예를 들면 자기앞수표)을 채권자에게 인도함으로써 할 수 있고, 또 그것이 가장 흔히 행하여진다. 그러나 우리의 설례에서 대금지급채무를 부담하는 B가 A에 대하여 가령 5천만원의 대여금채권을 가지고 있다고 해 보자. 이와 같이 서로 간에 같은 종류의 채권을 가지는 경우에는 그 각자의 채무를 대등하게 서로 맞비겨 없애고 나머지 채무만을 이행하면 된다고 하면, 즉 B는 매매대금 5억원에서 자신이 받아야 할 5천만원을 빼고 나머지 4억 5천만원만을 지급할 채무를 지게 된다고 하면 편리할 것이다.

민법은 그러한 처리를 인정하여 상계相計라는 제도를 마련하고(민법 제492조 이하), 그 당사자 중의 한 사람이 서로 맞비기기로 하는 의사표시(즉 상계의 의사표시)를 하면 그것만으로써 서로의 채권은 대등하게 소멸하는 것으로 정하고 있다. 이 경우에 상계의 의사표시를 하는 사람이 가지고 있는 채권을 자동채권自動債權이라고 하고, 상대방이 가지고 있는 채권을 수동채권受動債權이라고 한다.

[33] 상계의 요건

상계는 어떠한 경우에나 허용되는 것은 아니다. 상계가 유효하게 이루어지려면 다음의 두 요건이 갖추어져야 한다. 첫째, "쌍방이 서로 같은 종류를 목적으로 한 채무를 부담한 경우"이어야 한다. 그러므로 비단 금전채무끼리뿐만 아니라, 예를 들면 백미 5가마의 인도채무와 백미 10가마의 인도채무끼리와 같이 '같은 종류의 채무'이기만 하면 된다. 그러나 실제에 있어서 상계의 대상이 되는 것은 금전채무인 경우가 대부분이다. 둘째, 그 쌍방의 채무가 "이행기가 도래"한 상태에 있어야 한다(이상 민법 제492조 제 1 항 참조).

이상의 두 요건이 갖추어진 상태를 상계적상相計適狀이라고 부른다. 그러나 후자의 요건과 관련하여서는 상계의 의사표시를 하는 사람의 채무, 즉 수동채권에 대하여는 아직 그 이행기가 도래하지 않더라도 상관없다고 해석되고 있다. 왜냐하면 그러한 기한은 채무자를 위하여 설정된 것으로 추정되고 있는데 이때 채무자로서는 이러한 기한의 이익을 포기하여(이상 민법 제153조 참조) 이행기가 도래된 것으로 할 수 있기 때문이다. 예를 들어 앞의 예에서 A에게 매매대금을 지급하기로 정한 시기가 아직 되지 아니하였다고 하여도, B는 자신이 A에 대하여 바로 대여금의 반환을 청구할 수 있기만 하다면, 자신의 이 채권을 가지고 상계를 하여 A의 매매대금채권 중 5천만원을 소멸시킬 수 있는 것이다.

그런데 쌍방이 가지는 각각의 채권이 위와 같은 요건을 충족한다고 하여도, 다음의 두 경우에는 상계가 허용되지 아니한다. 첫째, "채무의 성질이 상계를 허용하지 아니할 때"이다(민법 제492조 제 1 항 단서). 그 예로서는, 채권자의 초상을 그리는 것과 같이 채무의 내용이 성질상 서로 동일한 것이라고 할 수 없는 경우를 들 수 있다. 둘째, "당사자가 다른 의사를 표시한 경우"이다(민법 제492조 제 2 항 본문). 즉 채권자와 채무자가 일정한 채권은 현실적으로 만족되어야 하지 채무자가 반대채권을 가진다고 해서 상계할 수는 없다고 약정한 경우가 그것이다. 그러나 이러한 합의는 선의의 제 3 자에게 대항할 수 없다(동항 단서. '선의의 제 3 자'에 대하여는 뒤의 [101], [103] 참조). 그러므로 가령 상계제한의 약정이 있는 채권이 후에 제 3 자에게 양도된 경우에 그 양수인이 그러한 약정의 존재를 알지 못하였다면, 그는 그 채권으로써 채무자에 대하여 부담하는 반대채무를 상계할 수 있다. 그리고 그 외에도 법률이 일정한 채권에 대하여는 상계를 할 수 없는 것으로 정하는 경우도 있다(예를 들면 민법 제496조 등 참조).

[34] 법률요건과 법률효과

여기서 잠시 지금까지 상계의 요건에 대하여 설명한 것을 되씹어 보면서, 법 공부의 어떠한 패턴을 지적하여 보기로 한다.

지금까지 우리는 여러 가지의 법제도와 법개념에 접하여 왔다. 계약의 유효한 성립, 대리, 동시이행의 항변권, 변제, 변제의 제공, 금전채권, 상계 등등이 그것이다. 그러나 이러한 여러 가지 법제도나 법개념에 공통된 것은 무엇이냐 하면, 그것은 모두 권리 또는 의무와 관련되어 있다는 것이다. 즉, 그것은 발생된 권리 또는 의무의 내용과 관련된 것이거나 그 권리 또는 의무가 발생·이전·소멸 또는 내용변경(이들을 합하여 '변동'이라고 부를 수 있을 것이다)이 일어나는 데 필요한 전제요건에 대한 것이다. 따지고 보면, 민법은 그러한 권리의무의 변동을 정하는 법이라고 할 수 있다.

그리고 그것을 정하는 방식은 결국 "이러저러한 전제요건이 충족되면 이러저러한 권리(또는 의무)의 변동이 일어난다"고 하는 조건명제("if …, then …")로 요약될 수 있다. 이러한 조건명제에 의한 규정방식은 비단 민법뿐만 아니라 다른 법에서도 일반적으로 통용된다. 예를 들면 형법 제250조 제 1 항은 "사람을 살해한 자는 사형, 무기 또는 5년 이상의 징역에 처한다"라고 규정하고 있다. 이는 "만일 어떠한 사람이 다른 사람을 살해하였으면, 그는 사형, 무기 또는 5년 이상의 징역에 처하여져야 한다"는 명제로 치환될 수 있는 것이다.

여기서 조건에 해당하는 것("if …")을 법률요건이라고 하고, 결과에 해당하는 것("then …")을 법률효과라고 부른다. 결국 민법을 공부한다는 것은, 거칠게 요약한다면, 일차적으로 법률요건과 법률효과의 여러 가지 결합을 배우는 것이라고 할 수 있다. 그러므로 민법 교과서의 대부분이 요건과 효과의 설명으로 채워져 있는 것도 당연한 일이라고 하겠다.

[35] 법률요건의 이해 — 적극요건과 소극요건

예를 들어 앞의 [33]에서 본 상계의 경우를 보자. 그 법률효과는 채무(또는 그 반면으로서의 채권)의 소멸이다. 그러므로 상계는 채권의 소멸을 일으키는 각종의 사유가 규정되어 있는 민법 제 3 편 제 1 장의 제 6 절에 다른 사유들, 가령 앞서 본 변제([21] 참조) 등과 함께 규정되어 있는 것이다. 다만 주의할 것은 그 절에서 열거되어 있는 것은 채권의 소멸을 가져오는 사유의 — 물론 가장 중요한— 일부이고, 그 전부는 아니라고 하는 점이다. 하나의 예를 들면, 채무자에게 귀책사유 없는 이행불능도 그 채권을 소멸시킨다(뒤의 [140] 참조).

상계로 인한 그러한 법률효과의 발생은 다음과 같은 두 개의 요건에 걸려 있다. 하나는 상계적상의 존재이고, 다른 하나는 상계의 의사표시이다. 그리고 첫번째의 상계적상도 다시 앞서 본 대로 여러 가지의 전제조건에 걸려 있다. 그런데 이들 상계적상의 요건을 잘 살펴보면, 이는 대체로 다음의 둘로 나눌 수 있음을 알 수 있다. 하나는 그 요건이 **모두** 갖추어지면 일반적으로 상계적상을 **적극적으로** 인정할 수 있는 요건들이고, 다른 하나는 특별히 그 요건 중의 하나가 갖추어지면 상계적상이 **소극적으로** 부인되는 요건들이다. 즉, (i) "쌍방이 서로 같은 종류를 목적으로 한 채무를 부담"할 것, 그리고 (ii) "그 쌍방의 채무의 이행기가 도래"할 것이라는 둘이 전자에 속한다. 이 둘의 요건이 충족되면 일단은 상계적상이 존재한다고 볼 수 있다. 그러나 특별히 (iii) "채무의 성질이 상계를 허용하지 아니할 때", 또는 (iv) "당사자가 다른 의사를 표시한 경우"라는 것(그 외에 "법률이 상계를 허용하지 아니하는 경우"를 들 수 있을 것이다)은 그 중 어느 하나라도 충족되면 상계적상이 부인되는 것으로서, 후자에 속한다.

그리고 민법 자체도 이러한 구분을 전제하여 규정을 마련하고 있는 것으로 보인다. 즉, 위의 (i), (ii)는 상계적상의 적극적 요건으로 하여 제492조 제 1 항의 본문에서 정하고 있는 반면("… 한 때에는, … 상계할 수 있다"), (iii), (iv)는 소극적 요건, 즉 일반적으로는 상계할 수 있는 것을 특별히 부인하는 경우로서 정하고 있다(동항 단서: "… 할 때에는 그러하지 아니하다." 동조 제 2 항 본문: "전항의 규정은 … 적용하지 아니한다"). 그리고 또한 이러한 구분은 민사소송에서 극히 중요한 사항인 주장책임 및 증명책임(이에 대하여는 뒤의 [160] 참조)을 누구에게 부담시키는가 하는 문제에 대하여 중요한 해결기준이 되고 있는데, 이 점에 대하여는 여기서는 더 이상 언급하지 않기로 한다.

물론 상계적상의 요건으로 (i), (ii)와 아울러, (iii-1) 채무의 성질이 상계를 허용할 것, (iv-1) 당사자가 다른 의사를 표시하지 아니하였을 것 등으로 말을 바꾸어 나열하는 것도 불가능한 것은 아니다. 그리고 지금까지의 대부분의 교과서는 역시 이러한 서술방식을 채택하여 왔다. 그러나 이러한 서술은 서로 다른 성질의 요건을 별다른 지적 없이 순접시키고 있는 것이어서 과연 적절한지 의문이 들기도 한다. 그와 같이 하는 경우에는 원칙/예외의 관계를 불분명하게 하고, 또한 부정의 부정이라는 논리적으로 복잡한 서술을 많이 하게 된다. 가령 위의 (iii-1)을 보면, 대부분의 채무는 성질상 상계가 허용되는 것이므로, 요건을 이와 같이 설정하는 것은 당연한 것을 새삼스럽게 내세우는 셈이 되고, (iv-1)은 "다른 의사를 표시하지 아니하였을 것"이라고 하여 불필요한 말하자면 이중부정의 명제를 택하게 되는 것이다. 오히려 위의 (i), (ii)와 같은 적극적인 요건과 (iii), (iv)와 같은 소극적인 요건을 의식적으로 명확하게 구분하여 생각하는 것이 긴요하다고 생각된다. 즉, 앞서 본 바와 같은 조건명제는 "이러저러한 전제요건이 충족되면, 이러저러한 반대의 사정이 없는 한, 이러저러한 권리(또는 의무)의 변동이 일어난다"는 식으로 이해하여 가는 것이 사고를 명료하게 하는 데 합목적적이다.

이상의 설명은 비단 상계의 경우뿐만 아니라 대부분의 법률요건에도 해당되는 말이다. 그 경우 아마도 여러분은 적극요건은 누적적으로, 소극요건은 개별적으로 법률효과와 연결되는 일이 대부분임을 알게 될 것이다. 즉 적극요건은 그 요건들이 모두 충족된 경우에만 법률효과를 발생시키는 구조를 가지고 있음에 반하여, 소극요건은 그 중 어느 하나만이 충족되어도 그 법률효과의 발생을 저지하는 것이다.

[36] 원칙과 예외

이상과 같은 원칙/예외의 사고틀은 총칙/각칙의 사고틀(앞의 [27] 이하 참조)과 함께 법 공부에 있어서 가장 기본이 되는 사고방식이다. 법은 실제로 이 양자의 사고틀을 종횡으로 다양하게 구사하면서 그 법이 다루어야 할 소재들을 하나의 체계로 구성하고, 그 내용을 채워 간다. 민법에 대한 설명은 많은 경우에 원칙적인 것을 앞세우고, 그것의 일반성(두루 적용되는 것)을 제약하는 개별적인 예외들, 그리고 그 예외에 대한 예외들을 겹쳐 간다. 가령 앞의 상계의 예에서 (iv)의 "당사자가 다른 의사를 표시한 경우"(민법 제492조 제 2 항 본문)는 상계적상이 예외적으로 부인되는 경우를 정한 것이고, 그러므로 그러한 합의가 있는 경우에는 상계는 효력을 발생시키지 못한다. 그러나 "그 의사표시로써 선의의 제 3 자에게 대항하지 못한다"(동항 단서)고 하므로, 그 예외에 대한 예외로서 '선의의 제 3 자'에 대하여는 그 상계는 효력을 가지게 되는 것이다.

[37] 채권의 양도

주로 금전채권과 관련되는 민법상의 중요한 제도 중의 하나에 채권양도가 있다. 여기서 채권양도를 설명하는 것은 단지 그것이 주로 금전채권과 관련된 제도라는 이유에서뿐만 아니라, 그 제도는 다음 장에서 보려는 소유권 양도와 함께 이해하는 것이 편리하기 때문에 그 순서를 고려하여서이다.

채권도 하나의 독립된 재산적 권리로서 그 점에서 물건(보다 정확하게는 소유권)과 하등 다를 바가 없어서 이를 다른 사람에게 양도할 수 있다. 채권을 매도하여 그 대금을 얻는다든가 또는 담보를 위하여 다른 채권자에게 양도하는 일은 실제로도 빈번하게 일어나고 있다. 또 근자에는 기업이 일정한 종류의 영업행위에 의하여 취득한 또는 취득할 다수의 채권(예를 들면 제조회사 또는 판매회사의 물품외상대금채권)의 전부 또는 일부를 특히 금융기관의 대출금채권을 담보하기 위하여 그 금융기관에 양도하는 일(이른바 집합채권양도담보)도 드물지 않게 행하여진다. 물론 우리의 설례에서 A가 가지는 개별적인 매매대금채권도 양도할 수 있는 것이다.

[38] 채권양도가 제한되는 사유

한편 민법은 예외적으로 채권이라도 양도할 수 없는 사유로서 둘을 정하고 있다. 하나는, "채권의 성질이 양도를 허용하지 아니하는 때"이다(제449조 제 1 항 단서). 주요한 것으로는 채권자가 바뀌게 되면 채무자가 하여야 할 이행의 내용이 아주 달라지게 되는 채권이 이에 해당한다. 예를 들면 채권자에게 일정한 기능을 교육시키는 것을 내용으로 하는 채권은, 채권자의 현재의 교육이나 지능 또는 숙련도 등의 정도에 따라 내용이 현저하게 달라지므로, 채권양도가 인정되지 않는다. 그리고 판례는 대법원 2001년 10월 9일 판결 2000다51216사건(대법원판례집 49권 2집, 156면) 이래로 부동산 매매로 인한 소유권이전등기청구권은 원칙적으로 그 성질상 양도가 제한되고 그 양도에 채무자의 승낙을 요한다는 태도를 취한다.

민법이 예외적으로 채권이라도 양도할 수 없는 사유로서 정하는 또 하나는 "당사자가 반대의 의사를 표시한 경우"(제449조 제 2 항 본문), 즉 채권자와 채무자가 당해 채권은 양도하지 못한다고 하는 합의, 즉 양도금지의 약정을 한 경우 또는 그 외에 일정한 제 3 자의 동의를 받아야 양도할 수 있다는 등으로 채권자와 채무자가 양도의 제한에 관하여 약정한 경우이다. 이러한 약정은 실제로 특히 채권자의 채권 관리의 필요를 위하여 드물지 않게 행하여진다(바로 뒤에 나오는 금융기관과의 예금계약에서의 경우 등).

그러나 이 경우에도 채권자가 그 합의에 반하여 그 채권을 양도하더라도 '선의의 제 3 자'에게는 "대항하지 못한다"(동항 단서). 민법의 여기저기에 나오는 이 "선의의 제 3 자에게 대항하지 못한다"는 규정의 일정한 경우에 관하여는 그 의미를 뒤에서 설명하기로 하는데([99] 이하 참조), 채권양도에 대하여 말하자면 채권을 양도받은 사람이 그러한 합의가 있는 사실을 알지 못하였던 경우에는 그는 원래의 채권자와 채무자 사이의 그러한 합의에도 불구하고 그 채권을 적법하게 취득하게 된다는 뜻이다.

한편 대법원 1996년 6월 28일 판결 96다18281사건(대법원판례집 44권 1집, 665면) 이래 판례는 그러한 합의의 존재를 알지 못한 데 중대한 과실이 있는 경우에는 이를 '악의의 양수인'과 마찬가지로 보아 양수인의 채권 취득을 부인한다. 그리고 특히 예금채권에 대하여 대법원 2003년 12월 12일 판결 2003다44370사건(판례공보 2004상, 127면)은 "일반거래약관인 예금거래기본약관에 각종의 예금채권에 대하여 그 양도를 제한하는 내용의 규정이 있음은 적어도 은행거래의 경험이 있는 자에게는 널리 알려진 사항에 속한다"는 이유로 은행거래의 경험이 있는 사람이 예금채권을 양수한 경우에는 특별한 사정이 없는 한 그 양도 제한의 특약이 있음을 알았거나 알지 못한 데 중대한 과실이 있다고 보아야 한다고 판시하였다.

그런데 여기서 위 민법 규정에서 정하는 '양도하지 못한다'고 함은 구체적으로 어떠한 법적 효과를 낳는 것인가? 여기서는 대표적으로 양도 금지의 약정만을 논의하기로 한다. 이에 대하여는 일반적으로 위와 같은 약정으로 당해 채권은 아예 양도성을 상실하여, 즉 채권자의 양도 권능은 처음부터 인정되지 아니하여, 그에 반하여 행하여진 양도는 효력을 가질 수 없고 따라서 양수인은 채권을 취득하지 못하며, 이는 어느 누구에 대한 관계에서도 마찬가지라고 이해되어 왔다(이른바 물권적 효과설. 앞에서 본 "선의의 제 3 자에게 대항하지 못한다"는 규정이 바로 그와 같은 효과에 대하여 예외를 인정하는 취지라는 것이다). 우리 판례도 비교적 근자의 것만을 들더라도 대법원 2000년 12월 22일 판결 2000다55904

사건(판례공보 2001상, 354면); 대법원 2009년 10월 29일 판결 2009다47685사건(판례공보 2009하, 1996면) 등에서 보는 대로 일관되게 이러한 태도를 취하여 왔다.

이러한 태도는 소유권과 같은 물권과 현저히 차이가 나는 점이다. 즉 어떤 물건에 대하여 양도인과 양수인이 이제 소유권이 제 3 자에게 양도될 수 없다고 약정하였더라도, 이로써 양수인(즉 소유자)의 양도 권능이 소멸하지 않으며, 그가 이를 제 3 자에게 양도하면 그 새로운 양수인은 유효하게 소유권을 취득한다. 다만 위 약정에 반하여 양도를 한 원래의 양수인은 원래의 양도인에 대하여 계약 위반을 이유로 하는 손해배상 등 채무불이행의 책임을 질 뿐인 것이다(이른바 채권적 효과설. 매도인이 동일한 목적물에 대하여 이중으로 매매계약을 체결한 경우에 대한 뒤 [61]의 설명도 참조).

이에 대하여는 근자에 채권의 양도성을 드높일 실제상의 필요, 그리고 채권도 하나의 권리로서 양도 제한 약정의 효력을 소유권 등의 경우와 달리 취급할 이유가 없다는 이론적인 관점 등에 입각하여 채권양도 제한의 약정에 대하여도 채권적 효과설을 주장하는 입장이 전혀 없지는 않았다. 특히 일본에서는 2017년의 민법 대개정(시행은 2020년 4월부터)으로 채권양도 제한 약정의 효력에 관하여 채권적 효과설의 입장을 정면으로 받아들이는 획기적인 전환을 실현하고, 그 전환에 부수하여 필요한 많은 새로운 규정을 두기에 이르렀다.

그러나 우리가 이와 같이 다양한 입법적 보완조치(하나의 쉬운 예를 들면, 채권적 효과에 의하면 새로운 양수인이 악의라도 채권을 취득하는데, 그 경우에도 채무자는 그에 대하여 원래대로 채무를 이행하여야 할지, 그렇지 아니하고 오히려 이를 거절할 수 있어야 하지 않을지 하는 문제는 해석론의 범위를 넘어선다고 생각된다)를 행함이 없이 현행 민법의 해석으로 위와 같은 입장의 전환을 행하는 것이 바람직한가에는 의문이 크다고 하지 않을 수 없다. 그리하여 채권양도 금지 약정의 효력을 다시금 정면에서 다룬 대법원 전원합의체 2019년 12월 19일 판결 2016다24284사건(대법원판례집 67권 민사편, 1190면)은 채권적 효과설을 주장하는 4인 대법관의 반대의견을 설득력 있게 물리치고 물권적 효과설을 그대로 유지하는 태도를 취하고 있다.

이상과 같은 제한에 해당하지 않는 채권은 어떠한 내용의 것이라도 유효하게 양도할 수 있다. 그러나 실제로 채권양도의 대상이 되는 것은 주로 금전채권이다. 이는 금전이 누구에게나 또 언제나 유용하다고 하는 그 보편적 성질과 관련될 것이고, 나아가 금전은 앞서 말한 대로 개성이 없어서 당사자가 누구라도 채무의 이행 등에서 거의 아무런 차이가 없다는 것도 중요할 것이다. 우리의 설례에서 A는, 양도하지 못한다는 별도의 합의를 B와 하지 않은 한은, 그가 취득한 B에 대한 금전채권인 매매대금채권을 자유롭게 양도할 수 있다.

[39] 채권양도의 유효요건

채권양도는 원래의 채권자(이를 양도인이라고 한다)와 그 채권을 양도받는 사람(이를 양수인이라고 한다) 사이의 합의에 의하여 이루어진다. 그리고 그러한 합의만에 의하여, 다시 말하면 부동산에서와 같은 등기나 동산에서와 같은 점유의 이전(즉 인도)을 하지 않고도, 그 채권양도는 효력이 생긴다. 또 A의 금전채권과 같이 채권자가 특정인으로 지정되어 있는 채권을 지명채권指名債權이라고 하는데, 이러한 지명채권의 양도에는 설사 그 채권에 관하여 증서(예를 들면 차용증)가 있는 경우에도 그 증서의 교부가 요구되지 않는다.

반면에 채권자가 특정되어 있지 않은 채권, 예를 들면 지시채권(민법

제508조 이하)이나 무기명채권(민법 제523조 이하)의 경우에는 그 증서의 교부가 요구된다.

따라서 A가 매매계약상의 대금지급기일 전에 급히 현금이 필요한 경우에 C에게 그 금전채권을 매도하는 계약을 체결하고 이를 넘기는 것으로 하면, 그 채권은 이제 C에게 속하게 된다. 한편 채권양도에서도 소유권 양도에서와 같이 채권매매계약과 같은 채권양도의 원인행위(채권행위)와 준물권행위로서의 채권양도계약은 별개의 법률행위이고, 또 채권양도계약의 효력은 그 원인행위의 하자에 의하여 영향을 받는데, 이에 대하여는 뒤의 [66] 이하에서 물권변동의 경우와 합하여 일반적으로 살펴보기로 한다.

[40] 대항요건

이러한 설명에 대하여는 당연히 다음과 같은 의문이 떠오를 것이다. 그렇다면 채무자 B는 아주 곤란한 처지에 빠지지 않는가. 과연 A가 그 채권을 양도하였는지 알 수 없는 B로서는 그 사실을 모르고 이미 채권자가 아니게 된 A에게 대금을 지급하는 경우도 있을 것인데, 그가 후에 채권양도사실을 알게 되고 채권자가 아닌 A에게 이미 지급한 것이 밝혀지면, 이제 그는 A로부터 그 돈을 반환받아 다시 채권양수인 C에게 지급하여야 하는 성가신 일을 해야 한단 말인가. 이러한 의문이 제기되는 것은 당연한 일이다. 다른 공부에 있어서와 마찬가지로 법 공부에 있어서도 끊임없이 의문을 제기하는 자세가 매우 중요하다.

우리 민법은 이 문제를 다음과 같이 처리하고 있다. 양도인, 즉 원래의 채권자가 양도의 사실을 채무자에게 통지하거나 채무자가 그 양도를 승낙하지 않으면, 그 양도를 “채무자 기타 제 3 자에게 대항하지 못한다”(민법 제450조 제 1 항). 즉 그러한 통지나 승낙(이 둘 중에서 실제상 압도적으로 중요한 것은 전자이므로 이하에서는 주로 이것만을 살펴보기로 한다. 그러나 설명은 기본적으로 둘 모두에 타당하다)이 없으면 양수인은 그 채권을 채무자 기타 제 3 자에게 주장하지 못해서 그 이행을 청구할 수 없다는 것이다. 여기서의 통지 등을 채권양도의 대항요건이라고 한다. 그러므로 C에게 대금채권을 양도한 A가 이를 B에게 알려야만, C는 B에 대하여 채권자로서 행세할 수 있다. 한편 기업이 가지는 각종의 재산을 보다 용이하게 처분 또는 담보제공할 수 있게 하는 이른바 '유동화'의 필요에 대처하기 위하여 「자산유동화에 관한 법률」은 일정한 집합적 채권에 대하여 이러한 대항요건을 완화하고 있다(특히 동법 제 7 조 제 2 항, 제 6 조 참조).

위와 같은 채권양도의 통지는 앞서 본 대로 양도인, 즉 원래의 채권자가 하여야 하고, 양수인이 한 것은 대항요건으로서의 효력이 없다. 그러나 양수인은 양도인으로부터 그 통지를 할 것을 위탁받아 양도인의 대리인으로서 이를 할 수는 있다. 그 경우에는 양도통지가 양도인을 대리하여 행하여지는 것임을 표시하여야 하는 것이 원칙이나(민법 제114조 제 1 항. 앞의 [10]도 참조), 그 예외에 대하여는 뒤의 [106]에서 보는 대법원 2004년 2월 13일 판결 2003다43490사건(대법원판례집 52권 1집, 52면)을 참조하라.

[41] 공시의 필요

일반적으로 어떠한 권리에 관하여 거래관계를 맺으려는 사람들은 실제로 거래에 들어가기 전에 그 권리의 존재와 내용을 정확하게 알게 되기를 희망한다. 만일 그것을 잘 알지 못하면, 그 거래를 맺어서 자신의 재산에 관하여 일정한 처분(예를 들면 대가의 지급으로 금전을 지출하는 것)을 하는 것에 불안을 느끼게 되어, 그 거래 자체를 거부하거나 또는 적어도 체결을 늦추거나 아니면 교섭과정에서 불필요한 분쟁이 발생하게 된다. 그러므로 이러한 불안을 없애서 거래가 원만하고 활발하게 전개되도록 하기 위하여는, 그 권리의 존재와 내용을 당사자 이외의 사람들에게 공개적으로 보여 줄 필요가 있다. 이를 통상 '공시의 필요'라고 부르며, 시장경제의 내부질서를 다루는 민법은 이 필요의 충족에 매우 큰 관심을 보이고 있다.

특히 이러한 공시의 필요는 소유권의 변동이나 담보권(특히 저당권)의 설정 등의 경우에 현저하게 나타난다(이에 대하여는 뒤의 [64] 이하에서 보기로 한다). 그러나 공시의 필요는 비단 물건거래에서만 제기되는 것은 아니다. 물론 채권, 특히 계약으로부터 발생하는 채권은 그 성립이 당사자의 의사에 맡겨져 있으나, 이미 성립한 채권을 그 자체 하나의 권리로서 물건과 같이 처분하려고 하는 경우에는 앞서 본 대로 공시의 필요가 제기되는 것이다. 그러나 물건의 경우에서의 공시방법, 즉 등기 또는 점유라는 것을 채권에 대하여 마련하는 것은 용이한 일이 아니므로(할부금채권 등과 같이 기업이 가지는 동종의 다수 채권을 등기하는 방안도 있기는 하다. 「동산·채권 등의 담보에 관한 법률」 제34조 이하. 이에 대하여는 뒤의 [244] 참조), 민법은 채무자의 인식을 매개로 하여 이를 충족한다는 방책을 세운 것이다.

이와 같은 '공시의 필요'에 대하여 대법원 2011년 2월 24일 판결 2010다96911사건(판례공보 2011상, 644면)은 채권양도와 관련하여 다음과 같이 설시한다.

"채권의 양도에 법이 당사자들의 양도 합의 외에 채무자에의 통지 등의 대항요건을 요구하는 것은 채무자에 대하여 채권자가 누구인지를 명백하게 한다는 것 외에도 채권의 귀속 등에 관한 채무자의 인식을 통하여 채권에 관한 거래를 보다 원활하게 하려는 것이다. 어떠한 채권을 양수하거나 그에 담보를 설정받는 등으로 채권에 관하여 거래를 하고자 하는 사람은 채권이 실제로 존재하는지, 그 내용은 어떠한지, 또 무엇보다 채권자가 누구인지 등에 관하여 가능한 한 확실한 정보를 얻고자 한다. 그러한 정보가 없으면 그 사람은 양수 등의 거래를 함에 있어서 명백한 불안을 안게 되어, 거래 자체를 꺼리거나 아니면 상대방, 즉 채권을 양도 기타 처분하려는 사람에게 현저히 불리한 조건이 아니면 양수 기타 거래를 하지 않게 될 것이고, 한편 이와 같이 상대방에게 현저히 불리한 조건의 거래는 당연히 상대방 측이 마다하게 된다. 따라서 재화의 원활한 유통에 큰 가치를 두는 우리 법은, 부동산에 관하여는 등기를, 동산에 관하여는 점유를 이른바 공시방법으로 채택한 것과 같이, 지명채권에 관하여는 일반 제 3 자가 채무자에게 탐문함으로써 채권의 존재와 귀속 등에 관한 정보를 획득할 수 있도록 구상한 것이라고 할 수 있다. 채권양도의 사실을 채무자에게 통지하는 것을 —채무자의 '승낙'과 함께. 여기서 '승낙'은 그 말의 통상적인 뜻과는 달리 채무자가 채권양도의 사실을 '알고 있음'을 밝히는 것을 말한다 — 채권양도의 기본적인 대항요건으로 요구하는 것이 바로 그 구상의 구체적인 예이다(민법 제450조. 채권에 대하여 민법이 인정하는 유일한 담보권인 질권의 설정에 있어서도 마찬가지이다. 민법 제349조 참조)."

이상 설명한 바와 같이 거래의 원활과 안정을 도모하기 위하여 권리의 존재와 내용 등을 일정한 장치에 의하여 외부에 명확하게 알리려고 도모하는 법 목표를 통상 '공시의 원칙'이라고 한다. 민법은 채권에서는 물론이고 뒤에서 보는 대로 등기 등을 통하여 소유권 기타 물권에 관하여도 이를 추구하는 것이다([64] 참조).

[42] 채권의 이중양도

그러면 채권양도의 대항요건으로 채무자에게 하는 통지만으로 충분한가. 다음과 같은 경우를 생각하여 보자. A가 B에 대한 매매대금채권을 C에게 양도하고 이 사실을 채무자 B에게 통지하였다. 그런 다음 그 후에 A, B와 D의 세 사람이 서로 짜고, A의 대금채권을 D가 먼저 양도받았고 B에의 양도통지도 먼저 있었으므로 C는 이미 양도되어 없는 채권을 A로부터 양수한 것으로서 결국 아무런 권리도 얻지 못하였다고 거짓주장을 하여 오면, 어떻게 되는가.

C가 이 세 사람 간의 공모를 밝혀내지 못하여 위와 같은 주장이 통하게 되면, B에 대한 채권을 확실하게 양도받았다는 C의 신뢰는 배신당하게 된다. 물론 C는 A에 대하여 계약불이행 등의 책임을 물을 수는 있겠으나, 이는 C가 애초 원한 대로 B에 대하여 대금채권을 가지게 되는가와는 별개의 문제이다. 그와 같이 C에 대한 배신행위가 일어나는 것을 막기 위하여는 어떠한 장치가 필요하겠는가.

이에 마련된 규정이 민법 제450조 제 2 항으로서, "전항의 통지나 승낙은 확정일자 있는 증서에 의하지 아니하면 채무자 이외의 제 3 자에게 대항하지 못한다"라고 정하고 있다. 여기서 '확정일자 있는 증서에 의한 통지'란 예를 들면 내용증명우편에 의한 통지나 공증을 받은 양도통지서에 의한 통지 등을 말하는 것으로서(민법 부칙 제 3 조 참조), 요컨대 공적인 기관이 그 문서의 작성일자를 확인하였기 때문에 당사자들이 그 날짜를 함부로 조작할 수 없는 서면으로 통지하는 것을 의미한다. 위 규정은, 채권양도와 관련하여 서로 양립할 수 없는 권리를 주장하는 두 사람 사이의 우열은, 이러한 서면으로 통지가 이루어졌는지 그리고 그들 중 누가 그 날짜가 빠른지에 의하여 결정된다는 의미이다. 이 중 후자의 점에 대하여는 증서상의 확정일자의 선후에 의하는가 아니면 그러한 통지가 채무자에게 도달한 시기의 선후에 의하는가 하는 견해의 대립이 있지만, 대항요건제도의 취지에 비추어 도달시가 기준이 될 것이다.

이와 같이 하여, 양도인이 일단 확정일자 있는 증서로 통지를 하고 난 뒤에는 다시 채무자나 제 3 자와 짜고 양수인을 곤경에 빠뜨리는 일은 할 수 없게 되는 것이다. 왜냐하면 서로 공모하였더라도 그 확정일자를 소급할 수는 없는 것이어서 그에 앞선 양수인의 지위가 공고해지기 때문이다. 그런데 양도통지는 양도인, 즉 원래의 채권자가 하여야 하므로, 채권양수인은 양도인으로 하여금 채권양도의 통지를 확정일자 있는 증서에 의하여 하도록 확실하게 해 둘 필요가 생기게 된다.

[43] 채권양도에서 채무자의 지위

채권양도는 원래의 채권자와 양수인 간의 합의에 의하여 이루어지며 채무자는 그 당사자가 아니다. 채무자는 채권양도 자체에 대하여는 국외자로서, 단지 수동적으로 이를 통지받는 데 그친다. 그러므로 채권양도가 있다고 해서 채무자의 지위가 그 전보다 불리하게 될 이유가 없다. 누구도 자신의 의사관여 없이는 그 법적 지위에 불이익을 입지 않는다는 것이 민법의 기본원칙인 것이다.

그리하여 채무자에게 양도통지가 있기 전에 양도인에 대하여 대항할 수 있었던 사유가 있었던 경우에는 그는 이를 양도통지 후에 양수인에게도 주장할 수 있다(민법 제451조 제 2 항). 예를 들면 양도인 A가 자신의 반대채무, 즉 소유권이전채무를 이행하지 않아서 B가 동시이행의 항변권(앞의 [19] 참조)을 가지고 있었던 경우에는, A가 B에 대한 대금채권을 C에게 양도하고 이를 B에게 통지하였더라도, B는 C의 대금지급청구에 대하여 여전히 동시이행의 항변을 할 수 있는 것이다. 또 B가 채권양도의 통지를 받기 전에 이미 양도인 A에게 그 채무를 이행하여서 이를 소멸시켰다면, 이러한 채권의 소멸도 물론 양수인 C에게 주장할 수 있다.

그러나 다만 채무자가 채권양도를 "이의를 보류하지 아니하고" 승낙한 때에는 양도인에 대한 사유를 양수인에게 주장할 수 없다(민법 제451조 제 1 항 본문). 앞서 본 대로 채무자가 채권양도를 승낙하여도 채권양도의 대항요건은 갖추어진다. 여기서 승낙이란, 그 통상의 말뜻과는 달리, 단지 채무자가 채권양도의 사실을 알고 있음을 표시하는 것을 말한다. 그리고 그러한 승낙은 양도인에 대하여도 양수인에 대하여도 할 수 있다고 해석되고 있다. 그런데 그 표시를 함에 있어서 자신이 양도인에게 대항할 수 있는 사유를 가지고 있음을 밝히지 아니하면 여기서 말하는 '이의를 보류하지 아니한 승낙'이 된다. 그러므로 예를 들어 채무자 B가 채권양도가 있기 전에 이미 채권자 A에게 변제를 하여 채권이 이미 소멸하였는데, 후에 양수인 C에 대하여 채권양도의 사실을 알고 있음을 밝히면서 그러한 변제의 사실을 지적하지 아니하였다면, 그 이유에 관계없이, 양수인 C는 유효하게 채권을 취득하게 된다.

도대체 단순한 불고지에 이와 같이 중대한 효과를 부여하는 근거가 어디에 있는지 얼른 납득이 되지 않는데, 학설은 통상 이를 채권양수인이 자신이 양도받은 채권의 존재와 내용에 관하여 가지는 신뢰를 보호하기 위한 것이라고 설명한다. 그리하여 양수인이 그 대항사유의 존재를 몰랐고 또 모른 데 대하여 과실이 없는 경우에만, 위 규정에 의한 보호를 받을 수 있다고 해석하기도 한다. 대법원 1999년 8월 20일 판결 99다18039사건(판례공보 1999하, 1878면) 이래로 판례는 양수인에게 고의 또는 중대한 과실이 없는 경우에만 그러한 보호를 받을 수 있다는 태도를 취한다.

그 해석 자체는 타당한 것이라고 하더라도, 보다 기본적으로 다음과 같은 의문이 남는다. 양수인은 채무자가 '이의를 보류하지 아니한 승낙'을 하기 전에 이미 채권을 양수하는 계약을 체결하였고, 채권의 존재 또는 내용에 대한 신뢰가 새삼스럽게 채무자의 그러한 승낙에 의하여 야기된 것도 아니다. 그런데도 사후적으로 채무자가 이의 없는 승낙을 하였다고 해서 갑자기 그 신뢰가 보호되어야 할 이유는 무엇일까? 역시 석연치 않다. 법원실무가 위 민법 조항의 적용에 보다 소극적인 태도를 보이는 것도 이해될 수 있는 바이다.

[44] 소멸시효

민법이 정하는 여러 제도 중에서 특히 금전채권과 밀접한 관련을 맺고 있는 것으로는 상계나 채권양도 외에도 소멸시효의 제도가 있다. 금전채권 이외의 채권도 채권양도의 대상이 되는 것과 마찬가지로, 소멸시효에 걸리는 채권이 반드시 금전채권에 한정되는 것은 아니다. 소멸시효제도 자체는 채권 이외에도 물권(다만 소유권은 제외. 민법 제162조 제 2 항 참조) 등에도 적용되나, 실제에 있어서 시효소멸의 대상이 되는 권리는 채권, 그중에서도 금전채권이 압도적으로 많다.

소멸시효라고 함은 권리를 가지는 사람이 이를 행사할 수 있음에도 불구하고 이를 행사하지 않는 상태가 상당 기간 계속된 경우에 그 권리의 소멸을 인정하는 것을 말한다. 이와 같이 일정한 사실상태가 오랫동안 지속한 경우에 그 상태를 그대로 존중하여 이에 상응한 법률관계를 인정하는 제도를 일반적으로 시효時效라고 부른다. 민법이 정하는 시효의 제도에는, 위와 같은 소멸시효(제162조 이하)와, 반대로 어떤 사람이 자기에게 속하지 않는 권리의 내용을 상당 기간 사실상 누리고 있는 경우(물건에 대하여는 그 물건을 점유하는 것. 점유에 대하여는 뒤의 [53] 이하 참조)에 그 권리의 취득을 인정하는 취득시효(제245조 이하. 이에 대하여는 뒤의 [195] 이하 참조)의 둘이 있다. 소멸시효가 주로 금전채권에 대하여 문제되는 반면에, 취득시효는 주로 소유권, 그 중에서도 부동산소유권에 대하여 문제되는 것이 현실이다.

[45] 시효제도의 존재이유

원래 민법은 사람들 사이의 생활관계를 대체로 권리의무의 존재 여부로써 규율한다. 그리고 그와 같이 존재하는 권리의무가 당사자에 의하여 실현되지 않는 상태가 있으면, 이를 바꾸어서 그 권리의무가 실현되어 있는 상태로 만든다. 말하자면 사실상태를 법이 시인하는 권리의무 상태에 맞게 변경하는 것을 주된 임무로 한다. 그런데 시효제도는 통상의 경우와는 반대로 그 권리의무 자체가 사실상태에 맞추어서 변경되는 것을 요구한다. 이와 같이 특이한 점이 있기 때문에, 종래부터 도대체 시효제도의 근거 내지 존재이유가 무엇인지에 대하여 빈번하게 논의되었다.

이에 대하여는 대체로 다음과 같은 설명이 이루어지고 있다.

첫째는, 정당한 권리관계에 부합하는 사실상태가 일단 실현되고 그에 대하여 이의가 제기되지 않는 상태가 상당 기간 계속되면, 권리자는 그 사실을 뒷받침하는 권리관계에 대한 증거를 확보하기 어렵게 된다. 예를 들면, 채무를 변제한 사람은 어느 정도 시간이 흐르면 그 영수증을 폐기하거나 잃어버리게 되는 것이다(여러분은 신문대금의 영수증을 얼마나 오래 보관하는가). 이와 같은 경우에 사실상태가 정당한 법상태에 부합한다고 주장하는 사람이 부딪치게 되는 곤란을 구제할 필요가 있다. 이를 다른 관점에서 말하면, 상당한 기간 동안 일정한 사실상태가 지속된다는 것 자체가 그 상태가 정당한 법률관계에 기하고 있다는 강한 증거가 되는 것으로서, 사실상태의 유지가 결국 권리의 보호가 된다는 것이다. 이는 시효제도가 적극적으로 권리자를 보호하는 측면에 대한 설명이라고 할 수 있겠다.

둘째는, 일정한 사실상태가 오래 지속되면 이를 기초로 하여서 많은 새로운 이해관계가 맺어진다. 그런데 그 사실상태가 권리관계에 맞지 않는다고 해서 이를 뒤집어 버리면, 그 동안 쌓아 올려진 각종의 이해관계도 그 기반을 잃게 된다. 그러므로 법률관계에 부합하지 않는 사실상태임이 밝혀졌다고 해도 그것이 오랫동안 계속된 것이면, "평화를 위하여" 이를 법적으로 보호할 필요가 있다는 것이다. 한편 장기간 자기의 권리를 행사하지 않는 사람은 이른바 '권리 위에 잠자는 자'로서 보호의 가치가 없다. 특히 권리자는 자신이 편하고 상대방에게 불리한 시기를 택하여 권리를 행사할 우려가 있으므로, 그 행사에 일정한 시간적 한계를 두어야 한다는 것이다. 이는 시효제도가 경우에 따라 진정한 권리자를 희생시키게 되는 측면에 대한 설명이다.

특히 후자의 설명에 대하여는, 예를 들어 소멸시효에서 채무를 이행하지 않고 있는 채무자로 하여금 채권자가 일정한 기간 동안 권리 행사를 하지 않았다고 해서 그 권리 소멸의 주장을 할 수 있도록 허용할 충분한 근거가 되지 못한다는 반론도 상정될 수 있다. 그러나 법은 그러한 경우에도 권리 행사에 일정한 시간적 한계를 설정함으로써 법률관계를 확정하고 이로써 그에 관련한 법적 분쟁을 종식시킨다는 납득할 만한 정책을 앞세우고 있는 것이다. 시효제도가 '부도덕'하지 않은가 하는 의문은 일반적으로 근거가 없다고 생각된다.

소멸시효제도의 정당성은 무엇보다도 우리 민법에 큰 영향을 미친 나라들에서 하나같이 이를 강화하는 방향으로 근자에 민법을 개정하였다는 사실에 의하여 명백하게 뒷받침될 수 있다. 즉 채권의 일반적인 소멸시효기간을 독일은 종전의 30년에서 3년으로, 프랑스 역시 종전의 30년을 5년으로 현저하게 축소하였다. 다만 그 기산점은 독일의 경우에는 "채권자가 청구권을 발생시키는 사정 및 채무자의 신원을 알았거나 중대한 과실 없이 알았어야 하는 해가 끝나는 때", 프랑스의 경우에는 "권리를 행사할 수 있다는 사실을 알았거나 알 수 있었을 때"로 늦추기는 하였지만, 위 개정으로 실제로 시효소멸이 인정되는 경우가 크게 확장되었음에는 의문의 여지가 없다. 또한 일본민법도 그 전에는 우리와 마찬가지로 "권리를 행사할 수 있는 때로부터 10년"만을 인정하였던 것(이른바 객관적 기산점)을 그 외에도 "채권자가 권리를 행사할 수 있었음을 안 때로부터 5년"이 경과한 경우(이른바 주관적 기산점)에도 소멸시효가 완성되는 것으로 개정되었던 것이다.

한편 시효제도는 기술적인 측면이 매우 두드러져서 획일적으로 적용되어야 할 필요가 있으나, 그 구체적인 운용에 있어서는 미묘하게 실질적인 이익형량에 영향을 받는 점도 없지 않아서 상당히 흥미로운 분야를 이룬다.

[46] 소멸시효기간과 시효 중단

금전채권이나 기타의 채권은 "권리를 행사할 수 있는 때"로부터 기산하여 "10년간 행사하지 아니하면" 소멸시효가 완성한다(민법 제162조 제 1 항, 제166조). 여기서 '권리를 행사할 수 있다'는 것은, 권리의 행사를 막는 법적인 장애사유가 없다는 것을 말한다. 그러므로 단지 권리자가 권리의 발생을 알지 못하였다든가 상대방의 성명이나 주소 등을 몰라서 사실상으로 권리행사에 지장이 있다고 하여도, 시효는 그에 상관없이 진행된다고 이해되고 있다(그 중에서 특히 현저한 일정한 사유에 대하여는, 뒤에서 보는 대로 시효의 정지가 인정되고 있을 뿐이다).

또 위와 같이 금전채권의 소멸시효기간은 원칙적으로 10년인데, 예외가 적지 않다. 중요한 것을 들어보면, (i) 상행위로 인한 채권은 5년(상법 제64조), (ii) 국가 또는 지방자치단체가 가지는 금전채권이나 국가 또는 지방자치단체에 대한 금전채권은 5년(국가재정법 제96조, 지방재정법 제82조. 한편 국가 또는 지방자치단체의 조세징수권에 대하여는 국세기본법 제27조, 지방세기본법 제39조 등에 별도의 규정이 있다) 등이다. 그 이외에도 민법은 몇몇의 채권에 대하여 특히 3년 또는 1년이라는 단기간의 소멸시효기간을 정하고 있는데, (iii) 전자의 예를 들어보면 "이자, 요금, 사용료 기타 1년 이내의 기간으로 정한 금전 또는 물건의 지급을 목적으로 한 채권", "생산자 또는 상인이 판매한 상품의 대가" 등이 있고(민법 제163조), (iv) 후자의 예로는 "여관, 음식점, 오락장의 숙박료, 음식료, 입장료", "의복, 침구, 장구葬具 기타 동산의 사용료의 채권" 등이 있다(민법 제164조). 그러나 이상과 같이 단기의 소멸시효에 걸리는 채권이라도, 채권자가 소송으로 그 이행을 청구하여 그 채권의 존재가 판결에 의하여 확정된 때에는, 그 소멸시효기간이 원칙대로 10년으로 연장되어서(민법 제165조 제 1 항), 그 판결이 확정되는 때로부터 새로이 10년 동안 그 권리를 행사하지 않아야(민법 제178조 제 2 항) 비로소 소멸시효가 완성된다.

위와 같이 소멸시효는 채권자가 채권을 행사하지 않는 동안 진행된다. 그런데 소멸시효의 기초가 되는 권리의 불행사라는 사실상태와 그 의미상으로 조화되지 않는 사실이 발생하면, 소멸시효의 진행은 거기서 멈추고, 그때까지 진행된 시효기간의 효력은 없어진다고 하여야 할 것이다. 민법은 그러한 사유로서 (i) 청구, (ii) 압류 또는 가압류나 가처분, (iii) 채무자의 승인을 들고 있다(제168조). 이와 같이 그러한 사정이 발생하면 시효의 진행이 멈추게 되고, 그로부터 다시 새로이 시효기간을 기산하여야 하는 것을 **시효의 중단**이라고 한다. 위의 세 가지 중단사유 중에서 청구는 원칙적으로 재판을 하는 청구("재판상 청구")이어야 하며, 재판에 의하지 않고 의무의 이행을 요구하는 것 등에는 확정적인 중단효는 없다(민법 제174조 참조).

나아가 이와 같이 지금까지 진행한 시효기간을 전적으로 무시하고 그 사유가 종료한 때로부터 새로이 소멸시효기간을 기산하게 하는 시효중단 외에도, 민법은 예외적으로 일정한 객관적 사유(그 대표적인 예는 "천재 기타 사변으로 소멸시효를 중단할 수 없을 때"이다. 민법 제182조)가 발생하면, 그로부터 법이 정하는 기간 내에는 시효가 완성되지 않는다고 정하고 있다(민법 제179조 이하 참조). 이를 **시효의 정지**라고 하는데, 이 경우에 시효는 단지 그 동안 일시적으로 진행하지 아니할 뿐이고, 법이 정하는 기간이 경과하면 종전에 진행된 시효기간을 통산하여 소멸시효가 완성될 수 있다.

[47] 소멸시효 완성의 효과

민법은 단지 "소멸시효가 완성된다"고 정할 뿐이지, 그 완성에 어떠한 효과가 있는가에 대하여는 명문으로 정하고 있지 않다. 이에 대하여는 견해가 나뉜다. 하나는, 소멸시효가 완성됨으로써 그 권리는 당연히 소멸한다는 것이고, 다른 하나는, 그로써 당연히 소멸하는 것은 아니며 다만 권리의 소멸에 일정한 이해관계를 가지는 사람이 그 소멸을 주장할 수 있는 권리, 즉 시효원용권이 발생할 뿐이며, 이 시효원용권이 행사됨으로써 비로소 시효완성의 이익을 받게 된다는 것이다.

민법의 해석으로서는 전자의 입장이 보다 타당하지 않은가 생각되기도 한다. 후자의 입장을 택하면, 우선 시효원용권을 가지는 사람의 범위가 어떠한가 하는 문제를 해결하여야 한다. 후자의 입장에서는 통상 이 문제를 어떠한 사람이 권리의 소멸에 '법적인 이해관계'를 가지는가를 따져 봄으로써 해결하겠다고 하는데, 이는 명확한 기준이라고 할 수 없으며 말은 쉬워도 구체적으로 적용함에는 매우 어려운 문제가 많이 제기된다. 그리고 실제로 권리의 소멸 여부는 일률적으로 결정되는 것이 바람직하고(다만 소멸시효가 완성된 후 누가 시효로 인한 권리소멸의 이익을 받지 않겠다고 하는 것은 자유이고, 이를 막을 이유는 없다), 누구의 의사표시를 기다려 비로소 그에 있어서는 권리가 소멸한 것이 되나 아직 그 의사표시를 하지 않은 사람에게는 권리는 여전히 존속한다는 설명은 공연히 문제를 복잡하게 하여서 법률관계의 명확한 처리나 사고의 경제를 위하여 쉽사리 택할 것이 못 된다. 민법이 의용민법과는 달리 시효의 원용에 관한 규정을 아예 없애 버린 것은 바로 이러한 문제를 분명하게 해결하려는 취지라고 이해된다. 그리고 민법 제369조("채권이 시효의 완성 기타 사유로 인하여 소멸한 때"), 제766조 제 1 항("시효로 인하여 소멸한다"), 부칙 제 8 조 제 1 항("시효기간을 경과한 권리는 … 소멸한 것으로 본다") 등의 규정도 소멸시효가 완성되면 권리는 누구의 원용을 기다리지 않고 바로 소멸함을 전제로 하는 것이다.

대법원은 어느 때까지 절대적 소멸설을 취하는 것으로 의문의 여지 없이 이해되었으나, 1990년대 초반부터 점차로 '시효원용권'이라는 상대적 소멸설에 특유한 범주를 채택하고 있어서 전원합의체에 의하지 아니하고 입장을 변경한 것이 아닌가 하는 의문을 가지게 된다.

한편 민법 제167조는 "소멸시효는 그 기산일에 소급하여 효력이 생긴다"라고 정한다. 그 의미는, 소멸시효가 완성되어서 발생하는 권리소멸의 효과는 시효가 완성된 시점에서가 아니라, 그 기산일, 즉 "권리자가 그 권리를 행사하지 아니한 때"에 소급하여 발생한다는 것이다. 그러므로 예를 들면 금전채권에 이자가 붙는 것이라면, 시효기산일 이후의 기간에 대하여는 이자를 지급하지 않아도 된다. 이와 같이 법률효과가 그 요건이 충족된 시점 이전으로 소급하여 발생하는 경우는 민법에서 종종 등장한다(이에 대하여는 뒤의 [184] 이하 참조).

소멸시효의 효과와 관련하여서는, 다음과 같은 경우를 생각하여 보면 자신의 이해 정도를 시험해 볼 수 있다. 즉, 채무자가 시효완성 후에 채무를 이행한 경우에, 그는 이행한 것의 반환을 청구할 수 있는가 하는 것이다. 이 경우 채무자가 시효가 완성되었다는 사실을 알고 있었다면, 이는 통설과 판례가 민법 제184조의 반대해석으로 허용된다고 일치하여 말하고 있는 "소멸시효의 이익을 포기"한 경우에 해당한다고 말할 수 있을 것이다. 그러면 그 사실을 모르고 이행한 경우는 어떠한가? 그것은 이미 소멸한 채무를 이행한 것이므로 비채변제非債辨濟(민법 제742조 참조)에 해당하여 그 반환을 청구할 수 있는가(뒤의 [72] "첫째" 말미 참조), 아니면 "도의관념에 적합한 변제"이어서(민법 제744조 참조) 반환청구를 할 수 없다고 할 것인가, 아니면 아직 소멸시효의 완성을 원용하지 아니하여서 유효하게 존재하는 채무를 이행하였으므로 그 반환청구는 하지 못한다고 할 것인가? 스스로 생각하여 보기 바란다.

제 2 장

소 유 권

제 1 절 소유권의 양도와 점유의 이전

[48] 부동산매도인의 의무

우리의 설례에서 부동산매매계약이 체결되면 매도인 A는 매수인 B에 대하여 목적물인 주택과 그 대지의 각 소유권과 점유를 이전해 주어야 할 채무를 부담하게 된다. 민법 제568조 제 1 항에서는 매도인은 "매매의 목적이 된 권리를 이전"해 주어야 한다고만 정하고 있으나, 매도인이 그 목적물의 점유도 이전해 줄 의무를 진다는 점에는 의문이 없다. 이 점유이전의무, 즉 인도의무에 대하여는 뒤에서 설명하기로 하고([56] 참조), 여기서는 우선 소유권이전의무에 대하여 보기로 한다.

그러면 A가 주택과 그 대지의 소유권을 B에게 이전하여 주기 위하여는 구체적으로 어떻게 하여야 하는가. 즉 그 주택 등의 소유권의 이전은 어떻게 하여야 일어나는가. 이에 대하여는 민법 제186조가 "부동산에 관한 법률행위로 인한 물권의 득실변경은 등기하여야 그 효력이 생긴다"고 정하고 있다. 소유권은 여러 가지의 물권 중에서도 가장 대표적인 물권이다. 그리고 어떤 사람이 가지고 있는 소유권을 다른 사람에게 넘겨주는 것은 여기서 말하는 '득실', 즉 취득 및 상실에 해당된다. 그로써 전에 소유권을 가지고 있던 사람은 이를 상실하고, 넘겨받는 사람은 이를 취득하는 것이다. 결국 A는 B에게 주택과 그 대지에 관한 소유권이전등기를 경료해 주어야만 자신의 채무를 제대로 이행하는 것이 된다.

[49] 부동산 — 토지와 건물

B는 주택과 그 대지를 샀다. 주택은 민법에서 말하는 건물에 해당하는 것으로서, 그 터가 되는 땅, 즉 대지와는 별도의 독립한 물건으로 취급된다. 다른 나라에서는 대부분의 경우 건물은 토지의 일부분으로 보고 이를 별개의 물건으로 하지 않는데, 우리나라에서는 둘을 각각으로 본다. 따라서 B는 2개의 물건을 산 셈이다.

건물은 토지에 붙박혀서 세워지는 것이 일반이므로 토지가 없으면 존재할 수가 없다. 물론 장래에 공중에 집을 짓는 것이 가능해지면 그때는 어떨지 모르겠으나 현재로서는 그 대지는 건물이 존립하기 위한 필수적인 조건이라고 할 수 있다. 그런데 건물을 토지와는 독립한 물건으로 취급하게 되면, 여러 가지 복잡한 문제가 발생한다.

예를 들면 남이 소유하는 땅 위에 집을 지은 경우에도 그 집의 소유권은 집을 지은 사람이 가지게 되고, 이는 토지의 소유권과는 별개이다. 이는 그 건물소유자가 토지의 사용에 대하여 토지소유자의 승낙을 얻었든 얻지 않았든 마찬가지이다. 그리고 이 경우 건물의 존립을 유지하려면 건물소유자는 대지를 사용할 권리가 있어야 한다. 그런데 건물소유자가 대지소유자와의 사이에 대지사용에 관한 계약을 체결하면 일단 문제가 없지만, 건물과 대지가 각각 다른 사람에게 귀속될 것이면서 그와 같은 계약의 체결을 교섭할 기회가 아예 마련되어 있지 않는 경우도 있는데(예를 들면 건물만 경매에 붙여진 경우) 이러한 경우는 어떻게 처리할 것인가? 그러한 경우의 일부에 대하여는 민법 제366조, 제305조에서 규율하고 있으나, 그것으로 충분하다고 하기는 어렵다. 또 만일 건물소유자가 대지 사용의 승낙을 얻은 경우에 그가 자신의 건물을 제 3 자에게 임대하였다고 하면, 이 건물임차인은 토지를 사용할 권리가 있는가? 건물을 임대하는 것은 곧 그 대지도 임차인에게 사용하도록 하는 것이 되기 때문에, 건물 임대에 토지소유자의 동의(민법 제629조 제 1 항, 제610조 제 2 항 참조)를 얻어야 하지 않을까?

건물이 토지와는 별개의 물건이라는 것은 민법을 공부함에 있어서 항상 염두에 두고 잊어서는 안 될 중요한 점이다. 그런데 민법에서 건물과 토지가 별개의 물건이라고 정면으로 정하는 규정은 없다. 민법 제99조 제 1 항은 "토지 및 그 정착물은 부동산이다"라고 정하고, 건물이 토지의 정착물임은 물론인데, 그것이 반드시 그 정착물이 토지와는 별개의 물건임을 정한 것이라고는 하기 어렵다. 그러면 위와 같이 말하는 근거는 무엇인가? 그것은 민법의 여러 규정들이 이를 전제로 하고 있기 때문이다. 예를 들면 민법 제279조는 지상권이라고 하는 물권을 정의하면서, "지상권자는 타인의 토지에 건물 … 을 소유하기 위하여 그 토지를 사용하는 권리가 있다"고 정하고 있다. 이 규정은 토지와는 별개로 건물에 대한 소유권이 성립함을 말하는 것이 아니겠는가? 이러한 취지는 예를 들면 전세권에 관한 제304조에서도 그대로 나타나고 있다. 또 제366조는 "저당물의 경매로 인하여 토지와 그 지상 건물이 다른 소유자에 속한 경우 …"라고 정하는데, 이 규정도 역시 토지와 건물이 별개의 물건이라는 것을 전제로 하여서만 이해될 수 있는 것이다. 그리고 민법의 규정은 아니지만 부동산등기법이 건물에 대하여 토지와는 별도의 등기부를 두는 것(제14조 제 1 항 등)도 이를 뒷받침한다.

[50] 등기부와 등기

등기란 미리 마련되어 있는 등기부에 권한 있는 공무원이 일정한 사항을 기록하는 행위 또는 그와 같이 하여 등기부에 이루어진 기록을 말한다. 현재 우리나라에서 운용되고 있는 등기부는, 부동산에 대한 부동산등기부 외에도, 선박에 대한 선박등기부, 항공기에 대한 항공기등록부, 자동차에 대한 자동차등록부, 건설기계(종전의 중기)에 대한 건설기계등록부(이들에 대하여는 등록부라는 용어가 쓰여지고 있는데, 그 성질이나 기능은 등기부와 다를 바 없다) 등 여러 가지가 있다. 그러나 일상생활에서 빈번하게 문제되는 것은 아무래도 부동산등기이다.

부동산등기부에는 토지등기부와 건물등기부의 두 가지가 있다. 따라서 통상 '집을 샀다'고 하면 주택뿐만 아니라 그 대지도 매수한 것이므로, 그 각각에 대하여 별도로 자신 앞으로 소유권이전등기를 하여야 한다. 그런데 예를 들면 아파트나 다세대주택과 같이 실질적으로 독립된 객체가 여럿이 모여서 한 동의 건물을 이루고 있는 경우(이른바 집합건물 集合建物. 이는 무엇보다도 「집합건물의 소유 및 관리에 관한 법률」에 의하여 규율되고 있다)에 대하여는, 각 독립부분(이를 구분건물區分建物이라고 한다)과 그 대지에 대한 권리를 합하여 하나의 등기로 할 수 있도록 만들어서 절차를 간편하게 하였다(부동산등기법 제40조 제2항 이하, 제60조 이하 참조).

[51] 부동산등기의 기본법리

부동산등기에 대하여 여기서 일일이 설명할 수는 없다. 부동산등기를 규율하는 법률로는 '부동산등기법'이 있고, 이 법률을 중심으로 하여 그 나름대로의 독특한 법리가 인정되고 있다. 여기서는 그 중에서 주요한 것만을 추려서 앞으로의 서술에 참고로 하기로 한다.

첫째, 우리나라에서는 부동산등기를 하려면 원칙적으로 등기에 직접적인 이해관계를 가지는 두 사람, 다시 말하면 그 등기가 행하여짐으로써 권리의 취득 기타 법적 이익을 얻는 사람(이를 '등기권리자'라고 한다)과 그로써 권리의 상실 기타 법적 불이익을 입는 사람(이를 '등기의무자'라고 한다)이 공동으로 이를 신청하여야 한다. 이것을 공동신청주의라고 한다(부동산등기법 제23조 제 1 항 참조).

여기서 등기의무자란 이른바 '등기절차상의 등기의무자', 즉 신청되는 당해 등기에 의하여 **등기부상으로** 권리의 상실 기타 법적 불이익을 입는 사람을 의미하는 것이다. 그러므로 소유권이전등기를 신청하는 경우를 예로 들어서 말한다면, 현재 등기부상에 소유자로 등기되어 있는 사람, 따라서 이번에 신청하는 소유권이전등기로 말미암아 등기부상으로 그 소유권을 상실하는 사람을 의미하며, 실체적으로 그 부동산의 소유권을 가지는 사람을 가리키는 것이 아니다. 따라서 만일 소유권이 없는 사람 앞으로 현재 소유권등기가 되어 있다고 하면, 진정한 소유자는 그 부동산을 제 3 자에게 매도하더라도, 위와 같이 부실한 등기를 말소하거나 그로부터 이전등기를 받는 등으로 자기 앞으로 소유권등기를 하여 놓지 않으면, 현실적으로 매수인 앞으로 소유권이전등기를 하는 데 곤란을 받게 된다(결국 자신이 부담하는 소유권이전채무의 불이행을 이유로 책임을 져야 하게 되기 쉽다). 이와 같이 등기는 현재의 등기명의자를 기점으로 하여서 그의 실체적 권리 유무를 불문하고 연속하여 이루어지는 것이 원칙이다(이를 등기연속의 원칙이라고 한다).

둘째, 등기신청은 다음 두 가지 중 하나의 방법으로 한다. 하나는, 위와 같은 의미의 등기권리자와 등기의무자가 등기소에 직접 출석하여 신청정보(그리고 첨부정보. 이는 신청정보의 내용을 증명하는 정보가 대부분이다. 부동산등기규칙 제46조 제 1 항 참조)를 적은 서면을 제출하는 것이다(이른바 방문신청. 부동산등기법 제24조 제 1 항 제 1 호, 부동산등기규칙 제56조 이하). 그러나 대리인에 의하여 등기신청을 하는 것도 인정되고 있으므로, 실제로는 당사자들이 직접 등기소에 출석하지 아니하고 변호사나 법무사 같은 대리인을 통하여 하는 것이 통상이다. 다른 하나는, 대법원규칙에서 정하는 바에 따라 전산정보처리조직을 통하여 신청정보 및 첨부정보를 보내는 것이다(이른바 전자신청. 동법 제24조 제 1 항 제 2 호, 부동산등기규칙 제67조 이하).

셋째, 어느 경우에나 등기신청을 하려면 신청정보 및 첨부정보를 등기소에 제공하여야 한다. 신청정보 중에서 일반적으로 거래상 중요한 것은 우선 (i) 등기원인, 그리고 (ii) 등기필정보이다(부동산등기규칙 제43조 제 1 항 제 5 호, 제 7 호). 우선 등기원인에 관하여 보면, 종전에 매매로 인한 등기신청의 경우에는 특히 매도증서라는 것을 등기신청만을 위하여 별도로 작성하여 이를 '등기원인을 증명하는 서면'으로 제출하였으나, 최근에는 부동산투기를 막을 목적으로 각종의 제한이 가하여져서 매매계약서 자체에 행정관청의 검인을 받아야 한다(부동산등기특별조치법 제 3 조. 또 '실제의 거래가액'의 기재도 요구되고 있다. 부동산등기법 제68조 참조). 나아가 등기필정보에 관하여 보면, 종전에는 '등기권리증(또는 권리증)'이라거나 그냥 '땅(또는 집) 문서'라고 부르면서 중요시하여 오던 서면이다. 그런데 현재의 등기절차상으로는 예를 들면 소유권이전등기가 갑으로부터 을 앞으로 행하여진 것과 같이 '새로운 권리에 관한 등기를 마쳤을 때' 그 등기권리자 을이 등기관으로부터 등기가 마쳐졌음을 통지받은 것인데, 그 후 을에게서 병 앞으로 소유권이전등기를 신청하는 경우에는 위와 같이 통지받은 을(이번에는 등기의무자가 된다)의 등기필정보를 등기소에 제공하여야 하는 것이다(부동산등기법 제50조 제 1

항, 제 2 항). 그런데 그것이 반드시 필요한 것은 아니며, 등기필정보가 없는 때에는 등기의무자 또 그 법정대리인이 등기소에 직접 출석하여서 등기의무자임을 확인받으면 등기신청을 할 수 있고, 또 예외적으로는 직접 출석하지 아니하여도 "등기신청인의 대리인(변호사 또는 법무사에 한한다)이 등기의무자 등으로부터 위임받았음을 확인한 경우" 등에는 등기신청을 할 수 있다(동법 제51조 제 1 항).

넷째, 등기신청을 받은 등기공무원(이를 등기관이라고 한다)은 원칙적으로 등기신청이 법률이 요구하는 대로 이루어지고 또 법률이 정하는 내용을 포함하고 있는가 등과 같이 등기절차의 형식적 적법성 유무를 심사하는 권한을 가질 뿐이다(부동산등기법 제29조 참조). 예를 들면 등기원인인 매매계약이 무효라든가 취소되지는 않았는지 등과 같은 등기신청의 실질적 원인 유무 등의 사정까지 심사할 권한은 없는 것이다. 이를 **형식적 심사주의**라고 부르는데, 다만 이에는 일정한 예외가 있음을 주의하여야 한다.

다섯째, 등기에는 여러 종류가 있는데, 여기서는 본등기本登記와 가등기假登記의 구분만을 들어 두기로 한다. 가등기는 부동산물권변동 그 자체를 등기하는 것이 아니라, 그러한 물권변동을 내용으로 하는 청구권을 보전하기 위하여 임시로 하는 등기를 말한다(동법 제88조 이하). 가등기에 기하여 본등기가 이루어지면 그 본등기는 가등기가 행하여진 때에 행하여진 것과 같은 취급을 받는다(동법 제91조). 이를 가등기의 순위보전적 효력이라고 한다. A로부터 부동산을 매수한 B가 자신의 소유권이전등기청구권을 보전하기 위하여 그 가등기를 하였다고 하자. 이 경우 A가 그 부동산을 C에게 매도하고 C 앞으로의 소유권이전등기를 신청하면, 이 등기는 신청대로 행하여진다. 그러나 나중에 B 앞으로 위 가등기에 기하여 본등기가 이루어지면, B는 가등기의 시점에서 이미 본등기를 한 것과 같이 취급되며, 따라서 A의 C에 대한 소유권이전등기는 등기부상으로 소유자가 아닌 사람이 행한 것과 같게 된다. 그리하여 실무상으로 B 앞으로 본등기를 행함과 동시에 C의 소유권이전등기를 직권으로 말소하는 처리가 이루어지고 있다(대법원 전원합의체 1962년 12월 24일 결정 4294민재항675사건(대법원전원합의체판례집 민사편 Ⅰ, 13면) 참조). 결국 가등기의 순위보전적 효력이란 실체적으로는 가등기된 청구권을 해치는 한도에서 그 의무자의 처분을 무효로 하는 효력을 의미한다고 할 것이다. 한편 본등기란 가등기가 아닌 등기를 말한다. 물권행위의 요소가 되어(뒤의 [67] 참조) 물권변동의 효과를 발생시키는 등기는 모두 본등기이어야 하며, 또 통상 등기라고 하면 본등기를 가리킨다.

[52] 등기에 관한 매도인의 구체적 의무

현재까지의 실제 부동산거래를 보면, 당사자들은 대부분의 경우에 변호사 또는 법무사 등의 대리인을 통하여 방문신청 또는 전자신청의 방법으로 등기신청을 한다. 또한 등록세나 등기신청위임비용 등 등기를 하는 데 드는 비용은 매수인이 부담하는 것으로 약정하는 것이 일반적이다. 민법 제473조 본문은 "변제비용은 다른 의사표시가 없으면 채무자의 부담으로 한다"고 하여, 부동산매매계약이라면 매도인이 등기신청비용을 부담하는 것을 원칙으로 정하고 있다. 그런데 부동산매매계약에 관한 한은 실제에 있어서 이 규정에서 정하는 '다른 의사표시'가 매우 빈번하게 행하여져서, 이제 '사실인 관습'(민법 제106조)이 되었다고 하여도 무리는 없다는 생각조차 들기도 한다.

그러므로 매도인은 등기신청에 필요한 각종의 서류를 매수인에게 교부함으로써 자신이 하여야 할 것은 일단 모두 다한 셈이 된다. 그 서류 중에는 물론 등기신청서, 앞서 본 '등기원인을 증명하는 서면'(즉 검인받고 실제의 거래가액을 적은 매매계약서), 등기필정보 및 대리인에게 등기신청을 위임하는 서면, 그리고 실제로 극히 중요한 것으로서 그 각 서면에 찍힌 인장이 본인의 것임을 확인하기 위한 인감증명(부동산등기규칙 제60조 이하 참조. 한편 '인감증명서'의 발급 신청에 대하여는 인감증명법 제12조 참조) 등이 포함된다.

[53] 점 유

물건을 매도한 사람은 그 목적물을 매수인에게 인도하여야 한다. 인도란 점유를 이전하여 주는 것을 말한다. 그러므로 우선 점유에서부터 설명의 실마리를 풀어 갈 수밖에 없다.

점유占有란 "물건을 사실상 지배"하는 것을 말한다(민법 제192조 제1항). 이는 어떠한 물건에 대하여 그 지배를 정당화하는 권리가 있는가 여부와는 상관없이 사실상으로 '지배'를 누리고 있는가 여부에 의하여 정하여진다. 그러므로 아무런 권리 없이 남의 땅 위에 집을 소유하고 있다고 하면 그 집주인은 그 자체로써 그 땅을 점유하고 있는 것이다. 이와 같이 점유의 개념은 애초 어떠한 사실을 기반으로 한다고 말할 수 있는데, 민법은 그러한 지배의 사실 그 자체를 하나의 권리로 취급하고 있다. 즉 민법은 제2편 제2장에서 점유에 대하여 규정하면서 이를 "점유권"으로 정하고 있는 것이다(이와 같이 점유권은 법적 정당화를 문제삼지 않고 사실 그 자체를 보호한다는 점에서 소유권이나 채권과 같이 법적 정당화를 수반하는 통상의 권리인 '본권'과 구분된다. 뒤 [63]의 표 참조).

그리고 점유를 빼앗아 가거나 이를 방해하는 등의 점유에 대한 침해는, 비록 그것이 정당한 권리자(예를 들면 소유자 등)에 의하여 행하여진 경우라도 법이 정하는 절차에 의한 것이 아닌 한, 이를 물리칠 수 있는 권리가 점유자에게 부여되어 있다(민법 제204조 내지 제208조 참조. 이들을 점유보호청구권이라고 한다). 이것은 물건을 지배하고 있는 사실상태는 이를 일단 존중해 주어야지, 만일 법이 정하는 절차에 의하지 아니하고 이를 함부로 어지럽히게 되면 아무래도 사회의 평온이 유지될 수 없다는 생각에 기한 것이라고 설명되고 있다(이른바 자력구제의 원칙적 금지에 관한 뒤의 [156]도 참조).

물론 물건을 점유하고 있기는 하지만 법적으로 그러한 점유의 정당성을 뒷받침할 권리(민법 제213조 단서에서 말하는 "점유할 권리". 이는 점유 또는 점유권과는 전혀 다른 것으로 서로 엄밀하게 구별해서 생각하여야 한다)가 없는 사람은 그 점유를 계속적으로 보유할 수는 없다. 소유자는 그러한 사람에 대하여 물건의 반환을 청구할 수 있으므로(민법 제213조), 결국 점유자는 그에게 점유를 넘겨주어야 하기 때문이다(뒤의 [71] 참조). 아무리 사실적인 지배로서의 점유가 보호된다고 하여도 이에는 한계가 있고, 우리 민법은 역시 본권本權의 체계로 되어 있는 것이다.

[54] 법률요건으로서의 점유

점유는 민법에서 두드러진 지위를 차지하고 있는 민법의 핵심적 장치 중의 하나이다. 점유는 각종의 제도에서 그 법률요건이 되고 있다. 그 중 중요한 것만을 들어보기로 한다.

첫째, 아직 소유자가 없는 동산, 예를 들면 야생의 동물이나 식물, 바다의 어류, 남이 소유권을 포기하여 버린 물건 등은 이를 "소유의 의사로 점유"한 사람이 그 소유권을 취득한다(민법 제252조 제1항). 이 요건을 무주물선점이라고 한다. 이는 시간적인 순서로 보면 가장 원초적인 소유권취득형태로서, 오늘날도 여전히 그 중요성을 잃지 않고 있다.

둘째, 점유의 이전, 즉 인도는 법률행위에 의한 동산물권 변동의 공시방법으로서(민법 제188조 내지 제190조 및 제330조), 동산에 대한 물권의 양도와 설정에는 목적물의 인도가 있어야 한다. 동산의 경우에는 법기술상 부동산에서와 같이 등기가 마련될 수 없으므로 목적물에 대한 사실상 지배의 취득을 통하여 대외적으로 소유권 기타 물권의 존재 등을 알리려는 것이다(이에 대하여는 뒤의 [64] 참조). 그러나 실제로 민법이 정하는 동산 인도의 방법에는 실제 지배의 외형 변화를 수반하지 않는 것도 포함되어서(민법 제189조의 점유개정 등) 그것이 실제로 어느 만큼 그러한 공시의 기능을 다할 수 있는지에는 의문이 없지 않다. 어쨌거나 이와 관련하여 동산을 무권리자로부터 양수하였을 경우에도 일정한 요건 아래 양수인의 권리취득이 인정되는 경우가 있는데(이를 선의취득이라고 한다. 뒤의 [191] 참조), 그 요건 중에는 양수인이 목적물을 인도하는 것이 포함된다.

셋째, 소유권 등의 취득시효는 일정한 기간 목적물을 점유하는 것을 요건으로 한다(민법 제245조 이하 참조). 취득시효는 우리의 부동산법에서 매우 중요한 기능을 하고 있는데, 그 요건은 — 등기와 아울러— 점유에 걸려 있는 것이다.

[55] 점유의 종류

민법은 점유를 여러 가지 종류로 나누어, 그 각각에 대하여 별도의 법률효과를 인정하고 있다. 그 중 하나는 직접점유와 간접점유의 구분이다. 점유는 반드시 자신이 스스로 목적물을 직접적으로 지배함으로써만 할 수 있는 것은 아니고, 물건을 직접 지배하고 있는 사람이 따로 있어도 자신이 그에게 영향을 미쳐서 그 지배를 통제할 수 있는 지위에 있음으로써도 할 수 있다. 예를 들면 물건의 소유자가 이를 다른 사람에게 임대하여 준 경우 등이 그것이다. 이러한 경우에 소유자가 하는 점유와 같은 형태의 점유를 **간접점유**라고 하고(민법 제194조), 그 아래서 임차인이 물건을 직접 지배하는 것과 같은 점유를 **직접점유**라고 한다.

그 외에 중요한 것은 역시 자주점유自主占有와 타주점유他主占有의 구분이다. 자주점유란 "소유의 의사로 하는 점유", 즉 물건을 소유자와 같이 지배할 의사로써 하는 점유를 말하고, 타주점유란 그러한 '소유의 의사' 없는 점유를 말한다. 앞서 본 점유의 여러 가지 법률효과 중에서 무주물선점이나 취득시효는 모두 자주점유를 요구하고 있다.

한편 '소유의 의사'란 원래 점유자의 마음 속에 있는 것이므로, 점유가 소유의 의사로 하는 것인지 어떤지 쉽사리 알 수 없는 경우가 대부분일 것이다. 그런데 점유제도 자체가 밖으로 드러난 사실을 중시하여 그것에 법적 효과를 주려고 하는 것인데, 이와 같이 쉽게 알 수 없고 하루에도 여러 번 변할 수 있는 '의사'(그렇다고 무슨 표시가 요구되고 있는 것도 아니다)라는 것을 가지고 그것에다가 법률효과를 부여하게 되면, 애초 사회의 평온을 중시하는 점유법리가 점유자의 마음이 가는 바에 따라서 흔들리게 될 우려가 다분히 존재한다. 그러므로 민법은 우선 "점유자는 소유의 의사로 … 점유하는 것으로 추정한다"라고 정하여(제197조 제1항), 점유는 일단 자주점유로 추정되는 것으로 하였다. 이렇게 되면, 그것을 부인하여 그 점유가 타주점유임을 주장하는 사람이 그 사실을 입증하여야 하는 것이다(추정과 증명책임 등에 대하여는 뒤의 [161] 및 [159] 참조. 그리고 취득시효에 대한 민법 제197조 제1항의 적용에 대하여는 뒤의 [196] 참조). 그리고 판례는 타주점유인지 여부는 점유자의 마음속을 들여다보아서 정하여지는 것이 아니고, 점유자가 점유를 취득한 연유가 된 생활관계의 객관적 성질에 따라서 결정된다는 태도를 오래 전부터 견지하여 왔다. 따라서 점유자가 애초에 다른 사람을 소유자로 인정하는 것을 전제로 하여 한 합의, 예를 들면 임대차나 사용대차, 또는 분묘 수호나 위토 관리 등의 위임계약, 나아가 소작계약 등에 기하여 목적물을 점유하기에 이르렀으면, 그가 나중에 외부(특히 소유자)에 대하여 명확하게 그 점유를 '소유의 의사'로 하는 것으로 바꾸었음을 공표하지 않는 한, 이는 타주점유라는 것이다.

[56] 인 도

점유자가 그의 '사실적 지배'를 그 의사에 기하여 다른 사람에게 넘겨주는 것을 인도引渡라고 한다. 그러므로 주택과 같은 경우에는 그 집을 비워서 매수인이 그 집에 들어와 살게끔 하는 것이 이에 해당한다. 그 외에 그 집안에 있던 가재도구를 치워내고 문을 잠근 다음 그 열쇠를 넘겨줌으로써 하는 경우도 많고, 또 그렇게 하여도 된다. 그로써 매도인의 인도의무는 이행되는 것이다.

그런데 우리의 설례에서 A가 매매계약을 맺기 전에 M에게 그 주택을 전세주어서 현재 M이 그 집에서 살고 있고 아직 전세기한이 끝나지 않았다고 하면 어떻게 되는가? 이 경우에 M이 계속 그 집에 살고 싶다고 하면, 매도인 A, 매수인 B, 전세사는 M의 세 사람 사이에 전세계약을 또는 단순히 전세금을 B가 '안고' 들어가되 그 전세금에 해당하는 금액을 매매대금에서 공제하기로 하는 합의가 별도로 이루어지는 것이 대부분이다. 그러한 경우에는 그 합의에 의하여 매수인 B가 점유자 M에 대하여 주택의 반환을 청구할 권리를 가지게 됨으로써, 인도가 행하여진 것으로 보게 된다(민법 제196조 제 2 항, 제190조). 따라서 매도인 A의 인도채무는 더 이상 문제되지 않게 되고, 오로지 M이 새로운 소유자 B에 대하여 그 의무를 제대로 이행하느냐 하는 문제만이 남는다. 그러한 합의가 없고 A가 B에게 주택을 인도해 주어야 할 기일에 B로부터 대금의 이행제공(이에 대하여는 앞의 [22] 참조)을 받았는데도 M의 인도거부 등으로 이를 비워주지 못하면, A는 인도의무에 관하여 채무불이행책임을 지게 된다.

만일 매도인 A가 계속 그 주택에 살고 싶다고 하여 매수인 B와의 사이에 전세계약 등을 맺고 A가 계속 점유하고 있다고 하면 어떻게 되는가? 이러한 경우는 점유개정占有改定이라고 하여 역시 위와 같은 합의만으로 인도가 있는 것으로 본다(민법 제196조 제 2 항, 제189조). 또 예를 들면 매수인 B가 매매계약 당시 전세 등으로 이미 그 집에 살고 있었다고 하면, 별도로 매도인 A가 인도를 할 필요가 없음은 물론이다(이를 간이인도라고 한다. 민법 제196조 제 2 항, 제188조 제 2 항).

이와 같이 실제로 매수인이 현실적으로 주택의 인도를 받지 않았어도 인도가 행하여진 것으로 보아야 할 경우는 그 외에도 있다. 예를 들면 매수인 B가 집을 N에게 전세주거나 또는 매도하여서 매도인 A가 집을 비우고 바로 N에게 넘겨 준 경우에 A의 B에 대한 인도의무는 이행되었다고 할 것이다. 이러한 경우는 B가 A로부터 주택을 인도받은 후에 다시 N에게 인도한 것과 달리 취급할 이유가 없는데, 굳이 말하자면 이 때 B가 A로 하여금 N에게 직접 인도하게 할 수 있는 힘 속에 그의 '사실적 지배'를 엿볼 수 있는 것이다.

제 2 절 물권의 변동과 효력

[57] 매수인이 취득한 소유권의 관점에서

우리의 설례에서 매도인 A는 그 주택과 대지라는 2개의 부동산의 소유권을 매수인 B에게 이전하여 주어야 할 채무를 부담하며, 그 채무의 이행을 위하여는 B 앞으로 소유권등기가 넘어가야 한다(앞의 [48] 참조). 그러면 이제부터는 매도인 A의 채무 및 그 이행과는 관점을 달리하여, 매수인 B의 소유권 취득 및 그 효과에 관련된 사항들을 살펴보기로 한다. 그런데 설명의 순서로서는 우선 소유권을 선두로 하는 물권 일반의 효력을 살펴볼 필요가 있고, 이에 비추어 소유권의 취득 기타 물권변동에 있어서의 특징을 설명하여 가는 것이 편리하다.

이제 A가 B에게 소유권등기를 넘겨주어 B가 주택과 그 대지의 소유자가 되면, A의 소유권이전채무는 변제를 이유로 소멸한다. 여기서 B가 아직 소유권을 취득하지 못하고 단지 A에 대하여 소유권의 이전을 청구할 수 있는 채권만을 가지고 있는 상태와 위와 같이 소유권을 취득한 상태 사이에 그의 법적인 지위에 구체적으로 어떠한 차이가 있는가를 살펴보기로 하자. 이것은 바꾸어 말하면, 소유권이전채권과 소유권과의 차이, 더욱 일반적으로 말하면 채권과 물권과의 차이를 말하는 것이기도 하다. 물론 물권에도 여러 가지가 있기 때문에 일률적으로 말할 수는 없으나, 가장 대표적이고 전형적인 물권인 소유권(pars pro toto, 즉 '물권 전체를 대표하는 부분'으로서의 소유권)을 중심으로 이 문제를 설명하여 보기로 하는 것이다.

[58] 권리 침해에 대한 구제수단

우선 지적되어야 할 것은 그 권리가 제 3 자에 의하여 침해된 경우에 B가 가지는 법적인 구제수단이 현저히 다르다는 것이다. 예를 들면 C가 매매목적물인 주택에 살고 있다고 하자.

첫째, 그러한 경우에도 아직 소유권이전등기를 받지 못하고 채권만을 가지고 있는 상태의 B는 C에 대하여 그 주택으로부터 나갈 것, 즉 그 집의 반환을 청구할 직접적인 권리가 없다. 그는 단지, 아직까지는 그 소유자인 매도인 A가 혹 C에 대하여 그러한 반환청구권을 가지고 있다면 이를 A에 대위하여 행사할 수 있을 뿐이다(이와 같은 채권자대위권과 관련한 문제는 뒤의 [210] 이하에서 보기로 한다). 그러나 예를 들면 C가 A로부터의 임차인이어서, A에게 그러한 권리가 없으면 이러한 수단도 없다. 반면에 만일 B가 소유권을 취득하였다고 한다면, 그 때부터 그는 자신의 고유한 권리로서 C에 대하여 그 주택 등의 인도를 청구할 수 있게 된다(소유물반환청구권. 이러한 물권적 청구권에 대하여는 뒤의 [71] 참조).

둘째, B는 소유권의 이전을 청구할 수 있는 채권만을 가지고 있어서는 C에 대하여 손해배상을 청구할 수 없다. C가 그와 같이 그 주택을 점유하고 있음으로 말미암아 매도인 A가 이를 매수인 B에게 인도해 주지 못하고, 그리하여 결과적으로 B가 주택을 제대로 인도받지 못함으로 말미암아 손해를 입고 있다고 하자. 그렇다고 하더라도 B는 자기에 대한 채무자 A에 대하여 채무불이행을 이유로 하여 손해배상을 청구할 수 있을 뿐이지, 제 3 자인 C가 목적물의 무단점유로 말미암아 B의 A에 대한 채권을 '위법하게'(민법 제750조 참조) 침해하고 있다고는 말할 수 없어서 B는 C에 대하여 불법행위를 이유로 하는 손해배상을 청구할 수 없다. 그러한 손해배상청구는 오로지 그 주택의 소유자인 A만이 이를 할 수 있다. 제 3 자의 행위로 말미암아 채권의 만족이 방해를 받더라도 그것만으로는 그 채권 침해가 '위법'하다고 할 수 없음에 반하여, 제 3 자의 행위로 물권의 원만한 상태가 방해된 경우에는 원칙적으로 그 행위는 위법한 것으로 평가되는 것이다. 이와 같이 채권을 가지는 데 불과한 사람은 그 만족이 제 3 자에 의하여 방해되는 일이 있어도 원칙적으로는 그 채무자에 대하여 채무불이행의 책임을 물을 수 있을 뿐인 것이다(어떠한 경우에 예외적으로 그와 같은 제 3 자에 대하여도 불법행위책임을 물을 수 있는가는 '제 3 자의 채권침해'라는 이름 아래서 논하여지고 있는데, 이에 대한 상세는 채권총론 교과서를 보라. 또한 우선 뒤의 [73] "둘째" 도 참조).

그러나 B가 소유권을 취득하였다면, 그는 그때부터 C에 대하여 자신의 소유물을 사용하지 못함으로 입은 손해의 배상(예를 들면 주택에 대한 차임 상당액)을 C의 불법행위를 원인으로 하여 청구할 수 있게 된다.

셋째, 나아가 채권자 B는 C에 대하여 C가 아무런 '법률상 원인이 없이' 얻고 있는 주택의 사용이라는 이익을 부당이득으로서 자신에게 반환할 것을 청구할 수 없다. C의 그러한 부당이득은 B의 '재산으로 인하여'(민법 제741조 참조) 얻고 있는 것이 아니라, 소유자 A의 '재산'으로부터 얻고 있다고 할 것이기 때문이다. 그러나 B가 소유권을 취득하면 그때부터는 C가 얻고 있는 주택의 사용이익(물론 그 자체를 반환할 수는 없기 때문에, 그 가액을 산정하여 반환한다. 민법 제747조 제 1 항 참조), 즉 통상은 차임 상당액이 소유자 B에게 반환되어야 하는 것이다.

민법이 어떠한 기존의 권리가 침해된 경우에 그 **일반적인** 구제수단으로서 인정하고 있는 것은 방해배제청구권 등(제213조 이하), 불법행위로 인한 손해배상청구권(제750조 이하), 부당이득반환청구권(제741조 이하)의 셋이다(이들에 대하여는 뒤의 [71] 이하 참조). 그런데 이 세 가지의 수단 전부에 관하여 위와 같이 소유권과 소유권이전채권 사이에는 실로 큰 차이가 있다고 하지 않을 수 없다. 실로 소유권에 대하여는 그 구제수단이 극히 **포괄적으로** 부여됨에 반하여, 채권인 경우에는, 그것이 금전채권인 경우는 말할 것도 없고 B의 채권과 같은 특정물채권이라도 원칙적으로 채무자에 대하여 채무불이행책임(그 요건 및 내용에 대하여는 뒤의 제 4 장 참조)을 묻는 것밖에 없는 것이다.

[59] 채권자들의 지위 — 책임재산의 관점

우리의 설례에서 매수인 B가 소유권을 취득한 경우와 그는 아직 소유권이전채권만을 가지고 소유권은 여전히 매도인 A에 속하고 있는 경우의 차이를 A와 B에 대한 각 채권자들의 관점에서 생각하여 보자.

매수인 B가 소유권이전채권만을 가지고 있는 경우에는, A에 대한 다른 채권자들은 그 채권의 만족을 얻기 위하여, 채무자 A에 대한 책임재산(이에 대하여는 뒤의 [209] 참조)을 경매에 붙일 수 있다. 그런데 B에게 매도되기는 하였으나 아직 소유권이 이전되지 않아서 여전히 채무자 A의 소유인 위의 주택 등은 그의 책임재산에 속하는 것이다. 그러므로 그것을 압류하고(이것이 경매의 제1단계이다. 민사집행법 제83조 제1항 참조), 나아가 경매나 입찰로 금전으로 바꾸어서(종전에 이는 환가라고 불렸는데, 새 민사집행법에서는 '현금화'라고 한다), 그 현금화된 결과, 즉 매각대금으로부터 배당을 받아 자기 채권의 만족을 얻을 수 있다. 말하자면 A의 채권자들은 그 주택 등의 가치를 자기들의 채권의 만족에 충당할 수 있는 것이다. B는 당해 경매목적물의 소유권을 이전해 달라고 청구할 수 있는 채권을 가지고 있다고 해도 이를 이유로 그 경매절차의 진행을 막을 수는 없다. 오히려 경매절차에서 목적물을 매수한 사람이 그 매각대금을 완납하여 주택의 소유권을 취득하게 되면(민사집행법 제135조 참조), B의 채권은 그 이행불능으로 말미암아 손해배상채권으로 변하게 된다(이에 대하여는 뒤의 [138], [165] 참조). 따라서 그는 경매절차에 하나의 채권자의 자격으로 참여하여 그 만족을 도모할 수밖에 없다. 그리고 그 매각대금의 배당에 있어서 B는 다른 채권자들과 동등한 자격에서 그 채권액에 비례하여 그 만족을 얻을 수밖에 없는 것이다(민사집행법 제145조 이하 참조).

우리나라에서 어떤 채무자의 재산에 경매절차가 진행되는 것은 채무자의 전체 재산이 그에 대한 채권자 전부의 채권액을 모두 만족시킬 수 없는 때(이를 '무자력상태'라고 부른다)인 경우가 대부분이다. 이 경우에 채권자들은 서로 우열이 없이 평등하게 그 채권액에 비례하여 만족을 얻는다. 이것을 **채권자 평등의 원칙**이라고 한다(뒤의 [215]도 참조). 예를 들면 채무자의 책임재산의 총액이 1억원 상당인데 채권자들의 채권총액이 5억원이라면, 그 채권자들은 결국 기껏해야 그 채권액의 5분의 1밖에 만족을 얻지 못하는 것이다. 이러한 결과는 만일 그 채권자가 그 채권을 얻는 대가로 이미 그 채권액만큼의 출연을 실제로 하였다면, 이는 그 출연가액의 5분의 4를 상실하는 것이어서 당사자에게는 중대한 이해관계가 걸려 있는 것이다. 예를 들면 우리의 설례에서 B가 매매대금 5억원을 모두 지급하고 등기를 넘기는 데 필요한 서류를 A로부터 교부받고 나서도 차일피일 실제로 등기이전절차를 밟는 것을 게을리하였기 때문에 아직 그 주택의 소유권을 이전받지 못한 상태에서, A의 채권자들이 그 주택을 압류하여 경매에 붙였다고 하자. 이 경우에 B는 결국 5억원을 지출하였으나 그에 대한 반대급부로서는 실제로 기껏해야 1억원(5억원×5분의1=1억원)밖에 얻지 못하는 현저한 불이익을 입게 되는 것이다. 이는 금전을 대여한 후에 차용인이 무자력상태에 빠진 경우에도 마찬가지이다.

이와 같이 어떠한 물건의 소유권의 이전을 청구하는 채권을 가지더라도, 그에 기하여 실제로 소유권을 취득하지 못한 이상, 채무자(매도인)에 대한 다른 채권자들이 그 물건을 경매에 붙여 채권의 만족을 도모하는 것을 막지 못하며, 나아가 다른 채권자들과 평등한 지위에서 그 책임재산으로부터 만족을 얻을 수밖에 없는 것이다.

그러나 B가 일단 소유권을 취득하면 그 후에 A의 다른 채권자들이 그 주택 등에 경매절차를 개시하더라도(이미 B 앞으로 소유권등기가 넘어온 이상 실제로 그와 같은 일이 일어날 가능성 자체가 별로 없기는 하다. 그러나 동산의 경우에는 얼마든지 있을 수 있다), B는 제3자이의第三者異議의 소訴(민사집행법 제48조 참조)를 제기하여 그 경매의 진행을 막을 수 있다. 그리고 이제 그 주택과 대지는 오로지 B의 채권자들만이 경매에 붙일 수 있는 B의 책임재산이 된다.

이상의 설명을 B의 채권자들의 입장에서 바꾸어 말하여 보면, B가 그 주택 등의 소유권을 얻었는가 아니면 단지 소유권이전채권을 가짐에 불과한가에 따라 그 채권의 만족을 얻을 수 있는 가능성이 달라진다는 것이 된다. 우선, B가 위의 주택과 그 대지의 소유권을 가지고 있으면, 그의 채권자들은 위에서 본 바와 같이 그것을 경매에 붙여 그 매각대금으로부터 바로 자기 채권의 만족을 얻을 수 있다. 그러나 B가 A에 대하여 단지 소유권이전채권만을 가지고 있는 경우에는, B의 채권자들은 이중의 절차를 거쳐야 한다. 즉, 우선 그 소유권이전채권을 압류하여 B의 명의로 소유권등기를 이전함(그 절차에 대하여는 민사집행법 제244조 참조)으로써 B가 소유자가 되게 한 다음, 다시 그 목적물 자체에 대하여 앞서와 같은 경매절차를 거쳐야 한다. 그만큼 복잡한 절차를 밟아야 하는 것이다. 그리고 — 이 점이 더욱 중요하다고 생각되는데— 위에서 본 대로 아직 B 앞으로 소유권등기가 넘어오지 않고 A에게 남아 있는 때에는 A의 다른 채권자들이 그 목적물에 대하여 경매절차를 진행할 수 있고, 이에 대하여는 B나 그의 채권자들은 아무런 이의를 제기할 수 없다. 그리고 B의 채권자들은 B가 그 경매절차에서 채권자평등의 원칙에 따라 배당받은 몫만을 자기들의 채권의 만족에 돌릴 수밖에 없는 것이다. 이와 같이 소유권과 소유권이전채권은 책임재산으로서의 가치에 현저한 차이가 있다.

[60] 처분·승계상의 보호

소유권 기타의 물권은 그 권리자의 의사에 기하지 않는 한 상실되거나 제한되는 법이 원칙적으로 없다. 예를 들면 소유자 이외의 사람이 소유권을 제 3 자에게 양도하거나 거기에 저당권이나 전세권과 같은 제한물권을 설정하여도 그 양도나 권리설정은 아무런 효력이 없고 소유권이 이전되거나 그 권리가 설정되지 않는다. 따라서 소유자 아닌 사람으로부터 소유권을 양도받거나 무슨 권리를 설정받아 보아도, 그 양수인이나 권리를 설정받은 사람은 소유자에 대하여 그 권리를 주장하지 못하고, 소유자는 그들에 대하여 자신의 소유권을 그대로 관철할 수 있다. 다른 한편 어떠한 물건에 대하여 소유자로부터 그 물건을 일시적으로 사용할 수 있는 권리로서 물권(예를 들면 전세권)을 설정받으면, 소유자가 목적물을 제 3 자에게 양도하여도 그 물권은 아무런 영향을 받지 않고 그 권리자는 새로운 소유자에 대하여도 자신의 권리를 주장·관철할 수 있다.

그러나 채권의 경우는 그렇지 않다. 소유자로부터 물건을 임차하여 그 사용을 내용으로 하는 채권, 즉 임차권을 가지게 되었다면, 소유자(임대인)가 그 후 목적물을 제 3 자에게 양도한 경우에는, 임차인은 원칙적으로 자신의 권리를 그 새로운 소유자에게 주장할 수 없다. 임차권은 채권으로서, 자신의 채무자, 즉 원래의 임대인에 대하여만 주장할 수 있기 때문이다(뒤의 [77]도 참조). 또한 동일한 내용의 채권은 여러 개가 있을 수 있다. 예를 들면 유명한 가수가 갑과 을에게 같은 시간에 그들 각각의 극장에 출연하기로 별도로 약속한 경우라고 하더라도, 갑과 을은 모두 완전하게 유효한 채권을 가진다. 그리고 그 가수가 자신의 극장에 약속대로 출연하지 아니한 경우에는 그에 대하여 채무불이행을 이유로 하는 법적 책임(예를 들면 손해배상)을 물을 수 있을 뿐이다. 보다 일반적으로 말하면 채권자는 채무자가 채무의 이행을 불가능하게 하는 다른 채무를 제 3 자에 대하여 부담하는 것을 막지 못하는 것이 원칙이다. 이와 같이 하여 채권은 그 권리자의 의사에 기하지 아니하고도 그 권리의 내용이 원래의 급부를 청구하는 것에서 단지 손해배상을 청구하는 것으로 바뀌어질 수 있는 것이다. 물론 민사집행법 제300조 제 1 항에서 정하는 '다툼의 대상에 관한 가처분' 또는 앞의 [51] "다섯째"에서 본 가등기를 하는 것과 같이 이를 막을 법적 수단(이들에 대하여는 뒤의 [206] 말미도 참조)이 전혀 없지는 않으나, 그것은 말하자면 채권 일반에 고유한 권능이라고 할 수는 없고, 외재적인 별도의 제도를 통하여야 하는 것이다.

이와 같이 채권은 그 원래의 내용이 실현될 법적 가능성이라는 관점에서 보아도 상대적으로 약한 것이라고밖에 할 수 없다.

[61] 물권과 채권이 교차하는 장면

앞의 [60]에서 설명한 바는 물권과 채권이 서로 엇갈리는 경우와 관련시켜 보면 보다 분명하게 이해될 것으로 생각된다.

우선 A가 제 3 자 X의 소유인 부동산에 대하여 매매계약, 즉 그 물건의 소유권을 양도하여 주기로 하는 계약을 B와의 사이에 체결하여도, 그 계약은 유효하다(민법 제569조 이하 참조). 따라서 매수인 B는 매도인 A에 대하여 그 소유권의 이전을 청구할 수 있는 채권을 가지게 된다. 그러나 그 당사자가 아닌 소유자 X의 법적 지위는 그와 같은 채권에 의하여 별다른 영향을 받지 않는다.

이번에는 매매목적물이 매도인 A의 소유에 속하는 것이라고 하자. A는 B와 매매계약을 체결함으로써 그 소유권을 양도하여야 할 채무를 부담하게 된다. 그러나 그는 다시 C와의 사이에 같은 목적물에 대하여 유효하게 매매계약을 체결할 수 있다. A는 동일한 내용의 채무를 이중으로 부담할 수도 있는 것이다. 만일 A가 C에게 등기를 이전하여 소유권을 양도하면, C는 소유권을 유효하게 취득하며, 이 소유권을 B에 대하여든 누구에 대하여든 주장할 수 있다(다만 현재의 판례에 따라 C와의 매매계약이 사회질서에 반하는 것이라고 해서 무효가 되는 예외적인 경우에는 물론 다르다. 이에 대하여는 뒤의 [129] "둘째" 참조). 그 경우에 B가 A로부터 이미 목적물을 인도받았다고 하더라도, C는 소유자로서 B에 대하여 그 인도를 청구할 수 있고, B는 그가 A에 대하여 소유권 이전을 청구할 수 있는 채권을 가지고 있다고 하여서 이로써 C에게 그 인도를 거절할 수 없다. B는 다만 그의 채무자인 A에 대하여 채무불이행책임을 물어 손해배상을 청구할 수 있을 뿐이다. 이러한 의미에서 물권은 채권에 대하여 '우월한 지위'를 가지고 있다고 할 수 있다.

또 주택을 소유하는 A로부터 M이 그 주택을 빌려 살고 있는데 그 후에 A가 그 주택의 소유권을 B에게 이전하여 주었고, B는 소유권에 기하여 M에 대하여 그 주택의 인도를 청구한다고 해 보자. M의 주택사용에 관한 권리가 전세권(그 성립에는 등기를 요한다)과 같은 물권인 경우에는 문제가 없으나, 임차권과 같은 채권인 경우에는 M은 원칙적으로 B에게 주택을 인도해 주어야만 한다. 이러한 법리는 전통적으로 "매매는 임대차를 깨뜨린다"라고 하는 법격언으로 표현된다(그 예외에 대하여는 뒤의 [78] 이하 참조).

이와 같은 물권과 채권의 구별은, 물론 구체적인 경우에는 서로 접근하는 현상도 없지 않으나, 민법을 공부함에 필요한 사고상의 틀로서는 가장 기초적인 것의 하나로서 항상 염두에 두고 잊지 않아야 하는 것이다.

[62] 지배권으로서의 물권과 청구권으로서의 채권

이상에서 본 소유권과 소유권이전채권과의 차이는 통상 다음과 같이 그 이유가 설명되곤 한다. 물권은 객체에 대한 배타적인 지배를 내용으로 한다. 말하자면, 물론 그 대상이 물건이나 약간의 권리에 한정되어 있기는 하지만, 세상에 이미 존재하고 있는 재화를 분배하여 각 개인에게 귀속시켜 놓고, 그 테두리 안에서는 그로 하여금 이를 완벽하게 지배하도록 하고 다른 사람들은 그 재화로부터 나오는 이익을 범할 수 없도록 한다. 이러한 상태를 법적으로 표현하는 것이 물권이다. 이와 같이 물권은 권리자와 물건(또는 기타의 객체) 간의 **이익귀속관계**를 표상하는 것이다.

이에 비하여 채권은 채무자에 대하여 일정한 행위를 청구하는 것을 내용으로 한다. 사람은 다른 사람에 대하여 '의무'를 부담할 수 있는데, 의무가 있다고 해서 상대방에 대하여 '지배'당하는 것은 아니다. 사람은 언제나 목적이며, 수단이 될 수는 없기 때문이다. 이러한 의무는 합의에 기하여 또는 법의 힘으로 상대방과의 사이에 맺은 일종의 약속이고, 그 약속의 준수 여부는 여전히 의무를 지는 사람의 의사에 맡겨져 있는 것이다. 그리고 그러한 의무의 존재에 의하여 그 당사자인 두 사람 이외의 다른 사람의 자유가 제한을 받을 이유가 없다. 채권은 이와 같이 어떤 한 사람과 다른 한 사람 사이의 대등한 관계에서 존재하는 일정한 행위를 할 약속을 법적으로 표현하는 것이다. 그러므로 채권자는 그리고 그만이, 채무자에 대하여 그리고 채무자에 대하여서만, 일정한 행위를 할 것을 청구할 수 있을 뿐인 것이다. 말하자면 채권은 채권자와 채무자 두 사람 사이의 약속에 의한 대등한 **의무결합관계**를 표상하는 것이다(이상에 대하여는 앞의 [38]에서 살펴본 대로 양도금지 약정의 효력이 그 약정의 대상이 소유권 기타 물권인가 아니면 채권인가에 좇아 현저한 차이를 보이는 것도 이러한 물권과 채권의 기본적인 성질상 차이에 연유한다고 볼 수 있을 것이다. 뒤의 [152]도 아울러 참조).

이와 같이 차원 높은 물권과 채권의 성질론은 법적 사고를 수행하는 기본적 범주로서 중차대한 역할을 함에는 의문이 없다. 그러나 실제로 존재하는 권리들 중에서는 그러한 준별과는 거리가 있는 것도 있다. 물론 민법은 그 제 2 편의 제목을 “물권”이라고 하고, 제 3 편의 제목을 “채권”이라고 붙임으로써 양자 간의 구별을 전제로 각종의 재산적 권리들을 그 두 편 중의 어느 하나에 위치시키고 있다. 그런데 구체적으로 민법전에서 물권에 포함되고 있는 권리들 중에는 위와 같은 물권성이 현저하지 아니한 경우도 있는 것이다. 예를 들면 유치권자는 소유권(민법 제213조 참조) 등에서 와는 달리 물건의 점유를 상실하면 그 반환청구의 독자적 권리가 인정되지 않고 오히려 유치권 자체가 소멸한다(민법 제328조). 한편 임차권은 채권이라고 하지만 특히 대항력을 갖춘 부동산 임차권은 각종의 ‘**물권적 효력**’이 인정되고 있다(뒤의 [78] 이하 참조. 상세한 내용은 채권각론 교과서의 설명에 맡긴다). 그 외에도 신탁관계, 가등기된 청구권, 위탁매매인이 취득한 물건(상법 제103조 참조) 등과 같이 양자의 성질이 섞여 있는 법형상이 적지 않다. 그러나 물권의 대표격인 소유권과 채권의 대표격인 금전채권은 각각 위와 같은 하나의 이념형(Idealtypus)으로서의 물권과 채권에 매우 근사한 것으로서, 서로 뚜렷한 대조를 보이고 있다.

[63] 물권법정주의와 민법이 정하는 물권

“물권은 법률 또는 관습법에 의하는 외에는 임의로 창설하지 못한다”(민법 제185조). 이를 물권법정주의物權法定主義라고 한다. 계약은 당사자가 그 내용을 마음대로 정할 수 있는 것이 원칙이므로, 채권의 내용과 종류는 그 합의에 따라 자유롭게 형성될 수 있다. 이에 반하여 물권은 법률(그리고 관습법)이 인정하는 종류와 내용으로서만 존재할 수 있는 것이다.

민법전에서 정하는 물권은 다음의 표와 같이 분류될 수 있다.

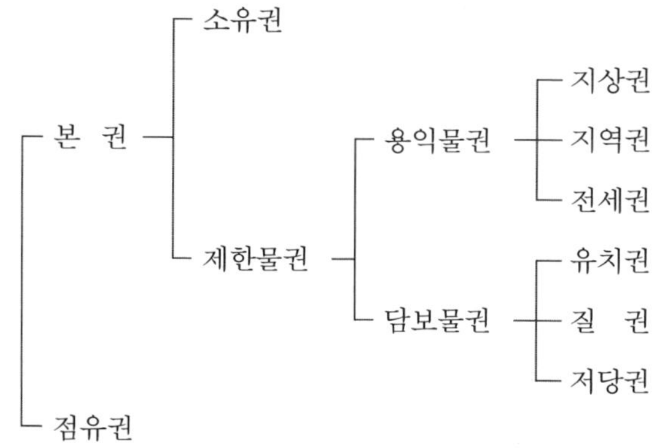

이 중에서 소유권 이외의 물권, 즉 제한물권은 소유권의 권능 중의 일부를 독립적인 물권으로 파악한 결과로 인정된 것이다. 소유권이 영구적이고 전면적으로 물건을 지배하는 권리인 데 대하여, 이들은 모두 성질상 일시적으로만 존재하고 또 그 권능이 부분적인 것이다. 그러므로 제한물권이 설정되면 소유권은 그 한도에서 일시적이고 부분적으로 그 힘의 발휘가 정지되어 있다가, 이들이 소멸하면 소유권은 그 원만한 상태를 되찾게 된다(이러한 성질을 '소유권의 탄력성'이라고 한다). 소유권은 말하자면 '영원한 모성母性(또는 대지大地)'이라고 할 만한 것으로, 물권법질서의 밑바탕을 이룬다.

제한물권은 다시 용익물권과 담보물권으로 나누어지는데, 전자는 소유권의 권능 중에서 물건의 사용가치를 일시적으로 차지하는 것이고

(이에 대하여는 뒤의 [76] 참조), 후자는 채권의 담보를 위하여 물건의 교환가치만을 지배하는 것이다(이에 대하여는 뒤의 [230] 이하 참조).

[64] 물권 거래에 있어서의 공시의 원칙

이상과 같이 소유권을 위시한 물권은 객체에 대한 배타적인 지배를 내용으로 하는 권리이다. 그러므로 동일한 내용의 물권이 하나의 물건에 여러 개 있을 수 없다(이를 일물일권주의一物一權主義라고 한다). 그렇지 않다면 그것은 하등 '배타적인' 지배라고 할 수 없기 때문이다. 그리고 앞서 본 대로 물권을 가진 사람은 그의 의사에 기하지 아니하고는 그 물권을 상실하지 않는 것이 원칙이다. 그러한 만큼 물권에 관하여 거래관계를 맺으려는 사람들은 실제로 그 거래에 들어가기 전에 그 권리의 존부와 내용을 정확하게 알기를 더욱더 희망한다. 만일 물권의 취득을 위한 계약을 체결하고 그 대가를 지급하였으나, 거래상대방이 권리자가 아니었거나 그 권리의 내용이 계약에서 정한 바와 다르다는 사실이 밝혀지게 되면, 예상하였던 대로의 물권을 취득하지 못하게 되어 그 지출은 결실을 맺지 못하거나 또는 불필요한 분쟁에 말려들어 갈 우려가 있는 것이다. 그리하여 물권을 공시할 필요가 제기되는데, 이에 대하여는 앞의 [41]에서도 채권 거래와 관련하여 언급한 바 있다.

그리하여 물권에 대하여는 권리의 존재와 내용을 외부에 알리기 위한 방법, 즉 공시방법이 필요하게 된다. 부동산에 대하여는 긴 역사적 발전의 결과로 우리나라에서도 등기부라는 공적인 장부를 마련하여 그것에의 기재, 즉 등기가 그 공시방법으로 채택되기에 이르렀다. 그러나 동산은 그 숫자와 종류가 너무 많고 이동성과 가변성이 있어서 이에 대한 공적인 장부를 마련한다는 것은 사실상 불가능하므로, 선박·항공기·자동차·건설기계와 같은 일부의 동산을 제외하고서는(이들 중 대부분에 대하여는 등기제도 또는 그와 성질이 같은 등록제도가 채택되었다), 그에 대한 여러 가지 형태의 사실적 지배, 즉 점유를 통하여 그것이 공시된다는 태도를 취하고 있다.

그러나 이러한 제도가 마련되어 있더라도, 거래당사자들이 실제로 물권의 변동이 있을 때마다 그 공시방법을 취하지 않는다면, 물권의 현재의 상태를 정확하게 공시하는 것은 불가능하다. 그러므로 민법은 거래당사자들이 공시방법을 취하지 않으면 물권의 변동은 일어나지 않는다는 원칙을 채택함으로써 그 실현을 간접적으로 강제하고 있다. 즉, "부동산에 관한 물권의 득실변경"은 등기하여야(제186조), 그리고 "동산에 관한 물권의 양도" 및 "동산질권의 설정"은 그 동산을 인도하여야(제188조 제1항, 제330조) 각기 효력이 생긴다고 정하고 있는 것이다. 이를 각기 부동산물권변동에 있어서의 **등기주의**, 동산물권변동에 있어서의 **인도주의**라고 하고, 합하여서는 별로 적합한 표현이라고는 할 수 없겠으나 **형식주의**라고 한다(한편 법률행위로 인한 물권 변동에서와 같이 일정한 공시방법의 실현을 필요요건으로 하지 아니하고 단지 당사자 사이의 의사표시만을 요구하는 입법태도를 의사주의라고 한다).

여기서 '양도'는 계약에 의하여 물권의 귀속주체를 변경하는 것을 말하고, '설정'이란 동산질권이나 저당권 기타 제한물권을 계약에 의하여 새로이 창설하는 것을 말한다. 그리고 '득실'이란 '취득과 상실'을 줄인 말인데, 위 민법 제186조는 그 문언에서 보는 대로 그 중에서 계약과 같은 법률행위에 의한 취득·상실·변경에만 적용된다(법률행위에 의하지 아니한 물권변동에 대하여는 뒤의 [69] 참조).

[65] 매매계약에 기한 소유권 이전의 요건

여기서는 물권변동에 관한 법리를 검증하여 본다는 의미에서, 매매계약에 기하여 매수인이 소유권을 취득하려면 어떠한 요건들이 갖추어져야 하는가를 살펴보기로 한다.

첫째, 매매계약이 유효한 것이어야 한다. 그것이 무효이거나 취소 또는 해제되거나 하여 효력이 없거나 효력을 상실하게 되면, 비록 매수인 앞으로 소유권등기가 넘어갔다고 하더라도 소유권은 매수인에게 이전되지 못한다. 이것이 확고한 판례의 태도이다. 이러한 태도에 반하여 일단 당사자 사이에 직접 소유권의 이전을 내용으로 하는 합의(이른바 물권적 합의. 이에 대하여는 뒤의 [67] 참조)가 있으면 그 합의의 원인이 되는 매매계약이 무효라고 하여도 소유권은 이전된다는 견해도 없지 않다. 그러나 우리 민법의 해석으로서 이러한 입장은 무리라고 생각된다(그 상세에 대하여는 물권법 교과서에서 물권변동에 관한 설명을 보라).

둘째, 앞에서 본 대로 매수인 앞으로 소유권등기가 이루어지거나(부동산의 경우), 매수인에게 물건이 인도되어야 한다(동산의 경우). 물론 이때 부동산의 경우라면 그 등기는 매도인이 그 의사에 기하여 스스로 등기절차에 협력하여 이루어지는 것이 보통이고, 또 그렇게 하여야 하는 것이 원칙이다. 그렇다면 매도인의 의사에 기하여 이루어지지 아니한 매수인 앞으로의 소유권등기는 무효라고 하여 반드시 말소되어야 하는가? 예를 들어 매수인이 매도인 명의의 관계서류(이에 대하여는 앞의 [51] "셋째" 참조)를 위조하여 자기 앞으로 소유권이전등기를 하였다면, 그 등기는 어떠한 경우에나 말소되어야 하는가? 판례는 여기서 '실체관계에 부합하는 등기'는 유효하다는 법리를 발전시켰다. 그 내용은 쉽게 말하면, 어차피 그러한 등기가 다른 전제에 걸릴 것 없이 곧바로 이루어졌어야 할 것이었다면 굳이 이를 일단 말소하고 다시 동일한 등기를 하는 번거로운 절차를 강요하느니 차라리 그 등기의 유효성을 인정한다는 것이다. 그러므로 위의 예에서 매수인이 그 매매대금을 모두 지급하였다면, 매도인으로서는 일반적으로 그 등기를 거절할 아무런 이유가 없으니, 비록 등기관계서류가 위조되었다고 해도 그대로 유효한 등기로 인정하여 그 말소청구를 기각한다. 이러한 이치는 동산에서의 인도에 관하여도 마찬가지로 주장될 수 있을 것이나(매도인이 자의로 점유를 넘겨준 것이 아니라 매수인이 매도인으로부터 힘으로 빼앗아서 점유를 획득한 경우를 상정하여 보라), '실체관계에 부합하는 인도'라고 이름붙일 수 있는 이와 같은 법리가 주장되거나 인정된 예는 쉽사리 발견될 수 없다.

셋째, 매도인이 그 목적물의 소유권을 가지고 있어야 한다. 민법은 이 점에 대하여 명문의 규정을 두고 있지 않다(이에 대하여는 뒤의 [194]도 참조). 그러나 앞에서 본 대로(특히 [60] 참조) 소유자는 자기의 의사에 기하지 아니하고는 그 권리를 상실하지 않는 것이 원칙이다. 그러므로 매도인에게 소유권이 없으면 아무리 매매계약이 유효하고 매수인 앞으로 소유권등기가 이전되었다고 하더라도(부동산의 경우) 또는 매수인 앞으로 물건이 인도되었다고 하더라도(동산의 경우), 매수인은 소유권을 취득하지 못한다. 말하자면 '전자前者의 무권리無權利'라는 흠은 원칙적으로 치유되지 않는다. 그러나 이에 대하여는 동산에 한하여 일정한 요건 아래 예외가 인정되고 있는데 그것이 선의취득의 제도이다(이에 대하여는 뒤의 [191] 참조. 그리고 부동산취득시효, 특히 등기부취득시효도 이러한 예외로서의 기능을 수행한다. 뒤의 [197] 참조).

[66] 채권행위와 물권행위 — 의무부담행위와 처분행위

앞의 [65]의 "첫째"와 관련하여, 여기서 민법을 공부함에 있어서 매우 중요한 기본적 개념의 다른 하나에 대하여 설명하기로 한다.

우리 법은 우리의 설례에서 행하여지는 부동산양도와 같이 법률행위에 의하여 어떠한 특정의 권리에 관하여 일정한 변동(양도나 부담설정이나 내용변경 등)이 일어나는 경우에, 그 권리변동을 일으킬 의무의 부담을 내용으로 하는 것("나는 너에게 부동산을 양도할 의무를 진다")과 권리변동 자체를 내용으로 하는 것("나는 너에게 부동산을 양도한다")을 각각 별개의 법률행위로 한다는 태도에서 출발하고 있다. 그때 앞의 법률행위는 채권행위(또는 의무부담행위)라고 하고, 뒤의 법률행위를 —그 행위의 대상이 물권인 경우에는— 물권행위라고 한다. 이는 부동산양도뿐만 아니라 그 외에 저당권설정의 경우 등도 마찬가지이다. 즉 한편으로 "나는 너에게 어느 부동산에 저당권을 설정할 의무를 부담한다"는 계약이 있고, 다른 한편으로 —일반적으로는 그 채권행위의 이행을 위하여— "나는 너에게 이 부동산에 저당권을 설정한다"는 계약이 행하여지는 것이다.

이때 이와 같은 물권행위는 그 권리변동에 의하여 법적으로 불이익을 입는 사람(예를 들면 소유권을 양도하는 사람이나 자신의 부동산에 저당권을 설정하여 주는 사람 등)의 입장에서 보면 처분행위가 된다. 물론 물권의 변동을 내용으로 하는 물권행위뿐만이 아니라, 채권을 타인에게 직접 양도하는 것을 내용으로 하는 채권양도도 처분행위의 일종이고(채권양도를 '준물권행위'라고 부르는 것은 바로 이러한 의미이다), 나아가 채무를 일방적으로 면제하는 행위(민법 제506조 참조)나 쓰던 물건을 버리는 것과 같은 소유권 포기의 행위도 처분행위에 속한다.

우리의 설례에서 A가 B와의 사이에 부동산매매계약을 체결하고, 그 후 대금을 다 받으면서 소유권이전등기에 필요한 제반 서류를 B에게 교부하는 통상의 경우를 예로 들어 보면, 처음에 체결된 부동산매매계약이 채권행위이다. 그리고 나중에 A와 B가 소유권이전등기에 필요한 서류를 주고 받는 행위 속에는 통상적으로 "이제 B에게 소유권을 넘겨 준다", 또 "넘겨 받는다"는 의사의 합치가 있다고 해도 좋을 것인데, 이것이 바로 물권행위(보다 정확하게 말하면, 그 요소의 하나로서의 물권적 합의. 이에 대하여는 뒤의 [67] 참조)이다. 그리고 대금을 주고 받는 행위 속에도 그 금전의 소유권을 양도하고 양도받는 물권행위가 존재한다. 그러므로 실제로 위와 같은 하나의 거래에는 법적으로 보면 세 개의 법률행위(이들은 모두 당사자의 의사의 합치로 성립하므로, 세 개의 계약)가 행하여지는 것이다. 우리가 일상적으로 하는 물품구입거래의 경우, 예를 들어 문방구점에 가서 현금으로 연필 1자루를 사는 경우를 생각하여 보면, 이 때 우리가 세 개의 계약을 체결하였다고 생각하는 사람은 거의 없으리라. 그러나 법적으로 분석하면, 역시 그와 같이 말할 수 있다, 아니 그렇게 말하여야 한다. 당장은 어색해 보일지 몰라도, 그 구분에는 그만한 이유가 있는 것이다.

물권행위와 채권행위는 여러 모로 성질을 달리한다. 몇 가지를 들어 보기로 한다.

첫째, 채권행위에는 물건매매계약과 같이 어떤 물건의 소유권을 양도할 의무, 즉 물권행위를 하여야 할 의무를 부담하는 것을 내용으로 하는 것도 있지만, 예를 들면 변호사를 선임하여 소송을 제기하는 것과 같이 물권행위 없이도 적법하게 이행할 수 있는 의무를 발생시키는 것도 얼마든지 있다. 말하자면 물권행위는 어떠한 특정의 대상(권리, 보다 넓게 말하면 법적 지위)에 대하여 그에 관한 법률관계에 직접 변동을 일으키는 것(그러한 의미에서 '대상에 관련된(gegenstandsbezogen)' 행위이다)인 반면, 채권행위는 그러한 대상을 전제로 하지 아니하고 단지 사람에 대하여 일정한 행위를 할 의무의 발생이 문제인 것이다(그러한 의미에서 '사람에 관련된(personenbezogen)' 행위이다).

둘째, 물권행위가 효력을 발생하면, 바로 그 대상인 권리에 의사표시의 내용대로의 변동이 일어난다. 이는 물권행위도 법률행위인 이상 당연한 일이다. 즉 소유권 기타 권리가 양도되고, 저당권이 설정되며, 권리의 내용이 변경된다. 따라서 물권행위가 유효하려면 그 대상이 현존하고 또 특정되어야 한다. 막연히 불특정한 대상에 대하여 권리변동이 일어날 수는 없는 것이다. 내가 너에게 『민법입문』 1권을 준다고 약속한 경우에, 그것이 채권행위인 이상, 소유권이 넘어갈 책이 어느 것인지 구체적으로 특정되지 않아도, 나아가 그 책이 현존하지 아니하더라도, 그 계약은 유효하다(민법 제375조도 참조). 그러나 그 책의 소유권이 양도되어 네가 소유자가 되려면, 즉 물권행위가 효력을 가지려면, 이제는 그 대상이 현존하고 특정되어야 한다.

셋째, 물권행위가 유효하려면, 또한 처분자가 대상인 권리에 대하여 처분권을 가져야 한다. 권리자는 통상 자신의 권리를 처분할 권리를 가진다(소유권에 대한 민법 제211조의 '처분할 권리' 참조). 만일 자신의 권리에 대한 타인의 처분행위가 유효하다면, 따라서 권리자의 의사와 무관하게 그 권리가 이제 제 3 자에게 귀속하게 된다면, 애초 그 권리는 그에게 속하는 것이라고, 즉 '그의 것'이라고 할 수 없을 것이다. 그러므로 타인의 권리에 대한 물권행위는 원칙적으로 효력이 없다(앞의 [60]도 참조). 그런데 타인의 물건 기타 권리에 대한 매매 기타의 채권행위는 유효하다(이에 대하여는 앞의 [61] 및 뒤의 [190] 참조). 물론 그 경우 매도인은 자신의 채무를 이행하기 위하여는, 즉 매수인에게 소유권을 취득시키기 위하여는, 그 권리를 취득하여야 한다(민법 제569조 참조). 그러나 그러한 의무 자체가 당해 계약으로부터 발생하는 것으로서, 그 매매계약은 유효하다(앞서 본 민법 제569조는 이를 당연한 전제로 한다). 타인의 권리에 대한 처분이 유효한 경우가 아예 없지는 않지만(뒤의 [191] 참조), 이는 법이 특별한 필요에 기하여 인정하는 어디까지나 예외인 것이다. 앞의 [65]의 "셋째"에서 말한 바가 바로 여기서 설명한 바에 따른 것이다.

앞으로 민법을 본격적으로 공부하여 보면 알 수 있겠지만, 채권행위와 물권행위 또는 의무부담행위와 처분행위는 민법의 체계구성을 관통하고 있는 매우 중요한 개념이다.

[67] 물권행위의 요소

위에서 살펴본 물권행위는 법률행위에 해당하므로, 당연히 의사표시를 요소로 한다(앞의 [9] 참조). 예를 들어 우리의 설례에서 부동산소유권을 양도하는 물권행위는, A의 "이 주택을 너에게 양도한다"는 의사표시와 B의 "이 주택을 너로부터 양도받는다"는 의사표시가 합치하는 것이 요구되는 것이다. 그런데 물권행위 중에서 부동산물권의 변동을 내용으로 하는 것은 단지 위와 같은 합의(이를 물권적 합의라고 한다)만 있으면 성립하는 것은 아니다. 그 외에 등기가 있어야 한다. 민법 제186조가 "부동산에 관한 법률행위로 인한 물권의 득실변경은 등기하여야 그 효력이 생긴다"고 정하는 것은 바로 이를 의미한다. 즉 법률행위가 성립하려면 반드시 의사표시가 있어야 하지만(필요조건), 이와 같이 예외적으로는 의사표시 이외의 요소도 요구되는 경우가 있으며 그 경우에 의사표시는 법률행위 성립의 충분조건은 아닌 것이다. 또 물권행위 중에서 동산물권의 양도 등을 내용으로 하는 것도 물권적 합의 외에 인도가 있어야 성립한다(민법 제188조 제1항, 제330조). 이와 같이 우리 민법에서 물권변동을 내용으로 하는 법률행위, 즉 물권행위는 일반적으로 물권적 합의라는 의사적 요소와 등기 또는 인도라는 사실적 요소의 이중요건(Doppeltatbestand)에 걸리는 것으로 법에서 정하여져 있는 것이다. 앞의 [65]의 "둘째"에서 설명한 것이 바로 이와 관련된다.

그런데 채권의 양도를 내용으로 하는 법률행위는 그러하지 아니하다.

즉 채권양도계약은 양도인과 양수인 사이의 합의만으로 성립한다(앞의 [39] 참조). 물론 채권양수인이 그 채권을 채무자에게 주장·행사하려면, 별도로 이른바 대항요건을 갖추어야 하지만(앞의 [40] 참조), 이는 채권양도계약의 성립 여부와는 차원을 달리하는 문제라고 통상 설명되고 있다.

[68] 채권행위와 물권행위의 관계

앞서 본 대로 채권행위와 물권행위는 서로 성질을 달리한다. 그리고 우리 법은 앞서 말한 대로 물건매매가 있고 그에 기하여 소유권양도가 행하여지는 것과 같은 경우에도 양자는 별개의 법률행위라는 전제 위에서 있다.

소유권유보부所有權留保附 매매의 경우를 생각하여 보면, 아마 그 '별개'라는 것의 구체적 의미를 보다 알기 쉬울지 모른다. 대금을 할부로 지급하기로 하고 동산매매계약을 체결한 경우에, 매도인은 목적물을 계약 즉시 매수인에게 인도하여 그로 하여금 사용수익하게 하지마는, 그 소유권은 매수인이 할부금을 다 지급할 때까지 매도인이 가진다고 약정하는 것이 통상이다(뒤의 [247]도 참조). 물론 이러한 소유권유보로써 매도인의 매매대금채권을 담보하고자 하는 것인데, 그 거래를 법적으로 설명하면 다음과 같다. 우선 매매계약이 채권계약으로서 체결된다. 이로써 매도인은 소유권을 이전하고 물건을 인도할 채무를, 매수인은 대금을 지급할 채무를 부담한다. 그 중 인도채무는 통상 매매계약과 동시에 이행되고, 이로써 물권행위 중 사실적 요소, 즉 인도는 실현된다. 그런데 그 의사적 요소, 즉 물권적 합의는 매매대금 전부의 지급을 정지조건(민법 제147조 제 1 항 참조)으로 하여 소유권이 매수인에게 양도된다는 내용으로 행하여지는 것이다(대법원 1996년 6월 28일 판결 96다14807

사건(판례공보 1996상, 2358면)도 소유권유보부 매매에 대하여 "소유권을 이전한다는 당사자 사이의 물권적 합의는 매매계약을 체결하고 목적물을 인도한 때 이미 성립하지만 대금이 모두 지급되는 것을 정지조건으로 하는 것"이라고 판시하여, 같은 설명틀을 채택한다. 그 귀결에 대하여는 대법원 1999년 9월 7일 판결 99다30534사건(판례공보 1999하, 2088면); 대법원 2010년 2월 11일 판결 2009다93671사건(판례공보 2010상, 565면)도 참조). 이로써 물권행위가 정지조건부로 행하여진 것이 된다. 채권행위와 물권행위는 별개인 것으로서, 전자는 조건 없이, 후자는 조건부로 행하여질 수 있는 것이다.

그런데 그와 같이 물권행위가 채권행위의 이행으로 행하여지는 경우에 둘 사이에 아무런 관계가 없느냐 하면 그것은 아니다. 앞의 [65]의 "첫째"에서 본 설명이 바로 이에 대한 것인데, 그 경우 물권행위는 그 원인이 된 채권행위가 효력이 없으면 설사 그 자체로서는 아무런 흠이 없어도 효력을 가지지 못한다는 것이다. 여기서의 원인에 대하여는 복잡한 논의가 필요한데, 그 대표적인 예가 위와 같이 물권행위가 채권행위의 이행으로(보다 정확하게는 '변제원인(causa solvendi)'으로) 행하여지는 경우이다. 이와 같이 물권행위의 효력이 채권행위의 효력에 의존하는 것을 **물권행위의 유인성**(즉 원인의존성)이라고 한다. 이는 비단 물권행위에만 적용되는 것은 아니고 처분행위 일반의 문제이다.

이상의 설명은 매우 기본적이고 또 그만큼 적용범위가 넓어서, 좀 추상적이기는 해도 잘 이해해 둘 필요가 있는 바이다. 뒤의 [177]에서 보는 "할 수 있다"와 "하여도 된다"의 구별이나, 또 뒤의 [217]에서 보는 채무와 책임의 구별 등에 대하여도 같은 주의를 촉구할 수 있다. 그리고 이러한 기본적 구분들이 민법의 체계적 이해에 불가결한 것이면서도 민법전에서 정면으로 규정되어 있지 않은 말하자면 '이론적' 범주인 점도 생각해 볼 만한 가치가 있을 것이다.

[69] 등기 없는 부동산물권변동

경매절차에서의 매수인은 그 매각대금을 완납하면 등기를 넘겨받지 않아도 경매부동산의 소유권을 취득한다(민사집행법 제135조, 제268조). 그러므로 매각을 원인으로 하는 소유권이전등기가 이루어지기까지는 (경매법원은 매수인이 매각대금을 완납하면 직권으로 그 앞으로의 소유권등기를 촉탁하여야 한다. 동법 제144조 제 1 항 제 1 호, 제268조 참조), 등기부상의 소유관계와 진실한 소유관계가 일치하지 아니하게 된다. 이는 그 자체 바람직하지 아니한 사태이나, 실제로 별다른 폐해를 자아내지는 않는다. 왜냐하면 경매절차가 개시되어 경매신청의 등기가 이루어짐으로써(동법 제94조 참조) 압류의 효력이 발생하여 그 후의 부동산소유자의 처분은 무효가 될 가능성이 있고(동법 제83조 제 1 항 참조), 다른 한편 그 경매신청의 등기에 의하여서 경매가 진행되고 있는 사실이 공시되어서 다른 제 3 자가 등기부상 별개의 이해관계를 맺는다는 일은 거의 없기 때문이다. 그리고 매수인에 대하여는 그가 매각대금을 완납한 이상 그에 상응하는 이익을 다른 제 3 자에 대한 관계에서도 보장하여 주는 것이 타당하므로, 결국 그의 소유권 취득을 인정하는 것이다.

공권력이 개인으로부터 그 소유의 토지를 강제로 취득하는 수용절차가 진행되는 경우에도 대개 마찬가지의 이유로(토지수용의 경우에는 경매에 관하여 본 이유 외에 공권력의 프리미엄에 기한 점도 있을 것이다. 특히 그 사업의 실시를 등기부에 의하여가 아니라 관계인에의 사업인정의 통보 및 관보상의 고시만에 의하여 공시하는 점 등) 등기 없는 소유권취득이 인정된다(「공익사업을 위한 토지 등의 취득 및 보상에 관한 법률」 제45조 제 1 항, 제22조 참조). 뿐만 아니라 예를 들면 상속의 경우에도 등기 없는 부동산물권변동이 인정되는데, 이 경우에는 상속의 개시, 즉 피상속인의 사망(민법 제997조)과 동시에 권리가 이전됨을 인정하지 아니하면 부동산물권이 누구에게도 속하지 않고 공중에 뜨게 되기 때문이다.

이상과 같이 일정한 이유가 있는 경우에는, 등기가 없어도 다른 사람이 부동산물권을 취득하는 것이 인정된다(민법 제187조 참조). 이러한 경우는 법규정에 의하여 부동산물권변동이 일어나므로, 그 법규정에서 부동산물권변동의 요건을 어떻게 해석하는가가 문제의 전부라고도 할 수 있다. 그 대부분의 경우에 등기 없이도 물권변동이 일어난다고 정하므로 그에 따르는 것이지만, 법이 법률행위 아닌 원인에 의한 부동산물권변동에 대하여 등기가 있어야 한다고 정하는 경우(예를 들면 이른바 점유취득시효를 정하는 민법 제245조 제1항 참조)에는 물론 그에 좇아 등기가 있어야 하는 것이다. 이상은 법률의 규정에 의하여 동산물권변동이 일어나는 경우에도 그대로 적용된다고 할 수 있다.

[70] '…주의' 또는 '…원칙'

앞에서 우리는 '등기주의', '인도주의', '형식주의', '의사주의', '물권법정주의', '일물일권주의' 등의 용어, 그리고 '계약자유의 원칙', '채권자 평등의 원칙', '공시의 원칙' 등의 용어에 접하였다. 그리고 앞으로도 예를 들면 '채무자위험부담주의', '공신의 원칙', '사정변경의 원칙' 등의 용어에 접하게 될 것이다. 무슨 주의와 원칙이 이렇게 많은가? 도대체 법에서 '주의'란 또는 '원칙'이란 무슨 의미인가? 물론 이상에서 본 주의와 원칙 중에는 동일한 평면에서 논할 수 없는 것도 있다. 그러나 대개 다음의 둘을 특히 주의하여야 할 것으로 생각된다.

첫째, 어떠한 중요한 법률문제를 어떻게 처리하는가에 대하여는 하나의 정답이 있는 것이 아니라, 역사적으로 또는 비교법적으로 여러 가지의 규율태도가 있을 수 있다. 그러므로 시대와 나라를 달리하여 서로 다른 내용이 존재하는 것이다. 그 하나하나의 태도에 대하여 "…주의" 또는 "…원칙"이라는 이름을 붙이는 경우가 많다. 그러므로 그 주의나 원칙이라고 하는 것은 당해 문제마다 있을 수 있는 것이다. 그리고 여기서 주의나 원칙이란 무슨 이데올로기가 아니라 그러한 태도를 요약적으로 기술하는 하나의 서술개념일 뿐이다.

둘째, 주의나 원칙은 "…하여야 한다"는 당연히 그렇게 되어야 할 태도를 말한다는 측면보다는, 실정법에서 채택되어 있는 입장을 요약적으로 표현하는 측면이 더 많다. 예를 들면 우리 민법은 공신의 원칙을 동산에 대하여서만 채택하고 있다(뒤의 [191] 참조). 그러면 부동산에 대하여도 공신의 원칙은 채택되었어야 했을 것인가 또는 앞으로 채택하여야 할 것인가? 이는 역사적 진보의 당연한 방향인가? 나는 우리 민법이 부동산등기에 공신력을 인정하지 않았다고 하여 비판을 받아야 한다고는 생각하지 않는다. 그러한 입법상의 결정은 우리나라에서 부동산에 대한 권리와 그 거래의 현실을 정확하게 파악하고 이를 어떻게 규율할 것인가에 대한 정책판단에 따르면 족한 것이고(그리고 우리 민법의 입법자들의 이 점에 대한 정책판단은 전체적으로 타당한 것이었다고 생각한다), 어떠한 '원칙'이 있다고 하여 그것이 그대로 당위이어야 할 이유는 없다. 이는 예를 들면 사정변경의 원칙 등에 있어서도 마찬가지이다(이에 대하여 뒤의 [225] 참조).

[71] 물권적 청구권

앞의 [58]에서 본 대로 소유권에는 포괄적인 구제수단이 주어진다. 그 구제수단으로 대표적인 것이 물권적 청구권이다. 민법은 이를 소유권에 관하여 제213조, 제214조에서 정하고, 이들 규정을 다른 물권에 준용하는 태도를 취하고 있다(다만 유치권과 질권에는 준용하지 않고 있다). 이 물권적 청구권은 극히 유용하고 적용범위가 넓은 중요한 제도로서, 민법의 큰 영역인 물권제도를 뒷받침하는 기둥의 하나이다.

그 내용은 다음과 같다. 첫째, 자기의 소유물을 점유하고 있는 사람에 대하여는 그 반환을 청구할 수 있다. 그러나 그 점유자가 '점유할 권리'가 있는 때에는 그러하지 아니하다(민법 제213조). 이를 소유물반환청구권이라고 한다. 둘째, "소유권을 방해"하는 사람이 있으면 그에 대하여 그 "방해의 제거를 청구"할 수 있다(민법 제214조 전단). 이를 소유물방해배제청구권이라고 한다. 셋째, "소유권을 방해할 염려가 있는 행위를 하는 자"에 대하여는 "그 예방이나 손해배상의 담보를 청구"할 수 있다(민법 제214조 후단). 이를 소유물방해예방청구권이라고 한다.

여기서 주목할 것은 그 요건의 단순함이다. 따라서 그만큼 이 청구권은 물권을 보유하는 사람에게 손쉬운 법적 공격수단을 부여하는 것이다. 그 구조를 소유물반환청구권을 예로 하여 분석하여 보자. 다른 2종의 물권적 청구권의 경우도 이 점에서는 하등 다를 바가 없다.

소유물반환청구권의 발생요건은, 첫째, 청구권자가 소유자라는 것, 둘째, 상대방이 그 소유물을 점유하고 있다는 것의 둘뿐이다. 얼마나 단순한가. 그 외에 상대방의 점유가 그의 고의 또는 과실에 의한 것일 필요도 없고, 그로 말미암아 소유자가 무슨 손해를 입었을 것도 요건이 아니다(민법 제750조에서 정하는 불법행위로 인한 손해배상청구권과 대비하여 보라. 뒤의 [73] 참조). 또 상대방이 그 점유로부터 어떠한 이익을 얻었어야 할 필요도 없다(민법 제741조에서 정하는 부당이득반환청구권과 대비하여 보라. 뒤의 [72] 참조). 나아가 점유자가 그 점유를 정당하게 하는 권리('점유할 권리')를 가지고 있지 않다는 것도 적어도 **적극요건**(이에 대하여는 앞의 [35] 참조)은 아니고, 오히려 점유자측에서 자신이 그러한 권리를 가짐을 주장하고 입증하여야 하는 **소극요건**에 불과하다(엄밀하게 말하면, 점유자가 '점유할 권리'를 가진다는 것은 그 점유가 위법하지 아니하고 적법하다는 것을 달리 표현한 것에 불과하다. 점유는 앞서 본 소유권 방해의 전형적 유형으로서 소유물반환청구권은 역사적 이유나 실제적 중요성 등에서 별도로 규정된 것인데, 민법이 소유물방해배제청구권에 대하여 민법 제213조 단서와 같은 규정을 두지 않았어도 그 방해가 위법하다는 것을 요건으로 함은 물론이다. 그리고 소유권의 '방해', 즉 그 침해가 이를 뒷받침하는 권리 또는 정당화 사유와 같은 특별한 사정이 없는 한 위법한 것임은 소유권 침해의 경우 불법행위 요건으로서의 '위법성'에 관한 설명에서 보는 바와 같이 의문이 없는 바이다).

그에 대하여 점유자는 자신이 '점유할 권리'를 가진다는 것을 주장·입증하여 그 청구를 물리칠 수 있다. 예를 들면, (i) 유효한 용익물권 또는 점유를 수반하는 담보물권(예를 들면 유치권이나 질권)을 가지고 있다든가, 또는 (ii) **소유자와의 사이에** 그가 점유자에게 점유를 허락하여야 할 계약관계(예를 들면 매매계약이나 임대차계약 등)가 유효하게 존재한다든가(따라서 현재 물건을 점유하고 있는 사람이 아무리 선의로 그것을 제 3 자로부터 매수함으로써 점유를 하기에 이르렀다고 하더라도, 그가 이로써 소유권 자체를 취득하는 것이 아닌 한, 그는 그 물건을 반환하여야 한다), 아니면 (iii) 현재의 점유자에게 그 점유를 허락한 사람이 소유자에 대하여 (i)이나 (ii)의 권리나 계약관계를 가졌다든가(예를 들면, 등기를 가져서 여전히 소유자이기는 하지만 이미 목적물을 매수인 을에게 인도한 매도인 갑은 다시 을로부터 목적물을 매수하여 인도받은 병에게, 또 소유자인 임대인 갑은 임차인 을의 제 3 자 병에 대한 재차의 임대(즉 전대)에 동의하면 병에게, 각 소유물반환청구를 하지 못한다. 다만 현재 점유자 병에게 목적물을 인도하여 준 을이 그와 같은 점유를 제 3 자에게 허락할 권능을 소유자 갑에 대하여 가지지 못하는 경우는 그러하지 아니하다. 예를 들면 민법 제629조 제 1 항 참조) 해야 하는 것이다.

[72] 부당이득

어떠한 권리가 침해된 경우에 민법이 인정하고 있는 일반적인 구제수단으로서는, 물권적 청구권 이외에도 불법행위를 원인으로 하는 손해배상청구권과 부당이득반환청구권이 있다(앞의 [58] 참조). 이 두 제도는 민법 제3편의 제4장과 제5장에 각기 규정되어 있다. 민법은 이들을 계약 및 사무관리와 아울러 채권을 발생시키는 원인으로 정하고 있는 것이다(사무관리에 대하여 간략하게는 우선 [227] 참조). 이들은 민법의 핵심적인 제도에 속하는 것으로서 그 자체 극히 중요한 기능을 한다. 그러나 여기서는 앞으로의 서술을 해 나가는 데 필요한 한도에서 극히 한정적으로 몇 가지 점만을 들어 두기로 한다.

우선 부당이득에 대하여 본다. 민법 제741조는 "법률상 원인 없이 타인의 재산 또는 노무로 인하여 이익을 얻고 이로 인하여 타인에게 손해를 가한 자는 그 이익을 반환하여야 한다"고 정하여, 부당이득반환청구권의 요건을 일반적으로 정하고 있다. 그러나 여기서 '법률상 원인이 없다'고 하는 것은 부당이득이 성립하는 몇 개의 유형마다 그 의미가 각기 다르므로, 이를 한꺼번에 일률적으로 파악하기보다는 사안유형을 나누어 생각하는 것이 좋다. 이는 동시에 부당이득제도의 기능을 보다 구체적으로 이해하는 것이 되기도 한다.

첫째, 당사자가 계약으로부터 발생하는 채무의 이행을 위하여 상대방에게 급부를 하였으나 그 계약이 무효이거나 또는 나중에 취소나 해제가 됨으로써 그 효력을 상실한 경우에는, 이미 이루어진 그 급부는 원상회복으로서 반환되어야 한다(뒤의 [93], [183] 참조). 그 경우에 그 계약상 급부의 원상회복은 부당이득법에 의하여 처리된다. 이때 법률상 원인이 없다는 것은 급부를 한 원인이 된 그 계약이 효력이 없음 또는 없게 되었음을 의미하는 것이고, 그와 같이 법률상 원인이 없다는 것, 즉 계약의 효력이 상실되었다는 것은 반환청구를 하는 원고가 주장·입증하여야 한다(말하자면 그것은 적극요건에 속한다. 앞의 [35] 참조). 이러한 경우의 부당이득반환청구권을 **급부이득반환청구권**이라고 부르기도 한다. 이 경우의 부당이득은 기능적으로 말하면 일단 성립한 권리가 침해된 경우에 그 권리자에게 주어지는 구제수단으로서의 역할을 하는 것이 아니라, 어떤 사람이 다른 사람에게 채무 이행 등을 위하여 일정한 급부를 행하였는데 그것이 채무 기타 이를 행할 만한 원인이 없이 행하여진 경우에 이를 원래의 급부자에게 다시 되돌리려는 것이다. 이 유형에 대하여 국제사법 제31조 단서는 "부당이득이 당사자 간의 법률관계에 기하여 행하여진 이행으로부터 발생한 경우"라고 규정하고 있다. 다시 말하면 급부이득반환청구권은 우리 법이 명문으로 독자적인 부당이득 유형으로 인정하는 것이다.

이와 같이 계약이 애초 효력이 없거나 나중에 효력이 없게 되었는데도 그 계약의 이행으로 급부가 행하여진 경우가 아니라, 예를 들어 보험회사가 보험사고에 해당하지 않는데도 보험사고가 발생한 줄로 잘못 알고 보험금을 지급한다든가 이미 낸 전기요금이나 신문대금을 착오로 다시 낸다든가 하는 때 또는 실제의 채무내용보다 더 많은 급부를 하는 때와 같이, 계약의 효력 불발생과는 무관하게 단지 채무의 이행 그 자체에 문제가 있었던 경우도 마찬가지로 파악할 수 있다. 다만 후자의 경우에 채무자가 자신에게 채무 없음을 알면서 채무를 이행하였으면 그 반환을 청구하지 못한다(민법 제742조. 앞의 [47] 말미도 참조).

둘째, 앞에서 본 대로 배타적으로 권리자에게 귀속되어야 하는 일정한 이익을 제 3 자가 누린 경우(즉 권리의 객관적 침해가 있는 경우)에 그 이익은 그 권리자에게 반환되어야 한다. 그와 같이 이익의 배타적 귀속을 표상하는 대표적인 권리가 물권이다(앞의 [62] 참조). 물론 그 외에도 일정한 인격적 이익(또는 인격권)이나 특허권·저작권 등의 지식재산권도 이러한 권리에 속한다. 예를 들면 어떤 사람이 소유하고 있는 물건을 그의 동의 없이 사용한 경우에 그 사용이익은 그 사용자에게 고의나 과실이 없었다고 하더라도 부당이득으로서 당연히 소유자에게 반환되어야 한다. 또 타인의 인물사진을 광고에 무단사용한 경우 등과 같이 남의 인격적 권리에 속하는 초상권을 침해한 경우도 마찬가지이다. 이러한 경우의 부당이득반환청구권은 **침해이득반환청구권**이라고 부르기도 한다. 이 때 '법률상 원인'은 그 이익을 누리는 것을 정당화하는 권원(대부분의 경우에는 그 배타적 귀속자의 의사에 기하여 발생한 권원)을 가리킨다. 그리고 이들 경우에 반환을 청구하는 이(원고)는 피고가 누린 그 이익이 원래 자신에게 배타적으로 귀속되어야 하는 것임(위의 예에서는 자기에게 소유권이 있다거나 자신을 찍은 사진이라는 것)을 주장·입증하면 족하고, 나아가서 피고에게 그러한 이익을 누릴 정당한 권원, 즉 '법률상 원인'이 있다는 것(위의 예에서 자신에게 제한물권이나 소유자와의 사이에 물건의 사용에 관한 유효한 계약이 존재한다든가 또는 사진의 이용에 관한 계약이 있다는 것 등)은 이것을 피고가 주장·입증하여야 하는 것이다(말하자면 그것은 소극요건에 속한다). 이 경우 부당이득반환청구권의 발생요건의 논리적 구조가 앞에서 본 소유물반환청구권의 그것([71] 참조)과 동일함은 주목할 필요가 있다. 이와 같이 침해이득반환청구권은 물권 기타 배타적 권리가 객관적으로 침해된 경우에 그로 인한 이익을 그것이 원래 돌아갔어야 할 권리자에게 귀속시키려는 것이다.

판례도 일정한 법문제와 관련하여서는 급부부당이득과 침해부당이득을 명백하게 별개의 유형으로 인정한다. 하나의 예를 들면, 대법원

2018년 1월 24일 판결 2017다37324사건(판례공보 2018상, 489면)은 "당사자 일방이 자신의 의사에 따라 일정한 급부를 한 다음 급부가 법률상 원인 없음을 이유로 반환을 청구하는 이른바 급부부당이득의 경우에는 법률상 원인이 없다는 점에 대한 증명책임은 부당이득반환을 주장하는 사람에게 있다. … 이는 타인의 재산권 등을 침해하여 이익을 얻었음을 이유로 부당이득반환을 구하는 이른바 침해부당이득의 경우에는 부당이득반환청구의 상대방이 이익을 보유할 정당한 권원이 있다는 점을 증명할 책임이 있는 것과 구별된다"고 판시하여, 위 두 유형에서 '법률상 원인 없음'의 증명책임을 각기 다른 당사자가 부담함을 정면으로 긍정하고 있는 것이다. 위와 같은 증명책임의 다른 파악은 그 후의 대법원 2020년 10월 29일 판결 2018다228868사건(판례공보 2020하, 2254면)에서도 그대로 이어지고 있다.

셋째, 어떠한 사람이 일정한 비용지출(민법 제425조 제 1 항에서는 '출재'라는 용어를 쓴다)을 하였으나 원래 그 부담이 궁극적으로 다른 사람들에게 돌아가야 하는 경우에 대하여는 민법이 각종의 구상 내지 비용상환의 제도를 마련하고 있다(이에 대하여는 [227]도 참조). 예를 들면, 보증인이 자신의 보증채무를 이행하여 주채무를 소멸시킨 경우에 대하여 민법은 제441조에서 주채무자에게 보증인이 지출한 것을 '구상求償' 할 수 있다고 정하고 있다. 그리고 타인을 위하여 하는 의사를 가지고 객관적으로 남의 일에 속하는 사무를 처리한 경우(예를 들면 의식을 잃고 길에 쓰러져 있는 사람을 지나가던 사람이 택시에 싣고 병원으로 옮긴 경우)에는 사무관리가 성립하여, 그 사무처리 비용의 상환을 청구할 수 있다(민법 제739조, 제734조 참조). 그러나 때에 따라서는 사무관리의 요건을 충족시키지는 못하나, 자기의 비용으로 타인에게 일정한 이익을 가져다주는 경우도 있다. 그 경우에 그 이익이 현실적인 것이고 또 상대방의 개별적 사정을 고려하더라도 이로운 것인 때에는(그러므로 어차피 헐어버릴 건물을 아무런 의무 없이 보수한 경우에는 이에 해당하지 않는다), 그 범위에서 상대방은 그 받은 이익을 부당이득으로 비용지출자에게 반환하여야 한다. 이를 **비용이득반환청구권**이라고도 한다.

[73] 불법행위 일반

나아가 불법행위제도에 관하여 본다.

불법행위법은 물론 고의적으로 사람에게 피해를 주는 행위를 한 경우도 다룬다. 그러나 근자에는 오히려 사고법事故法으로서의 측면이 주목되고 있다. 한편으로 사회가 도시화가 되고 또 분업이 극도로 발전하면서 사람 사이의 '간격'이 좁아지고, 다른 한편으로 산업화가 진행되어 위험한 기계나 설비를 빈번하게 이용하지 않을 수가 없게 됨으로써, 각종의 사고가 일어날 가능성은 현저히 증가하였다. 이러한 일종의 사회적 비용을 누가 어떻게 부담하여야 하는가 하는 문제, 또한 어떻게 하면 그러한 사고를 또는 사고처리에 드는 비용을 줄일 수 있을 것인가 하는 문제는, 가해자 쪽이든 피해자 쪽이든 사고 관련자에 있어서 이해관계가 중대할 뿐만 아니라, 건전한 사회의 유지·발전을 위하여도 매우 중요한 논의대상이다. 민법은 그 중에서 주로 전자의 문제, 즉 이미 발생한 사고로 인하여 피해자가 입은 손해를 궁극적으로 스스로 부담하여야 하는가 아니면 그 사고의 원인을 제공한 다른 사람(가해자)에게 돌려 그로부터 배상을 받을 수 있는가 하는 문제를 다룬다. 이는 다른 말로 하면 가해자로부터의 손해배상을 어떠한 요건 아래서 어떠한 내용으로 청구할 수 있는가 하는 문제이다.

위와 같이 문제가 중대하고 이를 둘러싼 문제환경이 다양하고 급격하게 변화하여 가고 있는 만큼, 이를 다루는 불법행위법도 발전과 변화를 거듭하고 있는 느낌이 든다. 그리고 이 문제가 비단 민법뿐만 아니라 보험법이나 사회보장법 등 다른 법분야와 밀접한 연관을 가짐도 유념할 필요가 있다. 그러나 여기서는 민법의 태도를 중심으로 극히 기본적인 것만을 적어 두기로 한다.

민법의 기본적인 태도는 불법행위에 관한 일반규정인 제750조에 표현되어 있다. 즉, "고의 또는 과실로 인한 위법행위로 타인에게 손해를 가한 자는 그 손해를 배상할 책임이 있다." 이러한 규정에 바탕하여 불법행위책임의 일반적 성립요건을 나누어 설명해 보기로 한다.

첫째, 단지 손해가 가해자의 '행위'로 말미암아 발생하였다는 것만으로는 그에게 그 손해를 배상할 책임이 발생하지 않는다는 원칙이 여기에 표현되어 있다. 그 이외에 그 행위가 '위법'한 것이어야 하고, 뿐만 아니라 행위자에게 '고의 또는 과실'이 있어야 하는 것이다. 어떠한 행위로 말미암아 발생한 손해에 대하여 그 행위자에게 배상책임을 인정하는 입장을 결과주의라고 하고, 그와 같이 하여 인정되는 배상책임을 결과책임 또는 무과실책임이라고 한다. 이에 대하여, 행위자의 고의나 과실과 같이 그 행위에 대하여 그 행위자를 개인적으로 비난할 수 있을 사유(이를 귀책사유歸責事由 또는 유책사유有責事由라고 한다. 뒤의 [150]도 참조)가 있는 경우에만 그 배상책임을 인정하는 입장을 **유책주의**(또는 과책주의) 또는 과실주의라고 하고, 그와 같이 하여 인정되는 배상책임을 **과실책임**이라고 한다. 말하자면 우리 민법 제750조는 불법행위책임에 관하여 원칙적으로 유책주의를 채택하였음을 정하고 있는 것이다. 여기서 '고의'란 자신의 위법한 행위의 결과로 그러한 손해가 발생할 것임을 알고 또 그 발생을 용인하는 것을 말하고, '과실'이란 사회생활상 요구되는 주의를 기울였다면 그러한 결과의 발생을 회피할 수 있었을 것인데 그 주의를 하지 아니함으로써 그러한 결과가 발생하게 된 것을 말한다고 이해되고 있다.

둘째, 행위의 '위법성'이 아울러 요구된다. 여기서 위법성이란 그 행위가 법질서 전체의 입장에서 허용되지 않아서 그에 대하여 부정적인 판단("그렇게 하여서는 아니된다"는 판단)을 받음을 의미한다. 어떠한 행위가 위법한지 여부는 당해 행위에 의하여 침해된 법익의 성질과 그 침해행위의 태양과의 '상관적인 관계'에 의하여 결정된다고 이해되고 있다. 예를 들면 소유권 기타의 물권이나 생명·건강·신체·정조 등과 같은 일정한 인격적 이익에 있어서는 그것을 직접 침해하는 행위는 일단 위법한 것으로 평가되어서, 정당방위 등과 같이 그 침해를 정당화하는 특별한 사유(민법 제761조 참조)가 있어야만 위법하지 아니하다. 그러나 채권과 같이 원래 채무자에 대한 상대적인 관계에서 가지는 권리의 경우에는, 채무자가 아닌 제 3 자가 결과적으로 그 만족을 방해하게 되는 행위를 하였다고 해서 바로 '위법'한 것은 아니며, 그가 채권의 실현을 방해할 적극적인 해의를 가지고 그 행위를 한 때에만 위법하다고 한다(이른바 '제 3 자의 채권침해'. 앞의 [58] "둘째" 참조).

위법한 행위인지 여부를 구체적으로 판단함에 있어서는 어려운 문제가 많이 있다. 예를 들어, 이미 제과점이 있는 동네에 갑이 거액을 투자하여 맛있고 값싼 빵을 만드는 가게를 차렸다고 하자. 손님들은 이 새로운 제과점으로 몰릴 것이고, 따라서 전부터 있던 제과점의 주인 을은 전보다 수입이 훨씬 줄고 때로는 아예 문을 닫지 않으면 안 될 수도 있다. 갑은 애초부터 이러한 결과가 일어날 것을 알았을 것이고(따라서 위법성 요건이 갖추어진다면 고의는 긍정될 것이다), 나아가 그것을 의욕하기까지 하였을 수 있다. 그렇다고 해서 을이 갑을 상대로 불법행위를 이유로 손해의 배상을 청구할 수 있을까? 오히려 그러한 경쟁영업은 법질서 전체의 입장에서 보아 허용되는 것이고, 따라서 위법하지 않다고 하여야 할 것이다(물론 경쟁영업행위가 어느 범위까지 허용되는가에 대하여는 논의가 있을 수 있다. 특히 「부정경쟁 방지 및 영업비밀 보호에 관한 법률」 제 2 조 제 1 호의 각 목 참조. 나아가 반대로 위법한 경쟁제한행위도 문제될 수 있다. 이에 대하여는 「독점규제 및 공정거래에 관한 법률」을 보라. 이들 법률에 대하여는 앞의 [16]도 참조). 그리고 그 행위가 위법하지 않다면 이미 고의 등이 있는지 여부는 문제될 여지가 없는 것이다. 이 문제와 관련하여서 대법원 2001년 5월 8일 판결 99다38699사건(대법원판례집 49권 1집, 319면)은, 병이 갑과의 사이에 갑이 그 계약을 이행하면 기존에 있던 갑과 을 사이의 다른 계약에 위반하는 결과를 초래하게 되는 계약을 체결한 경우에 병의 그 계약 체결이 을과의 관계에서 '위법하다'고 평가되기 위한 요건에 관하여, "독립한 경제주체 사이의 경쟁적 계약관계에 있어서는 단순히 제 3 자[=병]가 채무자[=갑]와 채권자[=을] 사이의 계약내용을 알면서 채무자와 채권자 사이에 체결된 계약에 위반되는 내용의 계약을 체결한 것만으로는 제 3 자의 위법성을 인정하기에 부족하고, 제 3 자가 채무자와 적극 공모하였다거나 또는 제 3 자가 기망·협박 등 사회상규에 반하는 수단을 사용하거나 채권자를 해할 의사로 채무자와 계약을 체결하였다는 등의 특별한 사정이 있는 경우에 한하여 제 3 자의 위법성을 인정하여야 한다"는 매우 한정적인 태도를 밝히고, 원고의 불법행위 주장을 받아들이지 아니하였다(이 판결의 태도는 그 후 대법원 2013년 3월 14일 판결 2011다91876사건(법고을)에서 그대로 반복되고 있다). 한편 대법원 2003년 3월 14일 판결 2000다32437사건(판례공보 2003상, 965면)은 특정 물품을 을에게만 공급하기로 약정한 갑이 병이 을로부터 그 물품에 대한 독점판매권을 부여받았음을 알면서도 위 약정에 위반하여 그 물품을 을이 아닌 다른 사람에게 유출한 사안에 있어서 그 위법성을 인정하여 병의 갑에 대한 손해배상청구를 받아들이고 있다(그 후의 대법원

2006년 9월 8일 판결 2004다55230사건(판례공보 2006하, 1652면) 등도 동일한 취지이다). 이들 판결에서 그 결론이 달라지는 종국적인 이유가 무엇인지를 피침해법익의 성질 및 침해행위의 태양 등에 유념하면서 생각하여 보라.

또 하나의 예를 들면, 어느 정치가 또는 선거직 공무원의 사생활을 파헤치고 일반 사람들에게 널리 알려서 그의 명예를 침해하는 것은, 민주사회를 운영하는 데 불가결한 국민의 정치적 의견의 형성 및 표명(이 경우에는 예를 들면 투표행위 등)을 돕기 위하여 허용되어야 하는 행위, 따라서 적법한 행위라고 할 것인가, 아니면 역시 개인의 사회적 평가를 떨어뜨리는 행위로서 위법한 것이라고 할 것인가. 이러한 '가치 충돌'의 국면에서의 법문제에 대하여서는 근자에 나온 대법원 전원합의체 2018년 10월 30일 판결 2014다61654사건(대법원판례집 66권 민사편, 840면), 나아가 모욕죄의 성립 여부에 관한 형사판결로서 대법원 2022년 8월 25일 판결 2020도16897사건(판례공보 2022하, 2056면), 그리고 헌법재판소 2013년 12월 26일 결정 2009헌마747사건(헌법재판소판례집 25권 2집, 745면) 등이 특히 공적인 인물에 대한 비판적 의견 표명에 대한 명예훼손 등 법적 규제(이에 대하여는 뒤의 [249] 말미도 참조)와 관련하여 여실히 그 어려움을 보여주고 있다. 한 번 스스로 생각하여 보라.

셋째, 나아가 그러한 행위로 인하여 그 손해가 발생하였다는 이른바 인과관계가 있어야 한다. 이는 통상 '그 행위가 없었다면 그 손해는 발생하지 않았을 것'이라는 절대적 제약의 관계(conditio sine qua non)가 있는지를 판단함으로써 결정된다(드물게는 예외가 있다). 실제로는 이 인과관계의 유무가 애초 문제되지 않을 만큼 명백한 경우가 대부분이다. 그러나 사안유형에 따라서는 그 판단이 매우 어려울 수 있다. 예를 들면 의료사고에 있어서는 과연 그 결과가 의사의 어떠한 행위로 말미암은 것인가를 확정하는 것은 어려울 수 있다. 또 피고의 공장에서 제조되어 판매된 물품을 소비자가 사용하는 단계에서 결함이 있는 것으로 밝혀졌는데, 그것이 과연 피고가 그 물품을 제조하는 단계에서 생긴 것인지, 또 그렇다면 그것이 피고 또는 그 피용자들의 어떠한 행위에 의한 것인지를 밝히는 것도 쉬운 일은 아니다. 나아가 공해로 인한 피해의 많은 경우도 마찬가지이다. 결국 인과관계와 관련하여서는 증명의 문제가 크게 대두되기도 한다(이에 대하여는 뒤의 [162]도 참조).

이상과 같은 일반적인 불법행위요건 외에도 민법은 일정한 특수한 불법행위요건을 정하고 있다. 그 중에서는 제756조에서 정하는 사용자책임이 특히 중요하다(뒤의 [74] 참조). 그리고 민법 이외의 특별법에서도 민법상의 불법행위요건을 수정하는 규정을 두는 경우가 상당수 있다. 예를 들면 자동차사고로 인한 인신손해에 대하여 자동차의 보유자(운전자가 아니라)의 무거운 책임을 정하는 자동차손해배상보장법(특히 제3조), 제조물의 결함으로 인하여 생긴 생명·신체·재산상의 손해에 대하여 제조업자에게 원칙적으로 배상책임을 지우는 제조물책임법(이에 대하여는 뒤의 [202] 참조), 환경오염 또는 환경훼손으로 발생한 손해에 대하여는 해당 오염 등의 원인을 제공한 자에게 귀책사유가 없어도 그로 하여금 배상책임을 지게 하는 환경정책기본법(동법 제44조) 등이 그것이다.

민법에서 정하는 불법행위규정은 이러한 여러 가지의 불법행위책임규정에 대하여 일반법으로서의 지위를 가진다. 그러므로 그로 인한 손해배상의 범위는 '통상의 손해'를 원칙으로 한다는 것, 손해배상은 금전으로 한다는 것, 그 사고의 발생이나 손해의 발생·확대에 피해자에게 '과실'(이 맥락에서는 불법행위의 성립요건으로서의 과실보다 꽤나 넓은 의미로 해석된다)이 있으면 이를 참작하여 배상책임의 인정 여부나 그 범위를 정하여야 한다는 것(이른바 과실상계) 등은 각종의 불법행위 전부에 타당하다(민법 제763조, 제393조, 제394조, 제396조 참조).

[74] 사용자책임

여기서는 민법이 정하는 특수한 불법행위책임 중에서 사용자책임에 관하여만 간단히 살펴보기로 한다.

민법의 원칙 중의 하나는, 사람은 각자 자신의 행위에 대하여만 책임을 지며, 다른 사람의 잘못으로 인하여 어떠한 법적인 불이익을 입지 않는다는 것이다(대리와 관련하여 앞의 [10]도 참조). 원칙적으로 한 가족이라고 하여 공동으로 책임을 지는 일은 없으며, 남편의 빚이라고 해서 당연히 처의 재산으로 갚아야 할 이유도 없다. 민법에(또는 민법에도) 연좌제連坐制는 없다.

그런데 사회의 현상을 관찰하여 보면, 사람이 다른 사람을 '사용'함으로써 자신의 활동영역을 넓히는 일이 광범위하게 행하여지고 있다. 무엇보다도 사람을 고용하여 그에게 원래는 자신이 처리하여야 할 일정한 사무를 맡긴 사람을 생각하여 보라. 그런데 피용자가 그 일을 하는 도중에 잘못하여 제 3 자에게 피해를 입혔다고 하자. 피해자는 사용자에게도 그 손해의 배상을 청구할 수 있는가? 이러한 문제와 관련하여서는 대체로 다음과 같은 두 가지 접근방법을 생각할 수 있다. 하나는, 사용자가 그 피용자가 그 일에 적격이 아닌데도 그를 고용하여 일을 맡긴 잘못이 있거나 아니면 그를 감독하는 데 잘못이 있는 경우에 한하여 사용자에게도 책임을 물을 수 있다고 하는 것이다. 이러한 태도는 사용자가 한 선임 또는 감독의 행위에 과실이 있기 때문에 그에게 책임을 지우는 것으로서, 결국 앞의 [73]에서 본 원칙을 기본적으로 그대로 유지하는 것이다. 다른 하나는 피용자의 행위를 그대로 사용자의 행위로 간주하고 피용자에게 과실이 있으면 당연히 사용자에게 책임을 지우는 것이다. 이는 사용자 자신에게 어떠한 과실이 있을 것을 요구하지 않는다는 점에서, 위와 같은 원칙에 대한 예외, 그것도 매우 적용범위가 넓은 예외를 인정하는 것이 된다.

이러한 손해배상문제, 즉 사용자책임의 문제에 대하여 민법 제756조 제 1 항 본문은 "타인을 사용하여 어느 사무에 종사하게 한 자는 피용자가 그 사무집행에 관하여 제 3 자에게 가한 손해를 배상할 책임이 있다"고 정한다. 그리고 이어서 "그러나 사용자가 피용자의 선임 및 그 사무감독에 상당한 주의를 한 때 또는 상당한 주의를 하여도 손해가 있을 경우에는 그러하지 아니하다"라는 단서를 달고 있다. 이 규정 자체로만 보면, 민법은 오히려 전자의 태도를 취하고 있는 것처럼 생각되기도 한다. 사용자로서는 자신이 선임 또는 감독상 잘못이 없음을 주장·입증하면 면책될 수 있는 것으로 정하여져 있기 때문이다. 그러나 이 규정을 실제로 적용하는 데 있어서 법원은 이 단서에 의한 면책을 별로 인정하지 않고, 사용자에게 그대로 손해배상책임을 지우는 것이 일반이다. 그러므로 규정의 겉모습과는 달리, 실제로는 후자의 태도가 '현재 있는 법'의 내용이라고 할 수 있다. 그리고 이는 타당한 것으로 평가되어야 할 것이다.

오히려 요즈음 사용자책임과 관련한 논의는 위 규정에서 "그 사무집행에 관하여"라고 하는 요건을 어떻게 해석할 것인가 하는 점에 쏠려 있다(이에 대하여는 뒤의 [233]도 참조). 보통 '사무집행관련성'이라는 이름 아래 행하여지는 이 논의는 결국 판례와 학설에 의하여, 사용자가 맡긴 본래의 사무를 처리하다가 제 3 자에게 손해를 가한 경우 외에도, 원래의 사무처리가 아니더라도 손해를 발생시킨 피용자의 당해 행위가 본래의 사무와 외형적·객관적으로 관련이 있는 것으로 보이는 것이면 사용자에게 배상책임을 인정하여야 한다는 것으로 귀결되었다. 예를 들면 판례는 회사의 말단 경리직원이 어음용지를 훔쳐내고 그것과 위조한 대표이사의 인장을 이용하여 약속어음을 위조한 다음 이를 제3자에게 어음할인을 받음으로써 금전을 사취한 경우에 대하여도 업무집행관련성을 인정하여 회사에게 사용자책임을 지우고 있다(대법원 1985년 8월 13일 판결 84다카979사건(대법원판례집 33권 2집, 149면) 등. 또한 아래 [233]에서 보는 대법원 1991년 1월 11일 판결 90다8954사건(대법원판례집 39권 1집, 1면)도 참조). 다만 이러한 '거래적 불법행위'에 있어서는 그와 같이 피용자의 행위가 원래의 사무집행행위에 해당하지 아니하는 경우에는 피해자가 그러한 사실을 알았거나 중대한 과실로 알지 못하였을 때에는 사용자는 책임을 지지 않는다고 하여(대법원 1983년 6월 28일 판결 83다카217사건(대법원판례집 31권 3집, 민사편 103면); 대법원 2007년 9월 20일 판결 2004다43886사건(판례공보 2007, 1615면) 등 참조) 균형을 잡고 있다.

이와 같이 타인의 행위에 대하여 예외적으로 책임을 지우는 경우로서 중요한 것으로는 불법행위법에서의 사용자책임 외에도 채무불이행법에서 '이행보조자'의 행위에 관한 귀책사유를 채무자 자신의 귀책사유로 간주하는 것이 있다(민법 제391조). 이에 대하여는 뒤에서 보기로 한다([150] 참조).

제3절 타인의 물건을 사용하는 관계

[75] 매매목적물에 전세 사는 사람이 있을 경우

우리의 설례에서 매도인 A 소유의 주택에 C가 살고 있다고 해 보자.

C는 A로부터 이 주택을 전세로 빌려서 살고 있다. 이와 같은 경우는 매우 빈번하게 일어나는데, 통상적으로는 매도인과 매수인 그리고 전세입자의 세 사람 사이에 그 전세의 존속이나 전세금의 반환 등에 관한 약정을 하기 때문에 대부분은 별다른 문제가 발생하지 않는다. 예를 들면, A와 B 사이의 매매계약에서 "전세는 매수인 B가 떠 안기로" 하고 그 대신 그 전세금만큼을 대금에서 공제한다는 합의를 하고 C도 이에 동의하는 경우가 그것이다.

그런데 이러한 약정을 할 기회가 없이, 또는 기회가 있다고 하더라도 그러한 합의가 이루어질 사실상의 가능성이 별로 없는 채로, 전세목적물의 소유권이 제 3 자에게 넘어가는 일도 있다. 그 대표적인 예로서 A가 그 주택과 대지 위에 저당권을 설정하였는데 나중에 채무를 이행하지 못하여 그 주택 등에 경매가 진행되고 그 경매절차에서 제 3 자가 이를 매수하는(종전부터의 용어로는 '경락' 또는 '낙찰'을 받는) 경우가 그러하다. 그 경우에는 위와 같은 합의를 할 기회가 애초 없기 때문에, 매수인과 전세사는 사람 그리고 종전 소유자 상호간에 여러 가지의 분쟁이 발생하게 된다. 그리고 통상의 매매가 행하여진 경우에도 특히 앞서와 같은 별도의 약정이 없으면 위의 세 당사자 간에 다툼이 생길 수 있다.

[76] 용익물권과 채권적 이용권

우선 매도인과 전세사는 사람 사이부터 보기로 한다.

민법은 다른 사람으로부터 물건을 빌려쓰는 관계에 대하여 두 가지의 형태를 규정하고 있다. 하나는 타인이 소유하는 물건에 물권을 설정하는 것이고, 다른 하나는 다른 사람에 대하여 물건을 사용할 수 있도록 청구하는 채권을 가지게 하는 것이다. 그리고 전자는 용익물권이라고 불리는데 이에 해당하는 것으로는 지상권, 지역권, 전세권의 셋이 있다(물권법정주의. 앞의 [63] 참조). 이들은 모두 토지(지상권, 지역권의 경우) 또는 부동산(전세권의 경우)에만 설정될 수 있는 것으로서, 원칙적으로 부동산등기부에 그러한 등기를 함으로써 성립하는 것이다(민법 제186조).

이러한 물권을 취득하게 되면, 특히 제 3 자에 대한 관계에서 강력한 지위를 가지게 된다(앞의 [58] 이하 참조). 즉, 목적물의 소유권이 제 3 자에게 양도되더라도 그 양수인에 대하여 그 권리를 주장·관철할 수 있으며, 자신의 이용을 방해하는 등으로 권리를 침해하는 자에 대하여는 그 방해의 배제(민법 제213조, 제214조는 이들 용익물권에도 준용되고 있다), 나아가 손해의 배상이나 부당이득의 반환을 청구할 수 있다. 또한 특히 전세권이 설정된 경우에는, 전세기간이 만료된 후에 발생하는 전세권자의 전세금반환채권(민법 제317조 참조)에 대하여 매우 강한 보호가 인정되고 있다. 우선 전세권자는 그 채권의 만족을 얻기 위하여 목적물의 경매를 청구할 수 있다(민법 제318조). 따라서 보통의 채권자와는 달리 전세권자는 승소의 확정판결과 같은 집행권원을 얻지 아니하고도 자기 채권의 만족을 위하여 전세목적물을 경매에 붙일 수 있는 것이다(뒤의 [241]도 참조). 다음으로 전세권자는 "그 부동산 전부에 대하여 후순위권리자 기타 채권자보다 전세금의 우선변제를 받을 권리가 있다"(민법 제303조 제 1 항. 이 규정은 1984년의 민법 개정에서 새로이 삽입되었다). 즉, 전세기간이 만료하는 등의 경우에 전세권자가 가지는 전세금반환채권에는 특히 우선변제권능이 인정되어서, 전세목적물을 경매에 붙여 얻은 매각대금으로부터 다른 채권자보다 우선하여 만족을 얻을 수 있는 것이다(이 권능에 대하여는 뒤의 [240]도 참조). 이와 같이 전세권은 전세금반환채권의 확보에 관한 한 그 소멸 후에도 매우 강한 물권적 권능을 내포하고 있다.

그러나 이러한 용익물권은 물건을 빌려주는 사람, 즉 부동산소유자들이 이를 설정해 주는 것을 기피하기 때문에 별로 많이 이용되지 않는다(또 빌리는 사람으로서도 등록세 등의 비용을 지출하여야 할 것이다). 그리하여 대부분은 물건 사용에 관한 채권관계를 설정하는 방법이 취하여지고 있고, 그 중에서도 논의를 부동산에 한정한다면, 대부분 임대차계약을 체결하는 방법에 의한다(전세권설정등기의 접수건수는 법원통계를 격년으로 살피면 2009년 13만7천, 2011년 12만4천, 2013년 10만2천, 2015년 8만7천, 2017년 7만8천, 2019년 6만5천, 2021년 7만2천으로 오히려 조금씩 줄어드는 경향이다. 그리하여 2022년에는 6만5천건, 2024년에는 5만6천건이다. 이상 천 단위 미만 버림. 한편 임차권등기는 2010년부터 대체로 1년에 1만 건에 미치지 못하다가 2019년부터 이를 넘게 되었고 2024년에는 6만2천건이다. 보다 자세한 것은 뒤의 [79] 참조).

임대차란 임차인이 임대인으로부터 한정된 기간 동안 주택 등의 건물이나 토지 또는 건축용구와 같은 물건을 빌려쓰고 그 대가(이를 **차임**이라고 한다. 민법 제618조 등 참조)를 지급하기로 하는 계약을 말한다. 그 대가의 지급에 관하여 민법은 일정한 기간을 단위로 하여 지급하는 것(예를 들면 월세 등)을 주로 예상하고 있지만, 꼭 그래야만 하는 것은 아니며 계약 당초에 뭉칫돈을 한꺼번에 주고 그 이자 상당액으로써 대가에 충당하는 방법도 허용된다. 그리고 우리가 통상 전세라고 하는 경우에는 이러한 방법을 택하는 것이고, 그 뭉칫돈을 전세금이라고 한다. 그러므로 우리가 전세계약이라고 부르는 것은 그 법적 성질로 보면 하나의 임대차계약인 것이다. 그런데 전세의 경우에 대하여 민법은 이에 관한 등기를 하면 '전세권'이라고 하는 물권의 성립을 인정하므로, 등기되지 아니한 전세의 경우는 '채권적 전세'라고 불러서 서로 구별하기도 한다(주택임대차보호법 제12조 및 상가건물임대차보호법 제17조는 "등기를 하지 아니한 전세계약"이라는 표현을 쓰고 있다).

또 임대차에서 월세 등과는 별도로 보증금을 한꺼번에 지급하는 경우도 빈번하다. 이 보증금은 1차적으로 임차인이 정기적으로 내야 할 월세 등 차임이나 관리비를 내지 않거나 임대차목적물을 훼손하는 등으로 장차 임대차와 관련한 임차인의 채무가 발생하는 데 대비하여 보증금으로부터 이 채무액을 공제함으로써 임대인이 자기 채권의 만족을 확보한다는 의미가 있다(물론 전세금에도 이러한 기능이 있다. 민법 제315조 제2항 참조). 또한 그에 못지 않게, 흔히는 그보다 더 중요하게, 남는 보증금의 이자 상당액을 그 사용대가의 일부로 하는 의미도 있을 것이다.

이러한 전세금이나 보증금은 특히 서민이나 중소기업의 재산에서는 그 중요부분을 차지하기도 하여서 각종의 채권자 기타 이해관계인이 다양하게 등장하는 경우가 많다.

[77] 임 차 권

임차권은 임대차계약에 기하여 임차인이 가지는 각종의 권능을 모아서 부르는 이름이다. 그 중 가장 핵심적인 권능은 임대인에 대한 관계에서 목적물을 사용·수익할 수 있는 것에 있다. 그 반면으로 임대인은 임차인이 그 목적물을 사용·수익하는 것을 보장하여 줄 의무를 부담한다. 그러므로 일반적으로 임대인이 목적물을 임차인에게 인도하여 준 경우에는, 그가 목적물의 소유자이고 또 소유자로 남는 한 나아가 타인에게 용익물권을 설정하여 주지 않는 한에서는, 통상 임차인의 목적물 사용·수익은 보장된다고 할 수 있다.

그러나 임차권은 채권으로서 위와 같은 의무는 임대인만이 지는 것이고, 임차인이 그 이행을 다른 사람에 대하여 청구할 수는 없다. 그러므로 임대인이 원래 목적물의 소유자가 아니었든지 또는 임대인이 소유권을 제 3 자에게 양도한다든지 하는 경우에는, 진정한 또는 새로운 소유자는 —그 임대차사실을 알고 있었더라도— 임차인에 대하여 물건을 자신에게 반환할 것을 청구할 수 있고, 임차인은 임차권이 있다고 해서 이것을 거부할 법적 힘이 없는 것이다(앞의 [61] 참조). 여기에 임차권이 임대인에 대하여만 주장할 수 있는 채권이기 때문에 가지게 되는 약점이 있다. 물론 임차인이 소유자로부터 권리행사를 당하면, 그는 자신의 채무자인 임대인에 대하여 채무불이행을 이유로 손해배상을 청구할 수 있다. 그러나 목적물의 사용·수익이라는 원래의 계약목적은 이미 달성할 수 없고, 금전에 의한 사후적인 처리로써 만족할 수밖에 없게 되는 것이다.

[78] 부동산임차권의 대항력

그러나 민법은 임대차의 목적물이 부동산인 경우에는 특칙을 두어서, 임대인은 "당사자 간에 반대약정이 없으면" 임차권등기를 해 주어야 하고(제621조 제 1 항. 부동산등기법 제 3 조 제 8 호, 제74조도 참조), 그 등기가 이루어지면 "그 때부터 제 3 자에 대하여 효력이 생긴다"고 정하고 있다(제621조 제 2 항). 이것은 부동산임차권의 중요성에 비추어 이를 보다 잘 보호하기 위하여, 등기를 요건으로 임차권을 채무자인 임대인 이외의 제 3 자에 대하여도 주장·관철할 수 있는 법적 가능성을 보장한 것이다. 이를 '부동산임차권의 대항력'이라고 부른다.

그와 같이 임차권이 대항력을 가지게 되면, 무엇보다도 그 후에 목적 부동산을 양도받은 사람 또는 거기에 저당권을 취득하거나 그 부동산을 강제집행하려고 압류한 사람(보다 정확하게 말하면, 그 각각에 기한 집행절차에서 매수한 사람)은 임차권의 '대항'을 받게 되어서, 법의 힘으로 당연히 스스로 임대인인 것과 같은 지위에 놓이게 되고(임대차관계의 법정승계), 그리하여 결국 임차권을 인정하지 않으면 안 된다. 그리하여 임차권이 기간만료 등의 사유로 소멸하기까지는 소유권에 기하여 그 반환을 청구할 수 없는 것이다. 그리고 또 중요한 것은, 새로운 소유자는 이제 자신이 임대인이 된 것이어서, 임차권이 소멸하는 경우에 원래의 임대인이 부담하였을 것인 의무, 예를 들면 보증금 또는 전세금의 반환채무도 부담하게 되고, 원래의 임대인은 이를 부담하지 않게 된다는 점이다. 이상과 같은 임차권의 대항력의 구체적 내용은 대법원 1987년 3월 10일 판결 86다카1114사건(대법원판례집 35권 1집, 147면) 이래 판례에 의해서도 확인되는 바이다.

한편 대항력을 갖춘 임차권에 기하여는 물권적 청구권(앞의 [71] 참조)이 인정되어야 하는 것이 아닌가 하는 논의도 있으나, 여기서는 더 이상 들어가지 않는다.

[79] 주택임차권에 대한 특별한 보호

남의 주택을 빌려 사는 사람의 임차권은 주거가 생존의 기본수요의 하나임에 비추어 이를 특별히 보호할 필요가 있다고 하겠다. 그리하여 1981년 3월에 주택임대차보호법이 제정·시행되었고, 그 후 수차 개정되면서 주택임차인에 대한 보호를 점차 넓혀갔다. 또한 2001년 12월의 상가건물임대차보호법은 원칙적으로 보증금을 일정액 이하로 정한 점포 및 사무실 등의 임차인에게도 기본적으로 주택임차인과 같은 보호를 인정한다(그러나 현재는 보증금이 그 일정액 이상인 경우에 있어서도 대항력, 계약갱신 요구, 권리금 등 의미가 적지 않은 동법 규정들이 적용된다). 이 법률 역시 그 시행 후에 여러 차례 개정되면서 임차인에 대한 보호를 여러 측면에서 확대하였다(구체적으로는 뒤의 [81] 참조).

주택임대차보호법의 주요내용은 대체로 둘로 나누어 살펴볼 수 있다.

하나는, 임차권등기 없이도 보다 쉽게 대항력을 인정하는 등으로 주거생활의 안정을 기하는 것이다(주택·사무실을 포함하여 부동산임대차 전체에 있어서 그 임차권등기가 행하여지는 것은 1년에 1만건을 넘긴 경우가 많지 않다. 법원통계로 2009년에 1만건을 조금 넘었고 2010년부터 2017년까지는 매년 6천3백건부터 9천6백건 사이에 그쳤다가 2019년에 1만7천건으로 증가하였으며, 2021년 1만2천건, 2022년 1만6천건, 2023년 5만3천건, 2024년 6만2천건 정도가 되었다. 다른 통계에 의하면, 우리나라에서 2022년 현재 무주택가구수만 해도 954만1천으로 총가구의 44%에 이르고, 이는 현재도 변함이 없다. 이것만을 보아도 주택임대차에서 임차권을 등기하여 대항력을 취득하는 경우는 거의 없음을 알 수 있다). 다른 하나는 보증금을 보다 확실하게 반환받을 수 있도록 하기 위하여 일정한 요건 아래 일정한 범위에서 이른바 우선변제권을 부여하는 것이다. 후자에 대하여는 바로 뒤에서 보기로 하고(또한 [241] "넷째"도 참조), 먼저 전자만을 보기로 한다.

주택임대차의 경우에는 그 임차권을 등기하지 않아도, 우선 임차인이 (i) 주택을 인도받고, 또한 (ii) 그곳으로 주민등록(보다 정확하게는 전입신고)을 하면, 바로 대항력이 생긴다(동법 제 3 조 제 1 항). 한편 대법원 1987년 10월 26일 판결 87다카14사건(대법원판례집 35권 3집, 179면); 대법원 1989년 1월 17일 판결 88다카143사건(대법원판례집 37권 1집, 18면) 등 판례는 일찍부터, 여기서의 '주민등록'은 임차인 본인의 것이 아니라도 배우자·자녀 등 그 동거 가족의 주민등록으로 족하고, 또 동거 가족의 주민등록은 그대로 둔 채로 임차인이 주민등록만을 일시 다른 곳으로 옮긴 경우에도 그 대항력을 상실하지 않는다고 하면서, 그러나 이와 같이 하여 일단 대항력을 취득하였더라도 이를 유지하려면 위와 같은 요건들을 계속 갖추고 있어야 한다고 한다. 또 임차인은 임대차가 종료되었어도 보증금을 반환받을 때까지는 임대차가 존속하는 것으로 보며(동법 제4조 제2항), 임차인은 그 경우 법원으로부터 임차권등기명령을 받아 임차권등기를 할 수도 있다(동법 제3조의3 제1항).

그리하여 위와 같은 대항력요건을 갖춘 후에 그 주택을 취득한 사람 또는 이를 갖춘 후에 설정된 저당권(또는 그 후에 이루어진 가압류 또는 압류)에 기하여 이루어진 경매절차에서 매수한 사람은 앞서 본 대로 자신이 원하든 원하지 않든 상관없이 법의 힘에 의하여 강제로 임대인의 지위를 떠맡게 된다(동법 제3조 제4항). 그리고 원래의 임대인은 그 지위를 벗어난다. 그러나 그 요건을 갖추기 전에 그 주택을 취득하거나 그 전에 설정된 저당권(또는 그 전에 이루어진 가압류 또는 압류)에 기하여 이루어진 경매절차에서 매수한 사람은 위와 같은 대항력과는 무관하여, 그와 같은 임차권의 부담이 없는 완전한 소유권을 취득하게 된다(동법 제3조의5도 참조).

그 외에 주택임대차의 기간에 대하여도 여러 가지의 특별한 규정이 있다. 우선 그 기간은 최소한 2년이며, 그보다 짧은 기간을 정하거나 기간의 정함이 없더라도 당연히 2년으로 간주한다(동법 제4조 제1항 본문). 다만 2년 미만으로 정한 경우에는 임차인 쪽에서는 약정대로의 기간을 주장할 수 있도록 하였다(동항 단서). 그러므로 예를 들면 1년의 기간을 정하였으면, 임차인은 그 기간의 경과로 임대차 종료에 따른 법률효과(예를 들면 보증금반환청구권의 발생)를 주장할 수 있지만, 임대인 쪽은 그러지 못하므로 1년의 기간이 지났다고 해서 임차인에 대하여 목적물의 반환을 청구하거나 할 수 없다.

한편 기간이 만료되는 경우에도 임대인이나 임차인이 그 기간이 만료되기 전의 일정한 기간 안에 "갱신거절의 통지 또는 조건을 변경하지 아니하면 갱신하지 아니한다는 뜻의 통지"를 하지 아니하면, 임대차는 당연히 갱신된 것으로 본다(동법 제6조 제1항). 그 때 새로운 계약의 내용은 애초의 임대차에서와 같은데, 다만 새로운 임대차의 기간은 이제 2년으로 본다(동조 제 2 항). 그런데 위와 같이 임대인이 일정 기간 내에 갱신하지 않는다는 통지를 할 수 있다고 하더라도 이에는 실제로 의미가 큰 예외가 있다. 즉 이번에는 임차인 측에서 그 기간 내에 갱신을 요구하는 경우에는, 임대인은 임차인에게 일정한 계약 위반의 사유가 있거나 임대인에게 목적물을 인도받아 이를 철거 또는 재건축할 목적이 있거나 거기에 실제 거주하려는 경우 등이 아닌 한 갱신을 거절할 수 없는 것이다. 다만 이와 같은 임차인의 계약갱신요구권은 1차에 한하여 인정된다(동법 제 6 조의3 제 1 항 및 제 2 항). 민법은 기간 만료 후에도 임차인이 목적물을 계속 사용하는 경우에 "임대인이 상당한 기간 내에 이의를 하지 아니한 때"에는 임대차는 자동적으로 갱신된다고 정하는데(제639조 제 1 항), 이들 규정은 이를 현저히 강화한 것이다.

[80] 보증금 등의 반환

임대차와 관련하여 임차인의 입장에서 주로 문제가 되는 것은, 첫째, 계약된 기간 동안 그 목적물을 안심하고 사용할 수 있는 것, 둘째, 계약 기간이 끝나면 보증금 또는 전세금을 확실하게 돌려 받는 것의 둘이라고 할 것이다. 이 양자는 실제로 서로 일정한 관련을 맺고 있는데, 첫째의 문제에 관하여는 이미 앞에서 어느 정도 살펴보았다. 즉, 이 문제는 우리 법 아래서는 대개 임차권의 대항력의 유무로써 정하여진다.

그러나 오히려 임차인에게는 후자의 문제가 더 중요한 문제라고 느껴질지도 모른다. 임차주택의 시장이 안정된 한에서는 그 보증금을 반환받으면 거의 동일한 조건으로 새로운 주택을 임차할 수 있기 때문이다. 그리하여 법은 보증금의 반환이 확실하게 이루어지도록 하는 데 많은 관심을 가지고 여러 가지 방책을 마련하고 있다.

우선 중요한 것은, 임대차계약이 기간만료·해지 등의 사유로 종료된 경우에 양 당사자가 부담하는 주된 의무, 즉 임차인의 목적물반환채무와 임대인의 보증금반환채무는 서로 동시이행의 관계에 있다는 것이다. 종전에는 임차인이 먼저 목적물을 반환해야만 보증금의 반환을 청구할 수 있다는 대법원판결도 없지 않았으나, 대법원 전원합의체 1977년 9월 28일 판결 77다1241사건(대법원판결집 25권 3집, 민사편 121면)이 이 점을 명확하게 결판지었다. 그러므로 임대인이 보증금을 지급하려고 하지 않거나 지급할 수 없는 경우에는, 임차인으로서는 그 목적물의 반환을 거부함으로써 간접적으로 보증금의 반환을 촉구할 수 있다. 이러한 동시이행의 항변권은 보증금반환채무를 지는 임대인에 대하여 주장할 수 있는 것이고, 여기서의 '임대인'에는 앞에서 본 대로 임차권이 대항력을 취득한 후에 그 목적물을 양도받음으로써 임대인의 지위를 당연히 승계한 사람도 포함된다.

그러나 이러한 동시이행의 항변은 어쨌거나 임대인에 대하여서만 할 수 있는 것이다. 그러므로 대항력 취득 전에 그 주택을 취득한 사람 또는 그 전에 설정된 저당권(또는 그 전의 가압류나 압류)에 기하여 이루어진 경매절차에서 매수한 사람(종전의 '경락인')에 대하여는 그러한 항변을 할 수 없어서 그들에게는 그대로 목적물을 인도할 수밖에 없다. 그리고 이와는 별도로 원래의 임대인을 향하여 보증금을 반환할 것을 청구하여야 하는 것이다. 그러므로 그 경우 임대인이 자력이 없다면, 실제로 임차인은 보증금을 받지 못하게 된다.

이러한 사태를 그대로 용인하게 되면, 주택임대차의 보증금 또는 전세금이 그들의 재산의 가장 중요한 부분을 차지하는 많은 서민들은 치명적인 영향을 받게 된다. 그러므로 앞서 본 주택임대차보호법은 특히 주택의 임대차에 한하여 임차인이 건물의 소유자가 바뀌어도 보증금을 확실하게 반환받을 수 있도록 하는 특별한 방도를 몇 가지 정하였다. 주의할 것은, 이와 같이 보증금의 반환을 확보하여 주기 위하여 법률이 특별히 마련한 방도는 모두 보증금반환채권에 그 피담보채권이나 목적물의 범위 또는 권리의 순위에 제한이 붙은 형태의 우선변제권優先辨濟權이라고 하는 것을 부여하는 것을 내용으로 한다(우선변제권에 대하여는 우선 뒤의 [237] 참조).

첫째, '소액보증금임차인의 최우선변제권'이라고 부르는 것이다(동법 제 8 조). 여기서 말하는 소액보증금임차인에 해당하게 되면, 그 사람의 보증금 중 일정액은 임차주택(그리고 그 대지)에 대하여 진행되는 경매절차에서 다른 권리자들(특히 저당권자) 누구보다도 우선하여 반환받을 수 있다. 따라서 설사 그 저당권이 임대차관계가 성립하기 전에 설정된 것이라고 하더라도 임차인이 그에 우선하는 것인 점에 특징이 있다(이러한 최우선변제권에 대하여는 뒤의 [243] 참조). 이 권리가 인정되려면, 임차인은 그 경매신청의 등기가 되기까지는 주택을 인도받고 또 전입신고를 마쳐야 한다(동법 제 8 조 제 1 항 후단). 2025년 10월 현재 보증금액이 1억6천5백만원 내지 7천5백만원(구체적으로는 목적물 소재지가 서울특별시인지, 수도권정비계획법에서 정하는 수도권 중 과밀억제권역 등인지, 광역시인지, 기타의 지역인지에 따라 달리 정하여진다) 이하이면 소액보증금임차인에 해당하는데, 그 중 3분의 1 정도, 즉 5천5백만원 내지 2천5백만원까지 위와 같이 최우선으로 변제를 받을 권리가 인정된다(동법 시행령 제11조, 제10조 제 1 항을 보라. 이들 금액에 관한 규정은 빈번하게 변경되므로 그때그때 확인할 필요가 있다). 한편 보증금액이 기준액을 조금이라도 넘으면 그 전액에 대하여 그 권리가 부인된다.

둘째, 액수에 제한이 없이 보증금을 반환받을 수 있는 권리를 그 주택에 대한 경매절차에서 마치 저당권으로 담보된 채권인 것처럼 취급받을 수도 있다(동법 제3조의2). 이러한 권리가 인정되려면, 우선 (i) 임차권이 대항력을 가지는 데 필요한 요건을 갖추고(즉 주택을 인도받고 또 주민등록, 구체적으로는 전입신고를 하여야 한다), 또한 (ii) 임대차계약서에 확정일자를 받는다는 두 가지 요건을 구비하여야 한다(동조 제2항). 확정일자에 대하여는 앞에서 채권양도의 대항요건과 관련하여서도 잠깐 설명한 바 있는데(앞의 [42] 참조), 특히 주택임대차계약법상의 확정일자는 공증인(공증인가를 받은 법무법인, 법무법인(유한) 및 법무조합을 포함한다. 공증인법 제15조의2 참조) 또는 법원공무원(등기공무원을 포함한다)으로부터는 물론이고 읍·면 사무소, 동 주민센터 등에서도 또는 인터넷을 통하여서도 6백원 내지 1천원 정도의 저렴한 비용으로 받을 수 있다(주택임대차보호법 제3조의6 제1항 및 「주택임대차계약증서상의 확정일자 부여 및 임대차정보 제공에 관한 규칙」(거의 같은 이름의 대법원규칙과 법무부령이 각각 존재한다) 참조). 한편 주택임대차 중 보증금이 6천만원을 넘거나 월 차임이 30만원을 넘는 것은 법령이 정하는 그 계약의 '신고절차'가 완료되면 확정일자를 받은 것으로 보기도 한다(「부동산 거래신고 등에 관한 법률」 제6조의2 이하, 특히 제6조의5 제3항). 나아가 임차권등기(앞의 [78] 참조)를 하면서 보증금도 등기된 경우(부동산등기법 제74조 제5호 참조)에는 그 등기의 순위에 좇아 주택임차인은 우선변제권을 가지며, 앞의 [79]에서 본 임차권등기명령에 의한 임차권등기를 한 경우에도 이러한 우선변제권이 발생한다(동법 제3조의4 제1항 및 제3조의3 제5항). 이상의 요건이 갖추어지면 보증금반환채권은 우선변제를 받을 권능을 가지게 된다.

다만 그 순위는 위와 같은 요건을 갖춘 후에 등장한 권리자보다 앞서는 것일 뿐이고 그 전의 권리자에 우선하는 효력은 인정되지 아니한다. 그러므로 위와 같은 요건을 갖추기 전에 이미 등기를 마친 저당권자를 제치고 그에 우선해서 보증금채권의 만족을 얻지는 못하며, 그 저당권자가 만족을 얻고 나머지가 있으면 그것으로부터 다른 일반의 채권자보다 우선하여서 보증금을 반환받게 되는 것에 그치는 것이다.

[81] 점포·사무실 등 상업용 건물의 임차권에 대한 특별한 보호

앞의 [79]에서 잠깐 본 대로, 2001년 12월에 제정된 상가건물임대차보호법도 기본적으로 주택임대차보호법에서와 같은 특별한 법적 보호를 마련하고 있다. 이 법률은 2002년 11월부터 시행되고 있는데, 원칙적으로 그 시행일 이후에 체결된 계약에 적용된다. 그러나 이하에서 다루는 대항력이나 우선변제권 및 최우선변제권에 관하여는 그 전에 계약이 체결된 경우에도 적용이 있다(동법 부칙 제2조).

이 법률은 영세상인, 나아가 중소기업이 타인의 건물을 임차하여 영업 기타 사업을 영위하는 경우가 매우 많음을 고려하여 이들 사업의 공간적 안정을 도모하려는 취지에서 제정된 것이다. 그리하여 그 적용 대상은 우선 부가가치세법·소득세법 또는 법인세법에 따라 '사업자등록'의 대상이 되는 건물의 임대차에 한정된다(예를 들어, 부가가치세법 제2조 제3호, 제8조는 "사업 목적이 영리이든 비영리이든 관계없이 사업상 독립적으로 재화 또는 용역을 공급하는 자"는 누구든지 자신의 사업장을 등록하여야 한다고 정한다).

나아가 이 법률은 일정한 규정들(동법 제2조 제3항을 보라)을 제외하고는 보증금이 일정액 이하인 임대차에만 적용된다. 그 금액은 주택임대차보호법상의 최우선변제권 인정요건(앞의 [80] "첫째" 참조)에서와 같은 지역 구분에 따라 서울특별시에서의 9억원부터 '기타의 지역'에서의 3억7천만원까지의 넷으로 나누어진다. 이 금액은 최종적으로 2019년 4월에 정하여진 것으로서, 그 금액은 위 법률의 시행 이후로 여러 번에 걸쳐 개정되면서 점차 인상되어 왔다. 따라서 이 역시 그때그때 확인할 필요가 있다. 한편 상가 등의 임대차에서는 보증금 외에도 월세 등 정기적으로 임대인에게 지급되는 차임이 있는 경우가 많으므로, 이를 위 법률의 적용 여부를 가리는 보증금의 산정에 반영하는 산식算式이 규정되어 있다(이상 동법 제2조, 시행령 제2조).

위 법률의 내용에 대하여 간략하게 살펴보기로 한다.

먼저 이 법률에서 정하는 임차권의 대항력에 관한 특칙에 대하여 보면, 주민등록 대신에 사업자등록이 요건이 되는 것을 제외하고는 주택임대차보호법에서와 같다(동법 제3조). 이 점에 대하여는 앞서 본 보증금액의 제한이 적용되지 않는다(제2조 제3항).

나아가 위 법률은 임대차기간을 최소 1년으로 정하여, 그보다 짧은 기간을 정하거나 기간의 정함이 없더라도 당연히 1년으로 간주한다(제9조).

또한 소액보증금임차인의 최우선변제권에 대하여도, 그 보호의 기준이 되는 보증금액 및 최우선으로 반환받을 수 있는 액수가 다를 뿐이고, 기본적인 법적 구조는 주택임대차보호법과 다를 바 없다(제14조, 시행령 제6조 및 제7조).

한편 위 법률이 주택임대차보호법과 달리 특별히 상가건물임차인을 보호하기 위하여 마련한 대표적 제도로서는 다음의 둘을 들 수 있다(전대차에 대한 그 적용에 대하여는 특별한 경우가 아니면 따로 설명하지 않는다).

첫째, 여기서는 — 주택임대차에서와 같은 내용의 법정갱신(제10조 제4항) 외에도— 적극적으로 임차인에게 계약의 갱신을 요구할 수 있는 권리를 부여하고 있다. 즉 임차인이 기간 만료 6개월 전부터 1개월 전까지 계약의 갱신을 요구한 경우에, 임대인은 일정한 예외적 사유가 없는 한 이를 "정당한 사유 없이 거절할 수 없다"(제10조 제1항). 그 '예외적 사유'로 정하여진 것은, 임차인이 3기의 차임에 이르도록 차임의 지급을 지체하거나 임대인의 동의 없이 목적물의 전부 또는 일부를 전대하거나 목적물의 전부 또는 일부를 고의 또는 중과실로 손괴하는 것과 같이 "임차인이 임차인으로서의 의무를 현저하게 위반"한 경우이거나, 목적물의 전부나 일부가 멸실되어 임대차의 목적을 달성할 수 없게 되거나 노후 등으로 안전사고의 우려가 있어 철거 또는 재건축의 필요가 있는 것과 같이 "임대차를 계속하기 어려운 중대한 사유가 있는 경우"에 한정된다(동항 단서 각 호, 특히 그 제 8 호 참조). 이러한 갱신요구권은 애초의 기간을 포함하여 10년을 넘지 않는 범위에서만 행사할 수 있다(동조 제 2 항). 이상의 갱신요구권에 대하여도 앞서 본 보증금액의 제한이 기본적으로 적용되지 않는데(제 2 조 제 3 항), 다만 그 제한을 넘은 임대차에서의 계약갱신의 경우에는 당사자가 차임이나 보증금의 증감을 청구할 수 있다(제10조의 2). 이상은 전대차관계에도 적용되는데, 임대인의 동의를 얻은 전대차의 경우에는 전차인이 임차인을 대위하여 임차인의 갱신요구권을 행사할 수 있다(제13조).

둘째, 이른바 권리금을 회수할 수 있도록 하는 것이다. 일찍부터 점포의 임대차에서 권리금이라는 이름의 금전이 수수되는 경우가 적지 않았는데 이에 대하여는 종전에 적어도 법률의 레벨에서는 규정된 바가 없었다. 이제 2015년 5월의 개정법률에 의하여 새로 도입된 이에 관한 규정은 우선 권리금을 "임대차 목적물에서 영업을 하는 자 또는 하려는 자가 영업시설·비품, 거래처, 신용, 영업상의 노하우, 상가건물의 위치에 따른 영업상의 이점 등 유형·무형의 재산적 가치의 양도 또는 이용대가로서 임대인에게 보증금과 차임 이외에 지급하는 금전 등의 대가"라고 정의한다(제10조의 3). 임대인은 다른 특별한 사유(무엇보다도 앞서 본 갱신거절의 '정당한 사유'가 이에 해당한다)가 없는 한 임대차기간의 종료 3개월 전부터 그 종료시까지 종전 임차인의 주선으로 새로 임차인이 되려는 이(이하 '신 임차인'이라고 한다)로부터 종전 임차인이 권리금을 지급받는 것을 다음과 같은 행위로써 방해하여서는 안 된다. 즉, 임대인이 신 임차인으로부터 권리금을 받거나 요구하는 행위, 신 임차인이 종전 임차인에게 권리금을 지급하지 못하게 하는 행위, 또는 정당한 이유 없이 신 임차인과의 계약 체결을 거절하는 행위 등이 그러하다(동조 제 1 항). 이에 위반한 경우에 임대인은 임차인이 그로 인하여 입은 손해를 배상하여야 한다(동조 제 3 항). 이들 규정에 관하여는 당사자들, 특히 임대인의 일반적 활동의 자유 또는 영업의 자유를 부당하게 광범위하게 제약하는 것이 아닌가 하는 의문 등과 관련하여 여러 가지 어려운 법문제가 예상된다.

[82] 이용권과 담보권의 조절

그러니까 앞의 '소액보증금임차인의 우선변제권'은 효과가 강하기는 하지만 그 혜택을 받는 사람은 한정된 수에 그칠 것이고, 뒤의 보다 일반적인 우선변제권은 그 혜택을 받기 위한 요건이 한결 완화되어 있으나 그 효과에는 제한이 있는 것이다. 쉽게 생각하면, 주택임차인의 주거생활을 안정시켜 주기 위하여는 그의 권리를 보다 강화하여야 할는지도 모른다. 그러나 이러한 이용권의 강화는 필연적으로 담보권의 약화를 가져온다. 문제는 이용권의 강화를 위하여 담보권을 어디까지 양보하여야 할 것이냐에 있다.

예를 들어 보자. 갑은 조그만 사업을 하는데, 웬만한 기업이 대부분 그러한 대로 사업자금의 조달에 항상 애를 먹고 있다. 그가 주택을 하나 소유하고 있다고 하자. 당연히 갑은 이 건물을 담보로 제공하여 어느 만큼의 금융을 얻을 수 있는가에 지대한 관심이 있을 것이다. 이제 을은 여유자금을 가지고 있다(또는 은행과 같은 금융기관이다). 그가 갑에게 돈을 꾸어줄 것인지 또는 어느만큼 꾸어줄 것인지는 거의 전적으로 갑이 그만큼 확실한 담보를 제공하느냐에 달려 있다. 만일 갑이 제공할 수 있는 확실한 담보가 그 건물뿐이라고 하면, 을은 그 건물의 담보가치를 고려하여 그에 상응하는 금융을 주고 그 건물을 담보로 잡을 것이다. 그런데 위 건물이 만일 주택이고 또 주택임차인은 법률상 어느 경우에나, 즉 저당권이 설정된 후에 비로소 등장한 경우에라도 저당권자 기타 담보권자에 우선하여 보증금의 만족을 얻을 수 있다고 하면, 을은 당연히 애초 갑에게 돈을 꾸어주지 않거나 아주 적은 액만을 꾸어줄 것이다. 왜냐하면 보증금의 액은 통상 주택의 교환가치의 상당 부분에 해당하는 경우가 많은데, 그렇다면 주택을 담보로 잡더라도 그 경매절차상 환가금의 거의 전부가 우선적으로 임차인에게 돌아가게 되므로 돈을 꾸어준 사람이 거기서 안심하고 만족을 얻을 수 있는 부분은 기껏해야 아주 작을 것이기 때문이다. 이는 사업자금에 목마른 갑에게 몹시 불리할 뿐만 아니라, 자금의 원활한 흐름을 경제운용의 요목의 하나로 하는 우리나라와 같은 체제에서는 국민경제적으로도 이롭지 않다. 그러므로 무엇보다도 주택소유자에게 금융 얻는 것을 가능하게 하기 위하여는, **담보권이 설정될 당시를 기준으로** 하여서 채권자가 담보물의 그 담보가치에 대하여 가지는 정당한 기대를 보호하여 줄 필요가 있는 것이다.

이와 같이 담보권도 이용권에 못지 않게 보호될 만한 가치가 있는 것이다. 그러므로 법은 원칙적으로 일단 양자 간의 우선순위를 그 발생의 시간적 순서에 따라 정하여지는 것으로 하되, 예외적으로만 서민층의 주택임차권과 같이 특별히 보호의 필요가 있는 한정된 종류의 이용권에 대하여 담보권자의 정당한 기대를 크게 해하지 않고 또 그에게 지나친 부담이 되지 않는 범위에서만 그 순서에 불구하고 이용권을 앞세우도록 하는 것이다.

[83] 차임증감청구권

민법에서 임대차계약에 대한 규정들을 잘 들여다보면 다른 계약에서는 쉽사리 찾아볼 수 없는 규정이 마련되어 있음을 알 수 있다. 그것은 제628조로서, "임대물에 관한 공과부담의 증감 기타 경제사정의 변동으로 인하여 약정한 차임이 상당하지 아니하게 된 때에는 당사자는 장래에 대한 차임의 증감을 청구할 수 있다"고 정한다. 그리고 여기서 정하여진 권리를 그 표제에서 보듯이 '차임증감청구권'이라고 부른다. 이 권리는 계약 체결 후에 발생한 일정한 사정의 변경을 들어서 계약의 내용 그 자체, 구체적으로는 약정된 반대급부인 차임에 대하여 그 '증감', 즉 증가 또는 감경을 청구할 수 있다는 것으로서 흥미를 끈다. 그러므로 이 규정은 계약법의 중대한 원칙, 즉 계약당사자 사이의 법률관계는 계약에서 정하여진 바에 좇아 정하여진다는 원칙(앞의 [15] 앞부분에서 살펴본 '계약내용의 자유' 참조)에 예외를 인정하는 것이다.

한편 차임증감청구권은 이른바 형성권의 일종으로서 그 권리자가 일방적으로 행하는 권리 행사의 의사표시에 의하여 임대차관계의 일정한 변동(여기서는 차임의 액)을 직접적으로 가져온다(형성권 일반에 대하여는 뒤의 [95] 및 [179] 참조). 그리고 그 행사의 효과와 관련하여 대법원 1974년 8월 30일 판결 74다1124사건(대법원판례집 22권 2집, 민사편 275면)은 "민법 제628조에 의하여 장래에 대한 차임의 증액을 청구하였을 때에 그 청구가 상당하다고 인정되면 그 효력은 재판시를 표준으로 할 것이 아니고 그 청구시에 곧 발생한다고 보는 것이 상당하고, 그 청구는 재판외의 청구라도 무방하다"라고 판시한다. 여기서 '청구시'란 당사자가 위 청구권을 행사하는 의사표시를 한 때(보다 정확하게는 그 의사표시가 상대방에게 도달한 때. 민법 제111조 제 1 항 참조)를 가리키는 것으로 이해된다. 이러한 태도는 근자의 대법원 2018년 3월 15일 판결 2015다239508사건(판례공보 2018상, 672면)에서도 확인된다.

이와 같이 민법에서 계약에서 약정된 반대급부를 계약 체결 후의 일정한 사정 변경을 들어 '변경'할 것을 청구할 수 있다고 정면에서 규정하고 있는 예는 그 외에도 지상권에 관하여 민법 제286조('지료증감청구권'), 전세권에 관하여 민법 제312조의 2('전세금증감청구권.' 이는 애초의 민법에는 없었는데 1984년의 민법 개정으로 추가되었다)가 있다. 다른 한편 앞서 본 주택임대차보호법의 제 7 조와 상가건물임대차보호법의 제11조도 민법 제628조에서 정하는 사정 변경과 기본적으로 같은 요건 아래서 장래에 대하여 차임 또는 보증금의 증감을 청구할 수 있다고 한다.

한편 이들 규정 중에는 차임 등의 감액이 아니라 증액을 청구하는 경우에는 대하여는 일정한 제한을 두기도 한다. 우선 민법 제312조의 2, 주택임대차보호법 제 7 조 및 상가건물임대차보호법 제11조 제 1 항의 각 단서는 증액에 있어서는 '대통령령으로 정하는 기준에 따른 비율'을 넘지 못한다고 정하는데, 이에 기하여 그 증액의 정도는 차임·보증금 또는 전세금의 20분의 1 이내로 제한된다. 나아가 상가건물임대차보호법 제11조 제 2 항은 증액 청구는 임대차계약 또는 차임 등의 증액이 있은 후 1년 이내에는 하지 못한다고 정한다. 이와 같이 증액청구가 허용되는 기간의 제한은 「민법 제312조의 2 단서의 시행에 관한 규정」(대통령령 제11493호) 및 주택임대차보호법 제 8 조 제 2 항에도 같은 내용으로 정하여져 있다.

그런데 하나 흥미로운 점은 2020년 초부터 우리나라를 포함하여 세계를 휩쓴 이른바 '코로나 사태'에서 의식되기에 이른, 중대한 전염병이 임차점포의 운용에 미치는 영향이 이 맥락에서 반영되어 있다는 것이다. 즉 앞서 본 상가건물임대차보호법 제11조의 제 1 항이 2020년 9월에 개정되어, 차임 등의 증감청구권이 발생하는 요건으로 "「감염병의 예방 및 관리에 관한 법률」 제 2 조 제 2 호에 따른 제 1 급감염병"('신종코로나바이러스 감염증'은 동호 타목의 '신종감염병증후군'에 해당한다)이 '경제사정 변동'의 원인으로 구체적으로 제시되었다. 이 개정이 1차적으로 차임 등의 증액이 아니라 감액을 예상한 조치라는 것은 위 제11조의 제 3 항이 이를 잘 보여준다.

[84] 현실의 관찰과 민법

이상과 같이 주로 부동산, 특히 주택과 점포 등의 임대차에 관하여 살펴보았다. 여기서 다음과 같은 점에 주목하기 바란다. 민법은 추상적인 개념의 체계가 아니고, 현실의 사태를 앞에 두고 그 인식과 평가에 기초하여 이를 어느 방향으로 규율할 것인가를 항상 고려하고 있다는 점이다. 그러므로 민법 공부를 함에 있어서는 어떠한 법제도나 법명제가 '무엇을 위하여' 존재하고, 어떠한 근거로 바로 그와 같은 내용의 정당성이 주장되고 있는가를 항상 묻지 않으면 안 된다. 단지 법제도 등의 내용을 외움으로써, 다시 말하면 자동기계적으로 반응함으로써 그 법제도를 알고 있는 것 같은 환상을 가지는 것은, 여러 학생들이 가장 범하기 쉬운 잘못의 하나이다. 법 공부에 대하여 곧잘 "암기하지 말고 이해하라"는 표어가 주장되는데, 이는 바로 이와 같은 의미인 것이다.

민법은 일정한 현실인식의 기초 위에 서 있음을 잊어서는 안 된다. 어떤 외국의 법이론가는, 법의 적용 그리고 그 전제로서의 법해석이라는 작업의 특징을, "규범과 생활사실 사이의 부단한 상호작용, 그 사이에서의 시선의 교차적 이동"이라고 적절하게 파악한 바 있다. 민법이 정하는 규율은 현실에 대한 일정한 이해를 전제로 하여 선택되고 그 내용이 정하여지고 있다. 이 이해가 잘못되어 있으면, 그 규율은 별다른 실효성이 없거나, 당사자들을 납득시키는 결론을 제공하여 주지 못한다. 그러므로 우리는 '사실' 내지 '현실'을 예리하게 관찰하여야 한다. 실로 사실은 가치 및 논리와 함께 민법의 합리적 운영을 뒷받침하고 있는 기둥의 하나라고 할 수 있다.

[85] 매도인의 책임

앞에서 대항력 있는 임차권이 있는 목적물을 양도받은 사람은, 원하든 원하지 않든 임대인으로서의 지위를 당연히 승계하게 된다고 하였다. 그러면 그러한 부동산을 매수하여 양도받은 사람으로서는 이러한 사태에 대하여 별다른 방책이 없는가? 그 매매계약에 기하여 부동산의 소유권을 취득한 후에는 임차인에 대하여 임대인으로서의 지위를 승계할 수밖에 없다고 하더라도, 그는 그러한 부담을 안게 됨에도 불구하고 매도인에 대한 관계에서 대금을 약정대로 다 지급하여야 하는가, 또는 애초 대금을 지급할 의무가 있다고 할 것인가?

민법은 이러한 경우에 대하여 두 개의 규정을 두고 있다. 하나는 제588조로서, "매매의 목적물에 대하여 권리를 주장하는 자가 있는 경우에 매수인이 매수한 권리의 전부나 일부를 잃을 염려가 있는 때에는 매수인은 그 위험의 한도에서 대금의 전부나 일부의 지급을 거절할 수 있다"고 한다. 그러므로 매수인은 위와 같은 경우에 임대인의 지위를 승계함으로써 짊어지게 될 우려가 있는 채무액, 예를 들면 보증금액의 범위 내에서는 대금을 지급할 것을 거절할 수 있다. 다만 매도인이 '상당한 담보'를 제공한 때에는 그렇지 않다(제588조 단서).

다른 하나는 제575조 제 2 항에 의하여 준용되는 동조 제 1 항으로서,

"이로 인하여 계약의 목적을 달성할 수 없는 경우에 한하여 매수인은 계약을 해제할 수 있고", 계약의 목적을 달성할 수 있는 경우에는 "손해배상만을 청구할 수 있다". 이는 우리가 뒤에서 살펴볼 '매도인의 담보책임'([189] 이하 참조)의 하나로서 정하여진 것으로서, 이 규정은 경매의 경우에도 경락인, 즉 경매절차에서의 매수인을 위하여 적용된다(민법 제578조). 이러한 매도인의 담보책임은 매수인이 "이를 알지 못한 때"에만, 즉 목적물에 대항력 있는 임차권이 설정되어 있음을 알지 못한 '선의'의 매수인에게만 인정된다(선의·악의에 대하여는 뒤의 [101] 참조). 만일 그 사실을 알고 있었다면, 그는 매도인과 매매계약을 체결하면서 이에 대한 처리를 합의하였어야 했을 것이고, 나중에 이를 들어 매도인에게 책임을 묻는 것은 합당하지 않기 때문이다. 여기서 "계약의 목적"이란 매수인이 그 매매계약을 체결함에 있어서 의도하였던 구체적인 경제적 목적 등을 가리키는 것으로서 가령 목적물이 주택이라면 거주 등이 될 것이다. 그리고 이 경우의 손해배상에 대하여는 뒤에서 하자담보책임과 관련하여 설명하기로 한다([200] 참조).

[86] 법률의 해석

앞서 든 민법 제575조 제 2 항은 단지 "매매의 목적이 된 … 부동산에 등기된 임대차계약이 있는 경우"만을 들고 있다. 이것이 매매목적물인 부동산에 앞의 [78]에서 본 임차권등기가 되어 있는 경우를 말하는 것은 분명하다. 그런데 보다 파고 들어가 보면 다음과 같은 의문이 제기된다. 위 규정은 임차권등기가 된 경우만을 정하고 있는데, 그렇다면 인도와 주민등록에 의하여 대항력을 취득한 임차권(앞의 [79] 참조)이 설정되어 있는 주택이 매매계약의 대상이 된 경우는 어떠한가 하는 점이다.

이 경우에도 선의의 매수인은 매도인에 대하여 앞서 본 해제 또는 손해배상 등의 담보책임을 물을 수 있다고 해야 하지 않을까? 왜냐하면 이 경우에도 매수인은 대항력 있는 임차권으로 말미암아 그 임대인으로서의 지위를 당연승계하여 뜻하지 않은 채무를 부담하게 됨은 임차권이 등기된 경우와 하등 다를 바 없기 때문이다. 요컨대 위 민법규정이 '등기된 임대차계약이 있는 경우'라고 정하는 것은 '대항력 있는 임차권이 설정되어 있는 경우'라는 의미인데, 단지 민법을 제정할 당시에는 임차권이 대항력을 취득하는 것은 임차권등기를 하는 경우밖에 없었기 때문에 그것만을 들었을 뿐이 아닌가 하는 것이다. 물론 주택임대차보호법 제 3 조 제 4 항은 인도와 주민등록에 의하여 대항력을 취득한 경우에 대하여 이를 명문으로 규정하고 있다. 그러나 명문이 없다고 하여도 당연히 그와 같이 해석되어야 할 것이다.

앞의 [85]에서 본 민법 제588조에 대하여도 마찬가지로 말할 수 있다. 위 규정은, "매매의 목적물에 대하여 권리를 주장하는 자가 있는 경우에 매수인이 매수한 권리의 전부나 일부를 **잃을** 염려가 있는 때"에 매수인이 대금의 지급을 거절할 수 있다고 정한다. 그런데 매매목적물에 대항력 있는 임차권을 가진다고 주장하는 사람이 있다고 하면, 매수인은 후에 자신이 취득한 소유권에 제한을 받을지언정 그 권리를 일부라도 '상실'한다고는 말할 수 없으므로 위 규정의 적용이 없다고 해야 한다는 생각도 든다. 그러나 통설은 그렇게 해석하지 않고, 위 규정에서 '권리를 일부 잃는다'고 하는 것에는 말하자면 질적인 상실도 포함되고 위와 같이 일시적으로 권리의 제한을 받는 경우도 이에 해당한다고 해석한다. 이것은 필경 민법 제588조가 매수인이 목적물에 대한 완전한 소유권을 취득하는 것을 위태롭게 하는 권리주장자가 있는 경우에 매수인을 보호하기 위한 규정이라는 것을 고려한 데서 오는 태도일 것이다.

이와 같은 법률 해석의 배후에는 "같은 것은 같게, 다른 것은 다르게"

취급하여야 한다는 정의의 제 1 차적인 요청이 놓여 있다. 물론 어떠한 것을 '같은 것'이라고 볼 것이냐에 대하여 항상 논의가 있고 이는 때로 매우 어려운 문제이기는 하지만(뒤의 [118], [133] 및 [224]도 참조), 그렇다고 해서 그 요청이 무시될 수 있는 것은 아니다.

여기서 주의할 것은 법해석이라고 하는 작업의 성질이다. 앞에서 말한 것은 민법 제575조 제 2 항 후단에 대한 '해석'인데, 그것은 법률에 쓰여진 단어의 말뜻을 객관적으로 확정하는 것 같은 겉모양을 하고 있지만, 사실은 그 규정은 그러한 의미로 해석되는 것이 옳다는 주장, 즉 대항력 있는 임차권이 설정된 부동산을 매수한 선의의 매수인이기만 하면 매도인에게 담보책임을 물을 수 있어야 한다는 주장을 하고 있는 것이다. 이는 사람들이 '등기된 임대차계약이 있는 경우'라는 말을 보통 이러저러한 의미로 이해하고 있다는 사실의 인식 또는 관찰결과의 진술이 아니라, 그러한 법률요건을 충족하는 사람에게는 그러한 법률효과가 주어지는 것이 옳다는 가치판단을 **주장**하고 있는 것이다.

교과서 등의 법학문헌에서는 대개 이 점을 명확하게 하지 않은 채로 설명이 행하여지고 있으나, 그 내용은 실상 이러한 가치판단의 주장을 '해석'이라는 이름 아래 하고 있는 경우가 많다. 그러나 가능하면 이 점을 명확하게 내세워 드러나게 서술하여야 할 것이라고 생각한다. 교과서는 결국 '현재 있는 법'의 인식(뒤의 [112]도 참조)을 적은 부분과 이러한 가치판단의 주장을 그 주장의 근거와 함께 적은 부분이 그 주요한 내용을 이루는 것이다.

제 3 장

계약의 효력불발생

제 1 절 계약의 성립과정에서의 고장

[87] 계약의 성립과정에서의 고장사유 개관

지금까지는 계약이 유효하게 성립하고 그 계약상의 채권이 채무자의 임의적인 이행에 의하여 소멸하는 과정을 뒤쫓으면서 설명을 진행하여 왔다. 그러나 모든 계약이 이와 같이 '정상적인' 과정을 밟는다고 말할 수 없다. 우선 채무자가 그 계약상 의무를 스스로 이행하지 않는 경우('채무불이행'. 이에 대하여는 뒤의 제 4 장 참조)도 없지 않다. 이러한 경우의 법률문제는 물론 계약이 유효하게 성립된 것이 전제가 된다.

그러나 계약을 둘러싼 이러한 고장사유故障事由는 일단 유효하게 성립한 계약을 당사자들이 이행하여 가는 과정에서만 발생하는 것은 아니다. 물론 그보다 수는 적다고 하더라도, 계약이 과연 유효하게 성립되었는가, 보다 구체적으로 말하자면 애초에 그 계약의 내용대로의 법률효과가 발생하려면 어떤 조건이 갖추어져야 하는가가 문제되기도 한다. 예를 들면, 아직 만 19살이 안 된 미성년자 소유의 부동산을 매수하려면 누구와 어떠한 절차를 거쳐 계약을 체결하여야 하는가(실제로는 그러한 적법한 절차를 밟지 않고 미성년자로부터 부동산을 매수하는 계약이 체결된 경우 그 계약은 과연 '유효'한가 하는 형태로 문제가 제기될 것이다), 또는 공무원에게 부정한 청탁을 하면서 "이 일을 잘 처리해 주면" 일정한 액의 돈을 주기로 약속한 경우 나중에 약속대로 그 돈의 지급을 청구할 수 있는가 등이 그것이다.

그리고 이와 같은 계약의 유효한 성립을 둘러싼 법률문제는 다시 둘로 나눌 수 있다. 하나는 계약이 성립하는 과정에 문제가 있었던 경우이고, 다른 하나는 계약의 내용에 문제가 있는 경우이다. 예를 들면, 미성년자와 계약을 하거나 상대방으로부터 사기를 당한 경우가 전자에 해당하고, 대가를 받고 사람을 살해할 것을 약속하거나 첩살림을 하는 대가로 매월 1백만원씩을 주기로 약속하는 경우가 후자에 해당한다.

이 절에서는 그 중에서 계약의 성립과정을 둘러싸고 발생하는 각종의 '고장' 중 주요한 것(이를 도표로 보이면 다음과 같다)에 대하여 민법이 규율하는 내용의 개요를 중심으로 서술하기로 한다.

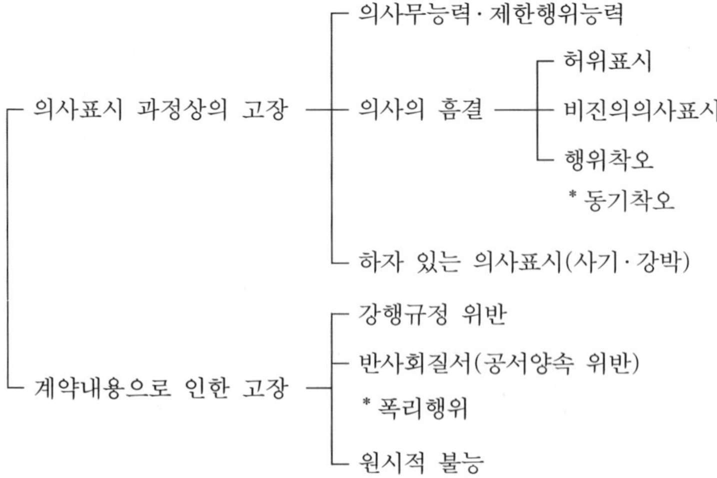

[88] 계약의 성립

그런데 이제 계약의 성립과정상의 고장사유들에 관한 설명은 모두 계약이 일단 '성립'하여 존재하는 것을 전제로 하여, 그 성립과정에 일정한 흠이 있는 경우에 그것이 그 계약의 효력에 어떠한 영향을 미치느냐, 과연 계약이 그 내용대로의 법률효과를 가지는가(즉 계약이 '유효'한가)를 따지는 것이다. 앞서 계약의 유효한 성립 운운한 것은 그러한 관점에 따라 설명한 것이었다.

그 전에 여기서는 우선 계약은 어떻게 '성립'하는가를 보기로 하자. 앞의 [3]에서 계약은 쌍방의 의사가 합치하면 성립한다고 말한 바 있다. 그런데 어떠한 경우에 그러한 합의를 인정할 수 있는가에 대하여는 의외로 성가신 문제가 제기되는 때도 있다. 예를 들면 한국말을 하는 일본사람으로부터 그가 소유하고 있는 골동품을 사려고 말로 흥정하면서 그 대금을 "일백만원"으로 정하였다. 그런데 나중에 알고 보니 그 일본인은 이때의 '원'을 일본의 화폐단위 圓('엔')이라고 생각하였다는 것이다. 이 경우에 그 계약은 우리 돈 1백만원으로 성립한 것인가, 일본돈 일백만엔으로 성립한 것인가, 아니면 이도 저도 아니고 아예 쌍방의 의사가 '합치'한 것이 아니어서 계약은 성립하지 않는 것인가.

이러한 문제에 대하여는 일반적으로 다음과 같은 설명이 행하여지고 있다. 계약의 일방당사자가 하는 의사표시의 의미는 그가 마음 속에 가지고 있었던 주관적인 생각에 따라 정하여지는 것이 아니라, **상대방의 입장에서 볼 때** 그 표시가 합리적으로 어떻게 해석되어야 하는가에 따라 정하여져야 한다. 그러므로 내심의 의사와 이것을 외부에 나타내는 표시의 객관적인 의미와는 서로 분리하여 생각하여야 하는 것이다. 그리고 그와 같은 의사표시의 합리적 의미를 탐구하는 것이 바로 계약의 해석이 해야 할 일의 하나라는 것이다.

따라서 위의 예에서 "일백만원"이라고 한 것이 그 거래가 있었던 곳의 관행 기타 여러 가지 사정에 비추어 합리적으로 볼 때 우리 돈 1백만 원으로 이해되어야 하는가 아니면 일본돈 1백만엔으로 이해되어야 하는가에 따라 그 계약의 내용이 달라진다. 그리고 자신의 주관적인 의사가 그와 같이 해석된 계약내용과 다르다면, 그 의사표시를 한 당사자는 뒤의 [119]에서 보는 착오의 요건이 갖추어지면 이를 주장하여, 일단 유효하게 성립한 계약의 효력을 부인할 수 있을 뿐이다. 그런데 그 경우 만일 어느 쪽으로도 해석할 수 있는 경우는 어떠한가. 이러한 경우는 무의식적 불합의라고 하여 계약의 '성립' 자체가 부인된다.

[89] "표시의 잘못은 해치지 아니한다"

그런데 이것은 하나의 의사표시에 대한 각 당사자의 이해가 서로 다른 경우이고, 그들의 내심의 의사가 서로 일치하는데 다만 그 표시만을 잘못한 경우에는 그 일치하는 내심의 의사대로의 계약이 성립된다. 예를 들면 토지를 동일한 크기로 잘라서 파는 사람이 매수할 사람과 같이 목적물이 된 토지를 지적하고 바로 그것을 매매하기로 합의하였는데, 두 사람이 모두 그 지번을 잘못 알아서 그대로 계약서에 목적물의 지번을 표시하였다고 하자. 그러한 경우에 계약은 표시의 합리적인 의미대로 계약상의 지번에 의한 토지에 대하여 성립하는 것이 아니라, 공통된 내심의 의사대로 원래의 목적물에 대하여 성립한다. 이러한 경우에 대하여는 "[공통된] 표시의 잘못은 [계약의 유효한 성립을] 해치지 아니한다(Falsa demonstratio non nocet)"는 법리(이를 '오표시무해誤表示無害의 원칙'이라고도 한다)가 적용되는 것이다.

그러므로 '계약의 해석'이 의사표시의 합리적인 의미를 탐구하는 것을 그 임무로 한다고 하여도, 그것은 먼저 당사자들의 내심의 의사가 합치하는지 여부를 살펴본 후의 일인 것이다.

[90] 의사무능력

이와 같이 해서 계약 자체가 성립한 것을 전제로 하여, 이하의 논의를 진행하여 가기로 하자. 그런데 여기서 지적하여 둘 것은, 일단 계약의 '성립'이 인정되면 그 계약은 원칙적으로 그 내용대로의 법률효과를 발생시키는 것으로, 즉 유효한 것으로 다루어진다는 점이다. 뒤집어 말하면, 특히 소송에 있어서 일단 계약의 성립이 인정되기만 하면, 이제는 그 계약이 애초 효력이 없다고 또는 후에 효력을 상실하였다고 주장하는 사람이 그 무효가 되는 사유를 주장하고 입증하여야 한다. 이하에서 살펴보는 계약의 성립과정이나 내용에 있어서의 '고장사유'들은 이와 같이 계약의 무효를 주장하는 사람쪽에서 주장하고 그 요건사실의 존재를 입증하여야 하는 사유로서 의미가 있는 것이다. 그러한 의미에서 이하의 고장사유들은 계약의 유효성과 관련하여서는 모두 소극요건(앞의 [35] 참조)에 속하는 것이다.

그러한 사유로서 우선 의사무능력과 제한행위능력을 들 수 있다. 우선 의사무능력이란 의사능력, 즉 자신의 행위가 가지는 사회적인 의미를 판별할 정신적인 능력이 없는 경우를 말한다. 예를 들면 고도의 정신병자, 마약을 흡입한 상태의 중독자, 완전히 술에 취한 사람, 잠을 자고 있는 사람, 유치원에 다니는 정도의 아이 등이 그러하다. 이러한 사람이 그 상태에서 무슨 계약을 체결하였다고 하더라도, 그것은 처음부터 무효이다. 이 점에 대하여는 민법에 명문의 규정이 없으나, 누구도 의문을 제기하고 있지 않다. 또한 대법원 2002년 10월 11일 판결 2001다10113사건(판례공보 2002하, 2675면); 대법원 2022년 5월 26일 판결

2019다21344사건(판례공보 2022하, 1230면) 등 판례도 같은 태도를 취한다.

그런데 의사무능력을 이유로 계약의 무효를 주장하는 사람은 그 계약을 체결한 당시에 당사자가 의사무능력의 상태에 있었음을 개별적으로 입증하여야 한다. 그러나 어떠한 사람이 계약을 할 때에 정상적인 판단능력을 가지고 있었는지 여부를 개별적으로 증명하는 것은 경우에 따라서는 쉬운 일이 아니다. 물론 대여섯살 된 아이나 고도의 정신병자와 같이 객관적으로 항상 그러한 능력이 없다고 인정되는 사람의 경우에는 비교적 쉬울 것이나, 때때로 정신을 회복하는 병자 또는 정신능력의 어느 한 부분만이 결여되어 있는 사람이나 열 살 내외의 어린아이는 반드시 쉽다고 말할 수 없는 경우가 있을 것이다. 오히려 이러한 사람에게는 개별적인 경우마다 의사능력의 유무를 묻지 않고 일정한 기준 아래 당연히 보호가 주어지도록 하는 것이 타당하지 않을까? 또한 의사능력이 아예 없다고는 할 수 없어도 이해타산을 합리적으로 판단하는 능력이 모자라는 사람도 보호를 할 필요가 있다.

이러한 취지에서 마련된 것이 제한행위능력(종전의 행위무능력)의 제도이다. 앞서 본 대로 의사무능력을 이유로 계약이 무효가 되는 것과는 별도로, 객관적인 기준에 의하여 일률적으로 행위능력의 제한 여부를 정하고, 행위능력이 제한되는 사람이 법률행위를 함에 있어서는 타인의 보조를 받도록 하는 것이다. 민법에서 '능력'이라고 하면 많은 경우에 이 행위능력을 말한다(예를 들면 제177조, 제464조, 제619조 등).

그러한 행위능력 외에 민법은 책임능력이라는 개념을 정하고 있다(민법 제753조, 제754조 참조). 행위능력이 계약 기타의 법률행위(즉 행위자의 의사내용대로 법률효과가 발생하는 행위)가 유효하게 성립하기 위한 요건인 반면, 책임능력은 행위자의 의사와는 무관하게 법이 인정하는 불법행위로 인한 책임(앞의 [73]에서 본 대로 손해배상의무. 예를 들면 운전 잘못으로 남에게 상처를 입힌 사람은 그러한 손해배상의무의 부담을 의욕한 것은 아니었다)이 성립하기 위한 요건이다. 그러므로 예를 들면 미성년자라고 해도 "그 행위의 책임을 변식할 지능"이 없는 때에만 불법행위책임을 면하게 된다(제753조). 법원실무는 일률적으로 말하기 어려우나 대체로 만 15세 정도의 정상적인 사람이면 책임능력이 있다고 하였는데, 현재는 이를 낮추어 가는 경향도 읽을 수 있다.

[91] 제한행위능력

종전에 민법은 미성년자·한정치산자·금치산자의 셋을 행위무능력자로 정하고 있었다. 그런데 2011년 3월에 행위무능력의 제도(및 행위무능력자를 뒷받침하는 후견에 관한 제도)를 대폭 개정하여, 성년이 되는 나이를 만 20세에서 19세로 낮추고, 종전의 금치산에 해당하는 성년후견, 종전의 한정치산에 해당하는 한정후견의 각 제도를 신설하여서 그 적용을 받는 사람을 피성년후견인·피한정후견인이라고 부른다(이들을 뒷바라지하는 사람은 성년후견인·한정후견인이라고 불린다. 이들 호칭은 혼동의 우려가 없지 않으므로 주의를 요한다). 그리고 '행위무능력자'라는 표현을 '제한능력자'로 바꾸었다(민법 제15조 이하, 제140조 등 참조). 그리고 종전에는 규율되지 않았던 '특정후견'의 제도를 새로이 마련하여 본인의 행위능력에는 제한이 가하여지지 않으면서도(그러므로 피특정후견인은 엄밀한 의미에서는 제한능력자라고 할 수 없다), 필요한 도움을 받을 수 있도록 하였다(한편 민법은 가정법원의 심판과는 무관하게 본인과의 계약에 기하여 임의후견인이 본인을 위하여 일정한 사무를 처리할 권한을 가지게 되는 '후견계약'에 관한 규정을 제959조의 14 이하에서 두었다). 이들 새로운 규정은 2013년 7월부터 시행되고 있다.

만 19세가 되기 전의 사람은 미성년자이다(민법 제4조). 그 유일한 예외는 19세가 되기 전에 혼인을 한 경우뿐이다(민법 제826조의2). 기간을 계산할 때는 일반적으로 초일初日을 산입하지 않는데, 연령을 계산할 때만은 초일을 산입한다(민법 제157조, 제158조). 따라서 예를 들면 2003년 12월 5일에 출생한 사람은 2022년 12월 4일 24시로 성년이 된다. 이와 같이 미성년인지 여부는 연령에 의하여 일률적으로 정하여지고, 본인의 정신능력이 정상인지 여부 등은 따지지 아니한다.

성년후견(대체로 종전의 금치산에 대응된다)은 질병·장애·노령이나 그 밖의 사유로 인한 정신적 제약으로 사무를 처리할 능력이 지속적으로 결여된 사람에 대하여, 한정후견(대체로 종전의 한정치산에 대응한다)은 위와 같은 능력이 부족한 사람에 대하여, 각각 일정한 사람의 청구에 의하여 가정법원이 그 개시의 심판을 한다(민법 제9조, 제12조 참조. 한정후견의 경우에는 민법 제13조에서 보는 대로 그 행위 제한의 범위가 개별적으로 정하여질 수 있다. 새로운 제한행위능력제도의 특징의 하나는 보호의 구체적 필요 여하에 대응하는 유연성에 있는 것이다. 성년후견에 대하여 제10조 제2항, 제3항 참조). 미성년자는 아무리 정신적 능력이 탁월하더라도 객관적으로 만 19세가 되지 아니하였으면 당연히 행위능력이 제한되는 반면, 피성년후견인이나 피한정후견인은 아무리 정신능력이 열등하더라도 법원이 위와 같은 후견개시의 심판을 하지 않으면 행위능력이 제한되지 않는다(이 경우는 계약 체결 당시 의사무능력이었음을 입증하여 그 계약의 무효를 주장할 수 있을 뿐이다). 또한 일단 그 선고를 받으면 후에 정신능력을 회복하였더라도 그 후견종료의 심판을 받지 아니하는 한 행위능력이 제한된다.

한편 미성년자를 위하여 친권자 또는 미성년후견인(민법 제928조)이 있거나 대리권 있는 한정후견인(민법 제959조의4)이 있는 경우에는 이러한 법정대리인이 그 대리권의 범위 내에서 미성년자 또는 한정후견인을 대리하여 계약을 체결할 수 있음은 물론이다(대리 일반에 대하여는 앞의 [10] 참조). 그러나 미성년자 또는 피한정후견인은 스스로 의사결정을 하여 자신의 이름으로 계약을 체결할 수도 있는데, 다만 그에 대하여 법정대리인 또는 한정후견인의 동의를 얻어야 한다. 그리고 그 동의 없이 체결한 계약은 그 제한능력자 자신이나 법정대리인이 이를 취소할 수 있다(민법 제 5 조, 제140조). 여기서 법정대리인이 되는 것은 미성년자에 대하여는 친권자(즉 부모. 민법 제911조 참조), 친권자가 없는 경우 등에는 미성년후견인(민법 제928조)이고, 피한정후견인에 대하여는 대리권을 수여하는 심판을 받은 한정후견인(민법 제959조의 4)이다.

그러나 우선 미성년자는 예외적으로 일정한 행위를 법정대리인의 동의 없이 단독으로 할 수 있다. "권리만을 얻거나 의무만을 면하는 행위"(예를 들면 증여를 받기로 하는 계약), "법정대리인이 허락한 특정한 영업"을 운영하면서 그 영업행위로서 하는 개개의 계약 등이 그러하다(민법 제 5 조 제 1 항 단서, 제 8 조). 그리고 실제에 있어서 이보다 중요한 것은, "법정대리인이 범위를 정하여 처분을 허락한 재산"은 미성년자 등이 구체적으로 그 재산의 처분을 위하여 행하는 그 원인이 되는 매매 등의 채권행위에 대하여 개별적으로 법정대리인의 동의를 얻지 않아도 된다는 규정이다(민법 제 6 조). 이는 이른바 '용돈조항'을 포함하는 것인데, 예를 들면 부모가 미성년자에게 용돈으로 준 돈은 미성년자가 그것을 어떻게 쓰든지 간에 나중에 그 효력을 다툴 수 없는 것이다. 한편 피한정후견인의 경우에는 "일용품의 구입 등 일상생활에 필요하고 그 대가가 과도하지 아니한 법률행위"를 한정후견인의 동의 없이 자신의 이름으로 유효하게 할 수 있다(민법 제13조 제 4 항).

그러나 피성년후견인은 설사 법정대리인의 동의를 얻더라도 스스로 의사결정을 하여 자기의 이름으로는 계약을 체결할 수 없고, 법정대리인이 그를 대리하여 행위하는 방법밖에 없다. 피성년후견인이 자기 이름으로 한 계약은 언제나 취소할 수 있는 것이다(민법 제10조 제 1 항). 다만 한정후견의 경우와 마찬가지로 피성년후견인이 독자적으로 한 것이 "일용품의 구입 등 일상생활에 필요하고 그 대가가 과도하지 아니한 법률행위"라면 성년후견인이라도 이를 취소할 수 없다(민법 제10조 제 4 항).

한편 아무리 제한능력자라고 하더라도 "속임수로써" 상대방으로 하여금 자신이 행위능력자라고 믿게 하거나 나아가 미성년자나 피한정후견인이 "속임수로써" 법정대리인의 동의가 있는 것으로 믿게 한 경우에는, 오히려 상대방을 더 보호하는 것이 타당하므로, "그 행위를 취소하지 못한다"(민법 제17조). 예를 들면 연령에 관한 증명서를 변조하거나 위조하여 상대방에게 제시한다든가, 다른 사람과 짜고 자신이 성년임을 보증하게 한다든가 하는 경우가 그것이다. 단지 자신이 성년이라고 말하는 것만으로는 이에 해당하지 않는다는 재판례가 있다(대법원 1971년 12월 14일 판결 71다2045사건(대법원판례집 19권 3집, 민사편 162면) 참조).

그 외에 특정후견은 앞서 본 바와 같은 정신적 제약으로 "일시적 후원 또는 특정한 사무에 관한 후원"이 필요한 사람에 대하여 행하여진다(민법 제14조의 2). 특정후견의 심판이 있어도 피특정후견인의 행위능력에는 별다른 제한이 없으나, 특정후견인은 가정법원의 심판에 의하여 일정 기간 또는 특정 사무에 관하여 피특정후견인을 위하여 행위할 수 있는 권한을 가지게 된다(민법 제959조의 8 이하).

[92] 계약의 취소

우리의 설례에서 A가 미성년자라고 해 보자. A는 미성년자이지만 주택과 그 대지의 소유권을 가질 수는 있다. 제한행위능력자라고 하여도 그것은 법률행위, 즉 계약과 같이 의사결정에 입각하여 하는 의사적 행위를 하는 데 있어서 제약을 받는다는 것이지, 예를 들면 상속과 같이 그 이외의 방식으로 권리취득을 하지 못한다는 말은 아닌 것이다. 그러나 미성년자인 A가 그렇게 하여 취득한 부동산을 매도함에는 법정대리인의 동의를 얻어야 한다. 그 매매는 어디까지나 A가 의무도 부담하는 계약이기 때문이다. 그런데 그 동의를 얻음이 없이 B와의 사이에 매매계약을 체결한 것이라면, A 스스로나 그의 법정대리인이 그 매매계약을 취소取消할 수 있게 된다(민법 제 5 조 제 2 항, 제140조).

이 취소라는 것은 매우 기교적인 법기술에 속한다. 이것은 계약의 유효 여부를 취소권자의 선택에 달리게 하는 것이다. 그가 취소한다는 의사표시를 하기 전까지는 계약은 완전히 유효이나, 일단 취소의 의사표시를 하면 그 계약은 "처음부터 무효"가 된다(민법 제141조 본문).

그러므로 여기서 중요한 점은, 어떠한 계약이 '취소될 수 있다'는 것과 '취소되었다'는 것의 구별이다. 전자의 경우에는 취소권이 발생하기는 하였지만 계약은 여전히 유효하다. 그러므로 A는 여전히 소유권을 이전하여 줄 의무를 부담하고 대금의 지급을 청구할 권리를 가진다. 그러나 후자는 그 취소권이 실제로 행사되어, 즉 취소한다는 의사표시가 행하여져서, 그 계약이 "처음부터 무효"가 되었다는 것이다. 말하자면 취소는 계약을 소급적으로 무효로 만드는 제도로서, 위와 같은 A의 권리의무는 처음부터 발생하지 아니한 것으로 된다. 무효의 소급효에 대하여는 뒤에서 해제와 관련해서 보기로 한다([182] 참조).

[93] 취소의 효과

우리의 설례에서 미성년자인 A의 부모가 B와의 매매계약을 실제로 취소하였다고 하자. 그것은 그 계약관계에 어떠한 영향을 미치는가.

이는 둘로 나누어 생각할 수 있다. 하나는 앞으로 그 계약의 이행을 청구할 수 있는가 하는 현상 변경의 새로운 가능성에 관한 것이다. 예를 들면, B가 주택과 그 대지에 대한 소유권등기의 이전을 여전히 청구할 수 있는가, 또 A가 그 대금의 지급을 여전히 청구할 수 있는가 등이 그것이다. 다시 말하면 그 계약의 내용대로의 채권(이행청구권)이 발생하는가의 문제이다. 다른 하나는 이미 그 계약의 이행으로 지급된 것을 그대로 보유할 수 있는가, 이를 반환하여야 하지 않는가 하는 종전 상태로의 복귀에 관한 것이다. 예를 들면 B 앞으로 이루어진 소유권이전등기는 말소되어야 하고 A가 받은 대금은 반환되어야 하지 않는가 하는 문제이다. 현재 상태의 새로운 변경의 가부와 종전 상태로의 복귀 여부라는 두 방면의 문제는 비단 취소의 경우뿐만 아니라, 뒤에서 보는 해제와 같이([182] 참조) 계약이 소급적으로 효력을 상실하는 법장치에 있어서는 항상 제기될 수 있다. 나아가 애초부터 무효인 계약에 있어서도 이것은 크게 다르지 않다.

취소되어 이제 무효가 된 계약에 기하여서는, 우선 그 계약의 이행을 청구할 수 없음은 물론이고, 나아가 그 계약의 이행으로 이미 이루어진 급부는 반환되어야 한다. 그 중 급부의 반환에 대하여는 부당이득에 관한 민법의 규정(제741조 이하)이 적용된다. 말하자면 그 급부는 "법률상 원인 없이"(민법 제741조 참조) 이루어진 것으로 다루어진다(앞의 [72] "첫째" 참조). 그리하여 B 앞으로 이루어진 소유권이전등기는 말소 등으로 A 앞으로 환원되어야 하고, A가 수령한 대금은 반환되어야 한다.

[94] 취소 여부의 확정

이와 같이 제한행위능력자가 한 계약이 취소될 수 있다고 하면, 그 상대방은 매우 불안정한 지위에 빠지게 된다. 자신이 맺은 계약의 유효 또는 무효가 전적으로 무능력자 측의 결정에 달려 있기 때문이다. 이러한 불안정한 상태는 다른 사유로 인하여 취소권이 발생한 경우에도 마찬가지이다. 그러므로 취소할 수 있는 계약의 상대방이 이러한 불안정한 지위를 단기간 내에 정리할 수 있도록 하기 위하여 민법은 몇 가지 제도를 마련해 두고 있다.

첫째, 아직 취소권이 행사되지 아니한 동안에, 취소권자는 그 계약을 '추인'할 수 있다. 이 때 추인이란 계약의 유효를 확정적으로 승인하는 의사표시를 말한다. 물론 추인은 취소의 원인이 종료한 후(그러므로 가령 미성년자라면 성년이 되고 난 후)에야 할 수 있는데(민법 제144조 제 1 항), 일단 추인하고 난 다음에는 취소할 수 없다. 그러므로 추인은 취소권의 포기라고도 할 수 있다.

둘째, 추인할 수 있게 된 후에, 즉 취소의 원인이 종료한 후에 일정한 사유가 발생하면, 당사자의 실제의 의사 여하를 불문하고 "추인한 것으로 본다"(이러한 '의제된 의사표시'에 대하여는 뒤의 [161]도 참조). 예를 들면 취소권을 가지는 측에서 계약을 이행한다든가, 담보를 제공한다든가, 상대방에 대하여 계약의 이행을 청구한다든가 하는 경우가 그것이다(민법 제145조). 이를 법정추인法定追認이라고 한다.

셋째, 일반적으로 취소권은 "추인할 수 있는 날로부터 3년 내" 또는 "법률행위를 한 날로부터 10년 내"에 행사하여야 하며, 그 중 어느 하나의 기간이 경과해 버리면 취소권은 소멸한다(민법 제146조). 이와 같이 단기의 권리행사기간(보다 정확하게 말하면 권리의 존속기간)을 정하는 것은 일반적으로 다른 권리에는 없는 일이다.

나아가 민법은 그러한 불확정상태를 바로 무능력자의 상대방 자신의 주도로 청산할 수 있는 방법도 마련하고 있다. 즉, 상대방은 법정대리인

(또는 제한행위능력자가 능력자가 된 후에는 그 자신)에게 "1월 이상의 기간을 정하여 그 취소할 수 있는 법률행위의 추인 여부의 확답"을 할 것을 요구할 수 있으며, 그 기간 내에 확답이 없으면 그 행위를 "추인한 것으로 본다"(민법 제15조). 나아가 상대방은 취소권자측의 추인이 있기 전까지는 자신의 의사표시를 철회함으로써 그 계약을 무효로 만들 수 있다(민법 제16조).

[95] 부동적인 법률관계의 확정 — 최고권

이와 같이 민법은 법률관계의 존속 여부나 그 내용이 확정되지 아니한 상태에 있는 경우에는 가능하면 이를 조속히 확정지음으로써 당사자들에게 안정을 줄 수 있도록 하는 데 유념한다. 예를 들면, 앞서 본 바와 같이 확답을 요구할 수 있는 권리는 비단 제한행위능력자의 상대방에게만 주어지는 것은 아니다.

대리권이 없는 사람이 한 계약이나 대리인이라도 그가 가지는 대리권의 범위를 넘어서 본인을 대리하여 한 계약은 무권대리행위로서(이에 대하여는 [10] "셋째" 참조), 그 계약의 효과가 원칙적으로 본인에게 미치지 않는다. 그러나 본인이 이를 '추인'하면, 본인에게 그 효과가 귀속된다(민법 제130조의 반대해석). 한편 계약의 효과가 본인에게 미치지 않는 경우에, 무권대리행위의 상대방은 권한 없이 대리행위를 한 그 사람에 대하여 "계약의 이행 또는 손해배상의 책임"을 청구할 수 있다(민법 제135조). 그러므로 무권대리행위의 상대방은 본인이 무권대리행위를 추인하는지 여부에 좇아 그 권리의무가 달라질 수 있는 법적인 부동상태浮動狀態에 있게 된다. 그러므로 민법은 무권대리행위의 상대방이 "상당한 기간을 정하여 본인에게 그 추인 여부의 확답을 최고催告할 수 있"으며 "본인이 그 기간 내에 확답을 발하지 아니한 때에는 추인을 거절한 것으로 본다"고 정하였다(제131조). 여기서 '최고'란 일정한 행위를 하도록 독촉하여 요구한다는 뜻이다.

또한 계약의 한쪽 당사자가 계약을 해제할 수 있는 권리를 가지게 되면(해제권에 대하여는 뒤의 [178] 이하 참조), 상대방은 앞서 본 취소권자의 상대방과 유사한 불안정상태에 빠지게 된다. 즉 해제권자가 계약을 해제하면 계약은 처음부터 무효가 되지만, 해제의 의사표시를 하지 않고 있는 동안에는 계약은 여전히 유효하여 자신의 계약상 채무를 이행하여야 하는 것이다. 그러므로 이 경우에도 해제권자의 상대방이 "상당한 기간을 정하여 해제권 행사 여부의 확답을 해제권자에게 최고할 수 있"으며, 그 기간 내에 "해제의 통지를 받지 못한 때에는 해제권은 소멸한다"고 정한다(민법 제552조). 이러한 최고권은 그 외에도 선택채권에서의 선택권(민법 제381조 제 1 항), 매매예약완결권(민법 제564조 제 2 항, 제 3 항) 등에서도 인정되고 있다.

이를 일반화하면 다음과 같이 말할 수 있을 것이다. 취소권·해제권·추인권·선택권·예약완결권 등과 같이 어떠한 사람이 그의 일방적인 의사에 의하여 다른 사람과의 사이의 법률관계를 변동시킬 수 있는 권리를 **형성권**이라고 한다(뒤의 [179]도 참조). 물론 그러한 권리가 부여되는 것은 그만한 이유가 있기 때문이다. 그러나 형성권을 가지는 사람의 상대방으로서는 형성권자가 그 형성권을 행사하는지 여부에 따라, 즉 형성권자의 의사 여하에 따라 자신의 권리의무가 변동되는 불안정한 상태에 있게 된다. 민법은 그의 법률관계의 불안정을 조속히 청산할 수 있는 방도로서, 형성권자에 대하여 그 권리를 행사할 것인지 여부를 "상당한 기간 내에" 확답할 것을 독촉·요구할 수 있도록 정하는 것이다. 형성권자가 그 기간 내에 권리를 행사하는지 아니하는지를 결정하고 이에 따른 의사표시를 하면, 이로써 법률관계가 확정됨은 물론이다. 그러나 그 기간 내에 실제로는 그러한 의사표시('확답')가 없더라도, 법은 나아가 그 경우에는 일정한 의사표시가 있는 것으로 간주함으로써 또는 그 형성권이 소멸하는 것으로 정함으로써 문제를 해결한다.

이를 다른 각도에서 보면, 다음과 같이 말할 수 있다. 형성권이 그 권리자의 일방적인 의사에 의하여 다른 사람과의 사이의 법률관계를 변동시킬 수 있는 권리라고 하더라도, 그것은 형성권자가 언제까지나 아무런 제약이 없이 의사결정의 자유를 가짐을 의미하지는 않는다. 상대방은 위와 같은 최고로써 결정을 강요할 수 있으며, 그 범위에서 그 자유는 제한을 받는다. 이러한 제한은 상대방의 정당한 이익, 즉 법률관계의 불안정이 조속히 청산되어야 한다는 이익에 의하여 설명된다. 물론 형성권자는 여전히 다른 사람의 법률관계를 좌지우지할 수 있는 사람이다. 그럼에도 불구하고, 아니 그와 같이 남의 일을 좌지우지할 수 있는 지위에 있다는 바로 그 점 때문에, 그러한 권리에는 제한이 가하여져야 한다. 법은 이와 같이 당사자들의 정당한 이익에 대한 선량한 배려로써 균형을 유지하는 것이다.

여기까지 생각하여 보면, 다음과 같은 의문이 제기된다. 위와 같은 최고권은 착오나 사기·강박을 이유로 취소권이 발생한 경우(민법 제109조, 제110조)에 대하여는 법률에서 명문으로 인정되지 않고 있다. 그 이유는 무엇일까? 사기나 강박을 행한 사람은 언제까지나 그 법률관계가 불안정한 상태에 있더라도 이를 감수하여야 할 만큼 큰 잘못을 저질렀기 때문인가? 그렇다면 착오자의 상대방은 무슨 잘못을 범하였기에, 다른 경우에는 흔히 주어지는 최고권이 그에게는 부여되지 않고 있는 것인가? 이러한 의문에서부터 다음과 같은 문제가 등장한다. 민법이 이들 경우에 최고권을 정면에서 정하지 않고 있다고 하더라도, 적어도 착오의 경우에 착오자의 상대방에게 최고권이 있다고 해석하여서는 안 되는 것인가? 아니면, 다른 경우에는 최고권을 인정하는 규정이 있는데 이 경우에는 그러한 규정을 두지 아니한 것은 법이 이 경우에 최고권을 부정한다는 의미가 아닐까? 나아가 최고권이 법해석의 이름으로 인정될 수 있다고 하더라도, 주어진 기간 내에 확답이 없는 경우에 착오자가 계약을 취소한 것으로 의제할 것인가(민법 제131조 참조), 아니면 추인한 것으로 의제할 것인가(민법 제15조 제 1 항 후단 참조)? 역시 이는 입법자의 결단을 기다려야 하는 문제인가?

[96] 법률가의 덕목

취소(그리고 무효 또는 해제)에 관한 앞의 [93]에서의 설명을 관점을 바꾸어서 말하면, 취소는 공격수단으로도 방어수단으로도 공히 쓰일 수 있다는 것이다. 공격용으로는 주로 상대방에게 그 계약의 이행으로 준 것의 반환을 적극적으로 청구하려고 할 때 쓰이고, 방어용으로는 주로 상대방으로부터 계약의 이행을 청구받았을 때 이를 부인하는 이유로 쓰이는 것이다.

민법에 정하여져 있는 여러 가지 제도를 이해함에 있어서는, 이와 같이 그것이 상대방과의 소송에서 어떠한 기능을 하는가를 생각하여 보는 것도 하나의 좋은 착안점이 된다. 물론 '공격'이니 '방어'니 하면 무슨 싸움이나 하는 듯해서 아무래도 살벌한 느낌이 든다. 그런데 사법적私法的인 권리의무의 존재 여부를 가리는 가장 두드러진 장면인 민사소송은 결국 **공개적인 장소에서 말로** 하는 싸움이다. 역설적으로 말하면 그것은 싸움하는 것을 적극적으로 허용하는 데 의미가 있다고 할 수 있다. 다만 그 싸움은 폭력이나 집단의 은근한 심리적 압력(우리 사회에서는 흔히 있는 일이다)을 동원하여 하는 것이 아니고, 드러내 놓고 말로 하여야 하는 것이다. 사람이 욕망을 가지고 있는 한, 그리고 그 욕망을 충족하는 자원이 부족한 한, 세상살이에는 이러저러한 싸움이 없을 수 없다. 사람의 본성에 대하여 환상을 가지지 아니하고 인간의 사욕을 애초부터 인정하고 들어가는 것이 민법의 출발점이다. 싸움을 하되, 거기에 미리 정하여진 기준을 적용하여 어느 한편에 권리를 또는 다른 편에 의무를 선언함으로써 그것을 해결하려는 것이 민사소송이고, 거기에서 적용될 '미리 정하여진 기준'을 제공하는 것이 민법의 중요한 임무의 하나이다.

물론 사람에 대한 평가는 —내적인 가치의 측면이 아니라— 사회 안에 사는 존재라는 측면에서만 보더라도 법적인 권리의무를 기준으로 해서 이루어지는 것은 아니고, 오히려 그것보다는 공평함, 인의, 박애 등을 따져야 할 것이다. 그러나 법은 선善과 형평衡平 그 자체는 아니라도, 로마의 뛰어난 법학자 켈수스의 말대로 "선과 형평의 기예技藝(ars boni et aequi)"이고, 또 그렇게 되도록 애써야 할 것이다. 역시 로마의 법학자인 울피아누스는 이 켈수스의 말을 인용하고 나서, 다음과 같이 법률가의 일을 적고 있다(Ulp. D. 1. 1. 1. 1. 대체로 최병조 교수의 번역에 따랐다).

> "우리는 마땅히 법의 사제司祭라고 말하여질 수 있을 것이다. 우리는 공평한 것을 불공평한 것으로부터 구별하고 허용되는 것을 허용되지 않는 것으로부터 분간해 내며 사람들을 비단 징벌의 위협을 통해서뿐만이 아니라 또한 포상의 격려를 통해서도 선하게 하고자 노력함으로써, 그리고 내가 잘못 안 것이 아니라면, 지혜의 환상이 아닌 진정한 지혜(vera philosophia)를 추구함으로써, 정의를 돌보고 선과 형평의 지식을 교시하기 때문이다."

[97] 로 마 법

기왕 로마법학자의 말을 인용하였으니, 여기서 로마법이 우리 민법의 형성과 어떠한 연관이 있는가를 잠깐 살펴봄으로써, 법의 역사성을 되새겨 보고자 한다.

라틴어가 현재 어디서도 구어口語로 사용되지 않고 있는 것처럼, 로마법도 어느 나라에서도 효력을 가지고 있지 못한 죽은 법이다. 그러나 19세기 후반의 독일법학자 예링(Jhering)의 말대로, 로마는 세 번 세계를 통일하였는데, 한 번은 무력과 통치기술로써 국가의 통일을, 다른 한 번은 기독교에 의하여 종교의 통일을, 그리고 마지막으로 중세에 있어서의 로마법 계수의 결과로 법의 통일을 행하였던 것이다. 물론 이는 유럽을 세계의 중심으로 보는 편향된 발언이기는 하다. 그러나 우리가 현재 가지고 있는 민법은 유감스럽게도 우리의 조상들이 이 땅에 살아오면서 쌓아 올린 민사생활과 민사분쟁 해결의 지혜를 개념화하고 명제화하여서 된 것이 아니다. 그것은 근대에 유럽대륙의 주요한 나라들, 그 중에서도 독일·프랑스·스위스 등에서 행하여지는 민법의 제도나 명제를 — 그나마 일본에 의하여 강제로— 그대로 수입하여서 만든 것이다. 그런데 그 유럽대륙의 여러 민법들은 모두 로마법, 보다 정확하게 말하면 12세기 이후에 유럽의 학자들이 그것을 소재로 하여 꾸준히 연구하고 가공한 지적 구성물의 세례를 받아 그 강력한 영향 아래서 형성되었다. 물론 각 나라의 사정에 따라 그 '영향'의 정도에는 차이가 있으나, 로마법이 그 가장 큰 부분을 차지함에는 변함이 없다.

우리 민법의 설명에서 가끔 라틴어가 튀어나오는 것은 이러한 연유에 의한 것이다. 앞의 [89]의 "Falsa …"라는 명제는 로마법학자 가이우스의 말(Gaius D. 35. 1. 17. pr./1)을 후대에 가공(또는 차용)하여 만들어 낸 것이다. 로마법 원전으로부터의 인용은 『로마법 대전大全(Corpus iuris civilis)』이라고 통상 불리는 후대의 편찬물에서 하는 경우가 대부분이다. 위의 인용은 가이우스의 그 말이 그 중 학설휘찬學說彙纂

(Digesta. 또는 학설유집類集이라고도 한다. 이는 로마법학자들의 의견서 기타 저작물을 일정한 방식으로 수집·정리한 것이다. 회전會典(Pandectae)이라고도 부르는데, 뒤의 제 6 장 제 1 절 Ⅳ. 2.에 나오는「판덱텐식」편별법이란 이 말에서 유래한다)의 제35권 제 1 장 제17절 전문前文(principium)과 제 1 문에 있음을 나타낸다. 이는 앞 [96]의 말미에서 본 울피아누스의 경우도 같다.

그리하여 민법을 심도 있게 이해하기 위하여는, 다른 많은 것과 아울러, 로마법에 대한 어느 정도의 소양이 요구된다. 중요한 것은 구체적인 로마법제도의 내용에 대한 상세한 지식이 아니라, 오히려 로마법학자들이 법을 다루는 방법 또는 그들의 법에 대한 태도라고 생각된다. 울피아누스, 파울루스, 가이우스 등 '…우스'의 이름을 친근하게 여길 일이다. 러시아문학을 공부하는 학생들에게 '…스키'가 친근하듯이.

[98] 허위표시

계약이 행위능력 있는 사람들에 의하여 체결되었더라도 그 표시의 합리적인 의미와는 다른 내심의 의사가 존재하는 경우도 종종 있다. 예를 들면 갑이 채권자들로부터의 강제집행을 피하기 위하여 친지 을과 서로 짜고 자신이 소유하는 부동산을 을에게 매도하는 내용의 매매계약을 한 다음 이를 원인으로 하여 소유권등기를 을에게 이전해 두는 경우이다. 이 경우에 당사자들에게는 소유권을 넘겨주거나 대금을 지급하는 의무를 부담할 뜻이 전혀 없으며, 단지 소유권이 다른 사람에게 이미 넘어갔다는 겉모양을 제 3 자들에게 보여 주기 위하여 매매계약을 한 것이다. 이와 같이 계약을 체결할 진정한 의사가 없으면서 서로 짜고 그 외관을 만들어 내기 위하여 체결한 계약 등을 **가장행위**라고 하고, 그것을 행하는 의사표시를 **허위표시** 또는 **통모허위표시**라고 한다. 또 허위표시에 의한 매매 또는 양도 등을 가장매매 또는 가장양도 등이라고 한다.

이와 같이 의사표시에 있어서 그 표시의 객관적인 의미와 그 내심의 진정한 의사가 일치하지 않는 경우를 민법은 3가지로 나누어, 첫째, 여기서 보는 허위표시(제108조), 둘째, 그 의사표시를 하는 사람이 그러한 불일치를 알았으나 상대방과 서로 짜고 한 것은 아닌 경우(제107조. 뒤의 [116]에서 보는 비진의의사표시), 셋째, 의사표시를 하는 사람이 그 불일치의 사실을 알지 못하는 경우(제109조. 뒤의 [119]에서 보는 착오의 한 유형으로서의 '행위착오')를 각각 정하고 있다. 이러한 세 경우를 합하여 '의사의 흠결欠缺'이라고 한다(민법 제116조 제1항 참조. 이에 대비되어 논하여지고 있는 '하자 있는 의사표시'에 대하여는 뒤의 [122] 참조). 앞의 [9]에서 우리의 생활경험에 비추어 보면 낯선 의사표시라고 하는 법개념은 일정한 병적인 경우를 처리하기 위한 기술개념으로서의 측면이 강하다고 하였는데, 의사표시라는 기술개념이 그 본령을 발휘하는 것이 바로 이 '의사의 흠결'에 있어서이다.

허위표시에 의한 계약은 무효이다(민법 제108조 제1항). 그러므로 앞서의 예에서 갑이 나중에 을에 대하여 대금의 지급을 청구해 오면, 을은 그 계약이 허위표시임을 주장·증명하여 그 청구를 물리칠 수 있다. 그리고 을은 비록 소유권등기가 자기 앞으로 되어 있어도 소유자가 되지 못한다. 왜냐하면 소유권 이전을 해 주는 원인이 되는 매매계약이 무효이기 때문이다. 우리 민법은 아무리 소유권등기가 이전되더라도 소유권 이전을 해 주는 원인이 되는 계약이 무효이면 소유권이 이전되지 않는다는 태도를 취하고 있는 것이다(앞의 [65]에서 본 "첫째" 요건 참조). 그리고 허위표시인 계약에 기하여 이루어진 급부는 반환하여야 한다. 이러한 원상회복의 문제는 취소가 행하여진 경우와 마찬가지이다.

가장행위는 어떠한 진정한 합의를 가리기 위하여 행하여지는 경우도 있다. 예를 들면 매매계약이 체결되었으나 세금을 덜 내기 위하여 원래의 대금액보다 적은 액수를 대금으로 표시한 매매계약서를 작성하는 것 등이 그것이다. 이러한 경우에 가장행위는 무효이지만 원래의 매매계약(이를 은닉행위隱匿行爲라고 부른다)은 여전히 유효이기 때문에 이에 따른 법률효과가 당사자들에게 발생한다.

[99] "무효는 선의의 제 3 자에게 대항하지 못한다"

앞의 [98]에서 본 예에서 가장매매에 기하여 소유권등기를 이전받은 을이, 예를 들면 빚에 몰린다든지 아니면 순전히 욕심으로, 자기 앞으로 소유권등기가 되어 있는 것을 이용해서 그 부동산을 채권자 병에게 담보로 제공하여 저당권을 설정하든가 아니면 병에게 매도하여 그 앞으로 소유권이전등기를 경료해 주었다고 해 보자. 그 경우에, 갑은 병에 대하여 자신이 소유자임을 주장하여 저당권등기 또는 소유권등기의 말소를 청구('소유물방해배제'의 청구. 앞의 [71] 참조)할 수 있는가?

이 문제에 대하여 민법은 제108조 제 2 항에서 "전항의 의사표시의 무효는 선의의 제 3 자에게 대항하지 못한다"라고 정하고 있다. 쉽게 말하면, 위의 경우에 병이 을이 허위표시행위에 의하여 소유권등기를 이전받은 사실, 따라서 을이 소유자가 아니라는 사실을 알지 못하였다면, 갑은 병에 대하여 위와 같은 청구를 할 수 없다는 뜻이다.

[100] 대항불능

위의 제108조 제 2 항과 같은 규정은 민법의 곳곳에서 발견된다. 뒤에서 보는 민법 제107조 제 2 항도 그 대표적인 예의 하나이다. 그리고 민법 제109조 제 2 항이나 제110조 제 3 항에서 "전항의 의사표시의 취소는 선의의 제 3 자에게 대항하지 못한다"라고 정하는 것은 "의사표시의 취소로 인한 무효화는 …"이라는 뜻이므로, 이 역시 위 제108조 제 2 항과 같은 의미이다.

이러한 일련의 대항불능에 관한 규정들은 이를 통일적으로 이해할 필요가 있다고 생각되는데, 그 이론을 어떻게 구성하는가는 민법학에서 가장 어려운 문제, 그러나 별로 다루어지지 아니한 문제의 하나라고 할 수 있다. 그러나 우선 민법 제108조 제 2 항과 관련하여서 다음만을 말하여 두기로 한다. 위 규정은 앞의 [99]의 예에서 병의 지위를 단순한 무권리자로 남겨두지 아니하고 저당권 또는 소유권을 유효하게 취득한 것으로 끌어올리는 기능을 하는 것인데, 그렇게 하기 위한 논리적 전제로서, 그리고 이러한 논리적 전제라고 하는 의미에 있어서만, 마치 갑과 을 사이의 매매계약(따라서 소유권 이전)이 유효한 것과 같이, 즉 '마치 을이 갑으로부터의 정당한 양수인이어서 병에게 저당권이나 소유권을 양도할 수 있는 지위에 있는 것 같이' 취급됨을 정한 것이다. 이러한 경우에 대하여 흔히 갑과 을 간의 행위가 '병에 대한 관계에서' 유효하다고 해서 이를 '상대적으로 유효'라고 표현하기도 한다. 그러나 그 실제의 의미는 권리변동을 설명하기 위한 법논리상의 전제를 갖추기 위한 일종의 의제이고, 결코 선의의 병이 출현한 때 이후로는 을의 객관적인 법률관계가 정당한 권리자로 바뀌어 실체화되지는 않는다.

이상 이해하기 어려운 설명이 되어 버렸는데, 그 의미에 대하여는 여러분이 민법 공부를 어느 정도 하고 나면 알 수 있을 것이라고 생각한다. 그러므로 여기서 이해하기 어렵다고 해서 실망할 필요는 조금도 없다.

[101] 선의·악의

민법에서 '선의' 또는 '악의'라고 할 때에는 통상 쓰여지는 뜻과는 달리 이에 아무런 도덕적 시인 또는 비난의 뜻이 포함되어 있지 않다. 통상의 경우에 단지 어떠한 사실을 알았으면 '악의'이고, 몰랐으면 '선의'이다. 그 외에 누구를 해칠 의사가 있거나 악한 행위를 할 생각을 가져야만 악의인 것은 아니다.

예를 들면 민법 제748조는 부당이득(앞의 [72] 참조)으로 인한 반환의무의 범위를 그 수익자가 선의인가, 악의인가에 따라 다르게 정한다. 즉 선의이면 "그 받은 이익이 현존한 한도에서" 반환하면 족하고, 악의이면 원래 받은 이익에다가 이자까지 붙여 반환하여야 한다. 여기서 수익자의 선의·악의는 그 이익에 대하여 '법률상 원인이 없음'을 알았는지 여부에 의하여 정하여진다. 예를 들면 매도인이 대금을 일부나마 받은 후 매수인의 사기를 이유로 계약을 적법하게 취소하였다면 그는 받은 돈을 부당이득으로 반환하여야 하는데, 계약을 스스로 취소한 이상에는 다른 특별한 사정이 없는 한 그 대금을 계속 보유할 법률상 원인이 없음을 알았다고 보아야 하므로, 그는 역시 악의의 수익자인 것이다. 이와 같이 민법의 전문적 용어가 일반인이 그 말에 부여하는 통상의 의미와는 다르게 쓰여지는 경우에 대하여는 특히 주의할 필요가 있다.

민법에서는, 선의·악의라는 말 외에도, 어떠한 사실을 "안 때"(예: 제134조, 제139조, 제766조 제 1 항), "알았거나 알 수 있었을 때"(예: 제125조 단서, 제135조 제 2 항 전단, 제471조), "과실로 인하여 알지 못한 때"(예: 제129조), "알았거나 중대한 과실로 알지 못한 때"(예: 제514조 단서) 등에 법률효과의 발생 여부를 걸리게 하는 경우가 매우 많다. 여기서 '알 수 있었을 때'라고 하는 것은 사회생활상 필요한 주의를 하였으면 알 수 있었을 때, 즉 '과실로 인하여 알지 못한 때'의 의미이다. 보다 정확하게 말하면, '사회생활상 필요한 주의를 다하여 그 사실을 알았어야 했는데 알지 못한 때'라는 의미이다. 이와 같이 '알았거나 알 수 있었을 때'는 —민법에서는 쓰이지 않는 표현이나— '악의이거나, 그와 같이 알지 못한 것에 과실 있는 때'로 바꾸어 부를 수 있는 경우를 말하며, 민법에서 정하고 있는 "선의이며 [또한] 과실 없는 때"(예: 제245조 제 2 항, 제249조, 제470조)와 대비될 수 있다.

[102] 내심의 일에 대한 증명책임

이러한 '선의', '악의', '알 수 있었을 때' 등의 정신적인 사정과 관련하여서는 공부를 할 때 주의하여야 할 점이 있다. 이러한 사정은 사람의 마음 속에서 일어나는 일로서 남이 쉽사리 알 수 없으므로, 이를 증명하기가 어려운 경우가 종종 일어난다(또한 앞의 [55]의 '소유의 의사'로 하는 점유, 즉 자주점유에 관한 설명도 참조). 그러므로 누가 이 점에 관한 증명책임(또는 '입증책임'이라고도 한다)을 부담하는가 하는 것은 실제로 중대한 차이를 가져 올 수 있다. 그리하여 교과서에서도 이러한 사정이 법률요건이 되는 때에는 많은 경우 그 증명책임에 관하여 언급하고 있다. 이를 뒤집어 말하면, 민법 공부를 함에 있어서 이와 같이 주관적인 사정이 다루어지고 있는 경우에는 항상 증명책임을 누가 부담하는가 하는 점에 생각이 미쳐야 한다는 것이다.

증명책임에 대하여는 뒤의 [159]에서 '사실인정'과 관련하여 다시 보기로 한다. 단지 여기서는 민법 제108조 제 2 항에 관하여 판례(예를 들면 대법원 1970년 9월 29일 판결 70다466사건(대법원판결집 18권 3집, 민사편 94면) 등 참조)가 "허위표시 매매에 의한 매수인으로부터 부동산상의 권리를 취득한 제 3 자는 특별한 사정이 없는 한 선의로 추정할 것이므로 허위표시를 한 부동산양도인이 제 3 자에 대하여 소유권을 주장하려면 그 제 3 자의 악의를 입증하여야 한다"는 태도를 취하고 있음을 지적하는 데 그치기로 한다.

[103] 제 3 자

민법에서는 또한 '제 3 자'라는 말이 자주 쓰이고 있다. 그리고 그 경우에 그것이 우선 그 규정에서 다루어지고 있는 행위 내지 사건의 당사자 이외의 사람을 가리킨다는 것은 바로 알 수 있다. 예를 들면 민법 제60조는 "이사의 대표권에 대한 제한은 등기하지 아니하면 제 3 자에게 대항하지 못한다"라고 정하고 있다(앞의 [11]도 참조). 이사의 대표권이란 법인을 대표하는 권한을 말하므로, 그에 대한 제한도 법인 측으로부터 행하여진다. 그러므로 거기서 '제 3 자'에 우선 법인과 당해 이사가 포함되지 않음은 물론이다. 또 앞서 나온 민법 제108조 제 2 항을 보아도, 거기서 '제 3 자'가 우선 허위표시행위의 당사자를 가리키지 않는다는 것은 쉽사리 짐작할 수 있다.

그러면 그러한 당사자 이외의 사람은 모두 거기서 말하는 '제 3 자'에 속하는 것인가. 예를 들면 앞의 [98]의 예에서 가장매매에 기하여 소유권등기를 을에게 넘긴 갑은 그 부동산을 권한 없이 사용하고 있는 정에 대하여도 정이 선의인 한 그의 소유권을 주장하지 못하는가. 판례(예를 들면 대법원 1983년 1월 18일 판결 82다594사건(대법원판례집 31권 1집, 민사편 18면) 등 참조)는 민법 제108조 제 2 항의 '제 3 자'란 "허위표시행위를 기초로 하여 새로이 법적인 이해관계를 맺은 자"만을 말하는 것이라고 한다. 그리하여 위와 같은 경우의 정은 '제 3 자'에 속하지 않는다는 것이므로, 갑은 그에 대하여 소유자로서의 여러 가지 권리, 예를 들면 소유물반환청구권이나 불법행위를 이유로 하는 손해배상청구권 등을 가지는 결과가 된다.

그런데 여기서 '새로운 이해관계'라고 하여도 반드시 그 의미가 명확한 것은 아니다. 예를 들면 대법원 2003년 6월 24일 판결 2002다48214사건(판례공보 2003하, 1583면)은 가장소비대차의 대주가 파산선고를 받은 경우에 그 파산관재인이 민법 제108조 제 2 항에서 정하는 '제 3 자'에 해당한다고 판단하여, 그 사건에서 가장소비차주가 자신에게 채무가 없음을 확인하여 줄 것을 파산관재인을 상대로 청구한 것을 기각하였다. 이 판결에 대하여는 무엇보다도 파산관재인은 '새로운 이해관계'를 맺은 것이라고 할 수 없다는 이유로 반대하는 의견도 있었으나, 그 후 대법원 2006년 11월 10일 판결 2004다10299사건(판례공보 2006하, 2066)은 위 판결의 태도를 그대로 확인하였다(이 판결은 나아가 여기서 선의·악의를 판단함에는 파산관재인을 기준으로 할 것이 아니며, 파산선고를 받은 사람에 대하여 채권을 가지는 사람들, 즉 파산채권자 전원이 악의가 아닌 한 파산관재인은 민법 제108조 제 2 항이 정하는 '선의의 제 3 자'에 해당한다는 획기적인 판시를 하고 있다). 그 후에도 예를 들면 대법원 2010년 4월 29일 판결 2009다96083사건(판례공보 2010년 상권, 993면) 등 그러한 취지의 대법원 재판례는 이어지고 있다.

나는 위와 같은 판례의 태도가 타당하다고 생각한다. 파산선고가 있으면 파산자의 재산은 파산채권자 전원의 공평한 만족을 위하여 압류된 것과 같은 상태에 놓이게 되고 파산관재인은 그 경우의 압류채권자들 모두의 대표와 같이 처리되어야 하므로, 이를 파산을 원인으로 "새로이 법적 이해관계를 맺은 자"라고 부르기에 충분한 것이다(이에 대하여 보다 구체적인 것은 양창수, "2003년 민사판례 관견", 민법연구 제 8 권(2005), 367면 이하 참조). 요컨대 여기서 '제 3 자'의 범위를 정함에 있어서는 쉽지 않은 문제가 가로놓여 있음을 명심할 필요가 있다(뒤의 [186]도 참조).

[104] 판 례

바로 앞에서 연속하여 '판례'를 들어 말하였다. 또 앞으로 여러분이 법 공부를 함에 있어서는 비단 민법 분야뿐만 아니라 다른 법에서도 끊임없이 '판례'가 또는 '판례·학설'이 이렇고 저렇고 하는 것을 보게 될 것이다. 법률의 조문은 법전에 명제의 형태로 객관적으로 존재하는데, 도대체 판례란 무엇이며 어디서 어떻게 찾아 볼 수 있는 것인가. 또 판례를 아는 것은 법 공부를 하는 데 어떠한 의미가 있는 것일까.

판례란, 법원이 구체적인 사건에 대한 재판을 통하여 행한 법에 대한 공정公定의 해석으로서 장래의 재판에 대하여 지침이 되는 것이라고 정의할 수 있다. 실정법률에서는 "대법원에서 판시한 헌법·법률·명령 또는 규칙의 해석적용에 관한 의견"이라는 표현이 쓰이고 있는데(법원조직법 제 7 조 제 1 항 단서 제 3 호), 그것이 대개 판례의 의의라고 할 수 있을 것이다. 다만 역시 대법원의 판결 기타 재판이 가장 중요한 그 자료라고는 하여도, 판례란 반드시 대법원의 재판으로부터만 인식되는 것은 아니므로, 위 법문에서 '대법원'이란 말은 그냥 '법원'으로 바꾸어 읽어야 판례의 의미에 보다 부합될 것이다.

한편 「상고심절차에 관한 특례법」은 실질적으로 상고제한을 정하고 있는데(그 내용에 대하여는 뒤의 [107] 참조), 거기서 정식의 절차로써 심리·재판하여야 하는 상고사유로서 "원심판결이 법률·명령·규칙 또는 처분에 관하여 대법원판례와 상반되게 해석한 때"를 들고 있다(동법 제 4 조 제 1 항 제 3 호. 또한 동항 제 4 호도 참조). 이와 같이 '대법원판례'는 단순히 강학상의 용어에 그치는 것이 아니라, 법률에서 정면으로 채택되어 있는 용어이다. 앞서 본 법원조직법 자체도 '판례'라는 용어를 쓰고 있는 것이다(대법관회의의 의결사항을 정하는 제17조에서 제 3 호: "판례의 수집·간행에 관한 사항"). 이미 1973년에 시행된 소액사건심판법의 제3조도 소액사건에 대하여 상고가 허용되는 사유의 하나로 "대법원의 판례에 상반되는 판단을 한 때"를 들고 있는데(제2호), 여기서 '대법원의 판례'란 '구체적인 당해 사건의 사안에 적용될 법령조항에 관한 정의적定義的 해석을 한 대법원의 판단'을 말한다고 판시되고 있다(대법원 2004년 5월 13일 판결 2004다6979사건(판례공보 2004상, 964면) 등).

그리고 사람들은 흔히 판례를 이러저러한 내용의 재판이 행하여진 실제의 예라는 의미로 쓰기도 한다. 예를 들면 "차도를 무단으로 횡단하던 사람을 자동차를 몰고 가다가 치어 부상시킨 사건에서 원고의 과실을 인정하여 피고가 배상하여야 할 손해액을 60% 감경한 **판례**가 있다"고 말하는 경우가 그러하다. 그런데 이러한 경우의 판례는 앞서 본 규정들이 정하는 바의 '법률 등의 해석적용에 관한 의견'이나 '판례'에 해당한다고 할 수 없다. 차도를 무단 횡단하던 사람이 자동차사고로 부상을 입은 다른 사건에서 피고의 손해배상액을 40% 감경하였다고 해서, 그것이 판례에 반한다고 할 수는 없는 것이다. 물론 이러한 의미의 판례도 실무처리상으로 참고가 되는 경우도 있을 것이나, 그것은 법의 보다 일반적인 의미를 해명하는, 따라서 다른 동일한 사건에도 적용되어야 하는 '법의 해석'과는 무관한 것이다. 그러므로 혼동을 피하기 위하여서라도 바람직하기는, 이러한 경우에는 '판례'라고 하지 말고 **재판례**라고 하고, 이와 구분하여야 할 필요가 있는 맥락에서 원래 의미의 판례는 **선례**라고 부르는 것이 어떨까 하는 생각이 든다(영미법에서 case example과 precedent/case law는 엄격히 구별된다). 결국 판례란 재판례 자체가 아니라 그로부터 적출된 일반적 의미가 있는 법해석인 것이다.

[105] 판례와 재판례를 공부하는 의미

판례를 아는 것은 현실적 내지 기능적으로 보면 곧 '현재 존재하는 법'의 중요한 일부를 파악하는 일이 된다. 그것은 '현재 존재하는 법'에 대한 평가나 의견이 아니라, '현재 존재하는 법'의 객관적 인식이다. 만일 이러한 인식 자체가 부정확하다면, 그에 대한 의견이나 평가는 내용 없는 것이 되기 쉬우므로, 실천학문인 민법학을 하는 입장에서 이는 결코 소홀히 할 수 없다(또한 뒤의 [112]도 참조).

또한 법 공부를 하는 입장에서도 판례 그리고 그 인식자료가 되는 재판례들을 읽어 아는 것은 여러 가지의 부수적인 이점이 있다.

첫째, 민법의 조문은 정도에 차이는 있어도 대개 추상적인데, 그것이 실제로 어떠한 분쟁에 어떠한 모습으로 적용되는가를 알 수 있게 된다. 우리는 재판례를 통하여 쟁송이 발생하는 사실관계의 맥락에 접하게 된다. 그리고 또 이러한 사실관계가 어떠한 법문제로 연결되고, 이 법문제의 적절한 해결을 위하여 어떠한 논변이 쌍방 당사자에 의하여 행하여지며, 법원이 이 법문제에 대한 결정을 어떠한 고려에 기하여 행하는가를 엿보게 된다. 이것은 구체적인 지식으로서 법의 내용에 대한 이해를 선명하게 한다. 나아가 이와 같이 해서 재판례는 재판이라고 하는 가장 '법적인' 제도를 이해하는 데 극히 의미 있는 자료가 되는 것이다.

둘째, 법 공부의 요목의 하나인 응용능력의 배양에 결정적으로 기여한다. 실제의 사건에서는 하나의 법률상 주장만이 주장·판단되는 것이 아니라, 그 분쟁사실에 관련된 각종의 공격방법·방어방법이 당사자들에 의하여 주장되고, 법원에 의하여 판단된다. 그러므로 판결을 읽음으로써 여러 가지의 법제도들이 기능상으로는 서로 연관을 가지고 있음을 알게 된다. 다양한 법제도 사이의 이러한 기능적 내지 실제적 연관은 교과서에서는 충분히 다루어지지 않고 있기 때문에, 교과서만을 읽고 있어서는 소홀히 하기 쉬운 것이다.

셋째, 법 공부를 하는 사람은 재판례를 읽으면서 살아 있는 각 개인의 삶의 구체적 양상에 맞닥뜨리게 된다. "사람에 관한 일로 나에게 흥미를 일으키지 않는 것은 없다"는 말이 있듯이, 우리는 이렇게 알게 된 삶의 모습에 그 당사자들과 같이 웃고 우는 인간적 동질감과 연대 를 느끼지 않을 수 없다. 이러한 마음가짐이야말로 법 공부를 삭막한 문자의 세계로부터 구해 내는 중요한 발판이 되는 것이다.

그러므로 법 공부를 하는 데는 판결들을 읽고 음미하는 것이 큰 도움이 된다. 적어도 교과서에서 인용되고 있는 재판례는 일일이 찾아서 읽어보는 것이 좋을 것이다.

[106] 대법원판결의 형식적 측면

판례는 각급 법원의 판결(보다 정확하게 말하면 판결을 대표로 하는 각종의 재판)을 읽고, 그것을 음미함으로써 인식된다. 사실 구체적인 판결들로부터 판례를 추출해 내는 것은 반드시 쉬운 일만은 아니다. 그리고 주의할 것은 판례라고 하는 것은 고정되고 명백한 내용을 가지는 것이 아니며, 판단하는 사람의 입장에 따라서 판례의 존부나 내용도 달라 질 수 있다는 것이다. 교과서에 "판례는 이러저러하다"고 쓰여져 있는 것은, 그 교과서를 집필한 사람이 판례의 내용을 그렇게 인식하고 있다는 뜻이다.

여기서 여러분들이 가장 쉽게 접근할 수 있는 재판자료집인 『대법원판례집』으로부터 하나의 대법원판결을 살펴보기로 한다. 앞의 [40]에서 본 대법원 2004년 2월 13일 판결 2003다43490사건이 실린 『대법원판례집』 제52권 1집의 민사편 52면 이하를 찾아보자(실제로 도서관에 가서 뒤져 보라. 도서관을 이용하는 방법을 익히는 것은 모든 공부에 빼놓을 수 없는 기초이다).

4① 2004. 2. 13. 선고② 2003다43490③ 판결④ 〔양수금〕⑤

⑥[1] 민법 제450조에 의한 채권양도통지의 방법

[2] 채권양도통지의 권한을 위임받은 양수인이 무현명으로 한 채권양도통지의 효력

[3] 무현명의 양수인에 의한 채권양도통지가 민법 제115조 단서의 규정에 의하여 유효한 통지로 될 수 있는지 여부(적극)

[4] 채권양도통지서 자체에 양수받은 채권의 내용이 기재되어 있고, 채권양도·양수계약서가 위 통지서에 첨부되어 있으며, 채무자로서는 양수인에게 채권양도통지 권한이 위임되었는지 여부를 용이하게 알 수 있었다는 사정 등을 종합하여 무현명에 의한 채권양도통지를 민법 제115조 단서에 의해 유효하다고 본 사례

【판결요지】⑦

[1] 민법 제450조에 의한 채권양도통지는 양도인이 직접하지 아니하고 사자를 통하여 하거나 대리인으로 하여금 하게 하여도 무방하고, 채권의 양수인도 양도인으로부터 채권양도통지 권한을 위임받아 대리인으로서 그 통지를 할 수 있다.

[2] 채권양도통지 권한을 위임받은 양수인이 양도인을 대리하여 채권양도통지를 함에 있어서는 민법 제114조 제1항의 규정에 따라 양도인 본인과 대리인을 표시하여야 하는 것이므로, 양수인이 서면으로 채권양도통지를 함에 있어 대리관계의 현명을 하지 아니한 채 양수인 명의로 된 채권양도통지서를 채무자에게 발송하여 도달되었다 하더라도 이는 효력이 없다고 할 것이다.

[3] 대리에 있어 본인을 위한 것임을 표시하는 이른바 현명은 반드시 명시적으로만 할 필요는 없고 묵시적으로도 할 수 있는 것이고, 채

권양도통지를 함에 있어 현명을 하지 아니한 경우라도 채권양도통지를 둘러 싼 여러 사정에 비추어 양수인이 대리인으로서 통지한 것임을 상대방이 알았거나 알 수 있었을 때에는 민법 제115조 단서의 규정에 의하여 유효하다.

[4] 채권양도통지서 자체에 양수받은 채권의 내용이 기재되어 있고, 채권양도·양수계약서가 위 통지서에 첨부되어 있으며, 채무자로서는 양수인에게 채권양도통지 권한이 위임되었는지 여부를 용이하게 알 수 있었다는 사정 등을 종합하여 무현명에 의한 채권양도통지를 민법 제115조 단서에 의해 유효하다고 본 사례.

【참조조문】⑧ [1] 민법 제450조 / [2] 민법 제114조 제 1 항, 제450조 / [3] 민법 제115조 단서, 제450조 / [4] 민법 제115조 단서, 제450조

【참조판례】⑨ [1] 대법원 1994. 12. 27. 선고 94다19242 판결(공1995상, 663), 대법원 1997. 6. 27. 선고 95다40977, 40984 판결(공1997하, 2302)

【원고, 피상고인】⑩ 박기택

【피고, 상고인】⑩ 권영갑(소송대리인⑪ 법무법인 리더스 담당변호사 구자호 외 1인)

【제 1 심】⑫ 서울지법 서부지원 2002. 11. 6. 선고 2002가단27777 판결

【제 2 심】⑬ 서울지법 2003. 7. 18. 선고 2002나60572 판결

【주 문】⑭ 상고를 기각한다. 상고비용은 피고가 부담한다.

【이 유】⑮ 1. 상고이유 제 2 점에 대하여

[A] 기록에 의하여 살펴보면, 소외 1이 2000. 5. 12.경 소외 2로부터 금원을 차용하여, 같은 날 피고에게 서울은행 발행의 자기앞수표로 15,000,000원을 대여하여 주었다는 원심의 사실인정은 옳고, 거기에 채증법칙 위배로 인한 사실오인의 위법이 없다.

2. 상고이유 제 1 점에 대하여

[B] <u>민법 제450조에 의한 채권양도통지는 양도인이 직접하지 아니하고 사자를 통하여 하거나 대리인으로 하여금 하게 하여도 무방하고, 채권의 양수인도 양도인으로부터 채권양도통지 권한을 위임받아 대리인으로서 그 통지를 할 수 있다</u>(대법원 1994. 12. 27. 선고 94다19242 판결, 1997. 6. 27. 선고 95다40977, 40984 판결 등 참조).

[C] 그리고 채권양도통지 권한을 위임받은 양수인이 양도인을 대리하여 채권양도통지를 함에 있어서는 민법 제114조 제 1 항의 규정에 따라 양도인 본인과 대리인을 표시하여야 하는 것이므로, 양수인이 서면으로 채권양도 통지를 함에 있어 대리관계의 현명을 하지 아니한 채 양수인 명의로 된 채권양도통지서를 채무자에게 발송하여 도달되었다 하더라도 이는 효력이 없다고 할 것이다.

[D] 다만, 대리에 있어 본인을 위한 것임을 표시하는 이른바 현명은 반드시 명시적으로만 할 필요는 없고 묵시적으로도 할 수 있는 것이고, 나아가 채권양도통지를 함에 있어 현명을 하지 아니한 경우라도 채권양도통지를 둘러싼 여러 사정에 비추어 양수인이 대리인으로서 통지한 것임을 상대방이 알았거나 알 수 있었을 때에는 민법 제115조 단서의 규정에 의하여 유효하다고 보아야 할 것이다.

기록에 의하면, 양도인 소외 1로부터 채권양도통지 권한을 위임받은 양수인인 원고가 피고에게 내용증명우편으로 발송한 채권양도통지서는 양도인 소외 1을 위한 것임이 표시되어 있지 아니한 채 통지대리인인 원고명의로 되어 있으며, 묵시적 현명을 인정할 만한 아무런 사정도 찾
[E] 아볼 수 없으나, 채권양도통지는 원래 채권의 양도인이 하여야 하는 것이므로 채권양도통지 권한을 위임받은 양수인이 한 채권양도통지는 특
[F] 별한 사정이 없는 한 양도인에게 그 효과를 귀속시키려는 대리의사가 있다고 보는 것이 상당하고, 이 사건 채권양도통지서 자체에 양수받은 채권의 내용이 밝혀져 있는 외에 소외 1과 원고 사이의 '채권양도·양수계약서'가 위 통지서에 별도의 문서로 첨부되어 있으며, 피고로서는 양도인인 소외 1에게 채권양도통지 권한을 원고에게 위임하였는지 여부를 비교적 용이하게 확인할 수 있는 상태였다고 보이는 점 등 그 통지와 관련된 여러 사정을 종합하면, 이 사건 채권양도통지의 상대방인 피고로서는 원고가 본인인 소외 1을 위하여 이 사건 채권양도통지를 한 것임을 알 수 있었다고 봄이 상당하므로 민법 제115조 단서에 따라 위 채권양도통지는 유효하다고 할 것이다.

원심의 설시가 미흡하기는 하지만, 이 사건 채권양도통지가 유효하다고 본 판단은 옳고, 거기에 상고이유의 주장과 같이 판결에 영향을 미친 대리인에 의한 지명채권 양도통지에 관한 법리를 오해한 위법이 있다고 할 수 없다.

3. 결 론

그러므로 상고를 기각하고, 상고비용은 패소자가 부담하는 것으로 하여 관여 대법관의 일치된 의견으로 주문과 같이 판결한다.

대법관[16] 이강국(재판장) 유지담(주심)[17] 배기원 김용담

【상고이유】[18]

1. 법리오해의 점

가. 채권양도의 경우 채무자에 대한 양도인의 채권양도의 통지

(1) 지명채권의 양도는 양도인이 채무자에게 통지하거나 채무자가 승낙하지 아니하면 채무자 기타 제 3 자에게 대항하지 못합니다(민법 제450조 제 1 항). 다만, "채권 양도의 통지는 양도인이 채무자에 대하여 당해 채권을 양수인에게 양도하였다는 사실을 알리는 관념의 통지이고, 법률행위의 대리에 관한 규정은 관념의 통지에도 유추적용된다고 할 것이어서, 채권양도의 통지도 양도인이 직접 하지 아니하고 사자를 통하여 하거나 나아가서 대리인으로 하여금 하게 하여도 무방하고, 그와 같은 경우에 양수인이 양도인의 사자 또는 대리인으로서 채권양도 통지를 하였다 하여 민법 제450조의 규정에 어긋난다고 할 수 없다."(대법원 1994. 12. 27. 선고 94다19242 판결)고 판시하고 있습니다.

(2) 그러나 위 판결 이유에서 확인할 수 있는 구체적 사실관계를 보면, 양도인이 당시 양수인이 작성하여 가져 온 양도통지서 초안(채권자인 양도인 채권을 양수인에게 양도할 것을 채무자에게 통지한다는 내용으로 표제는 '내용증명', 발송인은 양도인의 명의로 되어 있음)에 양도인인 회사의 직인을 날인하여 양도통지서를 작성하면서 이를 제 3 자에게 송부하라고 양수인에게 의뢰한 것입니다(위 대법원판결의 원심 서울고등법원 1994. 2. 22. 선고 93나33137 판결). 따라서 이 사안과 같이 양도인에 의하여 채권양도통지서가 작성된 바 없는 경우에는 위 판결의 취지가 적용될 수 없다고 할 것입니다.

나. 사안의 경우

(1) 원고가 피고에게 채권양도의 통지를 하였다고 주장하는 원고 소장에 첨부된 통고서의 내용을 살펴보면, 통고서 본문의 내용은 원고가 소외 1로부터 소외 1의 피고에 대한 금 20,600,000원의 채권을 2001. 8. 25.자로 양도받았다는 사실만을 단순히 알리고 있을 뿐 소외 1로부터 2001. 8. 15. 채권양도의 통지를 할 권한을 위임받았다는 내용

은 전혀 보이지 않습니다. 통고서를 보낸 사람의 서명 또한 '통고인(양수인) 박기택'이라고 되어 있습니다.

(2) 위 통지서는 양도인 소외 1이 아닌 양수인인 원고에 의하여 이루어진 것입니다. 따라서 위 통지가 양수인인 원고가 소외 1을 대리하였다거나 소외 1의 사자로서 이루어진 것이라는 양수인의 입증이 있어야 할 것입니다.

위 통지서는 양수인인 박기택이 양도인인 소외 1을 대리하여 행한 것이라고 볼 수 없습니다. 대리의 형식으로 하였다면 서명을 "소외 1의 대리인 양수인 박기택"이라고 하여야 하며, 박기택에게 대리권을 수여하였다고 인정할 만한 소외 1의 위임장 및 인감증명서가 첨부되어야 할 것인데, 위 통지서에는 서명은 단지 박기택으로만 되어 있고, 대리권을 증명할 만한 아무런 서면도 첨부되지 않은 사실을 알 수 있습니다.

사자라 함은 본인이 결정한 의사를 상대방에게 표시하여 그 의사표시를 완성하는 자를 말하는데, 위 통지서에는 단지 양수인인 박기택의 서명만이 있을 뿐이고 원고가 소외 1의 사자로서 위 통지를 하였다는 주장 및 입증을 한 바가 없습니다.

(3) 채권양수인인 원고가 원고 명의의 채권양도통지서와 함께 채권양도계약서를 첨부하여 보냈다고 하더라도, 채무자가 채권을 잃는 양도인으로부터 확정적으로 채권양도 사실을 통지받음으로써 허위의 양도통지를 방지하고자 하는 민법 제450조 취지상, 채권양도계약서를 첨부한 것만으로 양도인이 확정적인 의사로 채권양도통지를 하였다고 볼 수는 없다고 할 것입니다.

다. 소결론

사안의 경우에는 양수인의 일방적인 양도통지만이 있을 뿐 양도인이 통지를 한 사실 및 양수인이 양도인의 대리권자나 사자로서 통지를 행한 사실이 없다고 할 것입니다.

따라서 이 사안의 경우에는 민법 제450조 제1항에 의한 채권양도통지가 없는 경우임에도 원심이 이와 같은 통지가 있음을 이유로 원고의 청구를 인정한 것은 민법 제450조를 위반한 위법한 판결이라고 할 것입니다.

2. 채증법칙의 위반의 점

[생략]*

3. 결 론

그러므로 이 사건은 당연히 원판결을 취소하고 파기환송되어야 할 것이므로 이에 상고장 상고취지와 같은 판결을 하여 주시기 바랍니다.

(피고 소송대리인 법무법인 리더스 담당변호사 구자호 외 1인)

【원심판결】⑲

[생략]*

우선 이 판결의 형식적인 측면을 설명하기로 한다(원 안의 숫자는 위 판결문에 붙인 숫자를 가리킨다).

① 이 『대법원판례집』에 실린 대법원 재판의 순서를 가리킨다. 즉 이로써 위 판결이 이 『대법원판례집』에 4번째로 실린 재판임을 알려 준다.

② 재판일자: 판결은 일정한 방식으로 이를 선고함으로써 그 효력이 생긴다(민사소송법 제205조, 제206조). 재판일자는 판결의 경우에는 그 선고일이다. 그리고 결정이나 명령은 "상당한 방법으로 고지"하면 그 효력이 생기는데(민사소송법 제221조 제 1 항. 예외적으로 결정도 '선고'하는 경우가 있다. 민사집행법 제126조 제 1 항의 매각허부결정 등), 이 경우에는 이 '고지'의 날짜를 가리킨다.

③ 사건번호: 앞의 "2003"은 상고가 제기된 해가 2003년임을 나타내는 것이다. 그 다음의 "다"는 민사상고사건을 말하는 약호이다(뒤의 ⑤도 참조). 법원에서는 사건정리의 필요를 위하여 사건을 그 성질에 따라 분류하여, 이러한 부호를 매기고 있다. 가령 민사제 1 심단독사건은 "가단", 민사제 1 심합의사건은 "가합", 민사항소사건은 "나", 민사재항고사건은 "마"이고, 형사상고사건은 "도"라고 한다. 뒤의 "43490"은 이른바

* 원래 대법원판례집에는 이 부분도 수록되어 있으나 여기서는 생략하였다.

진행번호를 말한다. 이 번호는 1987년 말까지는 접수순으로 매겼으나(그러므로 예를 들어 "82다594"는 1982년에 접수된 민사본안상고사건 중에서 594번째의 사건을 가리켰다), 1988년부터는 전산처리의 오류방지를 위하여 새로 마련한 번호부여방식에 의하여 이를 매긴다. 이러한 사건번호는 재판법원과 합하여 당해 사건을 특정하는 역할을 하며, 이는 주민등록번호가 우리 국민 개개인을 특정하는 표지가 되는 것과 같다. 그런데 하급심의 사건에서는 같은 사건번호가 법원마다 있을 수 있으므로, 사건의 특정을 위하여는 예를 들면 "서울고등법원 2014나6481"과 같이 반드시 사건을 심판하는 법원의 이름을 같이 기재할 필요가 있다. 그런데 우리 법에서 상고사건은 전적으로 대법원에 의하여 심판되므로, "다" 사건에는 그 법원이름의 기재가 꼭 필요한 것은 아니다.

④ 재판의 종류: 민사재판에는 판결, 결정, 명령의 3가지가 있다(민사소송법 제198조 이하, 제221조 등 참조. 이들의 차이에 대하여는 민사소송법 교과서를 보라). 이 중 어느 것인가를 밝히는 것이다.

⑤ 사 건 명: 이는 이 사건 소가 제 1 심법원(사건의 이송 등이 없는 한 원문의 ⑫에서 보는 대로 당시의 서울지방법원 서부지원이다)에 제기될 때, 즉 소장이 제출될 때(민사소송법 제248조), 법원의 접수공무원이 그 소송의 내용을 참작하여 임의로 붙이는 것이다. 그러므로 이것이 소송의 내용을 유감없이 정확하게 나타내고 있다고는 단정할 수 없다. 그리고 이와 같이 한 번 붙여진 사건명은 그 사건이 종결될 때까지 극히 예외적인 경우 외에는 변경되지 않으므로 소송 중에 청구의 변경 등이 있었던 때에는 더욱 사건명이 사건의 실체와 일치하지 않게 된다. 이상의 ③과 ⑤에 대하여는 대법원규칙인 「법원재판사무처리규칙」, 그리고 「사건별 부호문자의 부여에 관한 예규」 기타 대법원예규 등에 규정되어 있다.

⑥ 판시사항: 이는 원래의 판결에는 없는 것이나(아래의 ⑦, ⑧, ⑨, ⑫, ⑰도 마찬가지이다), 『대법원판례집』을 편집하는 사람(이에 대하여는 뒤의 [115]에서 보기로 한다)이 이 판결에서 문제된 법적 쟁점을 독자의 편의를 위하여 적절하게 적어 넣은 것이다. 따라서 입장에 따라서는 여기서 기재된 판시사항 이외에도 중요한 법적 판단이 포함되어 있는 경우가 드물지 않다.

⑦ 판결요지: 이것도 『대법원판례집』의 편집자가 집어넣은 것이다. 앞의 ⑥에서 본 판시사항에 대한 대법원판결의 판단내용을 적은 것이다. 이것이 언제나 망라적이고 또 정확하다고는 말할 수 없다. 요컨대 ⑥의 판시사항과 ⑦의 판결요지는 독자의 편의를 위한 것이므로, 법 공부를 하는 사람으로서는 이들에만 의존하여서는 판결을 읽는 의미(앞의 [105] 참조)가 대부분 없게 될 것이다.

⑧ 참조조문: 역시 편집자가 독자의 편의를 위하여 원래의 대법원 판결에는 없는 것을 삽입한 것이다. 앞의 [1], [2] 등 숫자는 ⑥의 판시사항 및 ⑦의 판결요지에서의 각 항목번호에 대응하는 것이다. 이는 다음의 ⑨에서도 마찬가지이다.

⑨ 참조판례: 이 역시 『대법원판례집』의 편집자가 써넣은 것이다. 이 판결에서와 같이 대법원의 재판 자체에서 '참조'하라고 명시적으로 인용한 기왕의 다른 대법원 재판을 여기에 드는 것은 물론이고, 위 편집자가 스스로 조사해서 보충하는 경우도 허다하다. 그런데 우선 여기서 '판례'라고 해도, 이는 기왕에 행하여진 재판 중에서 단지 이 판결에서 판단된 어떠한 법문제와 관련되는 재판례라는 뜻이고, 예를 들어 원래 상고가 제한되는 소액사건에서도 그에 위반하면 상고를 제기하는 것이 허용되는 바의 "대법원의 판례"(소액사건심판법 제 3 조 제 2 호. 또 「상고심절차에 관한 특례법」 제 4 조 제 3 호, 제 4 호도 보라. 앞의 [104] 참조)와 같은

의미라고 할 수 없다. 또 특히 이들 재판례는「참조」가 되는 것에 불과하고 어떠한 의미에서도 그에 좇았다는 말은 아니다.

⑩ 당 사 자: 재판의 필요적 기재사항이다(민사소송법 제208조 제 1 항 제 1 호). 여기서 "원고"는 소를 제기한 사람을 말하고, "피고"(형사재판에서 검사에 의하여 공소를 제기당한 사람은 "피고인"이라고 한다. 형사소송법 제266조 등 참조. 헌법 제27조 제 3 항 및 제 4 항은 '형사피고인'이라고 한다. 피고와 피고인을 혼동해서 쓰면, 법 공부를 허술하게 하였다는 의심을 당연히 받게 된다)는 그 상대방을 말한다. "상고인"이란 상고를 제기한 사람이고, "피상고인"이란 그 상대방이다("항소인"/"피항소인"도 마찬가지로 생각하면 된다). 이 사건에서는 원고가 피상고인이 되고 있으므로, 피고가 원심에서 전부 또는 일부 패소하고(뒤집어 말하면 원고는 원심에서 전부 또는 일부 승소하였다) 그에 불복하여 대법원에까지 이르게 되었음을 알 수 있다.

⑪ 소송대리인: 우리 법은 민사소송에서 반드시 변호사 등으로 하여금 당사자 본인을 위하여 소송대리를 하게 하는 제도(이른바 변호사강제주의)를 채택하지 않는다. 그러므로 당사자는 스스로 소송을 수행할 수도 있고, 대리인을 둘 수도 있다. 후자의 경우에 소송대리인이 누구인지를 판결에 반드시 적도록 법률이 요구하는 바는 아니나, 판결서 작성의 관행상 이를 기재한다. 한편 변호사의 조직으로서의 법무법인 및 그 업무집행방법으로서의 '담당변호사' 등에 대하여는 변호사법 제40조 이하, 제50조를 참조하라.

⑫ 제 1 심: 제 1 심재판을 한 법원, 그 재판일자, 사건번호 및 재판의 종류(앞의 ② 내지 ④ 참조)를 표시한다. 통상 어떤 재판은 이와 같이 표시하여 특정된다. 여기서 사건번호를 부여하는 방식은 앞의 ③에서 본 대로이다. 원래의 대법원판결에는 제 1 심재판의 기재는 없다. 제 1 심판결에 불복하여 상급 법원의 판단을 구하는 것을 항소抗訴라고 한다. 항

소심법원의 입장에서 보면 제 1 심법원이 그 '원심법원'이 되고, 제 1 심판결이 '원심판결'이 된다. 한편 지방법원이나 그 지원 등 각급 법원의 명칭 및 관할구역에 대하여는 「각급 법원의 설치와 관할구역에 관한 법률」을 보라. 여기서의 '서울지법 서부지원'은 현재의 서울서부지방법원에 해당한다.

⑬ 제 2 심: 제 2 심재판을 앞의 ⑫에서 설명한 바와 같이 표시한다. 제 2 심판결에 불복하여 상급 법원의 판단을 구하는 것을 상고上告라고 한다. 그리고 앞서 본 항소와 합하여 '상소'라고 한다. 상고심법원, 즉 대법원의 입장에서 보면 제 2 심법원이 '원심법원', 제 2 심판결이 '원심판결'이 된다.

⑭ 주 문: 재판의 필요적 기재사항이다(민사소송법 제208조 제 1 항 제 2 호). 대법원판결의 결론에 해당하는 것이다. 대법원이 하는 재판의 주문에는 대개 2가지가 있다. 상고를 기각하는 것(이 대법원판결의 경우)과 상고를 인용하는 것(이 경우에는 "원심재판을 파기"하게 된다)이 그것이다. 그리고 후자의 경우에는 대법원이 스스로 재판하거나(이를 파기자판이라고 한다. 동법 제437조), 아니면 원심법원에 환송하거나(이를 파기환송이라고 한다) 원심법원과 동등한 다른 법원에 이송한다(이상 동법 제436조). 사건을 환송받거나 이송받은 법원이 사건을 심판함에 있어서는 대법원이 파기이유로 한 사실인정상 및 법률적용상의 판단에 구속된다(동법 제436조 제 2 항 후단, 법원조직법 제 8 조).

한편 주문에는 부수적으로 소송비용의 부담에 대한 판단을 기재한다(민사소송법 제98조 이하, 제104조 참조). 또 하급심법원의 판결에서는 대부분의 경우 가집행의 선고도 붙인다(동법 제213조).

⑮ 이 유: 역시 재판의 필요적 기재사항이다(민사소송법 제208조 제 1 항 제 4 호). 판결 중에 가장 핵심되는 부분이고, 가장 면밀하게 검토하

여야 할 부분이다. "이유에는 주문이 정당하다는 것을 인정할 수 있을 정도로 당사자의 주장, 그 밖의 공격·방어방법에 관한 판단을 표시한다"(동조 제 2 항). 이유부분에서 밑줄은 역시 『대법원판례집』의 편집자가 중요한 설시라고 판단하여 강조를 위하여 가한 것으로서, 대체로 앞의 ⑦에서 본 판결요지에 대응한다. 그러나 밑줄이 쳐 있지 않은 부분에도 의미 있는 법적 판단이 들어 있는 경우가 적지 않다(뒤의 [111] 참조).

⑯ 재판한 법관: 역시 재판의 필요적 기재사항이다(민사소송법 제208조 제 1 항 제 6 호). 실무상으로는 그 중의 한 법관이 '주심'이 되어, 단독으로 재판기록을 검토하고, 그의 의견을 같은 부에 속하는 다른 법관에게 제시한다. 이러한 실무관행은 예를 들면 미국이나 독일, 일본 등의 외국에서도 마찬가지로 행하여지고 있다. 한편 우리나라 대법원의 법관은 처음에는 대법관이라고 불리다가, 1962년 헌법에서 그 명칭이 대법원판사로 바뀌었다. 그러다가 1987년 헌법에서 다시 대법관으로 돌아갔다(헌법 제102조 제 2 항. 그러므로 사법부의 구성원으로서의 '법관'은 대법관과 판사의 둘로 나뉜다).

이 판결은 4인의 대법관이 —『대법원판례집』에는 명시되어 있지 않으나— 하나의 부를 이루어 행한 것이다. 헌법상 대법원에는 부를 둘 수 있고(헌법 제102조 제 1 항), 이를 받아서 법원조직법은 대법원에 "대법관 3인 이상으로 구성된 부"를 두도록 하고 있다. 그리고 일정한 중요한 사항을 제외하고는 "그 부에서 먼저 사건을 심리하여 의견이 일치한 때"이면 그 부에서 재판할 수 있다(법원조직법 제 7 조 제 1 항 단서). 이 규정은 부에서의 재판이 예외인 것처럼 정하는 것으로 보이기도 하나, 실제로는 거의 모든 사건은 이와 같은 부에서 재판되고 있다.

그러나 법원조직법 제 7 조 제 1 항 단서의 각 호가 정하는 경우에는 반드시 "대법관 전원의 3분의 2 이상의 합의체"가 재판하여야 한다. 실제로는 이와 같은 재판에는 대법관 전원이 관여하고 있다. 그리하여 이를 '전원합의체'라고 부른다. 그와 같이 전원합의체로 재판하여야 하는 경우 중에는 —명령이나 규칙이 헌법 또는 법률에 위반하여 그 효력이 없음을 인정하는 경우 외에도— 특히 "종전에 대법원에서 판시한 헌법·법률·명령 또는 규칙의 해석적용에 관한 의견을 변경할 필요가 있음을 인정하는 경우"가 포함된다(동 제 3 호). 이에 따라 전원합의체에 의하여 종전의 '의견'을 변경할 때에는 "종전의 판결(또는 거기서 판시한 의견)을 폐기한다(또는 변경한다)"는 판시를 한다. 이와 같이 종전의 '의견'을 변경 또는 폐기하기에 이르는 경과와 이유 등을 개별적으로 분석해 보는 것은 매우 흥미로운 작업이 될 것이다(그 예로 뒤의 [197]도 참조).

⑰ 주 심: 대법원의 판결 기타 재판에는 주심 대법관이 정하여져 있다. 부에서 재판하든, 전원합의체로 하든 마찬가지이고, 하급심 재판에서도 합의부의 경우에는 역시 주심을 둔다. 주심 법관은 통상 소송기록을 보다 상세히 검토하고, 합의合議를 준비하며, 또 합의 결과에 따른 판결문의 작성을 책임진다. 그런데 민사소송법 등 법률에는 주심에 대한 언급이 일절 없으며, 예를 들면 대법원사건이라면 「대법원사건의 배당에 관한 내규」에서 역시 주심 대법관이 무엇이고 무슨 일을 맡는지 등에 대하여는 정하지 않으면서 그것을 둔다는 점만 규정되어 있다(제 5 조 제 1 항).

⑱ 상고이유: 물론 이것은 원래의 대법원판결에는 없는 것이다. 상고인은 상고이유를 제출하여야 한다(민사소송법 제427조). 대법원판결의 이유는 대개 그 상고이유에 대하여 대응하는 방식으로 쓰여진다. 이 판결의 "이유"에서 "소론", "소론 피고의 주장", "소론 당원 [즉 대법원] 판례" 운운할 때의 '소론'은 모두 '상고이유에서 주장된 바'라는 뜻이다.

그러므로 대법원의 재판을 이해하려면 그 상고이유를 제대로 아는 것이 유용하다. 그리고 상고이유에는 많은 경우 대법원판결 자체에서는 밝혀져 있지 아니한 관련 사실이나 사정들이 개진되는 경우가 흔히 있으므로, 이를 잘 알아두는 것도 유익하다.

『대법원판례집』의 편집 관행으로는 이상의 ①에서 ⑰까지는 거의 예외 없이 수록되고 있다. 그리고 ⑱의 상고이유도 종전에는 붙이는 경우가 많았으나 근자에는 그 예를 찾기가 쉽지 않다. 그 외에 ⑲와 같은 원심재판이나, 나아가서는 제 1 심재판까지 붙이는 경우가 있으며, 드물게는 관련되는 대법원재판으로서 공식자료(이에 대하여는 뒤의 [115]에서 보기로 한다)에 수록되지 아니한 것을 그 말미에 싣기도 한다.

그런데 1994년의 제42권 2집까지는 『대법원판례집』의 편집이 위에서 설명한 바와는 조금 달랐다. 먼저 ⑤ 사건명으로 표제를 삼은 다음, ③ 사건번호, ② 재판일자, ④ 재판의 종류, 그리고 이제는 명시하지 않는 부의 명칭을 괄호 안에 기재하였다. 그리고 ⑥ 판시사항, ⑦ 판결요지에 이어 ⑩의 당사자 표시 아래 ⑫ 제 1 심법원, ⑬ 제 2 심법원을 표시한 다음에, ⑧ 「참조조문」을 그 법조항 전문과 함께 게재하였고, 「참조판례」의 항목은 존재하지 않았다. 그리고 ⑮의 이유에서도 밑줄을 그어 중요하다고 생각되는 설시에 밑줄을 부가하는 일은 없었었다.

[107] 상고의 제한

위의 대법원판결이 행하여진 2004년 당시에는 그렇지 않았으나, 1981년 3월 1일부터 시행된 「소송촉진 등에 관한 특례법」은 상고를 원심재판이 행한 법률해석이 대법원판례에 위반되었다는 것 등과 같이 매우 제한된 사유가 있는 경우에만 할 수 있고, 그와 같은 사유가 없는 경우에는 대법원으로부터 상고허가를 받은 경우에만 상고를 할 수 있는 것으로 정하고 있었다(동법 제11조, 제12조). 그러나 이들 규정은 1990년 1월 13일의 동법 개정법률에 의하여 그 해 9월 1일부터 효력을 상실하여, 상고는 "판결에 영향을 미친 헌법·법률·명령 또는 규칙의 위반"이 있는 경우이면 일반적으로 상고를 할 수 있게 되었다(민사소송법 제423조).

그런데 참고로 덧붙이자면, 그 후 1994년 9월 1일부터 시행되고 있는 「상고심절차에 관한 특례법」은 상고의 제한과 관련하여 조금 다른 방법을 취하고 있다. 물론 동법은 종전처럼 대법원의 상고허가를 받아야만 상고를 할 수 있게끔 하는 것은 아니며, 누구나 일단 상고할 수 있기는 하다. 그러나 실제로는 드물게밖에 문제되지 않는 헌법 위반, 대법원판례와의 상반 등의 경우를 제외하고는, 원심판결에 "중대한 법령위반"이 없으면 상고를 기각하되 이 상고기각판결에는 이유를 붙이지 않아도 되도록 하였다(동법 제 4 조, 제 5 조 제 1 항). 종전에는 위에서 본 바와 같이 단순히 법령위반이 있음을 주장하여 상고를 할 수 있었고, 대법원은 판결로 그러한 상고이유가 정당한 것인지를 이유를 기재하여 판단하여야 하였었다. 그러나 이제는 대법원이 원심판결에 법령위반이 없거나 법령위반이 있더라도 그것이 중대한 것이 아니라고 판단하면, 아무런 이유를 붙임이 없이 단지 "상고를 기각한다"는 주문만의 판결을 할 수 있게 되었다. 정면으로는 상고제한의 이름을 붙이지 않으면서, 종전에 "상고를 허가하지 않는다"고 하던 것을 이제는 "상고를 기각한다"는 것으로 바꿈으로써 상고제한의 실질을 달성한 것이다(한편 이른바 소액사건에 대하여는 소액사건심판법 제 3 조에 의하여 이미 1973년부터 상고가 원칙적으로 금지되었고, 이는 오늘날도 다를 바 없다. 소액사건심판규칙 제 1 조의 2에 의하면, 위 법에서의 소액사건이란 2025년 10월 현재 약간의 예외를 제외하고는 소송 제기 당시 소송목적의 가액이 3천만원을 넘지 않는 금전 기타 대체물의 지급을 목적으로 하는 제 1 심 민사사건을 말한다).

[108] 대법원판결의 검토 — 사실인정의 잘못

이제 위 대법원판결의 내용을 살펴보자.

우선 원심판결이 인정한 이 사건의 사실관계는 대체로 다음과 같은 것으로 이해된다. "소외 1"(여기서 소외訴外란 '이 사건 소송당사자가 아닌'이라는 뜻이다. 한편 실명을 보이지 않고 단지 "1"이라고만 표시한 것은 『대법원판례집』의 편집자가 실명을 드러내면 혹 본인의 사적인 일이 다른 사람에게 알려질 우려가 있으므로 이를 피하기 위한 배려에서이다)이 피고에 대하여 1천5백만원의 대여금채권을 가지고 있었다. 그리고 소외 1은 이 채권을 원고에게 양도하였다. 이 소송에서 원고는 채무자인 피고에 대하여 그 채무의 이행을 구하고 있는 것이다. 그런데 앞에서도 본 대로([40] 참조) 채권의 양수인이 그 채권을 채무자에게 행사하려면 채권양도의 대항요건을 갖추어야 한다. 이 사건에서는 이를 위하여 채권양도의 통지가 행하여졌다.

대법원은 이 판결에서 먼저 "상고이유 제 2 점에 대하여" 판단하고 있다([A] 부분). 여기서 '상고이유 제 2 점'이란 피고 측이 제출한 상고이유서에서 "2. 채증법칙 위반의 점"이라는 표제 아래 주장한 바로서, 요컨대 피고가 소외 1로부터 금전을 차용한 일이 없음에도 원심판결이 채증법칙에 위반하여 1천5백만원의 차용사실을 잘못 인정하였다는 것이다. 민사소송법을 보면, "원심판결이 적법하게 확정한 사실은 상고법원을 기속한다"고 규정한다(제432조). 즉 민사상고심인 대법원은 스스로 사실인정을 하지 않고 원심판결의 사실인정을 전제로 해서 그 재판의 당부를 법적인 측면에서만 심사하는 이른바 법률심인 것이다(일반적으로 재판에서의 '사실인정'과 법 적용에 대하여는 뒤의 [159]도 참조). 그러므로 원심판결이 사실을 잘못 인정하였다고 해도 이는 상고이유가 되지 않으며, 상고는 단지 "판결에 영향을 미친 헌법·법률·명령 또는 규칙의 위반이 있다는 것을 이유로 드는 때에만 이를 할 수 있다"(민사소송법 제423조). 그렇다면 이 사건에서 사실인정을 잘못하였다고 피고측의 주장은 상고이유가 되지 않으며, 그러한 주장은 더 따져볼 것도 없이 당연히 이유 없다고 해야 하는 것이 아닐까?

그런데 민사소송법의 교과서를 보면, 구체적인 사실이 있는지 여부는 사실문제이지만, 그 사실을 인정함에 있어서 "논리와 경험의 법칙"(사실의 증명에 관한 자유심증주의를 정하는 민사소송법 제202조를 보라)을 잘못 적용한 것이 아닌가 하는 점은 앞서 인용한 민사소송법 제423조에서 정하는 '법령 위반'의 문제로서 상고이유가 된다고 한다. 그리고 판례도 일관하여 그러한 태도를 취한다. 이와 같이 법원의 사실인정에 적용되는 "논리와 경험의 법칙"을 모아서 통상 '채증법칙' 또는 '증거법칙'이라고 한다.

이 사건에서 피고 측은 상고이유로 단지 사실을 잘못 인정하였음을 주장하는 것이 아니라, 그 사실인정에 있어서 채증법칙에 위반하였음을 주장하는 것이다. 이와 같이 피고 측의 주장을 이해하여 대법원은 '상고이유 제 2 점'에 대하여도 당연히 상고이유가 되지 않는다고 하여 이를 곧바로 물리치지 않고, 그 내용으로 들어가 "채증법칙 위배로 인한 사실오인의 위법이 없다"고 판단하고 있는 것이다.

[109] 대법원판결의 검토 — 대항요건의 구비

그런데 앞서 말한 대로 채권의 양수인이 그 채권을 채무자에게 행사하려면 채권양도의 대항요건을 갖추어야 한다. 여기서 채권양도에 관하여 앞서 설명한 부분(앞의 [37] 이하, 특히 [40] 참조)을 다시 한 번 잘 읽어보기 바란다. 이 사건에서도 이를 위하여 채권양도의 통지가 행하여지기는 했다.

피고 측은 상고이유("1. 법리오해의 점")에서 다음과 같이 주장하였던 것이다. 채권양도통지는 그 양도인, 즉 원래의 채권자가 하여야 하고 양수인이 한 것은 대항요건으로서의 효력이 없다. 그런데 이 사건의 채권양도통지서에는 단지 "통고인(양수인) 박기택"이라고 기재되어 있으므로, 이는 양수인인 원고가 한 것이다. 만일 원고가 소외 1을 대리하여서 한 것이라면, 양도통지서에 "소외 1의 대리인 양수인 박기택"이라고 표시를 하였어야 하므로, 앞서 본 바와 같은 기재로써는 그 양도통지가 양도인을 대리하여 이루어진 것이라고 할 수 없다. 이와 같이 이 사건에서의 채권양도통지는 양수인인 원고가 한 것이어서 채권양도의 대항요건으로서의 효력이 없고, 따라서 원고는 채무자인 피고에 대하여 그 채무의 이행을 청구할 수 없다는 것이다.

대법원은 이러한 피고 측의 주장에 대응하여 이 판결의 이유의 "2. 상고이유 제 1 점에 대하여"에서 그 채권양도통지가 유효한가 하는 점을 검토하고 있다. 그리고 결론적으로 이 사건에서의 채권양도통지는 유효하게 행하여진 것으로서 피고 측의 주장은 이유가 없고, 원심판결의 판단은 적법하다고 판단하였다.

그러한 결론에 이르는 법논리만을 살피면, 특히 『대법원판례집』의 편집자가 중요하다고 생각하여 밑줄을 그은 부분에 주목하면, 그것은 대체로 다음과 같이 이어지면서 전개되어 가는 것으로 보인다.

첫째, 채권양도의 대항요건으로서의 양도통지는 양도인이 직접 하여야만 하는 것은 아니고 대리인을 통해서도 할 수 있으며, 양수인도 여기서 말하는 '대리인'이 될 수 있다([B] 부분).

둘째, 대리인이 양도인을 대리하여 채권양도통지를 하는 경우에는 "민법 제114조 제 1 항의 규정에 따라" 그것이 '본인을 위하여 하는 것'임을 표시하여야 한다. 이렇게 하는 것은 '대리행위에서의 현명'이라고 불리는데(이에 대하여는 앞의 [10] "둘째" 참조), 그렇게 하지 아니하면 그 통지는 원칙적으로 대항요건으로서의 효력이 없다([C] 부분).

셋째, 그러나 대리관계의 현명이 없어도 "양수인이 대리인으로서 통지한 것임을 상대방이 알았거나 알 수 있었을 때에는 민법 제115조 단서의 규정에 의하여" 그 채권양도의 통지는 유효하다고 하여야 한다([D] 부분).

이러한 법논리를 이 사건의 사실관계에 **적용**하는 것이, "기록에 의하면"으로 시작하여 "위 채권양도통지는 유효하다고 할 것이다."로 끝나는 하나의 매우 긴 문장으로 된 단락이다(이 단락의 법률문장으로서의 측면에 대하여는 뒤의 [114] 참조). 그것을 간추리면 다음과 같다. 이 사건에서는 양수인이 채권양도통지를 하였지만 그에 있어서 "본인을 위하여 하는 것"임이 표시되지 않았다(이 부분은 앞의 "첫째"와 "둘째"를 적용한 것이다). 그렇지만 이 사건의 사실관계 아래서는 "이 사건 채권양도통지의 상대방인 피고로서는 원고가 본인인 소외 1을 위하여 이 사건 채권양도통지를 한 것임을 알 수 있었다고 봄이 상당"하다. 그러므로 이 사건에서 양수인이 행한 양도통지는 민법 제115조 단서에 의하여 유효한 것이다(이 부분은 앞의 "셋째"를 적용한 것이다).

[110] 대법원판결의 이해와 판례의 인식

그런데 잘 들여다보면, 위의 대법원판결을 위와 같이 파악하는 데 그치는 것에는 전혀 문제가 없다고 할 수 없으며, 말하자면 허점이라고 할 만한 것이 있다.

우선, 이 판결이 채권양도통지에 적용하고 있는 대리에 관한 민법 제114조, 제115조("민법 제114조 제 1 항의 규정에 따라", "민법 제115조 단서의 규정에 의하여" 등)는 '의사표시'가 대리인에 의하여 행하여진 경우를 정하고 있다. 그러므로 위 규정들을 채권양도통지에 적용하려면 그것이 의사표시에 해당하는지의 문제가 먼저 해결되어야 한다. 그런데 학설은 일치하여 채권양도통지는 그 법적 성질이 의사표시가 아니고, 일정한 사실을 알리는 '관념의 통지'로서 이른바 준법률행위의 일종이라고 한다. 물론 준법률행위에 대해서는 의사표시에 관한 규정, 특히 대리에 관한 규정이 준용된다는 데 견해가 일치되고, 상고이유에서도 인용되고 있는 대법원 1994년 12월 27일 판결 94다19242사건(법원공보 985호, 663면)도 이 점을 확인하여 대리에 관한 민법의 규정이 채권양도통지에 '유추적용'됨을 명언하고 있다. 그러나 보다 구체적으로 대리에 관한 제114조 이하의 규정 중 어느 것이 어떠한 내용으로 '준용' 또는 '유추적용' 되는지에 대하여는 별다른 논의가 없다. 이러한 사정을 배경으로 하여 보면, 이 판결의 표현이 그러한 이해를 적절히 반영하고 있는지 의문이 없지 않고, 또 이 판결의 의미는 채권양도의 통지도 대리에 관한 민법의 규정 중에서 제114조 제 1 항, 제115조의 규율을 받음을 명확하게 한 데 있다고 할 수 있을는지 모른다.

나아가 보다 중요한 점은, 민법 제115조와 관련하여, 이 규정은 타인을 대리할 권한을 가진 사람이 그 타인을 대리할 의사(이른바 대리의사)를 가지고 의사표시를 하였으나(민법 제115조 단서의 표현에 의하면, "대리인으로서") 그에 있어서 그것이 "본인을 위한 것임을 표시"하지 아니한 경우에만 적용이 있고, 대리인이 대리의사 없이 의사표시를 한 경우에 대하여는 아예 적용이 없다고 이해되고 있다(대법원 2011년 2월 24일 판결 2010다96911사건(판례공보 2011상, 644면)도 그러한 태도를 취한다). 예를 들어 갑이 을로부터 주택 한 채를 사 줄 것을 위임받아 그에 관한 대리권을 가지고 있는 상태에서 갑이 자기 집을 구하기 위하여 자신의 이름으로 주택매수계약을 체결하였다고 하자. 이 경우에는 갑은 을이 아니라 자신을 위하여 그 매수의 의사표시를 한 것이므로, 민법 제115조는 처음부터 적용될 여지가 없다. 이러한 경우는 갑이 '을을 위하여' 주택매수계약을 체결하였으나 그 계약에 있어서 을의 대리인으로서 행위한다는 것을 표시하지 아니한 경우와는 구별되어야 하는 것이다. 그러므로 채권양도통지가 일반적으로 민법 제115조의 규율을 받는다고 하더라도, 이 사건에서 위 규정이 준용되려면 과연 양수인인 원고가 채권양도통지를 대리인으로서 한 것인지, 아니면 '자신을 위하여', 즉 본인으로서 한 것인지가 결정적으로 중요하다. 이 사건에서 원고는 자신의 이름으로 채권양도통지를 함에 있어서 과연 소외 1을 대리한다는 의사를 가지고 있었을까?

바로 이 점에 대하여 위 대법원판결은 "채권양도통지권한을 위임받은 양수인이 한 채권양도통지는 특별한 사정이 없는 한 양도인에게 그 효과를 귀속시키려는 대리의사가 있다고 보는 것이 상당"하다고 판단하고 있다([E] 부분). 나에게는 대법원의 이러한 판단은 앞서 본 바와 같이 민법 제115조의 해석·적용에서 1차적으로 문제되는 대리의사의 존재 여부와 관련하여 매우 중요한 것이라고 생각된다. 추상적으로 채권양도의 통지는 양도인이 하여야 하고, 양수인은 이를 할 수 없다고 하는 점에는 의문이 없다(이에 대하여는 앞의 [40] 참조). 그러나 실제로는 양수인이 양도인으로부터 채권양도통지의 권한을 수여받은 한에서는, 양수인이 양도인의 대리인으로서가 아니라 **자신의 이름으로** 그 통지를 하여도, 위와 같은 판단에 의하여 민법 제115조, 특히 그 단서가 적용될 가능성이 인정됨으로써 결국 일정한 범위에서 유효하게 대항요건을 갖출 수 있기 때문이다. 이러한 점은 종전에 재판례는 물론이고 교과서 기타 법문헌에서 별로 지적된 바가 없고, 말하자면 이 판결에 의하여 비로소 '개척'된 법리이다. 그러므로 위의 대법원판결이 장래의 재판, 나아가 채권양도의 실무에 대하여 중요한 의미를 가지는 것은 오히려 바로 [E] 부분이라고 하여도 크게 잘못은 아니지 않을까? 따라서 이 판단이야말로 이 대법원판결에서 주목되어야 하는 것이 아닐까?

그런데 『대법원판례집』에서 다른 곳에는 낭자하게 그어져 있는 밑줄이 유감스럽게도 이 [E] 부분에는 그어져 있지 않다. 그리고 이 부분 판시는 ⑥의 판시사항에서도, ⑦의 판결요지에서도 전혀 다루어지지 않고 있다. 그렇기 때문에 앞의 [106]의 ⑦에서 판결 기타 재판은 그 전문을 꼼꼼히 읽어야 하고, 판결요지만을 보아서는 안 된다고 말하였던 것이다.

[111] 판결과 판례

여기서 우리는 항용 부딪치는 '판례'라는 말과 관련하여 생각해 보아야 할 점을 발견한다.

판결에서 '판례'를 가려내는 일은 결코 쉬운 일이 아니며, 앞에서 본 대로([202] 참조) 그 당사자의 이해나 관점 여하에 따라서는 사뭇 달라질 수도 있다는 것이다. 그것은 많은 부분에 있어서 다음과 같은 사정에서 연유한다고 생각된다. 법관이 쓰는 판결은 1차적으로 당해 사건의 해결을 목적으로 하며, 법률의 해석론을 전개하는 것을 목적으로 하는 것이 아니다. 이 점에서는 이른바 법률심이라는 대법원이나 사실심이라는 하급법원 사이에, 다소 비중은 다를지 몰라도, 그 서열을 뒤바꿀 만한 차이는 없다고 할 것이다. 그리고 당해 사건의 해결이란 결국 원고가 주장한 권리나 의무의 존재 여부를 인정 또는 부인함으로써, 바꾸어 말하면 '청구인용' 또는 '청구기각'의 주문主文으로써 하는 것이다. 그리고 거기에 이유를 대는 것은 앞의 [106]의 ⑮에서 본 대로 "주문이 정당하다는 것을 인정할 수 있을 정도로" 하면 족하다(민사소송법 제208조 제 2 항). 그러므로 법관은 당해 사건과 관련되는 법률조문에 대하여 그 해석에 관한 문제점이나 반대주장을 다 들추어내어 그에 일일이 대응할 필요도 없을 뿐더러, 그렇게 하는 것을 임무로 하지도 않는 것이다.

[112] 판례의 인식과 해석론

이렇게 보면, 나아가 우리는 판례의 내용을 '인식'하는 것과 자신의 해석론과의 사이에 명확한 경계를 그어야겠다는 점을 깨닫게 된다. 법원이 어느 법규정의 해석에 관하여 어떠한 입장을 취하고 있는가를 정확하게 그리고 객관적으로 아는 것은 면밀한 분석과 검토를 요한다. 이는 무수히 많은 공간된 관련 판결들을 읽고 정리하는 지루하고 시간이 드는 작업을 거쳐야 하는 것이다. 나의 판단으로는 유감스럽게도 아직까지 이러한 작업은 그렇게 많이 행하여지지 않고 있다.

이러한 판례의 정확한 인식은 극히 중요한 실천적 의미가 있다. 그것은 법의 현실적 기능의 측면과 관련되는데, 그러한 인식은 법관이 장차 어떠한 재판을 할 것인가에 대한 예측을 가능하게 하여 준다. 그리고 그에 비추어 자신의 행위에 대한 법적 평가나 제재를 알 수 있어서, 자신이 행하여야 할 것과 행하지 말아야 할 것을 결정하는 데 중요한 기초자료를 가지게 되는 것이다. 이러한 예측가능성이야말로 막스 베버의 말을 빌리면 '근대적 합리성'의 골간을 이루는 것이다.

한편 이와는 반대로 해석론은 앞에서 본 대로([86] 참조) 가치판단의 주장인 측면이 강하다. 그러므로 법을 해석하는 사람이 어느 법규정은 이렇게 저렇게 해석되어야 한다고 주장하는 것과 판례가 이 점에 대하여 이러저러한 태도를 취한다는 인식을 전달하는 것과는 그 성질을 달리하는 것이기 때문에, 결코 혼동되어서는 안 된다. 특히 자신의 해석론과 같은 입장이라고 판례를 억지로 가져다 붙이는 일은 극력 피하여야 한다. 물론 해석론도 '현재 존재하는 법'의 사실적 인식에 의하여 커다란 영향을 받는다는 점에서 의문이 없으나, 해석론이 어떠한 종류의 정신작업인가는 이러한 인과적 설명과는 별개의 차원에서 이해되어야 할 것이다.

[113] 재판례를 읽는 관점

여기서 잠시 이 점을 추급하는 것을 멈추고 숨을 돌려 생각의 초점을 다른 논점에 맞추어 본다.

여러분이 변호사로서 이제 구체적으로 어떤 채권의 양수인으로부터 그가 자신의 이름으로 채권양도통지서를 작성하여 채무자에게 송부한 사건에 관하여 상담을 받았다고 하자. 세상에는 여러분의 상상을 초월할 정도로 기기묘묘한 일도 벌어지므로, 위와 같은 일도 실제로 얼마든지 있을 수 있고, 때로는 비슷한 일도 일어난다. 여러분은 여러분의 고객에 대하여 어떠한 점을 알아보려고 하고, 또 필요하다면 어떠한 내용으로 소송을 수행할 것인가?

만일 여러분이 위의 대법원판결을 꼼꼼이 읽어서 그 내용을 기억하고 있다면, 여러분은 저도 모르게 태평양 한가운데 버려진 것처럼 어디로 주의와 노력을 기울여야 할지를 알지 못하여 막막한 것이 아니라, 먼저 양도인으로부터 채권양도통지를 할 권한을 위임받았는지를 위임장 등의 직접적인 증거가 없는 경우에라도 여러 가지로 구체적인 정황사실을 물음으로써 확인하려고 노력할 것이다('질문력'!). 그리고 나아가 채권양도통지서 자체에 양도의 대상이 된 채권의 내용이 밝혀져 있는지, 그 통지서에 채권양도인과의 사이에 작성된 '채권양도·양수계약서'와 같은 것을 첨부하였는지 등과 같이 위의 대법원판결에서 채무자가 "원고가 본인인 소외 1을 위하여 이 사건 채권양도통지를 한 것임을 알 수 있었다고 봄이 상당"하다고 하는 판단을 뒷받침하는 사실로 열거된 사정들에서부터 '탐문'을 시작하는 것이 최소한 불필요한 수고를 더는 하나의 합리적인 방법일 것이다. 그리고 여러분은 이러한 '탐문'의 결과를 앞서 본 대법원판결의 법리에 맞추어 구성함으로써 법원에 제출하는 소장이나 준비서면을 작성할 수 있을 것이다.

앞에서 재판례를 열심히 읽어야 하는 것은 단지 이른바 '판례'를 알기 위한 것만이 아니라, 그 외에도 "사실관계가 어떠한 법문제로 연결되고, 이 법문제의 적절한 해결을 위하여 어떠한 논변이 쌍방 당사자에 의하여 행하여지며, 법원이 이 법문제에 대한 결정을 어떠한 고려에 기하여 행하는가를 엿보게 된다. 이것은 구체적인 지식으로서 법의 내용에 대한 이해를 선명하게 한다"는 데 그 이유의 하나가 있다고 말한 바 있다(앞의 [105] "첫째"). 그 말이 뜻하는 바는 보다 구체적으로는 위와 같은 설명에 의하여 이해될 수 있을 것이다.

이러한 관점에서 다시 생각을 해 보면, 위 대법원판결은 민법 제115조 단서에서 정하는 바의 "상대방이 대리인으로서 한 것임을 알 수 있었을 때"라고 하는 추상적인 규정내용을 이 사건에서 나타난 구체적인 제반 사실관계 아래서 긍정한 데 의미가 있다고도 할 수 있다.

[114] 법률문장

앞의 [106]에서 본 대법원판결의 '이유'에 나오는 "기록에 의하면"에서 시작하여 "위 채권양도통지는 유효하다고 할 것이다"로 끝나는 단락([E] 및 [F] 부분이 포함되어 있는 단락)을 읽어보면, 매우 어지럽고 뜻을 바로 알기가 어렵게 되어 있음을 느낄 수 있을 것이다. 이것은 비단 이 대법원판결만에 한한 것은 아니며 이러한 문장은 각종의 판결에서 쉽사리 발견된다.

우선, 하나의 문장이 지나치게 길다. 6백자 가량의 글이 하나의 문장으로 되어 있으면서, 쉼표는 4개밖에 쓰이고 있지 않다. 그리고 그 문장의 구조가 복잡하여, 하나의 절 안에 다시 절이 나오고 그 안에 다시 절이 나오고 있다. 이 문장을 분석하여 보면, 앞의 [108]에서도 본 대로, 결국 (i) 원고가 한 채권양도통지에는 대리관계의 현명이 없다, (ii) 권한을 위임받은 채권양수인이 양도통지를 하는 경우에는 원칙적으로 양도인을 대리할 의사가 있다고 볼 것이다, (iii) 이 사건의 사실관계 아래서 피고는 원고가 양도인을 위하여 양도통지를 하였음을 알 수 있었다, (iv) 따라서 이 사건에서 원고의 양도통지는 민법 제115조 단서에 의하여 유효하다는 것의 네 부분으로 되어 있다. 그리고 그 각각을 나누어서 하나의 문장으로 쓴다고 해도 아무런 문제가 없는 것이다. 그런데도 복문을 다시 그 안에 담고 있는 이 기다란 복문은 '글짓기'에 관한 책에 졸렬한 문장의 대표격으로 실릴 만하고, 그렇지 않아도 세상에서 외면당하는 경향이 없지 않은 법을 도외시하게 하는 데 일조를 하고 있다고 여겨진다.

하긴 우리 민법 자체가 하나의 언어표현으로서 썩 잘된 것이라고는 할 수 없는 부분이 적지 않다. 물론 앞에서 본 대로 외국으로부터 법개념을 수입하여 번역한 결과([97]도 참조) 우리에게 낯선 용어를 구사할 수밖에 없다는 점은 인정할 수 있다. 그러나 예를 들면 불필요한 한자말이 지나치게 많다거나(제 1 편 제 2 장의 제목 "人", 제65조, 제438조 등의 "해태(懈怠)", 제100조의 "상용(常用)에 공(供)하기 위하여", 제229조의 "구거(溝渠)", 제230조의 "언(堰)", 제244조의 "저치(貯置)", 제580조의 "하자(瑕疵)", 제1060조의 "효력이 生하지 아니한다" 등), 주어 또는 부사구와 동사와의 관계가 불명확하다는(제116조 제 1 항 말미, 제201조 제 2 항, 제294조, 제493조 제 2 항 등) 것은 단점으로 지적되어야 할 것이다.

『적과 흑』을 쓴 프랑스의 소설가 스탕달은 자연스러운 문장을 쓰기 위하여 매일 프랑스민법전을 조금씩 읽었다고 한다(발자크에게 보낸 1840년 10월 30일자의 편지: "『파름의 승원』을 쓰는 동안 나는 어조를 잡기 위하여 매일 아침 민법전을 두세 면 읽었습니다. 그 목적은 항상 자연스러움을 유지하는 것이었습니다. 나는 인위적으로 비틀린 수단으로 독자의 정신을 홀리고 싶지 않습니다"). 법률가는 애매한 전문용어를 남발하거나 '인위적으로 비틀린' 문장을 농하여 일반 사람의 정신을 홀리는 일이 없는지 주의할 일이다. 어쨌거나 법률문장이라고 해도 어디까지나 하나의 문장이므로, 알기 쉽고 명확함에 모자람이 없도록 해야 할 것이다.

[115] 판결의 출전

전국에 있는 각급의 법원에서 하루에도 엄청난 수의 판결 기타 재판이 이루어진다. 그 하나하나의 내용을 확인한다는 것은 불가능하기도 하거니와 불필요한 일일 것이다. 우리는 우리의 필요에 따라 제한된 수고만으로 쉽게 접근할 수 있는 재판모음을 찾지 않으면 안 된다. 이 점에 관하여서는 우리 사회에서 일어난 이른바 전자화로 인한 정보 검색수단의 현저한 발전에 따라 근자에 큰 변화가 뒤따랐다.

그 중에서 가장 중요한 것은 법원도서관(법원조직법 제22조, 제81조 참조)에서 발간하는 『대법원판례집』이다(1979년의 제27권까지는 『대법원판결집』이라고 했고, 1994년의 제42권까지는 법원행정처에서 발간하였다). 2012년까지는 대체로 2책으로 나누어 발간되고(드물게는 6책으로 나온 일도 있다), 각 책은 민사(민사·가사), 특별(특허·일반행정·세무), 형사(형사·소년)의 세 편으로 나뉘어져 있었다(1983년의 제31권까지는 각 편마다 새로이 면수를 붙였었다). 이는 1년 단위로 '권'을 매기고 각 책은 '집'이라고 하였다. 예를 들면 2006년 1월부터 6월까지의 재판을 모은 『대법원판례집』은 제54권 제1집이 된다. 그런데 2012년에 선고·고지된 재판에 관한 『대법원판례집』 제60권부터는 민사편·형사편·특별편으로 나누어 별도의 책으로 발간하고 종전과 같은 '집' 단위는 쓰지 않고 있다. 그런데 그 각 책에 어떠한 내용을 담는가는 해마다 다르고 일정한 방식이 있지 않다. 처음의 제60권은 민사편·형사편·특별편이 각 1책씩 도합 3책으로 되어 있었는데(그 후의 제62권, 제64권 내지 제66권도 마찬가지이다), 그 다음의 제61권(2013년의 재판을 모은 것)은 민사편이 상·하의 2책으로 나뉘고, 형사·특별편이 합하여 한 책으로 되어 역시 도합 3책이 되었다. 그런가 하면 2014년 및 2016년의 재판을 모은 제62권 및 제64권은 민사편이 1책, 형사편·특별편이 1책으로, 2015년의 재판을 모은 제63권은 민사편·특별편이 1책, 형사편이 1책으로 각 도합 2책이다. 근자의 제67권부터 제69권까지는 모두 형사편이 2책, 민사편과 특별편이 각 1책씩이다. 이렇게 보면 이제 『대법원판례집』은 분책에 관한 한 그때그때의 분량 기타 사정에 좇고 있고 고정된 방식을 버렸다고 해도 좋을 것이다.

이 『대법원판례집』에 수록되는 재판을 선정하기 위하여 대법원에 대법원장이 위원장이고 대법관 전원이 위원에 포함되는 '판례심사위원회'를 두고 있다(대법원규칙인 「판례심사위원회 규칙」 참조. 그 구체적인 편집은 대체로 그 위원회에 소속되어 있는 '조사위원'들이 담당한다). 그러므로 여기에 수록된 재판은 적어도 대법관들 자신의 의식에서는 다른 재판들보다 더욱 중요한 것이라고 일단 말할 수 있겠다. 그러나 이에 실리지 아니하였다고 해서 반드시 판례로서의 가치가 떨어진다고는 할 수 없다. 법학전문대학원 또는 법학과를 둔 대학으로서 『대법원판례집』을 빠짐없이 소장하고 있지 않는다는 일은 상상하기 힘들다. 법 공부를 하는 사람이라면, 『대법원판례집』을 또는 다음에서 보는 「법고을」 등 대법원 등의 재판을 모아 정리한 다른 자료집을 하루도 빠짐없이 찾아 읽어야 또는 찾아 읽게 되어야 할 것이다.

한편 법원도서관에서 편집·발행하고 있는 뉴스레터 형태의 『판례공보』도 대법원재판례의 자료로서 중요하다. 이는 월 2회 종이책 형태로 발간되는데, 법원도서관 사이트에서도 검색할 수 있다(https://library.scourt.go.kr/search/judg/press/case). 종전에는 법원 소식이나 재판 기타 법원사무의 처리에 필요한 법령·내부 등의 자료를 법원 내부에 신속하게 전파할 목적으로 간행되는 『법원공보』의 일부로서 그 '판례'란에 실렸었는데, 1996년부터는 독자적인 이름으로 간행되고 있다. 이에는 『대법원판례집』보다 훨씬 많은 수의 재판이 수록되고 또 시간적으로도 그보다 빨라서 매우 풍부한 정보원情報源이 된다. 그 수록방식은 보다 간략하여 '상고이유'나 '원심판결'은 거의 실리지 않지만, 그 점을 제외하고는 대개 『대법원판례집』 편집의 초벌이라고도 할 수 있다.

전에는 대법원 전원합의체의 재판만을 모은 『대법원전원합의체판례집』도 간행되고 있었다(앞의 [51]에서 본 결정도 참조). 처음에는 민사편, 형사·특별편으로 나뉘어 띄엄띄엄 발간되어 오다가 중간에는 몇 년 동안의 것을 모두 모아 한 권으로 냈었고(제 5 권 및 제 6 권), 2007년부터 2011년까지는 단권으로 출간했었다. 그러나 그 후로는 더 이상 발간되지 않는다. 앞서 본 『대법원판례집』 제60권 이래로 전원합의체의 재판임을 별도로 표시하여 그에 수록되는 것을 보면, 앞서 언급한 위 제60권 이래의 편집방침 변경과 관련되는 듯하다.

또한 상당 기간 동안 이상과 같은 공식자료에 수록된 대법원 재판을 포함하여서 재판에의 접근을 용이하게 하기 위하여 법원도서관은 가제할 수 있는 『대법원판결요지집』을 민사·형사·행정 등 분야별로 여러 책 발간하고, 법률의 조문마다 시간적 순서에 좇아 그에 관련된 재판들의 요지만을 수록하였었다. 그러나 민사의 경우 2010년에 2008년 말까지의 재판에 대한 추록이 발간된 후로는 그에 대한 보완은 더 이상 행하여지지 않고 있다. 그 기능은 대체로 뒤에서 보는 「법고을」에 맡겨졌다고 할 것이다.

이제 법원은 「사법정보공개포털」 사이트를 마련하고(https://portal.scourt.go.kr), 거기에서 '종합법률정보' 메뉴를 통하여 '판례'를 '법령', '조약', '문헌' 및 '규칙·예규·선례'와 함께 검색할 수 있도록 하였다. 이는 판결 기타 재판례를 포함하여 '사법정보'의 종합판이라고 부를 만하며, 하나의 색인으로서도 매우 유용하다. 여기서의 재판례 선정 및 편집 등은 앞서 본 『판례공보』와 마찬가지로 법원도서관에 소속된 조사심의관을 중심으로 하여 행하여진다.

또한 하급심법원의 재판 중 의미 있는 것을 모아서 법원도서관에서 간행하는 것으로 『하급심판결집』이 있다. 그 체제는 대체로 위의 『대법원판례집』과 유사하다. 또 앞서 본 『판례공보』에 상응하는 것으로 『각급법원(제 1, 2 심) 판결공보』도 매월 발간되고 있다. 하급심법원의 재판도 경우에 따라서는 대법원의 재판에 못지 않은 판례로서의 가치를 가지므로(앞의 [104] 참조), 이 역시 소홀히 할 수 없다.

한편 법원도서관은 1998년에 하급심 및 대법원의 판례집을 포함하여 현재까지 공간된 재판자료 전부, 그리고 미공간의 재판자료 중 일부를 모아서 USB 형태(애초에는 DVD 형태)로 제작한 「법고을LX」(또는 단지 「법고을」이라고 한다)를 대학을 포함한 유관기관에 배포하였다. 그런데 2019년부터 「법고을」은 더 이상 갱신판이 제작·발간되지 않으며, 단지 종전 「법고을」 자체 내의 '업데이트' 란을 통하여 보다 최신의 재판례를 보완할 수 있을 뿐이다. 그러나 법원도서관은 그 인터넷사이트에서 '검색' 중 '상세검색'의 '판례판결' 란을 통하여 일반적으로 검색할 수 있고(https://library.scourt.go.kr/search/judg/judgDetailSearch), 또한 위의 '검색' 중 '법원간행물' 란에서 『대법원판례집』이나 『판례공보』 또는 『각급법원판결공보』 등도 찾아볼 수 있게 하였다.

이상으로 법을 공부하는 학생들이 재판자료에 손쉽게 접근할 수 있는 길은 거의 완벽하게 갖추어졌다고 할 것이다. 다시 한 번 주의하여 둘 것은 판결집·판례공보 등에 실린 '판결요지'만을 읽고 "그 판결을 공부했다"고 하여서는 안 된다는 점이다(앞의 [106] ⑦ 및 [110] 참조).

그 외에 사적으로 간행되는 『법률신문』 등이 그때 그때 나오는 각급법원의 재판을 싣고 있고, 또 컴퓨터를 통하여 법령 등과 아울러 사항·조문별로 편집된 재판례를 제공하는 영리설비도 특히 2010년대에 들어와서 늘어나고 있다.

[116] 비진의의사표시

이제 다시 계약의 효력발생을 저지하는 사유로 돌아가기로 하자. 허위표시보다는 실제적 중요성이 훨씬 덜한 것이기는 하나, 비진의의사표시도 계약의 효력발생이 저지되는 사유가 되는 경우가 있다. 비진의의사표시非眞意意思表示란 자기가 하는 표시행위의 합리적인 의미가 자신의 내심의 진의와 다르다는 것을 알면서 행한 의사표시를 말한다. 예를 들면 사직할 의사가 없으면서 고용주의 자신에 대한 신임의 정도를 알아보기 위하여 사직서를 제출한다거나, 그러한 물건이 없으리라고 믿으면서 자신의 식견을 자랑하기 위하여 희한한 골동품을 주문하는 경우 등이 이에 해당한다. 그러한 의사표시는 원칙적으로 유효하고, 그 "진의 없음"을 이유로 무효가 되지는 않는다(민법 제107조 제 1 항 본문). 그러므로 고용주가 사직서를 바로 수리한다든가 실제로 그 골동품이 존재하여 상대방이 그 주문을 승낙하였을 때에는, 그대로 법률행위의 효력이 발생하게 된다.

그러나 예외적으로 상대방이 그 진의 없음을 알았거나 알 수 있었을 때 그것은 무효이다(민법 제107조 제 1 항 단서). 예를 들면, "근로자가 회사의 경영방침에 따라 사직원을 제출하고 회사가 이를 받아들여 퇴직처리를 하였다가 즉시 재입사하는 형식을 취함으로써 근로자가 그 퇴직 전후에 걸쳐 실질적인 근로관계의 단절이 없이 계속 근무하였다면, 그 사직원 제출은 근로자가 퇴직할 의사 없이 퇴직의사를 표시한 것으로서 비진의의사표시에 해당하고 재입사를 전제로 사직원을 제출케 한 회사 또한 그와 같은 진의 아님을 알고 있었다고 봄이 상당하다 할 것이므로, 위 사직원 제출과 퇴직 처리에 따른 퇴직의 효과는 생기지 아니한다"(대법원 1988년 5월 10일 판결 87다카2578사건(대법원판례집 36권 2집, 1면)는 것이다. 그러나 이 경우에도 그 무효를 "선의의 제 3 자에게 대항하지 못한다"(민법 제107조 제 2 항).

[117] 대리권의 남용

여기서 하나 주의할 점은, 비진의의사표시는 원래 유효이지마는 상대방이 그 진의 없음을 알았거나 알 수 있었을 때에는 무효라고 하는 민법 제107조 제 1 항 단서가 매우 중요한 다른 사안유형에 '유추적용'되고 있다는 것이다.

그것은, 앞의 [10] 말미에서도 언급한 바 있는, 대리인이 내심으로는 자기 또는 제 3 자의 이익을 도모할 목적이 있으면서 겉으로는 "본인을 위한 것임을 표시"하는 경우이다. 이러한 대리권의 '남용'의 문제는 법인의 대표자가 자기 또는 제 3 자의 이익을 위하여 법인대표행위를 한

'대표권의 남용'의 경우에도 마찬가지로 제기된다. 이들 경우에는 엄격하게 말하면 표시의 합리적인 의미와 진의와의 불일치를 인정할 수는 없다. 대리인이 외부에 대하여 행한 의사표시는 어디까지나 그 **법적 효과**를 본인에게 귀속시키려는 것으로 해석되고, 단지 내심으로만 그 행위로 인한 **경제적 이익**을 자기 또는 제 3 자에게 돌리는 것을 노리는 것이기 때문이다(뒤의 [177]도 참조). 그러나 이러한 경우에 대하여 판례와 다수의 학설은 민법 제107조 제 1 항 단서의 유추적용을 인정한다. 그리하여 상대방이 그러한 배신적인 의도를 알았거나 특히 알 수 있었을 때에는, 상대방은 본인에게 그 계약의 법적 효과를 돌릴 수 없고, 따라서 본인에 대하여 그 계약에 기한 권리를 주장할 수 없다는 태도를 취하고 있다. 이는 실제로도 중요한 의미가 있고, 적용례도 많은 법리이다.

이 법리가 적용된 실제의 사건 중에는 세상을 떠들석하게 했던 이른바 수기통장사건手記通帳事件이 있다. 어느 은행 지점의 대리 갑이 어느 사업가 을로부터 부탁을 받고 그의 사업자금을 마련하여 주기로 하였다. 그것은, 갑에게 정기예금을 맡기면 원래의 예금이율보다 많은 이자를 준다고 소문을 내고, 이 말을 듣고 찾아온 사람으로부터 돈을 받은 다음 전산처리가 된 예금통장이 아니라 손으로 예금액 등이 작성된 통장을 교부하는 방식으로 행하여졌다. 이와 같이 하여 수천억대의 돈이 은행에 입금되지 아니하고 을에게 교부되었던 것이다. 이 경우 갑이 애초 은행을 대리하여 예금을 받을 권한이 있는 지위에 있었다고 한다면, 과연 돈을 맡긴 고객은 은행과의 사이에 예금계약을 유효하게 체결하였고 따라서 은행에 대하여 그 돈의 반환을 청구할 권리가 있다고 할 수 있을까? 여기서 우선 갑의 행위는 어디까지나 은행을 대리하여 한 것으로 해석되므로, 원칙적으로 말하면 고객이 체결한 예금계약의 효과가 은행에 귀속된다고 할 수 있다. 그러나 대법원 1987년 7월 7일 판결 86다카1004사건(대법원판례집 35권 2집, 223면)은 민법 제107조 제 1 항 단서를 유추적용하여, 당해 사건에서 고객이 갑의 행위가 실제로는 은행에 대하여 배신적인 것이었음을 통상의 주의를 기울였으면 알 수 있었다는 이유로 예금계약의 효과를 부인하고 따라서 고객은 은행에 대하여 예금의 반환을 청구할 계약상 권리가 없다고 판단하였다(다만 은행에 대하여 사용자책임을 물을 수 있다고 하면서도, 나아가 원고에게 배상할 손해액을 과실상계를 이유로 감경하였다. 사용자책임에 대하여는 앞의 [74] 참조).

[118] 유추해석

해결이 요구되는 어떠한 법문제에 대하여 법률이 아무런 적용규정을 마련해 놓지 아니한 경우를 '법률의 흠결'이라고 한다. 이를 보충하는 방법 중의 하나가 유추해석 또는 다른 법규정의 유추적용을 행하는 것이다. 유추해석이란 어떤 법률요건 또는 법률효과 A에 대한 법규정을, 법률에는 규정이 없으나 그와 유사한 다른 법률요건 또는 법률효과 B에 적용하는 것을 말한다. 이러한 적용은, 양자가 중요한 점에서 유사하므로 법적인 평가를 함에 있어서도 동일하게 다루어져야 한다는 요청에 그 근거를 두고 있다. 즉, "같은 것은 같게, 다른 것은 다르게" 취급하여야 한다는 정의의 기본적인 요구가 이것을 뒷받침한다. 물론 양자가 모든 점에서 같다면, 이에는 유추를 들먹일 필요가 애초부터 없다. 그러므로 양자는 서로 동일하여서도 안 되고 그렇다고 전혀 다른 것이어서도 안 되며 요컨대 법적 평가상으로 중요한 점에서 일치하여야 한다. 이와 같이 유추에 있어서는 형식논리가 문제되는 것이 아니라, 평가적 사고가 선행되어야 한다. 그리고 그러한 평가를 하기 위하여는 법규정이 있는 법률요건의 어떠한 요소가 어떠한 이유로 어느 만큼 중요한가를 판단하여야 하고, 이것을 판단하기 위하여는 그 법규정의 목적과 규율이유의 탐구가 필요하게 된다.

그렇다면 앞에서 본 민법 제107조 제 1 항 단서가 상대방이 그 진의 없음을 알았거나 특히 알 수 있었을 때에는 그 의사표시를 무효라고 하는 이유는 무엇일까? 그러한 이유에 비추어 볼 때, 대리인의 위와 같은 배신행위를 상대방이 알 수 있었을 경우는 위 민법 규정의 경우와 동일하게 평가되어야 할 것인가? 스스로 생각하여 보기 바란다.

[119] 착 오

앞에서 살펴본 허위표시나 비진의의사표시는 당사자가 표시의 합리적인 의미와 진의가 일치하지 않는다는 것을 스스로 아는 경우이지만, 그것을 알지 못하고 의사표시를 하는 경우도 종종 있다. 예를 들면, 매수의 청약서를 타이프치면서 "10,000,000원"이라고 할 것을 깜박 잘못하여 "100,000,000원"이라고 하여 상대방에게 보내자 상대방이 이를 1억원에 산다는 것으로 알고 "좋다"고 승낙한 경우 또는 미국과 홍콩은 화폐단위를 모두 달라라고 하는데(실제의 가치는 미국달라가 훨씬 높다) 홍콩사람이 미국에서 미국인에게 의사표시를 하면서 홍콩달라라는 생각으로 "1만 달라에 사겠다"고 한 경우 등이 그것이다. 이와 같이 표시의 합리적인 의미와 진의가 서로 일치하지 않는데 표의자가 그 점을 알지 못하였던 경우를 행위착오行爲錯誤라고 한다. 나아가서 표시의 합리적인 의미와 진의는 서로 일치하지만, 그러한 의사표시를 하기에 이르는 과정에서 그 전제가 되었던 어떠한 사정의 존부나 내용에 대하여 착오가 있었던 경우도 역시 이 법리에 의하여 다루어진다. 이를 동기착오動機錯誤라고 한다. 예를 들면 그 위에 주택을 지을 목적으로 토지를 샀는데(매수한다는 의사표시 자체에는 하등 표시와 진의와의 불일치가 없다),

알고 보니 그 땅은 건축이 제한되는 것이었다든가 하는 경우이다. 실제에 있어서 착오가 법적으로 문제되는 것은 동기의 착오가 있었던 경우가 압도적으로 많다. 판례는 일관되게 동기의 착오는 "당사자가 특히 이를 법률행위의 내용으로 삼은 경우에 한하여" 고려될 수 있다고 하나, 그 의미가 반드시 명확한 것은 아니다.

그러한 착오가 있어도 계약은 원칙적으로 유효하다. 이는, 세상살이의 다른 모든 경우와 마찬가지로, 착오로 인한 불이익은 원칙적으로 착오를 저지른 사람 자신이 부담하여야지 상대방에게 이것을 전가하여서는 안 된다는 것을 의미한다. 그러나 이 원칙을 밀고 나가서는 지나치게 가혹한 경우도 있을 것이므로, 다만 그 착오가 '법률행위의 내용의 중요부분'에 존재하고 또 착오자에게 '중대한 과실'이 없을 때에는 그 의사표시를 취소할 수 있도록 하고 있다. 그러나 이 경우에도 취소를 실제로 하더라도 그로 인한 무효는 "선의의 제 3 자에게 대항하지 못한다"(민법 제109조 제 2 항).

어떠한 경우에 '법률행위의 내용의 중요부분'에 착오가 있는 것이고 또 착오자에게 중대한 과실이 없는가는 일률적으로 말할 수 없고, 구체적인 사안에서 여러 가지의 사정을 고려하여 정하여진다.

[120] 법률요건의 구체화

여기서 민법에 정하여져 있는 법률요건을 살펴보면, 다음과 같은 점을 알 수 있다. 즉 그 의미가 애초부터 명확하지 않아서 이를 해석·적용하는 사람에게 재량에 따른 판단을 할 여지를 널리 부여하고 있는 법률요건이 존재한다는 것이다. 예를 들면 앞서 본 제109조 제 1 항 본문의 '**중요**부분', 동항 단서나 제401조 등의 '**중대한** 과실' 등이 그러하거니와, 그 외에도 제104조의 '**현저하게** 공정을 잃은', 제217조 제 2 항의

'**통상의** 용도', 제393조의 '**통상의** 손해'·'**특별한** 사정으로 인한 손해', 제398조 제 2 항의 '**부당히 과다**한', 제544조 등의 '**상당한** 기간', 제553조의 '**현저히** 훼손' 등을 들 수 있을 것이다. 물론 다른 법률요건의 경우도 어느 것이나 그 의미를 명확하게 하고 구체적인 사실이 그 요건을 충족시키는가를 결정함에 있어서는, 그 규정을 구체적인 사건에 적용하는 사람에게 해석의 여지가 있다고 할 것이다. 그러므로 앞에서 든 예와의 차이는 정도가 다른 데 불과하다고 할 수도 있다. 그러나 앞의 경우에는 입법자가 애초부터 그러한 재량의 여지를 주었다는 것에서, 흔히 말하는 대로 '학설·판례에 맡겼다'는 것에서 일단 서로 구별될 수도 있는 것이다.

나아가 민법 제 2 조('신의에 좇아 성실하게'), 민법 제103조('선량한 풍속 기타 사회질서') 등의 이른바 **일반조항**에 이르면, 그 정도는 현격하게 더해진다고 할 것이다. 이 규정은 법체계의 중추적 지위를 차지하여 적용범위가 극히 넓으며(그 규율대상을 민법 제 2 조는 '권리의 행사와 의무의 이행', 민법 제103조는 법률행위 일반으로 정한다. 후자에 대하여는 뒤의 [128] 참조). 따라서 그 적용대상을 일일이 지적하기 어렵다는 면도 있지만 그보다는 오히려 그 의미의 핵심 자체가 유동적이고 불명확하여 애초부터 그것을 적용하는 사람이 독자적인 별도의 가치판단으로써 그 내용을 구체화할 것이 요구된다는 점에서 특색이 있다고 하겠다.

이와 같은 종류의 법률요건을 어떻게 다룰 것인가. 앞에서 말한 대로, 그 요건의 해당 여부는 "구체적인 사정을 고려하여 개별적으로 정하여진다"고 말하는 데 그칠 것인가? 그러나 이렇게 하는 것은 그 판단을 법관에게 백지위임하는 것으로서, 실질적으로는 해석론을 포기하는 것과 다름없다. 그러므로 더 나아가서, 그 판단에 있어서 고려되어야 하는 사실적·평가적인 요소를 보다 구체적으로 제시함으로써, 그 적용이 아예 법해석자의 주관적 기호에 흐르지 않도록 하는 작업이 행하여져야 한다. 또는 그 법률요건이 적용되는 사안을 유형화하여 각 유형에 고유한 성질을 탐구하여 보고, 가능하면 그 유형마다에 적용될 '보다 덜 추상적인 법률요건'을 적출하는 것이 바람직하다.

[121] '중요한 착오'의 유형

대부분의 교과서는, 착오가 어떠한 경우에 취소권을 발생시키는가를 유형적으로 제시하고 있다. 예를 들면, '행위의 착오'와 '동기의 착오'를 나누어, 후자는 당사자가 특히 그 동기를 법률행위의 내용으로 삼은 경우를 제외하고는 "고려되지 않는다"(이는 그 법률행위의 효력에 영향이 없다, 즉 취소권이 발생되지 않는다는 뜻이다)든가(일관된 판례의 태도라고 한다), 착오의 대상에 따라 '사람에 대한 착오', '목적물의 동일성에 관한 착오', '목적물의 성상에 관한 착오', '행위의 성질에 관한 착오' 등으로 나누고 예를 들면 '목적물의 동일성에 관한 착오'는 일반적으로 "고려된다", 즉 취소권이 인정된다는 등의 서술을 하는 것이다.

이러한 유형화작업은 실제로 매우 중요한 의미가 있다. 그러한 유형은 구체적 사안에서 민법 제109조 제 1 항에서 취소권의 발생요건으로 정하여진 '법률행위의 내용의 중요부분'에 관한 착오가 있는지 여부를 판단함에 있어서 그 법률요건과 구체적 사실 사이에 위치하는 중간적 사고형식으로서, 착오가 문제될 수 있는 다양한 사회관계에 대하여 그들 중에 존재하는 구조적 차이를 일반적으로 파악함으로써 그 차이를 위와 같은 법률요건의 충족 여부의 판단에 반영할 수 있도록 하는 것이다. 그리하여 한편으로 사실관계에 대한 법의 적용을 보다 용이하게 하고, 다른 한편으로 법적 판단이 사회관계의 실체에 보다 적합하도록 하는 기능을 한다. 그러므로 위와 같은 법률요건의 경우에는 단지 "구체적인 사정을 고려하여 개별적으로 정하여진다"고 말하는 것에 만족하여서는 안 된다.

그러나 이러한 유형類型은 통상의 법률요건, 예를 들면 앞에서 본 상계 내지 상계적상의 요건([33] 참조)과는 다른 점이 있다. 어떠한 유형이 인정된다고 하여도, 그것 자체가 법률요건이 아닌 이상, 그 유형에 해당하는 사실이 당연히 그 요건을 충족하는 것이 되지는 아니한다. 예를 들어 어떠한 착오가 '목적물의 동일성에 관한 착오'에 해당한다고 해서 그것이 언제나 민법 제109조 제 1 항에서 정하는 '법률행위의 내용의 중요부분'에 관한 착오라고는 말할 수 없으며, 구체적인 사정에 따라서는 다른 판단을 할 수도 있다. 그러나 상계의 요건에서 그 각각의 개별요건은 법률효과의 발생 여부를 논리적으로 결정하는 것으로 생각되어서, 예를 들어 "쌍방이 서로 같은 종류를 목적으로 한 채무를 부담"하는 것이 아니라면, 이미 상계로 인한 채무 소멸의 효과는 발생할 수 없는 것이다. 요컨대 유형은 법의 해석·적용에 대하여 논리적이기보다는 기능적으로 관여하는 것이다.

[122] 사기·강박

이상에서 본 허위표시, 비진의의사표시 및 착오는 의사표시의 합리적인 의미와 내심의 진의가 일치하지 않는 경우, 즉 '의사의 흠결'(앞의 [98] 참조)에 해당한다(다만 '동기의 착오'의 경우는 예외이다). 그러나 그와 같은 표시와 진의가 일치하는 경우라 하여도, 당사자가 그와 같이 의사를 결정하는 과정에 다른 사람으로부터 부당한 간섭을 받는다면, 이러한 사정 역시 그 의사표시의 효력발생 여부에 영향을 미치게 된다. 그러한 사정으로서 민법은 사기詐欺와 강박强迫을 들고 있으며, 양자를 합하여 '하자 있는 의사표시'라고도 한다(이 용어를 채용하였던 민법 제140

조는 2011년 3월에 그 구체적 내용을 밝히고 또한 종전에 문제되던 착오를 정면에서 정하는 것으로 개정되어 이 말은 민법에서 아주 사라졌다). 말뜻 그대로 사기란 고의로 속여서 착오에 빠뜨리는 것이고, 강박이란 읔박질러서 공포심을 일으키는 것이다. 사기 또는 강박에 의하여 행하여진 의사표시는 이를 취소할 수 있다(민법 제110조 제 1 항).

이러한 사기나 강박은 행위의 상대방이 하는 경우가 대부분이겠지만, 병이 갑에게 사기나 강박을 한 결과 갑이 을과의 사이에 계약을 체결하게 되는 등으로 의사표시의 상대방 아닌 사람이 사기 등을 행하는 경우도 있다. 민법은 전자의 경우에는 바로 이를 취소할 수 있다고 하고(제110조 제 1 항), 후자의 경우에는 상대방이 이와 같은 제 3 자의 사기나 강박이 있었던 사실을 "알았거나 알 수 있었을 때"에 한하여 취소할 수 있다고 한다(동조 제 2 항). 그러나 이상과 같은 취소로 인한 무효도 역시 "선의의 제 3 자에게 대항하지 못한다"(동조 제 3 항).

제 2 절 계약의 내용에 관한 고장사유

[123] 계약의 내용으로 인한 고장

이상은 계약이 체결되는 과정에 존재하였던 고장사유를 이유로 그 계약의 효력발생이 저지되는 예외적인 경우에 대한 설명이었다. 이제부터는 계약의 내용에 존재하는 고장사유로 인하여 그 계약이 당사자들이 합의한 내용대로의 효력을 가지지 못하는 예외적인 경우에 대하여 살펴보기로 하자.

그 고장사유로서는 일반적으로, 첫째 강행규정에 반하는 것, 둘째 "선량한 풍속 기타 사회질서"에 반하는 것(민법 제103조), 그리고 그 두드러진 한 유형으로 법률에 정면으로 정하여진 폭리행위(민법 제104조), 셋째 그 합의의 내용이 애초부터 실현될 수 없는 불능인 것(민법 제535조 참조) 등을 들 수 있다. 그 외에 계약은 그 합의의 내용이 확정적인 것이거나 적어도 확정될 수 있는 것이어야 하는데 그렇지 않은 것도 그러한 고장사유에 든다는 것이 다수의 학자들의 견해이다. 그런데 나는 이 점에 약간 의문을 가지고 있으나(이는 대부분 '의사표시'의 성립 여부 내지 그 합치 여부의 문제라고 생각된다) 여기서는 설명하지 않기로 한다.

여기서 주의할 것은, 이와 같이 계약의 내용에 고장사유가 존재하는 경우에는 그 계약은 애초부터 무효이고 또 이 무효는 절대적이며, 나아가 이를 선의의 제 3 자에 대하여도 대항할 수 있다는 것이다. 앞에서 본 대로 계약이 체결되는 과정에 고장이 있는 때에는 그 사유에 따라서 단지 "취소할 수 있"는 데 그치는 경우도 있고, 또 그 무효나 취소(보다 정확하게 말하자면 그 취소로 인한 무효화)를 "선의의 제 3 자에게 대항할 수 없"는 경우도 있다. 오히려 그 경우의 무효나 취소는 이를 선의의 제 3 자에게 대항할 수 없는 것이 일반적이라고도 할 수 있을 것이다(그 예외는 의사무능력과 특히 제한행위능력의 경우이다). 그러나 이제부터 살펴보려는 계약의 내용에 고장이 있어 무효인 경우는 그렇지 않다.

[124] 법률의 금지에 반하는 행위에 대한 제재

법은 많은 경우에 어떠한 행위를 하여서는 안 된다고 금지한다. 그런데 이러한 명령에 위반하여서 어떠한 행위가 실제로 행하여졌을 때, 그 행위를 한 사람에 대하여 어떠한 제재가 가하여지는가?

그러한 제재로서 가장 보편적으로 행하여지는 것은 넓은 의미에서의 형벌을 가하는 것이다. 바꾸어 말하면, 법의 명령에 위반하면 형벌을 가한다고 위협함으로써 사람들로 하여금 그러한 위반을 저지르지 않도록 하는 것이다. 이와 같은 형벌에 의한 제재는, 예를 들면 사람을 죽이지 말라든가 남의 재물을 훔치지 말라든가 하는 사람으로서의 기본적인 도리에 반하는 행위에 대하여만 가하여지는 것은 아니다. 사회가 복잡해짐에 따라, 형벌에 의한 제재는 경제적 거래의 영역에도 파고들어 왔다. 예를 들면 "시장지배적 지위의 남용과 과도한 경제력의 집중을 방지"하고 "공정하고 자유로운 경쟁을 촉진"하는 것을 주된 목적으로 하는 「독점규제 및 공정거래에 관한 법률」은 그 법률에서 금지하고 있는 행위를 한 사람을 대상으로 하는 매우 광범위한 형사처벌규정을 포함하고 있다(동법 제124조 이하 참조).

또 행정적인 제재를 가함으로써 사람이 일정한 행위에 나아가지 않도록 하는 것도 생각할 수 있는 방책이다. 예를 들어 음주운전을 한 사람에 대하여 형벌을 가할 뿐만 아니라(도로교통법 제148조의 2 제 1 항, 제44조 참조), 운전면허를 일정 기간 정지시키거나 아예 취소하는 것이다(동법 제93조 제 1 항 제 1 호, 제 2 호 참조).

그리고 그 금지법규가 일정한 내용의 계약 내지 업무처리를 금지하는 것을 내용으로 하는 것이라면, 그 금지에 위반하여 그러한 계약을 체결한 것에 대한 제재의 방법으로서는, 형벌 이외에 —그것과 함께 또는 단독으로— 그 계약의 효력을 부인하는 것을 생각할 수 있다. 그와 같이 하여 위반자가 의도한 법적인 효과가 발생하는 것을 막음으로써 그러한 위반이 행하여지지 않도록 할 수 있기 때문이다.

법은 때로 위와 같은 각종의 제재수단을 모두 동원한다. 예를 들어 명의신탁을 금지하여 소유권 기타 물권에 관한 등기를 실권리자 명의로 하도록 하려는 「부동산 실권리자 명의 등기에 관한 법률」은 명의신탁약정을 무효로 할 뿐 아니라, 명의신탁을 하여 남의 이름으로 등기를 하도록 한 사람, 즉 명의신탁자에 대하여 5년 이하의 징역 또는 2억원 이하의 벌금에 처하도록 하는 외에도 나아가 과징금을 부과하도록 정한다(동법 제 4 조, 제 7 조, 제 5 조 참조). 여기서 과징금은 행정청이 명의신탁이라는 법률위반행위로 인한 불법적인 이익을 박탈하거나 혹은 위 법률상의 실명등기의무의 이행을 강제할 목적으로 부과·징수하는 행정적 제재라고 설명되고 있다.

[125] 강행규정과 임의규정

여기서 생겨나는 문제는, 어떠한 법규가 금지하고 있는 계약이 실제로 체결된 경우에 과연 위와 같이 그 계약의 효력을 부인하는 제재가 가하여진다고 볼 것인가 하는 점이다. "법령 중 선량한 풍속 기타 사회질서에 관계없는 규정"(민법 제105조 참조)을 임의규정任意規定 또는 임의법규라고 하는데(한편 재판례 중에는 이를 **단속규정**이라고 부르는 경우도 있는데 이 용어법에는 문제가 없지 않다), 이러한 규정에 반하는 계약 기타 법률행위를 한 때에도 이는 유효이어서 그 법률행위를 구성하는 의사표시의 내용대로의 효과가 발생한다(동조에서 "그 의사에 의한다"라고 함은 이를 말한다). 한편 임의규정이 아닌 법규정, 즉 선량한 풍속 기타 사회질서에 관계되는 규정을 강행규정强行規定 또는 강행법규라고 하는데, 이와 같이 강행규정에 반하는 법률행위는 효력이 없다(동조의 반대해석).

혹은 이와 같이 민법 규정에서의 표현을 출발점으로 하여 강행규정/임의규정을 정의하기보다는 오히려 당사자의 의사로 그 법규의 적용을 배제할 수 있는지 여부를 기준으로 이를 정의하는 것이 더 나을 것이다. 당사자의 의사로도 배제될 수 없어서 그와 다른 계약 등 법률행위는 그 한도에서 무효가 되는 법규정이 강행규정이고, 당사자의 의사가 우선하여서 그에 의하여 그 적용이 배제될 수 있는 법규정이 임의규정인 것이다. 그러면 어떠한 법규정이 강행규정인지 아니면 임의규정인지는 어떠한 기준에 의하여 정하여지는가? 물론 이에 대하여 법에 명문으로 정하는 것이 있으면, 별다른 문제는 생기지 않는다. 민법에서도 예를 들면 제289조는 지상권, 제608조는 대물반환, 제652조는 임대차에 있어서 그에 관하여 행하여진 약정에 대하여 이러한 뜻을 밝히고 있다. 이들은 모두 "어떠어떠한 민법규정에 반하는 약정으로서 **누구에게 불리한 것**은 그 효력이 없다"고 정하고 있다. 이러한 형태의 강행규정을 '편면적片面的 강행규정'이라고 부른다. 위 제652조의 경우를 예로 들면, 제640조는 건물임차인이 2기의 차임액에 달하도록 차임을 연체하면 임대인이 계약을 해지할 수 있다고 정하고 있는데, 실제의 임대차계약에서 1기의 임차액이 연체되면 계약을 해지할 수 있다고 약정한 경우라면 이는 임차인에게 불리한 내용이므로 이 부분 약정은 위 제652조에 의하여 효력이 없다. 그러나 임차인이 3기의 임차액에 달하도록 차임을 연체할 때 임대인이 계약을 해지할 수 있다고 약정하였다면 이 약정은 비록 제640조에 반하기는 하지만 임차인에게 불리한 것이 아니므로 무효가 아닌 것이다. 민법에서 정면에서 강행규정이라고 정하여져 있는 규정들이 위와 같이 많은 경우에 편면적 강행규정인 것은 쌍방의 계약당사자 중에서 일반적으로 경제적·사회적으로 약자의 지위에 있는 사람이라고 인정되는 편의 당사자를 보호하려는 취지에서 나온 것으로 이해된다.

그 외에 이러한 뜻을 명문으로 정하는 예로서 중요한 것으로는, 앞서 본 대로 명의신탁약정의 무효를 정하는 「부동산 실권리자 명의 등기에 관한 법률」 제 4 조 제 1 항, 금전대차상의 이자약정에서 대통령령으로 정하는 최고이자율을 넘는 부분의 이율을 무효로 하는 이자제한법 제 2 조 제 3 항, 일정한 약관조항은 그 효력이 없다고 하는 「약관의 규제에 관한 법률」 제 6 조 이하의 규정, 양도담보나 가등기담보에서 청산금의 지급 및 이를 전제로 하는 소유권의 취득 또는 본등기청구에 관하여 정하는 「가등기담보 등에 관한 법률」 제 4 조 제 1 항 내지 제 3 항과 다른 약정으로서 채무자 등에게 불리한 것은 원칙적으로 효력이 없다고 하는 동조 제 4 항, 관청의 거래허가를 받지 않으면 일정한 토지거래계약의 효력이 발생하지 아니한다고 정하는 「부동산 거래신고 등에 관한 법률」 제11조 제 6 항(종전에 토지거래허가제도는 「국토의 계획 및 이용에 관한 법률」에서 규율되고 있었다. 그런데 "부동산거래 관련 인·허가 제도의 근거 법률을 일원화하려는" 취지에 좇아, 2017년 1월부터 위 제도는 —「외국인토지법」에서 정하여지던 외국인의 토지취득 신고·허가 등의 제도와 함께— 위 「부동산 거래신고 등에 관한 법률」로 옮겨져서 규율되기에 이르렀다) 등이 있다. 한편 앞의 [79] 이하에서 본 주택임대차보호법(제10조)이나 상가건물임대차보호법(제15조) 등의 민사특별법에서도 "이 법의 규정에 위반된 약정으로서 임차인에게 불리한 것은 효력이 없다"는 내용의 편면적 강행규정이 마련되어 있다.

이와 같은 명문의 규정이 없으면 어떠한가? 이 경우에는 그 계약의 효력에 아무런 영향이 없다고 할 것인가? 그러나 반드시 그렇지는 않고, 그 법규정이 추구하는 목표, 계약당사자에게 미칠 영향, 거기에 관련되는 여러 가지 이익 등에 비추어 그에 반하는 계약의 효력까지를 부인하여야 할 경우도 있다고 이해된다.

[126] 구체적인 예

이와 같이 강행규정인지가 구체적으로 문제가 된 최근의 예로서, 「국가를 당사자로 하는 계약에 관한 법률」 제19조에 대한 대법원 전원합의체(대법원의 '전원합의체'에 대하여는 앞의 [106] ⑯ 참조)의 2017년 12월

21일 판결 2012다74076사건(대법원판례집 65권 민사편, 982면)이 있다. 위 법규정은 나라가 개인 또는 사기업에 공사를 도급주거나 그로부터 물품을 구매하는 등으로 대가를 지급하여야 할 의무를 부담하는 계약의 당사자가 된 경우에 "물가변동, 설계변경, 그 밖에 계약내용의 변경으로 인하여 계약금액을 조정할 필요가 있을 때에는 대통령령으로 정하는 바에 따라 그 계약금액을 조정한다"고 정한다. 그리고 이 규정은 「공공기관의 운영에 관한 법률」 및 「공기업·준정부기관 계약사무규칙」(기획재정부령) 등을 통하여 일정한 공기업에도 적용된다.

이 사건의 사실관계는 다음과 같다. 원고들은 2007년 4월에 피고 공사公社로부터 집단에너지시설 건설공사를 도급받았는데, 그 계약에서 그 중 원고들이 구입·설치하여야 하는 가스터빈 등에 관하여 정하여진 대금액에 대하여 "이것은 이미 계약기간 중의 물가변동을 고려한 금액으로서 물가조정으로 인한 계약금액 조정이 필요하지 아니한 고정불변 금액이다"라는 내용의 특약을 하였다. 그런데 2008년에 발생한 세계적인 금융위기로 위 물품의 가격이 상승하자 원고들은 2009년 5월에 '계약금액의 조정'을 요청하였으나 위 특약을 이유로 거절당하였다.

원고들은 이 사건에서 계약금액이 위 법률규정 및 이를 구체화하는 위 법률 시행령의 규정에 좇아 조정되는 것을 전제로 그와 같이 조정된 공사대금액의 지급을 부당이득을 원인으로 하여 청구하였다. 그에 있어서 원고들은 무엇보다도 위 법률 제19조는 강행규정이므로 위와 같은 특약은 이에 반하여 효력이 없다고 주장하였던 것이다.

이 판결에서 11인의 대법관으로 된 다수의견은 위 법규정은 강행규정에 해당하지 않는다고 판단하였다. 그 이유는, "[위 법규정은] 계약상대자가 계약 당시에 예측하지 못한 물가의 변동으로 계약이행을 포기하거나 그 내용에 따른 의무를 제대로 이행하지 못하여 공공계약의 목적

달성에 지장이 초래되는 것을 막기 위한 것이다. 이와 더불어 세금을 재원으로 하는 공공계약의 특성상 계약 체결 후 일정 기간이 지난 시점에서 계약금액을 구성하는 각종 품목 또는 비목의 가격이 급격하게 상승하거나 하락한 경우 계약담당자 등으로 하여금 계약금액을 조정하는 내용을 공공계약에 반영하게 함으로써 예산 낭비를 방지하고 계약상대자에게 부당하게 이익이나 불이익을 주지 않으려는 뜻도 있다. 따라서 계약담당자 등은 위 규정의 취지에 배치되지 않는 한 개별 계약의 구체적 특성, 계약이행에 필요한 물품의 가격 추이 및 수급 상황, 환율 변동의 위험성, 정책적 필요성, 경제적 변동에 따른 위험의 합리적 분배 등을 고려하여 계약상대자와 물가변동에 따른 계약금액 조정 조항의 적용을 배제하는 합의를 할 수 있다고 보아야 한다. 계약금액을 구성하는 각종 품목 등의 가격은 상승할 수도 있지만 하락할 수도 있는데, 공공계약에서 위 조항의 적용을 배제하는 특약을 한 후 계약상대자가 이를 신뢰하고 환換헤징(hedging) 등 물가변동의 위험을 회피하려고 조치하였음에도 이후 물가 하락을 이유로 국가 등이 계약금액의 감액조정을 요구한다면 오히려 계약상대자가 예상하지 못한 손실을 입을 수 있는 점에 비추어도 그러하다"는 것이다.

한편 소수의견은 "물가변동이나 환율변동으로 인하여 계약을 통하여 달성하고자 하는 목적이 좌절되거나 더 큰 사회적 비용이 들지 않도록 하고 적정 예산이 집행되도록 하려는 공익적 목적을 달성하기 위하여 계약담당공무원에게 계약 체결 후 일정 기간이 지난 시점에서 계약금액을 구성하는 각종 품목 등의 가격 변동을 반영하여 계약금액을 조정하는 의무를 부과하는 규정이 도입된 것이다. 공공계약을 체결할 당시에 약정으로 물가변동이나 환율변동으로 인한 위험을 미리 배분하는 것이 효율적인 경우도 있을 수 있다. 그러나 위 제19조는 그러한 약정을 허용하는 것보다 조정을 강제하는 것이 바람직하다는 입법적 선택을 한 것이다. 이러한 입법이 헌법에 반한다거나 감당할 수 없이 부당한 극히 예외적인 상황이 아니라면 국가와 그 상대방은 이에 따라야 한다"는 견해를 피력하였다.

이러한 견해의 대립이 결국 어떠한 행위주체의 일정한 이익을 어떻게 보호할 것인가 또는 그 중 어떠한 법익을 앞세울 것인가를 둘러싼 입장의 차이에서 비롯되고 있는지에 주목하라. 이와 관련하여 법의 해석이 어떠한 성질의 작업인가도 아울러 생각하여 보라.

[127] 다수의견과 소수의견

이 판결에는 2인의 대법관이 소수의견을 내고 있다. 말하자면 당시의 대법관(대법원장 포함) 도합 13인의 의견이 11 대 2로 나뉜 것이다. 앞에서 본 대로 대법원의 '부'가 재판을 할 수 있는 것은 그 안에서 "의견이 일치한 때"에 한하며, 의견이 일치하지 않으면 '전원합의체'에서 재판하여야 하고(앞의 [106] ⑯ 참조), 또 "대법원 재판서에는 합의에 관여한 모든 대법관의 의견을 표시하여야" 하는 것이다(법원조직법 제15조).

이와 같이 최고법원의 법관들 사이에서 의견이 갈라지는 일은 드물기는 하지만 전혀 없지는 않다. 그러한 판결은 하나의 판결 안에서 서로 자기 입장의 정당성을 증명하고 상대방의 입장의 약점을 들추어낸다는 점에서, 그 자체로서 극히 흥미로운 논쟁문이다. 그리고 그와 같이 의견이 나뉘는 전원합의체 판결은 많은 경우에 실제적으로 또는 이론적으로 매우 중요한 사항을 판단하므로, 이러한 사항에 관한 공정公定의 해석을 내린다는 점에서도 중요시되어야 한다.

주목하여야 할 전원합의체 민사판결로서 대표적인 것을 참고로 열거하여 보면, 앞의 [80]에서 본 1977년 9월 28일 판결이나 뒤의 [131]에서 보는 1979년 11월 13일 판결 외에도, 부동산매매에 있어서 목적물이 매수인에게 인도된 경우에도 그의 소유권이전등기청구권이 소멸시효에 걸리느냐에 관한 1976년 11월 6일 판결 76다148사건(대법원판결집 24권 3집, 민사편 277면), 법정지상권 있는 건물의 소유자가 건물과 그 지상권을 양도하기로 하는 계약을 체결하고 건물에 대해서만 소유권이전등기를 하고 지상권에 대한 이전등기를 하지 아니한 경우에 토지의 소유자가 그 건물을 양도받은 사람에 대하여 건물의 철거를 청구할 수 있는지에 관한 대법원 1985년 4월 9일 판결 84다카1131등사건(대법원판례집 33권 1집, 174면), 앞의 [125]에서 본 국토이용관리법의 규정상 토지거래허가를 받아야 하는 토지에 관하여 그 허가가 있기 전에 이루어진 매매계약의 효력에 관한 1991년 12월 24일 판결 90다12243사건(대법원판례집 39권 4집, 303면), 자동차종합보험약관 중 "운전자가 무면허운전을 하였을 때에 생긴 사고로 인한 손해는 보상하지 않는다"는 조항을 제한적으로 수정해석한 1991년 12월 24일 판결 90다카23899사건(대법원판례집 39권 4집, 334면), 우리나라에서 흔히 있는 무단점유의 경우("점유자가 점유 개시 당시 소유권취득원인이 될 수 있는 법률행위 기타 법률요건 없이 또 그 사실을 알면서 점유한 경우")에는 원칙적으로 자주점유의 추정(민법 제197조 제 1 항)이 깨진다는 획기적인 판단을 하여 '취득시효의 왕국'이라는 오명을 씻게 한 1997년 8월 21일 판결 95다28625사건(대법원판례집 45권 3집, 84면)(이에 대하여는 뒤의 [196] 참조), 토지 및 지상의 건물에 대하여 공동저당권(민법 제368조 참조)이 설정되었는데 그 후 그 지상 건물이 철거되고 새로운 건물이 신축된 경우에는 나중에 토지에 대한 경매가 실시된 결과로 토지와 건물의 소유자가 서로 달라졌어도 새로운 건물을 위한 법정지상권이 인정되지 않는다고 판시한 대법원 2003년 12월 18일 판결 98다43601사건

(대법원판례집 51권 2집, 315면), 종중 구성원의 자격을 성년 남자로만 제한하고 여성에게는 종원의 자격을 부여하지 않던 종래의 관습법에 대하여 이는 더 이상 법적 효력을 가질 수 없으며, 남녀의 구별 없이 성년이 되면 당연히 그 구성원이 된다고 보는 것이 조리에 합당하다고 판시하여 커다란 법변동을 일으킨 대법원 2005년 7월 21일 판결 2002다1178사건(대법원판례집 53권, 87면), 교회의 '분열'을 부인하여 일부 소속 교인들이 교회를 탈퇴하여도 교회는 원칙적으로 잔존 교인들을 구성원으로 하여 그대로 존속하고 교회의 재산은 잔존 교인들의 총유로 귀속된다고 하면서, 한편 교회가 소속된 교단으로부터 탈퇴하거나 교단을 변경하는 데는 사단법인의 정관변경에 준하여 의결권을 가진 교인 3분의 2 이상 찬성에 의한 결의를 요한다고 판시한 대법원 2006년 4월 20일 판결 2004다37775사건(대법원판례집 54권 1집, 91면) 등이 있다.

나아가 근자에는 이른바 '성전환자'의 호적상 성별性別 기재의 정정이 허용됨을 선언한 대법원 2006년 6월 22일 결정 2004스42사건(대법원판례집 54권 1집, 290면) 및 이를 제한하여 성전환자가 혼인 중에 있거나 미성년자인 자녀가 있는 경우에는 그 성별정정을 허가할 것이 아니라고 판시한 대법원 2011년 9월 2일 결정 2009스117사건(대법원판례집 59권 2집, 337면) 그리고 태도를 바꾸어 미성년의 자가 있다는 사정은 성별정정을 불허할 절대적 사유가 될 수 없다는 대법원 2022년 11월 24일 결정 2020스616사건(대법원판례집 70권 민사편, 1181면), 「금융실명거래 및 비밀보장에 관한 법률」에 기한 현재의 금융실명제 아래서는, 출연자 등과 예금계약을 체결하여 출연자 등에게 예금반환청구권을 귀속시키겠다는 명확한 의사의 합치가 예금계약서 등의 증명력을 번복하기에 충분할 정도의 명확한 증명력을 가진 구체적이고 객관적인 증거에 의하여 매우 엄격하게 인정되어야 하는 예외적인 경우가 아닌 한, 예금계약서상 예금주로 기재된 예금명의자가 예금계약의 당사자라고 해석되어야 한다는 대법원 2009년 3월 19일 판결 2008다45828사건(대법원판례집 57권 1집, 3면), 중환에 걸린 사람에 대하여 행하여지는 이른바 말기치료 또는 연명치료가 중단되어야 하는 기준에 대하여 밝힌 대법원 2009년 5월 21일 판결 2009다17417사건(대법원판례집 57권 2집, 246면), 종전에 소유권에 기하여 등기말소청구 등 물권적 청구권을 행사할 수 있었던 소유자가 그 후 소유권을 상실함으로써 이를 청구할 수 없게 된 경우에 물권적 청구권의 이행불능을 이유로 채무불이행에 관한 민법 제390조를 적용하여 전보배상청구권을 가진다고 할 수 없다고 판단한 대법원 2012년 5월 17일 판결 2010다28604사건(대법원판례집 60권 민사편, 328면), 이혼소송에서 부부 중 일방이 공무원퇴직연금을 실제로 수령하고 있는 경우 및 장래 퇴직하여 퇴직급여를 수령할 것인 경우에 혼인기간 중의 근무에 대하여 상대방 배우자의 협력이 인정되는 이상 그 현재의 퇴직연금수급권 또는 장래의 퇴직급여채권 자체가 원칙적으로 재산분할의 대상이 될 수 있다고 한 대법원 2014년 7월 16일 판결 2012므2888사건(대법원판례집 62권 민사편, 308면), 물상보증인이 채무를 변제하거나 담보권의 실행으로 그 소유권을 잃은 때에는 채무자로부터 담보부동산을 취득한 제 3 자에 대하여 구상권의 범위 내에서 채권자를 대위할 수 있으나, 채무자로부터 담보부동산을 취득한 제 3 자는 채무를 변제하는 등의 일이 있어도 물상보증인에 대하여 채권자를 대위할 수 없다고 하여 담보를 제공한 것이 물상보증인인지 채무자인지에 따라 변제자대위제도의 운용을 달리하는 것으로 태도를 바꾼 대법원 2014년 12월 18일 판결 2011다50233사건(대법원판례집 62권 민사편, 912면), 형사사건에 관한 변호사위임계약에서 이른바 성공보수약정이 앞으로는 민법 제103조에서 정하는 '선량한 풍속 기타 사회질서'에 반하여 무효라고 판시한 대법원 2015년 7월 23일 판결 2015다200111사건(대법원판례집 63권 민사편·특별편, 229면), 토지의 소유자가 토양오염물질을 토양에 누출 또는 유출하거나 투기 또는 방치함으로써 토양오염을 유발하였음에도 오염토양을 정화하지 않은 상태에서 오염토양이 포함된 토지를 거래에 제공함으로써 유통되게 한 행위는 거래 상대방 및 그 후 토지를 전전 취득한 현재의 소유자에 대한 불법행위로서 그 오염의 제거에 드는 비용 등을 손해배상하여야 한다는 대법원 2016년 5월 19일 판결 2009다66549사건(대법원판례집 64권 민사편, 173면), 남한의 주민이 사망하였는데 북한에 사는 그 상속인이 자신의 상속권을 회복하는 것을 내용으로 하는 상속회복청구권도 상속인이 남한 주민인 경우와 마찬가지로 민법 제999조 제 2 항의 적용을 받아서 상속권 침해시부터 10년이 경과함으로써 소멸한다고 하는 대법원 2016년 10월 19일 판결 2014다46648사건(대법원판례집 64권 민사편, 647면), 타인 소유의 토지에 분묘를 설치한 경우에 20년간 평온·공연하게 분묘의 기지를 점유하면 지상권과 유사한 관습상의 물권인 분묘기지권을 시효로 취득한다는 법적 규범이 2000년 1월 12일 법률 제6158호로 전부 개정된 '장사 등에 관한 법률'의 시행일인 2001년 1월 13일 이전에 설치된 분묘에 관하여는 현재까지 그대로 유지되고 있다고 판단하여, 위 법률로써 위 관습법이 폐기되었다고 하는 소수의견을 물리친 대법원 2017년 1월 19일 판결 2013다17292사건(대법원판례집 65권 민사편, 190면), 소의 제기로 한 번 채권을 행사하였더라도 그 후 소멸시효기간의 만료가 가까워진 경우 등에 시효중단을 위하여 다시 소를 제기하는 것은 재소금지의 원칙에 반하지 않는다는 종전의 법리를 확인하였고, 또한 그 후소로는 이행청구소송 외에도 전소 판결로 확정된 채권의 시효를 중단시키기 위한 재판상 청구가 있다는 점에 대한 확인만을 구하는 새로운 형태의 확인소송이 허용된다고 판단한 2018년 7월 19일 판결 2018다22008사건(대법원판례집 66권 민사편, 408면), 「부동산 실권리자명의 등기에 관한 법률」을 위반하여 무효인 명의신탁약정에 따라 명의수탁자 명의로 등기가 이루어진 경우, 명의신탁자가 명의수탁자를 상대로 그 등기의 말소를 구하는 것이 민법 제746조의 불법원인급여를 이유로 금지되지 않는다는 종전 판례를 그대로 유지하면서, 이는 농지법에 따른 제한을 회피하고자 명의신탁을 한 경우에도 마찬가지라고 판단한 2019년 6월 20일 판결 2013다218156사건(대법원판례집 67권 민사편, 547면), 강제집행절차에서 배당받을 권리 있는 채권자가 자신이 배당받을 몫을 받지 못하고 그로 인하여 권리 없는 다른 채권자가 그 몫을 배당받은 경우에, 배당절차에서 배당이의를 하였는지 여부 또는 배당표가 확정되었는지 여부와 관계없이 위 배당받지 못한 채권자는 위 배당을 받은 다른 채권자를 상대로 부당이득반환청구를 할 수 있다는 종전 판례의 태도를 확인한 2019년 7월 18일 판결 2014다206983사건(대법원판례집 67권 민사편, 664면), 앞의 대법원 2017년 1월 판결에서도 다루어진 관습상의 분묘기지권에 관하여 그 권리자를 상대로 토지소유자가 지료의 지급을 청구할 수 있는가, 할 수 있다면 언제부터의 지료인가의 문제를 다루어서 지료 청구의 날부터 청구할 수 있다고 결론지으면서, 청구를 못한다는 소수의견 및 토지 점유의 기간 전부에 대하여 청구할 수 있다는 소수의견을 모두 물리친 대법원 2021년 4월 29일 판결 2017다228007사건(대법원판례집 69권 민사편, 317면), 위약금약정에서 위약벌의 성질을 가지는 경우에도 민법 제398조 제 2 항을 유추적용하여 그 재량 감액을 인정하자는 의견을 7 대 6으로 물리치고 종전의 견해를 유지한 대법원 2022년 7월 21일 판결 2018다248855사건(대법원판례집 70권 민사편, 614면), 그리고 이미 소멸한 담보권에 기하여 개시된 경매절차에서 매각이 이루어진 경우에는 경매는 무효이고 그 경매과정 중에 권리가 소멸한 경우에는 유효인데 이는 민사집행법 제267조의 시행 후에도 마찬가지라는 종전의 태도(뒤의 [238] '둘째' 및 '셋째' 참조)를 유지하고, 이미 소멸한 담보권에 기한 경매절차의 경우에도 유효로 보아야 한다는 견해는 소수의견에 그친 대법원 2022년 8월 25일 판결 2018다205209사건(위 같은 곳, 741면), 그리고 피상속인의 배우자와 자녀 중 자녀 전부가 상속을 포기한 경우에는 손자녀가 아니라 피상속인의 배우자가 단독으로 상속인이 된다는 태도를 취하여 종전의 판례를 변경한 대법원 전원합의체 2023년 3월 23일 결정 2020그42사건(대법원판례집 71권 민사편, 107면), 그리고 망인의 공동상속인들 사이의 협의가 없는 경우의 '제사를 주재하는 자'에 대하여 종전의 대법원 전원합의체 2008년 11월 20일 판결 2007다27670사건(대법원판례집 56권 2집, 164면)이 망인의 장남이 된다고 하였던 것을 이제 망인의 직계비속 중 남녀·적서嫡庶를 불문하고 최근친의 연장자가 제자주재자가 된다고 선언한 2023년 5월 11일 판결 2018다248626사건(대법원판례집 71권 민사편, 429면), 채무자가 시효 완성 후에 채무를 일부 변제하는 등으로 채무를 승인한 경우에는 시효 완성의 사실을 알고 그렇게 한 것으로서 시효소멸의 이익을 포기한 것으로 추정한다는 종전의 확고한 판례의 태도를 더 이상 인정하지 아니하고 그 이익 포기 여부를 개별적으로 따져보아야 한다는 대법원 2025년 7월 24일 판결 2023다240299사건(판례공보 2025하, 1526면) 등도 극히 의미가 큰 법리를 선언하고 있다(또한 행정사건에서 동성同性의 사실혼 배우자에게 건강보험직장가입자의 피부양자 자격을 인정한 대법원 전원합의체 2024년 7월 18일 판결 2023두36800사건(판례공보 2024하, 1372면)은 민사적으로도 매우 주목할 만하다). 특히 2018년부터는 종전 판례의 태도를 그대로 유지할 것인지를 둘러싼 대법관들의 의견 분열이 전면으로 드러나 전원합의체판결로 이어진 경우가 많다는 점이 주목된다.

그리고 무엇보다도 대법원판례 형성의 동적인 모습을 잘 보여 주는 것은 이른바 부동산단기취득시효(민법 제245조 제 2 항)에 있어서 등기의 승계를 인정할 것인가(이 문제에 대하여는 뒤의 [197]에서 자세히 살펴보기로 한다)에 대한 두 개의 전원합의체 판결, 즉 1985년 1월 29일 판결 83다카1730사건(대법원판례집 33권 1집, 1면)과 1989년 12월 26일 판결 87다카2176사건(대법원판례집 37권 4집, 185면)이다. 앞의 판결에서는 견해가 7 대 6으로 백중하게 나뉘어 있었던 것이, 뒤의 판결에서 10 대 3으로 앞서의 소수의견이 다수의견으로 역전되었다. 그 중간의 1988년에 새로운 헌법에 기하여 대법관들이 새로이 임명되었는데(일부는 연임되었다), 이 인적 구성의 변화가 대법원판결, 나아가 '현재 행하여지는 법'의 내용에도 직접적인 영향을 미쳤던 것이다.

[128] 반사회질서의 계약

앞에서 본 대로 계약을 체결하는 당사자들이 어떠한 내용의 합의를 하더라도, 계약은 그대로 유효하여 합의의 내용대로의 법률효과가 발생하는 것이 원칙이다. 그리고 이것을 계약내용 형성의 자유라고 한다([15] 참조). 그러나 이 자유가 무한정 인정되지는 않는다. 앞서 본 강행규정은 법 스스로가 명확하게 그 자유의 한계를 설정한 것이라고 할 수 있다. 그러나 법률이 어떠한 계약을 금하는 규정을 두고 있지 않는 한은, 당사자들이 어떠한 내용으로든지 합의하여도 되는가?

민법 제103조는 "선량한 풍속 기타 사회질서에 위반한 사항을 내용으로 하는 법률행위는 무효로 한다"고 하여, 구체적인 강행규정이 없더라도 일반적으로 '선량한 풍속 기타 사회질서'(줄여서 공서양속公序良俗이라고도 한다)에 반하는 것이면 허용되지 않음을 정하고 있다. 이러한 규정은 우리 민법뿐만 아니라 대부분의 주요한 다른 나라들의 민법에도 존재하는 것으로서, 여기서 '선량한 풍속 기타 사회질서'라고 하는 것은 요컨대 사회의 기초적인 윤리규범이라거나 또는 일반국민의 도덕의식의 핵심을 이루는 것이라고 할 수 있다. 물론 그 구체적인 내용은 확정적인 것이 아니며, 또 사회의 변화나 의식의 변천에 따라 달라질 수도 있다. 그리하여 예를 들면 대법원 전원합의체 2015년 7월 23일 판결 2015다200111사건(대법원판례집 63권 민사편·특별편, 229면)은 앞의 [127]에서 본 대로 형사사건에 관한 이른바 성공보수약정이 공서양속에 반하여 무효라고 선언하면서, "'선량한 풍속 기타 사회질서'는 부단히 변천하는 가치관념인 점" 등에 비추어 위 판결 선고 이전에 행하여진 성공보수약정의 효력에는 영향이 없다고 판시하고 있다. 따라서 이 시점에서 어떠한 계약이 사회질서에 반하는 것인가를 사안유형에 따라 구체화하여야 할 필요가 있다.

[129] 사회질서 위반의 유형

사회질서 위반의 행위를 유형화하여 보면 대개 다음과 같다. 이는 동시에 일반조항의 법률요건을 구체화하는 시도(앞의 [120] 참조)의 한 예이기도 하다.

첫째, 혼인 기타 가족질서에 반하는 계약. 가족질서는 사회질서의 근간을 이루는 것으로서 그 기초를 뒤흔들 우려가 있는 계약에는 함부로 법적 효과를 인정하여서는 아니된다. 예를 들면, 배우자 있는 사람이 제 3 자와의 사이에 정교관계를 맺고 이를 유지하기 위하여 금품을 제공하기로 하는 계약(이른바 첩계약은 그 한 예이다) 등이 그것이다.

둘째, 범죄행위 또는 그에 버금가는 행위를 내용으로 하거나, 그것을 유발 또는 조장하는 계약. 예를 들면, 살인이나 폭행 등 범죄의 수행을 위임하고 그 대가를 지급하기로 하는 것이나 밀수입이나 도박과 같은 범죄에 사용될 자금을 대여하거나 출자하는 것, 뇌물을 지급하거나 전달할 것을 약속하는 것 등이 이에 해당한다. 이러한 범죄행위에의 '적극가담'은 판례에 의하면 특히 부동산의 이중매도(이에 대하여는 뒤의 [176]에서 보기로 한다)에서 제 2 매매가 사회질서에 반하는 행위라고 하여 그 효력을 부인하는 한 이유가 되기도 한다.

셋째, 개인의 자유를 과도하게 제약하여 인격의 건전한 발전을 막는 계약 또는 인격을 모독하는 계약. 계약은 일반적으로 의무를 발생시키므로, 통상은 그 당사자의 자유를 제약한다는 측면을 가진다. 그러나 그 의무로 말미암아 인격의 건전한 발전이 심각하게 저해되어서는 안 되며, 그러한 내용의 계약은 무효이다. 예를 들면, 일생 동안 혼인을 하지 않기로 하는 약속이나 매일의 행적이나 생각을 빠짐 없이 고백하기로 하는 약속이나 앞으로 취득할 일체의 재산을 채권자에게 양도하기로 하는 계약 등이 그것이다. 또한 매매춘계약 자체는 물론이고 매춘행위를 하게 하기 위하여 사람을 고용하는 것과 같이 인격의 존엄을 짓밟는 계약도 효력이 부인된다.

넷째, 경제적·사회적으로 우월한 지위를 남용하여 업무수행이나 활동의 자유를 불합리하게 제약하는 계약. 「독점규제 및 공정거래에 관한 법률」은 일정한 사업자에 대하여 일정한 유형의 행위를 금하고 있다. 그러나 그 법률의 규제대상에 속하지 않는 사람이나 행위유형이더라도, 경제적·사회적으로 우월한 지위를 이용하여 상대방으로 하여금 현저히 불합리한 제약이나 계약조건(예를 들면 장기간의 동일 업종에의 종사 금지, 배타적인 공급강제, 실질적으로 시장에서 경쟁하지 못하도록 하는 것 등)을 감수하지 않을 수 없게 하는 것은 허용되어서는 아니된다.

다섯째, 지나치게 사행적인 계약. 우연한 결과의 발생에 그 노력에 상응하지 않는 과도한 이득의 발생 여부를 매이게 하는 계약(복권계약은 그 대표적인 예이다)의 효력을 인정하고 그 실현에 법이 조력하게 되면, 사회 존립의 기초인 건전한 노동의욕이 상실되기 쉽다. 그러므로 이러한 사행계약은 특히 법률(예를 들면 「사행행위 등 규제 및 처벌 특례법」이 이에 해당한다)에 의하여 허용되는 것이 아닌 한 원칙적으로 사회질서에 반하는 것으로서 무효이다.

여섯째, 폭리행위. 이에 대하여는 뒤에서 보기로 한다([132] 참조).

[130] 원상회복의 제한 — 불법원인급여

이상과 같은 계약은 처음부터 무효이다. 여기서 무효라고 하는 것의 실제적인 의미가 두 가지 방향에서 나타난다고 함은 앞에서 계약이 취소되어 사후적으로 무효가 되는 것과 관련하여 살펴본 바와 같다([93] 참조). 즉, 우선 계약의 당사자들은 그 계약에 기하여 이행청구를 하지 못한다. 무효인 계약으로부터는 그 계약내용대로의 채권채무가 발생하지 않기 때문이다. 나아가 그 계약에 기하여 이미 급부한 것이 있으면, 부당이득에 관한 규정(민법 제741조 이하)에 기하여 원상회복, 즉 그 급부의 반환을 청구할 수 있다.

그런데 사회질서 또는 강행규정에 반하는 계약에 기하여 이루어진 급부의 반환은 제한되는 경우가 있다. 이에 관하여는 민법 제746조가 "불법의 원인으로 인하여" 이루어진 급부(이를 불법원인급여라고 부른다)는 반환을 청구하지 못하고, 다만 그 "불법원인이 수익자, 즉 급여수령자에게만 있는 때"에 한하여 반환을 청구할 수 있다고 정하고 있다(그리고 판례는 대법원 1993년 12월 10일 판결 93다12947사건(대법원판례집 41권 3집, 319면) 이래 "수익자의 불법성이 급여자의 그것보다 현저히 크고, 그에 비하면 급여자의 불법성은 미약한 경우"에도 민법 제746조 본문의 적용이 배제되어 급여자의 반환청구는 허용된다는 태도를 취한다). 이와 같이 사회질서 또는 강행법규에 반하는 계약에 기하여 이행청구를 하지 못한다는 점은 그 이외의 무효의 경우와 같으나, 원상회복을 구할 수 있는가의 점에 있어서는 통상의 경우와 다른 바가 있는 것이다.

그런데 어떠한 경우에 이와 같은 원상회복이 제한되는가, 즉 '불법의 원인'이란 무엇을 의미하는가는 반드시 명확하지 않다. 우선, 강행법규에 반하는 계약이라도 그것이 동시에 '선량한 풍속 기타 사회질서' 등에 반하는 성질을 가지는 것이 아니면 민법 제746조의 적용을 받지 않음은 명백하다. 그러면 '선량한 풍속 기타 사회질서'에 반하는 성질을 가지는 계약에 기하여 급부가 이루어진 것이면 어떠한 경우에나 민법 제746조의 적용을 받아 그 반환청구를 하지 못하는가? 이 점에 대하여는 보다 면밀한 연구가 필요하다. 판례는 그 외에 반윤리성을 강조하는 듯도 하다. 그리하여 예를 들면 첩계약의 이행으로 지급한 것, 도박자금으로 빌려준 금전이라든지 뇌물로 전달해 달라고 주었던 물건에 대하여 그 반환을 청구할 수 없다는 것은 분명하다.

[131] 청구권경합

이상과 같이 불법원인의 급부임을 이유로 하여 그 반환청구를 제한하는 경우에는, 다음과 같은 문제가 제기된다. 사회질서에 반하는 계약이 물권(여기서는 그 대표로 소유권을 상정하여 두기로 하자)의 변동을 내용으로 하는 채무를 발생시키는 것인 경우(예를 들면 그 계약이 매매이거나 증여 등인 경우)에, 그 채무의 이행으로 상대방 앞으로 등기나 점유가 이전되어 양도행위가 행하여졌다고 하여도, 상대방은 그 원인 되는 계약이 무효이므로 소유권을 취득하지 못한다(앞의 [65]에서 본 "첫째" 요건 및 [68] 참조). 그리하여 소유권은 원래의 상태대로 남아 있게 된다. 그렇다면 원래의 급부를 한 사람은, 비록 불법원인의 급부이기 때문에 부당이득을 이유로 하는 원상회복은 청구할 수 없다고 하여도, 여전히 소유자로서 소유물반환청구권을 행사하여(이에 대하여는 앞의 [58] 참조) 그 반환을 청구할 수 있지 않을까?

일반적으로 어떠한 하나의 사실이 여러 개의 법률요건을 충족하여 그 어느 편으로부터도 그에 따른 법률효과의 발생이 인정될 소지가 있는 경우가 있다. 특히 그 법률효과가 각기 다른 청구권의 발생인 경우가 문제되는데, 그 경우에 두 청구권 사이에 우열이 없이 병존이 인정되는 경우를 청구권경합請求權競合이라고 한다. 반대로 그들 사이에 일반/특수의 관계를 인정하여 '특수'에 해당하는 권리만의 성립을 인정하는 것을 법조경합法條競合이라고 한다. 예를 들면 여객운송을 하는 사람이 실수로 사고를 일으켜 그 승객을 다치게 한 경우에는, 그는 운송계약상의 안전운송의무를 위반한 것이므로 채무불이행책임을 지는 한편으로, 일반적으로 타인의 신체를 해하여서는 아니된다는 사회생활상의 주의의무를 위반한 것으로서 불법행위책임을 지게 된다. 이 두 책임의 내용으로 발생하는 각각의 손해배상청구권은 청구권경합의 상태에 있다는 것이 판례이고 또 다수학설의 태도이다. 그러므로 피해자는 그 둘 중 어느 것이라도 자유로 선택하여 행사할 수 있는 것이다. 그렇다고 이중으로 배상을 받아서는 안 되므로, 채무자가 그 중 어느 하나를 이행하면 그 한도에서 나머지 하나도 소멸하는 것으로 인정된다(이와 같이 각기 별개의 원인으로 발생한 여러 채무가 동일한 경제적 목적을 가지고 있고 서로 중첩되는 부분에 관하여 일방의 채무가 변제 등으로 소멸하면 다른 채무도 소멸하는 관계에 있는 경우에 그들 채무를 부진정연대채무라고 한다. 원래의 연대채무에 대하여는 뒤의 [229] 참조).

앞에서 본 경우에 있어서도 소유물반환청구권과 부당이득반환청구권이 청구권경합의 상태에 있다고 한다면, 비록 후자가 불법원인의 급부임을 이유로 인정되지 않는다고 해도, 전자는 여전히 적법하게 존속한다고 해야 하지 않을까? 종전의 판례는 이를 긍정하였다. 그러나 대법원 전원합의체 1979년 11월 13일 판결 79다483사건(대법원판결집 27권 3집, 민사편 140면)은 "사회적 타당성이 없는 행위를 한 사람은 그 스스로 불법한 행위를 주장하여 복구를 **그 형식 여하에 불구하고** 소구할 수 없다"고 하여 이를 부인하고 소유물반환청구도 할 수 없다고 판시하면서(나아가 "그 반사적 효과로서, 급여한 물건의 소유권은 급여를 받은 상대방에게 귀속하게 된다"고 하였다), "종전 다른 판결"의 태도를 변경하였다.

더 나아가 대법원 2013년 8월 22일 판결 2013다35412사건(판례공보 2013하, 1721면)은 위 전원합의체 판결을 원용하면서 "불법의 원인으로 재산을 급여한 사람은 상대방 수령자가 그 '불법의 원인'에 가공하였다고 하더라도 상대방에게만 불법의 원인이 있거나 그의 불법성이 급여자의 불법성보다 현저히 크다고 평가되는 등으로 제반 사정에 비추어 급여자의 손해배상청구를 인정하지 아니하는 것이 오히려 사회상규에 명백히 반한다고 평가될 수 있는 특별한 사정이 없는 한 상대방의 불법행위를 이유로 그 재산의 급여로 말미암아 발생한 자신의 손해를 배상할 것을 주장할 수 없다"고 판시하여(그 이유는 "급여자의 위와 같은 손해배상청구를 인용한다면, 이는 급여자가 결국 자신이 행한 급부 자체 또는 그 경제적 동일물을 환수하는 것과 다름없는 결과가 되어, 민법 제746조에서 실정법적으로 구체화된 법이념에 반하게 된다"는 것이다), 불법행위를 이유로 하는 손해배상청구에도 동일한 취지를 밀고 나갔다.

[132] 폭리행위

반사회적인 법률행위의 일종으로 폭리행위가 있다. 이 점에 관하여 민법은 "당사자의 궁박, 경솔 또는 무경험으로 인하여 현저하게 공정을 잃은 법률행위는 무효로 한다"고 정한다(제104조). 여기서 "공정을 잃었다"고 함은, 그 당사자 한쪽이 하는 출연과 그로 인하여 얻는 이득(반대급부)이 균형을 잃고 있다는 것이다. 예를 들면, 시가 1억원의 부동산을 2천만원에 매도하였다든가 하는 경우가 그러하다.

그러면 위 규정으로부터, 계약이 폭리행위임을 이유로 무효라고 하기 위한 요건을 스스로 끌어내 보자. 아마도 (i) 손실을 입는 쪽의 당사자에게 행위를 할 당시 궁박·경솔 또는 무경험이라는 사유가 있을 것, (ii) 그로 말미암아 계약의 내용이 "현저하게 공정을 잃"은 것이 되었을 것의 둘은 쉽게 지적될 수 있을 것이다. 그런데 교과서를 보면, 이에 더하여, (iii) 이익을 보는 쪽의 당사자, 즉 폭리자가 피해자에게 (i)과 같은 사정이 있었음을 알고서 이것을 이용하려는 의도를 가지고 있을 것을 요구하고 있다. 그리고 판례도 그러한 태도를 취한다(대법원 1988년 9월 13일 판결 86다카563사건(대법원판례집 36권 2집, 104면) 등 참조). 나아가 그와 같은 폭리자의 의도는 피해자가 입증하여야 한다는 것이 통설이고 판례이다(위 판결 및 대법원 1970년 11월 24일 판결 70다2065사건(대법원판결집 18권 3집, 민사편 304면) 등 참조).

[133] 어느 법률요건의 연유

이와 같이 법률의 문언 자체로부터는 쉽사리 예상할 수 없는 요건을 내거는 이유는 무엇일까. 피해자가 궁박 등의 상태에 있었고 그것으로 말미암아 급부와 반대급부 사이에 균형이 '현저히' 맞지 않는 계약이 체결되었다는 것만으로 그 계약은 무효가 된다는 해석도 충분히 있을 수 있는 태도라고 생각되기도 한다. 그런데도 위와 같이 해석하는 것은 과연 어떠한 조건 아래서 허용되는 것일까.

위와 같은 요건을 내거는 이유를 알려면, 그 규정의 연혁을 살펴볼 필요가 있다. 뒤에서 보는 대로(제 6 장 제 1 절 Ⅳ. 1. 참조) 민법은 1960년 1월 1일부터 시행되었는데, 그 이전에는 재산관계에 대하여는 일본민법이 '의용'되고 있었다. 일본민법은 반사회질서의("공의 질서 또는 선량한 풍속에 반하는") 법률행위를 무효로 하는 규정은 두고 있었지만(제90조), 폭리행위에 대한 규정은 없었다. 그러나 일본의 민법학자들은 역시 폭리행위를 사회질서에 반하는 법률행위의 한 유형으로 인정하였는데, 그 요건으로 위의 (i), (ii)와 아울러 (iii)을 내걸었었다. 이는 명백히 종전 독일민법 제138조 제 2 항의 규정태도("타인의 궁박상태, 경솔 또는 무경험을 이용하여." 현재의 규정으로는 "타인의 궁박상태, 무경험, 판단능력의 결여 또는 현저한 의지박약을 이용하여")를 본받은 것으로 여겨진다. 이와 같이 독일민법의 태도가 지구를 반 바퀴 돌아 우리 민법의 해석에 영향을 미치고 있는 것이다.

그런데 독일민법 제138조 제 2 항이 폭리행위의 성립에 그와 같이 엄격한 요건을 과하는 것에는 일정한 이념적 배경이 있다. 그것은 한마디로 말하면 자기의 출연에 대하여 어느 만큼의 반대급부를 받기로 약정하는가는 각자가 알아서 하기 나름이라는 자유주의적 경제사상이다. 그러나 다만 상대방이 궁박 등의 상태에 있다는 것을 알면서 이것을 이용하여 현저한 이윤을 취하는 것은 그야말로 '선량한 도덕'에 반하여 허용되지 않는다는 것이다. 이러한 태도는 우리로서도 수긍할 수 있다고 생각된다.

여기서 문제삼고 싶은 것은, 독일민법의 관련규정과 문언을 달리하는 우리 민법 제104조를 독일민법과 같이 해석하려면 아마도 위와 같은 이념적 배경에 대한 수긍 내지 그 이념을 관철할 의지가 필요하지 않은가 하는 점이다. 그리하여야 민법조문의 문언에 없는 제한적 요건을 부가하여 해석하는 것이 정당화되기 때문이다. 우리나라에서는 언필칭 '자유주의적' 민법이 '수정'되어야 한다는 목소리가 적지 않은데, 그러한 입장에서라면 적어도 민법 제104조의 요건을 해석함에 있어서 위와 같은 점을 잘 의식하고 이에 대한 엄밀한 음미를 행하여야 하는 것이 아닌가 생각된다. 이러한 음미가 소홀히 되고 있는 것은 다른 한편으로 외국의 법을 '수용'함에 있어서의 어떠한 정신태도와도 관련이 있는 것이라고 하겠다(뒤의 [181]도 참조).

[134] 원시적으로 불능인 급부를 목적으로 하는 계약

어떠한 계약이 강행규정에 반하는 사항을 포함하지 아니하더라도, 법이 그 실현에 조력하는 것이 그 계약상 급부의 객관적 성질상 애초부터 무의미한 경우도 있다. 예를 들면 도깨비를 잡아오기로 하는 계약, 용이나 반인반마를 매매하는 계약, 태평양 한가운데 빠진 금반지를 찾아서 건져오기로 하는 계약 등이 그것이다. 이와 같이 부조리한 계약은 대체로 사회질서에 반하는 것으로서 민법 제103조에 기하여 무효라고 하여도 좋을 것이다.

이에서 나아가 우리나라에서는 일반적으로 계약체결 당시 이미 그 계약의 이행이 불능이면(이를 '원시적 불능'이라고 한다. 이에 대하여는 뒤의 [139] 이하 참조) 그 계약은 무효라고 이해되고 있다. 그리고 그 예로는 흔히 이미 불에 타 버린 건물을 매매하는 경우를 든다. 그때에는 매매의 목적물인 건물, 따라서 건물에 대한 소유권이 계약 당시 이미 소멸하여 존재하지 않으므로 그것을 이전하는 것은 처음부터 '불능'이고, 따라서 그 계약은 무효라는 것이다. 우리 민법 제535조에서 "목적이 불능인 계약을 체결한 경우에" 관하여 일정한 요건 아래 이른바 신뢰이익에 관한 손해(이에 대하여는 뒤의 [166] 참조)의 배상책임을 규정하고 있는 것은 바로 위와 같이 원시적으로 불능인 급부를 목적으로 하는 계약이 무효임을 전제로 하는 것이라고 설명된다.

그러나 원시적으로 불능인 급부를 목적으로 하는 계약이 무효라는 법리에 대하여는 여러 가지로 의문이 제기된다. 여기에서는 다음만을 지적하여 두기로 한다.

어떠한 급부의 이행이 불능이라고 하여도 거기에는 누구나 할 수 없는 경우도 있고, 단지 채무자만이 이를 할 수 없는 경우도 있다. 흔히 전자는 '객관적 불능'이라고 부르고, 후자는 '주관적 불능'이라고 부른다. 앞서 본 대로 매매목적물인 특정의 건물이 불에 타 버린 경우는 전자에 해당한다. 그러나 예를 들어 의사의 자격도 없고 의료 경험도 없는 일반사람 갑이 가볍지 않은 질환에 걸린 환자 을을 진찰·치료하기로 하는 계약을 체결하였다면 그 계약에서 약속한 진료는 갑에게만 불능이라고 할 것이다. 이러한 경우에 그 진료계약은 애초부터 무효라고 할 것이 아니라, 계약의 유효성을 전제로 하여 갑의 법적 책임, 즉 뒤에서 보는 채무불이행책임을 묻는 것이 타당하지 않을까? 민법 제535조는 당시의 독일민법 제307조를 그대로 번역한 것인데(민법의 제정과정에서 교수들의 의견을 모은 『민법안의견서』(이에 대하여는 뒤의 제 6 장 제 1 절 Ⅳ. 1. 참조)의 제안이 채택된 드문 경우의 하나이다), 독일에서는 위와 같은 원시적·주관적 불능은 계약의 효력에 전혀 영향이 없고, 나아가 이에 대하여는 채무자가 일종의 담보책임을 져서 비록 그 불능에 귀책사유가 없는 경우에도 채무불이행책임을 진다고 일치하여 인정되어 왔다. 위에서 든 진료계약의 사안에서 그러한 진료의무를 스스로 받아들여 약속한 사람이라면 다른 특별한 사정이 없는 한 자신에게 그러한 진료를 적정하게 수행할 기능이나 자격이 있음을 환자측에 보장 또는 담보하였다고 보아야 할 것이다. 또한 우리 민법도 고용계약에 관한 제658조의 제 2 항에서 "약정한 노무가 특수한 기능을 요하는 경우에 노무자가 그 기능이 없는 때"에 대하여, 즉 적어도 대체로 원시적·주관적 불능의 전형적인 예에 해당하는 경우에 대하여, "사용자는 계약을 해지할 수 있다"고 정하여, 명백히 계약의 유효를 전제로 규정하고 있는 것이다.

또한 민법 제574조는 무엇보다도 "매매목적물의 일부가 계약 당시에 이미 멸실된 경우"에도 그 매매계약이 유효한 것을 전제로 하여 매수인이 원래 약정된 매매대금의 감액을 청구할 수 있음을 정하고 있다(제 1 항). 그런데 일반적으로 매매목적물의 일부가 계약 당시에 이미 멸실되어 없어진 경우는 객관적으로 그 부분의 이행이 애초부터 불능이라고 보아야 한다. 즉 위 규정은 원시적·객관적 일부불능의 매매계약도 그 전부가 유효함을 전제로 하여 정하고 있는 것이다(이러한 점은 민법 제575조, 제580조에서 정하는 경우에 대하여도 지적할 수 있다). 그렇다고 하면 민법 제535조는 객관적 일부불능의 경우 일반에 적용이 없다고 해석될 여지도 충분히 있다.

이상을 종합하여 보면 결국 민법 제535조는 원시적 불능의 여러 양태 중에서도 객관적 전부불능의 경우에 한하여 적용이 있다고 해석되어야 하지 않을까?

이와 관련하여 하나 덧붙이자면, 원시적·객관적 불능의 급부를 목적으로 하는 계약이 무효임을 정면으로 정하는 독일민법 제306조에 대하여도 일찍부터 신랄한 비판론이 전개된 결과 2002년의 대개정에서 이는 그 다음의 제307조를 포함하여 삭제되었고, 이제 독일에서는 그러한 법리를 주장하는 이는 전혀 찾아볼 수 없다. 우리 민법 제535조와 같은 규정이 없는 일본에서도 한동안 우리와 같은 해석론이 통설적 지위에 있었으나, 2017년의 채권법 대개정(그 개정법률의 시행은 2020년 4월부터이다)에서 원시적 불능의 급부를 목적으로 하는 계약이 유효임을 적극적인 전제로 하는 규정이 새로 마련되었다(제412조의 2: "계약에 기한 채무의 이행이 그 계약의 성립시에 불능이라는 사정은 [우리 민법 제390조와 같이 채무불이행책임에 관한 일반규정인] 제415조의 규정에 의하여 그 이행의 불능으로 생긴 손해의 배상을 청구하는 것을 방해하지 아니한다").

제 4 장

채무불이행

제 1 절 채무불이행의 여러 유형

[135] 채무불이행

이제 다시 우리의 설례로 돌아가 보기로 하자. 즉, A와 B와의 매매계약이 유효하게 성립하여, 그들은 각자 상대방에 대하여 채권과 채무를 가지게 되었다. 앞에서는 그들이 그 채무를 제대로 이행하려면 어떻게 하여야 하는가를 중심으로 설명하여 왔다. 이제부터는 A 또는 B가 그 채무를 제대로 이행하지 아니한(또는 이행하지 못하는) 경우에 어떠한 법적인 문제가 발생하는가를 중심으로 서술하여 가기로 한다.

[136] 채무불이행과 계약 위반

채무자가 "채무의 내용에 좇은 이행을 하지 아니한 것"(민법 제390조 본문)을 채무불이행이라고 한다. '채무불이행'이라는 표현은 민법의 조문에서도 여기저기서 쓰여지고 있다. 예를 들면 제393조, 제397조, 제398조 등이 그것이다.

채무불이행에 관한 법은 민법의 가장 중요한 부분의 하나를 이룬다. 물론 채무불이행법은, 그 채무가 어떠한 원인에 의하여 발생하였는가를 묻지 않고, 일단 발생한 채무에 관하여 그 "채무의 내용에 좇은 이행"이 이루어지지 아니한 경우를 다룬다. 그러나 채무불이행으로서 주로 문제되는 것은 계약에 기하여 발생하는 채무가 제대로 이행되지 아니한 경우, 즉 계약불이행 내지 계약 위반이다. 계약 외의 채무발생의 원인 중 두드러진 것은 불법행위인데, 불법행위의 법률효과로는 손해배상채무만이 인정되고 손해배상은 원칙적으로 금전 지급으로 이루어지므로(민법 제394조. 물론 '다른 의사표시'가 있는 경우에는 그에 따른다. 민법이 그 예외로 명문으로 정하는 것은 명예훼손의 경우에 피해자가 "명예회복에 적당한 처분"을 금전배상과 함께 또는 그에 갈음하여 청구할 수 있다고 하는 제764조이다. 이 규정에 대하여는 뒤의 [253]도 참조) 그 불이행은 곧 금전채무의 불이행이 된다. 그런데 금전채무의 불이행에 대하여는 민법 제397조에서 정하는 바(뒤의 [174] 참조) 이외에 별다른 문제가 없는 것이다.

이하에서는 주로 계약불이행을 염두에 두고 설명하여 가기로 한다.

[137] 채무불이행의 유형

채무불이행에는 어떠한 유형이 있을까. 다시 말하면 "채무의 내용에 좇은 이행이 이루어지지 아니한" 경우란 매우 포괄적인 내용을 가지는데, 그 구체화를 위하여 그것은 어떻게 유형화될 수 있을까?

이에 대하여 종래에는 이행지체, 이행불능, 불완전이행의 세 가지를 들었었다. 그러나 나는 이러한 분류는 우리 민법의 규정체계에 맞지 않으며, 이는 독일민법전의 규정을 기초로 작업하는 독일민법학의 성과를 별다른 반성 없이 도입한 것에 불과하다고 생각한다(이에 대하여는 뒤의 [145]도 참조).

민법이 가장 뚜렷하게 내세우고 있는 채무불이행의 유형은 이행불능이다. 그러므로 우선은 이행불능과 '기타의 채무불이행'을 구분하여야 할 것이다. 그리고 기타의 채무불이행 중에서는 일정한 시점의 경과를 기본적인 징표로 하는, 말하자면 '가장 시초적이고 단순한 채무불이행'으로서의 이행지체가 민법이 스스로 정하는 현저한 유형이 되고 있다. 그리고 이행지체를 제외한 나머지 '기타의 채무불이행' 안에서는, 특히 채무불이행의 각종의 법률효과와 대응하여 생각하여 보면, 예를 들면 이행거절, 불완전급부, 부수의무 불이행 등 여러 유형이 인정될 수 있다. 민법은 이러한 유형들에 관하여 특별한 규정을 두고 있지 않지만 이를 독자적으로 파악할 필요는 충분히 있다(물론 이들은 민법 제390조가 정하는 "채무의 내용에 좇은 이행이 이루어지지 아니한 경우"에 포섭될 수 있다)(채무불이행의 유형에 대하여는 뒤 [164] 말미의 도표도 참조).

그리고 객관적인 채무불이행 중의 일정한 형태에 대하여 민법은 연혁적인 이유로 매매나 도급 기타 유상계약과 관련하여 매도인 또는 수급인의 담보책임으로서 규정하고 있다(제570조 이하, 제567조, 제667조 이하). 그리고 이 담보책임에 관한 규정은 요건과 효과면에서 모두 독특한 점이 있으므로, 이는 별도로 다루는 것이 설명의 편의상 합목적적이다. 이에 대하여는 뒤에서 보기로 한다([189] 이하 참조).

[138] 이행불능

채무를 이행하는 것, 즉 채무의 내용인 급부를 실현하는 것이 일반적·객관적으로 보아 불가능한 것을 이행불능 또는 급부불능이라고 한다. 민법에서는 "이행할 수 없게 된 때"(제390조 단서, 제537조 등), "목적이 불능"(제535조 제 1 항)이라거나 또는 "이행이 불능하게 된 때"(제546조)라는 말로 표현되고 있다.

구체적으로 어떠한 경우에 이행불능이라고 할 것인가는 명확한 것은 아니다. 그러나 대체로 다음의 셋으로 나누어 볼 수 있다.

하나는 **물리적 불능**이라고 부를 수 있는 것으로서, 예를 들면 매매목적물인 특정물이 멸실됨으로써 그 소유권이 소멸하여 이를 이전 또는 인도한다는 것이 누구에게나 완전히 불가능한 경우 등이 그것이다.

또 하나는 **법적 불능**이라고 부르는 것으로서, 예를 들면 법리상 성립할 수 없는 권리를 부여하거나 설정하는 것을 내용으로 하는 경우(대법원 1996년 5월 10일 판결 95다26735사건(법원공보 1996상, 1801면) 참조)와 같이 일반적으로 극복될 수 없는 법적 장애로 인하여 그 이행이 불가능한 것이다. 단지 일정한 행위를 허용하지 아니하는 행정법규가 있어 채무의 이행이 이에 반하게 된다고 하더라도 그러한 장애사유의 위험을 채무자가 인수하기로 한 것이라면 특별한 사정이 없는 한 이를 이행불능이라고 평가하기는 어려울 것이다.

다른 하나는 **사회관념상 불능**이라고 부를 수 있는 것으로서, 그 이행 자체가 누구에게나 완전히 불가능한 것은 아니나 일반적·객관적으로 채무자에게 그것의 이행을 기대할 수 없는 경우가 그것이다(이에는 이른바 경제적 불능 등의 개념과 관련하여 어려운 문제가 있다). 우리의 설례에서 A가 일단 B에게 주택 등을 매도하였으나 아직 등기를 넘겨 주지 않고 있는 동안, 이를 다른 사람에게 다시 팔고 그 앞으로 등기를 이전해 버렸다고 하자. 물론 이 경우에도 매도인 A는 제 2 매수인으로부터 그 부동산을 매수하거나 하여 그 소유권을 다시 취득한다면 B에게 이를 이전하여 줄 수 있으므로, 그 채무의 이행이 전적으로 불가능한 것은 아니다. 그러나 일반적으로 그렇게 되기를 기대할 수는 없다고 할 것이다. 그러므로 그 경우 A의 B에 대한 소유권이전채무는 원칙적으로 이행불능이 되었다고 보아야 한다.

민법에서 이행불능이라고 하려면 그것이 지속적인 성질의 것이라고 평가되어야 하며, 일시적으로 채무의 이행을 막는 장애사유가 생긴 것은 이에 해당하지 않는다. 또한 주의할 것은 금전채무의 경우에는 아무리 채무자에게 자력이 없다고 하더라도 이를 이행불능이라고 할 수는 없다는 것이다.

[139] 이행불능의 분류

민법은 이행불능에 다양한 효과를 결합시키고 있다. 그 효과에 맞추어 이행불능을 분류하면, 첫째 원시적 불능/후발적 불능, 둘째 귀책사유 있는 불능/귀책사유 없는 불능으로 나눌 수 있다. 그 외에 불능을 일으킨 이행장애사유가 모든 사람에 관련되는가, 채무자의 일신적 사유인가(즉 모든 사람에게 이행불능인가, 채무자에게 이행불능인가)에 따라 나누는 객관적 불능/주관적 불능의 구별도 의미가 없지 않으나, 여기서는 상론하지 않는다(앞의 [134]도 참조).

원시적 불능/후발적 불능은 이행불능의 사유가 채무가 성립하기 전부터 있었느냐, 그 후에 비로소 발생하였느냐에 따른 구분이다. 이 구분은 현행법상으로는 전자의 경우에 그 이행불능에 대하여 채무자에게 귀책사유가 있었는가를 불문하고 계약이 무효가 되고(민법 제535조 참조), 후자의 경우에는 그렇지 않다는 데 그 실익이 있다. 그러나 앞서도 본 대로 원시적·객관적 불능의 급부를 목적으로 한다고 해서 그 계약을 무효로 하는 태도가 입법론적으로 수긍할 만한가에는 커다란 의문이 있다([134] 참조). 해석론상으로도 그 사유가 채무 성립 후에 발생하였다고 가정하면 이행불능이라고 판단될 경우의 전부가 여기서 계약을 무효로 만드는 원시적 불능이 된다고는 말할 수 없다고 생각된다(앞의 [134] 참조). 어쨌든 간에 민법은 원시적 불능을 이유로 계약이 무효가 되는 경우가 있음을 전제로 하여 그 경우에 그 "불능을 알았거나 알 수 있었을" 사람에게 일정한 손해배상채무를 과하고 있다(제535조 전부를 주의를 기울여 읽어 보라). 그러나 후발적 불능의 경우에는 계약이 애초부터 무효가 되지는 않으며(다만 위험부담에 관한 뒤의 [141] 참조), 귀책사유의 유무에 따라서 '채무불이행을 원인으로 하는 법적 책임', 즉 채무불이행책임이 발생할 뿐이다. 따라서 채무불이행과 관련하여서는 일단 후발적 불능만이 문제된다고 할 수 있다.

한편 귀책사유 있는 불능/귀책사유 없는 불능은 후발적 불능이 채무자의 "책임 있는 사유로"(민법 제537조, 제546조 참조) 발생하였는가 여부에 따른 분류이다. 여기서 '책임 있는 사유', 즉 귀책사유라고 함은 원칙적으로 고의 또는 과실을 말한다고 이해되고 있다(뒤의 [150] 참조). 일반적으로 이 귀책사유에 대한 증명책임은 채무자에게 있으므로, 채무자는 자신에게 그 이행불능에 대하여 고의 또는 과실이 없음을 입증하지 않는 한 채무불이행책임을 부담하게 된다.

[140] 귀책사유 없는 이행불능의 해방효

채무의 이행이 채무자에게 귀책사유 없이 불능하게 되면, 그 채무는 소멸하여 채무자는 그 채무로부터 해방된다. 이는 다양한 채무불이행의 유형 중에서 이행불능만에 따르는 법률효과이다. 그리고 이 경우에는 비록 채무불이행은 있으나 그것을 이유로 하여 채무자에게 어떠한 법적 불이익, 즉 '책임'이 과하여지지 않으며, 오히려 채무자는 그 채무를 면할 뿐이다. 그러므로 이는 채무불이행책임으로 논하기에는 적절하지 아니하다.

민법은 이러한 해방효를 어디서도 정면에서 규정하고 있지는 않다. 그러나 뒤의 [154]에서 보는 바와 같이, 이행불능이 된 채무에 관하여 채권자는 강제이행을 청구할 수 없다. 그렇다면 그는 채무불이행책임을 물어 손해배상을 청구하거나 계약을 해제할 수밖에 없는데, 채무자에게 채무불이행에 대하여 귀책사유가 없는 경우에 대하여는 양자 모두 명문으로 부인되고 있다(민법 제390조 단서, 그리고 민법 제546조의 반대해석). 그렇다면 채무자의 귀책사유 없이 그 이행이 불능하게 된 경우에는, 채무는 소멸하고 채무자는 그 채무로부터 해방된다고밖에 할 수 없다. 그리고 민법도 이를 전제로 하여 예를 들면 위험부담에 관한 규정(특히 제537조)을 두고 있는 것이다.

[141] 위험부담

여기서 다음과 같은 경우를 생각하여 보자. 우리의 설례에서 매매계약이 체결되고 아직 B에게 주택이 인도되거나 등기가 이전되거나 하지 않고 있는 동안에 그 옆집에서 불이 나서 옮겨 붙는 바람에 매도인 A에게는 아무런 잘못도 없이 그 주택이 불타 허물어졌다고 하자. 이 경우 매도인 A는 목적물의 소유권을 이전해 줄 채무가 그의 귀책사유 없이 이행불능이 되었으므로, 그 채무로부터 해방되고 기타 무슨 채무불이행책임을 전혀 부담하지 않는다. 그러면 상대방 B는 그가 위의 매매계약에 기하여 부담하도록 되어 있었던 대금지급채무를 여전히 부담하는가? A는 이미 그 채무를 면하였는데, B는 여전히 자신의 채무를 부담하여야 하는가?

이와 같이 매매와 같은 쌍무계약에서 한쪽의 채무가 그 이행이 종료되기 전에 이행불능으로 인하여 소멸된 경우에 다른 쪽의 채무가 존속하는가 하는 문제는 위험부담의 법리에 의하여 처리된다. 그러므로 증여와 같이 그 당사자 한쪽만이 채무를 부담하게 되는 편무계약에서는 이와 같은 문제가 제기되지 않는다(쌍무계약/편무계약에 대하여는 앞의

[17] 참조). 여기서 '위험'이라고 하는 것은 자신이 부담하는 채무의 위와 같은 소멸로 말미암아 자기가 가지는 반대채권(이것은 그가 채무부담의 대가로 얻은 것이다)이 소멸할 위험, 즉 이른바 대가위험對價危險을 말하는 것이다.

다른 나라의 경우를 보면 그렇지 않은 예도 있으나, 민법은 타당하게도 그 경우에 A는 채권을 상실하게 된다는 태도를 취하고 있다(제537조). 이와 같이 이행불능이 되어 소멸한 채무의 채무자는 그 반면에 그의 상대방에 대한 반대채권을 상실하는 것으로 하는 태도를 채무자위험부담주의債務者危險負擔主義라고 한다. 우리 민법은 이러한 태도를 취하고 있는 것이다. 이와 같이 하여 쌍방의 채무가 다 소멸하면, 계약이 무효인 것과 마찬가지로 되어서, 앞의 [130]에서 본 대로, 상대방에 대하여 그 채무의 이행을 청구할 수 없는 것은 물론이고, 이미 이행한 것이 있으면 부당이득을 이유로 그 반환을 청구할 수 있는 것이다('원상회복').

여기서 전제가 되는 것은 채무자가 아직 그 채무를 이행하지 않고 있다는 것이다. 채무가 다 이행되어 변제로 말미암아 소멸된 경우에는, 비록 그 목적물에 어떠한 사태가 발생하였건, 그것은 어디까지나 채권자의 일이고 채무자는 자기가 채권자에 대하여 가지는 반대채권을 여전히 행사할 수 있음은 물론이다. 우리의 설례에서 A가 B에게 주택을 인도 및 양도하였다면, 그 후에 그 주택이 같은 이유로 소실되었어도, A는 B에 대하여 대금의 지급을 청구할 수 있다. 그러면 채무가 완전히 이행되어 소멸하기 전까지는 언제까지나 위와 같은 **위험부담**이 문제되는가? 예를 들면 부동산매매에 있어서 매도인은 등기와 점유를 매수인에게 이전하여 주어야 하는데, 그 모두가 이전되어야만 비로소 매도인은 그 목적물의 운명과 상관없이 그 반대채권, 즉 매매대금채권이 확보되는가,

아니면 그 전이라도 예를 들면 목적물이 매수인에게 인도되면 비록 등기는 아직 넘어가지 않았더라도(또는 등기가 이미 넘어갔으면 목적물이 인도되지 않고 있어도) '위험'은 매수인에게 **이전**되어 그 후에 목적물이 멸실되었더라도 매수인은 여전히 매매대금채무를 진다고 하여야 할 것인가? 이러한 문제는 **위험이전**의 법리에 의하여 다루어진다. 이에 대하여는 부동산매매의 경우에도 다른 매매에 있어서와 마찬가지로 원칙적으로 목적물의 인도만으로 위험이 매수인에게 이전된다고 생각할 수 없는 것도 아니나, 오히려 부동산매매의 경우에는 등기이전만이 유일한 기준이 된다는 견해도 있다.

위에서 본 대로 채무자가 대가위험을 부담하는 것이 원칙이지만, 예외적으로 한쪽의 채무가 그 채무자의 귀책사유 없이 이행불능이 되어도 채무자가 상대방에 대한 반대채권을 상실하지 않는 경우, 즉 이번에는 채권자가 위험을 부담하는 경우도 있다. 그 이행불능이 우선 "채권자의 책임 있는 사유"에 기한 때(민법 제538조 제 1 항 후단), 다음 "채권자의 수령지체 중에 당사자 쌍방의 책임 없는 사유"에 기한 때(동항 제 2 문)가 그러하다(수령지체에 관하여는 앞의 [22] "셋째" 참조). 이 후자의 규정에 비추어 보면, 대가위험은 변제의 제공과 함께 상대방에게 이전된다고도 볼 수 있다.

[142] 이행지체

이행불능 이외의 채무불이행도 극히 다양한 형태로 일어난다. 이들 중에서 가장 현저한 유형은 이행지체라고 할 것이다. 이행지체란 채무를 이행하기로 되어 있는 기일(그 정확한 내용에 대하여는 뒤의 [143] 참조)에 "채무의 내용에 좇은 이행"이 이루어지지 않는 것을 요소로 하는 채무불이행을 말한다. 이행불능과 마찬가지로, 이행지체도 민법이 명확하게 규정하고 있는 채무불이행유형이다. 예를 들면 민법 제392조는 '이행지체'라는 말을 정면에서 쓰고 있으며, 제395조는 "채무의 이행을 지체한 경우"라고 한다. 또 제387조와 제544조도 그 표제에 '이행지체'라는 표현을 포함하고 있고, 그 중에 제387조는 '지체책임'이라는 말을 쓰고 있는데 이는 '이행지체로 인한 채무불이행책임'을 가리키는 것이라고밖에 해석되지 않는다.

실제로 이행지체는 역시 독자적인 유형이 될 만한 성질을 가지고 있다. 그것은 일정한 시점의 경과라는 극히 단순하고 명쾌한 징표에 의해 결정되는 것이어서, 가장 시초적인 또는 가장 단순한 채무불이행이 되는 것이다. 따라서 채무의 이행이 불능이 아닌 이상에는, 이를 주장하는 것이 가장 간편한 공격방법이 된다.

[143] 이 행 기

이행기란 채무자가 이행을 하여야 하는 시기, 바꾸어 말하면 채권자가 이행을 청구할 수 있는 시기를 말한다. 계약에 의하여 발생하는 채무에 있어서는 많은 경우에 그 채무의 이행기가 별도로 약정된다. 또한 매매계약에 있어서는 한쪽 당사자의 채무에 대하여 의무이행의 시기에 대한 약정이 있으면 상대방의 의무이행에 대하여도 같은 기한이 있는 것으로 추정된다(민법 제585조). 그 시기는 예를 들면 "올해 3월 5일" 하는 식으로 날짜를 박아서 정할 수도 있고, "목적물을 실은 무슨무슨 배가 부산항에 도착하는 날로부터 1개월 후" 하는 식으로 지금으로서는 확정되지 아니하는 경우도 있다. 전자를 **확정기한**이라고 하고, 후자를 **불확정기한**이라고 한다. 또 "어느 날부터 1주일 사이에"라고 해서 일정한 기간으로 정할 수도 있다. 이와 같이 정하여진 이행기가 도래하기 전에는 채권자는 그 이행을 청구할 수 없으며, 채무자는 채권자의 이행청구에 대하여 이행기의 미도래를 들어 방어할 수 있다(이른바 장래이행의 소에 대하여 정하는 민사소송법 제251조도 참조).

그러나 경우에 따라서는 그러한 이행기의 약정이 없을 수도 있고, 특히 계약 이외의 원인에 의하여 발생하는 채무는 적어도 애초에는 일반적으로 이행기의 약정이란 있을 수 없다. 그 경우에 채권자는 채무가 발생하면 바로 채무자에게 이행청구를 할 수 있으므로, 그 채무의 이행기는 채무의 발생과 동시에 도래한다고 할 수 있다.

민법은 "기한은 채무자의 이익을 위한 것으로 추정한다"고 정한다(제153조 제 1 항. 추정에 대하여는 뒤의 [161] 참조). 그렇지만 "기한의 이익은 이를 포기할 수 있"으므로(동조 제 2 항 본문), 채무자는 기한의 이익을 포기하여 이행기 전이라도 이행을 할 수 있다(민법 제468조도 참조). 물론 채권자 측에서는 이행기가 도래하기 전에 미리 청구할 수 없기는 하다. 나아가 민법은 채무자가 담보를 손상·감소 또는 멸실하게 한 때 등의 일정한 사유가 발생한 경우에는 그 기한의 이익을 상실하게 된다고 정하고 있으므로(이에 대하여는 민법 제388조를 보라), 그 사유의 발생으로 바로 이행기가 도래하는 결과가 되어서 채무자는 채권자가 청구하는 채무의 이행을 거절할 수 없게 된다. 뿐만 아니라 당사자들 사이의 약정으로 기한이익의 상실에 관한 별도의 합의를 하는 일도 빈번하게 행하여진다. 예를 들면 이자의 지급을 2회 지체하면 원본을 바로 반환하여야 한다든가 채무자의 재산에 가압류나 압류가 행하여진 경우에는 기한의 이익이 상실된다든가 하는 계약조항이 그러하다.

[144] 지체책임

민법은, 확정기한이 있는 채무는 기한이 도래함으로써 바로, 또 불확정기한이 있는 채무는 채무자가 그 기한이 도래하였음을 안 때로부터 각기 이행지체가 된다고 정한다(제387조 제 1 항). 여기서 알 수 있는 것은, 채권자가 이행청구를 할 수 있는 시기와 채무자가 이행지체에 빠지는 시기가 반드시 일치하지는 않는다는 점이다. 즉 확정기한이 있는 채무라면 채권자가 이행청구를 할 수 있는 시기와 채무자가 이행지체에 빠지는 시기가 일치하나, 불확정기한이 있는 채무의 경우에는 채권자는 그 기한이 도래한 후라면 언제라도 이행청구를 할 수 있으나, "채무자가 기한이 도래하였음을 안 때" 비로소 이행지체가 된다. 또 기한이 없는 채무의 경우에 채권자는 앞서 본 대로 언제라도 이행청구를 할 수 있으나, 채권자가 실제로 이행청구를 하지 아니하면 언제까지나 이행지체가 되지 않는다. 민법은 기한이 없는 채무에서는 이행청구를 받은 때부터 지체책임이 있다고 정하는 것이다(민법 제387조 제 2 항). 한편 예외적으로 불법행위로 인한 손해배상채무는 원래 이행기의 정함이 없는 것이지만, 특히 피해자를 보호하기 위하여 원칙적으로 그 채무가 성립한 날로부터 이행지체가 된다고 하는 것이 확고한 판례의 태도이다.

그러나 위와 같은 요건이 갖추어졌다고 해도 언제나 채무자가 이행지체에 빠진다고는 할 수 없다. 예를 들면 채무자가 동시이행의 항변권을 가지고 있는 등으로 그 채무의 이행을 거절할 수 있는 사유가 있는 경우에는 이행지체에 빠진다고 할 수 없으며 채무자는 지체책임을 지지 않는다. 동시이행의 항변권은 이를 행사하여야 상대방의 청구를 저지할 수 있는 것이지만(이에 대하여는 앞의 [19] 참조), 지체책임과 관련하여서는 이를 행사하지 않고 있어도 단지 그와 같이 이행을 **거절할 수 있는 사유**가 있다는 것만으로 지체책임이 성립하지 않는 것이다. 이것을 동시이행항변권의 '당연효當然效'라고 부르는 사람도 있다.

또 앞서 본 대로([22]의 "첫째" 참조) 채무자는 실제로 채무를 소멸시키지 않더라도 채무의 이행을 제공하면("변제의 제공") 그 이후로는 지체책임을 지지 않는다.

[145] 채무불이행의 폐쇄적 3유형?

이행불능과 이행지체를 제외한 나머지의 채무불이행은 그 다양한 각종의 형태 중에서 일정한 징표에 의하여 어떠한 유형을 도출하기가 쉽지 않다. 그런데 우리나라의 많은 교과서는 위 양자를 제외한 나머지를 불완전이행이라는 개념으로 포괄하고 있다. 그리고 이는 채무자가 이행을 하기는 하였으나 그것이 "채무의 내용에 좇은" 것이 아닌 경우를 말한다고 설명하기도 한다. 그러나 그러한 의미의 '불완전이행'에 이행불능과 이행지체를 제외한 나머지의 모든 채무불이행을 포괄시킬 수 있는 것인지 의문이다.

예를 들면, 이웃간에 자기 땅 위에 담을 쌓지 않기로 약속하였는데(그러한 채무를 '하지 않는 채무', 즉 부작위채무라고 부르며, 작위채무, 즉 '하는 채무'와 대비된다), 이 약속에 위반하여 담을 쌓았다고 하자. 이것이 채무불이행임에는 의문이 없다. 그러나 이것을 위와 같은 의미의 불완전이행이라고는 말할 수 없다. 왜냐하면 채무자는 아무런 이행도 하지 않았고(채무자는 단지 '불이행'을 하였을 뿐이다), 따라서 이것이 "채무의 내용에 좇은" 것인지 여부는 도대체 문제될 여지조차 없는 것이기 때문이다. 그렇다고 해서 담을 쌓지 않는 것이 불가능한 것도 아니므로 이행불능이라고 할 수도 없고, 나아가 무슨 시점의 도과에 의하여 채무불이행의 성립 여부를 따지기에 적합한 것도 아니다.

그리고 결정적으로 중요한 것은 이행지체와 이행불능을 제외한 나머지 전부의 채무불이행을 '불완전이행'이라는 하나의 이름 아래 쓸어넣는다고 하더라도 이들에 공통된 법리를 제시할 수 없다는 것이다. 예를 들면 부작위채무에 대하여는 민법 제389조 제 3 항이 "채무자가 이를 위반한 때는 채무자의 비용으로써 그 위반한 것을 제각除却하고 장래에 대한 적당한 처분을 법원에 청구할 수 있다"고 규정하고 있으므로, 이를 그 불이행의 법률효과라고 할 것이다. 그러나 이는 다른 '불완전이행'의 경우, 예를 들면 채무자가 주된 급부를 실행하였지만 그것이 채무의 내용에 따른 것이 아니었던 경우(내가 '불완전급부'라고 부르는 유형. 뒤의 [147] 참조)에는 적용 내지 준용될 수 없고, 그 경우에는 오히려 기껏해야 이른바 추완이 문제될 수 있을 뿐이다(뒤의 [147] 참조). 그리고 뒤에서 보는 대로([146] 참조), 이행거절은 그에 고유한 법률효과, 즉 전보배상청구권, 그리고 최고 및 반대급부의 이행제공을 요하지 않는 계약해제권을 발생시키는데, 이는 부작위채무의 불이행이나 불완전급부에서는 쉽사리 인정될 수 없다. 그렇다면 이행지체와 이행불능 이외의 모든 채무불이행을 하나의 개념으로 파악하여 앞서 본 폐쇄적 3유형에 고착되거나 혹은 최근에 주장되는 것처럼 종전의 불완전이행을 '불완전급부'와 '기타의 행위의무'로 나눌 뿐이고 후자에 공통된 법리를 별로 제시하지도 못하면서 "그 외의 것은 없다"고 단언하는 것은 오히려 법적 문제 해결에 있어서 응용력을 현저히 떨어뜨리는 결과가 된다.

채무불이행의 유형론은 앞에서 본 대로 우리 민법의 규정을 이해하기 위해서라도 필요한 것이다. 그러나 이를 폐쇄적·배타적인 체계로 구성하는 것은 지금까지 별로 성공하지 못하였고, 또 그러한 체계를 애써 구성하려 할 필요도 없다. 이행지체와 이행불능은 우리 법에서 뚜렷이 독자적인 채무불이행유형으로 규정되어 있음은 물론이나, 우리 민법이 채무불이행을 "채무에 좇은 이행이 행하여지지 아니한 경우"라고 포괄적·일반적으로 정하고 있는 이상, 이행지체나 이행불능에 해당하지 않는 채무불이행 전부를 불완전이행이라는 하나의 유형으로 파악할 필요는 없으며, 유연하게 필요에 좇아 사태의 파악과 처리에 보다 적절한 유형을 구상할 수 있고 또 구상하여야 할 것이다. 결국 그러한 유형은 우리 민법의 이해를 위하여 얼마만큼의 설명력 또는 체계파악력이 있느냐에 따라 그 채택 여부를 결정하면 되는 것이다.

채무불이행책임이 발생하는가 여부를 판단함에 있어서 최종적이고 결정적인 징표가 되는 것은 "채무의 내용에 좇은 이행"이 이루어졌는지 여부이다. 그리고 이에는 이행이 있기는 하였으나 그것이 "채무의 내용에 좇은" 것이 아니었던 경우도 포함된다고 하는 것이 자연스러운 이해이므로 그렇다고 하면 그만인 것이다. 사실 사과 10상자를 인도하기로 한 채무자가 딸기 10상자를 주고서는 이행이 끝났다고 우기는 경우라면 일정한 시기에 사과 10상자를 주기로 하였는데 그때까지 주지 아니한 경우와 마찬가지로 계약 위반의 법적 책임을 당연히 져야 하는 것이 아니겠는가?

[146] 채무불이행의 다른 유형들 — 이행거절

이행불능이나 지체와 같이 주요한 유형 외에도, 비록 덜 현저한 것이기는 하나, 몇 개의 유형을 추출해 내는 것이 전혀 불가능한 것은 아니다. 그 하나의 예로 이행거절을 들 수 있다.

이는 채무자가 채무의 이행이 가능함에도 이행하지 않겠다는 확고한 의사를 채권자에 대하여 종국적으로 표시하여 그의 임의의 이행을 더 이상 기대할 수 없는 경우를 가리킨다. 실제의 거래에 있어서 이러한 이행거절은 주목되어 마땅한 채무불이행의 한 모습이다. 예를 들어 상대방으로부터 물품을 구입하는 사람은 많은 경우에 상대방의 적절한 이행을 전제로 여러 가지 재산적 계획을 수립한다. 만일 그 물품이 원료나 부품이고 그가 이로써 제품을 생산하려고 하는 경우에는 따로 설비를 가동하고 사람을 고용할 것이며, 또는 그 물품을 공급받아 제 3 자에게 매도하려고 할 수도 있다. 그런데 상대방이 이행기가 되기 전에 이미 그 이행을 거절한다면, 그러한 재산적 계획의 달성이 바로 위태롭게 된다. 여기서 그는 이행기를 기다려서 비로소 이행지체를 이유로 계약해제나 손해배상 등의 법적 구제수단을 취하여야 할 것인가? 특히 상대방의 거절의사가 확고한 것이라면, 이행기 전이라도 바로 계약을 해제하여 선택의 자유를 다시 확보한 후에 다른 곳으로부터 동일한 물품을 구입함으로써 원래의 재산계획을 실현하는 것이 보다 합리적인 대처방안이 아닐까? 그리고 그것이 상대방의 입장에서도 이익일 수 있는 것이, 자신의 채무불이행으로 인한 채권자의 손해, 즉 자신이 배상책임을 지게 될 손해가 그러한 조치에 의하여 감소될 수 있는 것이다. 또한 예를 들면 매매와 같은 유상계약에서 한쪽 당사자가 선이행의무를 지는 경우(예를 들면 매수인이 대금을 중도금·잔금으로 나누어 지급하기로 하는 경우의 중도금지급의무)에 상대방이 자신의 채무의 이행을 거절하는 의사를 미리 밝힌 때에도, 그 선이행의무의 이행기를 도과하면 지체책임을 져야 할 것인가? 이와 같은 경우의 처리를 위하여서도 이행거절이라는 유형을 독자적인 것으로 파악할 필요가 있다(민법 제536조 제 2 항도 참조).

민법은 계약해제에 관하여 이행지체 등의 경우에 채권자는 원칙적으로 기간을 두어 이행최고를 하고 채무자가 그 기간 안에 이행하지 않으면 계약을 해제할 수 있지만 채무자가 "미리 이행하지 아니할 의사를 표시한 경우"에는 그 최고 없이도 해제할 수 있다고 정하여(제544조 단서), 이러한 유형의 행태에 대한 약간의 단서를 제공하고 있다. 그러나 이는 어디까지나 그 전에 이미 채무자의 채무불이행이 있었음을 전제로 하는 규정이므로, 그것만으로 이행거절 자체를 채무불이행으로 정하였다고 할 수는 없다.

그런데 대법원 1993년 6월 25일 판결 93다11821사건(대법원판례집

41권 2집, 138면)은 부동산매도인(피고)이 중도금의 수령을 거절하면서 계약을 이행하지 아니할 뜻을 명백하게 표시하자 매수인(원고)이 이를 이유로 하여 잔대금지급기일이 되기 전에 이미 계약을 해제하는 의사표시를 한 경우에 그 해제가 적법한가 하는 문제를 다루고 있다. 위 판결은 이를 적법하다고 결론내렸다. 만약 그 경우에도 해제를 할 수 없다고 하면, 원고는 잔대금지급기일까지 기다려서 매매대금의 이행제공을 하였으나 피고가 그의 소유권이전등기의무를 이행하지 아니하여야 비로소 해제할 수 있을 것이다. 그러나 어차피 피고가 의무 이행를 하지 아니할 것이 명백한 마당에 "원고에게 위와 같은 방법을 취하라고 요구하는 것은 불필요한 절차를 밟고 또 다른 손해를 입도록 강요하는 게 되어 오히려 신의성실에 어긋나는 결과를 초래할 뿐"이라는 것이다. 이 판결은, 채무불이행의 한 유형으로 이행거절(특히 **이행기 도래 전**의 이행거절)을 시인하고, 그 효과로서 해제권의 발생을 긍정한 것이라고 평가할 수 있다.

그 후로 판례는 이행거절을 정면에서 별도의 유형으로 인정한다. 무엇보다도 대법원 2005년 8월 19일 판결 2004다53173사건(판례공보 2005하, 1498면)은 원심판결을 파기하면서 명시적으로 채권자는 이행기 전이라도 이행의 최고 없이 "채무자의 이행거절을 이유로" 계약을 해제하거나 채무자를 상대로 손해배상을 청구할 수 있다고 설시한 다음, 구체적으로 이 사건에서 인정되는 피고의 행태에 비추어 보면 "이 사건 각서상의 채무를 이행할 의사가 없음을 명백하고도 종국적으로 밝혔다고 봄이 상당하므로, 원고는 그 이행기 전이라도 피고를 상대로 채무불이행을 원인으로 한 손해배상청구를 할 수 있다"고 판시하였다. 그 후에도 대법원 2007년 9월 20일 판결 2005다63337사건(판례공보 2007, 1626면)은 "채무자의 이행거절로 인한 채무불이행에서의 손해액 산정은 이행거절 당시의 급부목적물의 시가를 표준으로 하여야 한다"고 판시한다. 이들 판결 등으로써 이행거절은 명확하게 독자적인 채무불이행 유형으로서의 체계적 지위를 획득하였다고 할 것이다.

이행거절 유형은 실제의 사안에서는 채무자가 계약상 채무의 이행 자체를 명백하게 거절하는 경우뿐만 아니라 그 채무의 전제가 되는 계약에 대하여 그 유효한 성립을 부정하거나 그 무효·해제 등의 효력불발생을 집요하게 주장하는 등의 경우에도 긍정될 가능성이 적지 않다.

[147] 불완전급부

나아가 앞서 본 '불완전이행' 중 일정한 부분은, 많은 사람들이 주장하는 그와 같은 체계상 압도적인 지위만 아니라면, 하나의 유형으로서 유용하다. 이 유형은 채무자가 채무의 이행을 위하여 일정한 급부를 하고 채권자도 변제로서 수령하기는 하였으나 그 급부가 "채무의 내용에 좇은 것"이 못 되는 경우이다. 이 유형에서는 우선, 다른 불이행유형에서와는 달리 이른바 추완追完의 문제가 발생할 수 있다. 즉 원래의 불완전한 급부에 가하여 그것이 "채무의 내용에 좇은" 것이 되도록 하는 재차의 급부를 추가적으로 실현함으로써 이제부터는 채무불이행으로부터 벗어날 수 있지 않는가 하는 문제이다. 예를 들면 자동차 매매에서 인도된 차의 문 열쇠가 고장이라고 하면, 이를 교체함으로써 족할 것이다. 물론 추완이 불가능한 경우도 있겠지만, 어쨌거나 위와 같은 문제는 대체로 불완전급부에서 제기된다. 나아가 그와 같이 부적절한 급부로 말미암아 채권자의 다른 법익(이른바 완전성이익完全性利益)이 해를 입은 경우를 어떻게 처리할 것인가와 관련하여서도(뒤의 [166] 이하도 참조), 이를 독자적으로 파악할 필요가 있을 것이다. 또한 물건의 인도를 내용으로 하는 인도채무(민법 제374조, 제375조 참조)와는 달리, 예를 들면 기술자 기타 전문가나 노무자가 진료·소송수행 등의 용역이나 노무를 제공하는 것과 같이 일정한 행위를 하는 것을 내용으로 하는 이른바 행위채무(앞의 [145]에서 언급한 바 있는 작위채무와 부작위채무가 이에 속한다)에 있어서는, 그 채무불이행이 대개 이러한 유형으로 나타나는 점도 고려할 필요가 있다.

그러나 뒤에서 볼 부수의무 위반의 유형과 구별하기 위하여, 이와 같이 채무자가 한 주된 급부가 불완전한 경우는 '불완전이행'보다는 오히려 '불완전급부'라고 부르는 것이 더욱 적절한 것이다.

[148] 부수의무의 위반

다른 한편 최근에는 채무자가 하여야 하는 주된 급부 자체에는 문제가 없는데 채무자가 그 외에 부수적으로 부담하는 의무를 소홀히 함으로써 채권자에게 손해가 발생한 경우가 채무불이행의 새로운 유형으로 주목되고 있다.

예를 들면, 여관에 손님을 숙박시키는 사람은 숙박장소를 제공하는 것이 그의 주된 계약상 의무이다. 그런데 마침 그 여관에 불이 나서 투숙한 손님이 밖으로 빠져 나오다가 비상구를 쉽사리 찾지 못하여 결국 부상을 입은 경우에는 비록 주된 급부에는 아무런 흠이 없더라도 여관주인에게 역시 계약불이행의 책임을 지울 수 있지 않을까? 말하자면 투숙객의 신체적인 안전을 배려해야 한다는 여관주인의 의무는, 비록 손님이 그 자체의 이행을 청구할 수는 없을지 몰라도, 그 위반으로 말미암아 손님에게 손해가 발생하였으면 채무불이행책임을 발생시키게 될 것이다(같은 취지의 대법원 1994년 1월 28일 판결 93다43590사건(법원공보 964호, 824면) 참조).

또 보통 사람들이 잘 알지 못하는 위험성을 내장하고 있는 물건을 매도하는 사람은 그 물건의 소유권과 점유를 매수인에게 이전하여 주기만 하면 이제 어떠한 계약상의 책임도 지지 않는다고 할 수는 없다. 특히 매수인이 매도인의 전문적인 지식과 경험에 의존하고 있는 경우에는 그 외에도 매도인은 자신이 알고 있는 목적물의 위험성 내지 안전한 용법을 어떠한 방식으로든 충분히 설명해 주어야 할 것이다. 이러한 설명을 충분히 하지 아니함으로써 매수인이 그 물건을 사용하다가 신체를 다친 경우에도 역시 채무불이행책임을 물을 수 있다고 할 것이다. 이러한 설명의무는 의사책임과 관련하여서도 빈번하게 문제된다(그 극명한 사례로 대법원 1994년 4월 15일 판결 92다25885사건(대법원판례집 42권 1집, 267면) 참조).

이들과 같은 경우에는 대부분에 있어서 추완 등의 문제는 이미 제기되지 않으며 계약 자체의 해제나 그 부수의무에 대한 강제이행청구도 쉽사리 고려되지 않는다. 또 그러한 불이행이 있다고 하여도 채권자 측에서 부담하는 반대채무의 이행을 거절할 수 없는 경우가 많을 것이다(민법 제536조 참조). 이러한 부수의무의 불이행이라는 유형에서는 이미 급부가 실현되지 아니하였다거나 부적절하게 실현되었다는 것이 문제가 아니라, 채무자가 그 급부의 적절한 실현 외에 부수적으로 계약목적의 실현을 위하여 일정한 행태를 취하여야 할 의무 또는 그 목적의 실현을 좌절시키는 행태를 하지 아니할 의무(이러한 부수의무는 계약에서 정하여질 수도 있으나, 많은 경우에는 신의칙에 기한 계약의 보충적 해석으로 인정된다)가 위반되었다는 것이 핵심인 것이다. 그리고 이러한 유형도 민법 제390조 본문에서 정하는 "채무의 내용에 좇은 이행을 하지 아니한 때"에 포섭될 수 있음은 물론이다.

이상의 것 외에도 부작위채무의 불이행 등 사회의 변화에 따라 또는 각자의 관점에 따라 채무불이행의 모습을 다양하게 유형화할 수 있다고 생각된다.

[149] 법정의 부수의무로서의 정보제공의무

최근에는 일정한 거래유형에 관하여 통상적으로 경제적·사회적으로 우월한 지위에 있다고 인정되는 사업자에게 거래상대방에 대하여 거래의 중요한 내용이나 그 거래에 수반될 수 있는 위험 등을 적극적으로 알릴 의무(일정한 사항이 기재된 계약서 기타 서면을 상대방에게 교부하여야 한다는 사업자 측의 의무도 이에 준하여 생각될 수 있을 것이다. 한편 이는 서면의 작성이 계약의 유효요건이라는 것을, 즉 그 법규정이 계약 형식에 관한 강행규정임을 의미하는 것은 물론 아니다), 나아가 소극적으로 사실이 아닌 정보를 제공하지 아니하거나 상대방으로 하여금 거래 관련 사항에 대하여 잘못 알지 아니하도록 할 의무를 부과하는 법규정이 증가하고 있다. 이는 계약의 해석으로 그와 같은 기업자의 의무가 인정될 수 있는지의 문제를 입법적으로 해결한 것이라고 할 수 있다.

대표적인 예로는, 우선 채권자가 보증인에 대하여 주채무자에 대한 일정한 정보를 제공할 것을 정하는 민법 제436조의2(이에 대한 상세는 뒤의 [221] 참조) 및 신원보증에서 사용자가 신원보증인에게 부담하는 일정한 통지의무(뒤의 [223] "둘째" 참조), 그리고 「표시·광고의 공정화에 관한 법률」 제 3 조에서 정하는 부당한 표시·광고 등의 금지, 「가맹사업거래의 공정화를 위한 법률」 제 9 조에서 정하는 '허위·과장된 정보제공 등의 금지', 「대규모유통업에서의 거래 공정화에 관한 법률」 제 8 조에서의 서면 교부 등의 의무, 「대리점 거래의 공정화에 관한 법률」 제 5 조의 계약서작성의무 등을 들 수 있다. 그리고 2020년 법률 제17112호로 제정되어 2021년 3월 25일부터 시행된 「금융소비자 보호에 관한 법률」은 그 제19조에서 은행·증권회사·투자신탁회사 등 '금융상품판매업자 등'의 일반 금융소비자에 대한 정보제공의무를 보장성 상품, 투자성 상품, 예금성 상품 및 대출성 상품으로 나누어 상세히 규정하고 있다.

이들 법규정 중 가맹사업거래에 대한 구체적인 적용예로 대법원 2022년 5월 26일 판결 2021다300791사건(판례공보 2022하, 1263면)을 들어보자. 위 판결은, 위 가맹사업거래 관련 법규의 입법취지는 "가맹희망자가 가맹계약을 체결할지 판단함에 있어 중요한 정보, 특히 예상수익상황에 관한 정보는 가맹본부로 하여금 반드시 '서면'으로 제공하게 하는 한편, 이에 관한 객관적이고 정확한 근거에 따라 예상수익상황을 산정하도록 주의의무를 부과한 것이라고 봄이 타당하다. 이로써 가맹본부에 정보가 편재되어 있는 상황에서 가맹본부로 하여금 정확한 정보를 제공하게 하여 가맹희망자의 합리적 판단을 방해하지 않도록 하고, 제공받은 정보에 기초하여 액세서리 전문점 가맹계약을 체결함으로써 가맹점을 운영하는 가맹희망자나 가맹점사업자를 두텁게 보호하려는 데 그 입법 취지가 있다"고 전제적으로 설시한다. 그 사건의 사실관계는, 원고들이 각기 피고 주식회사와 가맹계약을 체결한 후 가맹점운영권을 부여받아 점포를 운영하였는데, 가맹계약을 체결하는 과정에서 피고 회사가 제공한 '예상매출액 산정서'는 점포 예정지에서 가장 인접한 5개 가맹점들 중 직전 사업연도 매출환산액이 낮은 가맹점 일부를 임의로 제외하고 다른 가맹점을 포함시켜 예상매출액 범위를 확정함으로써 예상매출액 범위 최저액이 과다 산정된 것이었다. 원고들은 가맹점 개설 이래로 계속해서 점포 차임 등 지출비용을 매출로 충당하지 못하는 영업손실이 발생하자 피고 회사를 상대로 손해배상을 구한 것이었다. 물론 이 사건에서 원고들은 피고 회사의 불법행위를 주장하여 청구하였으나, 이는 아마도 피고의 행위가 계약이 체결되기 전에 행하여졌다는 사정에 의한 것(이른바 '계약체결상의 과실')으로서 계약 위반의 관점에서도 손해배상 범위의 문제를 포함하여 시사하는 바가 적지 않다.

원심판결은, 피고 회사가 그와 같이 임의로 선정한 가맹점들을 기준으로 삼아 예상매출액 범위 최저액을 과다 산정함으로써 마치 안정적 사업운영이 가능한 것처럼 보이는 '예상매출액 산정서'를 제공한 행위는 위 법령에서 정하는 허위·과장의 정보제공행위로서 위법행위에 해당하고, 이로 인하여 원고들이 잘못된 정보를 바탕으로 가맹계약을 체결하였으므로 피고 회사는 그로 인한 원고들의 손해를 배상할 책임이 있다고 판단하였다.

대법원도 이를 긍정하여 피고 회사의 손해배상책임을 긍정하였다. 그리고 나아가 원심판결이 인용하지 아니하였던 원고들의 영업손실 손해청구 부분에 관하여, "그 손해는 객관적으로 보아 상당한 정도로 예측가능한 것으로서 피고 회사의 불법행위와 상당인과관계 있는 통상손해의 범위에 포함되고, 이 손해가 특별한 사정으로 인한 손해라고 하더라도 그러한 특별한 사정의 존재에 대하여는 피고 회사에게 예견가능성이 있었다고 보아야 한다"고 설시하였다(손해배상의 범위에 대하여는 우선 뒤의 [169] 이하 참조). 구체적으로는 "위 영업손실에 원고들의 운영능력, 시장상황 등 다른 요인으로 인한 부분이 구분되지 않은 채 포함되어 있어 피고 회사의 불법행위에 따른 손실 부분의 구체적인 액수 입증이 사안의 성질상 곤란하더라도, 변론 전체의 취지와 증거조사의 결과에 기초하여 상당한 손해액을 인정할 수 있는데도, 이와 달리 본 원심판단에 법리오해의 잘못이 있다"고 판단하여 이 부분 원심판결을 파기환송하였던 것이다.

[150] 귀책사유

채무가 이행불능이 되거나 이행지체가 되거나 그 외에 "채무의 내용에 좇은 이행"이 온전히 이루어지지 아니한 경우에도, 채무자는 그에 대하여 자신에게 귀책사유가 없음을 주장·입증함으로써 채무불이행책임을 면할 수 있다. 그러한 의미에서 채무자의 귀책사유는 채무불이행책임의 소극요건이라고 할 수 있다(법적 책임의 발생에 자신의 행위로 타인에게 손해 기타 불이익을 가하였다는 것 외에도 귀책사유가 있을 것, 즉 유책성을 요구하는 이유에 대하여는, 뒤의 [217] 및 제 6 장 제 1 절 V. 1. (4) 참조).

귀책사유란 원칙적으로 채무자의 고의 또는 과실을 말한다고 이해되고 있다(민법 제390조 단서. 고의·과실의 일반적 의미에 대하여는 앞의 [73] "첫째" 참조). 그리고 민법은, 채무자 자신에게는 고의 등이 없더라도, "채무자가 타인을 사용하여 이행하는 경우"에는 그 타인(이를 이행보조자라고 부른다)에게 고의나 과실이 있으면 이를 채무자에게 고의나 과실이 있는 것으로 본다고 정한다(제391조). 여기서 이행보조자란 채무자가 운영하는 점포의 직원과 같이 그에게 고용되어서 그의 지시와 감독 아래서 일하는 사람뿐만 아니라, 독자적으로 영업을 하는 사람, 예를 들면 채무자의 위탁을 받고 채권자에게 목적물을 운송·배달하는 운수업자 등을 포함한다. 이는 타인을 사용하여 채무를 이행하는 경우에 그 타인의 행위에 대하여 채무자의 책임을 인정하는 것으로서, 자신의 행위에 대하여만 책임을 진다는 민법의 원칙에 대하여 중요한 예외를 정한 것이다(앞의 [74] 참조).

그런데 법은 언제나 고의 또는 과실을 귀책사유로 하는 것은 아니다. 앞의 [22] "둘째"에서 본 대로, 채권자가 채무자가 이행을 제공하였음에도 이를 수령하지 아니하였던 '채권자지체'가 있으면 채무자의 채무불이행책임은 그에게 고의 또는 중대한 과실이 있어야 발생한다(민법 제401조). 반면에 채무자가 이행지체에 빠진 경우(앞의 [142] 참조)에는, 그 후에 이행불능 등의 사유가 발생하면 이제 채무자에게 그 사유에 대하여 고의나 과실이 없어도 그는 채무불이행책임을 져야 한다(민법 제392조 본문. 다만 동조 단서도 참조). 앞의 [22]에서 든 예를 빌면, 갑이 을에게 그림을 판 후 대금을 다 받고도 약속한 때에 그림을 인도하지 않고 집에 보관하고 있었다고 하자. 그 후 옆집에서 난 불이 갑의 집으로 옮겨 붙는 바람에 그림도 타 버려서 갑의 채무가 물리적으로 이행불능이 되었다면, 갑은 그림의 소실 자체에 대하여 아무런 과실이 없어도 그로 인한 손해배상책임을 져야 한다는 것이다. 그러므로 귀책사유란 항상 고의 또는 과실을 가리킨다고 생각해서는 안 되며, 그에는 중요한 예외가 있음을 명심하여야 한다(또한 과실요건과 관련하여 통상의 기준과는 달리 '자기 재산(또는 고유 재산)에 대하여 하는 주의'와 같은 주의만을 기울일 것을 요구하는 민법 제695조, 제1022조 등도 참조).

한편 앞서 본 귀책사유, 특히 과실은 다른 경우, 예를 들면 불법행위의 요건으로서의 "고의 또는 과실"(앞의 [73] "첫째" 참조)과 동일한 의미인가? 여기에 대하여는 지금까지 논의가 많지 않으나, 일반적으로 다음과 같이 말할 수 있을 것이다. 물론 추상적으로는 여기서의 '과실'도, 불법행위요건으로서의 과실과 같이, 합리적인 평균인에 있어서 사회생활상 요구되는 주의를 기울였다면 객관적 채무불이행이 일어나는 것을 예견하거나 회피할 수 있었을 것인데 그 주의를 하지 아니함으로써 그러한 결과가 발생하게 된 것을 말한다고 할 수 있을 것이다. 그러나 그 때 주의의무의 내용에 있어서는 다음과 같은 점이 지적되어야 한다. 불법행위제도는 대체로 서로 모르는 사람 사이에서 일어난 사고로 인한 손해를 적정하게 배분하는 것을 주안으로 함에 비하여, 계약의 경우에는 서로가 상대방에게 하여야 할 바가 미리 정하여져 있는 것이다. 그러므로 불법행위에 있어서는 일반적으로 사회에 의하여 요구되고 있는 수준에 자기의 잘못으로 도달하지 못한 행위에 대하여만 책임을 지울 수 있다. 그러나 계약으로써 약속한 급부는 당사자가 그 실현을 의도적으로 인수한 것이다. 그러므로 그와 같은 **계약의 의미에 비추어** 채무자는 사회가 어느 사람에게나 요구하는 것 이상으로 채무불이행의 결과를 회피할 수 있도록 주의하여야 한다. 그러므로 예를 들면 스스로 감기에 잘 걸리는 체질인 줄 알지만 몸을 찬 공기에 노출하게 되어 감기에 걸리고 그 결과로 그와 우연히 접촉한 다른 사람이 그로부터 전염되었다고 하더라도, 그에게 불법행위상의 과실은 없다고 하기 쉬울 것이다. 그러나 출연계약을 체결한 가수가 그와 같이 하여 감기에 걸리고 이로 말미암아 출연을 못하게 되었거나 공연을 망쳤다면 그에게는 계약위반에 대하여 과실이 있다고 하여야 하지 않을까? 이렇게 보면 채무불이행의 요건으로서의 과실은 불법행위의 경우보다 아무래도 넓게 인정되며, 채무불이행이 채무자의 지배영역 내에 있는 사정을 원인으로 하는 것일 때에는 대부분의 경우에 채무자는 책임을 면하기 어려울 것이다.

결국 그러한 의미의 "귀책사유 없음"은 많은 경우에 불가항력 기타 채무자가 예상하거나 회피할 수 없는 외부적 사정(예를 들면 예상할 수 없는 파업, 전쟁이나 폭동의 발발 등) 또는 채권자의 고의 또는 과실 등의 경우에 인정될 것이나, 물론 반드시 그에 한정되지는 않는다.

[151] 법개념의 상대성

이와 같이 법에서는 하나의 개념이 그것이 논의되는 제도나 문맥에 따라 그 의미를 조금씩 달리하는 경우가 많다. 그 대표적인 예는 통상은 명확한 것으로 생각되는 '사람'의 의미이다. 예를 들면 민법 제 3 조는 권리능력에 관하여 "사람은 생존한 동안 권리와 의무의 주체가 된다"고 정하고, 형법 제250조 제 1 항은 살인죄에 대하여 "사람을 살해한 자는 사형, 무기 또는 5년 이상의 징역에 처한다"고 정한다. 그러면 언제부터 사람이 되는가? 태아가 여기서 말하는 '사람'에 해당하지 않음은 명백하다. 왜냐하면 형법에서는 낙태죄에 대하여 별도로 규정을 두고 있고(제269조 이하. 모자보건법 제14조, 제28조도 참조. 한편 헌법재판소 2019년 4월 11일 결정 2017헌바127사건(헌법재판소판례집 31권 1집, 404면)은 낙태죄에 관한 형법 제269조 제 1 항 및 제270조 제 1 항(그 중 '의사醫師'에 관한 부분)에 대하여 '헌법불합치'의 판단을 내리고 2020년 12월 31일까지만 적용된다고 선언하였는데, 그때까지 그리고 2025년 10월 현재까지도 그에 따른 입법은 아직 없어서 그 규정은 이미 효력을 상실하였다), 민법에서도 태아에 대하여는 예외적인 몇 개의 사항에 관하여서만 "이미 출생한 것으로 본다"고 정하고 있기 때문이다(제762조, 제1000조 제 3 항 등 참조).

그러면 태아와 사람과의 경계는 어디인가? 민법에서는 태아가 모체로부터 완전 분리되었을 때라고 하는 데 반하여(이른바 전부노출설), 형법에서는 진통이 개시된 때라고 한다(이른바 진통설 또는 분만개시설. 대법원 1982년 10월 12일 판결 81도2621사건(대법원판례집 30권 3집, 형사편 133면), 그리고 일독의 가치가 있는 대법원 2007년 6월 29일 판결 2005도3832사건(대법원판례집 55권 1집, 957면) 참조). 이와 같이 동일한 개념이 그 문제되는 제도나 법영역에 따라 그 의미가 달라지는 것을 '법개념의 상대성'이라고 한다. 그것은 각 제도나 법영역은 각기 규율목적이 다르고 보호하려는 가치의 내용이나 강도가 달라서, 거기서 쓰여지는 각 개념의 의미도 이와 같은 요소의 영향을 받아 정하여지기 때문이다. 이와 같은 법개념의 상대성은 법이 추상적 개념의 공리적 체계가 아님을 반증하여 준다. 이는 바꾸어 말하면 법은 그 목적과 보호하려는 가치에 맞게 해석되어야 한다는 것이 된다.

제 2 절 강제이행과 민사소송

[152] 채무의 강제이행

채권은 앞에서 본 대로 채무자가 그의 의사에 기하여 그 채무의 내용대로 이행을 하면 소멸한다(민법 제460조 이하에서 정하는 '변제'). 그런데 채무자가 그와 같은 이행을 하지 아니하는 경우에 채권자는 어떠한 조건 아래서 어떠한 법적 조치를 취할 수 있는가? 예를 들면 우리의 설례에서 매도인 A가 주택이나 그 대지의 소유권을 이전하지 아니하거나(또는 이전하지 못하거나) 주택을 인도하지 아니하는 경우에, B는 어떠한 법적 수단을 가지는가?

물권은 앞에서 본 대로 물건 기타 목적물을 직접 지배하는 것을 내용으로 한다. 물권을 가지고 있다는 것 자체가 외계에 존재하는 물건 등으로부터의 이익을 직접 누릴 수 있는 상태이며, 그 지배가 방해되거나 침해를 받는 등으로 실현되지 않고 있으면 그 방해를 배제하고 그로 인한 손해를 배상받거나 하여 침해가 없었던 것과 같은 상태로 회복하면 족하다. 이에 비하여 채권은 채무자에 대하여 일정한 급부를 할 것을 청구할 수 있음을 내용으로 한다. 채권자는 어떠한 외계에 존재하는 대상(인간은 그러한 대상이 아니며, 대상이 되어서도 안 된다)을 그 채권 자체에 기하여 지배하지는 못한다. 말하자면 물권을 가지는 사람은 하향적으로 물건에 대하여 지배를 가하는 데 대하여, 채권을 가지는 사람은 수평적으로 공동체의 같은 구성원인 다른 사람(채무자)에 대하여 일정한 행위를 요구할 수 있을 뿐이다. 이것을 이익의 귀속이라는 관점에서 보면, 물권의 경우에는 일정한 물건으로부터 발생하는 각종의 이익이 물권을 가진 사람에게 **이미 배타적으로 할당**되어 있는 데 대하여 채권의 경우에는 채무자에 대하여 그 이익(물론 물건으로부터 생기는 이익에 한정되지는 않는다)이 자신에게 **귀속되도록 움직일 것을 요구**할 수 있을 뿐이다. 그러므로 물권법을 재화귀속법이라고 하고, 채권법을 재화운동법이라고 부르는 것도 무리는 아니다(이상에 대하여는 앞의 [62]도 참조).

물론 대부분의 채권(그리고 기타의 청구권)은 채무자의 의사에 기한 이행에 의하여 원만하게 만족을 얻는다. 만일 그렇지 않고 국가의 힘을 빌어 채권의 만족을 강제적으로 실현하여야 할 경우가 오히려 대부분이라고 한다면, 채권제도는 그 실효성이 의심스러워서 그 존립 자체가 위험하게 될 것이다. 이와 같이 채권의 만족이 일차적으로 채무자가 임의로 그 부담하는 의무를 이행하는 것에 달려 있고 또 실제로 대부분은 그렇게 되고 있다고 하더라도, 만일 채무자가 임의로 그 의무를 이행하지 않는 경우(이행할 수 없는 경우를 포함하여)에는 채권자는 그 채권의 만족을 얻을 수 있는 강제적 방법을 가져야 한다. 만일 이러한 방법이 갖추어지지 않는다면, 그 권리의 실현 여부는 완전히 채무자의 의사에 달려 있게 되어서, 당사자들 사이의 이익분쟁을 해결하는 기준으로서의 '권리'란 유명무실하게 될 것이다.

이와 같이 채무의 내용 그 자체를 실현하기 위하여 채권자에게 보장되는 것이 바로 이행청구권이고 또 이에 기하여 채무의 내용을 강제적으로 실현하는 것이 강제집행의 제도이다.

[153] 강제이행의 원칙적 보장

우리 민법은 채권자는 국가에 대하여 채권의 내용 그 자체가 실현되도록 요구할 수 있다는 원칙을 취하고 있다. 다른 나라의 예를 보면 이를 원칙적으로 허용하지 않고 채무자로부터 금전으로 하는 손해배상만을 얻을 수 있다고 하는 경우도 없지 않다. 특히 영국이나 미국 등 커먼로(common law) 국가가 그러하며, 거기서는 예외적으로만 이른바 특정이행(specific performance)의 청구가 허용된다. 그러나 민법은 "채무자가 임의로 채무를 이행하지 아니한 때에는 채권자는 그 강제이행을 법원에 청구할 수 있다"고 정하여(제389조 제 1 항 본문), 독일이나 프랑스와 같은 유럽대륙법의 국가들과 마찬가지로 이를 인정하고 있다. 이러한 강제이행청구권은 뒤에서 보는 예외적인 사유([154] 참조)가 없는 한 객관적으로 채무불이행이 있으면 인정되며, 채무자의 귀책사유 유무를 불문한다.

그런데 국가기관의 힘을 빌어 채권의 만족을 얻기 위하여는 먼저 그 채권의 존재와 내용이 공적으로 확인되어야 한다. 그러므로 B는 A에 대하여 소송을 제기하여 소유권이전등기의 이행 또는 주택의 인도를 청구할 수 있다(이와 같이 소송으로써 청구하는 것을 통상 '소구訴求'라고 한다. 한편 민법 제170조 제 1 항도 참조하라: "재판상의 청구"). 그리고 그 소송에서 승소판결을 얻은 다음 그 판결을 바탕으로 강제집행을 하여 그 채권을 강제적으로 실현할 수 있다. 그리고 이러한 강제집행의 절차 등에 관하여는 무엇보다도 민사집행법이 정하고 있다. 이와 같이 채권의 강제적 실현은 대체로 두 단계로 나누어서 이루어진다.

[154] 강제이행을 청구할 수 없는 경우

그러나 어떠한 채권이나 그 강제이행을 청구할 수 있는 것은 아니다. 민법은 이에 대하여 "채무의 성질이 강제이행을 하지 못할 것인 때"에는 어떠한 종류의 강제이행도 청구할 수 없다고 정하고 있다(제389조 제 1 항 단서. 애초에 그것이 어떠한 사항이든 그 '성질이 허용하지 않는 것'을 법이 강제할 수 있을까?). 예를 들면, 예술가의 작품제작의무와 같이 어떠한 방식으로든지 강제되어서는 채무의 내용에 맞는 급부를 실현할 수 없는 경우나, 부부간의 동거의무(민법 제826조 제 1 항 본문 참조. 물론 이는 친족관계상의 의무로서 본래의 '채무'라고 할 수는 없을 것이나, 그 이행이라는 관점에서는 채무와 크게 다를 바 없다) 등과 같이 어떠한 방식으로든 강제당하여서는 채무자의 인격을 현저하게 해치는 경우 등이 그러하다. 한편 민법 제803조는 "약혼은 강제이행을 청구하지 못한다"고 하여 비록 약혼을 하였어도 당사자가 상대방에 대하여 혼인할 것을 강제할 수는 없다고 정하는데, 이 역시 같은 취지에서 나온 것이다.

나아가 채무의 이행이 불능인 경우에는, 그에 대하여 누구에게 귀책사유가 있는지를 불문하고, 그 강제이행을 청구하는 것은 허용되지 아니한다. 그것은, 채무의 내용을 이행하도록 채무자에게 명하여 보아도 어차피 그 이행이 불가능하게 되었다면 그 목적을 달성할 수 없기 때문이다. 그리고 현재의 실무는 이미 이행이 불능이 된 채무에 대하여 그 이행을 구하는 소송이 제기되면, 아예 판결단계에서 그러한 청구를 부인해 버린다. 그러므로 우리의 설례에서 주택이 계약 체결 후에 불에 타 버렸다면, 그것이 누구의 잘못에 의한 것이든, B가 그 인도를 청구하여 보아도 이 청구는 인정되지 않는다(법원은 '청구기각'의 판결을 하여 원고를 패소시킨다). 이 경우에 채권자는 손해배상이나 해제로 돌아갈 수밖에 없다.

뿐만 아니라 채권자와 채무자가 서로 합의하여 채무의 이행을 강제하지는 않기로 정한 경우에도 강제이행청구는 허용되지 않는다. 이에 대한 상세는 채권총론 교과서를 참조하기 바란다.

[155] 강제이행의 방법

강제이행청구가 허용되는 경우라도, 어떠한 경우에나 동일한 강제방법으로 그 채무가 실현되는 것은 아니다. 이에는 대체로 직접강제, 대체집행, 간접강제의 세 가지 방법이 있다고 일컬어지고 있다.

가장 통상적인 방법은, 국가기관이 물리적 실력을 행사하여서 채무자의 의사 여하에 불구하고 채무의 내용을 실현하는 것이다. 이것을 **직접강제**라고 부른다. 예를 들면, 주택에 대한 A의 점유를 집행관이 빼앗아서 이를 B에게 넘겨주거나(민사집행법 제258조), 집행법원이 B의 부동산을 경매에 붙여 거기서 얻은 금전을 A에게 지급하는 경우(동법 제80조 이하) 등이 그것이다.

다음으로 채무자로부터 비용을 받아내서 이것을 가지고 채권자 또는 제 3 자로 하여금 채무자에 대신하여 채무의 내용을 실현하게 하는 것을 **대체집행**이라고 한다(민법 제389조 제 2 항 후단, 민사집행법 제260조 참조). 예를 들면 채무의 내용이 건물을 철거하는 것이면 채무자로부터 얻어낸 돈으로 인부를 고용하여 이를 헐어내는 경우 또는 담을 쌓지 않는다는 부작위의 채무에 위반하여 설치된 담을 채무자의 비용으로 허무는 경우(후자에 대하여는 민법 제389조 제 3 항 참조) 등이 그것이다.

마지막으로 일정한 방법으로 채무자에 심리적인 압박을 가하여 그로 하여금 채무 이행에 나아가도록 하는 **간접강제**의 방법이 있다. 민사집행법은 심리적 압박을 가하는 수단으로, 채무자가 법원이 정하는 상당한 기간 내에 이행을 하지 아니하는 때에는 "그 지연기간에 응하여 일정한 배상을 할 것을 명"하거나, 또는 "즉시 손해의 배상을 할 것"을 명하는 방법을 정하고 있다(제261조). 예를 들면 어느 기업의 피용자가 고용관계 존속 중 또는 종료 후에 그 기업과 경쟁관계에 있는 업무에 종사하지 아니할 의무(이른바 경업금지의무. 상법 제17조 제 1 항도 참조)를 위반한 경우나 피고 회사에 대하여 타사의 제품을 근거 없이 헐뜯는 광고를 중단하라는 판결이 있었던 경우 등에는 이러한 강제방법이 취하여질 수 있다(한편 가사소송법은 2010년 3월에 이르러 양육비와 같은 이혼급부 등이 실효적으로 실현되게 하기 위하여 가정법원이 직접지급명령·담보제공명령 또는 이행명령을 내리고, 이러한 명령에 위반하는 의무자에 대하여 과태료를 부과하거나 감치에 처할 수 있게 하는 특별한 의무강제장치를 마련하였다. 가사소송법 제63조의 2, 제63조의 3 및 제68조 참조. 이 역시 간접강제의 특수한 예라고 할 수 있다).

한편 간접강제 신청의 시기와 관련하여서 대법원 전원합의체 2021년 7월 22일 판결 2020다248124사건(대법원판례집 제69권 민사편, 796면)은, 반드시 판결절차가 채권자의 승소로 종료하여 그 집행절차로 들어가서만 이를 신청할 수 있는 것은 아니며, 예를 들면 부작위채무에 관하여는 "판결절차의 변론종결 당시에 보아 부작위채무를 명하는 집행권원이 성립하더라도 채무자가 이를 단기간 내에 위반할 개연성이 있고, 또한 판결절차에서 민사집행법 제261조에 의하여 명할 적정한 배상액을 산정할 수 있는 경우"에는 판결절차에서도 채무불이행에 대한 간접강제를 명할 수 있다는 태도를 그대로 확인하여(대법관 3인의 반대의견을 물리쳤다) 종전의 판례를 유지하고 있다(한편 2005년에 제정·시행된 「언론중재 및 피해구제 등에 관한 법률」의 제26조는 언론보도로 인한 피해자가 정정보도청구 등의 소를 제기하는 경우에 그는 그 소의 제기와 동시에 간접강제를 신청할 수 있다고 정한다).

종전에는 위와 같은 세 종류의 방법은 당사자가 그 중 하나를 자유로 택할 수 있는 것이 아니라, 이들 사이의 서열 내지 선후관계를 엄격하게 인정하여서 직접강제가 가능한 것은 반드시 그것에 의하여야 하고 대체집행이나 간접강제를 할 수 없으며, 또 대체집행이 가능한 것에 대하여 간접강제에 의할 수 없다고 이해되고 있었다. 그 이유는 채무자의 인격이 가장 크게 제약되는 것이 간접강제이고 그 다음이 대체집행이므로 가능하면 그것이 덜 침해되는 방법에 의하는 것이 바람직하다는 것이었다.

그러나 채권의 강제적 실현에 있어서는 채무자 인격의 보호라는 가치만이 추구될 것이 아니고 그와 아울러 집행방법의 합목적성 내지 실효성의 관점도 무겁게 고려되어야 할 것이다. 그렇다면 위와 같은 '강제이행 방법상의 서열'을 예외 없이 고집할 것이 아니고, 사안유형의 특성에 따라서 직접강제나 대체집행으로 실효적으로 채권이 실현될 수 없는 경우라면 간접강제를 허용하는 것도 충분히 생각하여 볼 수 있다. 예를 들면 특정한 동산을 인도할 채무를 지는 자가 목적물을 은닉하는 경우, 제 3 자 소유의 건물을 수리하는 것과 같이 급부의 실현을 위하여 채무자가 제 3 자의 동의를 얻도록 노력하여야 하는 경우, 부작위채무가 반복적·계속적으로 위반되고 있는 경우 등이 그러하다. 민사집행법은 인도채무에 대하여는 직접강제를, 대체적 작위채무 및 부작위채무에 대하여는 대체집행을 규정하지만(제257조 이하, 제260조. 민법 제389조 제 2 항 제 2 경우, 제 3 항도 참조), 다른 한편 민사집행법은 간접강제의 요건으로 "채무의 성질이 간접강제를 할 수 있는 경우"라고만 하여 이를 일반적으로 정하고 있는 것이다(제261조 제 1 항 제 1 문). 또 예를 들면 대법원 1996년 4월 12일 판결 93다40614사건(대법원판례집 44권 1집, 323면)

도 비방광고로 인한 인격권 침해를 이유로 그 광고의 중지(이는 부작위 채무에 해당한다)를 명하면서, 채무자가 단기간 내에 이를 위반할 개연성이 있는 등의 사정이 있으면 간접강제로서 '위반시에는 일정한 배상액을 지급할 것'을 정할 수 있다고 판시하였다.

그 외에 특별히, 우리의 예에서 A와 같이 등기신청을 하여야 한다든가 채권양도인이 채무자에게 채권양도의 통지를 하여야 하는 의무 등과 같이 일정한 '의사의 진술'을 하여야 하는 경우에는, 그와 같은 의사의 진술을 하도록 명하는 재판이 확정되면 바로 그와 같은 의사의 진술이 있는 것으로 "본다"(민사집행법 제263조 제 1 항). 그러므로 A가 B에게 소유권이전등기절차를 이행하라는 판결이 확정되면, A는 그러한 등기신청의 의사표시를 한 셈이 되어, B는 이 판결을 가지고 A의 실제의 협력이 없이도 소유권등기를 이전받을 수 있게 되는 것이다(부동산등기법 제23조 제 4 항도 참조. 부동산등기절차상의 원칙적으로서의 공동신청주의에 대하여는 앞의 [51] "첫째" 참조).

[156] 자력구제의 원칙적 금지

이상에서 말한 강제이행은 국가의 힘을 빌어 행하는 것이다. 채무자가 채무의 이행을 하지 아니하는 경우에라도 채권자는 채권의 목적물을 채무자로부터 빼앗아 오거나 채무자를 구금하는 등으로 자신의 채권을 스스로의 힘에 의하여 실현하여서는 안 된다. 만일 이러한 일을 벌이게 되면, 그는 그 행위에 대하여 형벌(절도죄, 감금죄 등)을 받게 된다. 바꾸어 말하면, 자신의 권리를 자신의 힘으로 실현하였다는 것은 범죄의 성립을 저지하는 사유가 되지 못하는 것이다.

이와 같이 권리의 자력실현, 즉 자력구제自力救濟 또는 사력구제私力救濟는 원칙적으로 허용되지 않으며, 물리력의 행사는 국가에 의하여 독점된다. 채권자는 채무자가 의무를 스스로 이행하지 아니할 때에는, 우선 국가(구체적으로 말하면 법원)로부터 채권의 존재를 확인받고(그 절차가 바로 소송이다), 그 존재증명서(확정판결 등. 이와 같은 것들은 집행절차가 행하여지는 출발점이 되는 것으로서 집행권원執行權原이라고 부른다. 뒤의 [158] 및 [241] "첫째" 참조)에 기하여 역시 공적 기관(법원이나 집행관 등)의 힘으로 그 내용을 실현하는 것이 원칙이다.

그러나 민법은 예외적으로 점유자에게 "점유를 부정히 침탈 또는 방해하는 행위에 대하여 자력으로써 방위"하는 것만은 이를 허용하고 있다(제209조 제 1 항). 또 도둑이 물건을 훔쳐 도망가는 경우에는, 그 물건의 점유자는 현장에서 또는 뒤쫓아가서 이를 힘으로 다시 빼앗을 수 있다(동조 제 2 항 제 2 경우). 그리고 주택이나 토지와 같은 부동산의 경우에는 "침탈 후 즉시 가해자를 배제하여 이를 탈환할 수 있"다(동항 제 1 경우).

[157] 채권법과 강제집행법

교과과정에서 통상 민사소송법 강의의 일부로 다루어지고 있는 강제집행법은 채무 기타 의무의 강제실현절차법으로서의 의미를 가진다. 그러므로 강제집행법은 기능적으로 말하면 채권법의 연장이라고 할 수도 있다. 그리고 역으로 채권법을 이해하려면 그 강제적인 실현절차에 관한 법, 즉 강제집행법을 어느 정도 알아두어야 한다. 하나의 예를 들면 뒤의 [210] 이하에서 간략하게 살펴보는 채권자대위권이나 채권자 취소권 등의 제도는 강제집행법을 알지 못하면 실상 제대로 이해할 수 없는 것이다. 그러나 대부분의 법학전문대학원 또는 법과대학에서 강제집행법은 제대로 강의되지 않고 있고, 단지 저당권의 실현과 관련하여 담보권실행경매(종전에 임의경매라고 불리던 것. 민사집행법 제 3 편 참조)의

절차에 대하여 간략한 설명이 행하여지는 경우가 있을 뿐이어서, 결국 공부하는 사람 스스로 노력하는 수밖에 없다고 하겠다.

한편 각 당사자의 법적 지위가 **강제집행절차상** 또는 파산이나 회생·회사정리 등의 **도산절차상**으로 어떠한 것인가는 법 공부를 함에 있어서 반드시 주의하여야 할 점의 하나이다. 이와 같이 넓은 의미의 강제집행에 있어서는 대개의 경우 많은 이해관계인들이 서로 양보할 수 없는 이해의 대립을 보인다. 우리나라에서 강제집행을 당하는 사람은 대부분의 경우에 재산이 별로 없기 때문에, 그에 대한 다수의 채권자들이 자기 채권의 만족을 얻을 수 있는가 또는 어느 만큼 얻을 수 있는가는 전적으로 당해 강제집행절차에서 어떠한 지위에 있는가에 걸리게 되는 수가 많다(앞의 [59], 특히 뒤의 [237] 이하도 참조). 그리하여 이와 같이 첨예하게 대립하는 이해관계인 사이의 법적 지위의 우열을 처리하는 것은 흔히 법에 고유한 기술적인 문제가 된다. 그러므로 여러분은 민법의 곳곳에서 예를 들면 '압류'(또는 가압류), '압류채권자'(또는 가압류채권자), '집행채권자', '집행채무자', '제 3 채무자', '전부명령', '추심명령', '제 3 자 이의의 소', '청구이의의 소', '파산채권', '재단채권', '환취권', '별제권', '회생담보권' 등의 강제집행법 또는 도산법상의 용어에 부딪치게 될 것이다. 이러한 용어의 이해를 위하여서라도 강제집행법 등에 대한 어느 정도의 공부가 불가결하다.

[158] 민사소송

앞에서 본 대로, 채무자가 자신의 채무를 자의로 이행하지 않는다고 하여도 채권자가 바로 강제집행에 착수할 수는 없다. 채권자는 법원에 그 채무의 이행을 청구하는 소송을 제기하여 채권의 존재와 내용을 확인받음과 아울러 또 이 확인에 의하여 강제집행절차를 발동시킬 수 있는 권능을 부여받는 것이다(즉 '집행권원'으로서의 확정판결을 얻는다. 한편 강제집행의 기초가 되는 집행권원에는 확정판결 외에도 확정판결에 준하는 화해 또는 청구인락의 조서, '가집행선고가 있는 종국판결', '확정된 지급명령', 그리고 강제집행승낙부 공정증서 등이 있다. 민사소송법 제220조, 민사집행법 제24조, 제56조를 보라. 뒤의 [241] "첫째"도 참조). 물론 이러한 소송절차에 대하여는 민사소송법이 정하고 있고, 그 절차에서 확인을 받게 될 권리의 성립 여부와 내용을 결정하는 실체법인 민법은 일단 이와는 무관하다고 할 수 있다. 그러나 실체와 절차는 다른 모든 경우에 있어서와 마찬가지로 불가분의 밀접한 관계가 있다.

실체법이 아무리 어떠한 권리의 발생요건을 정비하고 그에 대한 법률효과를 적정하게 정한다고 하더라도, 그것을 실현하는 절차가 불비하여 그 권리의 실질을 달성할 수 없다고 한다면, 그 실체법은 공허한 문자에 불과한 것이다. 예를 들면 실체법에서 요구되는 어떠한 법률요건이 그것을 충족하는 사실을 입증하기가 극히 어려운 것이라고 한다면, 이는 당사자의 입장에서 보면 실체법에서 그 권리 자체를 부인하는 것과 **결과에 있어서는** 별로 다를 바 없다. 어차피 권리구제는 받지 못하게 되기 때문이다.

예를 들면 불법행위로 인한 손해배상청구권이 인정되기 위한 요건으로서 '가해행위와 손해와의 사이에 인과관계가 있을 것'이 논의의 여지없이 요구되고 있다(앞의 [73] "셋째" 참조). 만일 공장의 폐수로 인하여 그 부근의 바다에 있는 김양식장의 김이 죽어 버렸다고 주장하는 사람들이 있다고 하자. 그들이 전통적인 의미에서 그러한 인과관계를 입증하려면 적어도 다음과 같은 세 개의 사실을 우선 증명하여야 할 것이다. 첫째, 어느 과거의 시점에서 공장으로부터 유해물질이 담긴 폐수가 나왔다. 둘째, 바로 그 폐수는 김을 폐사시키는 성질을 가지는 유해물질을 포함하고 있는 것이었다. 셋째, 바로 그 폐수가 해류를 따라 김양식장에 도달하였고, 그 도달 당시에도 김을 폐사시키기에 충분한 유해물질을 포함하고 있었다는 것이다. 그런데 이러한 여러 사실을 입증하는 것은, 설사 그것이 현재의 과학기술로 전적으로 불가능한 것은 아니라고 하여도, 오랜 시간과 많은 비용을 요구한다. 또 이러한 사실은 모두 과거에 있었던 일이기 때문에 이를 현재에 재생 또는 확인한다는 것이 과연 가능한지도 의문이다. 만일 반드시 이상과 같은 입증을 하여야 한다면, 이는 실제로는 공장의 폐수로 인한 부근 해안의 김 폐사를 이유로 하는 손해배상청구권은 아예 인정되지 않는다고 **실체법에서** 선언하는 것과 크게 다를 바 없을 것이다(공해소송이나 의료과오소송 또는 제조물책임소송에서의 증명의 완화에 대하여는 뒤의 [162] 참조). 그러므로 이러한 예에서부터 제기되는 증명책임의 분배나 증명의 정도 등의 문제에 실체법이 눈을 감을 수는 없는 노릇이다. 그리고 전통적으로 민법에서도 증명책임 등 엄격한 의미에서는 절차법에 속하는 문제들에 대하여 일정한 방식과 정도로 손을 대 왔던 것이다.

그와 아울러 실체법으로서의 민법이 역사적으로 실체법과 절차법이 엄격하게 분리되지 않았던 로마법의 소권체계 등으로부터 분화되어 왔음도 잊어서는 안 된다. 그 분화는 적어도 현재까지는 완벽하게 이루어진 것이 아니다. 그리하여 민법에는 아직도 소송상의 청구를 전제로 하는 많은 규정과 개념이 포함되어 있다. 예를 들면 소멸시효(앞의 [44] 이하 참조)나 제척기간(이에 대하여는 민법총칙 교과서를 보라)에 관한 규정, 공유물분할이나 채권자취소권과 같이 법원의 형성판결(이에 대하여는 민사소송법 교과서를 보라)을 요구하는 여러 제도 등을 우선 들 수 있다.

그러므로 민사소송법에 대한 일정한 정도의 이해는 민법 공부를 하는

데 있어서도 반드시 필요한 것이다.

[159] 사실인정과 증명책임

민사소송은 대개 다음의 두 단계로 나누어 살펴볼 수 있다. 하나는 사실을 인정하는 것이고, 다른 하나는 그 인정된 사실에 법을 적용하는 것이다. 이렇게 보면 논리적인 순서로서는 전자가 먼저이다. 그러나 실제로는 법을 적용하기 위하여 사실을 인정하는 것이기 때문에, 사실인정은 미리 어느 정도 형성된 법적용의 구도에 맞추어 이루어지는 것이 보통이다. 또 당해의 분쟁과 관련된 모든 사실이 일일이 증명되고 법원에 의하여 인정되는 것이 아니라, 당사자들이 주장하는 법적용에 필요한 한도 내에서의 사실이 인정된다. 그러므로 결국 여기서 '사실'이라고 하면, 소송에서 다투어지고 있는 권리나 의무 기타 법률관계의 발생이나 소멸을 일으키는 법률요건을 충족하는 사실, 즉 이른바 요건사실에 일단 한정되는 것이다. 그리고 여기서 '사실인정'이란 이와 같이 소송법적으로 고유한 의미에서의 사실인정을 말하는 것이다(앞의 [108]도 참조). 그리고 이와 같이 인정된 사실의 집합을 '사실관계'라고 부르기도 한다.

사실의 주장이나 그 증명은 법원이 주도권을 잡고 행하는 것이 아니라, 당해 소송의 당사자들, 즉 원고와 피고가 행한다. 그리고 법원은 당사자들이 주장하지 아니한 사실은 이를 재판의 근거로 삼을 수 없는 것이 원칙이다. 이를 **변론주의**라고 한다. 이와 같이 일정한 사실이 주장되지 않으면, 법원은 설사 어떠한 사실이 인정되더라도 이를 재판에서 고려할 수 없게 되므로, 당사자는 그러한 불이익을 받지 않기 위하여 각기 자기에게 유리한 일정한 사실을 주장할 필요가 생긴다. 이러한 사실주장의 필요를 충족하지 못함으로써 그 사실이 법원에 의하여 고려되지 않는 불이익을 **주장책임**이라고 한다.

또 그와 같이 주장된 사실은, 그것이 공지의 사실이거나 상대방이 이를 인정("자백")하지 않는 한(민사소송법 제288조 참조), 증거를 대서 증명하여야 한다. 통상 '증명'이란 법원으로 하여금 어떠한 사실의 존재에 대하여 확신을 얻게 한 상태를 말하는데, 그렇다고 해서 그것은 실험결과에 의하여 확인하는 것과 같은 과학적 증명이 아니며 어디까지나 진실이리라는 고도의 개연성으로 만족하는 이른바 역사적 증명이다. 그런데 어떠한 사실에 대하여 입증활동이 행하여지더라도 법원이 그러한 확신을 가지지 못하는 경우도 없지 않다. 이와 같이 주장된 사실의 진실여부가 불명인 경우에 당해 사실이 존재하지 않은 것으로 취급됨으로써 받은 불이익을 **증명책임** 또는 **입증책임**이라고 한다. 그러므로 어느 당사자가 증명책임을 지는 요건사실에 대하여 앞서 본 의미에서의 증명이 성공하지 못하면, 그는 그가 주장하는 법률효과(권리의무의 존재 및 내용)가 부인되는 불이익을 입게 되는 것이다.

[160] 증명책임의 분배

이와 같이 한쪽 당사자에 의하여 주장된 요건사실이 진실인지 명확하지 아니한 경우에 누구에게 불이익을 돌릴 것인가, 즉 증명책임을 누구에게 부담시킬 것인가 하는 문제는, 특히 그 요건사실이 실제에 있어서 증명하기 어려운 것인 경우에는, 이에 의하여 소송의 승패가 좌우될 수 있으므로 매우 중요한 사항이다.

그 분배의 기준에 관하여 지금까지의 통설은 요건사실을 요구하는 법규정의 구조에 따라 이를 나누어야 한다는 것이다(이른바 법률요건분류설). 이는 법규정을 권리근거규정과 반대규정으로 나누고, 후자를 다시 권리장애규정, 권리소멸규정(또는 권리멸각규정), 권리행사저지규정의 셋으로 나눈다. 그리고 권리의 존재를 주장하는 사람은 전자의 규정에서 정하고 있는 요건사실에 대하여, 권리를 부인하거나 또는 그 행사를 저지하려는 사람은 후자의 규정에서 정하고 있는 요건사실에 대하여 각각 증명책임을 진다고 한다. 이렇게 말해 보아야 얼른 머리에 들어올는지 알 수 없으므로, 우리의 설례를 통하여 설명해 보기로 한다.

B가 원고가 되어 A에 대하여 소유권등기의 이전을 청구한다고 해 보자. 이 경우 문제가 되고 있는 소유권이전등기청구권은 B가 피고 A와의 사이에 맺은 매매계약의 효과로서 발생하였다는 것이므로, B는 권리발생의 근거가 되는 매매계약사실의 존재에 대하여 증명책임을 진다. 만일 그의 입증활동에도 불구하고 당해 매매계약이 체결된 사실이 증명되지 않으면 그 사실은 존재하지 않는 것으로 다루어진다. 그렇게 되면 B의 소유권이전등기청구권은 그 발생요건에 해당하는 사실이 존재하지 않으므로 받아들여질 수 없는 것이다. 그런데 일단 매매계약의 존재가 인정된다면, A는 다음과 같은 사유를 들어 원고의 권리주장이 부당함을 다툴 수 있을 것이다. 첫째, 그 매매계약이 반사회질서의 법률행위이라거나 가장매매이었다는 등의 이유를 들어 애초부터 무효이어서 그로 인한 법률효과가 발생하지 않았다고 주장하는 것이다. 즉, 문제의 권리를 발생시키는 원인이 애초부터 그 권리를 발생시키지 못하는 장애사유를 가지고 있었다는 주장이다. 이러한 장애사유에 관한 규정이 **권리장애규정**이다. 둘째, 그 매매계약이 후에 착오 또는 사기 등을 이유로 취소되었거나 채무불이행을 이유로 해제되었다거나 또는 A가 이미 변제하였다는 등의 이유로, 일단 그 권리가 발생하기는 하였으나 후발적인 사유로 인하여 그 권리가 소멸하였다고 주장하는 것이다. 이러한 후발적인 소멸사유에 관한 규정이 **권리소멸규정**이다. 셋째, 매매계약이 유효하게 성립하고 그 권리도 존재하기는 하나, 기한이 아직 도래하지 않았다든가 동시이행의 항변권의 대항을 받는 권리라든가 하는 등의 사유로 그

권리를 바로 행사할 수는 없다고 주장하는 것이다. 이와 같이 권리가 존재하더라도 그 행사를 일단 저지시키는 사유에 관한 규정이 **권리행사저지규정**이다. 이와 같은 세 종류의 반대규정에서 정한 요건사실에 대하여는 피고가 된 A가 증명책임을 진다.

이상과 같은 증명책임 분배에 관한 기준적 개념은 민사재판실무에서도 일반적으로 그대로 채용되고 있다. 근자의 예로 대법원 2010년 6월 24일 판결 2010다12852사건(판례공보 2010하, 1440면)은 확정된 지급명령에서 그 존재가 확정된 채권에 관하여 사후적으로 그 집행력을 배제하기 위하여 제기하는 청구이의의 소(지급명령에 대하여는 민사소송법 제462조 이하, 청구이의의 소에 대하여는 민사집행법 제44조 각 참조)에 있어서 "청구이의사유에 관한 증명책임도 일반 민사소송에서의 증명책임 분배의 원칙에 따라야 한다. 따라서 확정된 지급명령에 대한 청구이의소송에서 원고가 피고의 채권이 성립하지 아니하였음을 주장하는 경우에는 피고에게 채권의 발생원인 사실을 증명할 책임이 있고, 원고가 그 채권이 통정허위표시로서 무효라거나 변제에 의하여 소멸되었다는 등 권리 발생의 장애 또는 소멸사유에 해당하는 사실을 주장하는 경우에는 원고에게 그 사실을 증명할 책임이 있다"고 판시하여, 권리 발생의 원인 사실, 권리 발생의 장애 사실 및 권리의 소멸 사실을 구분하고 있는 것이다. 그 후의 대법원 2017년 8월 18일 판결 2014다87595사건(법고을) 등도 마찬가지이다.

그러나 주의할 것은 이러한 구분은 반드시 명확한 것은 아니라는 점이다. 특히 권리근거규정과 권리장애규정 중의 어디에 속하는가를 판별하는 일은 경우에 따라 매우 어려운 작업일 수 있다. 그것은 하나의 법규정 안에도 위와 같은 의미의 권리근거규정과 권리장애규정이 뒤섞여 존재하기도 한다는 사정과도 관련이 있다(예를 들면 민법 제126조에 대한 통설적 견해 참조. 이에 대하여는 민법총칙 교과서를 보라). 법률요건을 앞의 [35]에서 본 대로 적극요건과 소극요건으로 나누어 생각하는 것은, 전자는 그 요건의 충족에 의한 법률효과의 발생을 주장하는 측에서 증명책임을 지고 후자는 그 법률효과의 발생을 부인하는 측에서 증명책임을 진다는 점에서도 의미가 큰 것이다.

[161] 추정과 간주

민법은 여러 곳에서 "…한 것으로 추정한다"고 정하고 있다. 이러한 규정은 앞서 본 증명책임의 분배와 관련하여 중요한 의미가 있는데, 이는 대개 다음의 세 가지로 나누어 볼 수 있다.

첫째는, "기한은 채무자의 이익을 위한 것으로 추정한다"고 하는 민법 제153조 제 1 항(앞의 [143] 참조), 매매에서 의무이행의 기한에 관한 민법 제585조, 위약금약정에 관한 민법 제398조 제 4 항, 채권매도인의 담보책임에 관한 민법 제579조 등과 같이, 법이 당사자의 의사 또는 당사자들의 합의의 내용을 추정하는 것이다. 따라서 이들 규정은 의사표시의 해석이 문제되는 국면에서 적용되며, 그 의사표시 해석의 지침이 된다. 그러므로 여기서 논의하고 있는 사실인정의 문제와는 별다른 관련이 없다. 이들은 당사자들의 의사를 보충하기 위한 임의규정일 뿐이다. 그러므로 다른 합의의 존재가 인정되면 물론 그 합의에 따른다.

둘째는, 일정한 전제사실 X로부터 다른 사실 Y의 존재를 끌어내는 것이다. 예를 들면 민법 제198조가 "전후 양시에 점유한 사실이 있는 때에는 그 점유는 계속한 것으로 추정한다"고 정하는 것은, 갑 시점에서의 점유와 그 후의 특정한 을 시점에서의 점유라는 두 사실로부터 그 사이의 기간 동안의 계속점유라는 사실을 끌어내는 것이다. 또 민법 제844조 제 1 항이 "아내가 혼인 중에 임신한 자녀는 남편의 자녀로 추정한다"고 하는 것도 마찬가지이다. 이러한 규정들은, 일단 전제사실 X가 증명되면 Y의 사실에 관한 증명책임은 이를 부인하려는 사람에게 돌아가게 된다는 의미에서 증명책임의 분배에 관한 규정이라고 할 수 있다. 물론 전제사실 X 자체는 Y 사실의 존재를 주장하는 당사자가 증명하여야 하는데, 그 전제사실은 대체로 Y 사실의 증명보다 용이하므로 이러한 의미에서는 증명책임이 완화되었다고도 할 수 있다. 이와 마찬가지로 볼 수 있는 것이 "2인 이상이 동일한 위난으로 사망한 경우에는 동시에 사망한 것으로 추정한다"는 민법 제30조, 그리고 "점유자는 소유의 의사로 선의, 평온 및 공연하게 점유한 것으로 추정한다"는 민법 제197조 제 1 항(이 규정의 구체적 적용에 대하여는 뒤의 [196]도 참조) 등이다. 이들 조문에서는 위의 두 규정과는 달리 전제사실과 추정되는 사실이 명확하게 분리되어 규정되어 있는 것은 아니나, 이들 규정에 의하여 추정되고 있는 사망시기나 점유태양은 이를 부인하려는 사람이 증명책임을 진다는 점에서는 다름이 없다.

셋째는, 전제사실 A로부터 일정한 법률관계 B의 존재를 끌어내는 것이다. 예를 들면 민법의 제200조는 "점유자가 점유물에 대하여 행사하는 권리는 적법하게 보유한 것으로 추정한다"고 하고, 제262조 제 2 항은 "공유자의 지분은 균등한 것으로 추정한다"고 하며(연대채무자의 부담부분에 관한 제424조도 참조), 제830조 제 2 항은 "부부의 누구에게 속한 것인지 분명하지 아니한 재산은 부부의 공유로 추정한다"고 한다(그 외에 건물의 구분소유에 있어서 공용부분의 공유추정에 관한 민법 제215조 제 1 항, 경계표 등의 공유추정에 관한 민법 제239조, 조합의 업무집행자의 대리권 추정에 관한 제709조 등도 참조). 이러한 규정들은 전제사실에 의하여 어떠한 사실이 아니라 법률관계 자체가 추정된다는 점에서 위의 두번째 경우와는 다르다. 그러나 그 법률관계의 존재를 다투는 측에서 당해 법률관계의 불성립이나 소멸 등을 가져오는 사실을 입증하여야 하는 것이므로, 이 역시 증명책임의 분배에 관한 규정이라고 할 수 있다. 바꾸어 말하면, 그러한 법률관계의 추정은 그 법률관계를 성립시키는 데 필요한 요건사실을 추정하는 것과 별로 다를 바 없는 것이다.

이와 같은 각종의 추정규정과 구별하여야 할 것은, "…한 것으로 본다"는 이른바 간주규정 또는 의제규정이다. 이러한 규정에 의하여 간주된 내용은, 그것이 사실에 부합하는지 여하를 불문하고 또 당사자가 그것이 사실에 부합하지 않음을 입증하였더라도, 일단 그대로 통용된다. 이러한 간주규정에도 세 가지가 있다.

첫째는, 의사표시의 의제에 관한 것이다. 앞에서 본 바 있는, 취소할 수 있는 법률행위에 대한 법정추인(민법 제145조) 또는 추인간주(민법 제15조)(이상 [94] 참조), 또 임대차기간 및 고용기간 만료시의 법정갱신(민법 제639조 및 제662조. 이들 규정은 그 표제를 '묵시의 갱신'이라고 하지만, 묵시적 의사표시와 의제된 의사표시는 그 성질을 달리하는 것으로서 엄격히 구별되어야 한다. 또한 전세권의 법정갱신에 관한 민법 제312조 제 4 항도 참조) 등이 그것이다(그 외에 대리인의 비현명행위에 대한 민법 제115조 본문, 무권대리의 경우 본인의 추인거절에 관한 민법 제131조 후단, 무효행위의 추인에 관한 민법 제139조 단서, 청약에 관하여 변경을 가한 승낙에 관한 민법 제534조 등이 의사표시의 의제를 정한다). 이는 일정한 이유에 기하여 법이 그 당사자의 의사와는 무관하게, 심지어는 그 의사에 반하는 경우에까지도, 일정한 내용의 의사표시가 있는 것처럼 다루어 그에 따른 법률효과를 인정하는 것이다. 이들 경우에는 중점이 법률행위에 의한 것과 같은 법률효과를 부여하는 데 있는 것이고, 의사표시 자체를 법이 보충하여 주는 것은 아니다.

둘째는, 사실의 의제에 관한 것이다. 예를 들면 실종선고가 확정되면,

실종자는 "실종기간이 만료한 때에 사망한 것으로 본다"(민법 제28조). 이 경우에는, 실종자가 그 당시 살아 있었는지 또는 다른 때에 사망하였는지에 상관없이, 실종기간 만료의 시점에서 사망으로 인한 여러 가지 법률효과가 발생한다. 그리고 그러한 법률효과를 뒤집으려면, 실종선고 자체를 취소시켜 그 효력을 없애야 하는 것이다. 그 외에 "본권에 관한 소"에서 패소한 점유자의 악의 간주에 관한 민법 제197조 제 2 항(민법 제749조 제 2 항도 참조)도 이에 해당한다(또한 민법 제762조 및 「장기 등 이식에 관한 법률」 제21조 제 1 항을 찾아보라). 그리고 이행보조자의 귀책사유를 채무자 자신의 귀책사유로 보는 민법 제391조도 이에 포함시킬 수 있을지도 모르나(앞의 [150] 참조), 이 점은 별도의 논의를 요한다.

셋째, 일정한 법률관계를 의제하는 것이다. 이는 특히 뒤의 [184] 이하에서 보는 법률효과의 소급효를 정하는 규정에서 현저히 나타난다. 예를 들면 법률행위를 취소하게 되면 그 법률행위는 "처음부터 무효인 것으로" 본다든가(민법 제141조 본문), 앞서 본 상계의 의사표시를 하면([32] 참조) 대립하여 존재하던 두 채권은 "상계할 수 있는 때에", 즉 상계적상이 생긴 때에 소급하여 모두 소멸한 것으로 보는 것(민법 제493조 제 2 항 참조) 등이 그러하다.

[162] 증명의 완화

그런데 근자에 법원의 사실인정 나아가 당사자의 증명과 관련하여 극히 주목되는 것은, 일정한 유형의 사건에 있어서는 당사자의 현저한 입증곤란을 구제하기 위하여 여러 가지의 이론 내지 법개념이 활발하게 구사되고 있다는 점이다. 거기에 등장하는 각종의 수단은, 개연성이론, 일응의 추정 또는 표견증명, 간접증명, 증명도의 완화 외에도 증명책임 분배의 기준으로서의 위험영역설, 증명책임 없는 당사자의 해명의무 등

등 다양하게 존재한다(이들에 대하여는 민사소송법 교과서를 보라). 그 대표적인 예의 하나로 앞의 [158]에서 든 것과 같은 사안에 대한 대법원 1984년 6월 12일 판결 81다558사건(대법원판례집 32권 3집, 53면)을 보기로 한다.

"일반적으로 불법행위로 인한 손해배상청구사건에 있어서 가해행위와 손해발생과의 사이에 인과관계의 존재를 입증할 책임은 청구자인 피해자가 부담함에는 의문의 여지가 없으나, 이른바 오염물질인 폐수를 바다로 배출함으로 인한 이 사건과 같은 공해로 인한 손해배상을 청구하는 소송에 있어서는, 기업이 배출한 원인물질이 물을 매체로 하여 간접적으로 손해를 끼치는 수가 많고 공해문제에 관하여는 현재의 과학수준으로도 해명할 수 없는 분야가 있기 때문에 가해행위와 손해의 발생 사이의 인과관계를 구성하거나 하나하나의 고리를 자연과학적으로 증명한다는 것은 극히 곤란하거나 불가능한 경우가 대부분이므로, 이러한 공해소송에 있어서 피해자인 원고에게 사실적 인과관계의 존재에 관하여 과학적으로 엄밀한 증명을 요구한다는 것은 공해로 인한 사법적 구제를 사실상 거부하는 결과가 될 우려가 있는 반면에, 가해기업은 기술적, 경제적으로 피해자보다 훨씬 원인조사가 용이한 경우가 많을 뿐 아니라 그 원인을 은폐할 염려가 있고[있으므로] 가해기업이 어떠한 유해한 원인물질을 배출하고 그것이 피해물건에 도달하여 손해가 발생하였다면 가해자 측에서 그것이 무해하다는 것을 입증하지 못하는 한 책임을 면할 수 없다고 보는 것이 사회형평의 관념에 적합하다고 할 것이다. … 이른바 수질오탁으로 인한 공해소송인 이 사건에 있어서 … (1) 피고 공장에서 김의 생육에 악영향을 줄 수 있는 폐수가 배출되고, (2) 그 폐수 중의 일부가 해류를 통하여 이 사건 어장에 도달되었으며, (3) 그 후 김에 피해가 있었다는 사실이 각 모순 없이 증명되는 이상 피고의 위 폐수의 배출과 원고가 양식하는 김에 병해가 발생하여 입은 손해와의 사이에 일응 인과관계의 증명이 있다고 보아야 할 것이고, 이러한 사정 아래서 폐수를 배출하고 있는 피고로서는 (1) 피고 공장

폐수 중에는 김의 생육에 악영향을 끼칠 수 있는 원인물질이 들어 있지 않으며, 또는 (2) 원인물질이 들어 있다 하더라도 그 혼합률이 안전농도 범위 내에 속한다는 사실을 반증을 들어 인과관계를 부정하지 못한 이상 그 불이익은 피고에게 돌려야 마땅할 것이다."

이상 장황하게 판결의 원문을 인용하였다. 이를 잘 읽고, 이 판결이 자신의 태도를 정당화하기 위하여 들고 있는 여러 측면의 사정들을 분석하여 보라. 그러한 사정들을 내세워, 이 판결은 그 결론을 어떻게 법적으로 구성하고 있는가("일응 … 증명이 있다", "반증을 들어 … 부정하지 못하는 이상" 등)도 주의하여 보라. 그에 있어서는 일반적인 경우의 인과관계의 증명과 '수질 오탁으로 인한 공해소송'에 있어서의 그것과를 주의 깊게 구분하고 있음에도 유의하라. 또한 민사소송법 제202조가 사실인정에 관하여 "법원은 변론 전체의 취지와 증거조사의 결과를 참작하여 자유로운 심증으로 사회정의와 형평의 이념에 입각하여 논리와 경험의 법칙에 따라 사실주장이 진실인지 아닌지를 판단한다"라고 정하여 이른바 자유심증주의自由心證主義를 선언하고 있음도 유념하여야 할 것이다.

법원실무는 앞서 본 공해소송 외에도 일정한 사안유형에서 이러한 증명책임을 일정한 한도에서 완화하는 태도를 취하고 있다. 예를 들면 의료과오소송에서 원고가 입증할 것이 요구되는 의료상의 과실과 손해결과와의 인과관계의 증명에 대하여, 대법원 1995년 2월 10일 판결 93다52402사건(대법원판례집 43권 1집, 51면)은 "환자가 치료 도중에 사망한 경우에 있어서는 피해자 측에서 일련의 의료행위과정에 있어서 저질러진 **일반인의 상식에 바탕을 둔** 의료상의 과실 있는 행위를 입증하고 그 결과와 사이에 일련의 의료행위 외에 다른 원인이 개재될 수 없다는 점, 이를테면 환자에게 의료행위 이전에 그러한 결과의 원인이 될 만한 건강상의 결함이 없었다는 사정을 증명한 경우에 있어서는, 의료행위를 한 측이 그 결과가 의료상의 과실로 말미암은 것이 아니라 전혀 다른 원인으로 말미암은 것이라는 입증을 하지 아니하는 이상, 의료상 과실과 결과 사이의 인과관계를 추정하여 손해배상책임을 지울 수 있도록 증명책임을 완화"하여야 한다고 판시하였고, 이러한 태도는 그 후 환자가 사망하지 아니하였지만 중대한 후유증이 있는 경우에도 이어지고 있다(예를 들면 대법원 1995년 3월 10일 판결 94다39567사건(대법원판례집 43권 1집, 123면)을 보라).

그리고 제조물책임소송에 관한 대법원 2000년 2월 25일 판결 98다15934사건(판례공보 2000상, 785면)도 텔레비전을 구입·사용한 지 6년 이상 경과한 상태에서 시청 중 그것이 폭발한 사안에 대하여 유사한 내용으로 제품의 '결함'에 대한 증명책임을 완화하였다. 이는 2002년 7월 시행된 제조물책임법이 애초 입증의 완화에 관하여 명문의 규정을 두고 있지 아니하였던 만큼, 위 법률 아래서도 의미가 적지 않았다(제조물책임법에서의 '결함' 등의 증명책임완화에 대하여는 뒤의 [202]도 참조).

[163] 법규정에 의한 증명 완화 내지 사실 추정

앞에서 본 바와 같은 일정한 법률요건에 대한 판례상의 증명 완화 내지 사실 추정은 입법에도 제한된 범위에서이기는 하나 영향을 미쳤다.

예를 들면 2014년 12월 법률 제12949호로 공포되어 2016년 1월부터 시행된 「환경오염피해 배상책임 및 구제에 관한 법률」은 원칙적으로 환경오염을 일으킨 시설의 사업자가 그에 대하여 귀책사유가 있는지 여부를 묻지 않고 법적 배상책임을 지우는 이른바 무과실책임(이에 대하여는 앞의 [73]도 참조)을 부과한다(동법 제 6 조). 이 규정은 그 시설의 운영 등이 환경오염의 원인이라는 점, 즉 그 인과관계는 역시 피해를 주장하는 측에서 주장·증명하여야 함을 전제로 한다. 그런데 그 인과관계의 증명에 관하여 정하는 제 9 조는 '인과관계의 추정'이라는 표제 아래 "시설이 환경오염 피해 발생의 원인을 제공한 것으로 볼 만한 상당한 개연성이 있는 때에는 그 시설로 인하여 환경 오염 피해가 발생한 것으로 추정한다"고 정하여 인과관계의 증명책임을 완화하고 있는 것이다 (한편 동조 제 3 항은 그러한 추정이 '배제'되는 사유에 대하여 정한다). 그리고 대법원 2023년 12월 28일 판결 2019다300866사건(판례공보 2024년 상권, 267면)은 구체적인 사건에서 바로 이 규정을 적용하여 인과관계를 긍정한 좋은 예이다. 이 판결을 찾아 세심하게 읽어 보기 바란다.

그리고 이와 같은 인과관계 증명의 완화는 2017년 2월 법률 제14566로 제정된「가습기 살균제 피해 구제를 위한 특별법」제 5 조(이는 2020년 3월에 이르러 보다 세밀한 내용으로 개정되었다)에서도 마찬가지로 규정되었다. 또한 앞 [162]의 말미에서 언급한 바 있는 제조물책임에서 '제품의 결함'에 관한 판례법리에 기초하여 2017년 4월에 제조물책임법이 개정되어, '결함 등의 추정'에 관한 제 3 조의2가 신설되었다 (이에 대하여는 뒤의 [202]에서 보다 상세히 살펴보기로 한다).

실제로 근자의 적지 않은 새로운 사건유형에 있어서 소송의 승패는 실로 증명책임의 분배 또는 증명 완화 등에 달려 있다. 그러므로 이러한 문제들에 대해서는 실체법인 민법을 공부함에 있어서도 항상 유념할 필요가 있다.

제 3 절 손해배상

[164] 채무불이행책임 개관

채무불이행책임의 내용으로서 가장 중요한 것은 첫째가 손해배상이고, 둘째가 계약해제이다. 이 단계에서 '채무불이행'이라고 하는 경우에는 객관적으로 "채무의 내용에 좇은 이행"이 이루어지지 않았을 뿐만 아니라, 채무자가 그와 같은 불이행에 대하여 귀책사유가 있는 경우(보다 정확하게 말하자면, 채무자가 그러한 귀책사유가 없음을 주장·입증하지 못한 경우)를 가리키는 것으로서, 채무불이행책임의 발생요건이 모두 갖추어진 것을 말한다. 그 점에서 앞서 본 강제이행이 그 불이행에 대한 귀책사유의 유무를 불문하고 허용되는 것(앞의 [153] 참조)과 다르다. 그러므로 일반적으로 '채무불이행책임'이라고 하면, 객관적인 채무불이행의 사실 외에도 채무자에게 귀책사유가 갖추어진 것을 전제로 하여 그 경우에 채무자에게 과하여지는 법적인 불이익을 의미한다.

한편 구체적인 사안에서 채무불이행책임의 실제적인 내용이 어떠한 것인가가 문제되는 것은 대체로 계약에서 발생한 채무와 관련되어서라고 함은 앞에서 이미 말한 바와 같다([136] 참조).

아래에서 채무불이행책임의 내용에 대하여 설명하는 바를 앞의 [137] 이하에서 본 바와 합하여 도표로 만들어 보면 다음과 같다.

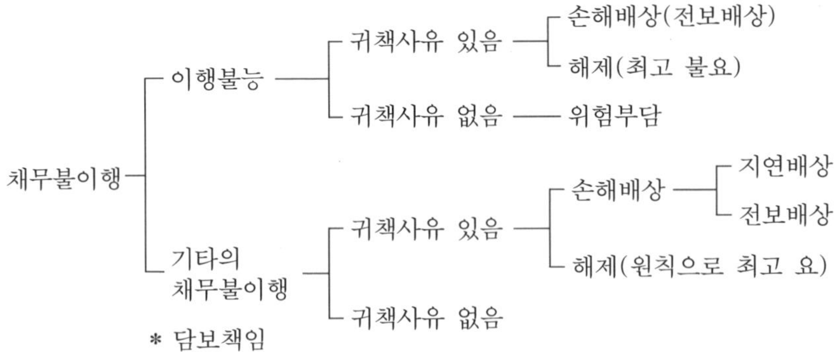

[165] 손해배상청구권

우선 손해배상청구권에 대하여 보기로 한다.

손해배상청구권은, 물권적 청구권, 부당이득반환청구권과 함께, 민법이 정하는 권리침해에 대한 가장 중요한 법적 구제수단 중의 하나로서, 이는 채무불이행을 원인으로 하여서만 발생하는 것은 아니다(다른 한편 채무불이행의 효과는 손해배상청구권의 발생에만 그치지 않는다). 그 이외에 무엇보다도 불법행위는 손해배상청구권을 발생시킨다(민법 제750조). 그리고 채무불이행을 원인으로 하여 발생하는 손해배상청구권에 관한 규정(민법 제393조 이하)은 대폭 불법행위로 인한 손해배상청구권에 준용되기 때문에(민법 제763조 참조), '손해배상법 총론'과 같은 것을 구상해 볼 수도 있다. 그런데 사회가 복잡다단해지면서 각종의 새로운 손해현상이 발생하여, 이를 개념화하고 그 규율들의 체계를 세우는 손해배상법은 민법에서 가장 다채롭고 문제가 많은 분야의 하나가 되었다.

그리고 여기서 한 마디로 손해라고 하여도, 명확하고 빠지는 점 없이 망라적으로 정의를 내릴 수 있는 개념인가에는 의문이 없지 않으나, 여기서는 앞으로의 논의를 위하여 우선 '금전적으로 평가되는, 권리 또는 법익에 대하여 입은 불이익'이라고 정하여 두기로 한다.

[166] 이행이익과 신뢰이익 등

채무불이행책임의 내용으로서의 손해배상청구권과는 약간 관점을 달리하여, 계약의 체결로부터 그 이행, 나아가서는 계약관계의 소멸에 이르는 과정에서 발생하는 각종의 손해배상의 문제를 살펴보면, 배상의 대상이 되는 손해는 그것이 어떠한 상태의 회복을 지향하느냐에 따라서, 이행이익에 관한 손해와 신뢰이익에 관한 손해로 분류될 수 있다. 그리고 최근에는 '완전성이익'을 별도의 종류로 파악하고자 하는 주장도 있다.

이들은 손해의 내용을 이루는 침해이익에 따른 구별이므로, 손해배상의 범위(이에 대하여는 뒤의 [169] 참조)와는 별개의 문제이다. 또 이행이익/신뢰이익의 구분은 우리 법에서는 무익한 것이라는 주장도 있으나, 민법이 명문으로 이 구분을 채택하고 있으므로(제535조) 그 주장은 받아들이기 어려울 것이다. 또 이론적으로만 보더라도, 이 구분은 손해배상책임의 발생근거를 그 책임의 내용에 반영한다는 점도 있어서 그 유용성이 부정될 수 없다.

이행이익이란 "계약이 유효함으로 인하여 생길 이익"(민법 제535조 제 1 항 단서)을 말한다. 다시 말하면, 계약으로부터 발생하는 채무가 그 내용대로 이행되는 데 대하여 채권자가 가지는 이익이 그것이다. 그러므로 이것의 확보를 내용으로 하는 손해배상청구권은 채무가 그 내용에 좇아 제대로 이행되었다면 존재하였을 상태를 수립하는 것을 지향한다. 예를 들면 매도인이 채무를 제대로 이행하였을 경우에 매수인이 가지는 매매목적물의 가격상승이나 전매의 이익, 목적물을 사용하는 것 자체의 이익, 목적물을 얻음으로 말미암아 다른 목적물을 구입하지 않아도 되는 이익(바꾸어 말하면, 그 대체구입을 위하여 하여야 할 지출을 하지 않아도 되는 이익) 또는 단지 적시에 급부를 받아 이를 보유하는 이익 등이 이에 포함된다. 채무불이행책임으로서의 손해배상은 보통 이와 같은 이행이익의 충족을 내용으로 하는 것이고, 뒤의 [167]에서 보는 전보배상과 지연배상의 대비는 일단 이행이익을 전제로 하는 것이다.

한편 민법 제535조 제 1 항 본문에서 정하는 "그 계약의 유효를 믿었음으로 인하여 받은 손해"란 바로 신뢰이익에 관한 손해를 가리키는 것이다. 신뢰이익에 관한 손해란 어떠한 법률행위의 유효를 믿어서 행한 일정한 재산적 처분(결정)이 법률행위의 효력불발생으로 말미암아 무익하거나 부적절한 것이 됨으로 인하여 입은 손해를 말한다고 설명하는 것이 통상이다. 그러므로 계약의 유효한 성립을 믿고 계약의 이행을 위한 준비로 비용을 지출하거나(예를 들면 대금의 차용, 운송수단의 조달 등) 다른 사람의 보다 유리한 매수제의를 거절한 경우는 물론이고, 매매목적물에 하자가 없다고 믿고 일정한 대금을 지급하기로 약정한 경우도 이에 해당한다고 할 것이다. 결국 신뢰이익이란 당사자가 계약 체결시에 가진 일정한 사태에 대한 신뢰에 기하여 행한 재산적 결정이 그대로 적절한 것이 됨에 관한 이익을 가리킨다. 그리고 손해배상이 이와 같은 신뢰이익의 확보를 지향하는 경우에는, 넓은 의미에서의 '계약의 하자'로 말미암아 그와 같은 재산적 결정이 부적절한 것이 되었기 때문에 쓸모없게 되어버린 지출 내지 희생(만일 계약에 아무런 하자가 없다면 위와 같은 지출은 유의미하였을 것이다)이 그 배상의 내용이 된다. 위의 예에서는 지급한 이자, 운송계약의 해약을 위하여 포기한 계약금, 유리한 매수제의에 응하였다면 얻었을 차익, 불필요하게 높게 정하여진 대금이 이에 해당한다. 원시적으로 불능인 급부를 목적으로 하는 계약이 체결된 경우의 손해배상은 이러한 신뢰이익의 배상을 내용으로 하는 것으로 정하여져 있다(민법 제535조. 앞의 [134]도 참조). 또한 뒤에서 보는 하자담보책임의 내용으로서의 손해배상(뒤의 [200] 참조)에서는 이러한 신뢰이익의 확보가 그 내용이라는 견해가 종전부터 유력하게 주장되고 있다.

한편 **완전성이익**이란 채무의 이행과 관련하여 채권자의 다른 법익이 온전히 유지되는 것에 대하여 가지는 이익을 말한다. 이는 우리 민법에서 명문으로 규정되어 있지 않으며, 생각하기에 따라서는 이행이익에 포함될 수도 있다. 이는 결국 채무가 '그 내용에 좇아' 이행되는 데 대하여 가지는 이익, 뒤집어 말하면 채무가 제대로 이행되지 않았기 때문에 발생하는 손해를 배상하는 것에 관한 문제이기 때문이다. 그러나 이행이익이 주로 제대로 된 이행 자체가 채권자의 재산에서 어떠한 가치 또는 경제적 의미를 가졌을 것인가(그런데 급부가 이루어지지 않음으로 말미암아 실현되지 아니한 그 가치가 배상되어야 한다)를 문제삼는 반면, 완전성이익은 제대로 된 급부라면 **채권자의 다른 법익**에 아무런 불이익을 가하지 않았을 것이라는 점에 착안한 것이다. 이러한 완전성이익은 예를 들면 불완전급부(앞의 [147] 참조) 또는 하자담보책임에서의 확대손해의 문제 등과 같이 손해배상책임의 어떠한 특수한 국면을 설명하는 데 유용하다고 생각된다. 교과서에 흔히 나오는 예를 들면, 닭의 매매에서 매도인이 병든 닭을 인도함으로써 매수인의 다른 닭이 이에 전염되어 죽었다고 하는 경우가 그것이다.

[167] 전보배상과 지연배상

논의를 계약불이행으로 인한 손해배상청구권에 한정해 본다면, 1차적으로 앞서 본 이행청구권과 손해배상청구권과의 관계가 문제된다. 민법 제389조 제 4 항은 채권자에게 강제이행청구권을 인정하는 것은 "손해배상의 청구에 영향을 미치지 아니한다"고 정하여, 양자의 성립 자체는 원칙적으로 서로 무관함을 정하고 있다. 그러나 그 둘 사이에는 일정한 연관이 존재한다. 이를 이해하기 위하여는 먼저 손해배상의 내용이 경우에 따라 달라진다는 것을 알 필요가 있다.

예를 들어 채무의 이행이 불능인 경우에는 채권자는 강제이행청구권을 가지지 못한다(앞의 [154] 참조). 그러므로 그 이행불능에 채무자에게 귀책사유가 있어서 채권자가 가지게 되는 손해배상청구권은 "채무의 이행에 갈음하는 손해배상"(민법 제395조 참조)을 내용으로 하여서, 그 손해배상으로써 이행을 받는 것과 같은 경제적인 효과를 거둘 수 있어야 한다. 만일 그렇게 하지 못한다면, 채권자는 자기에게는 아무런 잘못도 없이 순전히 채무자의 채무불이행으로 말미암아 원래 있어야 할 처지보다 나쁜 경제적 지위에 놓이게 되어 부당하기 때문이다. 이와 같이 '채무의 이행에 갈음하는 손해배상'을 전보배상塡補賠償이라고 하는데, 이는 이행불능의 경우뿐만 아니라 채무불이행의 결과로 이행청구권이 배제되는 경우(예를 들면 불완전급부에서 추완을 할 수 없는 경우 등) 일반에 인정된다. 이러한 전보배상청구권은 채권자가 이제 더 이상 가지지 못하는 이행청구권의 대용물 내지 변형물으로서의 성질을 가지는 것이다.

또한 이행거절의 경우에도 바로 전보배상을 청구할 수 있다(대법원 2007년 9월 20일 판결 2005다63337사건(판례공보 2007하, 1626면) 등도 같은 법리를 인정한다). 이 경우 채무의 이행이 불능인 것은 아니므로, 채권자는 원래의 채무의 강제이행을 청구할 수도 있다. 이 경우의 전보배상청구권은 채무자의 이행거절로 인하여 채권자에게 부여된 특별한 법적 보호수단으로 이해할 것이다. 그러나 소송상 청구의 단계에서는 양자를 동시에 병존적으로 청구할 수 없고 채권자는 양자 중 하나를 선택하여 또는 예비적으로 청구하여야 할 것이다. 다만 선택채권(민법 제380조 이하)에서와 같이 그 선택이 애초부터 채권자를 종국적으로 구속하는가에 대하여는 논의를 요한다.

한편 전보배상과 대조를 이루는 개념으로 통상 지연배상遲延賠償, 즉 이행지체로 인하여 발생한 손해의 배상이 논의된다. 이 경우에는 원래의 이행청구권을 가지면서 그와 아울러 이행지체로 말미암아 발생한 손해를 배상받는 것이다. 이렇게 보면 전보배상과 지연배상의 두 개념으로 이행이익 배상의 모든 경우가 커버되는 것은 아니라고 할 것이다. 이러한 지연배상청구권은 이행청구권의 연장으로서의 성질을 가지게 된다. 한편 민법은 "채무자가 채무의 이행을 지체한 경우에 채권자가 상당한 기간을 정하여 최고하여도 그 기간 내에 이행하지 아니하거나 지체 후의 이행이 채권자에게 이익이 없는 때에는 채권자는 수령을 거절하고 이행에 갈음한 손해배상을 청구할 수 있다"고 하여(제395조), 이행지체의 경우에도 일정한 요건 아래서 채권자가 전보배상을 선택할 수 있음을 정하고 있다.

한편 이행지체 이외의 채무불이행에 있어서도 그로 인하여 발생한 손해의 배상을 원래의 이행청구와 아울러 청구할 수 있는 경우가 물론 있다. 이러한 경우의 손해배상은 지연배상에 준하여 생각할 수 있고, 특히 앞서 본 제395조는 이에도 유추적용된다고 할 것이다.

[168] 재산적 손해와 비재산적 손해

손해는 여러 가지 관점에서 분류할 수 있는데, 그 중에서 가장 중요한 것은 우선 재산적 손해와 비재산적 손해의 구분이다. 비재산적 손해는 '정신적 손해'라고도 하고, 이에 대한 배상금은 위자료라고 불리기도 한다(민법 제752조의 표제가 그러하다). 그러나 이러한 '정신적 손해' 또는

'위자료'라는 표현은 당사자가 어떠한 정신적 고통을 당하였음을 전제로 하는 것인데, '비재산적 손해'의 배상은 뒤에서 보는 대로 반드시 정신적 고통을 당하였을 것을 요구하는 것은 아니라고 보아야 할 것이다. 따라서 그러한 표현은 가능하면 피하고자 한다.

재산적 손해를 어떻게 파악할 것인가에 대하여는 역사적으로 두 가지의 태도가 있다. 하나는 피해자의 재산을 구성하는 하나하나의 권리 또는 법익에 입은 불이익(또는 손실)을 손해라고 보는 것이다. 다른 하나는 피해자의 재산의 총체를 기준으로 하는 것으로서, 만일 채무불이행이 없었더라면 존재하였을 총체적 재산상태와 채무불이행이 행하여진 현재의 총체적 재산상태와의 차이를 손해라고 하는 것이다. 종전에는 후자의 입장(이른바 차액설 또는 총체재산차액설總體財産差額說)이 통설적인 지위에 있었는데, 요즈음에는 전자의 입장도 유력하게 주장되고 있다. 판례는 대법원 전원합의체 1992년 6월 23일 판결 91다33070사건(대법원판례집 40권 2집, 119면); 대법원 2010년 7월 8일 판결 2010다21276사건(판례공보 2010하, 1540면)이 불법행위로 인한 손해배상에 관하여 "위법한 가해행위로 인하여 발생한 재산상 불이익, 즉 그 위법행위가 없었더라면 존재하였을 재산상태와 그 위법행위가 가해진 현재의 재산상태의 차이를 말하는 것"이라고 설시하는 것처럼 후자의 입장을 취하고 있다.

비재산적 손해라고 하는 것도 그것을 적극적으로 정의하기는 어지간히 어려운 개념으로서, 민법도 그냥 "재산 이외의 손해"(제751조 제 1 항) 또는 "재산상의 손해 이외의 손해"(제752조)라고만 정하고 있다. 요컨대, 재산 이외의 법익이 침해당함으로써 재산적 의미는 없으나 어떠한 '만족' 내지 '위로'를 주는 것이 적절한 불이익이 발생한 경우를 말하는 것이다. 예를 들어 정숙을 위하여 오후 8시 이후에는 영업을 하지 않기로 계약하고는 10시까지 영업을 한 경우 또는 결혼식의 촬영을 맡은 사진사가 필름 현상을 그르쳐서 결혼사진이 없게 되었다는 경우 등에는 그로 인하여 채권자의 재산에는 비록 손해가 없다고 하여도 역시 '위자료'를 지급하여야 할 것이다. 한편 민법 제751조 제 1 항은 "타인의 신체, 자유 또는 명예를 해하거나 기타 정신상 고통을 가한 자"는 비재산적 손해를 배상할 의무가 있다고 정하고, 또 민법 제806조는 약혼이 해제된 경우와 관련하여 직접 "정신상 고통에 대하여" 손해배상책임이 있다고 정한다. 그러나 여기서 '정신상 고통'이란 그 한계를 정할 수 없는 매우 불명확한 개념으로서 손해배상청구권의 발생 여부를 좌우하는 법률요건으로 제대로 기능할 수 있는지 의문이다(역시 비재산적 손해의 배상에 대하여 정하는 민법 제752조는 '정신상 고통'을 지시하지 않고 있다). 육체적 고통, 슬픔, 애처로움, 분노, 역겨움, 귀찮음과 같이 사람이 피하고자 하는 정신적·감정적 상태는, 혹 위자료의 인정 여부나 그 액의 판단에서 고려되어야 할지는 모르나, 역시 매우 주관적이고 사람마다 편차가 커서, 이를 그대로 법적 요건으로 하기가 꺼려지는 것이다.

이러한 구분은 주로 다음과 같은 점에서 의미가 있다. 비재산적 손해는 특히 채무불이행에 있어서는 뒤에서 보는 "특별한 사정으로 인한 손해"(민법 제393조 제 2 항 참조)인 경우가 압도적으로 많아서(채무불이행의 경우에는 통상 그 재산적 손해를 배상받음으로써 족하기 때문이다), 불법행위의 경우와는 달리 그 배상이 인정되는 경우가 드물다. 나아가 그 금전적 평가에 있어서는 재산적 손해에 있어서와는 달리 엄격한 증명에 의하지 아니하고 법관이 소송에 나타난 여러 가지 사정, 심지어는 채권자가 입은 손해를 보전한다는 것과는 무관한 것으로 보이는 채무자의 자력 정도 등도 포함하여 다양한 사정을 종합적으로 고려하여 재량을 가지고 정하곤 한다.

그 외에 재산적 손해는 다시 적극적 손해와 소극적 손해로 나뉘는데, 이에 대하여는 뒤의 [171]에서 보기로 한다.

[169] 손해배상의 범위

손해배상을 받을 수 있다고 하여도, 채무자의 채무불이행으로 말미암아 채권자에게 발생한 모든 손해를 배상받을 수 있는 것인가, 아니면 그에는 일정한 제한이 있는가? 제한이 있다면 어떠한 기준에 의하여 그 한계가 설정되는가? 이것이 '손해배상의 범위'의 문제이다.

우리의 설례에서 A가 B로부터 정하여진 날짜에 대금의 이행을 제공받고도 주택을 인도하지 않고 또 소유권등기도 이전하지 않았다고 하자. B에게는 그러한 A의 채무불이행으로 말미암아 각가지의 손해가 발생할 수 있다. 우선, B는 종전의 주거에서 퇴거하여 나올 수밖에 없어서 식구들과 함께 여관에 묵었다고 하자. 그 여관비용은 어떠한가? 마침 그 여관에 도둑이 들어 B의 돈을 훔쳐 갔다고 하면 그 손해도 당초의 원인이 A에게 있다고 하여 그에게 손해의 배상을 청구할 수 있을까? 다음, B는 그로 말미암아 종전에 살던 전셋집에서 퇴거하지 못하고 기한이 지났는데도 그대로 거주할 수밖에 없어서, 그 집 주인에게 그러한 경우에 대하여 약속한 손해배상을 지급하여야 했다. 이 지출한 돈은 어떠한가? 또한, B는 주택과 그 대지를 C에게 전매하여 두고 A로부터 점유 및 소유권을 이전받으면 C에게 이를 다시 넘겨주기로 하였었다. 그런데 A가 그 채무를 이행하지 않음으로써 B는 C와 합의하여 그 계약을 해제하였다. 이 경우 전매차익의 배상을 A에게 구할 수 있을까?

종래에 이러한 '손해배상의 범위'의 문제는 이른바 상당인과관계라는 개념에 의하여 한꺼번에 처리되어 왔다. 그런데 이에는 의문이 있고, 오히려 사고의 단계를 나누어 살펴보는 것이 적합하다는 견해가 대두되고 있다. 나로서도 이 후자의 태도가 보다 설득력이 있는 것으로 생각되므로, 이에 따라 설명하여 보기로 한다.

[170] 배상범위를 정하는 사고의 단계

우선 위의 각 경우에 B의 손해(보다 정확하게 말하면, 앞의 [168]에서 본 바와 같은 여관비용 등의 손해항목)가 A의 채무불이행과의 사이에 자연적 인과관계가 있어야 한다. 즉, B의 손해는 A의 채무불이행이 없었다면 발생하지 않았을 것이라는 관계가 있어야 한다. 그 판단은 경우에 따라서는 매우 어려울 수도 있다. 예를 들면, 환자가 의사의 수술상의 과오로 후유증이 남아서 문제가 된 경우에 환자가 다른 손해와 아울러 약값의 배상을 청구하는데 과연 그 약이 후유증의 치료에 반드시 적합한 것이 아니었거나 치료에 크게 관계없다고 하면(속칭 보약 등), 과연 그 약값이라는 손해가 과연 의사의 채무불이행, 즉 진료상의 과오로 말미암아 일어났다고 할 것인가 등이 그러하다.

나아가 이와 같이 '자연적 인과관계'가 증명된 손해 내지 손해항목 중에서 어느 범위에서 배상을 인정할 것인가 하는 문제가 있다. 이에 관하여는 민법 제393조가 정하고 있다. 그에 따르면 "통상의 손해"와 "특별한 사정으로 인한 손해"를 나누어, 전자에 속하는 것은 모두 배상되고(제 1 항), 후자에 속하는 것은 "채무자가 그 사정을 알았거나 알 수 있었을 때에 한하여" 배상된다(제 2 항). 그러므로 구체적으로 발생한 어떠한 손해가 과연 둘 중 어디에 속하는가 하는 것이 매우 중요해진다. 그러나 그 손해가 '통상' 발생하는 것인가 아닌가는 법을 해석·적용하는 자의 판단이 개입될 여지가 많은 사항이다(앞의 [120] 참조). 그 판단에는 계약당사자의 직업, 거래의 형태(예를 들면 도매인가 소매인가), 목적물의 양 및 종류 등의 사정을 종합하여 볼 때 당사자들이 그러한 손해의 발생을 어느 만큼 용이하게 예견할 수 있었느냐가 관건이 될 것이다. 그리하여 당사자들이 일반적·객관적으로 당연히 그 채무불이행으로부터 발생하리라고 예상하였어야 할 손해이면 배상의 범위 내에 포함되고, 그러한 정도까지 예상되는 것이 아니라면 채권자가 "채무자가 그 손해를 일으키는 사정을 알았거나 알 수 있었을 것"을 입증함으로써 배상의 범위에 포함되게 된다. 예를 들면 앞의 [169]의 예에서 여관비용이나 임대인에의 손해배상금은 "통상의 손해"라고 할 것이고, 도난당한 돈이나 전매차익은 "특별한 사정으로 인한 손해"라고 하여야 하지 않을까?(이 문제에 대하여는, 예를 들어 불법행위로 피해자의 자동차가 손괴된 경우에 그 수리비용과 교환가치 하락분이 '통상의 손해' 또는 '특별한 사정으로 손해' 중 어디에 해당하는지에 관한 판단기준 내지 사안유형을 제시하는 대법원 2017년 5월 17일 판결 2016다248806사건(판례공보 2017상, 1253면)이 흥미로울 것이다. 민법 제763조에 의하여 제393조는 불법행위로 인한 손해배상에도 준용되는 것이다)

마지막으로 그와 같이 배상범위 내에 들어오는 손해가 금전적으로 어떻게 평가되는가를 따져 보아야 한다. 손해배상은 원칙적으로 금전으로 하는 것이므로(민법 제394조 참조), 어차피 각각의 손해항목에 대한 '금전적 평가'라는 작업이 필요한 것이다. 하나의 예를 들어보자. 위의 예에서 여관비용이라고 하더라도 이는 주택이 가지는 당연한 용도를 대신 충당하는 것에 대한 배상인데, 그 용도란 "통상의" 여관비용을 가지고 금전적으로 평가될 수 있는 것이 아닐까? 그러므로 B는 그 범위에서만 A에게 배상을 청구할 수 있을 것이다. 흔히 손해배상의 범위와 관련하여 다루어지는 '손해배상 산정의 기준시기'라는 문제는 이 단계에서 비로소 논의되어야 할 것으로 생각된다.

[171] 인신사고에서의 소극적 손해

한편 적극적 손해와 소극적 손해의 구분은 가해원인으로 인하여 사람의 신체가 상해를 입은 경우를 상정하면 보다 이해하기 쉬워진다. 예를 들면 버스를 타는 경우와 같이 여객운송계약이 체결된 때에 그 버스의 운전사가 실수를 저질러 충돌사고가 일어남으로써 승객이 다쳤다고 해 보자. 그 경우에 승객은 버스회사에 채무불이행을 이유로 하는 손해배상을 청구할 수 있다. 왜냐하면, 여객운송계약의 내용에는 당연히 승객을 안전하게, 즉 신체 등에 손상이 가지 않도록 운송할 의무가 포함되어 있는데, 운전사는 그 채무자, 즉 버스회사의 이행보조자(앞의 [150] 참조)로서 그의 과실은 곧 버스회사의 과실이 되기 때문이다(또한 상법 제148조 제 1 항도 참조).

그 경우에 승객이 버스회사에 청구할 수 있는 손해의 항목 중 주요한 것은 다음과 같은 것을 상정할 수 있다. (i) 입원비 등을 포함하는 치료비, (ii) 그 치료기간 동안 생업에 종사하지 못하여 벌지 못한 수입, (iii) 후유증이 남아서 돈벌이할 능력이 저하된 경우에는 장차 벌 수 있을 것을 벌지 못한 장래의 수입 감소, (iv) '정신적 고통' 등이 그것이다. 이 중에서 (i)부터 (iii)까지가 재산적 손해에 해당하고, (iv)가 비재산적 손해에 해당한다. 그리고 전자 중 다시 (i)은 적극적 손해, 즉 기존의 적극재산이 감소한 경우에 해당하고, (ii)와 (iii)은 얻을 수 있는 이익의 획득이 방해됨으로 인한 불이익으로서 소극적 손해에 해당하는 것이다. 그 중에서도 (ii)는 이미 지나간 기간에 대한 소극적 손해인 데 반하여, (iii)은 장래 얻을 수 있을 이익을 얻지 못하게 된 손해, 말하자면 '장래의 소극적 손해'라고도 할 수 있겠다.

근래 교통사고 등의 인신사고와 관련하여 특히 문제되고 있는 것은 이러한 장래의 일실이익逸失利益, 즉 (iii)의 경우이다. 이러한 일실이익은 장래의 것 전부를 한꺼번에 청구하는 경우(정기금배상이 아닌 일시금배상. 한편 정기금배상판결에 대하여는 민사소송법 제252조도 참조)가 대부분이어서 그것이 배상청구액의 주요한 부분을 차지하는 일이 많다. 그런데 우선 돈벌이능력(이를 가동능력稼動能力이라고도 한다)이 다름 아닌 장래에도 그만큼 상실되어 있을 것이라고는 누구도 확언하기 어려운 일이고, 특히 비율적으로 원래보다 어느 만큼 저하된 것인지, 그 저하의 비율이 항상 고정적일지 아니면 새로운 의료기술의 도입이나 스스로의 노력 등에 의하여 증감할지는 더욱 따지기 어렵다. 그렇다고 예를 들면 "3년 후까지만 매월 얼마씩을 지급하고, 그 후의 기간에 대하여는 다시 소구하라"고 판결하는 것도 피해자에게 지나친 요구일 것이다. 그리하여 인신사고로 인한 장래의 일실이익의 배상과 관련하여서는 각가지의 견해가 다양하게 제시되고 있다.

[172] 징벌적 손해배상

이상에서 살펴본 손해배상은, 그것이 재산적 손해이든 비재산적 손해이든, 나아가 이행이익의 배상이든 신뢰이익의 배상이든, 또는 전보배상이든 지연배상이든, 기본적으로 손해배상권리자에게 실제로 발생한 손해를 메워주는 것, 즉 그 권리자에게 발생한 '불이익'을 손해배상의무자로 하여금 채워주어서 손해배상의 원인이 된 사태가 없었다면 있었을 상태를 회복하여 주는 것을 내용으로 한다(비재산적 손해의 배상, 즉 이른바 위자료와 관련하여서는 그것이 부차적으로 징벌적 기능을 수행한다는 주장이 유력하기도 하다). 이것을 '손해 전보의 원칙'이라고 하는데, 여기서 '전보塡補'라고 함은 채워 주어서 원만한 상태를 이룩한다는 의미로서, 법규정에서는 일반적으로 "…에게 발생한 손해를 배상한다"는 문언으로 표현된다. 그것이 아니라도 그냥 "손해배상의 책임을 진다"고 정하면 그 책임의 내용은 원칙으로 돌아가 실제로 발생한 손해만을 배상한다는 의미인 것이다.

그런데 손해배상은 예외적으로는 징벌의 목적을 가지고 행하여지기도 한다. 즉 당해 가해행위의 어떠한 '악성'에 제재를 가하는 한편으로 그러한 성질의 행위가 그 사람은 물론이고 일반 제 3 자에 의하여서 행하여지지 아니하도록 경고를 주려는 것이다. 종전에는 이러한 특별한 손해배상제도를 정하는 경우를 찾아보기 어려웠다. 그러나 「하도급거래 공정화에 관한 법률」이 2011년 법률 제10475호로 개정되면서 그 법률의 일정한 규정에 위반하는 행위를 한 경우에는 "발생한 손해의 3배를 넘지 아니하는 범위에서 배상책임을 진다"는 규정이 신설되어(동법 제35조 제 2 항 본문), 손해 전보 이상의 배상에 관한 제도가 처음으로 우리 법에 자리를 잡게 되었다. 그 후로 이와 같이 손해배상권리자에게 실제로 발생한 손해를 넘어서 배상을 명할 수 있다는 취지의 규정은 적어도 20개를 넘는 법률에 등장하였다. 몇 개의 예를 들면, 「가맹사업거래의 공정화에 관한 법률」 제37조의 2, 제조물책임법 제 3 조 제 2 항, 개인정보보호법 제39조 제 3 항, 「독점규제 및 공정거래에 관한 법률」 제109조 제 2 항, 특허법 제128조 제 8 항(실용신안법 제30조에 의하여 실용신안권 침해의 경우에 준용된다), 디자인보호법 제115조 제 7 항, 상표법 제110조 제 7 항, 「산업기술의 유출방지 및 보호에 관한 법률」 제22조의 2 이하가 그러하다. 이러한 추세는 특히 일방 당사자가 상대방에 비하여 경제적·사회적으로 또는 전문적·기술적으로 통상 우위에 있는 거래 유형에서 더욱 두드러질 것으로 예측된다(나아가 위와 같은 개별 법률의 특별한 규정을 기다릴 것 없이 일정한 요건 아래 일반적으로 징벌적 손해배상을 인정하는 것을 내용으로 하는 민법의 개정 또는 그러한 내용의 「징벌적 손해배상법안」이 제안되기도 하였었다).

현재 이와 같이 특별한 법규정들이 구체적으로 어떠한 요건 아래서 징벌적 손해배상을 인정하는가는 일률적으로 말할 수 없다. 그러나 일정한 입법의 경향은 분명히 지적될 수 있다. 우선 손해배상책임 발생의 일반적 요건으로 가해자의 고의 또는 과실이 요구되는 경우에서는 징벌적 손해배상은 가해자에게 고의(또는 중대한 과실)가 있는 경우에 한정된다. 나아가 그 일반적 요건으로 과실이 요구되지 않는 이른바 무과실책임의 경우라면, 가해자에게 고의 또는 과실이 있어야 한다는 것이다.

그리고 징벌적 손해배상이라고 하여도 그 최대한은 일반적으로 '발생한 손해의 3배'이다. 그러나 드물지 않게 그 5배까지로 정한 경우도 있다. 그러한 예로는 특허법 제128조 제 8 항, 디자인보호법 제115조 제 7 항, 상표법 제110조 제 7 항(이들 규정은 종전에 '발생한 손해의 3배'라고 하였던 것을 최근의 개정으로 그 5배로 각 늘렸다), 「중대재해 처벌 등에 관한 법률」 제15조 제 1 항 및 「신용정보의 이용 및 보호에 관한 법률」 제43조 제 2 항 등이 있다. 한편 법원이 위와 같은 한도 안에서 구체적인 배상액을 정함에 있어서 고려되어야 할 사항들을 따로 정하는 것이 일반이다. 통상 규정된 사정의 예를 들면, 고의 또는 손해 발생의 우려를 인식한 정도, 위반행위로 인하여 입은 피해의 규모, 위법행위로 인하여 위반자가 취득한 경제적 이익, 위반행위에 따른 벌금 및 과징금, 위반행위의 기간·횟수 또는 위반자의 재산상태 등이다. 이와 같이 하여 법원은 손해배상액을 정함에 있어서 종전과는 달리 광범한 재량의 여지 또는 평가의 부담을 가지게 되었다.

[173] 손해배상액 산정에서의 증명도 경감

법원이 당사자의 증명 곤란을 구제하기 위하여 일정한 유형의 사건에서 여러 가지의 법이론 내지 법개념을 구사하고 있다는 것은 앞에서 지적한 바와 같다([162] 참조). 이와 관련하여 근자에 뚜렷한 모습을 드러내고 있는 것이 손해배상액 산정에서의 증명도 경감이다.

민사소송법 제202조의2는 이를 아예 실정법으로 정하고 있다. 동조는 '손해배상 액수의 산정'이라는 표제 아래 "손해가 발생한 사실은 인정되나 구체적인 손해의 액수를 증명하는 것이 사안의 성질상 매우 어려운 경우에 법원은 변론 전체의 취지와 증거조사의 결과에 의하여 인정되는 모든 사정을 종합하여 상당하다고 인정되는 금액을 손해배상 액수로 정할 수 있다"고 한다. 이 규정은 2016년 3월의 민사소송법 개정으로 새로 마련되었다(시행은 그 1년 후). 그러나 이미 그 전에 특허법 제128조 제 7 항(이는 실용신안법 제30조에 의하여 실용신안권 침해의 경우에 준용된다), 상표법 제109조 제 6 항, 디자인보호법 제115조 제 6 항 및 저작권법 제126조(동법 제125조의2도 아울러 참조하라)가 지식재산권이 침해된 경우에 관하여, 나아가 「부정경쟁 방지 및 영업비밀 보호에 관한 법률」 제14조의2 제 5 항이 동법 위반의 경우에 관하여 각각 동일한 취지를 규정하고 있었다.

그런데 이제 위의 민사소송법 제202조의2가 마련됨으로써 그러한 규율 내용은 민사소송 일반에 일반적으로 두루 미치게 되었다. 그러한 일반적 성격은 위 법규정이 동법 제 1 편 총칙 제 4 장 소송절차 중 '재판'에 관한 제 5 절에 위치한다는 점, 그것도 증명에 관한 제 1 의 원칙인 '자유심증주의'를 정하는 제202조의 바로 뒤에 자리잡음으로써 그 무게를 여실히 보여주고 있다.

그 연혁을 따져보면, 민사소송법의 그 새로운 규정은 손해배상액 산정에 관한 판례의 일반적인 법리(예를 들면 채무불이행으로 인한 손해배상에 관한 대법원 2004년 6월 24일 판결 2002다6951사건(판례공보 2004년,

1201면) 참조)를 법률에 실정화한 것이다. 그런데 그러한 법리에 대하여 대법원 2010년 10월 14일 판결 2010다40505사건(판례공보 2010년 하권, 2088면)은 "이러한 법리는 자유심증주의 아래에서 손해의 발생사실은 입증되었으나 사안의 성질상 손해액에 대한 입증이 곤란한 경우 증명도·심증도를 경감함으로써 손해의 공평·타당한 분담을 지도원리로 하는 손해배상제도의 이상과 기능을 실현하고자 함에 그 취지가 있는 것이지, 법관에게 손해액의 산정에 관한 자유재량을 부여한 것은 아니" 라고 설시하면서, "따라서 법원이 위와 같은 방법으로 구체적 손해액을 판단하면서는, 손해액 산정의 근거가 되는 간접사실들의 탐색에 최선의 노력을 다하여야 하고, 그와 같이 탐색해 낸 간접사실들을 합리적으로 평가하여 객관적으로 수긍할 수 있는 손해액을 산정하여야 한다"고 판시하고 있는 점을 명심하여야 할 것이다(동일한 취지는 그 후 2015년 1월 29일 판결 2013다100750사건(판례공보 2015년 상권, 422면) 등에서도 반복되고 있다).

다른 한편 법률에서 가해자가 그 가해행위로 얻은 이익을 피해자가 그로 인하여 입은 손해로 추정하는 규정을 두는 일도 아주 드물지는 않다. 특허법 제128조 제4항(역시 실용신안법 제30조에 의하여 실용신안권 침해의 경우에 준용된다), 상표법 제109조 제3항, 디자인보호법 제115조 제3항 및 저작권법 제125조 제1항이 그 법률상의 지식재산권이 침해된 경우에 관하여, 나아가 「부정경쟁 방지 및 영업비밀 보호에 관한 법률」 제14조의2 제2항이 동법 위반의 경우에 관하여 각각 동일한 취지를 규정하고 있다. 이 역시 피해자의 손해배상청구를 보다 용이하게 하기 위한 방책의 하나라고 할 것이다.

[174] 금전채무의 불이행으로 인한 손해배상

금전은 앞에서 본 대로([25] 참조) 다른 물건에 비하여 여러 가지 특성을 가지고 있는데, 그러한 특성은 금전채무의 불이행에서도 나타난다. 일반적으로 금전채무에는 이행불능이란 있을 수 없다. 금전의 인도는, 당해 채무자에게는 자력이 없어서 어렵고 나아가 불가능할지는 몰라도, 일반적·객관적으로 불가능하다거나 그 이행을 기대할 수 없다고는 할 수 없기 때문이다. 그리고 이행지체 이외의 채무불이행은 상정하기 어렵다. 나아가 금전은 통상 가치로서만 문제되는 것이어서, 그 이행이 이루어지지 않음으로 인한 불이익은 통상적으로 그 이행되지 않은 기간 동안 이 가치를 이용하지 못한 것에 한정된다. 또한 그 가치는 보편적인 것이어서, 그것을 이용할 수 있었을 경우에 얻을 수 있었을 구체적인 이득(즉 금전채무의 불이행으로 말미암은 구체적 손해)은 사람에 따라서 천차만별이고 그 차이의 폭도 엄청날 수 있다. 그러므로 민법은 이와 같은 사람에 따른 편차를 사상捨象하면서 위와 같이 금전가치를 이용하지 못한 것에 대한 배상을 주기 위하여, 금전채무의 불이행으로 인한 손해배상을 일률적으로 정하고 있다('추상적 손해평가'). 이는 우리 민법상의 손해배상이 그 청구권자가 실제로 입은 손해를 배상하는 것을 내용으로 한다는 원칙('구체적 손해평가')에 대하여 예외를 이룬다. 한편 바로 아래에서 보는 바와 같이 금전채무의 이행지체로 인한 손해배상금은 일정한 이율로 정하여지므로, 통상 이를 지연이자라고 부른다.

그 배상액은 원칙적으로 법정이율, 즉 연 5푼의 지연손해금이다(민법 제397조 제 1 항 본문, 제379조). 다만 지체된 원본채무에 관하여 이자의 약정이 있었으면 그 약정이율에 의하여 배상하여야 하는데, 다만 '법령의 제한에 위반하지 아니하는' 범위에서만 약정이율이 적용된다(민법 제

397조 제 1 항 단서. 여기서의 '법령의 제한'에 대하여는 바로 뒤의 [175]에서 보기로 한다).

다만 소송으로 금전채무의 이행을 청구하여 전부 또는 일부의 승소판결이 선고되는 경우에는, 원칙적으로 "소장 또는 이에 준하는 서면이 채무자에게 송달된 날의 다음날부터" 연 12퍼센트의 지연손해금이 붙는다(「소송촉진 등에 관한 특례법」 제 3 조 제 1 항 및 대통령령 제29768호. 위 특례법이 1981년 3월에 시행될 때에는 연 25퍼센트이었으나, 그 후 2003년 6월에 연 20퍼센트, 2015년 10월에 연 15퍼센트로 점차 낮추어졌고, 2019년 6월부터 다시 위와 같이 정하여진 것이다). 그러나 위와 같은 특별한 지연손해금은 "채무자에게 그 이행의무가 있음을 선언하는 사실심 판결이 선고되기 전까지 채무자가 그 이행의무의 존재 여부나 범위에 관하여 항쟁抗爭하는 것이 타당하다고 인정되는 경우에는 그 타당한 범위에서" 이를 적용하지 아니한다(위 법률 제 3 조 제 2 항). 대법원 2007년 12월 27일 판결 2007다70285사건(법고을) 등 판례는 "채무자가 그 이행의무의 존부와 범위를 다투어 제 1 심에서 그 주장이 받아들여진 바 있다면 비록 항소심에서 그 주장이 배척되더라도 그 주장은 상당한 근거가 있다고 할 수 있으므로, 그러한 경우에는 위 특례법 제 3 조 제 2 항에 따라 항소심판결 선고시까지는 같은 조 제 1 항 소정의 지연손해금 이율을 적용할 수 없다"는 태도를 취한다.

이처럼 금전채무의 불이행에 대하여 따로 특별히 정하는 이율로 계산한 지연손해금을 정하도록 하는 일은 다른 경우에도 찾아볼 수 있다. 예를 들면 근로기준법 제37조는 미지급의 임금·퇴직금에 대하여 같은 취지를 정한다(2023년 4월 현재 연 20퍼센트이다. 동법 시행령 제17조).

그리고 이 배상은 구체적인 손해의 발생 여부 및 그 크기를 불문하고 일률적으로 주어지는 것이어서, "채권자는 손해의 증명을 요하지 아니"

한다(민법 제397조 제 2 항 전단). 반면 다름 아닌 금전의 지급을 약속한 사람은 그 조달불능 내지 무자력에 대하여 언제나 책임을 져야 하므로, "채무자는 과실 없음을 항변하지 못한다"(동항 후단).

[175] 이자의 제한

앞의 [174]에서 법령에 의한 이자의 제한에 대하여 언급한 바 있다. 이를 기회로 이 점을 살펴보기로 한다. 이는 '법 변화의 동력'이라는 문제를 생각하는 데에도 유익한 자료를 제공한다.

주지하는 대로 이자를 지급하기로 하는 약정은 금전의 소비대차(돈을 꾸고 꾸어주는 것. 소비대차에 대하여는 민법 제598조 이하에서 정한다)에서 흔히 일어난다. 그 경우 이자를 정하는 비율, 즉 이율을 일정한 범위 내로 제한하는 법은 일정日政 당시에도 있었는데(조선시대에도 있었다고 한다), 1962년 1월에 제정·시행된 이자제한법은 '금전대차에 관한 계약상의 이자'의 이율에 일정한 제한을 설정하고 이를 넘는 부분은 무효로 하였다. 당시의 판례는 일관되게 제한 초과의 이자라도 이를 임의로 지급한 경우에는 그 반환을 청구할 수 없다는 태도를 취하였다. 그 이유는 그것은 불법원인급여(민법 제746조)에 해당한다는 것이다. 그러나 이에 대하여는, 제한 초과의 이자 약정은 단지 강행법규에 위반한 것에 불과하고 이를 지급하는 것이 과연 '불법의 원인'으로, 즉 반윤리적이어서 극력 금압되어야 하는 원인에 기하여 행하여졌다고 할 수는 없지 않은가, 또 설사 불법원인급여임을 긍정하더라도 적어도 대주의 불법성이 차주의 불법성보다 현저히 크므로(민법 제746조 단서) 차주의 반환청구가 인정되어야 하지 않는가 하는 의문이 제기된다(이에 대하여는 앞의 [130]도 참조).

그런데 이자제한법은 1998년 1월에 이른바 IMF경제위기에 대응하는 과정에서 폐지되었다(다만 2002년 8월에 「대부업의 등록 및 금융이용자 보호에 관한 법률」이 공포되었는데(2009년 1월의 개정으로 법명 중 '대부업'이 '대부업 등'이 되었다), 그 제 8 조는 동법이 정하는 대부업자가 행하는 일정한 여신에 대하여 약정이율을 제한하고 있다). 그러자 이자에 대한 통제는 이제 법률행위의 내용에 관한 일반규정, 특히 공서양속에 반하는 법률행위를 무효로 하는 민법 제103조에 의하여 행하여지게 되어서, 대법원 전원합의체 2007년 2월 15일 판결 2004다50426사건(대법원판례집 55권 1집, 66면) 등 판례는 "소비대차계약과 함께 이자의 약정을 하는 경우, 양쪽 당사자 사이의 경제력의 차이로 인하여 그 이율이 당시의 경제적·사회적 여건에 비추어 사회통념상 허용되는 한도를 초과하여 현저하게 고율로 정하여졌다면, 그와 같이 허용할 수 있는 한도를 초과하는 부분의 이자 약정은 대주가 그의 우월한 지위를 이용하여 부당한 이득을 얻고 차주에게는 과도한 반대급부 또는 기타의 부당한 부담을 지우는 것이므로 선량한 풍속 기타 사회질서에 위반한 사항을 내용으로 하는 법률행위로서 무효"라는 태도를 취하였다. 나아가 위 전원합의체 판결은 "대주가 사회통념상 허용되는 한도를 초과하는 이율의 이자를 약정하여 지급받은 것은 그의 우월한 지위를 이용하여 부당한 이득을 얻고 차주에게는 과도한 반대급부 또는 기타의 부당한 부담을 지우는 것으로서 그 불법의 원인이 수익자인 대주에게만 있거나 또는 적어도 대주의 불법성이 차주의 불법성에 비하여 현저히 크다고 할 것이어서 차주는 그 이자의 반환을 청구할 수 있다"고 판단하였다.

그 직후인 2007년 3월에 이자제한법이 다시 제정되어 부활되고, 동년 6월 30일부터 시행되었다. 그리하여 2014년 7월 이후 금전대차에 관한 이자약정에서의 최고이율은 연 25퍼센트를 초과하지 아니하는 범위에서 대통령령으로 정하도록 되어 있는데, 그 최고이율은 2025년 10

월 현재 연 20퍼센트이다(동법 제 2 조 제 1 항 및 대통령령 제31593호). 그리고 이러한 일반적인 이자 제한은 다른 법률에 따라 인가·허가·등록을 마친 금융법 및 대부업 등에는 미치지 않으므로(동법 제 7 조), 앞서 살펴본 특칙이 적용되는 대부업자에 대하여도 마찬가지로 적용이 없다.

주목할 것은 이 법률에는 애초의 이자제한법에는 없던 새로운 규정이 마련되었다는 점이다. 즉 "채무자가 최고이자율을 초과하는 이자를 임의로 지급한 경우에는 초과 지급된 이자 상당 금액은 원본에 충당되고, 원본이 소멸한 때에는 그 반환을 청구할 수 있다"는 것이다(제 2 조 제 4 항). 물론 이는 앞서 본 대법원 전원합의체 2007년 2월 15일 판결이 취한 태도와는 달리 초과이자의 반환을 바로 구할 수 있는 것이 아니라 그 부분이 먼저 원본에 충당되어야 한다고 정하기는 하였다. 그러나 종전의 이자제한법 아래에서 임의 지급된 이자는 완전히 대주의 것이 되어서 차주는 이를 어떻게 할 도리가 없었던 것과는 이제 현저한 차이가 있어서 그 이익이 차주에게 돌아가게 된 것이다.

[176] 부동산의 이중매매

지금까지 설명하여 온 여러 가지의 민법제도들에 대한 이해를 검증하는 의미에서 부동산의 이중매매의 경우를 내세워 이에 적용하여 보기로 하자(일반적으로 앞의 [61], [65]도 참조).

우리의 설례에서 A가 B와의 사이에 그가 소유하는 주택과 그 대지를 매매하는 계약을 체결하고 계약금 외에도 그 대금의 일부를 받고 나서, 같은 부동산을 C에게 매도하는 계약을 다시 체결하였다고 하자. 이 제 2 의 매매계약은 그 자체로서는 원칙적으로 아무런 고장이 없는 것으로서 유효하다. 그러므로 B와 C는 모두 A에 대하여 그 각각의 매매계약에 기하여 같은 부동산의 소유권을 자기에게 이전해 줄 것을 청구할 수 있는 채권을 가진다. 그리고 A는 B와 C 모두에 대하여 그 각 계약에서 정한 대금의 지급을 청구할 수 있는 채권을 가진다.

그러나 A가 C에게 소유권등기를 이전하여 주어 버리면, C는 이로써 주택 등의 소유권을 취득하게 된다. 이와 같은 C의 소유권취득은 예를 들면 그가 대금을 다 지급하였는가 또는 A가 그에게 그 주택을 인도하여 주었는가 등의 사정과는 무관한 것이다. C가 소유권을 취득하게 되면, 그는 누구에 대하여도 소유자로서의 권리를 행사할 수 있기 때문에, 예를 들면 B가 A와의 매매계약에 기하여 A로부터 그 주택을 인도받아 그에 살고 있다고 하는 경우에라도, C는 B에 대하여 그 주택의 반환, 소유권의 침해를 이유로 하는 손해배상 등을 청구할 수 있다(앞의 [58] 참조).

그와 같이 C가 유효하게 소유권을 취득하게 되면, A의 B에 대한 소유권이전채무는 일반적으로 이행불능이 된다는 것이 확고한 판례의 태도이다(앞의 [138] "사회관념상 불능" 참조). 물론 그 경우 A는 형사상으로 배임죄(형법 제355조 제 2 항)를 범한 것이 된다는 것이 현재까지의 확고한 판례인데, 이에 대하여는 더 이상 언급하지 않기로 한다. B가 A에 대하여 소유권이전등기청구의 소송을 제기하여도 그 이행불능을 이유로 그 청구는 기각된다(앞의 [154] 참조). 그는 A에 대하여 채무불이행책임을 추급할 수밖에 없다. 즉, "이행에 갈음하는 손해배상"을 청구하거나(앞의 [167] 참조), 아니면 매매계약을 해제하는 것이다(뒤의 [180] 이하 참조). 이 때 "이행에 갈음하는 손해배상"은 대개 이행불능이 될 당시의 목적물의 시가 상당액을 "통상의 손해"라고 하는 것이 판례이다(그러나 이 점은 단지 '금전적 평가'의 문제와도 관련된다는 것에 대하여는 앞의 [169] 말미 참조).

그러나 예외적으로 C는 비록 그 소유자 A로부터 소유권등기를 이전받았더라도 소유권을 취득하지 못하는 경우가 있다. 재판례 중에는, C가 A의 위와 같은 배임행위에 "적극 가담"하여 A로부터 그 주택을 매수하는 계약을 체결한 경우에는 그 매매계약은 A의 위와 같은 범죄행위를 유발하거나 조장하는 것으로서 사회질서에 반하여(앞의 [129] "둘째" 참조) 무효라는 것이 많다. 여기서 '적극 가담'한다는 것은 이중매도할 뜻이 없던 A를 부추겨서 그러한 마음을 먹게 하는 경우('교사'), 이중매도에 법적으로 문제가 없다든가 문제가 생기면 책임을 진다는 등의 말을 하여 A의 배임의사를 강화하는 경우 등을 말한다. 그런데 대법원 2009년 9월 10일 판결 2009다23283사건(판례공보 2009하, 1632면)은 "이중매매계약이 공서양속에 반한다고 하려면, 다른 특별한 사정이 없는 한 상대방에게도 그러한 무효의 제재, 보다 실질적으로 말하면 나아가 그가 의도한 권리취득 자체의 좌절을 정당화할 만한 책임귀속사유가 있어야 한다. 제 2 의 양도채권자에게 그와 같은 사유가 있는지를 판단함에 있어서는, 그가 당해 계약의 성립과 내용에 어떠한 방식으로 관여하였는지(당원의 많은 재판례가 이 문제와 관련하여 제시한 "소유자의 배임행위에 적극 가담하였는지" 여부라는 기준은 대체로 이를 의미한다)를 일차적으로 고려할 것이고, 나아가 계약에 이른 경위, 약정된 대가 등 계약내용의 상당성 또는 특수성, 그와 소유자의 인적 관계 또는 종전의 거래상태, 부동산의 종류 및 용도, 제 1 양도채권자의 점유 여부 및 그 기간의 장단과 같은 이용현황, 관련 법규정의 취지·내용 등과 같이 법률행위가 공서양속에 반하는지 여부의 판단에서 일반적으로 참작되는 제반 사정을 여기서도 종합적으로 살펴보아야 할 것이다. 그리고 법률행위로 인한 부동산물권변동에 등기를 요구하는 민법 제186조의 입법취지 등에 비추어 보면, 제 2 의 양도채권자가 소유자가 같은 부동산에 대하여 이미 다른 사람에 대하여 소유권양도의무를 지고 있음을 그 채권 발생의 원인이 되는 계약 당시에 알고 있었다는 것만으로 당연히 위와 같은 책임 귀속이 정당화될 수는 없다"고 판시하여, 종전의 관련 재판례를 포괄하면서도 앞으로의 실무처리 방향을 시사하는 보다 종합적인 분석틀을 제시하고 있다.

이와 같이 무효인 매매계약에 기하여는 비록 소유권등기가 이전되었어도 소유권이 C 앞으로 이전되지 않으며(앞의 [65] "첫째" 참조), 판례는 오히려 B가 채권자대위권(뒤의 [211] 참조)에 기하여 C에 대하여 그 소유권등기의 말소를 청구할 수 있다고 한다.

[177] "할 수 있으나, 하여서는 안 된다"

앞의 항목에서 본 이중매도의 경우는 법에 특유한 사고방식의 하나를 잘 보여 준다. 그것을 요약하여 말하자면, 법이 '할 수 있다(können)'고 해서 그것이 반드시 '하여도 된다(dürfen)'는 것을 의미하지는 않는다는 것이다. 즉 '법적 가능'과 '법적 허용'은 구분되어야 한다.

A가 자기 소유의 부동산을 일단 B에게 매도하였으면, 그는 이를 제 3 자에게 양도**하여서는 안 된다**. A가 제 3 자 C에게 매도하고 또 소유권이전등기를 경료함으로써 이를 양도하여 주면, 그는 B에 대한 의무를 위반한 것이고, 소유권이전채무의 불이행으로 인한 책임을 져야 한다. 그러나 그렇다고 해서 C에의 소유권양도가 효력이 없는 것은 아니며, C는 A로부터 유효하게 소유권을 취득한다. 다시 말하면 A는 B에게 부동산을 매도하였다고 하여도 C에게 소유권을 양도**할 수 있다**. 그러나 양도하여서는 안 되는 것이다.

앞의 [37]에서 본 채권양도에 있어서도, 채권자와 채무자가 당해 채권을 양도하지 못하는 것으로 합의하였다고 하자. 그러면 채권자는 이를 제 3 자에게 양도하여서는 안 된다. 그러나 채권자가 이 합의에 위반하여 제 3 자에게 양도한 경우에 그 양도가 언제나 효력이 없는 것은 아니다. 즉 만일 양수인이 선의이면(그리고 판례는 이에 더하여 중대한 과실이 없을 것을 요구한다. 이에 대하여는 앞의 [38] 참조) 채권자의 채권양도는 유효하며 양수인은 채권을 적법하게 취득한다(민법 제449조 제 2 항 단서 참조). 물론 그 경우 양도인인 원래의 채권자는 채무자에 대하여 계약을 위반한 것에 대한 법적 책임을 져야 하지만, 그렇다고 이로써 채권양도의 효력이 영향을 받지는 않는다. 그러니까 이 경우에도 채권자는 채권을 양도하여서는 안 되었지만, 일정한 요건 아래서는 양도할 수 있는 것이다.

위의 두 경우는 다음과 같이 말할 수 있다. 우선 어떤 권리가 있다. 나아가 그 권리를 양도**할 수 있는지** 여부, 즉 양도성의 유무는 권리자가 다른 사람과의 사이에 맺은 양도를 제한 또는 금지하기로 하는 계약에 의하여 원칙적으로 영향을 받지 않는다. 그런데 권리자가 제 3 자와의 사이에 그 권리를 양도하지 않기로, 즉 양도**하여서는 아니되기로** 약정하는 것은 허용된다는 것이다. 이러한 법리의 배후에는, 권리 자체의 객관적인 또는 물적인 성질 또는 내용("권리는 양도될 수 있다." 그런데 양도는 권리자가 하는 것이므로, 이는 "권리자는 양도할 수 있다"고 바꾸어 말하여도 잘못은 아닐 것이다)과 권리자의 다른 사람에 대한 인적인 의무("권리자는 양도하지 아니할 의무를 부담한다." 이 때 그 의무는 항상 어떠한 상대방에 대하여 부담하는 것이므로, "그 의무의 상대방과의 관계에서 권리자는 양도하여서는 아니된다"고 말할 수 있을 것이다)를 구분하는 민법의 기본적 사고방식이 자리잡고 있다. 이러한 사고방식이 나아가서는 물권과 채권을 구분하여 정하는 민법전의 구성체계를 버티고 있는 것이다(앞의 [62] 및 [66]도 참조).

그런데 이와 같이 '할 수 있다'와 '하여서는 안 된다'의 분리는 권리의 양도에서만 문제되는 것은 아니며, 권리의 행사에서도 문제된다. 앞의 [11]에서 법인의 대표자인 이사는 법인을 대표할 권리를 가진다고 하였다. 그리하여 그가 법인을 대표하여 제 3 자와 계약을 체결하면, 예를 들어 금전을 차용하면, 그 효과가 법인에게 직접 귀속되어 법인만이 제 3 자에 대하여 차용금반환채무를 진다. 그런데 그가 개인의 유흥비로 쓸 금전을 마련하기 위하여 법인을 대표하여 금전을 차용하였다면 어떠한가? 물론 그렇게 하여서는 안 된다. "이사는 선량한 관리자의 주의로 그 직무를 행하여야" 할 의무가 있고(민법 제61조), 개인의 이익을 위하여 법인 대표권을 행사하여서는 안 되는 것이다. 그러면 그 경우 그 이사는 법인을 대표할 수 없는가? 대표권의 제한이 법인등기부에 등기되지 아니한 이상(민법 제60조 참조) 그 때에도 그는 법인을 대표**할 수 있고**, 따라서 그 금전대차계약의 효과는 원칙적으로 법인에게 직접 귀속된다(그 예외로서 민법 제107조 제 1 항 단서의 유추적용이 인정됨에 대하여는 앞의 [117] 참조). 물론 법인은 그 이사 개인에 대하여 위와 같은 의무를 위반하였음을 이유로 책임을 물을 수는 있다. 그러나 이는 대표행위의 효과 귀속과는 별개의 문제인 것이다. 동일한 문제는 대리인이 그 권한 범위 내에서, 그러나 자기 또는 제 3 자의 이익을 위하여 본인을 대리하여 행위하는 경우에도 제기된다.

이상과 같이 '할 수 있다'와 '하여도 된다'를 구분하여 생각하는 것은 생활관계의 법적 처리에서 차원을 달리하는 두 개의 측면을 따로 규율하기 위한 필요에서 인정되는 것으로서, 법이 도덕적 의무를 무시하는 예라고 쉽게 생각하여서는 안 된다. 한편 위와 같은 경우는 **내부관계**(또는 내부적 법률관계) 또는 **외부관계**(또는 외부적 법률관계)라는 용어를 사용하여 설명되기도 한다. 예를 들면 앞의 이중매도의 경우는 매도인 A는 제 3 자 C에의 양도로 내부적으로는 매수인 B에 대하여 책임을 지나 외부적으로 그의 양도는 유효하여 C가 소유권을 취득한다고 하고, 법인 대표의 경우는 이사는 금전차용행위로 인하여 내부적으로 법인에 대하여 의무 위반으로 인한 책임을 지지만 외부적으로 그 행위는 유효하다는 것이다. 그런데 이 용어는 다른 맥락에서도 빈번히 사용되는 것이어서, 각별한 주의를 요한다.

제 4 절 계약의 해제

[178] 계약의 해제

채무불이행책임의 또 하나의 내용은 채권자가 계약을 해제할 수 있게 되는 것, 즉 해제권을 취득하는 것이다. 해제권이 발생하기 위하여서도, 앞에서 본 손해배상청구권의 경우와 마찬가지로, 객관적으로 "채무의 내용에 좇은 이행"이 이루어지지 아니한 것 외에 채무자가 그에 대하여 귀책사유(이에 대하여는 앞의 [150] 참조)가 있는 것(보다 정확하게 말하자면 그가 그 귀책사유가 없다는 것을 주장·입증하지 못한 것)이 요구된다고 이해된다.

계약의 해제란 일방적인 의사에 의하여 계약의 효력을 없애 버리는 것을 말한다(앞의 [5] 이하도 참조). 마찬가지의 효과를 가지는 것에 앞에서 본 취소가 있다([92] 이하 참조). 그런데 취소는 계약이 제한행위능력자에 의하여 그 법정대리인의 동의 없이 체결되었다든가 착오 또는 사기나 강박이 있었다든가 하는 등으로 계약의 성립 그 자체에 고장사유가 있는 경우에 그를 이유로 하여 계약의 효력을 없애는 것이다. 이에 반해서 해제는 일단 완전히 유효하게 성립한 계약이 진행되어 가는 과정에서 그 당사자가 계약의 효력을 없애는 것이다.

물론 해제는 채무불이행의 효과로서만 할 수 있는 것은 아니다. 당사자들이 계약을 하면서 그 일방 또는 쌍방이 일정한 사유가 발생하면 이를 해제할 수 있는 것으로 약정하였다면 그것에 의하여서도 해제권이 발생한다(이는 손해배상이 채무불이행책임의 효과이기는 하나, 다른 한편으로는 불법행위 등의 다른 원인에 기해서도 손해배상청구권이 생기는 것과 같다. 앞의 [165] 참조). 전자를 법정해제法定解除라고 하고, 후자를 약정해제約定解除라고 하는데, 실제로 더욱 빈번하게 문제되는 것은 전자의 '법정해제'이다.

[179] 형 성 권

해제권이나 취소권과 같이 그 권리자의 일방적인 의사에 의하여 타인과의 법률관계를 변동시킬 수 있는 권리를 형성권形成權이라고 한다. 이 형성권의 개념은 19세기 후반기에 들어와서 독일에서 비로소 점차로 인식되어 법의 세계에서 시민권을 얻은 것으로서, 아직도 그 내용이나 성질에 대하여는 많은 논의가 이루어지고 있다. 형성권의 가장 큰 특징은, 이 권리는 일단 행사되고 나면 그 자체는 바로 소멸하고 대신에 그 효과로서 법률관계가 직접적으로 변동(즉 권리의무의 발생·소멸·변경)된다는 점이다. 형성권은 그 행사방법에 따라서 두 가지로 나눌 수 있다. 하나는 권리자가 그 행사의 의사표시만을 하면 족한 것이고, 다른 하나는 법원에 소송을 제기하여 법률관계의 변동을 일으키는 판결(이러한 판결을 '형성판결'이라고 한다)을 받아야 비로소 법률관계가 새롭게 '형성'되는 것이다. 여기서는 주로 전자에 대하여 논의하기로 한다.

해제의 경우도 취소에 있어서와 같이(앞의 [92] 참조) '해제될 수 있다'는 것과 '해제되었다'는 것은 엄격하게 구분되어야 한다. 전자는 단지 해제권이 발생된 상태, 즉 계약은 현재로서는 여전히 유효하다는 것이고, 후자는 그 해제권이 실제로 행사되어 그에 따라 법률관계가 변동되었다, 즉 해제의 경우에는 계약이 효력을 상실하였다는 것을 의미하는 것이다.

이와 같이 형성권은 권리자의 일방적인 의사에 의하여 다른 사람과의 사이의 법률관계를 변동시킬 수 있는 권리이므로, 그의 상대방으로서는 형성권자가 형성권을 행사하는지 여부에 따라, 즉 형성권자의 의사 여하에 따라 자신의 권리의무가 변동될 수 있는 불안정한 상태에 있게 된다. 이러한 상대방의 불안정을 조속히 청산할 수 있는 방도로서, 그 상대방이 형성권자에 대하여 "상당한 기간 내에" 그 권리를 행사할 것인지 여부의 확답을 요구할 수 있도록 하는 제도(최고권)가 마련되어 있음은 앞의 [95]에서 본 바와 같다.

[180] 해제권의 발생

해제권은 그 행사로 인하여 계약의 운명을 최종적으로 결정짓는다. 일단 계약이 해제되면, 해제권자가 그 해제의 의사표시를 철회하더라도 그 철회는 효력이 없으며(민법 제543조 제 2 항), 이제 계약은 영영 그 효력을 상실하는 것이다. 민법은 이와 같이 강력한 해제권의 발생 여부를 보다 신중한 요건에 걸리게 하고 있다.

민법은 해제권의 발생요건을 채무불이행이 이행불능인가 아니면 '기타의 채무불이행'인가에 따라 나누어 정하고 있다. 그 가장 큰 차이는 전자의 경우는 채무자에게 "상당한 기간을 정하여 그 이행을 최고"할 필요가 없이 바로 해제권이 발생하는 데 반하여(민법 제546조), 후자의 경우에는 그러한 이행최고를 하고 "그 기간 내에 이행하지 아니한 때"

에 비로소 해제권이 발생하는 것이 원칙이라는 점이다(민법 제544조 본문. 예외에 대하여는 동조 단서 및 제545조 참조). 여기서 '최고'라고 하는 것은 채무를 이행하라고 요구하는 것을 말한다. 민법 제544조는 그 표제를 '이행지체와 해제'라고 하여 이행지체의 경우에만 최고를 요하는 것처럼 보이나, 그 본문에서 보는 것처럼 "그 채무를 이행하지 아니하는 때", 즉 "채무의 내용에 좇은 이행"(민법 제390조 본문 참조)이 이루어지지 아니한 때를 모두 포함하는 것이다. 다만 이행불능의 경우에는 민법 제546조가 따로 정하고 있으므로, 거기에 포함되지 않을 뿐이다. 이러한 이행불능의 경우에는 채권자가 이행을 최고해 보아야 이미 이행할 수 없게 되었으므로, 굳이 최고할 필요도 없을 것이다.

해제권의 발생과 관련하여 가장 어려운 문제는, 동시이행의 항변권이 부착되어 있는 채무(매매계약과 같은 쌍무계약으로부터 발생하는 채무는 대개 그러하다)의 이행지체(또는 '기타의 채무불이행')를 이유로 하여 계약의 해제를 주장하는 경우에 제기된다. 이는 민법의 각종 제도가 얽히게 되는 흥미 있는 주제의 하나인데, 앞서 본 변제의 제공이나 동시이행의 항변권의 문제([19] 및 [22] 참조)는 이와도 관련된다.

개요만을 말하면 다음과 같이 된다. 우리의 설례를 예로 들면, 매도인 A가 계약에서 정한 대로 잔금지급기일에 소유권이전등기에 필요한 서류를 모두 갖추어 가지고 약속된 장소(예를 들면 부동산중개소 등)에 나가서 매수인 B를 기다렸다고 하자. 그런데 B는 잔금을 마련하여 가지고 오지 않았을 뿐만 아니라, 약속된 장소에 나타나지도 않았다. 그렇다면 매도인 A는 '이행을 제공'한 셈이 되고, 따라서 매수인 B는 더 이상 동시이행의 항변을 할 수 없게 되며(앞의 [22] "넷째" 참조), 나아가 자신의 대금지급채무에 관하여 이행지체에 빠지게 된다(앞의 [144] 참조). 이 경우에 매매대금채권을 가진 매도인 A가 B의 채무불이행을 이유로 계약을 해제하고자 하면 우선 "상당한 기간을 정하여 그 이행을 최고"하여야 한다. 예를 들면 내용증명우편을 매수인 B에게 보내서, 그것을 받는 날로부터 1주일 내(이 정도면 '상당한 기간'이라는 요건이 충족된다고 할 것이다)에 잔금을 지급하라고 요구하는 것이다. 여기서 주의할 것은, 매도인 A는 그 최고기간 동안 만일 B가 대금을 지급하여 온다면 그와 상환으로 소유권이전등기에 필요한 서류를 교부할 수 있도록 준비하여 두고 있어야 한다는 것이다. 그런데도 그 최고기간 내에 B로부터 잔금의 지급이 없으면, 이제 A는 해제권을 취득하게 된다. A가 이 권리를 행사하여 매매계약을 해제하는 의사표시를 하면 그 의사표시가 상대방인 B에게 도달함으로써 매매계약은 이제 돌이킬 수 없이 효력을 잃게 되는 것이다.

그런데 판례나 통설은 최고와 해제의 의사표시라는 두 개의 행위를 하나로 결합하여 할 수 있다고 한다. 즉, 애초의 이행청구를 하면서 "만일 최고기간 내에 이행을 하지 않으면 이 계약은 그로써 바로 해제된다"는 뜻도 아울러 밝혀 두면, 별도로 해제의 의사표시를 하지 않아도 된다는 것이다.

[181] 외국의 이론

계약을 해제하게 되면, 그 계약은 그 효력을 소급적으로 상실한다. 이에 대하여는 독일의 새로운 이론의 영향을 받은 다른 견해, 즉 계약이 효력을 잃는 것이 아니라 단지 장래에 대하여 계약관계의 내용이 원상회복관계로 바뀔 뿐이라는 견해가 주장되기도 한다. 그러나 나는 그 견해는 별로 설득력이 없다고 생각하고 있다. 이는 우리 민법 제550조(해지의 경우에 "계약은 … 그 효력을 **잃는다**"고 정한다)의 반대해석, 제548조 제 1 항 단서의 의미 및 물권변동이론 등과 관련되는데, 여기서는 더 이상 들어가지 않기로 한다(이에 대하여 흥미가 있으면 양창수, "해제의 효과에 관한 학설들에 대한 소감", 민법연구, 제 3 권(1995), 267면 이하를 보라).

이 해제의 효과에 대한 논의와 관련하여서는, 다음과 같은 점을 잘 새겨 볼 필요가 있다. 그것은 "새것이라고 해서 다 좋은 것은 아니다"라는 점이다. 19세기 말 이래 우리는 서양의 문물을 수입하는 데 많은 힘을 쏟아 왔다. 그 과정에서 생겨난 풍조 중의 하나가 보다 최신의 것을 남보다 빨리 들여와서 자신의 주의로 표방하고 다른 것을 "그것은 이미 본토에서 한물간 것이다"라고 깎아내리면서 자족하는 경향이다. 어느 문학평론가는 이것을 '새것 콤플렉스'라고 이름붙였다.

그러한 경향은 결정적인 단점을 가지고 있다. 첫째는, 그것은 우리가 왜 남의 것을 배워야 하는가 하는 — 이미 진부하게 느껴지는 표현인지 모르나— 주체적 문제의식이 없기 때문에, 이 땅에서 일어나는 일들을 면밀하게 객관적으로 관찰한다는 1차적인 작업을 소홀히 하기 쉽다는 것이다. 둘째는, 우리의 경험이 부자연스럽게 저쪽의 '언어'와 그 '문법'에 편입되어서, 그 경험을 논리화하고 보편화하는 데 기여하여야 할 사고도구들이 오히려 그것을 무미건조하고 평탄하며 경색되게 만든다는 것이다. 셋째는, 각종의 주의와 주장과 이데올로기가 뒤엉켜 투쟁하고 있는 구미를 흑백논리적·단세포적으로 파악하여 그 어느 유파를 절대시함으로써(그리고 그 절대시하는 대상은 시류에 좇아 급변한다), 그 역사적 문맥을 파악하지 못하고, 나아가 정작 배워야 할 그 사회동력의 원천에 대한 천착을 소홀히 하게 된다는 것이다.

우리의 법학도 우리 문화의 큰 테두리를 벗어나는 것은 아니며, 문화의 일반적 약점과 천박성은 법학에도 그대로 침투되어 있다. 특히 근자에는 캘리포니아 오렌지와 같이 '모국으로부터의 직수입'이라는 명목으로 외국의 교과서를 그대로 번역한 듯한 것이 '교과서'의 이름을 가지고 버젓이 등장하여, 충분히 음미되지 아니한 개념이나 명제를 휘두르면서 읽는 사람을 현혹시키고서는(잘 생각해 보아도 알 수 없는 것은 대부분의 경우에 그 글을 읽는 쪽의 능력에 문제가 있는 것이 아니라, 글을 쓴 사람 쪽에 문제가 있는 것이다) 이쪽의 '수준 낮음'을 비웃고 있다. 이것은 문제에 대한 아무런 해결도 되지 못한다. 이것은 한옥에 에스컬레이터를 장치하는 것과 같이, 그 자체 무익할 뿐만 아니라 진정한 문제해결에 집중되어야 할 인적·물적 자원을 다른 데로 돌린다는 점에서는 오히려 유해하다.

알아두어야 할 것은 저쪽의 책을 읽을 때 가졌던 그 흥분을 그대로 옮겨가지고서는 공허하고 비현실적인 억지가 될 뿐이고 이쪽의 현상과 문제를 분석할 수 없다는 것이다. 나는 구미歐美로부터 배울 것이 없다거나, 또는 이미 옛적부터 민주주의가 있었다거나 우리의 언필칭 순풍양속으로 법을 채워야 한다고 주장하는 것이 아니다. 우리는 열심히 배워야 한다. 그러나 그것은 우리의 현상을 파악하고 문제를 해결하기 위하여, 민법과 우리의 민법생활을 보다 분명하게 의식된 것, 보다 조리 있는 것, 이성 있는 사람들에게 보다 설득력이 있는 것이 되게 하기 위하여 배우는 것이지, 오히려 그것을 애매하게 하고 환상만을 좇아가게 하며 몸에 안 맞는 장단에 춤추게 하기 위하여 배우는 것이 아니다.

그렇게 하기 위하여는, 첫째, '현재 있는 법(what the law is)'을 정확하게 인식하여야 한다. 마치 오늘날의 이 땅에는 아무런 법도 문화도 없는 것처럼 '현재 있는 법'의 문맥과의 관련을 생각함이 없이 법적 논의를 하는 것은 문제이다. 둘째, 그리하여 그것이 이성 있는 사람에게 설득력이 없는 것이면 이를 비판하고, 보다 설득력이 있는 '있어야 할 법(what the law is to be)'을 제시하여야 한다. 그에 있어서는 법학이 실천학문인 것, 그 주요한 덕목의 하나가 실용성인 것을 잊어서는 안 된다.

[182] 해제의 효과

다시 말하거니와, 계약이 해제되면 그 계약은 소급적으로 그 효력을 상실한다. 그러므로 앞서 취소에 관하여 본 것처럼([93] 참조), 우선 그 계약에 기한 이행청구는 이제는 할 수 없게 된다. 그리하여 채권자는 상대방에 대하여 이행청구를 하지 못하는 대신, 상대방에 대하여 반대채무를 더 이상 부담하지 않게 된다. 해제를 하는 제 1 차적인 실익은 바로 이와 같이 채권자가 자신의 반대급부의무로부터 벗어난다는 데 있다. 그리하여 해제는 주로 이와 같이 채권자도 역시 반대급부의무를 지는 유형의 계약, 즉 쌍무계약에서 그 빛을 발한다. 물론 편무계약에서도 채무자가 해제권을 가지는 한 해제는 의미가 크지만 말이다(증여계약에 관하여 우리 민법 제555조 이하 참조).

이와 같이 채권자가 반대채무로부터 벗어난다는 것은 무엇보다도 그 채무의 목적물을 다시 처분하여도 되게 된다는 것을 의미한다. 예를 들면 부동산의 매도인이 그 계약을 해제하지 아니하고 이를 제 3 자에게 매도하였다면, 그는 많은 경우에 배임죄를 범한 것이 된다(부동산의 이중매매에 대하여는 앞의 [176] 참조). 그러나 계약이 유효하게 해제된 후에는, 그는 이러한 제재를 두려워할 필요 없이 이 부동산을 제 3 자에게 다시 매도할 수 있다. 그리고 그동안 우리나라에서 부동산은 대체로 시간이 감에 따라 가격이 상승하였기 때문에, 또 경우에 따라서는 그 상승의 정도는 상당한 것이었기 때문에, 위와 같은 가능성의 취득은 곧 보다 많은 경제적인 이익을 손에 넣을 수 있는 길이 열렸음을 의미하였었다. 계약해제가 대부분 부동산의 매매와 관련하여서, 그것도 주로 매도인에 의하여 주장되었던 것은 대체로 이러한 사정에 기한 것이다.

[183] 원상회복

계약의 효력이 소급적으로 소멸되면 원상회복의 문제가 제기된다. 즉, 계약의 당사자는 각각 계약의 이행으로 상대방으로부터 수령한 것을 부당이득으로 반환하여야 하는 것이다. 민법 제548조 제 1 항 본문이 "각 당사자는 그 상대방에 대하여 원상회복의 의무가 있다"고 하는 것은 이를 말한다.

특히 계약의 해제를 원인으로 하여 인정되는 원상회복의무에 대하여서는 몇 가지 주의하여야 할 점이 있다. 첫째, 계약의 무효나 취소와 같은 원인에 기한 원상회복의 경우에는 일반적인 부당이득의 법리에 따라 그 반환의무자의 선의·악의에 따라 그 반환의무의 내용이 달라지도록 되어 있다. 즉, 선의의 수익자는 "그 받은 이익이 현존하는 범위 내에서" 반환하면 족한 데 반하여(민법 제748조 제 1 항), 악의의 수익자는 "그 받은 이익에 이자를 붙여 반환하고 손해가 있으면 이를 배상하여야 한다"(동조 제 2 항). 다만 그 예외는 행위무능력을 이유로 한 취소의 경우에 무능력자는 그의 선의·악의를 불문하고 "받은 이익이 현존하는 한도에서" 반환하면 된다는 것뿐이다(민법 제141조 단서). 그런데 계약해제의 경우에는 이러한 구분을 하지 아니하고 '원상회복의 의무', 즉 받은 이익을 그대로 반환해 주어야 할 의무가 있는 것이다.

둘째, 그 원상회복의 내용이 특히 금전의 반환인 경우에는 "그 받은 날로부터 이자를 가하여" 반환하여야 한다(민법 제548조 제 2 항). 이와 같이 당사자들 사이에 이자로 주기로 하는 약정이 없었는데도 법이 붙여 주도록 명하는 이자를 법정이자라고 하는데, 그 이율은 연 5푼이다(민법 제379조).

셋째, 그 원상회복의 의무는 "제 3 자의 권리를 해하지 못한다"(민법

제548조 제 1 항 단서). 이러한 규정은 다른 제도에 있어서도 발견된다. 예를 들면 선택채권에서 선택의 효력과 관련되어 민법 제386조, 채무인수의 효력과 관련되어 민법 제457조, 상속재산의 분할과 관련되어 민법 제1015조 등이 그것이다. 이들에 공통적인 것은, 이들 규정이 모두 소급효遡及效를 제한하는 의미를 가진다는 것이다. 그러므로 우선 소급효에 관하여 살펴본 다음, 이 규정의 해석에 다시 돌아오기로 한다.

[184] 소 급 효

해제나 취소에서와 같이 어떤 법률효과에는 소급효가 인정되기도 한다. 이것도 일정한 필요를 충족하기 위한 기교적인 법기술에 속한다.

생활관계의 법적 파악인 법률관계는 생활관계와 마찬가지로 시간의 경과라고 하는 흐름 속에서 전개되어 가는 것이고, 가능하면 이러한 흐름을 존중하여 거스르지 않는 것이 바람직하다. 그리하여 원칙으로는 어떠한 일이 있으면 있는 것을, 없으면 없는 것을 기초로 하여 사태가 전개되도록 하는 것이 순리이며, 법률관계도 이와 다를 바가 없는 것이다. 그러나 기왕 있었던 일이라도 그 후에 일정한 사태가 발생하면 그 기왕의 일을 처음부터 뒤엎을 필요가 생기는 수도 있다. 그러한 예로서 민법이 정하는 것이, 취소로 인한 무효화(제141조 본문), 조건성취의 어떤 경우(제147조 제 3 항), 소멸시효의 완성(제167조), 상계(제493조 제 2 항), 그리고 앞서 본 민법 제386조, 제457조, 제548조 제 1 항, 제1015조 등이다. 이들 경우에는 일정한 사태가 발생하면 그 효력이 그보다 앞선 시점으로 당겨져서 발생하는 것으로 "본다"(앞의 [161] 말미 참조).

반면에 계약**해지**의 경우에는 굳이 그로 인하여 계약이 "장래에 대하여"만 그 효력을 잃는다고 정하고 있는데(민법 제550조), 이는 소급효를 가지는 해제와 비교하여 이 점을 명확하게 할 필요가 있기 때문일 것이다. 계약해지는 예를 들면 임대차나 고용 또는 위임·임치와 같이 당사자들의 계약관계가 **일정한 기간 동안** 유지되는 것을 당연한 전제로 하고 있는 종류의 계약, 즉 이른바 계속적 계약관계에서 인정된다(민법 제614조, 제627조 제 2 항, 제635조 이하, 제658조 이하, 제689조, 제698조 등). 이러한 계약에 있어서는 그 계약의 효력을 소급적으로 상실시키게 되면 그로 인한 원상회복관계가 극히 착잡해지므로, 장래에 대하여만 계약의 효력이 없도록 하는 것이다.

[185] 해제의 소급효

매매계약이 소급적으로 그 효력을 상실하면, 그로부터 구체적으로 어떠한 결과가 생겨나느냐?

우선, 매도인의 매수인에 대한 대금채권과 매수인의 매도인에 대한 소유권이전채권은 모두 처음부터 발생하지 아니한 것으로 다루어진다. 그러므로 매도인이 그 대금채권을 매수인의 매도인에 대한 다른 금전채권과 상계하였다면(앞의 [32] 참조), 그 상계되어 소멸하였던 수동채권은 다시 부활한다. 그리고 그 대금채권의 담보를 위하여 설정된 일체의 담보권도 애초부터 없었던 것으로 된다.

나아가, 이미 매수인 앞으로 소유권등기가 이전되거나(부동산의 경우) 매수인에게 인도되어서(동산의 경우), 그 목적물의 소유권이 매수인에게 이전되었다고 하더라도, 그 매매계약이 해제되면 그 소유권은 애초부터 변동이 없었던 것으로 취급되어 줄곧 매도인의 소유로 남아 있었던 것으로 된다. 이는 소유권 변동의 '원인'이 된 매매계약이 효력을 상실함으로써 소유권 변동 자체가 효력을 잃기 때문이라고 설명될 수도 있을 것인데(앞의 [68] 참조), 역사적으로 해제의 경우에도 그러한 법리를 적용할 수 있는가에 대하여 논의가 있었기 때문에 위와 같이 해제로 인하여 소유권 변동 자체의 효력 불발생을 인정하는 견해를 특히 '물권적 효과설'이라고 부르기도 한다. 판례는 물론 이러한 입장을 취한다.

또한 보다 구체적으로 계약의 소급적 소멸로 여러 가지의 법률효과가 뒤따라 일어나는데, 그 중요한 것을 들어보면 다음과 같다. (i) 그 소유권등기는 말소되어야 하고, 받은 물건이나 금전은 상대방에게 반환되어야 한다. (ii) 그동안에 매수인이 그 목적물을 사용한 것 자체의 이익은 부당이득으로서 그 가액(대개는 차임에 상당하는 액)을 반환하여야 한다(민법 제747조 제 1 항 참조). 이와 관련하여서는 매수인이 '선의의 점유자'인 경우에는 이를 반환하지 않아도 되지 않는가 하는 생각도 있을 수 있겠으나(민법 제201조 제 1 항 참조), 앞서 본 대로 금전의 경우에 이자를 붙여 주는 것([183] "둘째" 참조)과의 균형상 역시 반환하여야 한다고 생각된다(대법원 1976년 3월 23일 판결 74다1383사건(대법원판례요지집 민사·상사편 I-2, 민법 제548조 24번)은 이러한 취지로 이해되기도 한다). 대법원 1993년 4월 9일 판결 92다25946사건(법원공보 945호, 1359면)은 타인 권리의 매매에 있어서 선의의 매도인이 가지는 해제권(민법 제571조 제 1 항)이 행사된 사안에서 "그 해제의 효과에 대하여 특별한 규정은 없지만 일반적인 해제와 달리 해석할 이유가 없다 할 것이므로 … 매수인은 매도인에게 목적물을 반환하고 목적물을 사용하였으면 그 사용이익을 반환할 의무를 부담한다"고 판시하여, 해제 일반에 관하여 목적물을 인도받아 사용한 매수인의 사용이익반환의무를 명확하게 인정하였다.

[186] 소급효의 제한

여기서 제기되는 문제는, 그렇다면 예를 들어 소유권등기를 이전받는 매수인이 계약이 아직 해제되지 않고 있는 동안에 이를 제 3 자에게 매도하여 소유권등기를 이전하거나 저당권을 설정하여 준 경우는 어떻게 되는가 하는 것이다.

여기서 다음과 같은 의문이 떠오를지도 모른다. 위의 예에서 매수인이 소유권등기를 이전받은 후에 제 3 자에게 매도하여 다시 등기를 이전하여 주었다고 하는데, 매수인 앞으로 이미 등기가 넘어갔다면 이는 매수인이 그 전에 대금을 다 지급했기에 있을 수 있는 일이어서 매도인이 매수인의 채무불이행을 이유로 계약을 해제한다는 일은 애초 있을 수 없는 것이 아닌가 하는 점이다. 그러나 때로 매도인은 매매대금을 다 지급받기 전이라도 매수인에게 등기를 이전하여 주는 경우가 있다. 예를 들면 매수인이 매매목적물인 나대지 위에 건물을 짓고 이를 분양하여 얻은 대금으로 나머지 매매대금을 지급하기로 약정하는 경우에는, 건축공사 허가 등 그 건축공사에 따르는 행정절차를 손쉽게 밟기 위하여 또는 분양자의 명의를 누구로 하는가 등의 관계로 미리 소유권등기를 매수인 앞으로 이전하기도 한다. 이와 같은 경우에는, 매도인이 동시이행의 항변을 할 수 있는 권리(앞의 [19] 참조)를 스스로 포기하고 그의 소유권이전채무를 매수인의 대금지급채무보다 선이행하기로 하는 약정이 이루어지는 것이다.

그와 같은 경우 소유권등기를 이전받은 매수인이 매매대금을 약정대로 지급하지 아니하면, 매도인은 앞서 본 요건([180] 참조)이 충족되면 계약을 해제할 수 있게 된다. 그런데 그 해제의 의사표시가 있기 전에 이미 매수인이 목적물을 제 3 자에게 양도하는 등의 처분을 한 경우에, 계약이 일단 해제된 후에는 매수인의 처분을 소유권이 없는 자의 처분으로서 무효라고(앞의 [65] "셋째" 참조) 할 것인가? 만일 그렇다면 매수인으로부터 소유권을 이전받거나 저당권을 설정받은 제 3 자로서는 일단 유효하게 취득한 권리를 자신에게는 아무런 잘못도 없이 빼앗기는 결과가 되어 부당하지 않을까? 바로 이러한 의문에 답하여 민법은, 계약의 해제가 소급효를 가지더라도 그것은 아직 계약이 해제되지 않고 있는 동안에 취득된 "제 3 자의 권리를 해하지 못한다"고 정하고 있는 것이다(민법 제548조 제 1 항 단서).

여기서 주의할 것은 이 제한규정은 예를 들면 민법 제108조 제 2 항에서와 같이 '선의의 제 3 자'만을 보호하는 것이 아니라, 그냥 '제 3 자'라고 정하고 있다는 점이다. 그러므로 예를 들면 위의 예에서 그 매수인으로부터 소유권을 양도받은 제 3 자가 그에 앞선 매매계약이 해제될 수도 있음을 알았다고 하더라도, 그가 취득한 소유권은 그 후의 해제에 의하여 영향을 받지 않는다(한편 해제의 의사표시를 하였으나 아직 매도인 앞으로 등기를 회복하지 아니하고 있는 동안에 매수인이 제 3 자에게 처분한 경우에는 '선의의 제 3 자'만이 보호된다고 하는 대법원 1985년 4월 9일 판결 84다카130사건(대법원판례집 33권 1집, 167면)도 참조).

이와 같이 제 3 자가 소유권이나 저당권 등을 확정적으로 유효하게 취득하게 되면, 매수인은 원상회복의 내용으로 원래의 목적물을 반환하지 못하게 되는 범위에서 그 가액을 반환하여야 한다(민법 제747조 제 1 항). 한편 민법 제553조는 "해제권자의 고의나 과실로 인하여 계약의 목적물 … 을 반환할 수 없게 된 때"에는 해제할 수 없다고 정하고 있으므로, 해제권자 자신이 해제 전에 그 목적물을 제 3 자에게 양도해 버린 경우에는 이제 해제 자체가 불가능하게 된다.

[187] 해제와 손해배상

계약이 해제되면 원래의 채권은 소급적으로 소멸하므로, 앞의 [167]에서 본 대로 원래의 채권의 변형 또는 연장이라고 하는 손해배상청구권도 역시 소멸한다고 보아야 하지 않을까 하는 의문이 든다. 그러나 우리 민법은 "계약의 해지 또는 해제는 손해배상의 청구에 영향을 미치지 아니한다"고 정하여(제551조), 계약이 해제되더라도 손해배상은 여전히 청구할 수 있음을 밝히고 있다. 말하자면 해제는 그 전에 있은 채무불이행으로 말미암아 이미 발생한 손해배상청구권에는 영향을 미치지 않는다는 것이다.

[188] 합의해제 또는 해제계약

이상에서 설명하여 온 것은, 그 해제권의 발생이 법규정에 의한 것이든(법정해제) 당사자 사이의 약정에 의한 것이든(약정해제) 해제권을 가지는 사람의 일방적인 의사표시에 의하여 계약이 효력을 상실하는 법적 제도로서의 해제에 대해서이다. 그런데 계약당사자들은 그 계약이 처음부터 없었던 상태로 하기로 새로 합의할 수 있음은 물론이다. 즉 여기서는 이제 행하여지는 새로운 계약이 앞서 있었던 계약에 대하여 그 효력이 처음부터 없기로 함을 내용으로 하는 것으로서, 이러한 계약은 '해제계약'이라고 불린다. 또 그러한 방법에 의한 계약 효력의 소멸을 '합의해제'라고 하는데, 이는 당사자의 계약으로 발생한 해제권이 행사됨으로써 행하여지는 '약정해제'와 혼동하여서는 안 된다(후자에 대하여는 우선 민법 제543조 제 1 항의 "계약 … 에 의하여 당사자의 일방 또는 쌍방이 … 해제의 권리가 있는 때" 참조). 한편 계속적 계약의 당사자들이 그들 사이의 합의로 계약의 효력을 장래에 대하여 소멸시키기로 하는 '해지계약' 내지 '합의해지'도 물론 상정될 수 있다.

이러한 '해제계약' 또는 '합의해제'는 통상의 계약에서와 마찬가지로 명시적으로는 물론이고 묵시적으로도 할 수 있다(대법원 2007년 6월 15일 판결 2004다37904사건(판례공보 2007, 1062면)이 판시하는 대로, "계약의 성립 후에 당사자 쌍방의 계약실현의사의 결여 또는 포기로 인하여 쌍방 모두 이행의 제공이나 최고에 이름이 없이 장기간 이를 방치하였다면, 그 계약은 당사자 쌍방이 계약을 실현하지 아니할 의사가 일치함으로써 묵시적으로 합의 해제되었다고 해석함이 상당하다").

이와 같은 경우에 원래의 계약은 해제계약의 내용대로 영향을 받으므로, 결국 문제는 일반적으로 해제계약의 해석에 달려 있다. 예를 들면 대법원 2021년 5월 7일 판결 2017다220416사건(판례공보 2021하, 1161면)은 그 계약에는 다른 특별한 사정이 없는 한 채무불이행으로 인한 손해배상을 하지 않기로 하는 합의가 포함된다고 한다.

한편 대법원 1982년 7월 27일 판결 80다2968사건(법원공보 1982, 810면); 대법원 2004년 7월 8일 판결 2002다73203(대법원판례집 52권 2집, 3면) 등 판례는, 물건의 매매계약이 합의해제되면 매수인에게 이전되었던 소유권은 당연히 복귀하는데 다만 이에도 민법 제548조 제 1 항 단서(앞의 [186] 참조)가 적용되어 "제 3 자의 권리를 해하지 못한다"고 한다. 그러나 합의해제는 별도의 계약에 기한 것으로서 이를 법정해제의 효과와 동일하게 처리하는 것에 대하여는 더욱 검토를 요한다고 할 것이다.

제 5 절 매도인의 담보책임

[189] 매도인의 담보책임

민법은 매도인에 대하여는 특별한 책임을 지우는 규정을 두고 있다(제570조부터 제584조까지). 이 규정들은 매도인의 '담보책임'을 정하는 것이다(그 외에도 담보책임을 정하는 것으로서는 수급인에 관한 민법 제667조 이하가 중요하고, 증여자에 관한 민법 제559조도 있다. 그리고 상법 제69조는 "상인 간의 매매", 즉 상사매매에서의 담보책임과 관련하여 매우 중요한 특별규정이다). 이는 일정한 연혁상의 이유로 일반의 채무불이행에 대한 규정들과는 별도로 정하여져 있으나, 그 내용을 들여다 보면 오히려 전형적인 채무불이행의 적지 않은 부분을 포함하고 있음을 알 수 있다.

그런데 담보책임이 통상의 채무불이행책임(앞의 [164] 참조)과 다른 점은 무엇보다도 채무자에게 문제의 이행장애사유에 대하여 귀책사유가 있을 것을 요하지 않는다는 것이다. 다시 말하면 채무자는 자신에게 그 귀책사유가 없음을 주장·입증한다고 하여도 담보책임을 면할 수는 없다. 채무자는 이와 같이 자신에게 귀책사유가 없어도 법적 불이익을 지게 되므로, 이는 채권자에 대하여 권리의 흠결 또는 물건의 하자가 없을 것을 보장하는 것, 즉 담보하는 것과 다름없다. 여기서의 매도인의 책임을 '담보책임'이라고 부르는 것은 바로 이러한 이유에서이다.

이하에서는 담보책임 중에서 매매목적물인 권리가 매도인에게 속하지 않는 경우와 매매목적물에 기능상의 '하자'가 있는 경우의 둘에 대하여 설명하기로 한다. 그 외에도 매매목적물의 일부가 부족하거나 매매계약 당시 이미 멸실되어 있는 경우, 목적물에 다른 사람의 권리가 붙어 있어서 매수인이 취득한 권리에 제한을 받지 않을 수 없는 경우(그 하나의 예에 대하여는 이미 앞의 [85] 참조) 등에 대하여 규정이 마련되어 있다. 이상의 경우들은 모두 매매계약 당시 이미 목적물 전부에 대한 '완전한' 권리를 매수인에게 이전해 줄 수 없는 사유가 존재하였던 경우이지만, 그로 말미암아 객관적으로 "채무의 내용에 좇은 이행"이 이루어지지 않는다는 점에서는 예를 들면 앞서 본 불완전급부([147] 참조) 등과 하등 다를 바 없는 것이다.

그리하여 매도인의 담보책임과 채무불이행책임과의 관계에 대하여는

'담보책임의 법적 성질'이라는 문제의 형태로 여러 가지 견해가 피력되고 있다. 그러나 내 생각으로는 이 견해의 대립은 많은 경우에 예를 들면 '채무불이행'이라는 용어를 어떠한 의미로 사용할 것이냐의 문제에 귀착되는 것이어서, 민법 제570조 이하의 규정의 이해에는 크게 도움이 되지 않는다.

[190] 타인 권리의 매매

우리의 설례에서 매매목적물인 주택과 그 대지가 매매계약 당시 비록 소유권등기는 매도인 A 앞으로 되어 있으나 그 진정한 소유자는 C이었다고 해 보자. 물론 빈번한 것은 아니나, 예를 들면 위조된 등기서류로 A 앞으로 등기가 이루어지거나 상속관계에 잘못이 있었거나 경매절차 또는 토지수용의 절차에 현저한 흠이 있었거나 하는 등의 경우에는 그러한 일도 있을 수 있다. 이러한 경우에 A가 소유권등기를 B에게 이전해 주었다고 하더라도 이것으로 그 목적물의 소유권이 B에게 이전되지 않는다(앞의 [65] "셋째" 참조). 그렇다면 매도인 A는 채무불이행을 이유로 하여서 손해배상의무 등의 책임을 질 것인가? 이러한 문제는 특히 진정한 소유자 C가 B에 대하여 자신의 소유권을 근거로 하여 등기의 말소 기타 여러 가지 청구를 하여 온 때(뒤의 [192]에서 보는 '추탈')에 비로소 명확한 형태로 제기되는 경우가 많을 것이다.

채무불이행책임이 발생하기 위하여는 여러 번 말한 대로 채무자에게 그 채무불이행에 대하여 귀책사유가 있어야 한다. 그런데 만일 A도 전에 이것을 당시 등기부에 소유자라고 기재되어 있던 M으로부터 매수하여 대금을 지급하고 등기와 점유를 이전받은 것이었다고 하자. 그리하여 자신의 소유라고 믿고서는 이것을 다시 B에게 팔았다고 하면, 이 경우에는 아마도 A에게 채무불이행에 대하여 귀책사유가 있다고 하기는 어려울 것이다. 부동산등기제도가 하는 역할 중 하나가 등기부의 기재를 그대로 믿고 거래한 사람은 일반적으로 그 믿은 것에 대하여 과실이 없다고 인정된다는 점에 있기 때문이다. 그렇다면 매도인 A에게는 통상적으로 귀책사유가 없어서 일반적인 채무불이행책임(즉 손해배상책임과 계약해제권 발생)을 지지는 않게 될 것이다. 그렇다면 매수인 B로서는 매도인에 대하여 아무런 법적인 구제수단을 가지지 못하는가?

우리 민법은, 프랑스민법과는 달리, 매매목적물인 권리가 계약 당시 매도인에 속하지 않는 경우에도 그와 같은 '타인 권리의 매매계약'은 유효라고 하는 태도에서 출발하고 있다. 이것이 특히 의미가 있는 것은, 매도인이 그 권리자로부터 그 권리를 취득할 가능성이 애초부터 없는 경우(예를 들면 소유자가 특히 애착이 있는 물건이어서 다른 사람에게 양도할 의사가 전혀 없고 어떠한 경우에도 양도를 거부하는 경우)에도 그 계약은 유효라고 하는 것이다. 이를 뒤집어서 말하면, 원시적 불능인 급부를 목적으로 하는 계약은 무효라고 하는 법리(앞의 [134] 참조)는, 설사 거기서의 불능이 주관적 불능을 포함한다는 태도를 취한다고 할지라도(이에 대하여는 앞의 [134] 참조), 타인의 권리를 매매하는 경우에는 적용이 되지 않는 셈이 된다.

그리하여 민법은 그 경우에 관하여 매도인에게 "그 권리를 취득하여 매수인에게 이전"할 의무를 과하고 있다(제569조). 그러나 매도인이 결국 그 권리를 취득하여 매수인에게 이전할 수 없는 경우에는 어떻게 될 것인가? 민법은 이 경우에 대하여 매도인의 담보책임을 다음과 같이 규정하고 있다. 우선, 매수인은 선의·악의를 불문하고, 또 매도인에게 귀책사유가 있는지 여부를 불문하고, 계약을 **해제**할 수 있다(제570조 본문). 그러므로 자신이 지급한 대금(및 이에 대한 이자. 앞의 [183] "둘째" 참조)을 반환받을 수 있다. 그러나 나아가 **손해배상**은 선의의 매수인, 즉 그 권리가 매도인에게 속하지 않는다는 사실을 계약 체결 당시에 알지 못하였던 매수인만이 이를 청구할 수 있다(제570조 단서). 이 선의 매수인의 손해배상청구권도 역시 매도인에게 귀책사유가 있는지 여부를 불문하고 발생하며, 그것은 이행이익의 배상, 그 중에서도 전보배상(예를 들면 목적물의 시가)을 내용으로 하는 것으로 이해되고 있다. 여기서 그렇다면 악의의 매수인은 매도인의 일반적인 채무불이행을 원인으로 하여서도 손해배상을 청구할 수 없는가 하는 문제(물론 이 경우에는 매도인에게 귀책사유가 있음을 전제로 한다)가 제기되는데, 이에 대하여는 여기서 더 이상 들어가지 않기로 한다. 다만 대법원 1970년 12월 29일 판결 70다2449사건(대법원판결집 18권 3집, 민사편 443면)을 찾아 읽고, 그 내용을 비판적으로 음미하여 보라(뒤의 [201]도 참조).

[191] 공신의 원칙 — 선의취득

일반적으로 타인 권리의 매매로 인한 담보책임이 현실적으로 어느 만큼의 기능을 하는가는 많은 경우에 물권변동에 있어서 '공신의 원칙'이 채택되어 있는가 여부에 의하여 결정된다. 물권변동에 있어서의 '공신의 원칙'이란, 물권을 공시하는 방법이 마련되어 있는 경우에 그 공시의 내용을 신뢰하여서 거래를 한 사람에 대하여, 비록 공시된 내용이 진정한 권리관계와 일치하지 아니하여 원래대로라면 자신이 신뢰한 대로의 권리를 취득할 수 없었을 것이라고 하더라도, 특별히 마치 공시된 내용대로의 권리관계가 존재하는 것처럼 취급하여서 그 신뢰한 바에 좇아 권리취득을 인정하는 태도를 말한다. 쉽게 말하면 부동산에 대하여는 등기부에 권리자로 등기된 사람을, 동산에 대하여는 점유자를 각기 권리자로 믿고 그로부터 권리를 양수하거나 그 권리 위에 다른 권리(예를 들면 저당권이나 질권)를 설정한 사람은, 비록 그 등기명의인이나 점유자가 실제로는 권리자가 아니었더라도, 권리를 유효하게 취득하게 된다는 것이다. 이를 인정하면 원래의 진정한 권리자는 자기의 의사에 기하지 아니하고 자신의 권리를 박탈당하는 결과가 된다.

이에는 '원칙'이라는 말이 붙어 있으나, 이는 반드시 그래야 한다거나 당연히 그렇게 되어 있다는 의미가 아니며 그 채택 여부가 입법자의 판단에 달려 있는 하나의 선택지에 불과한 것이다(앞의 [70] 참조). 많은 교과서는 이른바 거래의 안전을 내세우면서 '공신의 원칙'을 이상적인 것으로 추켜세우고 있다. 그러나 나는 '거래의 안전' 또는 '신뢰보호'는 우리 민법의 가치서열에 있어서 현저하게 높은 위치를 차지하고 있지 못하며, 오히려 진정한 소유자가 그 의사에 기하지 아니하고 그 권리를 빼앗겨야 할 이유가 과연 무엇인지 잘 음미해 볼 필요가 있고 그것이 정당화되는 한도 내에서만 공신의 원칙을 채택할 여지가 있다고 생각한다.

그런데 현행 민법을 보면, 동산에 대하여는 일정한 내용으로 이와 같은 공신의 원칙을 취하고 있으나 부동산 또는 채권 등의 권리에 대하여는 원칙적으로 이를 취하지 않고 있다. 즉, 도둑맞았거나 잃어버린 경우와 같이 권리자의 의사에 의하지 아니하고 점유를 상실한 물건을 제외하고는, 동산을 점유하는 사람을 소유자라고 믿고 매매계약 등에 기하여 그로부터 그 물건을 인도받은 사람은 양도인이 진정한 권리자가 아닌 때에도, 그렇게 믿은 데 대하여 과실이 없는 한, 그 권리를 취득한다(민법 제249조 내지 제251조. 이들은 민법 제343조에 의하여 동산질권에 준용되고 있다). 이들 규정에 의한 권리취득을 **선의취득**善意取得이라 한다. 이에 의하여 진정한 소유자는 그 소유권을 상실하게 되고, 그 대신에 양도인에 대하여 불법행위나 채무불이행을 이유로 하는 손해배상청구권 또는/및 선의취득자로부터 받은 대가에 관한 부당이득반환청구권을 가지게 된다. 앞에서 본 대로([60] 및 [65] 참조), 소유자는 그 의사에 기하지 아니하고는 그 권리를 상실하지 않는 것이 우리 민법의 원칙인데, 이 경우에는 이에 대한 예외를 인정하고 있는 것이다.

그러나 부동산에 대하여는 등기에 공신력이 인정되지 않고 있다. 따라서 부동산등기부에 소유자로 등기되어 있는 사람을 소유자라고 믿고 그로부터 부동산을 매수하고 소유권등기를 이전받았더라도, 그가 실제로는 소유자가 아니었다고 하면(즉 그 등기가 실제의 권리관계를 반영하지 못하고 있는 부실등기不實登記인 것이다), 매수인은 소유권을 취득하지 못한다(앞의 [65] "셋째"도 참조). 그리고 이는 증권화되지 않은 통상의 채권의 경우에도 마찬가지이다(한편 증권화되어 있는 채권, 예를 들면 화물상환·선하증권, 어음·수표와 같은 지시채권 또는 주식 등의 권리에 대하여는 선의취득이 인정된다. 민법 제514조, 제524조, 어음법 제16조 제 2 항, 제77조 제 1 항 제 1 호, 수표법 제21조, 상법 제359조 등. 뒤의 [194]도 참조). 그리하여 앞에서 본 바 있는 "무효 또는 취소를 선의의 제 3 자에게 대항하지 못한다" 또는 "제 3 자의 권리를 해하지 못한다"는 규정들(앞의 [99] 및 [187] 참조)은, 실제의 기능이라는 점에서 보면, 무권리자로부터의 취득을 유효하게 한다는 점에서 특히 부동산거래와 관련하여 중요한 의미가 있다. 즉, 이 규정들은 그 적용이 있는 범위 내에서 등기에 공신력을 부여하는 것과 같은 역할을 하는 것이다.

[192] 추탈담보책임

위와 같이 공신의 원칙이 채택되어 있는 범위 내에서는 타인의 권리가 매매되었더라도 매수인이 그의 신뢰대로 그 권리를 취득할 가능성이 높으므로, 그 한도에서는 매도인의 담보책임이 문제될 여지가 없다. 민법 제570조 본문에서 보는 대로 그 경우의 담보책임은 매수인이 매매목적물인 권리를 취득하지 못한 때에 비로소 발생하는 것이기 때문이다. 그러나 공신의 원칙이 적용되지 않는 경우, 특히 부동산매매에 있어서는, 타인 권리의 매매는 대부분 매도인의 담보책임을 발생시킨다.

그 경우에 매수인에게 점유 또는/및 등기가 이전되었으나 매수인이 그후에 진정한 권리자에 의하여 그 점유의 회수 또는 등기의 말소(민법 제213조, 제214조 참조)를 당한 경우를 '추탈追奪'이라 부르고, 그 경우의 매도인의 담보책임을 '추탈담보책임'이라고 한다. 이는 매도인의 계약상 의무 내지 그의 담보책임에 관한 역사적 발전과정을 고찰할 때에 특히 의미 있는 범주이다.

[193] 민법에 정면으로 규정되지 아니한 법규칙

여기서 선의취득에 대한 설명을 계기로 관점을 돌려서 민법 공부와 관련되는 중요한 이치를 살펴보기로 하자.

민법에서는 그 가장 중요한 법규칙, 아마도 민법의 기본법리라고 불러도 좋을 것이 민법전에 정면으로 규정되어 있지 아니한 경우가 적지 않다. 예를 들면, 앞의 [12]에서 부동산매매계약에 관하여 이미 본 대로, 계약이 성립되면 그 계약은 원칙적으로 바로 계약을 구성하는 의사표시의 내용대로의 법률효과를 가지게 된다. 이것은 비단 계약에 있어서뿐만 아니라, 그 외의 법률행위, 즉 계약의 취소나 해제 또는 유언 등과 같은 단독행위에 대하여도 마찬가지로 말할 수 있다. 그러나 이와 같이 중요한 법규칙, 민법의 근간을 이루는 법리는 민법전 어디에도 규정되어 있지 않다.

앞서 본 대로 매매계약에 관하여 민법은 그에 관한 맨 앞의 법조항인 제563조에서 "매매는 당사자 일방이 재산권을 상대방에게 이전할 것을 약정하고 상대방이 그 대금을 지급할 것을 약정함으로써 그 효력이 생긴다"고 정한다. 그런데 이는 오히려 얼핏 어떠한 계약이 '매매'에 해당하여 매매에 관하여 정하는 민법 제564조 이하의 법규정이 그에 적용될 것인지를 규율하는 것으로 읽힌다. 그것은 다른 전형계약, 예를 들어 임대차계약에 관한 맨 앞의 법조항인 제618조가 "임대차는 당사자 일방이 상대방에게 목적물을 사용, 수익하게 할 것을 약정하고 상대방이 이에 대하여 차임을 지급할 것을 약정함으로써 그 효력이 생긴다"라고 정하고 있는 것과 대비하여 읽어 보면 더욱 그러한 것이다.

매매계약이 성립하면 원칙적으로 그 의사표시의 내용대로의 법률효과, 즉 매도인의 소유권이전의무와 매수인의 대금지급의무가 발생하는데, 여기서 '원칙적으로'라고 덧붙인 것은 매매계약이 성립하더라도 그러한 효과가 발생하지 않는 예외적인 경우가 있기 때문이다. 예를 들면 앞의 [176]에서 본 대로 그 매매계약이 이중매매의 어떤 유형에 해당하는 등으로 선량한 풍속 기타 사회질서에 반하는 경우가 그러하다. 이에 대하여 민법은 제103조에서 "선량한 풍속 기타 사회질서에 위반한 사항을 내용으로 하는 법률행위는 무효로 한다"고 정한다(사회질서에 반하는 계약 기타 법률행위 일반에 대하여는 앞의 [128] 이하 참조). 이와 같이 민법은 원칙적인 경우에 대하여는 아무런 규정을 두지 아니하고(이에 반하여 예를 들면 프랑스민법은 제1103조(2016년 계약법 대개정 전은 제1134조)에서 "적법하게 형성된 계약은 이를 행한 사람에 대하여 법에 갈음한다"라고 정하여 명료하게 그리고 강력하게 법원칙을 천명하고 있다), 예외적으로 계약이 무효가 되어 그 의사표시대로의 법률효과가 발생하지 아니하는 경우에 대하여만 명문으로 정하고 있는 것이다. 그리고 민법은 사회질서에 반하는 것 이외에도 비진의의사표시·허위표시와 같이 계약 기타 법률행위가 애초부터 무효가 되는 사유, 또한 착오·사기 등과 같이 계약을 취소하여 그것을 무효로 만들 수 있는 사유에 대하여 민법 제107조 이하의 여러 규정에서 정하고 있다. 이렇게 보면, 민법은 이와 같은 계약의 무효 또는 취소 사유에 관한 규정을 계약의 원칙적 유효를 당연한 전제로 하여 마련하고 있는 것이고, 이와 같이 '당연한 법리'는 그에 대한 예외들을 통하여 더욱 선명하게 드러내는 방식의 규정태도를 취하고 있다고 말할 수 있다.

[194] 권리자의 처분과 무권리처분의 무효

이와 같이 민법의 가장 중요한 법규칙이 민법전에서 정면으로 규정되어 있지 아니한 다른 예를 들어보자.

권리에 대한 처분은 그 권리를 가지는 사람, 즉 권리자만이 유효하게 할 수 있는 것이 원칙이다. 여기서의 '처분'이란 양도 기타 권리자가 권리 자체에 관하여 불이익을 입는 것을 내용으로 하는 의사표시를 말한다(앞의 [66] 참조). 이것은 권리의 속성이라고도 말할 수 있다. 갑이 가지는 것이 소유권과 같은 물권이든, 매매대금채권과 같은 채권이든, 특허권이나 저작권과 같은 지식재산권(종전에는 지적재산권이라고 불렀다. 그것이 2011년 5월 19일의 법률 제10629호로 지식재산기본법이 제정되면서 법령상의 명칭을 모두 '지식재산권'으로 바꾸었다. 예를 들면 민사소송법 제24조, 국제사법 제 6 장 등 참조)이든, 그 밖의 무슨 권리이든 간에, 갑의 의사에 의하지 아니하고 다른 사람 을이 임의로 이를 제 3 자 병에게 유효하게 양도하여(양도는 처분의 가장 중요한 예이다) 그 권리를 권리자로부터 빼앗을 수 있다고 한다면, 그 권리가 갑의 권리라는 것 또는 '갑에게 속한다'라는 것이 무슨 의미가 있다는 말인가?

그러므로 예를 들어 소유권은 그 소유자만이 유효하게 양도할 수 있고, 또 채권이라면 채권은 그 채권자만이 유효하게 양도할 수 있는 것이 원칙이다. 이는 뒤집어 말하면 소유자 또는 채권자 아닌 사람이 제 3 자에게 타인의 소유물 또는 채권을 양도하더라도 그 양도는 효력이 없다는 것이다. 이러한 법리는 소유권 기타 물권이나 채권 일반에 대한 것으로서 일반적인 의미를 가지고 그 적용의 가능성이 현저히 넓다. 그럼에도 민법에는 이와 같이 중요한 법리를 정면에서 말하는 규정을 두고 있지 않다. 민법 제211조는 '소유권의 내용'이라는 표제 아래 "소유자는 법률의 범위 내에서 그 소유물을 사용, 수익, 처분할 수 있다"고 하여 소유자의 처분권능을 정면에서 규정하고는 있지만, 이를 소유자만이 처분할 수 있다는 의미라고 단정하기에 이르기까지는 일정한 다른 고려를 필요로 한다.

그러나 다른 한편으로 위와 같은 법리에 관하여 민법에서 아무런 단서도 찾을 수 없다고는 할 수 없다. 앞서 본 원칙에 대한 예외로서 소유자 아닌 사람이 타인의 소유물을 제 3 자에게 양도하더라도 그 양도가 유효하여 양도의 상대방이 소유권을 취득할 가능성을 인정하는 것이 바로 앞의 [191]에서 말한 선의취득제도이다. 민법은 우선 이를 동산에 관하여 인정하고 있는데, 동산의 선의취득에 관한 제249조는 그 요건에 대하여 "평온, 공연하게 동산을 양수한 자가 선의이며 과실 없이 그 동산을 점유한 경우"라고 정하는데, 그에 이어서 그 경우에는 "양도인이 정당한 소유자가 아닌 때에도" 양수인이 즉시 그 동산의 소유권을 취득한다고 규정한다. 여기서 "양도인이 정당한 소유자가 아닌 때에도"라고 하는 것은 "양도인이 정당한 소유자가 아님에도 불구하고"라는 의미이다(여기서 '정당한 소유자'라고 하는 것은 원래는 단지 '소유자'라고 하면 족하였을 것이다. 소유자라고 칭하여 목적물을 양도하는 경우에도 양도인이 실제로는 진정한 소유자가 아닐 수 있음을 염두에 두고 '진정한 소유자'라는 정도의 의미일 것이다). 다시 말하면, 원래는 양도인이 소유자가 아니면 그 양도는 효력이 없어서 양수인은 양도의 목적물인 동산의 소유권을 취득할 수 없는 것이 원칙이지만, 그 규정에서 정하는 요건이 충족되는 경우에는 예외적으로 그 양도가 유효하여서 양수인이 소유권을 취득한다는 것이다.

나아가 민법은 지시채권의 선의취득에 관하여 제514조에서 유사한 규정을 둔다(제514조는 제524조에서 무기명채권에 준용되고 있다. 지시채권 또는 무기명채권이 무엇인지에 대하여는 채권총칙 교과서를 보기로 한다). 제514조는 "누구든지 증서의 적법한 소지인에 대하여 그 반환을 청구하지 못한다. 그러나 소지인이 취득한 때에 양도인이 권리 없음을 알았거나 중대한 과실로 알지 못한 때에는 그러하지 아니하다"라고 정한다. 요컨대 이는 '양도인이 권리 없음'에도, 즉 지시채권의 양도인이 양도의 대상이 되는 채권을 가지고 있지 아니하였음에도 이를 양도하였던 경우, 따라서 원래라면 양수인이 그 채권을 유효하게 취득할 수 없었던 경우에 있어서의 예외를 정한 것이다.

여기서도 앞서 본 제103조 이하의 규정에서와 마찬가지로, 민법은 이와 같은 무권리자에 의한 양도의 예외적 유효에 관한 규정을 그 원칙적 무효를 당연한 전제로 하여 마련하고 있는 것이고, 이와 같이 '당연한 법리'는 그에 대한 예외들을 통하여 더욱 선명하게 드러내는 방식의 규정태도를 취하고 있다고 말할 수 있다.

그 외에도 민법의 가장 중요한 법규칙이 민법전에서 정면으로 규정되어 있지 아니한 경우가 더러 있었다. 예를 들면 "매매는 임대차를 깨뜨린다"라는 법격언으로 표현되는 법리가 그러한데, 이에 대하여는 상세한 논의를 피한다(우선 앞의 [78]도 참조).

[195] 취득시효

부동산의 매수인이 점유 또는/및 등기를 이전받았는데 원래의 소유자가 자신의 소유권에 기하여 그 점유의 반환 또는 등기의 말소를 청구하여 왔다고 하자. 이 때 매수인이 등기부상의 소유명의자를 소유자로 믿고 매수하였음을 주장하여도, 그것에 의하여 원고의 청구를 물리칠 수 없음은 앞서 본 대로이다. 그러나 그와 같은 점유 또는/및 등기의 상태가 오래 지속되었다면, 이번에는 취득시효의 완성을 주장하여 원고의 청구를 물리칠 수도 있다.

앞의 [44]에서 시효에 관하여 설명한 것을 요약하여 본다. 시효란 일정한 사실상태가 오래 지속된 경우에 그 사실상태를 법적으로 정당화할 수 있는 권리상태를 창설하는 제도이다. 이에는 소멸시효와 취득시효의 두 종류가 있는데, 민법은 전자는 총칙편에서(제162조 이하), 후자는 물권편의 소유권 취득에 관한 규정 중에서(제245조 내지 제248조) 각각 정하고 있다. 이 중에서 후자는 주로 소유권의 내용을 이루는 이익이 사실상으로 향유되고 있는 상태, 즉 자주점유(앞의 [55] 참조)가 오래 지속되면 소유권의 취득을 인정하여, 법적인 분쟁의 소지를 시간의 흐름에 의하여 없애는 기능을 하고 있다. 우리나라에서는 특히 부동산의 소유권에 대하여 취득시효의 완성 여부가 다투어지는 일이 많다.

[196] 부동산소유권의 점유취득시효

민법은 부동산소유권의 취득시효에 대하여 두 가지의 종류를 인정하고 있다. 하나는 "20년간 소유의 의사로 평온, 공연하게 부동산을 점유하는 자는 등기함으로써" 그 소유권의 취득이 인정된다는 이른바 점유취득시효이다(제245조 제 1 항). 이는 혹은 장기취득시효라고 불리기도 한다.

이와 같이 점유취득시효는 (i) 일정한 태양으로 하는("소유의 의사로 평온, 공연하게") (ii) 일정한 기간의 점유라는 두 가지 요건에만 걸리는 것으로서, 진정한 소유자가 부동산등기부에 소유자로 기재되어 있는 경우에도 인정된다. 그렇다면 한편으로 점유자로서는 등기부를 조사하여 봄으로써 권리상태를 쉽사리 파악할 수 있었을 터인데 그러한 사람에게 장기간의 점유만으로 소유권을 취득할 수 있도록 할 이유가 무엇인가 하는 의문이 들고, 다른 한편 소유자로서는 타인이 점유하는 부동산이라도 예를 들면 저당권을 설정하는 것에 의하여 얼마든지 자신의 권리를 행사할 수 있는데 점유를 하지 않았다고 하여 그와 같은 소유자의 권리를 반드시 박탈하여야 하는지 역시 의문이다. 그러므로 외국의 경우에 등기를 부동산물권변동의 제대로 된 공시방법으로 정하는 나라(예를 들면 독일, 스위스 등. 앞서 본 대로 이는 우리나라에서도 마찬가지이다)에서는 점유만을 요건으로 하는 취득시효는 등기된 부동산에 대하여는 인정하지 않는 것이 일반이다.

우선 **점유태양**의 요건에 대하여 보면, 민법은 "점유자는 소유의 의사로 … 평온, 공연하게 점유한 것으로 추정"된다고 정하고 있다(제197조 제 1 항). 종전에는 판례가 그 중에서 "소유의 의사로 하는 점유", 즉 자주점유 여부에 대하여는 위 규정을 문언 그대로 적용하지 않아서, 이 점에서 점유자, 즉 취득시효를 주장하는 측에게 불리한 태도를 취하였었다. 그런데 대법원 전원합의체 1983년 7월 12일 판결 82다708사건(대법원판례집 31권 4집, 민사편 7면)으로 위 규정을 원칙적으로 문언 그대로 적용하여야 한다고 태도를 바꾸었다. 그리하여 점유자로서는 점유기간이 20년인 것만을 입증하면 일단 시효취득에 관하여 유리한 입장에 서게 되었다.

그러다가 다시 대법원 전원합의체 1997년 8월 21일 판결 95다28625사건(대법원판례집 45권 3집, 84면)은 우리나라에서 흔히 일어나고 있는 이른바 무단점유의 경우("점유자가 점유 개시 당시 소유권취득원인이 될 수 있는 법률행위 기타 법률요건 없이 또 그 사실을 알면서 점유한 경우")에는 다른 특별한 사정이 없는 한 자주점유 추정은 깨진다는 획기적인 판단을 하여, 이로써 시효취득이 인정되는 예는 현저히 줄어들었다. 이러한 태도의 변화에는 위와 같은 점유취득시효제도의 본원적 문제점이 인식된 점도 작용하였다고 추측된다. 이 문제와 관련하여서는 토지를 그 소유자 아닌 사람으로부터 매수하였지만 등기를 자기 앞으로 이전받지 아니한 채로 점유하고 있는 사람에 대하여 과연 앞서 본 자주점유의 추정을 적용할 것인가의 문제에 대하여 결국 긍정적인 결론을 내린 대법원 전원합의체 2000년 3월 16일 판결 97다37661사건(대법원판례집 48권 1집, 78면)도 흥미로운 판단을 담고 있으므로, 찾아보기 바란다.

나아가 그 **점유기간**의 요건에 대하여도 취득시효의 완성을 주장하는 사람에게 유리한 규정이 둘이 있다. 하나는, "전후 양시에 점유한 사실이 있는 때에는 그 점유는 계속한 것으로 추정한다"는 민법 제198조이다. 그러므로 과거의 어느 하나의 시점에서 그 부동산을 점유하고 있었음과 현재 이를 점유하고 있음이 입증되기만 하면, 그 사이의 기간에는 점유를 계속하고 있었던 것으로 추정된다. 또 하나는 "점유자의 승계인은 자기의 점유만을 주장하거나 자기의 점유와 전前점유자의 점유를 아울러 주장할 수 있다"고 하는 민법 제199조 제 1 항이다. 그 의미를 취득시효와 관련시켜 보면, 현재 취득시효의 완성을 주장하는 사람이 그 점유를 앞서 점유하던 사람("전점유자")으로부터 이어받은 경우에는, 그 전점유자(또는 그의 또 전점유자 등)의 점유기간까지도 합하여 주장할 수 있다는 것이다. 다만 이와 같이 '점유기간의 승계'를 주장하는 경우에는, "그 하자도 승계한다"(민법 제199조 제 2 항). 그러므로 전 점유자가 '소유의 의사 없는 점유', 즉 타주점유를 하고 있었던 경우에는 그 점유기간을 아울러 주장하면 취득시효의 완성에 필요한 점유기간의 요건은 충족할지 몰라도 점유의 태양에 관한 요건을 충족하지 못하게 된다.

이와 같이 이른바 점유취득시효가 완성되면, 점유자는 소유자에 대하여 자기 앞으로 소유권등기를 할 것을 청구할 수 있는 권리를 취득한다고 이해되고 있다. 그리고 그에 기하여 소유권등기가 실제로 이루어지면, 그 때 비로소 점유자는 부동산의 소유권을 취득하게 되는 것이다(다만 그 소유권 취득의 효과는 점유를 개시한 때로 소급된다. 민법 제247조 제 1 항 참조).

[197] 부동산소유권의 등기부취득시효

그러나 어떠한 부동산의 소유자로 등기된 사람을 진정한 소유자로 믿고 부동산을 매수하여 이를 인도받고 등기까지 이전받은 자의 법적 지위와 관련하여서는 이른바 등기부취득시효가 더욱 문제된다. 이는 단기취득시효라고도 불린다.

민법 제245조 제 2 항은 "부동산의 소유자로 등기한 자가 10년간 소유의 의사로 평온, 공연하게 선의이며 과실 없이 그 부동산을 점유한 때에는 소유권을 취득한다"고 정한다. 이 규정을 면밀히 뜯어보면, 여기서 요구되고 있는 요건을 충족할 수 있는 것은 실제로는 위와 같이 부동산의 소유자로 등기된 자로부터 그를 진정한 소유자로 믿고 그 부동산을 양도받은 경우(여기서는 점유 및 등기를 모두 이전받은 경우를 상정한다) 이외에는 거의 있을 수 없음을 알게 된다. 왜냐하면 등기된 부동산에 대하여 그 등기부에 소유자로 등기된 자 이외의 사람으로부터 양도받은 경우에는 통상 그 점에서 이미 과실이 있다고 할 것이어서 위 규정에서 정하는 요건을 충족할 수 없기 때문이다. 그러므로 위 규정은 실제로는 부동산등기에 공신력을 인정하지 않는 우리 민법의 원칙(앞의 [191] 참조) 아래서 위와 같은 선의무과실의 양수인을 그나마 보다 두텁게 보호해 주기 위하여 취득시효의 요건을 완화하려는 취지를 가진다는 것을 알 수 있다.

이 등기부취득시효에 있어서는 특히 "부동산의 소유자로 등기한 자가 10년간 … 점유한 때"라는 요건과 관련하여 견해의 대립이 있다. 그것은 점유에 대하여는 앞에서 본 대로 그 승계가 인정되어 앞선 점유자의 점유기간도 아울러 주장할 수 있는데(민법 제199조 제 1 항 참조), 등기에 대하여도 이와 같은 승계를 인정하여 앞선 등기명의인의 등기기간도 아울러 주장할 수 있다고 보아야 하지 않는가 하는 점이다. 한편으로는 이와 같은 **등기기간의 승계**를 인정하는 명문의 규정이 없으므로 그렇게 해석할 수는 없으며, 위의 문언에 충실하게 취득시효의 완성을 주장하는 점유자 자신의 명의로 10년간 등기가 되어 있어야만 한다는 견해가 있다. 다른 한편으로는 등기의 승계를 부인할 이유는 없으며, 등기를 믿고 거래한 선의의 취득자를 보호하기 위하여는 그것이 필요하다는 견해도 있다. 이러한 견해의 대립은 대법원 전원합의체 1985년 1월 29일 판결 83다카1730사건(대법원판례집 33권 1집, 1면)에서 잘 드러나 있다.

이 판결의 사실관계는 매우 복잡한데, 거기서 문제된 부동산의 점유와 등기관계는 다음의 표와 같다.

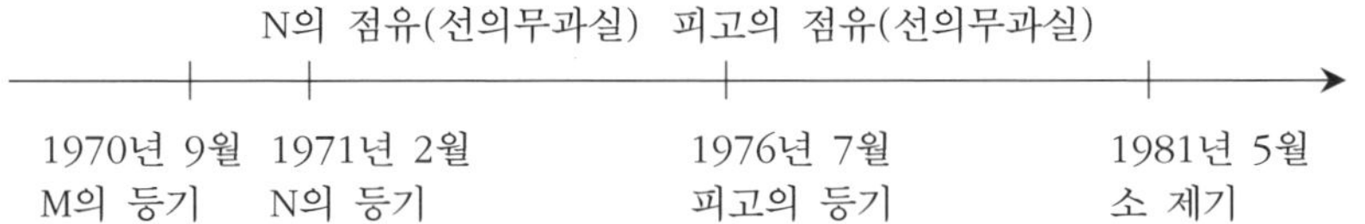

1981년 5월에 원래의 소유자인 원고가 자신의 소유권을 주장하여, 등기부에 소유자로 등기되어 있고 현재 목적부동산을 점유하고 있는 피고를 상대로 하여, 피고 등기의 말소를 청구하는 소송을 제기하였다. 위와 같은 사실관계 아래서, 피고가 주장한 등기부취득시효의 완성 여부가 쟁점이 되었다. 이 소송과 같은 권리자의 재판상 청구로써 시효는 중단된다(민법 제247조 제 2 항, 제168조 제 1 호). 시효가 중단되면 그 때까지의 기간은 산입하지 않고 중단사유가 종료된 때(재판상 청구의 경우에는 그 판결의 확정시)로부터 다시 시효기간이 새로이 진행된다(민법 제247조 제 2 항, 제178조. 앞의 [46]도 참조). 그러므로 피고가 주장하고 있는 취득시효로 인한 소유권 취득(이는 반면에 원고의 소유권 상실을 의미한다)이 인정되려면, 소송이 제기된 1981년 5월 이전에 이미 취득시효가 완성되어 있어야 한다.

여기서 피고는 점유요건에 대하여는 앞선 점유자 N의 점유의 승계를 주장하여 그를 충족할 수 있는데, 문제는 등기요건에 대한 것이었다. 만일 등기의 승계를 주장하는 것도 허용된다고 하면, 피고가 N이 등기를 취득한 1971년 2월부터 10년이 경과한 1981년 2월에는 취득시효를 원인으로 소유권을 취득한 것이 되어, 이로써 소유권을 상실한 원고로서는 이미 소유권에 기하여 등기말소를 청구할 수는 없게 되는 것이다. 그러나 위 판결에서 다수의견은 등기의 승계를 부인하였다. 그리하여 피고의 취득시효 완성을 부정하고 원고의 소유권을 인정하여 원고의 청구를 인용하였다.

그런데 그 후의 대법원 전원합의체 1989년 12월 26일 판결 87다카2176사건(대법원판례집 37권 4집, 185면)은 태도를 바꾸어 등기의 승계를 인정한다는 견해를 취하였다. 앞선 전원합의체판결에서 7 대 6으로 아슬아슬하게 다수를 점하였던 견해는 여기서는 10 대 3으로 뒤집히고

만 것이다(앞의 [127] 말미도 참조). 나도 뒤의 판결의 다수의견에 찬성하는 바이다. 결국 등기를 신뢰한 선의무과실의 양수인은, 양도인인 전前 등기명의인(또는 다시 그에 앞선 등기명기인) 자신이 그에 앞선 등기명의인을 권리자로 믿고 양수받은 것이어서 선의무과실이었던 경우에는, 그 전등기명의인의 점유는 물론이고 등기의 기간까지 합하여 10년이 넘으면, 단기취득시효의 완성으로 소유권을 취득하게 되는 것이다.

[198] 물품의 하자와 결함

매매의 목적물에 통상의 용도를 충족시킬 수 없게 하는 어떤 흠이 있다거나 성능이 약속에 미치지 못하는 경우는 흔히 있다. 매도인으로부터 넘겨받은 주택의 지붕이 비에 샌다든가, 텔레비전을 샀는데 화면이 잘 보이지 않는다든가, 새로 산 냉장고의 내부에 광고와는 달리 성에가 잔뜩 낀다든가 하는 경우 등이 그것이다.

현대는 극도의 분업사회이고, 사람이 생활을 영위하는 데 필요한 거의 모든 물자를 다른 사람, 특히 대량생산기업으로부터 — 직접 또는 중간유통단계를 거쳐— 공급받는 것이 보통이므로, 그 구입한 물자에 위와 같이 흠이 있는 경우를 적절하게 처리하여 불만이 없게 하는 것은 경제생활의 원만한 운영이라는 관점에서도 매우 중요하다. 대기업들이 최종소비자(그들 사이에는 직접적인 계약관계가 없는 경우가 대부분이다)에 대하여 품질보증 또는 '애프터 서비스' 등의 사후관리를 중요시하고 있는 것은 바로 이러한 필요에 대처하려는 것이다.

다른 한편 상품의 안전성의 확보는 오늘날 심각한 문제로 등장하였다. 이것은 두 가지 사실과 관련이 있다. 하나는 첨단적인 과학지식이나 기술의 실용화는 생활의 편의에 기여하는 바가 매우 크지만, 다른 한편으로 그것이 낳는 부작용이나 위험성이 큰 경우가 적지 않다. 물론 당초에는 그 실용화가 가져다 주는 이익이 크게 느껴지겠지만, 경우에 따라서는 그 부작용이나 위험이 그 이익보다 훨씬 심각한 것일 수도 있다. 예를 들어 의약품에 있어서는 이를 복용한 사람 자신의 병은 치료될는지 몰라도 그가 낳은 아기를 선천적인 불구로 만드는 경우가 확인되었다. 그러한 부작용은 인간에게 가장 중요한 법익을 침해하는 것이어서, 애초부터 적절한 예방조치와 감시가 취하여져야 할 필요가 있는 것이다. 다른 하나는 역시 대량생산 또는 규격생산과 관련된 것이다. 대부분의 상품은 기계에 의하여 대량으로 생산되어 소비되므로, 어떠한 하나의 상품이 애초 안전성이 없게 설계되었으면 그것으로 인한 피해도 대량으로 발생한다. 주로 이러한 두 가지 사정으로 인하여 '상품의 안전성'의 확보는 극히 중요한 의미를 가지게 되었다.

이상과 같이 한편 상품이 그 통상의 또는 특히 약속된 용도를 충분히 달성할 수 있는 성능을 가져야 한다는 측면과 다른 한편 상품이 안전성을 갖추어야 한다는 측면은 서로 관련을 가지면서도 반드시 언제나 일치하는 것은 아니다. 예를 들면 텔레비전의 화면이 잘 보이지 않는다는 것과 텔레비전의 브라운관이 폭발하여 사람이 다쳤다는 것은 측면을 달리 한다. 전자는 목적물 자체가 가격에 상응하는 가치가 없다는 것이고, 후자는 목적물이 매수인(또는 그와 관련이 있는 사람들)의 다른 법익을 침해하였다는 데 초점이 있는 것이다. 그리하여 전자는 물건에 하자가 있다고 하고, 후자는 물건에 결함이 있다고 하여 구분하기도 한다.

[199] 매도인의 하자담보책임

그러면 매매목적물에 '하자'가 있는 경우에 매수인은 어떠한 법적 수단을 가지는가? 이는 대개 다음 두 가지로 나누어 생각하여 볼 수 있다 (그 외에 뒤의 [201]도 참조).

하나는 매도인이 품질을 보증한다든가 하여 그러한 흠이 없음을 보장하는 약속을 한 경우이다. 그럼에도 불구하고 그 물건에 흠이 있으면, 매도인은 그 보장약정을 위반한 것 자체를 이유로 채무불이행책임을 진다. 이 경우에 매도인은 특별한 사정이 없는 한 그러한 흠이 생긴 것에 대하여 무슨 귀책사유가 있는지에 상관없이 책임을 져야 한다.

그런데 이는 특히 그와 같은 약정이 있어야 인정되는 것이다. 그러면 그러한 약정이 없으면, 매수인은 아무런 구제수단을 가지지 못하는가? 그러한 경우에 대하여 민법은 특별히 매도인의 하자담보책임을 정하고 있다. 즉, 특정물의 매매에 있어서 "매매의 목적물에 하자가 있는 때"에는 민법 제575조 제 1 항이 준용되어, 매수인은 "이로 인하여 계약의 목적을 달성할 수 없는 경우"에는 계약을 해제할 수 있고, 그렇지 않더라도 적어도 손해배상을 청구할 수 있다(민법 제580조 제 1 항 본문). 다만 "매수인이 하자 있는 것을 알았거나 과실로 인하여 이를 알지 못"하였음을 매도인이 입증한 때에는 매도인은 그러한 책임을 지지 않는다(동항 단서).

이러한 하자담보책임은 하자의 존재에 대하여 매도인에게 귀책사유가 있는지 없는지 상관없이 발생하는 것으로 인정되고 있다. 이렇게 해석하는 것은 오늘날의 상품유통과정에 비추어서도 정당하다고 생각된다. 오늘날 상품은 제조자로부터 최종소비자에 이르기까지 세밀하게 구분된 중간단계(지역독점판매인, 도매상, 중간도매상, 소매상 등)를 거치는데, 법적으로 보면 최종소비자의 계약상대방은 대부분의 경우 소매상이다. 그런데 소매상으로는 중간도매상 등으로부터 구입한 물건을 검사하였다고 해도 하자의 존재를 알 수 없는 경우가 대부분이고, 또 그에게 그것을 검사할 것을 기대하기 어려운 경우가 많을 것이다(통조림과 같이 완전하게 포장된 상품을 생각하여 보라). 그러므로 매도인에게는 그 하자에 대하여 과실이 없다고밖에 할 수 없는 것이다. 그렇다고 해서 매수인은 하자 있는 매매목적물에 대하여 매도인에 대하여 아무런 책임도 물을 수 없는가? 오히려 그는, 매도인이 그 하자에 대하여 귀책사유가 없다고 하더라도, 매도인에게 하자담보책임을 물어 계약을 해제할 수 있거나 적어도 일정한 내용의 손해배상청구를 할 수 있다고 해야 할 것이다.

[200] 하자담보책임의 내용으로서의 손해배상

매매목적물에 하자가 있으면 매도인은 매수인에게 '손해배상'을 하여야 하는데, 그 내용은 어떠한가? 이에 대하여는 여러 가지 복잡한 논의가 있으나, 나는 거기서 매도인은 신뢰이익(앞의 [166] 참조)의 침해, 즉 하자의 존재를 알지 못하였음으로 인하여 입은 손해를 배상함으로써 족하다고 생각한다. 이에 의하면, 매수인은 최소한 우선 약정한 대금과 그 하자 있는 목적물의 실제의 가치와의 차액을 손해배상으로서 청구할 수 있다고 하겠다. 이는 실제적으로 민법 제580조에서는 명문으로 정하여져 있지 않은 대금감액청구권이 매수인에게 인정되는 것과 동일한 결과가 된다. 그런데 이에 대하여는 적어도 하자를 보수하는 데 드는 비용은 담보책임으로 배상되어야 하지 않는가 등에 관하여 보다 심도 있는 논의가 필요하다는 생각도 든다.

매도인은 그에게 귀책사유가 없어도 하자담보책임을 져야 하는데, 그러한 책임의 **내용**을 통상의 채무불이행과 동일하게 인정하여서는 안 된다고 할 것이다. 그리고 우리 민법은 매수인이 매도인의 하자담보책임을 묻는 데 대하여 매우 짧은 권리행사기간("매수인이 그 사실을 안 날", 즉 하자의 존재를 안 날로부터 6개월 내)을 설정하고 있는데(제582조), 그 취지는 하자의 존재를 알게 됨으로써 곧바로 쉽사리 인식하고 주장할 수 있는 위와 같은 손해에 대하여 분쟁을 조기에 처리하고 그에 관하여는 이 기간이 경과함으로써 더 이상 문제삼지 않으려는 데 있다고 이해할 수 있으리라고 생각된다.

[201] 하자담보책임과 채무불이행책임

매도인이 하자담보책임을 지는 경우에, 매수인은 그 외에 일반적인 채무불이행책임을 물을 수 있는가? 나는 이것이 가능하다고 생각한다(앞의 [190] 말미에서 본 대법원 1970년 12월 29일 판결도, 타인 권리의 매매와 관련하여서이기는 하나, 담보책임 외에 채무불이행책임을 물을 수 있다고 한다). 말하자면 하자담보책임, 나아가 일반적으로 담보책임에 관한 규정은 법이 매수인의 보호를 위하여 특별히 정한 **또 하나의** 구제수단이지, 그것이 있다고 해서 일반적인 채무불이행책임을 묻는 길이 전적으로 폐쇄된다고 하면 이는 본말이 뒤집힌 것이다. 또 그렇게 해석하는 것은 권리행사기간이 제한되거나(민법 제582조 참조) 민법 제580조 제1항 단서가 적용되는 등 부당한 결과가 된다. 따라서 매수인은 일반적인 채무불이행을 주장하여 이행이익, 나아가 완전성이익의 배상을 청구할 수 있다. 대법원 2004년 7월 22일 판결 2002다51586사건(판례공보 2004하, 1431면); 대법원 2021년 4월 8일 판결 2017다202050사건(판례공보 2021상, 950면)도 매도인의 채무불이행으로 인한 손해배상책임이 하자담보책임과 경합적으로 인정됨을 명확하게 판시하였다. 또한 대법원 2004년 8월 20일 판결 2001다70337사건(판례공보 2004하, 1561면) 및 대법원 2020년 1월 30일 판결 2019다268252사건(판례공보 2020상, 528면)은 도급계약에 관하여 수급인의 하자담보책임(민법 제667조 이하)과 채무불이행책임은 별개의 권원에 의하여 경합적으로 인정된다고 판시한다.

그리고 일반적으로 매도인이 하자 있는 물건을 매수인에게 인도하는 것은, 그 물건이 특정물이든 불특정물이든, "채무의 내용에 좇은 이행"이 이루어지지 않는 것이라고 보아야 한다. 매매대금이 하자 없는 물건을 전제로 하여 정하여지는 한, 매도인은 계약의 해석상 어느 경우에나 하자 없는 물건의 급부의무를 부담한다고 보아야 하기 때문이다.

그런데 특정물의 경우에 대하여는 "채무자는 이행기의 현상現狀대로 그 물건을 인도하여야 한다"는 규정이 있다(민법 제462조). 이 규정의 의미는, 채무자가 특정물을 이행기에 존재하였던 상태 그대로 채권자에게 인도하면 그로써 그의 급부의무가 완전히 이행되었다는 취지가 아닐까, 따라서 목적물에 하자가 있더라도 그 하자 있는 채로 인도하면 족하고 더 이상 채무불이행은 성립하지 아니한다고 생각되기도 한다. 그리고 실제로 상당수의 학설은 그와 같이 해석하고 있다.

그러나 우선 위의 민법 제462조는 목적물의 동일성을 다르게 하는 현상변경이 일어난 경우에는 적용이 없고, 목적물이 동일성을 유지하는 한도 내에서만 적용이 있다고 해석하여야 한다. 우리의 설례에서 매매계약이 체결된 후에 주택이 현저히 훼손되어 원래의 매매목적물인 주택이라고는 할 수 없게 된 경우에도 매도인 A가 이 부서진 주택을 매수인 B에게 인도하면 충분하다고 할 수 없을 것이다(이 경우에는 오히려 이행불능이 인정된다). 나아가 민법 제462조는 채권자를 위한 규정이고, 채무자를 위한 규정이 아니라고 할 것이다. 채무자는 "이행기의 현상대로"라도 목적물을 인도할 의무가 있다("… 인도하여야 한다"). 그러나 '하자 없는 물건'을 인도하는 것만이 '채무의 내용에 좇은 이행'이 되므로, 그와 같이 하자 있는 물건의 인도로써는 채무의 적법한 이행이 되지 못하며, 따라서 채권은 소멸하지 아니한다. 오히려 목적물의 현상이 채무자의 귀책사유(이에 대하여는 특히 민법 제374조를 보라)에 의하여 악화된 것이라면(보다 정확하게 말하자면 그가 그러한 귀책사유가 없음을 주장·입증하지 못하면), 채권자는 채무불이행에 대한 책임을 물을 수 있는 것이다. 물론 그 현상악화에 대하여 채무자가 어떠한 귀책사유도 없다면, 채무자는 현상대로 인도함으로써 그 채무를 이행한 것이 되고 따라서 채권은 소멸한다. 그러나 이는 위의 제462조가 있기 때문이 아니라, 채무자에게 귀책사유 없는 질적 일부불능으로 말미암아 채무의 내용 자체가 나머지의 급부가능한 것, 즉 현상대로 인도하는 것으로 축소되었기 때문이다(앞의 [140] 참조).

어려운 이야기가 되고 말았으나, 상품의 안전성 확보가 중대한 관심사항으로 등장하고 있는 요즈음의 상황(앞의 [198]도 참조) 아래서는, 안전성의 결여로 말미암아 발생한 법적 문제를 적절하게 처리하여야 한다는 요청은 법학에도 그만큼 어려운 과제를 던져 준다. 그에 있어서는 우선 관련되는 기존의 법적 장치들을 새로운 문제시각에서 잘 음미하여 볼 필요가 있다. 이 경우 '기존의 법적 장치'에 해당하는 것으로는, 채무불이행, 하자담보책임 그리고 불법행위 등을 들 수 있을 것이다. 그렇다면, 특정물채무의 경우에는 하자 있는 물건의 급부라도 채무불이행이 되지는 않으며 이는 오로지 하자담보책임에 의하여 처리되어야 한다는 앞서 말한 입장은 여러 모로 불충분하다고 생각된다. 첫째, 앞의 [200]에서 본 바와 같은 극히 단기의 권리행사기간에 의한 제한으로 말미암아 매수인의 보호에 적절하지 못하다. 둘째, 하자담보책임의 내용이 신뢰이익의 배상에 한정되는 것도 역시 매수인의 보호에 충분하다고는 할 수 없다. 셋째, 특정물매매와 불특정물매매(뒤의 [204] 참조)를 엄격하게 구별하여 전자의 경우를 특수하게 취급할 이유도 별로 없다.

그러므로 매매목적물의 하자로 인한 계약당사자 간의 법적 문제의 처리에 있어서는 어쨌거나 일반적인 채무불이행법의 관여가 필요하다고 하겠다. 이에 대하여는 다음과 같은 입장도 있을 수 있다. 즉 하자담보책임 내부에서 손해의 종류를 나누어서 신뢰이익에 관한 손해의 배상에 대하여는 이를 귀책사유의 유무를 불문하고 인정하고, 기타의 손해에 관한 손해의 배상에 대하여는 귀책사유를 요구한다는 것이다. 그러나 이러한 구분은 부자연스럽다고 느껴진다. 동일한 원인으로 인하여 여러 가지의 손해가 발생한 경우에 그 손해의 종류에 따라서 **책임발생요건**에 관한 법규정의 적용을 달리하는 것은 책임의 성질 자체를 결과론적으로 사후에 결정하는 것이어서 방법론적으로 수긍하기 어렵다. 따라서 나는 위에서 본 바와 같이 하자담보책임은 일반적인 채무불이행책임 외에 법이 특히 매수인의 보호를 위하여 별도로 마련한 또 하나의 구제수단이라고 이해하는 것이다. 대법원 1997년 5월 7일 판결 96다39455사건(판례공보 1997상, 1702면)은 "이 사건과 같이 매매목적물의 하자로 확대손해 내지 2차손해가 발생하였다고 하여 매도인에게 확대손해에 대한 배상책임을 지우려면 채무의 내용이 된 하자 없는 목적물을 인도하지 못한 의무위반사실 외에 그러한 의무 위반에 대하여 매도인에게 귀책사유가 인정될 수 있어야 한다"고 판시하는데, 이는 얼핏 위와 같이 **하자담보책임의 틀 안에서** 손해의 종류를 나누어 각기 다른 요건을 정하는 것처럼 보이기도 하지만, 그 취지는 일반적 채무불이행책임을 인정하기 위한 요건을 설시하는 것이라고 이해될 수도 있다.

다만 채무불이행책임을 묻는 경우에는 매도인이 자신에게 그에 대한 귀책사유가 없음을 주장하여 면책될 수 있다. 그리고 유통이 여러 단계로 이루어지는 경우에는 이러한 면책이 인정될 가능성이 적지 않다(앞의 [199] 참조). 그러므로 특히 하자 있는 물건의 급부로 말미암아 매수인의 완전성이익이 침해된 경우(이는 대부분 목적물에 '결함'이 있는 경우일 것이다. 완전성이익에 대하여는 앞의 [166] 참조)에는 그 보호에 공백이 생긴다고 할지도 모른다. 그러나 그렇다고 해서 귀책사유가 없는 매도인에게 그와 같이 무거운 책임을 지울 수는 없는 것이다.

[202] 제조물책임

한편 그러한 손해가 소비자 기타 최종 구매자에게 발생한 경우에 대하여는, 불법행위법에서 제조물의 '결함'을 이유로 하는 책임으로서 제조물책임의 법리가 종전부터 주장되어 발전을 이룩하였다. 이 책임의 특징은 제조물에 결함이 있으면 그에 대하여 제조자의 귀책사유가 없어도 제조자에게 배상책임을 인정하는 데 있다. 최종 구매자의 계약상대방은 대체로 소매상으로서, 재산이 충분하지 아니하여 배상자력이 부족한 경우가 많다. 그리하여 피해자로서는 그에 대하여 위와 같은 확대손해의 배상을 청구하는 것보다는, 결함에 대하여 원천적인 책임이 있고 또 보험이나 가격에 의하여 책임부담의 위험에 미리 대처할 수 있는 제조자에게 책임을 묻는 것이 더욱 실효 있는 대처방안이 된다고 할 것이다.

제조물책임의 법리는 애초 미국에서 발단하였는데, 이제는 세계의 주요한 나라에서 입법 또는 판례에 의하여 두루 인정되고 있다. 우리나라에서 전에는 제품 생산에서의 과실이 인정되는지 여부의 차원에서 타당한 결과가 모색되고 있었다. 예를 들면 대법원 1977년 1월 23일 판결 75다2092사건(대법원판례집 25권 1집, 21면)은 닭 사료 제조상의 '과실'을 판단하면서, "배합사료와 기초사료에 어떠한 불순물이 함유되었고 또 그것이 어떤 화학적 영양학적 내지는 생리적 작용을 하여 이를 사료로 한 닭들이 난소협착증을 일으키게 되고 산란율을 급격 현저하게 저하케 한 것인지는 구체적으로 밝혀지지는 않았어도 위 사료로서 사양시험을 한 결과 똑같은 시험 결과를 보였고 급식 방법이나 계사 관리 또는 사료 보관에 어떤 이상이 없었고 사양시험에 제공했던 사료들이 변질되거나 부패한 것도 아니고 또 이 건 사료를 급식할 무렵 닭들에 시주한 뉴켓슬예방주사의 시주방법이나 약품에 아무런 하자도 없어 적어도 그 사료에 어떤 불순물이 함유된 것이 틀림없"다는 이유로 "제조과정에 과실이 있었고 이로 인하여 원고가 사육하던 닭들이 위와 같은 현상을 초래하게 되었다"고 설시하여 그 사료를 제조하여 판매한 피고에게 불법행위의 책임을 인정하였던 것이다. 그런데 그로부터 15년 후에 대법원 1992년 11월 24일 판결 92다18139사건(대법원판례집 40권 3집, 158면)은 "물품을 제조하여 판매하는 제조자는 그 제품의 구조, 품질, 성능 등에 있어서 현대의 기술수준과 경제성에 비추어 기대가능한 범위 내의 안전성과 내구성을 갖춘 제품을 제조하여야 할 책임이 있고, 이러한 안전성과 내구성을 갖추지 못한 결함 내지 하자로 인하여 소비자에게 손해가 발생한 경우에는 계약상의 배상의무와는 별도로 불법행위로 인한 배상의무를 부담한다고 보아야 한다"고 판시하여, 종전부터 논의되어 온 제조물책임의 법리를 승인하였다. 여기에는 불법행위책임을 논하면서도 그 일반요건으로 정하여진 제조행위의 '위법성'이나 '고의 또는 과실'(이들 요건에 대하여는 앞의 [73] 참조)에 대하여는 전혀 언급하지 아니하고, 단지 제조물의 결함과 그로 인한 소비자의 손해만을 요구하고 있는 것이다.

그 후 2000년 1월에 제정·공포되어 이제 2002년 7월 1일부터 시행되고 있는 제조물책임법은 이와 같은 제조물책임의 법리를 성문화한 것이다. 그에 의하면, '결함'이란 "통상적으로 기대할 수 있는 안전성이 결여되어 있는 것"을 가리키는데, 이는 제조물이 원래의 설계와 다르게 제조된 '제조상의 결함', 애초 설계 자체가 합리적인 범위를 벗어나 안전성이 없게 마련된 '설계상의 결함', 그리고 안전한 사용 등에 관한 설명·지시·경고 등에 흠이 있는 '표시상의 결함'으로 나누어진다(동법 제 2 조 제 2 호. 앞의 [198]도 참조). 주목할 것은, 제조물책임의 주체에는 제조자뿐만 아니라 제조물의 수입업자, 나아가 제조물 위에 자신을 제조자라고 표시하거나 제조자로 오인하게 할 수 있는 표시를 한 사람도 포함된다는 점이다(동조 제 3 항 참조). 이러한 사람들은 제조물의 결함으로 인하여 발생한 손해를 배상하여야 하며, 그 결함의 발생에 대하여 자신에게 과실이 없었음을 이유로 하는 면책주장은 인정되지 않는다(동법 제 3 조 제 1 항). 다만 그는 특히 "당해 제조물을 공급한 때의 과학·기술수준으로는 결함의 존재를 발견할 수 없었다는 사실"을 주장·입증하여 면책될 수 있을 뿐이다(동법 제 4 조 제 1 항 제 2 호. 이는 통상 '기술수준의 항변'이라고 불린다). 여기서 '공급한 때'라고 하면, 문제의 제품을 애초에 설계·제조한 때를 말하는 것이 아니라, 손해를 발생시킨 당해 제품을 매도하는 등으로 유통에 돌린 때를 말한다. 그러므로 과학기술의 발달로 나중에 그 제품의 위험성이 알려지게 되면, 그 후로는 이러한 면책주장은 인정되지 아니하게 된다.

그런데 앞서 잠깐 언급한 대로([162] 말미 참조), 대법원 2000년 2월 25일 판결 98다15934사건(판례공보 2000상, 785면) 등 판례는 일정한 요건 아래 제품의 '결함'에 대한 증명책임을 완화한다. 즉 "제품이 정상적으로 사용되는 상태에서 사고가 발생한 경우에는, 소비자측에서 사고가 제조업자의 배타적 지배 하에 있는 영역에서 발생하였음과 그 사고가 어떤 자의 과실[아마도 '제품의 결함'의 잘못일 것이다] 없이는 통상 발생하지 않음을 증명하면, 제조업자측에서 사고가 제품의 결함 아닌 원인으로 일어났음을 입증하지 못하는 이상 그 제품에 결함이 존재하고 그 결함으로 인하여 사고가 일어났다고 추정"한다는 것이다. 한편 대법원 2004년 3월 12일 판결 2003다16771사건(대법원판례집 52권 1집, 59면)은 이 법리를 이른바 자동차급발진사고에 적용하였다(다만 당해 사건에서의 결론으로서는 자동차의 결함은 부인되었다)(동물용 예방백신의 '하자'가 문제된 그 후의 대법원 2013년 9월 26일 판결 2011다88870사건(판례공보 2013하, 1897면)도 위의 대법원 2004년 3월 12일 판결을 인용하면서, "고도의 기술이 집약되어 대량으로 생산되는 제품에 성능 미달 등의 하자가 있어 피해를 입었다는 이유로 제조업자 측에게 민법상 일반 불법행위책임으로 손해배상을 청구하는 경우에, 일반 소비자로서는 그 제품에 구체적으로 어떠한 하자가 존재하였는지, 발생한 손해가 그 하자로 인한 것인지를 과학적·기술적으로 증명한다는 것은 지극히 어렵다"는 것을 들어 그 증명책임을 완화한다. 여기서도 결론적으로는 백신의 '하자'는 부인되어 이를 긍정한 원심판결을 파기하였다).

그리고 이들 재판례에서 제시된 '제조물의 결함'에 관한 증명의 완화에 관한 기준은 2017년 4월의 개정으로 신설된 제조물책임법 제 3 조의 2에서 그대로 입법화되었다(앞의 [163]도 참조). 즉 피해자가 (i) 해당 제조물이 정상적으로 사용되는 상태에서 피해자의 손해가 발생하였다는 사실, (ii) 위의 손해가 제조업자의 실질적인 지배영역에 속한 원인으로부터 초래되었다는 사실, 그리고 (iii) 위의 손해가 해당 제조물의 결함 없이는 통상적으로 발생하지 아니한다는 사실을 증명한 경우에는 제조물을 공급할 당시 해당 제조물에 결함이 있었고 그 제조물의 결함으로 인하여 손해가 발생한 것으로 추정하며, 다만 제조업자가 제조물의 결함이 아닌 다른 원인으로 인하여 그 손해가 발생한 사실을 증명한 경우에는 그러하지 아니하다는 것이다.

제조물책임법에 기하여 손해의 배상을 구하는 소송에 대한 구체적인 재판례를 더 들어보면, 우선 대법원 2008년 2월 28일 판결 2007다

52287사건(판례공보 2008상, 444면)은 잘 알려진 감기약 콘택600의 제조물책임과 관련하여 설계상 결함 및 표시상 결함의 판단기준 및 그 판단에서의 고려사항에 대하여 상세히 설시하고, 결론적으로 제조물책임을 부인하고 있다. 또 대법원 2014년 4월 10일 판결 2011다22092사건(대법원판례집 62권 민사편, 31면)은 1990년대 말부터 다양한 형태로 제기되었던 이른바 담배소송의 역사에 한 획을 그었다. 오랫동안 담배를 피워온 원고들이 담배에 제조물로서의 결함이 있다는 것 및 담배의 위해성에 대한 정보를 은폐하거나 그에 관한 거짓정보를 퍼뜨렸다는 것 등을 들어 국가와 담배제조회사를 상대로 자신들이 암에 걸렸음으로 인한 손해의 배상을 각기 청구하였다. 원심판결은 제 1 심판결과 마찬가지로 이들의 청구를 모두 기각하였는데, 대법원은 설계상의 결함 또는 표시상의 결함을 부인한 원심의 판단을 그대로 수긍하여 결국 원고들의 상고를 기각하였다(제조물책임의 문제와 관련하여서는 또한 월남전에서 고엽제에 노출된 군인들이 각종 질환으로 인한 손해의 배상을 구한 사건에서 고엽제의 '결함'에 대하여 판단한 대법원 2013년 7월 12일 판결 2006다17553사건(법고을)도 면밀히 살펴볼 만하다).

한편 2017년 4월의 제조물책임법 개정(시행은 1년 후부터)은 제조물책임을 더욱 강화하여, 앞서 본 제조물 결함의 추정 외에도, '3배액 배상책임'에 관한 규정을 제 3 조 제 2 항에 새로 도입하였다(이에 대하여는 앞의 [172] 참조).

[203] 불특정물매매에 있어서의 완전물급부청구권

매매목적물에 하자가 있을 때에 매도인이 부담하는 담보책임의 내용은 앞에서 본 대로 해제권의 발생과 손해배상의무이다. 그런데 매수인이 하자가 없는 물건을 급부할 것을 청구할 수 있다고 하는 것도 필요하지 않을까? 우리의 생활경험으로 보아도, 예를 들면 새로 산 텔레비전의 화면이 선명하지 않으면 이것을 '바꾸어 줌'으로써 해결하고 있지 않은가? 그러므로 이것을 법적인 권리로(매도인측에서 보면, 바꾸어 주어야 할 의무로) 인정하여야 할 필요가 있지 않을까 하는 것이다. 그러한 권리를 완전물급부청구권이라고 하는데, 민법은 이를 불특정물의 매매의 경우에 인정하고 있다(민법 제581조 제 2 항).

그런데 그 하자라는 것이 물건을 구성하는 여러 부품 중에서 어느 하나에 한정되어 있어서 이를 하자 없는 것으로 새로 교체함으로써 족한 경우도 있을 것이다. 또는 그 하자가 매도인 측이 간단하게 보수補修함으로써 손쉽게 제거될 수 있는 경우도 생각하여 볼 수 있다. 이와 같은 경우에는 민법 제581조 제 2 항의 '하자 없는 물건'의 청구는 위와 같은 교체 또는 보수로 한정된다고 보아야 할 것이다.

이와 관련하여 대법원 2014년 5월 16일 판결 2012다72582사건(판례공보 2014상, 1188면)은, 외국산 고급 자동차의 매매에서 계기판의 기계적 고장으로 속도계가 작동하지 아니하였던 사안에서 원고가 구한 신차인도청구를 인용한 원심판결을 파기환송하면서 위와 같은 입장에서 다음과 같이 판시하였다. "매매목적물의 하자가 경미하여 수선 등의 방법으로도 계약의 목적을 달성하는 데 별다른 지장이 없는 반면 매도인에게 하자 없는 물건의 급부의무를 지우면 다른 구제방법에 비하여 지나치게 큰 불이익이 매도인에게 발생되는 경우와 같이 하자담보의무의 이행이 오히려 공평의 원칙에 반하는 경우에는, 완전물급부청구권의 행사를 제한함이 타당하다. 그리고 이러한 매수인의 완전물급부청구권의 행사에 대한 제한 여부는 매매목적물의 하자의 정도, 하자 수선의 용이성, 하자의 치유가능성 및 완전물급부의 이행으로 인하여 매도인에게 미치는 불이익의 정도 등의 여러 사정을 종합하여 사회통념에 비추어 개별적·구체적으로 판단하여야 한다"고 판시하였다(이미 그 전에 대법원 2000년 2월 11일 판결 97다702사건(법률신문 2860호, 9면)도 "완전물급부청구권에 포함되는 것으로 볼 수 있는 하자보수청구권"이라고 설시하기도 하였다).

그렇게 보면, 하자보수청구권은 정면에서는 수급인의 담보책임에 있어서만 규정되어 있으나(민법 제667조 제 1 항 본문), 이는 매도인의 담보책임에 있어서도 적어도 종류물매매에서는 위와 같이 완전물급부청구의 하나의 태양으로서 법적으로 인정되고 있다고 하여도 크게 잘못은 아닐 것이다.

나아가 특정물매매에 있어서 민법은 매도인의 담보책임의 내용으로 앞의 [199]에서 본 대로 계약해제권과 손해배상청구권만을 정하고 있다. 그러나 담보책임의 성질을 앞의 [201]에서 본 대로 채무불이행책임의 특수한 형태로 파악한다면, 매도인이 하자 있는 특정물을 인도한 것은 불완전급부에 불과하고 "채무의 내용에 좇은 이행"이 있다고 할 수 없으므로 매도인으로서의 본래적 의무는 소멸되지 아니하고 그대로 남는다. 그러므로 매수인은 하자의 '보수', 즉 추완이 가능한 한에서는 일반적으로 원래의 채권에 기하여 매도인에 대하여 그러한 추완을 청구할 수 있다고 보아야 하고, 이는 매매의 목적물이 특정물인지, 종류물인지에 따라 달라질 것이 아니다(앞의 [147]도 참조). 이와 같이 하자 있는 물건이 매매된 경우에 매수인에게 추완청구권을 인정하는 것은 근자의 국제적 입법의 추이에 합치하는 바이기도 하다(우선 독일민법 제437조 제 1 호, 2017년 개정 후의 일본민법 제562조 등 참조).

[204] 특정물과 불특정물

민법에서 채용되고 있는 물건의 분류로서는 우선 부동산과 동산의 구분이 가장 중요하다(제99조 참조). 그러나 그 외에도 특정물과 불특정물의 구분도 익혀 두어야 할 필요가 있다. 특정물/불특정물은 구체적인 거래의 당사자가 그 물건의 개성에 착안하여 거래한 것인지 여부에 따라 구분된다. 예를 들면 서화나 골동품, 소나 말, 대부분의 주택이나 토지는 통상 거래의 구체적인 당사자들이 그 물건의 개성에 착안하여 거래하므로, 대체로 특정물로 거래된다. 그러나 예를 들면 우마라도 대량으로 거래될 때에는 오로지 그 종류와 수량만이 문제되는 경우도 있는데, 그 경우에는 불특정물이 된다.

이와 같은 특정물/불특정물의 구분은 목적물의 보관의무(민법 제374조), 앞서 본 변제의 장소(민법 제467조. [26]도 참조) 등에서 의미가 있는데, 그 외에 하자담보책임에서도 둘 사이에 차이가 난다.

불특정물이 매매된 경우, 예를 들면 어떤 약품 100상자를 매매하였다고 할 때에도, 이를 이행하는 과정에서는 필연적으로 그 이행에 쓰여질 물건이 다른 물건으로부터 분리되기 마련이다. 예를 들면 매도인이 그 이행을 준비하려고 창고 안에 약품 100상자를 따로 분리하여 놓고 다음날 싣고 가기로 하였는데, 그날 밤 홍수가 나서 모두 떠내려가 버렸다고 하자. 이 경우에 매도인은 이로써 자신에게 귀책사유 없이 이행이 불능하게 되었다고 하여 자신이 약품의 인도의무를 면한다고 할 것인가, 아니면 그는 다른 곳에서 약품 100상자를 조달하여서라도(이는 여전히 가능한 바이다) 목적물을 인도할 의무를 여전히 부담하는가? 이와 같은 문제를 민법은 종류채무에 있어서의 목적물의 '특정' 여부에 의하여 처리한다. 즉, 특정된 이후에는 그 특정된 물건만이 "채무의 목적물"이 되므로(민법 제375조 제 2 항), 그 후에 그 물건이 멸실하면 이는 이행불능을 일으키고, 그에 대하여 채무자에게 귀책사유가 없다면 채무자는 그 채무를 면하게 되는 것이다.

민법은 "채무자가 이행에 필요한 행위를 완료"한 때 등에 특정이 일어난다고 정한다(제375조 제 2 항 참조). 그러므로 위와 같은 경우에 단지 매도인이 이행을 위하여 물건을 분리해 놓는 것만으로는 부족하고 이를 매수인에게 싣고 가서(통상 채무의 이행은 채권자의 현주소에서 하여야 하므로. 민법 제467조 제 2 항 본문 및 앞의 [26] 참조) 이를 수령하도록 이행을 제공하여야만 특정이 된다. 그런데 그와 같이 하여 특정된 물건에 하자가 있는 경우에, 매수인은 계약을 해제하거나 손해배상을 청구할 수밖에 없는가? 민법 제581조 제 2 항은 이와 같은 경우에 "계약의 해제 또는 손해배상의 청구를 하지 아니하고, 하자 없는 물건을 청구할 수 있다"고 정하여, 앞서 본 완전물급부청구권을 하자담보책임의 한 내용으로 인정하고 있는 것이다.

[205] 물권법과 채권법의 기능적 연관성

이제 넓은 의미에서의 채무불이행에 관한 설명을 마감하면서, 여기서 물권법과 채권법의 기능적 연관성에 대하여 언급하고자 한다.

우리의 설례에서 A와 B가 체결한 부동산매매계약의 경우를 두고 보기로 하자. A가 그 계약의 효과로 소유권이전채무를 부담한다는 것은 채권편이 정하는 바이다(민법 제568조 제 1 항). 따라서 그는 채권자 B에게 소유권을 이전하여야 하는데, 부동산소유권이 양도되려면 등기를 하여야 함은 물권편에 정하여져 있다(민법 제186조). 그에 따라 소유권이전등기가 B 앞으로 행하여지면 소유권이전채무는 소멸하는데, 이는 채권법에서 정하는 채권소멸사유로서의 변제에 해당한다(민법 제460조 이하). 이와 같이 어떠한 하나의 생활관계를 법적으로 처리함에 있어서 채권법과 물권법은 서로 긴밀한 관련을 맺고 있는 것이다.

흔히 대학이나 법학전문대학원에서의 교과과정은 채권법과 물권법을 각각 다른 단위로 정하고 학기를 달리하여 가르친다. 교과서도 대체로 별개로 되어 있다. 그런 탓인지 학생들이 민법 공부를 하면서 민법전의 편별에 집착하여 그 각 부분을 독자적인 분야처럼 다루는 일이 적지 않고, 물권법과 채권법의 위와 같은 기능적인 연관성을 자칫 소홀하게 취급하곤 한다. 잘 살펴보면 양자가 따로 분리되어 생각될 수 없음을 알게 하는 예는 무수히 많다. 우리의 설례에서와 같이 소유권 기타 권리의 이전을 내용으로 하는 계약이 체결된 경우가 아니라도, 예를 들면 채권법의 가장 중요한 제도의 하나인 불법행위는 소유권 기타 물권적 성질의 권리가 침해된 경우를 하나의 원형으로 하여 구축되었다고 하여도 과언이 아니다. 가장 물권법다운 제도라고 할 물권적 청구권에 대하여도 예를 들면 이행지체나 수령지체에 대한 채권법의 규정(민법 제392조, 제401조 등)이 적용된다. 또 채권양도의 법리는 기본적으로 소유권 양도에 관한 법리와 그 틀을 같이한다. 그리고 다음의 장에서 살펴보는 각종의 담보물권은 물권이지만 역시 채권의 만족을 확보하기 위한 장치인 것이다.

이와 같이 생각하여 오면, 물권법과 채권법은 민법이 다루는 소재를 정리하여 거기에 질서를 주기 위한 체계구성상의 구분일 뿐이고, 그 사이에 허물어서는 안 될 담이 쳐 있는 것은 아님을 알 수 있다. 거기다가 양자 모두에 적용될 것으로 당연히 예정되어 있는 '총칙'까지 합하여 보면, 민법 공부는 항상 그 전체를 시야에 두면서 이를 하여야 하는 것이다. 이러한 요청은 특히 법 공부의 초입에 있는 학생들에게 혹 부담이 될지 모르나, 처음부터 적어도 이러한 전체적·종합적 접근에의 지향을 가질 필요가 있는 것이다.

제 5 장

채권 담보

제 1 절 책임재산의 보전

[206] 채권의 만족을 확보하는 방도

채권의 만족은 일차적으로 채무자가 그 부담하는 의무를 임의로 이행하는 것에 달려 있고, 만일 채무자가 임의로 그 의무를 이행하지 않는 경우(이행할 수 없는 경우를 포함하여)에는 채권자는 원칙적으로 강제이행청구권을 가진다고 함은 앞에서 본 바와 같다([152] 이하 참조). 그러나 채권자가 법원에 강제이행을 청구하더라도, 경우에 따라서는 채권의 내용을 실현할 수 없는 경우가 있다. 그러한 일이 발생하지 않도록 하기 위하여는 채권자는 어떠한 방도를 취하여야 하는가?

채권의 만족을 확보하는 방법은 두 가지로 나누어 생각할 수 있다. 하나는, 채권 그 자체의 만족을 확보하는 방법이고, 다른 하나는 채권이 변형되거나 연장된 형태인 손해배상청구권의 만족을 확보하는 방법이다(해제의 경우에는 채권 자체가 소멸되므로, 그 '만족'이라는 문제는 애초 제기될 여지가 없다). 그런데 채권의 만족방법이라는 관점에서 보면, 채권의 원래의 내용이 금전을 받는 것인 경우, 즉 금전채권의 경우는 손해배상청구권(이 역시 그 내용은 금전을 받는 것이다. 민법 제394조 참조)과 별로 다를 바가 없다. 그러므로 위의 구분은 결국 비금전채권(이를 특정채권이라고도 한다. 이 말은 '특정물채권', 즉 특정물의 인도를 내용으로 하는 채권과는 구별되어야 한다)의 만족을 확보하는 방법과 금전채권의 만족을 확보하는 방법의 둘에 환원될 수 있다.

특정채권의 강제적 만족을 얻으려면 강제이행을 구하여 국가의 힘으로 강제집행하는 수밖에 없다. 그러나 그러한 채권의 강제적 실현은 어떻게 '확보'되는가? 예를 들면 우리의 설례에서 A가 B에 대하여 소유권이전채무를 부담하고 있어서 A에 대하여 B에게 소유권등기를 이전하라는 판결이 내려졌다고 하더라도, 그것에 의하여 실제로 소유권등기가 B 앞으로 이전되지 않으면 B의 채권은 만족되었다고 할 수 없다. 그런데 B가 받은 그러한 승소판결에 의하여 소유권등기가 실제로 자신 앞으로 이전되기 전에 A가 소유권등기를 다른 사람 C에게 이전하여 버리면, B는 자기 앞으로 소유권등기를 이전받을 길이 없다. 왜냐하면 소유권이전등기가 이루어지려면 그 등기가 이루어질 당시에 소유자로 등기된 사람(부동산등기법 제23조 제 1 항이 정하는 '등기의무자')이 그 등기를 신청하여야 하는데(앞의 [51] "첫째" 참조), 위의 경우에는 소유권등기가 이미 C 앞으로 넘어갔으므로, 소유자로 등기되지 아니한 A의 신청으로는 이전등기가 이루어지지 않기 때문이다. 그러므로 채권자 B로서는 강제집행을 확보하기 위하여 A로 하여금 그 등기를 제 3 자에게 이전시키지 못하도록 하거나 제 3 자에게 이전되더라도 사후적으로 그 효력을 없앨 수 있는 조치를 취할 필요가 있다.

이와 같이 특정채권의 만족을 확보하기 위하여 법이 마련하고 있는 수단으로서는 민사집행법 제 4 편에서 정하고 있는 '다툼의 대상에 관한 가처분', 예를 들면 처분금지가처분이나 점유이전금지가처분 등이 있다(동법 제300조 제 1 항 참조. 그리고 등기청구권에 관하여는 특별히 가등기가처분의 제도가 있다. 부동산등기법 제90조 참조). 이는 장래 특정채권 그 자체의 만족을 얻지 못할 우려가 있을 것에 대비하여 그 채권을 보전하기 위한 수단으로 하는 것인데, 이는 통상 민사소송법의 강의에서 다루어지므로 이에 대하여는 여기서 더 이상 설명하지 않기로 한다.

[207] 담보적 기능을 가지는 다른 제도

다른 한편으로 민법이 정하는 제도 중에는 간접적으로 채무의 이행을 촉구하고 따라서 채권의 만족을 보장하는 기능을 하는 것이 있다. 앞서 본 동시이행항변권이나 상계는 이러한 기능을 가진다.

상계의 경우를 예로 들어보기로 한다. 갑이 을에 대하여 4천만원의 매매대금채권을 가지고 있고, 을은 갑에 대하여 5천만원의 대여금반환청구채권을 가지고 있다고 하자. 이 경우에 상계를 할 수 있는 채권자(갑이라고 해 보자)로서는 자신이 가지는 채권의 만족이 일단 확보되어 있다고 할 수 있다. 우선 갑은 언제라도 자신의 그 채권으로 상대방의 채권과 상계한다는 의사표시를 함으로써 결국 자기가 가지는 매매대금채권의 만족을 얻은 것과 같은 경제적인 효과(자기가 갚아야 할 4천만원으로 같은 액수의 매매대금을 실제로 지급받은 것과 같은 결과)를 얻을 수 있다. 그리고 더욱 중요한 것은 비록 채무자 을이 무자력상태에 있더라도 그는 다른 채권자들에 우선하여서 자기 채권의 온전한 만족을 얻을 수 있다는 점이다. 예를 들면 을에게는 갑 외에도 채권자가 여럿 있고 그 채권액의 합이 2억원이라고 해 보자. 그리고 을의 적극재산이라고는 갑에 대한 위의 5천만원의 대여금반환청구채권밖에 없다고 하자. 이와 같은 경우에는 을의 책임재산은 채권자 전원을 위하여 평등하게 그 만족에 충당되어야 하므로, 그 채권자 중의 한 사람인 갑은 원래라면 단지 그 채권액의 4분의 1, 즉 1천만원의 만족을 얻음에 그쳤을 것이다(이에 대하여는 앞의 [59] 참조). 그러나 위의 경우 갑은 상계를 할 수 있으므로 그에 의하여 자기 채권 전부의 만족을 얻을 수 있다. 그리고 을에 대한 다른 채권자들은, 갑이 한 상계에 의하여 을에게 책임재산이 겨우 1천만원 남게 됨으로써 결국 그 만족의 가능성은 그만큼 현저히 줄어들게 된다. 갑은 마치 을의 위 채권에 대하여 담보권을 설정받은 것과 다를 바 없이 그에 의하여 자기 채권의 우선적인 만족을 얻을 수 있는 것이다. 그리하여 상계는, 당사자들이 서로 현실적으로 이행을 하여야만 자신의 채무로부터 벗어날 수 있는 것을 단순한 의사표시로써 간이하게 처리할 수 있도록 하는 '변제의 간이화'라는 1차적 기능 외에도, 2차적으로 위와 같은 '담보적 기능'을 가진다고 말하여지는 것이다.

이는 동시이행의 항변권에 대하여도 마찬가지이다. 우리의 설례에서 A와 B의 각 채권은 동시이행의 관계에 있으므로, A는 자신이 부담하는 소유권이전채무를 이행하지 않으면 자신이 가지는 매매대금채권의 만족을 얻기 어렵다. 이는 뒤집어서 말하면, B의 소유권이전채권은 그가 부담하는 매매대금채무의 이행을 거절할 수 있음으로 말미암아 간접적으로 그 만족이 확보되어 있다고 할 수 있는 것이다. 그리고 이는 A에 대한 다른 채권자에 대한 관계에서도 다를 바 없다. 왜냐하면 A에 대한 다른 채권자들이 A의 B에 대한 매매대금채권을 가지고 자기 채권의 만족에 충당하려고 하면 종국적으로는 그 대금의 지급을 B에게 청구하지 않으면 안 되는데, 그 지급청구에 대하여 B는 **상대방이 누구라도** 언제나 동시이행의 항변을 할 수 있기 때문이다. 이와 같이 자신의 채무를 이행하지 않음으로써 상대방의 채무이행을 간접적으로 확보할 법적 가능성은 채무자 A가 파산하거나 기타 도산한 경우에 있어서도 법적으로 보장되어 있다(「채무자 회생 및 파산에 관한 법률」 제335조, 제119조 등 참조). 결국 동시이행의 항변권이 인정되는 쌍무계약(민법 제536조 참조)에 있어서는 일반적으로 당사자 쌍방의 채권의 만족이 간접적인 방법으로 확보되어 있다고 할 수 있다.

[208] 금전채권의 만족을 확보하기 위한 방도

이러한 방도에 의하여 특정채권의 만족을 얻으면 그것으로 좋으나, 그래도 만족을 얻지 못하면 결국은 채무불이행책임을 물어 손해배상을 구하는 수밖에 없다. 강제집행을 청구할 수 없는 경우도 있고(이에 대하여는 앞의 [154] 참조), 또 그것을 청구할 수 있다고 하더라도 그 강제집행이 실효를 거두리라는 보장은 없는 것이다. 그러므로 필경 채권의 최종적인 모습은 손해배상청구권, 즉 금전의 지급을 청구하는 권리에 귀착된다고 보아도 좋을 것이다.

그러면 손해배상청구권을 포함한 금전채권의 만족을 확보하기 위하여 채권자는 어떠한 방도를 취하여야 하는가? 이러한 채권의 실현 확보는 실로 채권제도의 운명과 관계되는 중요한 문제이다. 왜냐하면 채권의 실현이 적절한 수단에 의하여 확보되지 않고 있다면, 거래에 들어가는 사람은 통상 즉석에서 상대방으로부터 급부를 받으려 하지, 장차의 만족이 보장되지도 않는 단순한 채권을 얻으려 하지는 않을 것이기 때문이다. 그리고 이렇게 되면 결국은 당장에 쌍방의 급부가 교환되는 거래, 즉 물물교환만이 행하여지게 될지도 모른다. 결국 채권제도의 사활은 채권의 실현을 확보하는 제도의 완비 여부 및 그 적절성 여하에 달려 있다고 하여도 과언이 아닐 것이다.

민법도 이 점을 고려하여 채권의 만족을 확보하기 위한 다양한 제도를 마련하여 두고 있다(민사집행법이 정하는 가압류에 대하여는 여기서 다루지 않기로 한다. 동법 제276조 이하). 이들 제도는 둘로 나눌 수 있다. 하나는 채무자의 일반적인 자력을 확보하여 두는 것이고, 다른 하나는 담보제도이다.

전자에 속하는 것으로서는 채권자대위권(제404조)과 채권자취소권(제406조)이 있다. 그리고 후자에 속하는 것은 다시 **인적 담보**와 **물적 담보**의 둘로 나누어지는데, 앞의 것으로는 보증채무(제428조)나 연대채무(제413조) 등이 있고, 뒤의 것으로는 각종의 담보물권(유치권, 질권, 저당권은 민법에서 정하여진 것이고, 그 외에 「동산·채권 등의 담보에 관한 법률」에서 정하여진 동산담보권·채권담보권 등이 있다)과 권리이전형 담보(양도담보, 가등기담보 등. 소유권유보부 매매도 '소극적' 권리이전형 담보로서 이에 포함될 수 있다)가 있다. 물론 이 중에서 보증채무나 연대채무는 비금전채무에도 허용되는 것이기는 하나, 그 규정은 주로 금전채무에 대하여 또는 장래 금전채무가 되는 것을 예상하여 인정되고 있다(또한 채권자대위권의 비금전채권에의 '전용'에 대하여는 뒤의 [211]에서 보기로 한다).

이상을 도표로 보면 다음과 같다.

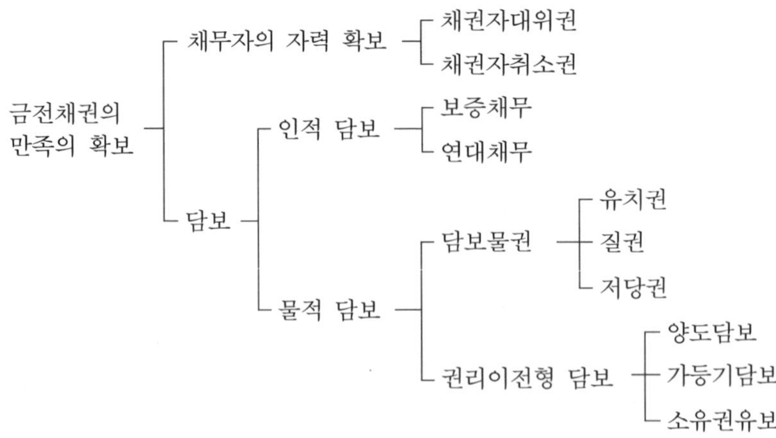

[209] 책임재산

우선 채무자의 일반적인 자력을 확보하여 두는 장치에 대하여 보기로 한다.

금전채권의 만족을 얻기 위한 궁극적인 자금은 채무자의 재산으로부터 나온다. 채무자의 재산은 이를 강제집행에 붙여 매각하고(이를 '현금화'라고 부른다) 그 매각대금으로부터 그 만족을 얻을 수 있기 때문이다. 일반적으로 채권이 가지는 법적 힘의 하나로서 공취력攻取力이라는 것을 드는데, 이는 채권의 만족을 위하여 채무자의 재산을 '장악'할 수 있는 힘을 말하는 것이다. 그리고 이와 같이 채권의 공취력의 대상이 되는 채무자의 재산을 '책임재산'이라고 한다. 그러므로 현행법 아래서 금전채권, 나아가서는 채권 일반의 만족을 궁극적으로 보장하는 것은 채무자의 자력, 즉 책임재산이다.

이렇게 보면 채권의 실질적인 가치는 책임재산의 유무와 다소에 달려 있다고 할 수 있다. 만일 책임재산이 없거나 부족하면, 별도로 담보수단을 강구하지 아니하는 한 채권자는 달리 채권의 만족을 얻을 방법이 없기 때문이다. 그러므로 채무자가 책임재산의 유지를 게을리하고 나아가서는 이것을 감소시킴으로써 채권의 실질적 가치가 저하되게 하는 때에는, 책임재산을 유지·회복하기 위한 법적 수단이 채권자에게 주어져야 한다.

이러한 필요에 답하는 민법상의 제도가 바로 채권자대위권과 채권자취소권이다.

[210] 채권자대위권

채권자대위권이란, 채권자가 "자기의 채권을 보전하기 위하여 채무자의 권리를 행사"할 수 있는 권리를 말한다(민법 제404조 제 1 항 본문). 원래 채무자에게 속하는 권리는 채무자만이 행사할 수 있는 것이고, 다른 사람이 — 그가 채권자라고 하더라도— 이에 대하여 간섭할 수 있는 것은 아니다. 그러나 채무자가 자신이 보유하는 권리의 행사를 게을리함으로써 자기 채권이 만족을 얻을 가능성이 아예 없어지거나 줄어드는 경우에까지 채권자가 아무런 조치도 취할 수 없다고 하는 것은 채권자에게 지나치게 가혹하다. 그러므로 민법은 채권자가 "그 채권을 보전할 필요가 있는 때"에는 채무자의 그 권리를 행사하여 책임재산의 유지를 기할 수 있도록 하고 있는 것이다.

그리하여 채권자대위권은 채권보전의 필요가 있는 때, 즉 금전채권의 만족에 필요한 책임재산에 부족이 있는 때에 한하여 예외적으로 인정되는 것이라고 이해되고 있다. 그러므로 채무자가 무자력인 경우, 즉 그의 책임재산이 그가 부담하는 채무 전부를 만족시키기에 충분하지 않은 경우에만, 채권자는 채무자의 권리를 행사할 수 있는 것이다. 그리고 아울러 채무자가 그 권리를 행사하지 않고 있을 것을 요구하는 것은 당연하다고 하겠다. 예를 들면, 빚을 잔뜩 지고 있는 채무자가 제 3 자에 대하여 채권을 가지고 있는데 이를 장기간 행사하지 않고 있기 때문에 소멸시효의 완성이 가까워졌다고 하는 경우에는, 채권자는 채무자를 대신하여(이를 대위代位라고 한다) 그가 가지는 채권의 이행을 최고하거나 소송을 제기함으로써 그 시효의 진행을 중단시킬 수 있다(민법 제168조 제 1 호 참조). 또 그와 같은 채무자가 제 3 자에 대하여 금전채권을 가지고 있고 그 이행기가 도래하였는데도 이를 청구하지 않는 경우에는, 채권자는 채무자를 대위하여 그 제 3 자(이를 채무자의 채무자라고 해서 '제 3 채무자'라고 부른다)에 대하여 채무의 이행을 구하는 소송을 제기할 수 있다(이 경우의 소송을 **대위소송**이라고 부른다). 다만 채권보전의 필요가 있다고 하려면, 그 채권의 이행기가 도래하여야 한다. 그러나 그 이행기 도래 전이라도 법원의 허가를 받으면 채권자대위권을 행사할 수 있게 된다(민법 제404조 제 2 항 본문).

채권자대위권에 기하여 채권자가 채무자를 대위해서 행사할 수 있는 '채무자의 권리'에는 원칙적으로 제한이 없다. 예를 들면, 계약취소권이나 해제권 등 권리자의 의사표시만으로 바로 계약이 효력을 상실하는 효과가 발생하는 이른바 형성권(이에 대하여는 앞의 [179] 참조)도 행사할 수 있다. 여기서도 알 수 있는 바와 같이 그 대위의 방법도 채권자취소권에서와는 달리 반드시 소송을 제기하여야만 하는 것은 아니다. 다만 채무자의 "일신一身에 전속專屬한 권리"는 그에 속하지 않는다(민법 제404조 제 1 항 단서). 예를 들면 부양청구권(민법 제974조 이하)과 같이 가족관계에 기하여 인정되는 일정한 권리는 그것이 비록 재산적 이익을 내용으로 하는 것이라도 이에 해당한다. 그리하여 대법원 2010년 5월 27일 판결 2009다93992사건(판례공보 2010하, 1250면)은 유류분반환청구권에 대하여, 이는 그 행사 여부가 유류분권리자의 인격적 이익을 위하여 그의 자유로운 의사결정에 전적으로 맡겨진 권리로서 이른바 '행사상의 일신전속성'을 가진다고 보아 채권자대위권의 대상이 되지 않는다고 한다. 나아가 대법원 2012년 3월 29일 판결 2011다100527사건(법고을)은, 계약의 청약이나 승낙과 같이 비록 행사상의 일신전속권은 아니지만 이를 행사하면 그로써 새로운 권리의무관계가 발생하는 등으로 권리자 본인이 그로 인한 법률관계 형성의 결정권한을 가지도록 할 필요가 있는 경우에는, 채무자에게 이미 그 권리행사의 확정적 의사가 있다고 인정되는 등의 특별한 사정이 없는 한, 그것은 채권자대위권의 목적이 될 수 없다고 한다.

이와 같이 채권자대위권에 기하여서 채무자의 권리를 대위행사하는 경우에는, 그것을 채권자가 채무자의 '이름으로' 하는 것이 아니라 채권자 본인의 이름으로 하는 것이다. 그러나 원래의 권리 자체는 채무자에게 속하는 것이기 때문에, 그 행사의 효과는 직접 채무자에게 미친다(다만 대위소송의 효력에 대하여서는 민사소송법상의 이론과 관련하여 어려운 문제가 있다). 그리고 채권자대위권을 행사한 채권자라고 해서 다른 채권자보다 우선하여 책임재산으로부터 만족을 얻을 수 있는 것은 아니다.

[211] 채권자대위권의 전용

그러나 금전채권을 보전하기 위하여 채권자대위권이 행사되는 경우는 실제로는 그렇게 많지 않다. 그것은 우선 채무자가 무자력인 때에는 그의 채권자가 대위행사할 만한 채권 등 재산을 가지는 경우가 흔하지 않고, 또한 채권 등이 있다면 채권자들은 그의 재산을 탐색하여 미리 보전처분(특히 가압류)을 하고 있어서 이와는 별도로 '채무자의 권리'를 대위행사함으로써 자신의 채권을 보전할 필요가 있는지 의심스러운 경우도 많기 때문이다. 단지 보전처분의 대상이 되지 못하는 채무자의 권리, 예를 들면 취소권이나 해제권과 같은 형성권 등은 이를 채권자대위권의 객체로 삼을 필요가 있을 것이나, 채권자가 채무자가 그러한 형성권을 가지는지 알 수 있는 경우가 별로 없다.

그런데 채권자대위권은 비단 금전채권을 보전할 필요가 있는 경우뿐만 아니라, 비금전채권, 즉 특정채권 그 자체를 실현하기 위하여 채무자의 권리를 행사할 필요가 있는 경우에도 인정되고 있다. 예를 들면 우리의 설례에서 A가 B에게 매도한 주택과 그 대지는 A가 전에 C로부터 매수하였던 것인데, 소유권등기가 아직 A 앞으로 넘어 오지 않고 C에게 그대로 남아 있다고 하자. 그 경우에 매수인 B는, A가 스스로 C에게 청구하여 소유권등기를 자기 앞으로 넘겨받지 않은 이상, 소유권등기를 취득할 수 있는 방도가 없다고 할 것인가? 법원실무는, 이와 같은 경우에 A가 C에게 그러한 청구를 하지 않고 있으면, 매수인 B가 A를 '대위'하여 C를 상대로 소송을 제기하여 소유권등기를 A에게 이전할 것을 청구할 수 있다고 한다. 그리고 B가 A에게 소유권등기를 자신에게 이전할 것을 청구할 수 있다는 것은 매매계약상 당연한 일이다. 나아가 판례는 이 두 개의 청구는 하나의 소송에서 한꺼번에 할 수 있다고 한다(이러한 경우를 '청구의 병합'이라고 한다). 그러므로 비록 A가 스스로 C에게 청구하여 소유권등기를 자기 앞으로 넘겨 오지 않는 경우에라도, B로서는 C로부터 A에게, 다시 A로부터 자신에게 각 소유권이전등기를 할 것을 한꺼번에 청구하여 승소판결을 얻으면, 이로써 결국 자기 앞으로 소유권등기를 이전시킬 수 있게 되는 것이다(부동산등기법 제28조, 제23조 제 4 항 참조). 그리고 중요한 것은, 이와 같이 자신의 채무자에 대한 특정채권을 만족받기 위하여 그에 필요한 채무자의 권리를 대위행사하는 경우에는, 채무자가 무자력일 것을 요건으로 하지 않는다는 점이다.

이와 같이 금전채권이 아닌 채권을 가지는 사람이라도, 그 채권의 만족을 얻기 위하여 필요하다면, 채무자가 가지고 있으되 그 행사를 게을리하고 있는 권리를 행사할 수 있음을 인정하고, 나아가 그 경우에는 채무자가 무자력할 것을 요구하지 않는다는 법리는 그것이 적용되는 구체적인 사안유형이 점점 확장되어 민사관계에서 극히 중요한 기능을 하고 있다. 몇 가지 예를 들어보기로 하자.

우리의 설례에서 매도인 A 앞으로 소유권등기가 이루어져 있었는데 제 3 자 X가 서류를 위조하여서 자기 앞으로 소유권등기를 이전하여 버렸다고 하자. 물론 X의 소유권등기는 무효이다. 그러나 앞에서 본 대로 ([51] "첫째" 참조) 등기절차상으로는 현재 매도인 A 앞으로 소유권등기가 되어 있어야 그의 의사에 기하여 매수인 B 앞으로 이전등기를 하여 줄 수 있다. 그러므로 A가 X에 대하여 그 소유권등기의 말소를 청구하지 않고 있으면, B는 언제까지고 등기를 얻을 수 없게 된다. 이러한 경우에 B로서는 A가 X에 대하여 가지는 등기**말소**청구권을 대위행사함으로써만 자신의 A에 대한 소유권이전등기청구권의 만족을 얻을 수 있는 것이다.

또한 임대차계약을 체결하였는데, 그 목적물을 제 3 자가 불법으로 점유하고 있어서 임대인이 이를 임차인에게 인도하여 주지 못하고 있다고 하자. 그런데 임대인은 그 불법점유자에 대하여 예를 들면 소유물반환청구권(앞의 [71] 참조)을 행사하여 그 반환을 받을 수 있음에도 그 행사를 게을리하고, 이로써 임차인에 대한 목적물인도의무를 불이행하고 있다. 이와 같은 경우라면, 임차인은 스스로 나서서 임대인이 그 불법점유자에 대하여 가지는 소유물반환청구권을 대위행사하여 그 점유자를 상대로 목적물을 반환할 것을 청구할 수 있는 것이다. 또한 이와 아울러서 임대인에 대하여도 임대차계약의 이행, 즉 목적물의 인도를 청구할 수 있으므로, 하나의 소송으로 문제를 해결할 수 있게 된다. 나아가서 특히 이와 같은 인도청구에 있어서는, 위의 등기이전에 있어서와는 달리, 만일 임대인이 불법점유자로부터 목적물을 인도받을 수 없거나 인도받으려고 하지 아니하는 경우에는, 불법점유자에 대하여 직접 임차인 자신에게 인도할 것을 청구할 수 있다고 하는 것이 확고한 판례의 태도이다. 만일 임대인에게 인도하라는 청구만을 할 수 있다고 하면, 임대인이 인도받기를 거절하는 경우에는 임차인이 그 목적물을 인도받을 수 없는 결과가 되기 때문에, 임차인이 임대인의 권리를 대위행사하는 목적을 달성할 수 있게 하기 위하여 직접의 인도청구를 인정하는 것이다.

이와 같이 원래는 금전채권의 만족을 보장하여 주는 책임재산을 보전할 필요에서 인정된 제도인 채권자대위권이 특정채권 그 자체를 실현할 필요가 있는 경우에도 '전용轉用'되고 있는 예는 얼마든지 들 수 있다. 한편 최근의 대법원 전원합의체 2022년 8월 25일 판결 2019다229202사건(대법원판례집 70권 민사편, 775면)은 채권자대위권의 행사요건인 '보전의 필요성'에 관하여 피보전채권이 금전채권인지 비금전채권인지를 묻지 않고 일반적으로 "여기에서 '보전의 필요성'이 인정되기 위하여는 우선 적극적 요건으로서 채권자가 채권자대위권을 행사하지 않으면 피보전채권의 완전한 만족을 얻을 수 없게 될 위험의 존재가 인정되어야 하고, 나아가 채권자대위권을 행사하는 것이 그러한 위험을 제거하여 피보전채권의 현실적 이행을 유효·적절하게 확보하여 주어야 하며, 다음으로 소극적 요건으로서 채권자대위권의 행사가 채무자의 자유로운 재산관리행위에 대한 부당한 간섭이 된다는 사정이 없어야 한다"고 종합적으로 설시한 다음, "이러한 적극적 요건과 소극적 요건은 채권자가 보전하려는 권리의 내용, 보전하려는 권리가 금전채권인 경우 채무자의 자력 유무, 피보전채권과 채권자가 대위행사하는 채무자의 권리와의 관련성 등을 종합적으로 고려하여 인정 여부를 판단하여야 한다"고 밝힌다. 그러나 위와 같은 판시는 매우 막연하여 '보전의 필요성' 요건을 보다 내실 있게 또 보다 용이하게 판단할 수 있게 하는지 의문이 없지 않다.

이상을 단순히 하나의 병적 현상으로 평가할 것인지, 아니면 채권을 실현하는 현재의 방법에 존재하는 결점을 메우기 위하여 기존의 법제도를 현명하게 이용한 것으로 볼 것인지는 그 자체 흥미로운 문제이나, 여기서는 더 이상 논의하지 않기로 한다.

[212] "할 수 있으나, 하여야 하는 것은 아니다"

앞의 첫번째 예로 돌아가기로 하자. 이미 본 대로, 그와 같은 경우에 매수인 B는 A를 대위하여 A에의 매도인 C에 대하여 소유권등기를 이전할 것을 청구할 수 있다. 그러면 이러한 사정은 다른 한편으로 A가 B에 대하여 부담하고 있는 소유권이전채무에 어떠한 영향을 미치는가? 위와 같이 B에게 자기 앞으로 소유권등기를 이전받을 법적인 가능성이 열려 있는 이상, B는 이 가능성을 실현시키면 되는 것이지, A에 대하여 그가 부담하는 소유권이전채무의 불이행을 이유로 하는 책임을 물어 예를 들면 손해배상청구나 해제를 할 수 없다고 할 것인가?

여기서 우리는 채권자대위권제도가 채권자, 즉 위의 예에서는 매수인 B를 위하여 존재하는 것이지, 채무자, 즉 A를 위하여 마련된 것이 아님을 상기할 필요가 있다. 그러므로 채권자는 자기의 이익을 실현하기 위하여 자기에게 주어진 권리, 즉 채권자대위권을 행사할 수는 있으나, 반드시 그러한 권리를 행사하여야 할 의무가 있는 것은 아니다. 다른 한편으로 B에 대하여 소유권을 이전해 주어야 할 채무를 부담하는 A로서는 그 의무의 적법한 이행을 위하여 모든 노력을 기울여야 한다. 그것이야말로 '의무가 있다'고 하는 것의 의미이기 때문이다. 그런데도 B에게 위와 같이 가능성이 있다고 해서, A가 채무이행을 위하여 스스로 할 수 있는 조치도 취하지 아니하고 방관하는 것에 대하여 아무런 제재를 가할 수 없다고 한다면, 이는 채무자에게 부당한 특혜를 베푸는 것이라고 생각된다. 그러므로 위와 같은 경우에 채권자는 자기 채권의 만족을 위하여 채권자대위권을 "행사할 수는 있으되, 반드시 행사하여야 하는 것은 아니"라고 할 것이다(민법 제518조 본문의 "권리는 있으나 의무는 없다"도 참조. 또한 "할 수 있으나, 하여서는 안 된다"의 사고형식에 대한 앞 [177]의 서술과 비교하여 그 차이를 생각하여 보는 것도 의미 있을 것이다).

이와 같이 권리/의무를 명확하게 구분하여 생각하는 것은 법 공부를 함에 있어서 명심하여야 할 점의 하나이다. 우리나라에서는 "권리는 남용하지 못한다"는 민법 제 2 조 제 2 항을 근거로 권리가 법공동체의 일반목적에 봉사하기 위한 수단임을 지나치게 강조하는 경향이 있다고 나는 생각한다. 그러나 우리 민법은 엄연히 권리개념을 종국적인 기초단위로 하고 있고, 권리는 어디까지나 일차적으로 그 권리자 개인의 이익을 위하여 인정된다. 그리고 그러한 태도의 배후에는 이익의 명료한 분속을 사회관계의 구성원리로 삼고 이를 통하여 각자의 자유를 최대한 보장하려는 생각이 자리잡고 있는 것이다. 권리가 동시에 의무이기도 하다는 것은 권리 만능의 사고를 경계하기 위한 하나의 구호일 뿐(뒤의 제 6 장 제 1 절 V. 2. 참조), 우리 민법이 실제로 규율의 근본으로 삼고 있는 태도와는 어울리기 어려운 것이다.

[213] 채권자취소권

앞에서 본 채권자대위권은 채무자가 그가 가지는 권리를 행사하지 않고 있는 경우에 채권자가 이를 채무자에 대신하여 행사하는 것을 인정해 주는 것이다. 그러나 책임재산의 유지는 반드시 채무자의 소극적인 권리불행사에 의하여서만 위태롭게 되는 것은 아니다. 채무자가 그의 책임재산에 속하는 물건이나 권리를 제 3 자에게 증여하든가 헐값으로 팔아 버리는 등의 **적극적인 행위**를 함으로써 책임재산을 감소시켜서 결국 채권의 완전한 만족을 얻을 수 없게 할 수도 있다.

채권자취소권은, 이와 같이 "채무자가 채권자를 해함을 알고 재산권을 목적으로 한 법률행위를 한 때"에 채권자가 "그 취소 및 원상회복을 법원에 청구할 수 있"는 권리를 말한다(민법 제406조 제 1 항 본문). 채권자취소권은 그 요건과 효과가 매우 복잡하여, 민법이 정하는 여러 제도 중 가장 이해하기 어려운 것에 속한다. 여기에는 각종의 법기술과 실질적인 타당성 판단이 다양하고도 세밀하게 얽혀 있는 것이다.

그리고 1997년 겨울 이후의 이른바 IMF경제위기 당시에 채무자가 무자력이 되는 사태가 무더기로 발생하는 상황에서 이 제도는 극히 활발하게 문제되기에 이르렀다. 무자력상태의 채무자가 자신의 얼마 되지 않은 책임재산을 일부의 채권자에게 담보로 제공하거나 양도하는 일 따위가 빈번하게 일어나자, 그로 인하여 자기 채권의 만족을 전혀 얻지 못하게 된 다른 채권자들은 채권자취소권에 기하여 그 행위의 효력을 공격하게 되었기 때문이다. 그 쟁송을 처리하는 과정에서 이 제도는 점차로 더욱 세밀한 내용을 갖추게 되었다. 이러한 법의 전개는 그 후 이른바 2008년 세계금융위기의 여파 속에서 더욱 추동력을 얻은 것으로 여겨진다. 그러나 지금에 이르러서는 그간의 법 운용을 근본적으로 재검토할 때가 되었다는 생각을 억누르기 어렵다.

여기서는 가장 기본적인 사항만을 적어 두기로 한다.

채권자취소권이 발생하려면, 첫째, 채권자취소권을 행사하려고 하는 채권자(이 사람을 통상 '사해취소채권자' 또는 단지 '취소채권자'라고 부른다)가 자기 채권의 만족을 위하여 전에 집행에 붙일 수 있었던 재산에 관하여 채무자가 이제 그의 채권 만족을 어렵게 하는 혹은 더욱 어렵게 하는 법률행위를 행하여야 하고(이 요건을 통상 '객관적 사해성'이라고 한다), 둘째, 채무자는 그 행위로 인하여 그와 같은 결과가 초래된다는 사실을 알면서 그 법률행위를 행할 것이 요구된다(이 요건을 통상 '주관적 사해성'이라고 한다). 이러한 행위는 **사해행위**라고, 그 취소권의 행사는 **사해취소**(또는 사해행위 취소)라고 각 불리며, 채권자취소권은 '사해행위취소권'

이라고도 한다. 위에서 든 행위들이 그 대표적인 예가 되겠는데, 그 외에 다른 채무자를 위하여 보증인이 되거나 연대채무를 지는 경우도 이에 해당한다. 나아가 재산을 채권자 한 사람만을 위하여 담보로 제공하는 행위, 어느 하나의 채권자에 대한 채무만을 변제하는 행위, 또는 부동산을 매매하는 경우와 같이 재산을 소비하기 쉬운 금전으로 바꾸는 결과가 되는 행위 등이 어떠한 경우에 이에 해당하는가에 대하여는 논의가 있으나 사해행위로 인정하는 범위가 넓어지는 경향이 있음은 부인할 수 없다. 그리고 대법원 2000년 7월 28일 판결 2000다14101사건(판례공보 2000하, 1940면)은 이혼에 따른 재산분할(민법 제839조의 2 참조)에 대하여, 대법원 2001년 2월 9일 판결 2000다51797사건(대법원 판례집 49권 1집, 89면)은 상속재산분할협의(민법 제1013조 참조)에 대하여, 이러한 행위도 예외적이기는 하지만 일정한 요건 아래서는 채권자취소권의 대상이 될 수 있다고 판시하였다. 그러나 다른 한편 대법원 2011년 6월 9일 판결 2011다29307사건(판례공보 2011하, 1376면)은 타당하게도 상속의 포기는 '인적 고려'에 기한 결단이라는 점 기타의 이유로 아예 사해행위 취소의 대상이 되지 않음을 밝혀서 그 확장에는 한계가 있음을 명확하게 하였다. 이러한 태도는 대법원 2019년 1월 17일 판결 2018다200855사건(판례공보 2019상, 473면)에 유증의 포기에 대하여도 이어지고 있다.

둘째, 채권자대위권의 경우와는 달리, 금전채권 또는 장차 금전채권으로 변할 것을 전제로 하여서만 채권자취소권이 인정되며, 특정채권의 실현을 위하여서는 채권자취소권을 행사할 수 없다는 것이 판례와 통설의 입장이다. 그것은 민법 제407조가 채권자취소권을 행사한 결과로 채무자의 책임재산으로 회복된 것은 "모든 채권자의 이익을 위하여 그 효력이 있다"고 정하여서, 채권자취소권을 행사한 채권자(이를 취소채권자라고 한다) 한 사람만의 이익으로 돌아가는 결과는 인정하지 않는 태도를 취하는 것과도 관련된다.

그러나 채권자취소권은 위와 같은 요건이 갖추어졌다고 해서 언제나 발생하는 것이 아니다. "그 행위로 인하여 이익을 받은 자나 전득한 자"가 자신이 그 행위 당시에 사해의 사실을 알지 못하였음을 입증하면(민법 제406조 제 1 항 단서), 그에 대한 채권자취소권은 발생하지 않는다. 그러므로 채무자가 아무리 악의라도, 그 행위의 상대방 또는 그로부터 다시 목적물을 양도받은 사람이 채무자의 행위가 사해행위인 사실을 몰랐으면, 그에 대하여 채권자취소권을 행사할 수는 없다.

채권자취소권은 반드시 **소송을 제기함**으로써만 행사할 수 있다. 그리고 그 소송은 언제나 이득반환청구의 상대방, 즉 수익자 또는 전득자를 상대로 제기하여야 하며, 채무자를 상대로 하여서는 아니된다는 것이 확고한 판례이다. 그리고 그 행사의 효과로서 사해행위는 "채권자와 그 행사의 상대방 사이에서만" 상대적으로 취소된다는 것이 다수설 및 판례의 견해이다. 예를 들면 대법원 2017년 3월 9일 판결 2015다217980사건(판례공보 2017상, 623면)은 "사해행위의 취소는 채권자와 수익자의 관계에서 상대적으로 채무자와 수익자 사이의 법률행위를 무효로 하는 데에 그치고 채무자와 수익자 사이의 법률관계에는 영향을 미치지 아니한다"고 전제하고, 그러므로 "채무자와 수익자 사이의 부동산매매계약이 사해행위로 취소되고 그에 따른 원상회복으로 수익자 명의의 소유권이전등기가 말소되어 채무자의 등기명의가 회복되더라도, 그 부동산은 취소채권자나 민법 제407조에 따라 사해행위 취소와 원상회복의 효력을 받는 채권자와 수익자 사이에서 채무자의 책임재산으로 취급될 뿐, 채무자가 직접 부동산을 취득하여 권리자가 되는 것은 아니"어서 "채무자가 사해행위 취소로 등기명의를 회복한 부동산을 제 3 자에게 처분하더라도 이는 무권리자의 처분에 불과하여 효력이 없으므로, 채무자로부터 제 3 자에게 마쳐진 소유권이전등기나 이에 기초하여 순차로 마쳐진 소유권이전등기 등은 모두 원인무효의 등기로서 말소되어야 한다"고 판시한다. 그러나 채권자취소권 행사의 이러한 상대적 파악에 대하여는 특히 학설에서 많은 논의가 행하여지고 있다. 예를 들어 사해행위로 채무자로부터 수익자 앞으로 소유권이전등기가 행하여진 경우에 위와 같은 상대적 취소에 기하여 그 등기명의가 채무자에게 환원되는 것을 인정하는 판례 등의 태도가 정당한가, 등기를 수익자 앞으로 둔 채로도 취소채권자의 권리 행사를 가능하게 할 수는 없는가(수익자의 재산이면서도 채무자의 책임재산으로서의 효력을 인정함으로써 족하다는 이른바 '책임설'이 채택될 수는 없는가) 등이 논하여진다.

채권자취소권은 사해행위의 취소와 함께 '원상회복'의 청구도 그 내용으로 한다(민법 제406조 제 1 항 본문: "그 취소 및 원상회복을 법원에 청구할 수 있다"). 여기서의 원상회복은 이른바 원물반환을 원칙으로 하여서, 판례는 예를 들면 부동산매매계약이 사해행위로 취소된 경우에 채권자는 수익자를 상대로 그의 소유권이전등기의 말소를 청구하여 등기상의 소유자명의를 채무자 앞으로 환원되도록 할 수 있다고 한다. 그리고 수익자가 이를 제 3 자(즉 전득자)에게 다시 양도함으로써 원물반환을 할 수 없게 되었으면 이번에는 수익자에 대하여 그 가액의 반환을 청구할 수 있다는 것이다. 문제는 이와 같이 일반 제 3 자에 대한 관계에서 권리관계를 공시하는 수단인 등기 자체가 채무자 앞으로 환원되는 것이 위와 같은 '상대적 취소'의 법구성과 양립될 수 있는 것인가 하는 점인데, 이는 논의를 요한다고 생각된다.

또한 사해행위로 인하여 채무자의 책임재산으로부터 빠져나갔던 재산이 이와 같이 하여 채무자에게 복귀하게 되면, 이는 "모든 채권자의 이익을 위하여 그 효력이 있다"(민법 제407조). 따라서 일단 회복된 재산에 대해서는 어느 채권자라도 자기 채권에 만족을 얻기 위하여 강제집행을 행할 수 있다. 그리고 취소채권자가 그 재산으로부터 그 채권의 만족을 얻으려면 원칙적으로 다시 자신의 채권에 관한 집행권원에 기하여 집행절차를 밟아야 한다.

제 2 절 인적 담보

[214] 소비대차

이하에서는 원래의 의미에서의 담보제도에 관하여 살펴보고자 한다. 그런데 담보가 실제로 가장 빈번하게 문제되는 것은 소비대차와 관련하여서이다. 그러므로 우선 소비대차의 어떠한 특성이 그것을 담보제도와 밀접하게 연관시키는지를 간단하게 설명하여 두기로 한다.

어떤 사람이 상대방으로부터 물건을 꾸었다가 나중에 그 물건과 같은 종류와 수량의 물건으로 되갚기로 하는 계약을 소비대차라고 한다(민법 제598조 이하). 이와 같은 종류의 계약은 일상생활에서도 무수히 많이 일어나는데, 특히 빈번하게 발생하는 것은 금전의 소비대차("돈 꾸는 것")이다. 이 때 꾸는 사람은 거기에 이자를 붙여 주기로 약정할 수도 있고(민법 제600조: "이자 있는 소비대차". 또는 '이자부 소비대차'라고도 한다) 그렇게 하지 않을 수도 있다(민법 제601조: "이자 없는 소비대차". 또는 '무이자 소비대차'라고도 한다).

그런데 이러한 소비대차는 꾸어 주는 사람(민법은 이를 소비대주라고 부르고 있다)의 입장에서 보면 상당한 모험을 하는 셈이 된다. 그는 먼저 자기 소유의 물건에 대한 소유권을 상대방(소비차주라고 불린다)에게 양도하여야 하는데 그렇다고 해서 그 소유권의 대가에 해당하는 것(예를 들면 매매계약에 있어서의 매매대금과 같은 것)을 상대방으로부터 받지는 못한다. 그는 일단 자신의 소유권을 주고 그 대가로 반환청구채권(때로는 이자채권을 덧붙여)을 얻게 된다. 그런데 채권이라는 것은 아직 채권자가 얻으려고 하는 이익이 현실로 그에게 귀속되어 있는 것은 아니며, 그 이익이 실현되지 않을 수도 있다는 위험을 언제나 안고 있는 것이다. 말하자면, 자기 손아귀 안에 있는 음식을 당장 배고프지는 않으므로 이것을 남에게 주어 소비하게 하였지만, 실제로 배고프게 되었을 때 그것을 돌려 받을 수 있다는 보장은 없다. 물론 이와 같은 불이익을 감수하는 것은 상대방의 믿음성에 대한 신뢰가 있기 때문일 수도 있을 것이다. 그리고 경우에 따라서는 소유권과 채권 사이의 격차를 상쇄하는 다른 이익, 즉 이자에 대한 매력도 작용할 것이다.

그러나 우선 아무리 이자라고 해도 원본에는 미치지 못하는 것이 보통이며, 무엇보다도 이자를 내겠다는 것 자체도 하나의 약속에 불과하고 실제로 이자가 손 안에 들어온다는 확실한 보장 역시 없다. 그리고 오늘날의 사회에서 그 인품이나 재력을 의심없이 믿을 수 있는 사람과의 사이에서만 돈거래를 한다는 것은 결국 돈거래를 하지 않겠다는 것과 별다른 차이가 없다. 그러므로 금융자산의 활발한 운용이 보장되기 위하여는 위와 같은 위험, 즉 금전소유권과 채권 사이의 격차를 메워 주는 법적 장치가 반드시 있어야 하는 것이다. 이러한 법적 장치는 결국 그러한 채권의 만족을 확보하여 주는 기능을 할 것인데, 그 대표적인 예가 바로 여기서 살펴보려는 '담보제도'이다.

여기서 말하려고 하는 것은 담보제도가 소비대차에 불가분적으로 따라 다니는 그 위험을 놓고 볼 때에 보다 선명하게 이해된다는 점이며, 그렇다고 해서 그것이 반드시 소비대차와 관련하여서만 의미를 가지는 것은 아니다.

[215] 담보 일반

채권의 만족을 확보하는 방법으로서는 앞서 본 바와 같이 채무자 자신의 책임재산을 유지하고 보전하는 수단을 취할 수도 있으나 이 방법은 애초에 채무자가 무자력이었다고 하면 별로 도움이 되지 않는다. 또한 채무자가 어떠한 재산을 가지고 있는가, 이에 대하여 보전행위를 제대로 하고 있는가 또는 "채권자를 해하는 행위"를 하지는 않았는가 등을 탐색하여야 하는 번거로움이 따른다. 그리고 위와 같은 방법에 의하여 채무자의 책임재산을 보전하였다고 하더라도, 이는 원칙적으로는 모든 채권자를 위한 것이고 바로 자신의 채권이 만족을 얻는다는 보장은 없다. 어느 한 채무자에 대한 여러 채권자들은 모두 그 채권액에 비례하여 평등하게 만족을 얻는 것이 원칙이어서(앞의 [59] 및 [207] 참조) 그 보전된 재산을 자기 채권의 만족에만 돌릴 수는 없기 때문이다.

그러므로 채권의 만족을 확보하려는 채권자로서는 별도의 수단을 강구하지 않으면 안 된다. 이와 같이 채무자의 책임재산을 보전하는 것 이외의 방법으로 채권의 만족을 확보하려는 각종의 수단을 널리 담보라고 한다.

그러한 별도의 수단에는 두 가지가 있을 수 있다. 첫째는, 여러 사람의 재산을 채권의 만족에 동원할 수 있는 책임재산으로 만드는 것이다. 즉, 하나의 채권의 만족을 위하여 여러 사람의 책임재산을 공취할 수 있도록 함으로써, 그 중 한 사람이 무자력이 되더라도 다른 사람들의 책임재산으로부터 만족을 얻을 수 있게 하는 방식이다. 말하자면 책임재산의 수를 늘리는 것이다. 다른 하나는, 채무자나 다른 사람의 어떤 특정한 재산은 우선적으로 오로지 자기 채권의 만족에 돌리도록 하고, 다른 채권자들은 그 채권이 만족을 얻은 나머지가 있을 때 비로소 이를 평등하게 나누어 가지도록 하는 것이다. 이는 위에서 본 대로 하나의 채무자에 대한 여러 채권자들은 모두 그 채권액에 비례하여 평등하게 만족을 얻는다는 원칙, 즉 '채권자 평등의 원칙'(이에 대하여는 우선 [59] 참조)에 예외를 두는 셈이다.

전자의 담보형태를 '인적 담보'라고 하고, 후자를 '물적 담보'라고 한다. 그리고 후자로서는 우선 담보제공자가 소유하는 물건(또는 권리)에 일정한 제한물권을 설정하는 형태가 있다. 이와 같이 채권의 담보를 위한 제한물권을 담보물권이라고 하여, 목적물의 사용수익을 내용으로 하는 물권, 즉 용익물권과 구별한다(앞의 [63]의 표 참조). 나아가 물적 담보에는 담보목적물을 아예 채권자에게 양도하는 형태도 있다. 민법은 이들 중에서 앞의 형태에 대하여만 정하고 있으나(한편 담보물권으로서의 '동산담보권' 및 '채권담보권' 등을 정하는 「동산·채권 등의 담보 등에 관한 법률」도 있다), 뒤의 형태도 판례와 학설에 의하여 법의 세계에서 시민권을 얻고 있었고, 그 중의 일부에 대하여는 1984년 1월 1일부터 시행된 「가등기담보 등에 관한 법률」에 의하여 명문으로 정하여지기에 이르렀다(「부동산 실권리자 명의 등기에 관한 법률」 제 3 조 제 2 항도 참조). 그리고 이와 같이 물적 담보에 의하여 그 만족을 확보하려는 채권을 **피담보채권**이라고 한다.

[216] 채무와 책임

지금까지 우리는 책임이라는 말을 채무와 별로 구별하지 않고 써 왔다(예를 들면 손해배상**책임**). 그런데 앞에서 '책임재산'이라고 할 때는 이와는 다른 의미를 가짐이 명백하다([209] 참조). 여기서 '책임'이라고 할 때에는 어떤 사람의 재산이 채권의 만족에 돌려지는 상태, 즉 채권의 공취력(앞의 [209] 참조)에 복종하는 상태를 말하는 것이다. 양자의 구별이 가장 뚜렷해지는 것은, 제 3 자가 채무자를 위하여 물적 담보를 제공하여 그의 부동산이나 동산 등에 저당권 또는 질권을 설정한 경우에서이다. 이와 같이 스스로 채무를 지지 않으면서 그의 재산에 담보권이 설정된 사람을 **물상보증인**이라고 한다(민법 제341조의 표제 참조). 그는 피담보채권의 채권자는 물론 누구에 대하여도 아무런 채무를 지지 않지만, 자신의 물건 또는 권리는 채권의 만족을 위하여 공취당하므로 책임은 지는 것이다. 채권자는 채무자가 채무를 이행하지 아니한다고 해서 물상보증인에게 그 채무의 이행을 청구할 수는 없다. 물상보증인이 채무를 지는 것은 아니기 때문이다. 그러나 그 경우에 채권자는 담보목적물을 매각절차에 붙여서 그 매각대금으로부터 자기 채권의 만족을 얻을 수 있다. 말하자면 채무는 채권자와 채무자 사이의 인적인 관계인 데 비하여, 책임은 채권과 물건(또는 권리) 사이의 물적인 관계인 것이다(이에 대하여는 앞의 [66]도 참조)(그리하여 채무를 '인적 책임'이라고 하여, 위와 같은 '물적 책임'으로서의 책임과 구별하여 부르기도 한다).

채무자는 원칙적으로 자기 채무의 전부에 대하여 그의 전재산으로 위와 같은 의미의 '책임'을 진다. 이를 무한책임이라고 한다. 그러나 채무자가 무한책임을 지지 않는 경우도 있다. 예를 들면 피상속인이 사망하여 상속이 행하여지면 상속인은 피상속인의 권리의무를 그대로 승계하므로(민법 제1005조 본문) 피상속인의 채무도 전부 상속인에게 이전되는데, 다만 상속인이 '한정승인'을 하면 상속인은 "상속으로 인하여 취득할 재산의 한도에서" 그 채무를 변제하면 된다(민법 제1028조). 이 경우 상속인의 그 '책임'은 일정한 재산에 한정하여 지는 것이라고 이해되고 있다. 그리하여 대법원 2003년 11월 14일 판결 2003다30968사건(판례공보 2003하, 2346면)은 "상속의 한정승인은 **채무**의 존재를 한정하는 것이 아니라 단순히 그 **책임**의 범위를 한정하는 것에 불과하기 때문에, 상속의 한정승인이 인정되는 경우에도 상속채무가 존재하는 것으로 인정되는 이상 법원으로서는 상속재산이 없거나 그 상속재산이 상속채무의 변제에 부족하다고 하더라도 상속채무 전부에 대한 이행판결을 선고하여야 하고, 다만 그 채무가 상속인의 고유재산에 대해서는 강제집행을 할 수 없는 성질을 가지고 있으므로 집행력을 제한하기 위하여 이행판결의 주문에 **상속재산의 한도에서만** 집행할 수 있다는 취지를 명시하여야 한다"고 판시하고 있는 것이다. 이와 같은 경우를 채무자가 유한책임을 진다고 한다. 상법에서 회사의 한 형태로 규정하는 합명회사나 합자회사에 있어서 이를 구성하는 사원을 무한책임사원 또는 유한책임사원으로 부르는 것은 회사의 채무에 대하여 그 사원들이 어떠한 내용으로 위와 같은 의미의 '책임'을 지는가에 따른 구분인 것이다(상법 제212조, 제279조 참조).

이렇게 보면, 물적 담보 중에서 담보물권을 설정하는 형태는 담보제공자가 제공한 특정한 목적물이 피담보채권의 만족을 위하여 특별한 '책임'을 지는 것이라고 설명될 수 있다. 즉, 담보물권은 '물적인 유한책임'을 출발점으로 하는 것이다.

[217] 책임이라는 말

책임이라는 말은 민법에서 특히 여러 가지의 의미로 쓰여지고 있는 용어에 속한다. 위에서 본 두 가지 뜻 이외에도 이미 우리는 '귀책사유' 또는 '책임 있는 사유'에 대하여 여기저기서 언급하여 왔다(특히 앞의 [150] 참조).

책임이라는 말의 의미는 크게 둘로 나누어 볼 수 있다. 하나는 주관적 사유를, 다른 하나는 객관적 사유를 가리키는 것이다. 전자의 의미로는, 예를 들면 '유책성', '과책', '비난가능성' 또는 그냥 '과실'이라고 불리우기도 한다. 책임의 이러한 의미(영어의 culpability에 해당한다)의 이해를 위하여는 1973년도 노벨생리의학상을 받은 동물학자 콘라트 로렌츠의 다음과 같은 말이 적절하다고 생각된다.

"'동물이 인간보다 낫다'는 이 그릇되고 완전히 거짓된 말을 듣게 되면 나는 심각해지고 서글퍼진다. 물론 성실성에 있어서 개의 충직스러움만한 예를 인간 사이에서 찾아보기는 쉽지 않다. 그러나 그 대신 개는 자가당착을 일으키는 윤리적 책임과 같은 복잡한 일은 알지를 못한다. 그는 욕구와 당위 사이의 갈등을 알지 못한다. 안다고 할지라도 극히 희미할 뿐이다. 요컨대, 개는 우리 인간들에게 죄의식을 일으키는 온갖 것에 대하여 아는 바가 없는 것이다. 가장 충직스러운 개라 할지라도, 인간이 사용하는 '책임'이란 말뜻으로 판단하면 비도덕적이다."(로렌츠, 솔로몬왕의 반지, 김천혜 옮김(1980), 163면)

또한 우리 민법의 철학적 기초에서 많은 몫을 차지하고 있는 칸트의 말을 들어보기로 한다.

"인격(Person)이란 그의 행위에 대하여 책임을 돌리는 것(Zurechnung)이 가능한 주체를 말한다. … 도덕적 의미에서의 귀책imputatio이란 어떤 사람이 어떠한 행위의 창시자causa libera로 여겨진다는 판단이다. … 행위의 귀책가능성imputabilitas의 정도는 그 행위에 있어서 극복하여야 했던 장애의 크기를 기준으로 하여 주관적으로 판정되어야 한다. —(감성으로부터 오는) 자연적 장애가 클수록, (의무로부터 오는) 도덕적 장애가 작을수록, 그만큼 선행은 더 큰 공적으로 쳐진다. 예를 들면 내가 커다란 희생을 치르고 전혀 알지 못하는 타인을 중대한 위난으로부터 구출하는 경우가 그것이다. 이에 반하여 자연적 장애가 작을수록, 의무의 근거에 기한 장애가 클수록, 그만큼(과책(Verschuldung)으로서의) 위반은 더욱 크게 귀속된다.— 그러므로 귀책에 있어서는 그 주체가 그 행위를 격정에 이끌려 한 것인가, 아니면 냉정한 숙고에 기하여 한 것인가 하는 마음상태(Gemützustand) 여하가 의미 있는 차이를 생기게 한다."(Kant, *Die Metaphysik der Sitten*, Erster Teil: Metaphysische Anfangsgründe der Rechtslehre, Einleitung in die Metaphysik der Sitten, Ⅳ)

이로써 대개 주관적 사정으로서의 '책임'이라고 하는 말의 뜻을 이해하였으리라고 믿는다. 그리고 일반적으로 행위자에게 그러한 '책임'을 돌릴 수 있는 사유("귀책사유")로서 대표적인 것이 —고의와 아울러— 그의 과실인 것이다.

또 객관적 사유로서의 '책임'(영어의 liability에 해당한다)이란 위에서 본 대로 배상의무 아니면 '채권의 공취력에의 복종'을 의미한다.

[218] 보 증

보증은 인적 담보의 가장 대표적인 형태이다. 보증은, 원래의 채무자(이를 주채무자라고 한다) 외에도, 그가 그 채무를 이행하지 아니할 때 그 "채무를 이행할 의무가 있는 사람"(이를 보증인이라고 한다)을 세움으로써, 채권의 만족을 확보하려는 제도이다.

보증제도는 그 이용이 점점 늘어가고 있다. 보증은 그 설정이 매우 간편하고 비용이 들지 않을 뿐만 아니라, 여러 사람을 보증인으로 세우더라도 물적 담보에서와 같은 과잉담보의 문제는 생기지 않는다. 특히 예를 들면 소비재 상품의 외상매출이나 크레디트 카드 이용 등과 같이 소액의 금융을 주는 경우에는, 그 담보로 저당권을 설정한다든가 하여 물적 담보를 설정하는 것은 어울리지 않는 일이다. 그리고 별다른 재산이 없으나 융자를 받을 필요가 있는 경우, 예를 들면 이제 융자를 받아 기업을 시작하려는 경우 등에는 이러한 담보밖에 이용할 수가 없는 것이다. 그리하여 국가는 예를 들면 '신용보증기금'(이에 대하여는 신용보증기금법이 규율한다. 또 기술신용보증기금법이 규율하는 기술신용보증기금도 있다)을 두어서 누구라도 쉽사리 신용보증을 받을 수 있도록 하며, 또 보험회사도 보험료를 받고 보증을 인수하는 보험상품(이른바 보증보험)을 내놓고 있다.

그러나 다른 한편으로 우리나라에서 이루어지고 있는 보증의 실태를 보면, 보증을 함에 있어서 합리적인 계산과 숙고의 과정을 거치기보다는 여러 가지 인적인 관계에 이끌려(예를 들면 단지 친지라는 이유로) 비타산적으로 행하여지는 경우가 적지 않다. 그리고 보증을 하였다고 해도 그 큰 위험에도 불구하고 무슨 대가 기타 이익을 받는 경우는 드물다. 그리하여 나중에 채권자로부터 보증채무를 추급당하게 되면, 그때서야 '법의 가혹함'을 한탄하기도 하는 것이다.

한편 현재 행하여지는 보증의 상당 부분, 특히 금융기관이 채권자인 경우 보증의 대부분은, 보증기간이나 보증액에 제한이 없거나 보증의 대상이 되는 주채무가 특정되지 않고 채권자와 주채무자 사이의 거래로부터 발생하는 불특정다수의 채무를 보증하는 이른바 **계속적 보증** 내지 **근보증**이다. 여기서는 보증책임의 내용이 미리 명확하게 정하여지지 않고 사태의 진전에 따라서는 보증인의 예상을 훨씬 넘는 부담을 안길 수 있다.

[219] 보증인 보호를 위한 법적 장치로서의 서면방식 기타

이러한 사정에 대처하여 우선 2008년에 「보증인 보호를 위한 특별법」이 제정·시행되었다. 그리고 2016년 2월부터는 이 법률에서 정하여진 사항 중 일부가 그대로 민법 제428조의 2, 제428조의 3, 제436조의 2 등의 신설규정으로 옮겨짐으로써 보증 일반에 대하여 효력을 가지기에 이르렀다.

그리하여 이제 보증은 그 의사가 "보증인의 기명날인 또는 서명이 있는 서면으로" 표시되어야 효력이 발생하고(나아가 보증의 의사가 전자적 형태로 표시되었어도 효력이 없다. 이상 제428조의 2 제 1 항), 이는 보증채무를 보증인에게 불리하게 변경하는 경우에도 마찬가지이다(동조 제 2 항). 이로써 보증계약은 우리 민법에서는 드물게도 방식을 준수하지 아니하면 효력이 발생하지 아니하는 이른바 요식계약(앞의 [2] 참조)으로 정하여지게 되었다(다만 동조 제 3 항에서 보는 대로, 보증인이 보증채무를 이미 이행한 경우에는 그 한도에서 위와 같은 방식의 하자를 이유로 보증의 무효를 주장할 수 없다). 이상은 종전의 「보증인 보호를 위한 특별법」 제 3 조와 같은 내용이다(그 외에 그 법률의 적용을 받는 보증에서는 보증기간의 약정이 없는 경우에 이를 3년으로 간주하는 동법 제 7 조 제 1 항도 참조).

나아가 종전에 민법에서 정면에서 정하여지지 아니하였던 '근보증'도 이제 민법에 자리를 잡게 되었다(제428조의 3). 즉 보증은 '불확정한 다수의 채무'에 대하여서도 할 수 있는 것이다(동조 제 1 항 제 1 문). 그러나 근보증에 대한 법적 규율로서 중요한 것은, 그에 있어서 특히 '보증하는 채무의 최고액'은 이를 '보증인의 기명날인 또는 서명이 있는 서면'으로 특정하지 아니하면 그 보증계약은 효력이 없다는 점이다(동항 제 2 문, 동조 제 2 항). 여기서 '최고액'이란 보증되는 원본채무만이 아니라 그 이자, 위약금, 손해배상 기타 그에 종속한 채무를 포함하는 것으로서, 결국 근보증인이 보증으로 인하여 종국적으로 부담하는 책임액의 최고한도를 의미한다.

일반적으로 계약의 유효요건으로 서면과 같은 방식의 준수를 요구하는 것은 대체로 두 가지의 기능을 한다고 일컬어진다. 하나는 신중기능 내지 숙고기능이라고 부를 수 있는 것으로서, 의사표시를 하는 사람이 방식을 지키는 과정에서 자기 행위의 내용을 명확하게 인식할 수 있고, 이를 통하여 그 의미를 숙고하여 보다 신중하게 의사표시를 하도록 한다는 것이다. 다른 하나는 증명기능 또는 분쟁억제기능이라고 부를 수 있는데, 계약 기타 법률행위의 존재나 내용이 서면 기타 방식에 의하여 분명하게 드러나 있으므로 이로써 법률행위에 관한 여러 측면에서의 증명이 용이하게 되고, 이는 결국 그를 둘러싼 분쟁의 발생을 억제한다는 것이다.

앞에서 살펴본 보증에서의 서면 방식과 관련하여, 대법원 2013년 6월 27일 판결 2013다23372사건(판례공보 2013하, 1320면)은 종전의 「보증인 보호를 위한 특별법」 제3조 제1항에 대하여 "보증의 의사표시에 보증인의 기명날인 또는 서명이 있는 서면을 요구하는 것은, 한편으로 그 의사가 명확하게 표시되어서 보증의 존부 및 내용에 관하여 보다 분명한 확인수단이 보장되고, 다른 한편으로 보증인으로 하여금 가능한 한 경솔하게 보증에 이르지 아니하고 숙고의 결과로 보증을 하도록 하려는 취지에서 나온 것이다"라고 판시하여 이 맥락에서 요구되는 서면 방식에 대하여 위에서 설명한 바와 같은 취지를 밝힌다. 그리고 나아가서 위 판결은 "위의 법규정이 정하는 방식이 준수되었는지 여부 … 를 판단함에 있어서는 작성된 서면의 내용 및 그 체제 또는 형식, 보증에 이르게 된 경위, 주채무의 종류 또는 내용, 당사자 사이의 관계, 종전 거래의 내용이나 양상 등을 종합적으로 고려할 것이다. 그렇다면 위 법규정이 '보증의 의사'가 일정한 서면으로 표시되는 것을 정할 뿐이라는 점 등을 고려할 때, 작성된 서면에 반드시 '보증인' 또는 '보증한다'라는 문언의 기재가 있을 것이 요구되지 아니한다고 봄이 상당하다"는 태도를 취한다.

한편 위 법률 제 4 조 전단은 "보증계약을 체결할 때에는 보증채무의 최고액을 서면으로 특정"할 것을 요구하고 있다. 위의 2013년 6월 27일 대법원판결은 그 취지에 대하여 "이는 앞서 본 위 법률 제 3 조 제 1 항과도 조응하여 보증인이 보증을 함에 있어서 자신이 지게 되는 법적 부담의 주요한 내용을 미리 예측할 수 있도록 하려는 것으로 이해된다"고 설시한다. 그리고 이어서 "따라서 확정된 주채무에 관한 채권증서에 보증인이 기명날인 또는 서명하는 방식으로 보증의 의사를 표시한 일반보증의 경우에 그 서면에 주채무자가 부담하는 원본채무의 금액이 명확하게 기재되어 있다면 다른 특별한 사정이 없는 한 이로써 위 법률 제 4 조 전단의 요건은 적법하게 충족되었다고 볼 것이고, 그 외에 이자 또는 지연손해금 등과 같은 종된 채무에 관하여 별도로 그 액을 특정할 것이 요구되지는 아니한다"고 판시하고 있다.

이 사건에서 원고는 전에 주채무자에게 1천만 원을 대여하였고 또한 950만 원의 물품잔대금채권이 있었는데, 주채무자는 이를 모두 이행하지 않고 있었다. 그는 다시 원고에게 다시 5백만 원의 대여를 요청하였지만 이러한 미이행채무로 말미암아 추가 대여를 망설였다. 그러자 도합 2,450만 원을 차용한다는 주채무자 명의의 '차용증'에 피고가 보증의 의사로 자신의 이름을 직접 서명하였다는 것이다.

피고는 위 차용증에 피고의 보증의사가 표시되어 있지 아니하고 나아가 보증채무의 최고액이 특정되지 않았다고 주장하였다. 그러나 원심법원은 그 주장을 배척하고 원고의 청구를 받아들여 위 2,450만 원 및 지연손해금의 지급을 명하였는데, 대법원은 위와 같이 판시하고서 피고의 상고를 기각하였던 것이다.

[220] 보증채무의 성립과 내용

보증채무는 채권자와 보증인 간의 보증계약에 의하여 성립하며, 주채무자는 그 당사자가 아니다. 물론 주채무자가 보증인이 될 사람을 대리하여 보증계약을 체결하는 것은 이를 막을 이유가 없으므로 허용된다. 그리하여 주채무자가 보증인으로부터 위임받아 그의 대리인으로서 채권자와의 사이에 보증계약을 체결하는 경우도 드물지 않다(대리에 대하여는 앞의 [10] 참조). 보증계약은 이와 같이 보증인이 일방적으로 채권자에 대하여 보증채무를 부담하고 그에 상응하는 반대채권은 없는 이른바 편무계약이다(쌍무계약/편무계약의 구분에 대하여는 앞의 [17] 참조). 그리고 보증인은 여럿이어도 상관없다. 그들 사이의 관계에 대하여서는 뒤의 [228]에서 간략하게 보기로 한다.

보증계약에 있어서는 보증되는 주채무가 반드시 보증계약 당시에 확정되어 있어야만 하는 것은 아니다. 예를 들면 주채무자가 장래 부담하게 될 채무 또는 조건부의 채무뿐만 아니라, 나아가서는 앞서 본 대로 채권자와의 일정한 기간 동안의 물품거래관계에서 발생하는 외상대금채무나 채권자 은행과의 어음거래에서 발생하는 각종의 채무 등과 같이 일정한 계속적인 거래관계에서 장차 발생하게 될 불특정다수의 채무에 대하여도 이를 보증하는 것이 가능하며('근보증'), 심지어 판례는 채권자가 주채무자에 대하여 가지는 모든 채무를 보증한다는 약정('포괄근보증')도 원칙적으로는 허용된다는 태도를 취하고 있다(이러한 판례의 태도가 「보증인 보호를 위한 특별법」의 시행 후에도 유지될는지는 검토를 요한다. 동법 제11조, 제 6 조 참조). 또 다른 약정이 없는 한 보증채무는 주채무 그 자체뿐만 아니라, 그 이자, 위약금, 손해배상 기타 주채무에 종속한 채무를 포함한다(민법 제429조 제 1 항).

보증채무는 주채무와는 독립한 별개의 채무이나, 오로지 주채무의 이행을 담보하기 위하여 존재하는 것이다. 말하자면 보증채무는 기능적으로 주채무에 종속적인 지위에 서는 것이다(이것이 연대채무가 서로 대등한 지위에 서는 것과 현저하게 다른 점이다). 그러므로 보증채무는 주채무의 존속이나 내용과 일정한 연관을 가지고, 주채무의 운명에 의하여 영향을 받는다. 이러한 성질을 '보증채무의 **부종성**'이라고 한다. 예를 들면, 주채무를 발생시킨 계약이 무효이거나 취소되어 주채무가 애초 존재하지 않는 것이면 그에 따라 보증채무도 발생하지 않으며, 주채무가 그 내용이 변경되거나 변제 등 어떠한 이유로든 소멸하면 보증채무도 당연히 내용이 변경되거나 소멸하고, 보증인은 원칙적으로 주채무자가 채권자에 대하여 가지는 대항사유로써 채권자에게 대항할 수 있다(민법 제433조 제 1 항).

그러나 위와 같은 보증채무의 부종성은 보증인의 의사에 기하여 배제될 수 있다. 대법원 2018년 5월 15일 판결 2016다211620사건(판례공보 2018상, 1056면)은 주채무만에 대하여 소멸시효가 완성된 사안에 있어서, "보증채무에 대한 소멸시효가 중단되는 등의 사유로 완성되지 아니하였다고 하더라도 주채무에 대한 소멸시효가 완성된 경우에는 시효완성의 사실로 주채무가 소멸되므로 보증채무의 부종성에 따라 보증채무 역시 당연히 소멸되는 것이 원칙이다"라고 전제하고, "예외적으로 보증인이 주채무의 시효소멸을 이유로 보증채무의 소멸을 주장할 수 없는 특별한 사정을 인정하여 보증채무의 본질적인 속성에 해당하는 부종성을 부정하려면, 보증인이 주채무의 시효소멸에도 불구하고 보증채무를 이행하겠다는 의사를 표시하거나 채권자와 그러한 내용의 약정을 하였어야 하고, 단지 보증인이 주채무의 시효소멸에 원인을 제공하였다는 것만으로는 보증채무의 부종성을 부정할 수 없다"고 판시하였다. 그리고 보증채무의 소멸을 인정하지 아니한 원심판결을 파기하였다. 이 판결을 찾아보고 여기서 '보증인이 주채무의 시효소멸에 원인을 제공하였다는 것'이 이 사건에서 구체적으로 어떠한 사정을 가리키는 것인지 살펴보고, 위와 같은 법적 귀결을 음미하여 보라.

위에서 본 대로 보증채무는 주채무에 종속적인 것으로서, "주채무자가 이행하지 아니하는 채무"를 보충적으로 이행할 의무(민법 제428조 제1항 참조)가 있는 것이다. 그러므로 주채무자에게 변제자력이 있고 또 그 집행이 용이함에도 불구하고 채권자가 보증인에게 보증채무의 이행을 청구하여 오는 경우에는, 주채무자에게 그와 같은 사정이 갖추어져 있음을 입증하여 주채무자에게 먼저 청구하거나 또는 그의 재산에 먼저 집행할 것을 항변할 수 있다(민법 제437조 본문). 이를 최고·검색의 항변권이라고 한다. 그러한 의미에서 보증채무는 주채무에 대하여 '보충성'을 가지고 있다고 말할 수 있다. 다만 "보증인이 주채무자와 연대하여 채무를 부담한 때", 즉 연대보증을 한 때에는 이 항변권을 가지지 못한다(동조 단서). 우리 사회에서 보증이라고 하면 통상 연대보증인 이유의 포인트는 바로 이 점에 있다(이에 대하여는 뒤의 [228]도 참조).

이러한 제한이 있는 외에는 보증인은 주채무자와 동일한 내용의 채무를 별도로 부담한다. 따라서 이것이 엄격하게 추급될 경우에는, 보증인은 통상 그 거래로부터 아무런 실제적인 이익을 얻음이 없이 일방적으로 부담만을 지는 결과가 되는 것이다.

[221] 채권자의 보증인에 대한 정보제공의무

이러한 사정을 고려하여 민법은 보증관계에 있어서 채권자에 대하여 주채무자에 관한 일정한 정보 내지 사실을 보증인에게 알릴 의무를 부과한다.

우선 보증계약을 체결할 때 채권자는 보증인이 보증계약을 체결할 것인지 여부 또는 어떠한 내용으로 그것을 체결할 것인지를 정하는 데 영향을 미칠 수 있는 '주채무자의 채무 관련 신용정보'로서 채권자가 보유하거나 알고 있는 것을 보증인에게 알려야 한다(민법 제436조의 2 제 1 항). 예를 들면 은행이나 신용카드회사 등의 금융기관은 대체로 그 고객이 자신에게 부담하는 각종 채무의 내역 및 이행 상황 등에 관하여 상세한 정보를 보유하고 있는데, 이를 보증인이 되려는 사람이 보증을 설 것인지, 또는 어떠한 내용으로 보증할 것인지 등을 판단할 수 있도록 그에게 제공하여야 한다는 것이다.

나아가 보증계약이 체결된 후에도 채권자는 예를 들면 "주채무자가 원본, 이자 … 등을 3개월 이상 이행하지 아니한 경우" 또는 "주채무자의 채무 관련 신용정보에 중대한 변화가 생겼음을 알게 된 경우"에는 지체 없이 채무자에게 그 사실을 알려야 한다(동조 제 2 항 제 1 호 및 제 3 호). 이러한 정보제공은 보증인의 청구가 없어도 채권자가 자발적으로 이행하여야 하는 것이다. 한편 보증인은 채권자에 대하여 '주채무의 내용 및 그 이행 여부'를 알려 줄 것을 청구할 권리를 가진다(동조 제 3 항).

채권자가 이상과 같은 의무(이러한 '법정의 부수의무'로서의 정보제공의무 일반에 대하여는 앞의 [149] 참조)를 위반하여 보증인에게 손해를 입힌 경우에는, 법원은 그 내용과 정도 등을 고려하여 "보증채무를 감경하거나 면제할 수 있다"(동조 제 4 항). 따라서 만일 보증인이 채권자로부터 위와 같은 정보를 제대로 얻었다면 보증계약을 체결하지 아니하였을 것이거나 현재와 같은 내용으로는 체결하지 아니하였을 것인 경우, 또 그러한 정보를 제때에 얻었다면 주채무자에 대한 재산에 가압류를 하는 등으로 자신의 법적 이익을 보다 확실하게 지킬 수 있었을 것인데 이를 하지 못한 경우 등에서, 법원은 보증인의 책임을 원래의 계약에서보다 감경하거나 나아가 아예 면제할 수 있는 것이다.

이러한 책임의 감면은 뒤에서 보는 대로 판례가 시인하는 보증인의 책임 제한이 대체로 계속적 보증만을 대상으로 하는 것임([224] 참조)에 반하여 보증 일반에 인정된다. 민법의 새로운 규정은 이러한 책임 제한 법리의 세밀화와 확대를 노린 것이라고 할 수 있다. 한편 이러한 책임 감면의 요건과 효과를 신원보증에서의 그것(뒤의 [223], 특히 '둘째' 및 '다섯째')과 비교하여 보라.

그 외에 「보증인 보호를 위한 특별법」은 동법의 적용이 있는 보증에서 금융기관이 채권자로서 보증계약을 체결할 때에는 「신용정보의 이용 및 보호에 관한 법률」에 따라 종합신용정보집중기관으로부터 제공받은 주채무자의 채무 관련 신용정보를 보증인에게 제시하고 그 서면에 보증인의 기명날인이나 서명을 받아야 한다고 정한다(제 8 조 제 1 항).

[222] 계수법과 민법학의 과제

앞의 [97]에서도 잠깐 말한 대로, 유감스럽게도 우리 민법은 우리 조상들이 쌓아올린 민사관계의 분쟁에 대한 경험이나 지혜를 개념화하고 체계화하여 이루어진 것이 아니다. 그것은 외국법의 제도들을 한꺼번에 들여와 만들어졌는데, 그 중에는 그 내용이 반드시 우리나라의 실정에 맞는다고 하기 어려운 것도 있었다. 물론 어느 나라에서나 사람들의 생활을 전면적으로 규율하는 포괄적인 법률을 제정하게 되면, 이로써 일단 고정된 규범내용과 그 국민들의 실생활 사이에 틈이 있기 마련이고 또 이 틈은 점차 벌어져 간다. 특히 그 법률이 과거와의 연속보다는 장래에의 설계를 담고 있는 경우에는 그것이 더욱 선명하게 드러난다. 프랑스혁명의 여러 성과, 즉 토지소유권의 자유와 봉건적 부담의 철폐, 영업활동의 자유, 가족관계의 세속화 등을 영구화하려 한 프랑스민법과 같은 것을 그 현저한 예로 들 수 있겠다. 그러나 프랑스의 경우에도 그 민법은 비단 프랑스혁명이라는 대변혁의 귀결이었을 뿐만이 아니고, 오히려 그 구체적인 내용에 있어서는 중세 이후 장기간에 걸쳐 형성된 관습법(이른바 보통관습법 droit coutumier commun)을 학문적으로 가공한 성과를 착실하게 선별하여 수용하였던 것이다.

민법은 뒤에서 보는 대로(제 6 장 제 1 절 Ⅱ. 참조) 사람의 가장 기본적인 사회관계, 즉 재산과 가족을 규율하는 것이다. 그러므로 그것이 현실에 적합하여 그 규율을 받는 사람들이 그 내용을 쉽사리 수긍할 수 있는 설득력을 가질 것이 특히 강하게 요구된다고 할 것이다. 그런데 민법에는 위에서 본 보증제도의 경우와 같이 그 내용이 그대로 우리의 사회적 문법에 반드시 어울리는 것인지 생각해 보아야 할 점이 있는 제도가 여기저기에 깔려 있다. 그 외에도 예를 들면 합유·총유의 공동소유제도(민법 제271조 이하), 조합(민법 제703조), 부부별산제(민법 제830조 이하) 등을 우선 들 수 있다. 이와 같이 그 현실적합성에 의문이 제기될 수 있는 제도들이 주로 사람들의 어떠한 결합관계와 관련되어 있음은 흥미로운 일이다. 그리고 다른 한편으로 우리 사회에서 중요한 기능을 수행하면서도 민법에 규율되지 못하고 있는 제도들, 예를 들면 종중이나 계禊 등이 또한 이러한 인적 결합과 관계된 사항인 것도 주목된다. 그런데 우리 사회에서 구체적으로 일어나고 있는 이러한 '결합'들에 대하여 그에 알맞는 법적 표현을 주기 위하여는, 그 결합관계를 분석하여 이를 개념과 명제로 결정시킨 다음 이들을 민법의 체계에 무리없이 편입시킬 수 있어야 한다. 이러한 사회관계의 이론적 파악 내지 학문화學問化(독일법의 역사에서 특히 Verwissenschaftlichung이라고 불린다)가 전제되지 않고는 그것을 법률에서 적절하게, 체계적으로 규율할 수는 없는 것이다. 그런데 그러한 학문화가 현재의 단계에서 어느 만큼 진전되어 있는지 반성해 볼 만한 일이다.

나아가 위와 같이 그 현실적합성이 전체적으로 문제되는 제도가 아니더라도 그 실제의 해석·적용에 있어서는 은연중에 그 사회에서 지배적인 윤리감정 또는 바람직한 행태나 '좋은' 인간관계에 대한 널리 받아들여지고 있는 관념의 영향을 받기 마련이다. 사람은 의외로 감성이나 감각에 의존하여 판단하고 행위하는 바가 크다. 그리하여 민법의 실제의 운용을 들여다보면, 외국, 특히 그 제도의 모국과는 현저히 다른 모습을 갖추고 있는 예를 많이 발견하게 된다. 얼핏 생각나는 것만 들어보더라도, 불법행위의 성립요건으로서의 과실 판단의 유연성, 그리고 이와 관련되는 불법행위의 보편적 —또는 무절제한— 적용(그 반면으로서 계약법의 후퇴), 사용자책임(민법 제756조)에서의 면책사유 제한(이에 대하여는 앞의 [74] 참조), 과실상계(민법 제396조. 불법행위에도 제763조에서 준용된다) 법리의 무차별적 확장 또는 '공평의 원칙'에 의한 손해배상책임의 제한, 그 외에도 하자담보책임(민법 제570조 이하), 채권자대위권, 시효제도의 여러 측면 등등 일일이 열거할 수 없을 정도이다.

이들 중에는 당해 제도에 대한 부당한 왜곡이라고 평가할 수 있는 경우도 없지 않다. 그러나 오히려 이를 장래의 발전의 계기로 삼을 수도 있을 것이다. 이를 위하여는 우선 그 태도의 배후에 있는 일정한 평가 또는 고려요소들을 적극적으로 드러내어 논의의 대상으로 삼는 것이 무엇보다도 필요하다. 단지 "그것이 옳다고 생각되기 때문"이라고 하는 데 그치고 왜 그것이 옳다고 생각되는지를 명확하게 지적하여 의논가능한 형태로 제시하지 아니하고는, 결론의 내용을 실질적으로 결정하는 그러한 계기들은 단지 예리한 현실감각과 다양한 법적 경험을 가진 한정된 법률가들의 직업적·폐쇄적인 '그들만의 지혜'로 사장되어 버려서, 다양한 의견과의 대화에 의하여 세련되고 정밀하게 가공되어 보다 넓은 동의의 기반을 마련할 기회를 잃게 될 것이다.

나아가 민법은 다른 나라에서도 겪고 있는 새로운 사회문제들과 대결하여야 한다. 소비자, 사생활 또는 개인정보, 성적性的 자기결정권, 인터넷 또는 '소셜 네트워크 서비스(SNS)', 전자거래, 인공지능(AI), 에너지, 제품의 안전성, 위험책임, 환경, 공해 또는 생활방해, 의료과오, 뇌사·인공수정·장기이식 또는 말기치료, 전문가책임 등이 그 주제어主題語가 된다.

[223] 신원보증

취직을 할 때에 사용자가 피용자에게 "신원보증인을 세울 것"을 요구하는 경우가 드물지 않다. 신원보증이란 사회적으로는 피용자가 그 직장에서 성실하게 일할 성품을 갖추고 있음을 보장하는 것인데, 거기다가 그 법적인 측면으로서 그러한 보장에 반하는 일이 있었을 때, 즉 피용자가 그 직무의 수행과 관련한 불법행위 등으로 사용자에게 손해를 끼쳤을 때 이를 배상할 것의 약정이 부가된다. 이와 같이 '성품의 보장'은 직장의 획득이라는 중대사와 관련된 일이어서, 그 피용자와 일정한 인적 관계에 있는 사람이 아무 대가도 받지 않고 비타산적으로 하는 경우가 대부분이다. 그리고 직장은 장기간의 근무를 예정하고 있어서 그 보장기간도 자연히 길어지고, 또 담당 직무의 내용에 따라서는 큰 손해가 가하여질 위험을 내포한 것일 수도 있다. 그러므로 신원보증이 계약의 문언 그대로 효력을 가지게 되면, 신원보증인으로서는 가혹한 책임을 지게 될 위험이 있다.

신원보증법은 바로 그러한 위험에 대비하여 신원보증인을 위한 강행규정을 마련하였다(동법 제8조: "이 법의 규정에 반하는 특약으로서 어떠한 명칭이나 내용으로든지 신원보증인에게 불리한 것은 효력이 없다." 이와 같이 법규정과 다른 약정이라고 모두 무효인 것이 아니라 누구에게 불리한 것만을 무효로 하는 강행규정을 **편면적 강행규정**이라고 부른다고 함은 앞의 [125]에서 본 바와 같다. 「보증인 보호를 위한 특별법」 제11조도 참조). 특히 2002년 1월에 그 전문이 개정된 후에는 종전보다 신원보증인을 더욱 강하게 보호한다. 그 내용 중 중요한 것을 보면 다음과 같다.

첫째, 보증기간의 제한으로서, 그 기간을 2년으로 묶어서 기간이 그보다 장기로 합의되었어도 이는 2년으로 단축된다. 또 갱신을 할 수는 있지만, 새로운 기간도 2년을 넘지 못한다(제3조).

둘째, 사용자의 통지의무로서, 사용자는 (i) 피용자에게 불성실한 행적 등이 있어서 신원보증책임이 발생할 염려가 있음을 알게 된 때, 또는 (ii) 피용자의 업무나 업무수행장소가 변경됨으로써 신원보증사고의 가능성이 높아진 때에는, 지체없이 신원보증인에게 이를 알려야 한다. 그가 고의 또는 중과실로 이 통지를 게을리하면, 신원보증인의 책임이 제한될 수 있다(제4조).

셋째, 신원보증인은 위의 통지를 받거나 그 통지가 없더라도 위 (i), (ii)의 사정이 발생하였음을 알게 된 때, 신원보증인으로서 사용자의 손해를 배상하였을 때, 또는 "기타 계약의 기초 되는 사정에 중대한 변경"이 있는 때에는, 신원보증을 해지할 수 있다(제5조). 해지하면 그 후의 사고에 대하여는 책임이 없다(앞의 [184] 말미 참조).

넷째, 피용자가 업무수행과정에서 사용자에게 손해를 입혔어도 고의나 중대한 과실로 인한 것이어야만 신원보증인이 책임을 진다. 즉 피용자가 통상의 과실로 손해를 발생시킨 경우에 대하여는 책임을 지지 않는 것이다. 또 신원보증인이 여럿이면 연대책임이 아니라 분할책임을 진다(제 6 조 제 1 항, 제 2 항. 종전의 신원보증법에는 이상의 제한이 없었다).

다섯째, 피용자에게 고의나 중과실이 있는 경우에도, 신원보증인의 책임은 당연히 사용자가 그로 인하여 입은 손해의 전부를 배상하는 것이 아니고, 구체적인 책임액은 사용자에 감독상 잘못이 있는지, 신원보증을 무상으로 인적 관계에 끌려 하였는지 등 일체의 사유를 참작하여 정하여진다(동조 제 3 항). 말하자면 법관에게 광범위한 재량을 주어 개별사정을 고려한 해결을 기하려는 것이다.

이와 같이 신원보증법은 각종의 법기술을 구사하여 신원보증이라는 인습적 제도를 포괄적으로 규율하는 예로서 흥미롭다.

[224] 계속적 보증의 규율

앞서 본 대로 우리나라에서 계속적 보증에 있어서는 보증인이 종국적으로 부담할 채무의 내용이 명확하지 않고, 경우에 따라서는 주채무자가 보증인이 예상하였던 범위를 현격하게 넘는 채무를 부담하기에 이르는 수도 있다. 그리하여 판례는 보증인의 책임을 제한하는 일정한 법리를 — 경우에 따라서는 당해 사건에 한정적으로— 발전시켰다.

그 대표적인 예는, 보증계약의 해석 등의 방법을 통하여 또는 신의칙을 원용하여 보증인의 책임범위를 제한하는 것이다. 이는 우선 보증계약서상의 문언을 제한적으로 해석하는 것인데, 예를 들면 신용카드회원의 채무를 신용카드회사에 대하여 보증한 사람의 채무는 그 신용카드회원의 사용한도액이나 보증 당시의 카드유효기간에 한정된다든가, 포괄근보증(이에 대하여는 앞의 [220] 참조)의 문언에도 불구하고 보증계약을 체결할 때 이루어진 주채무자에 대한 1회의 당해 신용공여액 또는 물상보증액(예를 들면 주채무자가 설정하여 준 저당권의 채권최고액)에 한정된다든가 하는 것이 그것이다.

나아가 그러한 '문언의 축소해석'과 상관없이 보다 일반적으로 책임 제한을 인정하는 재판례 중 중요한 하나는 대법원 1984년 10월 10일 판결 84다카453사건(대법원판례집 32권 4집, 54면)이다. 그에 의하면, 계속적 보증에 있어서 "보증인의 부담으로 돌아갈 주채무의 액수가 보증인이 보증 당시에 예상하였거나 예상할 수 있었던 범위를 훨씬 상회하고 그 같은 주채무 과다발생의 원인이 채권자가 주채무자의 자산상태가 현저히 악화된 사실을 익히 알면서도(중대한 과실로 알지 못한 경우도 같다) 이를 알지 못하는 보증인에게 아무런 통보나 의사타진도 없이 고의로 거래규모를 확대함에 연유하는 등 신의칙에 반하는 사정이 인정되는 경우에 한하여 보증인의 책임을 합리적인 범위 내로 제한할 수 있다"고 한다.

또한 이와는 별도로, 보증계약 당시의 사정에 현저한 변경이 생긴 경우에 보증인에게 보증계약을 해지할 권리를 인정하는 것이다. 예를 들면, 대법원 1990년 2월 27일 판결 89다카1381사건(대법원판례집 38권 1집, 78면)은 "회사의 임원이나 직원의 지위에 있기 때문에 회사의 요구로 부득이 회사와 제3자 사이의 계속적 거래로 인한 회사의 채무에 대하여 보증인이 된 자가 그 후 회사로부터 퇴사하여 임원이나 직원의 지위를 떠난 때"가 이에 해당한다고 한다. 근자의 대법원 2018년 3월 27일 판결 2015다12130사건(판례공보 2018상, 780면)은 이러한 법리를 보증보험계약에도 적용됨을 밝히고, 그 해지 후에 일어난 보험사고에 대한 보증인의 책임을 부정하고 있다. 그 한참 전에 이미 대법원 1978년 3월 28일 판결 77다2298사건(대법원판례집 26권 1집, 민사편 237면)은 "이른바 계속적 보증의 경우는 보증인이 그 보증을 해지함에 상당한 이유가 있는 경우에는 이를 해지할 수 있으며 다만 이 경우 보증의 상대방에게 신의칙상 묵과할 수 없는 손해를 입힐 우려가 있다면 그 해지권은 배제되어야 한다"는 일반론을 설시한 바 있었는데, 위의 대법원판결은 계속적 보증의 해지가 인정되는 '상당한 이유'를 보다 구체적으로 인정하였던 것이다.

[225] 사정변경의 원칙

보증계약 당시의 사정에 그 후 현저한 변경이 생긴 경우에 보증인에게 해지권이 부여된다는 앞에서 본 법리는 다른 한편으로 '사정변경의 원칙'이 적용된 하나의 예라고 할 수도 있다. 계약법에서의 사정변경의 원칙이란, 계약의 성립 당시에 존재하였던 계약체결의 배경을 이루는 사정이 그 후 현저하게 변경되어 원래의 계약을 그 내용대로 유지하는 것이 부당한 경우에는 당사자가 그 내용을 적절하게 변경하거나 그 효력을 부인할 수 있다고 하는 법리라고 이해되고 있다.

물론 '… 원칙'이라는 이름이 붙었지만, 우리 민법에서 채택되고 있는 실정적 법원칙인 것은 아니며(앞의 [70] 참조. 한편 민법 제557조는 증여자가 일방적으로 의무를 부담하는 증여에 관하여는 일정한 유형의 사정변경을 이유로 하는 증여자에 의한 계약해제를 예외적으로 인정하고 있다), 단지 '신의성실의 원칙'(민법 제 2 조 제 1 항 참조)의 한 내용으로서 인정될 여지가 있지 않은가 하는 정도이다. 영미나 독일·프랑스 등 다른 나라에서도 그 나라마다의 사정에 따라 각기 다른 범위에서 다른 내용으로 이를 채택하거나 또는 채택하지 않거나 하고 있다. 우리나라에서 대법원 2007년 3월 29일 판결 2004다31302사건(판례공보 2007상, 601면)은 일반적으로 사정변경을 이유로 계약해제가 인정되기 위한 요건에 대하여 "사정변경으로 인한 계약해제는, 계약 성립 당시에 당사자가 예견할 수 없었던 현저한 사정의 변경이 발생하였고 그러한 사정의 변경이 해제권을 취득하는 당사자에게 책임 없는 사유로 생긴 것으로서, 계약내용대로의 구속력을 인정한다면 신의칙에 현저히 반하는 결과가 생기는 경우에 계약준수 원칙의 예외로서 인정되는 것"이라고 하면서, 이어서 "여기에서 말하는 사정이라 함은 계약의 기초가 되었던 객관적인 사정으로서, 일방당사자의 주관적 또는 개인적인 사정을 의미하는 것은 아니다"라고 추상적으로 판시하고 있다. 그러나 당해 사건의 구체적인 해결로서는 사정변경을 이유로 하는 계약해제를 부인하였고, 그 후의 사건에서도 — 앞서 본 계속적 보증의 경우를 제외하고는— 대법원 2017년 6월 8일 판결 2016다249557사건(판례공보 2017하, 1457면)에 이르기까지 여러 번에 걸쳐 동일한 법리를 줄기차게 반복하여 설시하면서도 사정변경을 이유로 하여 계약의 해제 또는 해지를 인정한 경우는 이를 찾기 어려웠다. 그런데 근자에 들어와서 대법원 2020년 12월 10일 판결 2020다254846사건(판례공보 2020하, 216면); 대법원 2021년 6월 30일 판결 2019다276338사건(판례공보 2021하, 1381면)에서 이를 긍정하는 태도를 밝히고 있다. 여러분은 이들 판결을 찾아 읽고 그 의미를 잘 생각하여 보기 바란다.

이와 같이 사정변경의 원칙은 계약의 기초가 된 사정이 후에 현저히 변경되었을 때에는 개별적으로 판단하여 그 계약의 유효성을 부인하거나 내용의 변경을 인정할 경우도 있을 수 있다는 의미 이외의 아무것도 아니다(그나마 법관이 개입하여 당사자의 의사와는 무관하게 계약을 변경하는 것이 허용되는가에 대하여는 보다 면밀한 검토를 요한다). 그러므로 그에 관한 법률요건을 내세운다는 것 자체가 어느 만큼 의미가 있는지 의문이 없지 않으며, 개별적인 사안유형을 수립하는 것이 보다 유용하지 않을까 생각된다(앞의 [120] 참조).

예를 들면, 대법원은 화폐가치의 급격한 하락을 이유로 계약을 해제하는 것은 인정되지 않는다고 판결한 바 있다. 대법원 1963년 9월 12

일 판결 63다452사건(대법원판결집 11권 2집, 민사편 131면)은, 1948년 11월에 나라로부터 부동산을 매수하였고 당시 계약금으로 10만원(당시 화폐단위)을 지급하였다가 6·25전란이 끝난 후 그 계약에 기한 이전등기를 청구한 사건에서, "그 동안에 화폐가치의 변동이 극심하였던 탓으로 매수인이 애초 계약할 당시의 금액표시대로 잔대금을 제공하면 그 동안에 앙등한 목적물의 가액에 비하여 그것이 현저하게 균형을 잃는 이행이 되는 경우라도, 사정변경의 원리를 내세워 … 해제권이 생기지 않는다"고 판시하였던 것이다. 이러한 결론에는 수긍할 만한 점이 있다고 생각된다.

그런데 앞의 [224]에서 본 계속적 보증에서는 일정한 경우에 사정변경으로 인한 계약의 해지를 인정하였다. 이에는 분명 우리나라에서의 보증거래의 실태(앞의 [218] 참조)에 대한 대법원의 평가가 밑바탕을 이루고 있다고 추측되는데, 아울러 신원보증법에 해지권을 인정하는 명문의 규정이 있는 것(제 5 조. 앞의 [223] "셋째" 참조)도 영향이 전혀 없다고 말하기는 어려울 것이다. 또한 보다 일반적으로는 민법에서 계속적 계약관계에 대하여 비록 존속기간 중이라도 "부득이한 사유가 있으면" 해지할 수 있다고 빈번하게 규정하고 있는 것(민법 제661조, 제689조 제 2 항, 제698조, 제716조 등)도 무시할 수 없다.

[226] 주채무자에 대한 구상

보증인이 채권자에게 보증채무를 이행하였다면, 이는 궁극적으로는 주채무자가 하여야 할 지출을 자신이 대신하여 한 셈이다. 그러므로 보증인이 "변제 기타의 출재出財로 주채무를 소멸케 한 때"에는, 보증인은 주채무자에 대하여 이를 물어낼 것을 청구(이를 구상求償이라고 한다)할 수 있다. 그 구상권의 범위는 주채무자의 부탁에 의하여 보증인이 되었는지에 따라서 달라지는데, 부탁을 받은 보증인이라면, 원래의 출재액 외에 "면책된 날 이후의 법정이자 및 피할 수 없는 비용 기타의 손해배상"을 포함한다(민법 제441조 제 2 항, 제425조 제 2 항).

또 부탁을 받은 보증인은 아직 변제를 하기 전이라도 일정한 사유가 있으면 미리 구상을 할 수 있다(민법 제442조). 이를 '사전구상권'이라고 한다.

[227] 여러 가지의 구상제도

앞에서 보증인의 구상권에 관하여 보았는데, 구상은 비단 보증인과 주채무자 사이에서만 일어나는 것은 아니다. 민법은 나아가 물상보증인(우선 앞의 [216] 참조)이나 연대채무자 등에 대하여도 이를 명문으로 정하고 있다(제341조, 제370조, 제425조). 그런데 구상을 자신의 출재로 궁극적으로는 타인의 사무에 해당하는 일을 처리한 사람이 그 비용을 본인에 대하여 상환청구하는 것이라고 보다 넓게 파악한다면 그 외에도 많은 구상제도의 존재를 인정할 수 있다.

우선 타인의 사무를 처리하는 것이 위임인과의 계약에 기한 것이라면 수임인의 비용상환청구권(민법 제688조)은 바로 구상권에 다름아니다. 이 규정은 구상제도의 내용 일반에 관하여 하나의 좌표로서의 기능을 한다.

나아가 그와 같은 계약이나 법적인 의무가 존재하지 않는다고 하더라도 그 타인을 위하는 의사로 객관적으로 타인에 속하는 사무를 처리하여 타인에게 유리한 결과를 돌아가게 한 사람은 사무관리에 관한 규정(민법 제734조 이하 참조)에 따라 그 지출한 필요비나 유익비의 상환을 청구할 수 있다(민법 제739조). 예를 들면 채무의 변제는 채무자 자신만이 아니라 제 3 자도 할 수 있는 것이 원칙이다(민법 제469조 제 1 항 본문 참조). 우리의 설례에서 매수인 B의 대금채무를 그 친구가 되는 C가 B에게 무슨 의무가 있어서가 아니라 B에게 채무불이행책임이 돌아가는 것을 막기 위하여 매도인 A에게 그 대금을 지급할 수 있고(만일 채권자 A가 이를 수령하지 않으면 그는 수령지체에 빠지게 된다. 이에 대하여는 앞의 [22] "셋째" 참조), 또 이로써 B의 대금채무는 소멸한다. 이 경우에 변제를 한 C는 이로써 채무를 면한 B에 대하여 그가 변제를 위하여 지출한 금액의 상환을 청구할 수 있는 것이다.

또한 설사 사무관리의 요건을 갖추지 못하는 경우라고 하더라도, "법률상 원인 없이" 타인의 비용지출로 이익을 얻은 사람은 그 부당이득을 반환하여야 한다(민법 제741조. 앞 [72] "셋째"의 비용이득반환청구권 참조). 예를 들면 겨울에 집합주택에 유류의 부족으로 난방이 되지 않자 입주자 중의 한 사람이 자기 소유의 기름으로 공동난방을 행하였다면, 그 사람은, 비록 그것이 자신을 위한 것이어서 사무관리의 요건을 충족시키지 못한다고 하더라도, 다른 입주자들에 대하여 그들이 받은 이익의 범위 내에서 그 상환을 청구할 수 있는 것이다(이 경우에는 이익이 수익자의 의사와는 상관없이, 심지어는 그의 뜻에 반하여 강요되었다는 측면이 있기 때문에 어려운 문제가 제기되나, 이 점은 일단 접어두기로 한다).

이와 같이 민법에 명문으로 '구상'이라는 표현이 쓰여지지 않는 경우에도, 종국적으로는 자기가 부담하지 않아도 될 비용을 지출한 사람에게 그 비용의 전부 또는 일부를 이를 궁극적으로 부담하여야 했을 사람으로부터 상환받을 수 있는 일련의 법적 장치가 민법의 여기저기에 마련되어 있는 것이다. 이와 같은 장치들을 횡단적으로 파악하면(앞의 [23] 참조), 이를테면 '구상법 총론' 같은 것을 구상하여 볼 수 있게 된다. 그리고 그러한 파악은 각 법규정 간의 구조적 연관을 이해하게 하여 그 각각의 실용성을 높일 수 있다는 점에서도 유익할 것이다.

[228] 연대보증

보증인이 여럿인 경우에 채권자는 그 각자에 대하여 채무 전부의 이행을 청구하지 못하고, 각 보증인의 부담부분(이는 다른 약정이 없으면 균등하다. 민법 제408조 참조)에 대하여만 청구할 수 있다. 이것을 '분별의 이익'이라고 한다. 이렇게 되면 채권자로서는 보증인을 여럿 세운다고 하더라도 그 중 일부의 사람이 무자력인 경우에는 그 사람의 '부담부분' 만큼은 담보가 없는 것이나 마찬가지가 되어서, 그 채권의 만족을 완벽하게 확보하는 데 공백이 있게 된다.

그리하여 실제의 거래에서 통상 행하여지는 보증은 "보증인이 주채무자와 연대하여 채무를 보증"(민법 제437조 단서)하는 이른바 연대보증이다. 그리고 상법은 "그 보증이 상행위이거나 주채무가 상행위로 인한 것인 때"에는 이 보증은 연대보증이라고 정한다(상법 제57조 제 2 항). 연대보증이란 보증인이 주채무자와 연대하여 채무를 부담하는 보증형태인데, 이것이 통상의 보증과 다른 점으로서는 다음의 둘을 지적할 수 있다. 하나는, 연대보증인은 앞서 말한 분별의 이익을 누리지 못하여서, 채권자는 어느 연대보증인에 대해서나 그 채무의 전부의 이행을 청구할 수 있다는 것이다(민법 제448조 제 2 항 참조). 다른 하나는, 연대보증채무에는 통상의 보증과는 달리 '보충성'(앞의 [220] 참조)이 없다는 것이다. 따라서 연대보증인은 최고·검색의 항변권을 가지지 못한다(민법 제437조 단서).

[229] 연대채무

인적 담보의 또 다른 주요한 형태로는 연대채무가 있다. 물론 보증만큼 빈번하게 이용되지는 않으나, 그래도 계약에 의하여 연대채무를 부담하는 경우가 드물지 않고 또한 법률로 일정한 채무를 연대채무라고 정하는 경우가 많다. 예를 들면 민법은 사용대차와 임대차에 관하여 "수인數人이 공동하여 물건을 차용한 때에는 연대하여 그 의무를 부담한다"고 정하고 있다(제616조, 제654조). 따라서 공동임차인은 차임의 지급에 대하여 연대채무를 부담한다. 한편 상법도 "수인이 그 일인 또는 전원에게 상행위가 되는 행위로 인하여 채무를 부담한 때에는 연대하여 변제할 책임이 있다"고 한다(상법 제57조 제1항).

이는 그야말로 여러 사람의 채무자가 채권자에 대하여 '연대로', 즉 대등한 입장에서 서로 연결되어서 같은 내용의 채무를 부담하는 것이다. 채권자 쪽에는 그 채무자 중 어느 누구에게라도 전부의 급부를 청구할 수 있고, 채무자는 누구라도 채무를 이행하여야 한다. 이와 같이 하여 채권자는 자기 채권의 만족을 얻을 가능성이 훨씬 많아지게 되는 것이다. 한편 채무자 중 하나가 그 채무를 이행하여 채권을 만족시키면, 다른 채무자의 채무는 소멸한다. 이와 같이 채권자가 하나의 급부를 목적으로 하는 다수의 채권을 가진다는 점에서는, 연대채무의 경우도 보증채무와 다를 바가 없다. 그러나 보증채무의 경우에는 주채무자가 주主이고 보증인은 종從이어서, 예를 들면 보증인이 최고·검색의 항변권을 가진다든가 보증채무에 부종성이 있다든가 하는 특색이 있다(이들에 대하여는 앞의 [220] 참조). 이에 비하여 연대채무의 경우에는 채무자는 각자 대등한 지위에서 독립하여 채무를 부담하는 것이고, 보증채무에서와 같은 그러한 주종관계가 없다. 그러므로 연대채무자 중 한 사람에 대하여 계약이 무효이거나 취소되어도, 이는 다른 채무자에게는 아무런 영향을 미치지 아니한다(민법 제415조).

연대채무에 있어서 중요한 문제는, 연대채무자 중의 한 사람에게 생긴 사유가 다른 채무자에게 어떠한 영향을 미치는가 하는 점이다. 물론 연대채무자는 각자 독립하여 채무를 부담한다고 하지만, 그들 사이에는 채권의 만족을 도모한다는 목적상 긴밀한 결합관계가 존재하므로 일정한 사유에 대하여는 직접 당사자 이외의 다른 연대채무자에게도 효과가 미친다고 하여도 좋을 것이다. 민법은 다른 채무자에게도 영향이 미치는 사유를 한정적으로 열거하고 있는데(제416조 이하), 이행청구, 소멸시효의 완성, 면제 등이 그러하다. 그러므로 채권자가 연대채무자 중의 1인에게 채무의 이행을 청구하면 다른 채무자에게도 마찬가지의 효력이 미쳐서(민법 제416조), 예를 들면 소멸시효의 중단(앞의 [46] 참조), 이행지체(앞의 [144] 참조) 등의 효과가 발생한다. 또 어느 1인의 채무에 대하여 소멸시효가 완성되면, 그 채무자의 "부담부분에 한하여"서는 당연히 다른 사람의 채무도 소멸된다(민법 제421조).

그 외에 연대채무에서도 구상의 문제(앞의 [227] 참조)가 발생함은 물론이다. 다만 보증인은 자신의 '출재' 전부를 주채무자에 대하여 구상할 수 있음에 반하여, 연대채무의 경우에는 서로 대등하게 채무를 부담하는 것이므로 내부관계에서는, 즉 다른 연대채무자와의 관계에서는 각자의 부담부분(역시 일단은 균등한 것으로 추정된다. 민법 제424조)의 범위 내에서 상환의무를 부담할 뿐이다.

제 3 절 담보물권

[230] 담보물권과 권리이전형 담보

민법은 제 2 편 물권의 제 7 장부터 제 9 장까지 유치권·질권·저당권의 세 가지 담보물권에 관하여 정하고 있다(한편 전세권의 담보물권적 측면에 대하여는 앞의 [76] 참조). 담보물권은 가장 기본적인 물권인 소유권으로부터 우러나와서(앞의 [63] 참조), 그 각각의 권리범위 내에서 소유권을 제한하는 권리, 즉 제한물권의 일종으로 이해되고 있다. 그러므로 소유권으로부터 그 권능의 일부(여기서는 교환가치를 지배하는 권능)를 떼내어 독자성을 가진 권리를 설정한다고 하더라도, 이러한 권리는 애초부터 일시적인 성질을 가지는 것이고, 그것이 소멸되고 나면 소유권은 그 원만하고 충족된 상태를 되찾는다는 것이다(이를 '소유권의 탄력성'이라고 부른다고 함에 대하여는 앞의 [63] 참조).

그런데 채권의 담보형태를 역사적으로 살펴보면, 위와 같은 제한물권의 설정에 의한 담보는 예외적이고, 근대에 들어와서야 그것이 원칙적인 담보형태로 진출하여 갔음을 알 수 있다. 그 전에는 오히려 담보목적물 그 자체를 채권자에게 아예 양도하고, 채권이 만족되면 그것을 다시 담보제공자에게 반환한다는 형태를 취하였던 것이다. 그러나 경제적 목적이라는 관점에서만 보면, 이는 채권자에게 그 목적을 넘는 권리를 취득시키는 것이 된다. 왜냐하면 채권자로서는 채권의 만족을 확보하면 족한 것이고, 권리 자체를 처음부터 완전히 자기 것과 같이 취득할 필요가 없기 때문이다. 근래에 들어와서 제한물권형 담보가 적어도 법률상으로는 원칙적인 담보형태가 된 데에는 이러한 합리적 사고가 배경에 깔려 있는 것이다.

[231] 권리이전형 담보가 상존하는 이유

그런데 우리나라의 담보거래를 살펴보면, 여전히 권리이전형 담보가 적지 않게 행하여지고 있다. 법이 담보물권에 대하여만 정하고 있다고 해서, 그것이 사회의 실제 거래도 제한물권형 담보만을 이용한다는 것을 의미하지는 않는다. 특히 동산의 경우에는, 뒤의 [236]에서도 보는 대로, 질권자가 목적물을 점유함으로써 그 소유자는 더 이상 그 물건을 사용·수익할 수 없게 되기 때문에 예를 들면 공장의 원료나 기계 또는 재고품 같은 영업용 동산은 질권의 목적물로 하기에 적합하지 않다. 그러한 동산을 채권자에게 인도하여서는 도대체 금융을 얻는 목적인 영업활동 자체가 불가능하거나 곤란하게 되기 때문이다. 이러한 점으로부터 동산에 대한 권리이전형 담보를 인정할 필요가 강하게 제기된다.

그런데 위와 같은 필요가 없는 부동산의 경우에도 권리이전형 담보는 드물지 않게 행하여진다. 그 이유는 무엇일까? 적어도 현재 우리나라의 금융시장에 있어서는 금융에 대한 수요가 많고 이에 비하여 공급이 부족한 경우가 대부분이다. 그러므로 당연히 금융제공자, 즉 채권자는 우월한 지위에서 계약조건을 교섭하게 된다. 다시 말하면 그는 스스로에게 보다 유리한 조건을 수락하는 사람에게만 금융을 주는 것이다. 그런데 금융제공자에게는 저당권에 비하여 권리이전형 담보가 유리한 점이 있다. 이 두 가지 담보 형태를 금융제공자의 입장에서 비교하여 보면, 다음과 같은 차이가 있다.

첫째, 부동산담보물권, 즉 저당권이 설정되어도 여전히 소유권에는 변동이 없기 때문에, 그 부동산의 소유자는 다른 사람에게 후순위저당권을 설정하여 주거나 목적물을 양도하거나 하는 처분을 할 수 있다. 그렇게 되면 담보권자는 다른 사람으로부터 자신의 권리 행사에 간섭을 받을 우려가 생긴다. 후순위저당권자가 경매를 신청하면 선순위저당권자는 원하든 아니든 그 경매절차에서 자신의 채권의 만족을 얻을 수밖에 없다(뒤의 [241] "넷째" 참조). 또 소유권이 양도된 경우에 그 양수인(이를 제3취득자라고 한다)은 "저당권자에게 그 부동산으로 담보된 채권을 변제하고 저당권 소멸을 청구할 수 있다"(민법 제364조). 그러나 경우에 따라서 이러한 일은 가령 이자를 꼬박꼬박 챙기고 있어서 지금 당장 저당권의 실행을 원하지 않는 저당권자에게는 불리한 것일 수도 있다. 이에 반하여 담보를 위하여 소유권 자체가 이전된 경우에는 담보제공자는 이미 위와 같은 후순위저당권의 설정이나 소유권의 양도와 같은 처분을 하지 못한다(앞의 [66] "셋째" 참조).

둘째, 채무자가 채무를 이행하지 않는 경우에, 저당권은 이를 행사하여 채권의 만족을 얻음에 있어서 공경매公競賣라는 법이 정한 절차를 거쳐야 한다. 경매에는 각종의 이해관계인(민사집행법 제90조 등 참조)이 그 절차의 진행에 이의를 제기할 수 있으므로 그 진행이 지연될 소지가 있다. 그리고 경매에 붙이더라도 목적물이 바로 매각된다는 보장은 없으며, 한 번 매각기일이 도과될 때마다 경매가격이 낮아질 수 있다(민사집행법 제119조 참조). 또 경매절차에서는, 법이 특별히 보호하여 저당권자보다도 '우선하여 변제를 받을 수 있'게 한 각종의 다른 채권자들(그 대표적인 예가 앞의 [80]에서 본 소액보증금임차인이다. 뒤의 [243]에서 열거하는 채권자들도 마찬가지이다)이 돌연 등장하는 경우도 적지 않다. 이들이 매각대금의 상당한 부분을 우선적으로 배당받는다면, 남은 것으로 자기 채권의 완전한 만족을 얻을 수 있다는 보장은 없게 된다. 이에 반하여 담보물을 아예 채권자 앞으로 이전한 경우에는, 채권자가 원하는 시기를 택하여 원하는 방법으로 목적물을 채권의 만족에 돌릴 수 있다. 또 원칙적으로 채무자의 다른 채권자들은 '우선순위'를 주장할 수 없다. 이미 그 담보목적물은 채무자의 것이 아니고, 따라서 그의 책임재산에 속하지 아니하기 때문이다(앞의 [59] 참조).

그러나 이와 같이 채권자에게 유리한 점은 반면에 담보제공자에게는 불리한 점이 된다. 그리고 특히 채무불이행이 되면 채권자가 그 채무의 이행 대신 바로 목적물을 완전히 취득할 수 있다는 특약(이를 **유담보약정**

이라고 한다)까지 아울러 하게 되면, 목적물의 가액이 채무원리금보다 많은 경우에는 그 차액을 차지하여 이익을 볼 수 있다. 그러므로 권리이전형 담보에 대하여는 당사자들의 공평을 위하여 법률이 개입할 필요가 있으며, 실제로 부동산에 대한 권리이전형 담보의 일정한 경우에 대하여는 「가등기담보 등에 관한 법률」이 제정·시행되고 있다.

[232] 유 치 권

민법이 정하는 세 가지의 담보물권 중에서 유치권은 특이한 존재이다. 다른 담보물권이 반드시 그 목적물의 소유자와의 합의에 기하여만 설정되는 데 반하여, 유치권은 타인의 물건을 점유하는 사람이 "그 물건에 관하여 생긴 채권"을 가지고 있기만 하면 법률에 의하여 바로 이를 취득하게 되는 것이다(민법 제320조 제 1 항). 전자의 형태를 **약정담보물권**이라고 하고, 후자를 **법정담보물권**이라고 한다.

유치권제도의 취지는 쉽사리 통일적으로 파악할 수 있는 것이 아니다. 그러나 대체로 어떤 물건을 점유하고 있는 사람이 그 물건과 관련된 일정한 채권을 가지고 있어서, 채권의 만족을 얻을 때까지는 누구에 대해서라도 그 물건의 반환청구(민법 제213조 참조)를 물리쳐도 될 만한 이유가 있는 경우에, 점유자의 이러한 대세적인 목적물반환거절권능을 중심으로 하여 하나의 독자적인 물권을 구성한 것이라고 이해하면 되리라고 생각한다.

예를 들어 갑이 시계를 들고 을의 시계수리점포에 와서 그 시계의 수리를 맡겼다고 하자. 이 계약의 법적인 성질은 대체로 도급(민법 제664조 참조)이라고 해석되므로, 을이 수리를 마쳤으면 그는 갑에 대하여 수리대금(민법에서는 이를 보수라고 부르고 있다)을 청구할 권리를 가지게 된다. 그리고 그는 갑이 대금을 지급하지 않으면 시계의 인도를 거부할 수 있는 동시이행의 항변권을 가진다(민법 제665조 제 1 항). 이러한 동시이행의 항변은 그 계약상대방, 즉 시계의 수리를 맡긴 당사자인 갑에 대하여만 할 수 있는 것이다. 그런데 갑은 그 시계를 소유자인 친구 병으로부터 빌려서 임시로 사용하고 있었는데 고장이 나서 그 수리를 을에게 맡겼던 것이라고 해 보자. 그 경우에 소유자인 병이 을에 대하여 그 시계의 반환을 청구하여 오면(민법 제213조 참조), 을은 이에 대하여 응하지 않으면 안 되는가? 이와 같은 경우에 민법은 을이 가지는 수리대금채권을 그가 점유하고 있는 시계에 '관하여' 생긴 채권이라고 하여 을이 그 시계에 대한 유치권을 가진다고 정하는 것이다. 그렇게 되면 을이 그에 기하여 "그 채권의 변제를 받을 때까지 그 물건을 유치"할 수 있게 된다. 그리고 이러한 유치권은 물권이어서 그 피담보채권의 채무자(위의 예에서는 갑)에 대하여서뿐만 아니라 물건의 소유자(위의 예에서는 병)에 대하여도 주장하여 그 물건의 반환을 거부할 수 있는 것이다. 그리고 이러한 반환거부를 통하여 유치권자가 가지는 채권의 만족을 간접적으로 도모하게 된다.

이와 같은 유치권은 반드시 점유자가 계약상의 채권을 가지는 경우에만 한정하여 인정되는 것이 아니다. 예를 들면 말이 남의 밭에 들어가서 거기서 경작 중인 농작물을 먹어 버렸다고 하자. 그 경우 농작물의 주인은 불법행위법상으로 동물의 원래의 점유자에게 손해의 배상을 청구할 권리를 가진다(민법 제759조 제 1 항). 그가 만일 그 말을 붙잡아 자신의 외양간에 매어 두고 있다면, 그 손해배상청구권은 "그 동물에 관하여 생긴 채권"이므로, 그는 그 말에 대하여 유치권을 가지게 된다(대법원 1969년 11월 25일 판결 69다1592사건(대법원판결집 17권 4집, 민사편 91면)도 이를 긍정한다). 그리하여 그는 그 손해배상을 받기까지는 그 말을 소유자에게 돌려주지 않아도 되는 것이다. 그리고 나아가 손해배상을 받기 위하여 그 말을 경매에 붙일 수 있고, "정당한 이유가 있는 때에는" 법원의 허가를 얻어 그 말을 직접 손해배상채권의 만족에 충당할 수도 있다(민법 제322조).

그리고 유치권의 목적물이 부동산인 경우에는, 그에 대한 강제집행(담보권실행경매를 포함한다)에서 이를 매수한 사람이 "유치권자에게 그 유치권으로 담보하는 채권을 변제할 책임"을 진다(민사집행법 제91조 제5항, 제268조. 이른바 인수주의). 여기서의 '변제책임'이란 목적물에 대한 물적 부담을 승계한다는 의미이고 인적 채무를 인수한다는 취지가 아니다. 따라서 유치권자는 집행절차상의 매수인에 대하여 피담보채권의 변제를 청구할 권리는 없으나, 피담보채권의 변제가 있을 때까지 목적물의 인도를 거절할 수 있는 것으로서 이와 같이 하여 그 피담보채권의 만족이 간접적으로 도모되는 것이다(이는 집행절차상의 매수인의 입장에서 보면 경우에 따라서는 뜻하지 않게 자신이 알지 못하였던 유치권자의 피보전채권을 만족시켜야만 목적물을 인도받을 수 있다는 의외의 부담을 안을 위험이 있다는 의미이다. 부동산유치권제도에 대한 입법적 논의는 주로 이 점을 둘러싸고 벌어진다). 이는 집행절차 개시의 원인이 된 저당권 등이 유치권보다 먼저 성립한 경우에도 다를 바 없으므로, 실제로는 매우 강력한 권원이 될 수 있다(한편 대법원 2005년 8월 19일 판결 2005다22688사건(판례공보 2005하, 1503면); 대법원 2009년 1월 15일 판결 2008다70763사건(판례공보 2009상, 158면) 등 판례는 경매개시결정의 등기로 압류의 효력이 발생한 후에 비로소 유치권이 성립한 경우에는 이를 그 경매절차상의 매수인에게 대항할 수 없다는 태도를 취하여, 일정한 한도에서 유치권의 효력을 제한한다).

이와 같이 유치권능, 즉 반환거절권능을 중심에 놓고 여기다가 예를 들면 경매청구권이나 과실의 변제충당권(민법 제323조) 등을 부가한 것이 유치권이다. 실제로 유치권에서의 가장 중요한 포인트는 물건의 점유자가 채권을 가지고 있을 때 이것을 "그 물건에 관하여 생긴 채권"이라고 할 것인가 하는 문제, 즉 전통적으로 '물건과 채권과의 견련성'이라고 불리는 문제이다. 이에 대하여는 더 이상 들어가지 않는데, 다만 유치권은 특히 보호할 가치 있는 일정한 채권을 위하여 소유자의 의사와는 아무런 관계 없이 특별히 인정되는 것이므로(뒤의 [234]도 참조), 그 채권자를 특별히 보호할 만한 이유가 있는 경우에 한정하여 인정된다는 것만을 지적하여 두기로 한다.

[233] '…에 관하여'라는 법률요건

민법을 공부함에 있어서 주의하여야 할 법률요건의 하나에 "… 에 관하여"라는 것이 있다. 예를 들면 앞에서 본 유치권의 경우도 그러하고, 불법행위법에서 중요한 의미가 있는 사용자책임의 발생요건으로서의 "… 사무집행에 관하여"(앞의 [74] 참조) 등이 그러하다(또한 법인의 불법행위책임에 대한 민법 제35조도 참조). 이 요건은 민법에서 그 문언만으로는 이에 해당하는가 여부를 판정하는 기준이 매우 막연한 것에 속한다. 사실 어찌 보면 세상일 전부가 서로 관련을 맺고 있기도 하고, 어찌 보면 아무런 상관이 없기도 한 것이다.

그런데 일반적인 경향으로 말한다면, 그것은 사용자책임의 요건으로서는 매우 넓게 해석되고(앞의 [74]도 참조), 유치권의 요건으로서는 좁게 해석되고 있다. 예를 들면 판례는, 택시운전사가 택시에 승객을 태우고 가던 중 차 속에서 승객인 부녀를 강간한 극단적인 경우에도 택시회사에 사용자책임을 인정하고 있는 반면(대법원 1991년 1월 11일 판결 90다8954사건(대법원판례집 39권 1집, 1면) 참조), 임대차보증금반환채권은 "임대차목적물에 관하여 생긴 채권"이 아니라고 하여 보증금을 반환받지 못한 임차인의 그 목적물에 대한 유치권을 부인한다(대법원 1976년

5월 11일 판결 75다1305사건(대법원판결집 24권 2집, 민사편 16면) 참조).

이러한 차이는 어디서부터 오는 것일까? 굳이 법개념의 '상대성'(앞의 [151] 참조)을 들먹이지 않더라도, 법의 해석이란 그 법제도 또는 법명제가 무엇 때문에 존재하는 것인가, 누구의 어떠한 이익을 어떠한 방향으로 보호하려는 것인가 하는 정책적 판단 내지는 결단에 바탕을 두는 경우가 적지 않다. 이러한 이해나 결단은 그 법제도나 법명제를 적용한 결과가 어떻게 나타나야 할 것인가라는 법해석에 있어서의 가치판단에 직결된다. 그러므로 법 공부를 하는 데는 그러한 평가적 판단에 대한 이해를 깊게 하는 것이 불가결하다.

[234] 소유자가 모르는 제한물권

앞에서 본 바와 같이, 유치권은 물건을 소유하는 사람의 의사와는 무관하게 성립하게 된다('법정담보물권'). 이것은 그 물건에 관하여 새로이 거래관계를 맺으려는 사람에게는 매우 중요한 사정이 될 수도 있다.

앞의 [232]에서 든 예에서 그 시계의 소유자가 이를 제 3 자에게 양도하였다고 하자. 원래의 소유자는 그 시계를 빌려간 친구에 대한 자신의 "반환청구권을 양수인에게 양도함으로써" 그 시계를 인도한 것으로 보게 되어서(민법 제190조 참조), 그 양수인은 시계에 대한 직접점유를 가지지 못하더라도 그 시계의 소유권을 취득할 수 있다. 그러나 시계를 현실적으로 보관하고 있는 수리업자는 시계에 대하여 유치권을 가지고 있으므로, 양수인은 수리업자의 채권, 즉 시계수리대금채권이 만족을 얻지 아니하고는 그 시계를 반환받을 수 없게 된다. 물론 이 경우 유치권의 성립은 그의 점유에 의하여 제 3 자도 알 수 있도록 공시되어 있다고 할지도 모르나, 적어도 그 피담보채권까지 공시되었다고는 도저히 말할 수 없다.

물론 이러한 일은 질권의 경우에도 일어날 수 있다. 동산의 소유권을 양수하였는데 알고 보았더니 그 위에 이미 질권이 설정되어 있음이 밝혀진 경우에도, 양수인으로서는 거래상대방인 양도인의 신뢰성에 관하여 배반을 당한 셈이다. 그런데 이러한 거래상대방의 신뢰성에 대한 배반의 위험이라고 하는 것은 어느 거래에나 별다른 차이 없이 존재하는 것이고, 상대방과 계약을 체결하려고 하는 사람은 그 위험을 각오하지 않으면 안 된다.

그러나 유치권은 소유자의 의사와 관계없이 성립하는 것이므로, 그 물건의 소유자는 유치권이 실제로 성립하고 있는지 여부를 모를 수도 있다. 예를 들어서 앞에서 든 시계수리의 경우에, 시계의 소유자 병이 친구 갑에게 시계를 일시적으로 빌려주었는데 갑이 이것을 시계수리업자 을에게 맡겨서 을이 시계를 수리한 것이라고 하자. 병이 이 시계를 다른 친구 정에게 팔아 양도하려고 하는 경우에, 그는 정에게 현재 갑이 이 시계를 점유하고 있음을 말하고 갑으로부터 직접 시계를 넘겨받도록 합의하는 경우가 드물지 않게 있을 것이다. 그러나 일반적으로 병이 그 시계가 갑에 의하여 을에게 수리가 맡겨졌고 그 결과 을이 시계에 대하여 유치권을 가지게 되었다는 사실까지 알기를 기대할 수는 없을 것이다. 그러므로 정으로서는 자신의 거래상대방 병이 성실한 사람이고 또 그가 아무런 잘못도 저지르지 않았음에도 불구하고, 결국 자신이 원하는 결과, 즉 아무런 부담 없는 시계소유권의 취득이라는 결과를 달성할 수 없게 된다.

그러므로 특히 소유권을 경매 등을 통하여 양수하려는 사람은, 거래상대방이 현재 목적물을 직접점유하고 있지 않는 경우에는, 어느 거래에나 일반적으로 존재하는 거래상대방의 신뢰성 유무에 관한 위험 외에도, 그 직접점유자가 어떠한 권리에 기하여 그 물건을 점유하고 있는지,

예를 들면 앞에서 본 바와 같이([232] 참조) 강력한 권원이 되는 유치권을 가지고 있는 것은 아닌지(구체적으로는 그가 그 물건과 관련하여 가지는 채권이 "그 물건에 관하여 생긴" 것은 아닌지) 등의 대체로 알아내기에 매우 성가신 사정의 내막을 탐색하여 보아야만 안심할 수 있다는 부담을 안게 되는 것이다.

소유자의 의사에 기하지 아니하고 성립하는 제한물권을 인정하게 되면, 이는 일반적으로 그 물건을 양수하거나 그에 권리를 설정하려는 사람으로서는 자신이 권리를 확실하게 또 자신이 예상하였던 내용대로 취득하기 위해서 위와 같은 별도의 노력을 기울이지 않으면 안 된다. 그러므로 그로 말미암아 물권거래의 신속과 안정이 해쳐지게 된다. 그러므로 가능하면 소유자의 의사에 기하지 아니하고 성립되는 제한물권은 그만한 이유가 있을 때에 한하여 제한적으로 인정하는 것이 바람직하다. 그러면 유치권의 경우에는 그러한 이유를 어디서 발견할 수 있는가? 한번 스스로 생각하여 보라.

[235] 유치권과 동시이행항변권의 비교

유치권과 유사한 것으로, 앞의 [19]에서 본 동시이행의 항변권이 있다. 특히 물건을 인도하여야 할 채무를 부담하는 사람이 동시이행의 항변권을 가지고 있는 경우가 그러하다. 양자는 모두 원래라면 그 물건을 인도하여야 할 의무가 있는 사람이 그가 가지는 채권이 이행될 때까지 물건의 인도를 거절할 수 있게 한다는 점에서 그 중심적인 권능이 동일하다고 할 수 있다. 그리하여 그러한 인도거절을 통하여서 자기가 가지는 채권의 만족이 간접적으로 확보된다는 점, 그리고 양자 모두 소송상으로 주장된 경우에는 동시이행을 명하는 이른바 상환판결("피고는 원고로부터 …을 이행받음과 동시에 원고에게 …을 인도하라")이 선고된다는 점에서도 그러하다.

그러나 유치권에 있어서는 그 권능을 제 3 자에 대하여도 주장할 수 있는 독립적인 물권으로서 이에 따른 여러 가지의 속성이 인정되는 데 대하여(물론 앞의 [62]에서 말한 대로 유치권의 '물권성'은 그렇게 강한 것이라고는 할 수 없다), 동시이행의 항변권은 쌍무계약의 당사자 사이에서만 주장될 수 있는 하나의 항변권에 불과하다. 여기서부터 여러 가지의 차이가 생겨나게 된다. 그 구체적인 내용에 대하여는 물권법 교과서를 보기 바란다.

일반적으로 법 공부를 함에 있어서는 유사한 두 개 또는 그 이상의 제도들을 비교해 보는 것은 유익하고도 흥미로운 작업이 된다. 독일의 시인 노발리스는 "무릇 일체의 인식과 지식의 원천은 비교에 있다"고 적절하게 지적하고 있다. 그리고 민법 교과서들은 대개 그와 같은 비교까지 철저하게 제시하여 주지 않는다. 그러므로 공부하는 사람이 이를 스스로 하여야 하고, 또 스스로 이를 하는 것은, 다시 반복하거니와, 유익하고도 흥미로운 작업이 된다.

[236] 질권과 저당권

민법은 소유자의 의사에 기하여 설정되는 약정담보물권으로 질권과 저당권의 둘을 인정하고 있다. 양자는 어떠한 차이가 있는가?

주요한 것을 들어보면 다음과 같다.

우선, 그 권리가 설정될 수 있는 대상이 다르다. 부동산에 대하여는 질권이 설정될 수 없으며, 반대로 동산에 대하여는 원칙적으로 저당권이 설정될 수 없다. 물론 질권은 동산은 물론 그 외의 재산권에 설정될 수 있고(민법 제345조 참조. 단 "부동산의 사용, 수익을 목적으로 하는 권리", 예를 들면 지상권이나 전세권은 예외이다), 저당권은 부동산 이외에도 지상권 또는 전세권에 설정될 수 있다(민법 제371조 참조. 그 외에 자동차·항공기·선박·건설기계 등 특별히 법률에 의하여 저당권의 객체로 인정되는 약간의 동산이 있다).

나아가 그보다 중요한 것은, 주로 문제되는 동산질권(음식대금이 부족하여 식당 주인에게 시계를 맡겨 두는 것이 좋은 예이다)과 부동산저당권을 대비할 때, 전자의 경우에는 질권자가 그 목적물을 점유하여야 함에 대하여, 후자의 경우에 저당권자는 부동산을 점유할 권리가 없다는 점이다(민법 제329조, 제356조 참조). 특히 질권에 있어서는, 직접적으로는 원래의 소유자가 동산을 계속 점유하되 질권자는 단지 그에 대한 법률관계를 통하여 간접적으로 점유하는 방식, 즉 점유개정(민법 제189조 및 앞의 [56] 말미 참조)의 방식에 의하여서는 이것이 설정될 수 없다고 명문으로 규정되어 있다(민법 제332조). 그러므로 질권이 설정된 동산의 소유자는 더 이상 그 물건을 사용·수익할 수 없기 때문에 예를 들면 공장의 원료나 기계 또는 재고품 같은 영업용 동산은 담보로 제공하기에 적합하지 않은 점이 있고, 이것이 동산에 대한 권리이전형 담보를 인정할 실제의 필요가 강하게 제기되는 이유이기도 하다(앞의 [231] 참조).

그 외에도 질권의 경우에는 '유담보流擔保약정', 즉 채무불이행이 있으면 담보물 자체를 채무의 이행에 대신하여 취득하기로 하는 약정(앞의 [231] 참조)을 미리 할 수 없는 데 비하여(민법 제339조: "유질계약의 금지"), 저당권의 경우에는 이것이 허용된다는 점(명문의 규정은 없으나, 통설이고 판례이다)도 기억해 둘 필요가 있다.

[237] 저당권을 둘러싼 이해관계의 대립

이하에서는 그 중 저당권에 대하여서만 살펴보기로 한다.

그에 앞서서 지적하여 둘 것은, 저당권(나아가 일반적으로 담보)에 관련한 법적 문제에는 다양한 사람의 이해관계가 특히 복잡하게 얽혀 있다는 점이다. 채권의 만족은 위에서 본 대로 종국적으로 채무자의 책임재산이 어느 만큼 존재하느냐에 달려 있게 된다. 그리고 채무자가 무자력의 상태에 빠진 경우에는, 채권의 실제적인 가치는 일반적으로 채권의 총액에 대한 채무자의 책임재산액의 비율만큼밖에 되지 않는다(앞의 [59] 및 [207] 참조). 그리하여 이러한 가치저락을 피하여 담보목적물로부터 누가 어느 만큼 '우선적으로' 채권의 만족을 얻을 수 있는가를 둘러싸고 여러 사람의 이해관계가 예리하게 대립되기 마련이다.

흔히 있을 수 있는 평범한 예를 하나 들어보자. 이제는 책임재산이 부족하게 된 채무자 A에 대하여 B, C의 두 사람이 각기 3억원, 2억원의 채권을 가지고 있다. 그런데 A는 B의 채권을 담보하기 위하여 자기의 유일한 재산인 부동산(시가 4억원)을 제공하여 그 위에 1번저당권을 설정하여 주었었다. 그리고 C의 채권을 위해서는 D가 보증을 섰다고 하자. 나아가 A가 같은 부동산을 자신의 친지 E가 부담하고 있는 2억원의 채무의 담보로 제공하여 그 위에 그 채권자 F가 제 2 번의 저당권을 가지고 있다. 이 경우 B의 저당권이 어떠한 효력을 가지는가는, 비단 채무자 A에 대하여뿐만 아니라, 그에 대한 다른 채권자 C 및 후순위저당권자 F의 법적인 지위에도 현저한 영향을 미친다. 그리고 이에 따라, 그 각각의 사람과 일정한 관계가 있는 사람들, 여기서 단지 하나의 예로서 든 대로 C에 대한 보증인 D나 F에 대한 채무자 E에 대하여도 중요한 의미가 있을 수 있는 것이다.

위의 경우에 1번저당권자인 B가 위 부동산의 매각대금(일단 시가대로 4억원이라고 해 보자)으로부터 어느 만큼을 우선변제받을 수 있는가 하는 점(뒤의 [240] 참조)은 2번저당권자 F의 이해에 중대한 의미가 있다. 그는 1번저당권자가 우선변제를 받고 남은 매각대금으로부터만 우선변제를 받을 수 있기 때문이다. 그리고 이와 같이 F가 어느 범위에서 채권의 만족을 얻느냐에 대하여 그 채무자 E에게 이해관계가 없을 수 없다. 나아가 위 저당부동산이 경매에서 제 3 자에게 매각되어 채무자 A의 책임재산이 전혀 없게 됨으로써 A에 대한 C의 2억원의 채권은 거의 완전하게 무가치하게 되었다고 말할 수 있다. 따라서 C는 보증인 D에 의지할 수밖에 없게 된다. 그리고 D로서는 그 보증채무를 이행하여 주채무자 A에 대하여 구상권을 취득한다고 하더라도(앞의 [226] 참조), 이 구상권도 기실은 그 채무자의 무자력으로 말미암아 무가치한 것이다. 말하자면 C는 채무자 A의 **무자력위험**을 보증인 D에게 떠넘길 수 있는 법적인 힘을 가지고 있는 것이다.

이러한 예에서 보는 대로 담보의 문제는 그에 관련된 각종의 당사자들의 이해관계에 심중한 영향을 미친다. 그러므로 이와 관련된 각종의 법규정들을 종합적으로 살펴볼 필요가 있고(예를 들면 저당권만 하더라도 민법 제 2 편 제 9 장 외에 민법 제480조 이하의 변제자대위에 관한 규정, 매매목적물에 저당권이 설정된 경우에 대한 민법 제576조, 「가등기담보 등에 관한 법률」 등. 또한 강제집행절차에서 담보권자의 지위에 관한 법규정 또는 법리도 소홀히 할 수 없다), 어떠한 법해석이 미치는 파장을 신중하게 고려하여야 한다. 그러나 여기서는 저당권에 대한 기본적인 사항만을 적어 두기로 한다.

[238] 담보와 도산 또는 무자력

채무자가 무자력이 되어 그가 발행한 약속어음 등이 은행에서 지급되지 않는 '부도不渡' 등이 일어나면, 채무자의 법적 지위는 매우 달라지게 된다. 이제 채무자의 적극재산을 모두 모아서 이를 한꺼번에 채권자 전원의 공평한 만족에 돌려야 하고, 그에 대한 채무자의 처분은 쉽사리 허용될 수 없다. 또 만일 채권자 각자가 채무자의 개별 재산에 강제집행을 실시하여 혼자만 만족을 얻는 것이 허용된다면, 다른 채권자들은 전혀 만족을 못 얻는 일이 벌어질 것이다. 그러므로 도산한 채무자에 관하여는 파산이나 회사회생 등의 이른바 도산절차가 마련되어, 채무자의 무자력으로 인한 손실을 채권자 전원이 공평하게 부담하도록 한다.

그렇다고 전부터 담보를 가져서 자기 채권의 우선적 만족이 확보되어 있는 채권자의 법적 지위가 달라질 이유는 없다. 오히려 담보는 채무자가 도산한 경우에 빛을 발하게 된다고 해도 좋다. 채무자가 자칫 무자력이 되더라도 일반채권자에 우선하여 채권의 만족을 얻을 수 있기에 평시에 담보가 요구되는 것이다. 그래서 예를 들면 파산재단에 속하게 된 재산에 애초 저당권 등의 담보권을 가지는 사람은 별제권別除權을 가져서, 파산절차와는 별도로 원래의 방도대로 채권의 우선적 만족을 도모할 수 있다(「채무자 회생 및 파산에 관한 법률」 제411조 이하 참조). 또 파산절차의 개시 전에 상계를 할 수 있었다면 파산선고가 있어도 파산절차 외에서 상계를 할 수 있다(동법 제416조 이하. 상계가 '담보적 기능'을 한다는 것은 이 점도 그 한 내용이 된다. 앞의 [207]도 참조).

그러므로 담보를 공부함에 있어서는 그것이 도산절차에서 어떠한 지위를 보장받고 있는지에 항상 주의할 필요가 있다(앞의 [157]도 참조). 도산법은 담보제도의 시금석과 같은 역할을 하는 것이다.

[239] 저당권의 설정

저당권이 설정되려면, 우선 저당권을 설정하기로 하는 부동산소유자와 채권자 사이의 계약이 있어야 하고, 나아가 저당권설정등기가 행하여져야 한다(민법 제186조).

여기서 자신의 부동산을 담보로 제공하여 그 위에 저당권이 설정되게 하는 사람을 저당권설정자라고 부르는데, 이는 반드시 채무자이어야 할 필요는 없고 제3자도 저당권설정자가 될 수 있다. 이와 같이 자신의 물건 또는 권리를 다른 사람의 채무의 담보로 제공하여 이른바 물상보증인이 되었다고 해서, 또는 이미 저당권이 설정되어 있는 부동산을 취득하여 이른바 제3취득자가 되었다고 해서, 그가 채권자에 대하여 무슨 인적인 채무를 부담하게 되는 것은 아니며(채권자는 그에 대하여 채무의 이행을 청구할 수 없다), 단지 채무자가 채무를 이행하지 않으면 채권자는 저당권을 실행하여 저당부동산으로부터 그 채권의 만족을 얻을 수 있을 뿐이다. 말하자면 물상보증인은 '물적 유한책임'만을 지는 것이다(이상 앞의 [216] 참조).

저당권은 하나의 부동산에 하나만이 설정될 수 있는 것이 아니고, 여러 개의 저당권이 순위를 가지고 설정될 수 있다. 그리고 그 순위는 저당권등기의 순서에 의하여 정하여진다(민법 제370조, 제333조). 그리하여 하나의 부동산 위에 여러 개의 저당권이 설정된 경우에는, 앞에서부터 '1번저당권', '2번저당권' … 등으로 부른다. 그리고 후순위저당권은 선순위의 저당권에 의하여 담보되는 채권이 우선변제를 받고 난 나머지의 매각대금으로부터만 우선변제를 받을 권리가 있다. 이와 같은 저당권의 순위는 고정되는 것이 아니라, 선순위의 저당권이 변제 기타의 사유로 소멸하면 후순위의 저당권은 그 순서가 상승하게 된다(이른바 순위확정의 원칙은 우리 법에서는 채택되지 않고 있다).

다른 한편 하나의 채권의 담보를 위하여 여러 개의 부동산에 저당권을 설정할 수도 있다. 이를 **공동저당**이라고 하는데, 이 경우에는 그 중 어느 부동산으로부터 만족을 얻느냐에 따라 후순위저당권자의 이해에 지대한 영향을 주므로, 민법은 별도의 규정을 두어 이 점을 조정하고 있다(민법 제368조 참조).

저당권에 의하여 담보되는 채권, 즉 피담보채권은 반드시 저당권을 설정할 당시에 이미 금전채권이어야 할 필요는 없고(그러나 그 경우가 대부분이다), "일정한 금액을 목적으로 하지 아니한 채권", 예를 들면 특정물인도채권이라도 후에 저당권을 실행할 당시에 금전채권(예를 들면 손해배상청구권)으로 되어 있으면 족하다. 그러나 그 경우에는 저당권등기를 함에 있어서 '채권의 평가액'을 표시하여야 한다(부동산등기법 제77조). 또 피담보채권은 저당권 설정 당시에 미리 확정되어 있을 필요는 없고, 조건부 채권 기타 채권 발생의 기초관계는 있으나 아직 그 발생이 확정되지는 아니한 채권(이른바 '장래의 채권'. 예를 들면 임대차 존속 중의 보증금반환채권)이라도 좋다. 나아가 민법은 당사자 사이의 계속적 법률관계에서부터 발생하는 다수의 증감변동하는 채권(예를 들면 고객과의 어음거래로부터 발생하는 은행의 채권)을 위하여서도 "그 담보할 채무의 최고액만을 정하고" 저당권을 설정할 수 있다고 정한다(제357조). 이를 근저당권根抵當權이라고 한다. 그리고 판례나 통설은, 그와 같이 채권 발생의 원인을 특정하지 아니하고 채무자에 대한 채권자의 일체의 채권을 담보하기 위하여서도 근저당권이 유효하게 설정될 수 있음을 인정하고 있다(이른바 포괄근저당. 한편 포괄근보증에 대하여는 앞의 [220] 참조).

[240] 저당권의 효력

저당권은 저당부동산으로부터 "다른 채권자보다 자기 채권의 우선변제를 받는 것"을 핵심적인 내용으로 하는 권리이다(민법 제356조). 다시 말하면 그 부동산의 매각대금으로부터 일반채권자들(즉 우선변제권이 없는 보통의 채권자들)에 앞서서 먼저 자기 채권 전부의 만족을 얻을 수 있는 것이다. 이러한 우선변제권능은 반드시 저당권자 자신이 신청하여 개시된 경매절차에서만 행사할 수 있는 것이 아니고, 후순위저당권자가 신청한 경매절차는 물론이고, 일반채권자에 의한 강제집행절차 또는 국세 등의 체납처분으로 하는 공매절차(국세징수법 제64조 이하 참조)에서라도 저당권의 객체인 부동산에 대한 것이라면 행사될 수 있다. 이러한 집행절차에서는 우선변제권이 있는 채권자들이 경합하는 경우도 물론 있으나, 이때에는 그 사이의 우선순위에 관한 법리가 마련되어 있다. 그 출발점은 "시간에 있어서 앞선 사람은 권리에 있어서도 앞선다"는 원칙으로서, 양립할 수 없는 권리들 사이에서는 먼저 성립한 것이 우선한다는 것이다. 그러나 법에서 따로 순위를 정하는 경우도 있다. 예를 들면 앞의 [80]에서 본 소액보증금임차인의 경우에는, "다른 담보물권자보다 우선하여 변제받을 권리가 있다"고 하므로(주택임대차보호법 제 8 조 제 1 항), 저당권자도 이에는 우선하지 못한다(이러한 이른바 최우선변제권에 대하여는 뒤의 [243]을 보라).

저당권의 이러한 효력과 관련하여서는, 우선변제를 받을 수 있는 피담보채권의 범위와 저당권의 효력이 미치는 목적물의 범위가 확정되어야 한다. 이 문제는 저당권설정자 및 후순위권리자 기타 이해관계인에게 매우 중요한 의미가 있는 것이다.

피담보채권의 범위에 대하여, 민법은 "원본, 이자, 위약금, 채무불이행으로 인한 손해배상 및 저당권의 실행비용"이라고 정하고, 그 중에서 손해배상에 관하여는 "지연배상에 대하여는 원본의 이행기일을 경과한 후의 1년분에 한한다"고 한다(제360조). 이와 같이 지연배상금에 대하여 효력을 제한한 이유는 이행기일이 지나 저당권을 실행할 수 있음에도 이를 태만히 하여 지연이자가 늘어나는 경우에도 제한 없는 우선변제가 인정되지 아니한다는 데 있다(이러한 피담보채권의 제한이 우리나라에서 통상의 저당권이 아니라 근저당권이 널리 채택되는 이유의 하나이다).

그리고 목적물의 범위와 관련하여서 민법은 "저당부동산에 부합된 물건과 종물에 미친다"고 정한다(제358조 본문). '부합된 물건'이라고 함은 목적부동산과 결합하여 거래관념상 부동산의 일부분으로 인정되는 것을 말하는데, 예를 들면 토지에 심은 수목이나 건물의 증축부분 또는 개축부분이 이에 해당한다. 그러나 판례는, 다 자란 농작물은 토지에 부합하지 않는다고 하며(대법원 1963년 2월 21일 판결 62다913사건(대법원판결집 11권 1집, 민사편 119면) 등 다수), 또 증축된 건물부분이라도 그것이 원래의 건물과 독립하여 별개의 거래대상이 될 수 있는 때에는 이는 "저당부동산에 부합된 것"이 아니어서 저당권의 효력이 미치지 않는다고 한다(대법원 1985년 11월 12일 판결 85다카246사건(대법원판례집 33권 3집, 155면) 등). 또 종물이란 주물에 대응하는 것으로서, "주물의 소유자가 그 물건의 상용에 공하기 위하여 이에 부속하게 한 자기 소유의 다른 물건"을 말한다(민법 제100조 제 1 항). 예를 들면 주택과는 딴채로 되어 있는 광 기타 창고 등이 이에 해당한다.

여기서 하나 주의할 것은, 저당권이 우선변제의 효력을 가진다고 해서, 저당채권자가 그 부동산의 환가금으로부터 채권 전부의 만족을 얻는다는 보장은 없다는 것이다. 특히 후순위의 저당권자의 경우에는 채권 전부의 만족을 얻지 못할 가능성이 있으며, 또 선순위의 저당권자라도 목적물의 매각대금이 채권액에 미치지 못할 경우도 있다. 그러한 경우 만족을 얻지 못한 부분에 대하여 저당채권자는 무담보의 일반채권자로 남게 된다. 그리하여 이번에는 그에 관한 집행권원(예를 들면 확정판결)을 얻어 채무자의 일반재산에 대하여 강제집행을 개시하거나(뒤의 [238] 참조), 타인이 신청한 집행에 참여할 수 있다.

[241] 저당권의 실행

저당권의 실행이란 저당권자가 스스로 저당부동산을 현금화하는 절차를 발동시켜 자기 채권의 만족을 얻는 것을 말한다.

민법은 제363조 제 1 항에서 저당권자에게 저당권의 실행을 위하여 경매를 청구할 수 있는 권리를 부여하고 있고, 민사집행법은 그 제 3 편에서 일반적으로 저당권 등 담보권의 실행을 위한 경매(종전에는 흔히 임의경매라고 하였으나 민사집행법 시행 후로는 담보권실행경매라고 부르기도 한다)의 절차에 관하여 정하고 있다(종전에는 그에 관하여 경매법이라는 별도의 법률을 두고 있었으나, 1990년 9월 1일부터 시행된 민사소송법 개정법률에 의하여 그 법률은 폐지되고 그 내용은 민사소송법 제 7 편 제 5 장으로 옮겨졌었다. 그러다가 다시 2002년 1월에 새로 제정된 민사집행법 제 3 편("담보권 실행 등을 위한 경매." 제264조 이하)에 자리하게 되었다). 민사집행법의 규정을 보면, 그 절차에 관하여 몇 개의 특별규정을 두고 있을 뿐이고(제264조 이하), 나머지는 주로 부동산의 강제경매절차에 관한 규정(제79조 내지 제162조)을 준용하고 있다(제268조).

저당권 등 담보권의 실행을 위한 임의경매 또는 담보권실행경매의 절차가 강제경매의 절차, 즉 확정된 **일반**채권의 내용을 국가의 힘을 빌어 실현하는 절차와 크게 다른 것은 전자의 경우에는 집행권원執行權原이 요구되지 않는다는 점에 있다. 집행권원(종전에는 채무명의債務名義라고 불렸다)이란 앞에서도 본 대로([158] 참조) 이행의무의 존재를 공적으로 확인하고 법률이 강제집행에 의하여 그 의무의 내용을 실현할 수 있는 힘(이를 집행력이라고 한다)을 인정한 문서를 말한다. 그 대표적인 예로는 피고에게 일정한 채무의 이행을 명하는 확정판결(또는 이에 준하는 조서. 민사소송법 제220조 참조)을 들 수 있다. 그런데 임의경매절차를 개시함에는 이러한 집행권원을 요하지 아니하며, 담보권자가 바로 경매신청을 할 수 있다(민사집행법 제264조 참조).

경매절차의 세부는 민사소송법의 강의에서 다루어지므로, 여기서는 단지 실제적인 권리와 관련된 몇 가지 사항만을 들어 둔다.

첫째, 매수인(종전의 '경락인')은 매각대금의 완납으로 목적물의 소유권을 취득하며(민사집행법 제268조, 제135조), 이는 매수인 앞으로 소유권이전등기가 이루어졌느냐 여부와는 관계없다(이에 대하여는 앞의 [69] 참조).

둘째, 그러나 그 부동산이 원래 저당권설정자의 소유에 속한 것이 아니었다면, 매수인이 매각대금을 완납하였다고 해도, 그는 부동산의 소유권을 취득하지 못한다. 부동산의 매매의 경우에 그 목적물이 원래 매도인의 소유가 아니면 비록 매수인이 소유권등기를 이전받았더라도 소유권을 취득하지 못하는 것(앞의 [65] "셋째" 참조)과 마찬가지의 이치이다. 그러나 이 경우 매수인은 저당권설정자 등에 대하여 담보책임(앞의 [190] 참조)을 물을 수 있다(민법 제578조, 제570조). 그 외에 저당권이 애초부터 효력이 없는 것이었던 경우 또는 일단 유효하게 성립한 저당권이 피담보채권의 변제 등으로 소멸한 **후에** 이를 바탕으로 경매절차가 개시된 경우에도 매수인은 경매목적물을 취득하지 못한다(대법원 1976년 2월 10일 판결 75다994사건(법원공보 532호, 8979면); 대법원 전원합의체 2022년 8월 25일 판결 2018다205209사건(대법원판례집 70권 민사편, 614면)을 보라. 뒤의 판결에 대하여는 앞의 [127]도 참조).

셋째, 그 외의 경매절차상의 흠은, 그것이 실체적 저당권에 관한 것이든 절차 자체에 관한 것이든, 매수인의 위와 같은 소유권 취득을 방해하지 못한다(민사집행법 제267조 참조). 예를 들면 경매절차개시 후에 피담보채권의 변제 등으로 저당권이 이에 따라 소멸되었다든가 하는 사유 등은 그 경매절차 내부에서 이의신청 또는 항고 등에 의하여 주장되어야 하며, 그러한 주장을 함이 없이 매각허가결정이 확정되면, 이제 더 이상 경매의 무효를 주장할 수 없다.

넷째, 목적부동산에 존재하던 저당권은, 경매신청인의 저당권이 아니라도, 그 선순위·후순위의 여부를 가리지 않고 경매절차의 종료에 의하여 모두 소멸하며(민사집행법 제91조 제 2 항), 매수인에게 그 부담이 넘어가지 않는다. 그러므로 목적부동산 위에 저당권을 가지는 사람은 모두 당해 매각대금으로부터 그 채권의 만족을 얻도록 하여야 한다(다만 판례는 경매절차가 완결된 후라도 부당이득의 성립을 인정하기는 한다). 그러나 용익물권(대항력 있는 임차권 포함)은 1번저당권(경매신청인의 저당권이 아니라)보다(또 목적물을 압류 또는 가압류한 일반채권자가 있으면 그 압류 등보다) 시간적으로 먼저 성립하였는지에 의하여 달라진다. 즉 용익물권이 그보다 늦게 성립하였으면, 이는 소멸하여 매수인이 그 부담을 안지 않지만, 그보다 이른 경우에는 이는 원칙적으로 존속하여 매수인은 이를 인수하는 상태로 목적물을 취득하게 된다(민사집행법 제91조 제 3 항, 제 4 항. 앞의 [78]도 참조). 물론 이 경우 매수인이 그러한 권리의 존재를 알지 못하였다면, 그는 경매절차 외에서 민법상의 담보책임을 물을 수 있다(민법 제578조, 제575조 제 1 항 및 제 2 항. 앞의 [85]도 참조). 그러나 이는 사후적인 구제책에 불과하므로, 경매신청競買申請을 하기 전에 미리 목적물의 권리관계를 면밀히 조사·계산하여 그 신청 여부 및 매수신청가격을 정할 필요가 있다.

[242] 유저당약정

유저당약정이란 저당권 설정의 당사자들이 미리 위와 같이 법률이 정하는 저당권의 실행방법과는 다른 실행방법을 약정한 것, 특히 저당채무의 불이행이 있으면 저당부동산을 채무의 이행에 갈음하여 저당권자가 그대로 취득하기로 약정한 것을 말한다. 이러한 유저당약정이 질권에 있어서와는 달리 유효라고 함은 앞의 [236] 말미에서 본 대로이다.

그런데 유저당약정에 대하여는 소비대차에 관하여 정하는 민법 제607조, 제608조와의 관계가 문제가 된다. 이들 규정은 "차용물의 반환에 관하여 차주가 차용물에 갈음하여 다른 재산권을 이전할 것을 예약한 경우에는 그 재산의 예약 당시의 가액이 차용액 및 이에 붙인 이자의 합산액을 넘지 못"하며 이에 반하는 당사자의 약정으로서 "차주에게 불리한 것은 환매 기타 여하한 명목이라도 그 효력이 없다"고 정한다. 이들 규정은 그 문언대로는 (i) 소비차주가 부담하는 차용물반환채무에만 적용이 있고 매매대금채무 등의 다른 채무에는 적용이 없으며, (ii) 그 '예약'의 당사자가 소비대주와 소비차주이어야 하고, 예를 들면 물상보증인이 그 채권자인 소비대주와의 사이에 그러한 약정을 한 경우에는 적용되지 않는다고 해석될 수 있다. 과연 이와 같이 해석하는 것이 옳겠는가 하는 점은 접어두고서라도, 예를 들면 소비차주의 반환채무의 담보를 위하여 그 차주가 제공한 부동산에 저당권이 설정된 경우에 소비차주(즉 저당권설정자)와 소비대주(즉 저당권자) 사이에 위와 같은 유저당약정을 하였다면, 이에 위 규정의 적용이 있다고 할 것인가, 즉 그 유저당약정이 위 규정에서 말하는 "차용물에 갈음하여 다른 재산권을 이전할 것을 **예약**한 경우"에 해당하는가도 문제될 수 있다. 일반적으로 이 점은 긍정되고 있다. 이는 민법 제608조가 "환매 기타 여하한 명목이라도"라고 정하는 것과 연관이 있다. 따라서 유저당약정 당시의 저당부동산의 가액이 차용원금 및 이에 대한 이자를 합산한 액을 넘으면, 그러한 유저당약정은 무효이다. 그리고 민법 제608조에 의하여 무효가 되는 것은 담보계약 전체가 아니라, 그 중에서 이러한 유저당약정(그리고 뒤의 제 4 절에서 보는 권리이전형 담보 일반에 대하여 말한다면, 뒤의 [244] 말미에서 말하는 유담보약정)만이라고 할 것이다. 그러므로 이 경우에 저당권자는 원칙대로 법률이 정하는 실행방법, 즉 담보권실행경매에 의하여 저당권을 실행할 수밖에 없다(담보목적으로 가등기가 이루어진 경우에는 이 가등기와 결합된 별도의 담보권이 인정되는데, 이에 대하여는 뒤의 [245] 참조).

[243] 최우선변제권

앞서 본 대로 저당권은 저당부동산으로부터 다른 일반채권자들보다 자기 채권의 우선변제를 받는 것을 핵심적인 내용으로 하는 권리이다([240] 참조). 그런데 주택임차인의 보증금반환청구권과 관련하여 우리는 '소액보증금임차인의 최우선변제권'을 살펴본 바 있다(앞의 [80] 및 [240] 참조). 즉 거기서의 '소액보증금임차인'에 해당하게 되면, 그는 보증금 중 일정액을 "다른 담보물권자보다" 우선하게 변제받을 수 있는 것이다(상가건물임대차보호법 제14조도 유사하게 정한다). 그리하여 예를 들어 어떤 저당권이 그 임대차계약에 시간적으로 앞서서 그 주택에 설정되었다고 하더라도 그 임차인이 보증금의 일정액을 저당권자보다도 우선하여 만족을 얻을 수 있는 것이다. 이와 같이 "시간적으로 앞선 사람이 권리에서 더욱 강력하다(Prior in tempore, potior in iure)"라는 법의 보편적 일반원칙에 특별히 예외를 인정하는 것은 그 임차인에게 최소한의 안정적 주거생활을 보장한다는 사회국가적 고려에 기한 것이라고 설명된다.

이러한 최우선변제권은 그 외에도 예를 들면 근로관계에 의한 채권 중 최종 3개월분의 임금이나 재해보상금 및 최종 3년간의 퇴직급여(근로기준법 제38조 제 2 항 및 「근로자 퇴직급여 보장법」 제12조 제 2 항. 특히 이들 채권은 채무자인 사용자의 개별 재산이 아니라 그의 '총재산'에 대하여 그러하다)에 대하여도 같은 고려에 기하여 인정되고 있다. 그리고 국세·

지방세와 같은 조세나 공과금에 있어서는 국가나 지방자치단체 존립의 재정적 기초를 마련할 필요에 기하여 일반적으로 '조세우선권'이라고 불리는 우선변제적 효력이 인정되어 있다. 그런데 여기서는 전세권·질권 또는 저당권이나 임대차보증금채권 등과의 우열에 관하여 쉽사리 파악하기 어려운 측면이 있다(국세기본법 제35조, 지방세기본법 제71조 등).

이에 대하여 일일이 설명하는 것은 여기에서 피하기로 한다. 다만 담보물권의 목적물이 경매절차에 들어가 관련 채권자들이 자기 채권의 만족을 실제적으로 실현하는 단계에 들어가면, 경우에 따라서는 매우 복잡한 채권 간의 우열 문제가 등장할 수 있다는 것, 그리고 위와 같은 최우선변제권은 외부적으로 제대로 공시되지 않는 경우가 적지 않아서 저당권 기타 담보권을 설정받음으로써 자기 채권의 만족을 확보하려는 입장에서는 그로 말미암아 그 기대가 어긋나게 될 우려가 있다는 것(이 점에 대하여는 앞의 [234]도 참조)만을 덧붙여 두기로 한다.

[244] 동산담보권·채권담보권

민법은 앞에서 본 대로 유치권·질권·저당권의 세 가지 담보물권에 관하여 정하고 있다. 그런데 2012년 6월부터 「동산·채권 등의 담보에 관한 법률」이 시행되어, '동산담보권' 및 '채권담보권'이라는 새로운 종류의 담보물권을 법정하기에 이르렀다.

민법이 정하는 동산 및 채권에 대한 담보물권은 앞서 본 대로 질권인데, 동산질권의 설정에는 질물의 인도가, 채권질권의 설정에는 우선 채권의 양도와 같은 요건을 갖출 것 및 목적물이 지명채권이면 통지 또는 승낙과 같은 대항요건을 갖출 것이 각 요구된다. 그러나 이때 동산질권의 경우에는 앞의 [236]에서 본 대로 질권 설정으로 담보제공자는 목적물을 이용할 가능성이 사실상 없게 되므로 이를 피하기 위하여 양도담보에 의존하고 있다. 그런데 동산양도담보에서 목적물은 담보제공자가 계속 점유하는 것이 통상이므로, 일반 제 3 자로서는 그 목적물에 관한 권리관계를 명료하게 파악할 수 없는 경우가 많다. 또 채권질권의 경우에는 제 3 자로서는 결국 채무자에게 채권의 존재·내용 및 귀속을 알아봄으로써 채권을 담보로 금융을 제공할 것인지를 결정할 수밖에 없는데, 이러한 방법으로는 안심하여도 된다고 말하기 어렵다. 그리하여 종래에는 동산 및 채권을 담보의 목적물로 하는 경우는 많지 않고, 대체로 부동산담보의 비중이 현저히 높았다. 그렇게 되면 부동산 자산이 부족한 중소기업 등의 원활한 자금 조달에 문제가 있으므로, 이러한 상황을 개선하기 위한 노력의 일환으로 위 법률이 새로 제정·시행된 것이다.

위 법률의 핵심적 내용은 동산 및 채권에 대하여 새로운 공시방법으로 담보등기제도를 도입한 것이다. 즉 부동산등기부가 부동산별로 편제되는 것과 달리 담보설정자별로 편제되는 동산담보등기부와 채권담보등기부를 마련하고('인적人的편성주의'), 동산 및 금전 지급을 목적으로 하는 지명채권(창고에 보관하는 재고물품 또는 여러 구매자로부터 받을 판매대금채권과 같이 이른바 유동하는 집합동산 또는 집합채권도 포함된다. 동법 제 3 조 제 2 항, 제34조 제 2 항 참조)을 등기하도록 한다. 다만 여기서 담보설정자가 될 수 있는 것은 법인 또는 부가가치세법에 따라 사업자등록을 한 사람에 한정되고(동법 제 2 조 제 5 호, 제 3 조 제 1 항, 제34조 제 1 항), 약정으로 담보권이 변동되는 경우에만 위 법률의 적용이 있다. 그리고 약정에 따른 동산담보권은 담보등기부에 등기하여야 그 효력이 생기고, 채권담보권의 득실변경은 그 등기로 "[담보권의 목적이 된 채권의] 채무자 외의 제 3 자에게 대항할 수 있다"(동법 제 7 조 제 1 항, 제35조 제 1 항).

이와 같은 동산담보권·채권담보권은 통상의 동산질권·채권질권 및 양도담보를 배제하는 것이 아니다. 동산의 경우라면, 이들 사이의 우열은 동산등기부에의 등기와 인도(점유개정을 포함하여 일체의 인도방식이 포함된다) 사이의 선후에 따라 정하여진다(동법 제 7 조 제 3 항). 또한 동산담보권이 설정된 동산도 민법의 규정에 의한 선의취득이 인정된다(동법 제32조).

이 새로운 담보제도는 그 시행 이후 일정한 한도에서 기업금융수단으로서의 기능을 수행하고 있으나, 1년에 동산담보권 및 채권담보권이 등기된 것은 법원의 통계에 의하면 한때 1년에 합하여 3천건 내외이었는데 2017년에는 2천건으로 감소하였다가 2018년에 다시 3천건, 2020년에 5천6백건, 2022년 및 2023년에 각 5천건 정도, 2024년 4천3백건이 되었다. 이러한 정도의 이용이라면 애초 제도 설계의 세부에 그 이용을 주저하도록 하는 요소는 없었는지 보다 신중한 검토가 필요하다고 생각된다.

채권의 경우는 어떠한가? 앞서 본 대로 담보권등기는 "제 3 채무자 이외의 제 3 자"에의 대항요건인 것에 그치고, 제 3 채무자, 즉 채권담보권의 목적인 된 채권의 채무자에게 대항하려면 그에게 '등기사항증명서'(동법 제52조)를 교부하는 방법으로 그 사실을 통지하거나 제 3 채무자가 이를 승낙할 것이 요구된다(동법 제35조 제 2 항). 그런데 채권담보권이 설정되었다고 해도, 그 목적이 된 채권은, 동산담보권의 목적이 된 동산과 마찬가지로, 담보설정자에 의하여 따로 다른 제 3 자에게 양도되거나 채권질권이 설정될 수 없는 것은 아니다. 그러면 양자가 병존하는 경우 그 우열은 어떻게 가려지는가? 이 문제에 대하여 대법원 2016년 7월 14일 판결 2015다71856사건(대법원판례집 64권 민사편, 496면)은 위 제35조 제 2 항의 대항요건과 채권양도의 대항요건(민법 제450조. 앞의 [40] 참조)이 모두 구비된 경우라면 전자가 후자보다 나중에 갖추어

졌더라도 채권담보권자가 우선하여서 제 3 채무자는 그에게 변제하여야 하지만, 전자가 갖추어지지 아니한 상태에서는 제 3 채무자가 채권양수인에게 유효하게 변제할 수 있다고 판시한다.

제 4 절 권리이전형 담보

[245] 권리이전형 담보 개관

담보물권의 객체가 원칙적으로 물건에 한정되는 데 반하여, 권리이전형 담보의 목적물은 그 권리의 양도가 가능한 것이면 어떠한 것이나 좋다. 그러므로 부동산이나 동산 등의 물건뿐만 아니라, 유가증권, 채권, 나아가 특허권·저작권 등 지식재산권도 그 대상이 될 수 있다. 권리이전형 담보의 범용성이 여기서 나타난다. 그리고 실제의 거래에 있어서도 부동산뿐만 아니라, 동산이나 채권 기타의 각종 권리도 빈번하게 권리이전형 담보의 대상이 되고 있다. 특히 근자에는 기업 또는 병원 등 시설이 가지는 원료나 반제품 또는 재고상품과 같은 집합동산, 또 다수의 외상대금채권이나 건강보험금채권과 같은 집합채권이 특히 금융기관의 그에 대한 채권의 담보로 양도담보의 대상이 되는 예가 빈번하게 관찰되고 있다. 그리고 앞의 [236]에서 말한 대로, 질권을 취득한 경우와는 달리 동산의 양도담보에 있어서는 담보권자가 목적물의 직접점유를 가지지 아니하고 담보제공자가 종전과 같이 이를 점유하여('점유개정'. 앞의 [56] 말미 참조) 그 사용·수익을 계속하는 것이 통상이다. 그리고 이 점이 동산을 목적물로 하는 담보거래에서 양도담보가 즐겨 이용되는 이유이기도 하다(앞의 [231]도 참조).

담보를 위하여 채권자에게 담보목적물 자체를 취득시키는 것은 그 거래의 목적에 그대로 상응하는 것은 아니고, 그것을 넘어서 채권자에게 그 목적 이상의 권리를 취득시키는 것이다. 그러므로 이 담보형태에 있어서는 항상 법적 권리와 경제적 목적 사이에 불일치가 있게 된다. 법적 형식으로서는 언제나 권리 자체가 채권자에게 이전되어 그는 권리자가 되며, 담보제공자는 채무가 이행되면 그 권리의 반환을 청구할 수 있을 뿐이다. 그런데 채권자가 권리자가 되었다는 것은 그 자체로서 그 권리에 대한 처분권을 가지게 되었다는 것을 의미한다. 또한 통상적으로 그 권리는 이제 채권자의 책임재산에 속하게 되어 담보제공자가 아니라 채권자에 대한 채권자들이 이를 공유할 수 있게 된다. 물론 채권자는 담보제공자에 대하여 이러한 권능을 오로지 채권담보의 목적으로만 사용할 채권적 의무를 부담하기는 한다. 이와 같이 권리 자체를 취득하여 보유하게 된 사람이 다른 일정한 사람에 대하여 그 권리의 내용을 스스로를 위하여 누려서는 안 될 의무를 부담하는 관계는 전통적으로 신탁행위라는 개념으로 설명되어 왔다(구체적인 내용은 뒤의 [248] 참조).

그리하여 채권자는 원칙적으로 채무자의 채무불이행이 있을 때 비로소 목적물을 현금화하여 그 매각대금으로 자기 채권의 만족을 얻을 수 있으며(이로써 비로소 채무는 소멸된다), 그 결과로 남은 것이 있으면 이를 담보제공자에게 반환하여야 하고, 모자라면 그 부분을 다시 채무자에게 청구할 수 있다. 이러한 절차를 **정산** 또는 **청산**이라고 한다. 이는 그 권리이전이 담보를 위한 것이라는 사실로부터 얻어지는 귀결로서, 채권자와 담보제공자 간의 계약의 적어도 묵시적 내용이 된다고 할 것이다. 즉 권리이전형 담보의 원칙적인 형태는 정산형(또는 청산형)이다.

그러나 당사자 사이의 특약으로, 채무불이행이 있으면 그 담보목적물을 채무의 이행에 갈음하여 권리자가 '확정적으로' 취득하고, 이로써 당연히 채무는 소멸하는 것으로 정할 수도 있다. 이러한 특약이 있으면, 채무불이행으로 채권자가 그 권리를 확정적으로 취득한 후에는 이미 채무자는 채무를 이행하더라도 목적물의 반환을 청구할 수 없게 된다. 이는 앞서 본 유저당약정과 내용을 같이 하는 것인데, 이들을 통틀어 유담보약정이라고 부를 수 있다(앞의 [231] 말미도 참조). 권리이전형 담보가 이러한 유담보약정을 동반하는 유담보형인 경우는 오히려 예외에 속한다고 할 것으로서, 그것을 주장하는 사람이 그러한 특약의 존재를 입증하여야 한다.

[246] 가등기담보

그런데 특히 부동산이 권리이전형 담보의 목적물이 된 경우에는 우리 사회에서 특수한 거래유형이 관찰되고 있다. 즉 채권자는 처음부터 담보부동산에 관한 소유권등기를 이전받아 그 소유권을 취득하는 것이 아니라, 우선은 소유권이전등기청구권의 보전을 위한 가등기만을 하여 둔다. 그리고 나중에 채무불이행이 있을 때 비로소 그 가등기에 기하여 본등기를 하여 권리를 취득하는 것이다. 이는 가등기의 순위보전적 효력(이에 대하여는 앞의 [51] "다섯째" 참조)을 이용하는 것이다.

앞에서 본 대로 채권자의 입장에서는 담보목적물인 권리를 일단 취득하였더라도 그것을 자기 것으로 이용할 생각이 있는 것은 아니다. 그러므로 우선은, 번거로운 경매절차를 거치지 않아도 자신의 채권의 만족을 확실하게 얻을 수 있는 가능성과 담보제공자가 담보제공 후에 한 그 목적물에 대한 처분을 무효화할 가능성이 확보되기만 하면 족한 것이다(앞의 [230], [231] 참조). 그리고 이러한 가능성을 다름아닌 가등기(그리고 그와 결합하여, 본등기의 이행에 관한 제소전화해조서. '제소전 화해'에 대하여는 민사소송법 제 2 편 제 4 장에서 정하는데, 그 상세는 민사소송법 교과서를 보라)가 제공하여 주는 것이다. 그리고 가등기는 본등기보다 그 비용이 훨씬 저렴하며(1988년 12월 26일의 지방세법 개정 전에는 가등기의 등록세는 1건당 2천원에 불과하였다. 그 개정 후에도 본등기의 등록세는 기본적으로 부동산가액의 1천분의 20임에 비하여, 가등기의 경우에는 1천분의 2에 불과하다. 현재의 지방세법 제28조 제 1 항 제 1 호 나목 1)과 그 라목 4)를 비교하여 보라), 또 그것만으로는 부동산의 취득 또는 보유를 이유로 하는 각종의 세금도 부과되지 않는다.

이와 같이 가등기를 수반하는 부동산의 담보는 궁극적으로는 권리를 취득함으로써 담보의 목적을 달성하되, 처음 단계에서는 단지 그 취득의 가능성만을 확보하여 둔다는 점에서, 말하자면 '장래의 권리이전형 담보'라고 할 수 있을 것이다. 이에 반하여 담보제공의 당초부터 담보목적물인 권리가 채권자에게 이전되는 담보형태를 양도담보라고 한다. 그런데 가등기담보는 어디까지나 부동산과 같이 가등기가 가능한 재산에 대하여만 있을 수 있는 것이므로, 이를 앞서 본 바와 같이 범용성이 있는 양도담보와 대등한 지위에 놓는 데는 주저를 느낀다.

[247] 소유권유보부 매매

권리이전형 담보가 위와 같이 채권자에게 목적물을 취득시킴으로써 채권담보의 목적을 달성하는 것임에 대하여, 그 반면으로 채권자가 원래는 채무자에게 이전되어야 할 권리를 채무자에게 **취득시키지 않음**으로써 그 채권을 담보하는 형태도 있다. 예를 들면, 대금을 할부로 지급하기로 하는 동산의 매매계약을 체결한 경우에, 매도인이 목적물을 매수인에게 인도하여 그로 하여금 사용수익하게 하지마는, 그 소유권은 매수인이 할부금을 다 지급할 때 비로소 매수인에게 이전되고 그 때까지는 매도인이 가진다고 약정함(앞의 [68]에서 본 대로, 이 약정은 물권적 합의가 할부금의 완납을 정지조건으로 하여 행하여진 것으로 해석된다)으로써 매도인의 매매대금채권을 담보하는 것이다. 이러한 매매계약을 '소유권유보부 매매'라고 한다.

이러한 계약유형은 '권리유보부' 담보 또는 '소극적' 권리이전형 담보라고 할 수 있다. 소유권유보부 매매를 담보라는 관점에서 이해하려면, 이러한 거래가 일단 매수인에게 매매목적물의 소유권이 이전되었다가 매도인의 대금채권의 담보를 위하여 다시금 매도인에게 이를 양도한 것과 다를 바 없다는 것을 생각하여 보면 될 것이다. 즉 매매 및 그에 기한 소유권 양도와 양도담보가 결합된 것으로 볼 수도 있는 것이다.

소유권유보부 매매는 비단 개별 물건의 할부매매 등에서뿐만 아니라, 예를 들면 제조업자와 판매업자 사이(또는 도매업자와 소매업자 사이)의 계속적 공급계약 등에서도 이용되고 있다. 이러한 경우에는 제조업자가 일정한 기간 동안 계속해서 판매업자에게 매도하여 인도하는 각종 물품(그 내용은 항상 변동한다)의 소유권이 역시 증감변동하는 제조업자의 매매대금채권의 담보를 위하여 그에게 유보된다. 이러한 계속적·유동적인 소유권유보거래는 원료(또는 부품)의 공급업자와 제조업자 간에서도 빈번하게 이루어지고 있다.

그런데 그와 같이 하여 물품을 공급받은 판매업자는 그 매수한 물품을 포함하여 자신의 영업용 동산의 전부 또는 대부분을 집합적으로 은행 등의 금융기관에 양도담보로 넣는 경우도 없지 않다. 이 경우에는 유보소유권자(대개는 산업자본)와 양도담보권자(대개는 금융자본) 사이에 그 물건의 귀속을 둘러싸고 심각한 이익충돌이 일어난다.

한편 대법원 2010년 2월 25일 판결 2009도5064사건(판례공보 2010상, 694면)은, 부동산이나 자동차·비행기·선박·건설기계 등과 같이 등기 또는 등록에 의하여 소유권이 이전되는 경우에 있어서는 소유권유보부 매매의 개념을 "원용할 필요가 없다"고 판시한다. 그것은 한편으로 매도인이 등기를 대금 완납시까지 미루는 것 자체로써 담보의 기능을 할 수 있고(동시이행항변권의 '담보적 기능'에 대하여는 앞의 [207] 참조), 다른 한편으로 일단 매도인이 매수인에게 소유권이전등기를 경료하여 주었으면 이로써 소유권이 아예 매수인에게 귀속되기 때문이다.

소유권유보부 매매는 실제로 중요할 뿐만 아니라 이론적으로도 물권적 기대권 등 여러 가지의 흥미 있는 문제를 제기하고 있으나, 여기서는 더 이상 언급하지 않기로 한다.

[248] 양도담보의 일반법리

상당 기간 동안 법률은 적어도 사법의 관점에서는 권리이전형 담보에 대하여 아무런 규율을 가하지 않았었다. 이는 권리이전형 담보가 취하는 법적인 형식이 권리이전의 일반적 형태로서였고(이에 대하여는 이미 법이 물권변동, 채권양도 등 다각도로 규율하고 있다), 그 외에 '담보'라는 목적은 단지 당사자 사이의 채권계약을 통하여서만 법적 의미를 가지게 되므로(이에 대하여는 계약자유의 원칙에 맡겨 두면 족하고, 법률이 개입할 필요는 없다), 별도의 규율은 불필요하다는 태도를 취하였기 때문인지도 모른다.

그리하여 이를 어떻게 법적으로 처리할 것인가는 결국 판례와 학설에 맡겨졌는데, 우선 양도담보에 관하여 그 종국적인 모습을 요약하면 다음과 같다. 일단 담보목적물이 물건인 경우를 염두에 두기로 한다.

첫째, 양도담보권자는 담보목적물인 권리 그 자체를 취득한다. 예를 들면 물건이 담보목적물이면 채권자는 그 소유권을 취득한다. 그러므로 그가 제 3 자에게 목적물을 다시 양도하거나 담보권을 설정하는 등으로 처분을 하더라도, 그 처분은 그의 권리에 기한 것으로서 모두 유효하다. 이는 그 처분이 담보제공자에 대하여 의무 위반이 되는 경우에라도 마찬가지이고(앞의 [177] 참조. 또한 뒤의 "셋째"도 참조), 그 제3자가 처분자가 그 목적물을 양도담보로 취득한 것임을 알았더라도 다를 바 없다. 이는 일단 목적물을 매도한 사람이라도, 아직 소유권 자체를 매수인에게 실제로 이전하여 주지 않고 단지 소유권을 이전하여 줄 채무를 부담하는 데 그치는 경우에는, 목적물을 매수인 이외의 제3자에게 처분할 수 있는 것과 같은 이치이다(앞의 [176] 참조).

둘째, 양도담보권자는 소유권 그 자체를 취득하므로, 담보제공자의 다른 채권자들은 이에 대하여 강제집행을 할 수 없다. 양도담보권자는 그들의 강제집행에 대하여 제3자이의의 소(민사집행법 제48조. 이에 대하여는 앞의 [59] 참조)를 제기하여 그 절차의 진행을 막을 수 있다. 반면에 양도담보권자에 대한 채권자들은 그 목적물에 강제집행을 하여 그 매각대금으로부터 자기 채권의 만족을 얻을 수 있다. 그런데 설정자가 파산한 경우에 양도담보권자는 통상의 소유자와는 달리 강제적 만족절차를 아예 배제하는 **환취권**(「채무자 회생 및 파산에 관한 법률」 제407조)을 가지지 못하고, 단지 우선만족을 얻는 **별제권**(동법 제411조)을 가진다고 할 것이다(폐지 전 화의법에서의 양도담보권에 관한 것이기는 하나, 대법원 2002년 4월 23일 판결 2000두8752사건(대법원판례집 50권 1집, 특별편 660면)도 같다). 파산은 파산자의 물권적 관계뿐만 아니라 채권적 관계를 포함하여 모든 재산관계의 포괄적인 청산을 그 실질적인 가치의 관점에서 행하는 것을 목적으로 하는 절차로서, 양도담보권자도 파산절차에서는 목적물로부터 채권의 우선적 만족을 도모하면 족한 것이다(한편 종전의 회사정리·화의 등의 절차를 통합하여 위 법률에서 새롭게 마련된 '회생절차'에서 양도담보권은 회생담보권인 것으로 명문으로 정하여졌다. 동법 제141조 제

1 항 참조).

셋째, 담보제공자의 법적 지위는 어디까지나 양도담보권자에 대한 채권적인 관계에 불과하여, 예를 들면 양도담보권자가 목적물을 피담보채무의 불이행이 있기 전에 제 3 자에게 처분한 경우에라도(이른바 '의무위반의 처분' 또는 '배신적 처분'), 담보제공자는 그것 자체를 자신에 대한 채무불이행이라고 하여 양도담보권자에 대하여 손해배상을 청구할 수 있을 뿐이고, 그 처분에 기하여 제 3 자가 목적물에 대한 권리를 취득하는 것을 부인하지 못한다. 다만 예외적으로 그 제 3 자가 그러한 양도담보권자의 배신행위에 '적극 가담'하는 등으로 그의 행위가 선량한 풍속 기타 사회질서에 반하는 행위라고 인정될 때에는 그렇지 아니하다(앞의 [129] "둘째" 말미, [176] 말미 각 참조).

한편 담보제공자는, 담보목적물인 권리가 양도담보권자에게 머물러 있는 한, 채무원리금을 지급하여 그 권리의 반환(부동산의 경우에는 이전등기의 말소도 포함)을 청구할 수 있다. 그러나 담보제공자는 먼저 피담보채무를 이행하여야 하며, 채무의 이행과 상환으로(즉 동시이행으로) 목적물을 반환할 것을 청구할 수는 없다. 그리고 피담보채무를 이행하였더라도 아직 그 목적물의 반환이 실제로 이루어지지 않고 있는 동안(예를 들면 양도담보권자 앞으로 소유권등기가 남아 있는 한)에는 양도담보권자는 이를 처분할 가능성을 여전히 가지고 있다. 즉 이 경우의 반환청구권은 채권적인 성질을 가지는 것이며, 채무원리금의 지급 그 자체로 담보목적물이 담보제공자에게 환원되지는 않는다.

넷째, 피담보채무의 불이행이 있으면, 채권자는 목적물을 현금화하여 자기 채권의 만족을 얻고, 남은 것이 있으면 이를 담보제공자에게 반환하는 청산형이 원칙이다(유담보형에 대하여는 뒤의 "다섯째" 참조). 그 현금화의 방법은 목적물을 제 3 자에게 처분하는 방법(이른바 **처분청산**)을 취하거나 또는 채권자 자신에게 이를 귀속시키는 방법(이른바 **귀속청산**)의 어느 것이라도 무방하다. 그러나 그 현금화에 있어서는 목적물의 평가에 선량한 관리자의 주의를 다하여야 하며, 그 평가를 부당하게 낮게 한 경우에는 의무 위반이 되어 그 차액을 배상하여야 한다.

다섯째, 유담보형 양도담보는 민법 제607조, 제608조에 위반하는 한 허용되지 않는다(앞의 [242] 참조). 그러나 그 유담보약정이 무효라고 해서 아예 담보가 없게 되는 것은 아니며, 여전히 권리이전의 방식으로 하는 담보 자체는 유효이고 다만 그 담보가 원칙으로 돌아가 청산형이 될 뿐이다.

이상과 같은 법리는 일반적으로 양도담보설정자와 양도담보권자 사이의 법률관계를 이른바 신탁행위에 관한 어느 시기의 이론에 좇아 규율한 결과라고 말할 수 있다. 그리고 앞서 본 가등기담보에 있어서도, 채무불이행이 있으면 그 가등기에 기하여 채권자 앞으로 소유권이전등기를 경료받는 단계만이 추가될 뿐, 그 이후에는 위와 다를 것이 없었다.

[249] 「가등기담보 등에 관한 법률」

위와 같은 양도담보의 법리에 대하여는 불만이 없을 수 없었다.

그 하나는, 양도담보권자가 목적물을 제 3 자에게 처분한 경우에는, 그 처분이 그 제 3 자가 악의라도 유효하여서, 담보제공자는 그 후로는 피담보채무를 이행하여도 목적물 자체를 반환받을 가능성은 없게 된다는 점에 향하여졌다.

다른 하나는, 그렇다고 해서 양도담보권자가 목적물의 현금화로 인하여 담보제공자에게 부담하게 되는 청산금(또는 정산금)의 지급의무를 확실하게 이행하게 하는 법적 장치가 강구되어 있느냐 하면 그것도 아니라는 것이다. 목적물을 양도담보권자로부터 양수한 제 3 자가 담보제공자에 대하여 그 목적물(예를 들면 주택)의 인도를 청구하면, 담보제공자는 속절없이 이를 내주는 수밖에 없었다. 그리고 담보제공자는 양도담보권자에 대하여 청산금의 지급을 소송으로 청구하여야 하는데, 재력이 없는 담보제공자로서는 이 소송의 비용과 시간을 견디어 낼 도리가 없는 경우가 많다는 것이다.

이러한 정당한 불만에 대하여 법원실무가 오랫동안 아무런 적절한 대응도 제공하여 주지 못하자, 새로운 입법에 의한 개입을 요구하는 소리가 드높아졌고, 그 결과로 1984년 1월 1일부터 시행되기에 이른 것이 「가등기담보 등에 관한 법률」이다. 이 법률은 민법 제607조, 제608조를 전제로 하여, 각종의 권리이전형 담보(가등기담보를 포함한다) 중에서 위 규정들에 위반하여 "목적물의 가액이 채무액과 이자의 합산액을 넘는 것", 나아가 그 중에서도 담보물이 부동산(기타 "등기 또는 등록할 수 있는 권리". 동법 제18조 참조)인 경우만을 그 규율대상으로 하고 있다. 그리고 이 법률은 민법 제607조에서 정하는 대로 "차용물의 반환에 관하여 차용물에 갈음하여 다른 재산권을 이전할 것을" 약속한 경우에만 적용이 된다고 하므로(동법 제 1 조, 제 2 조 제 1 호 참조), 원래라면 유담보형에만 적용이 있고 청산형에는 적용이 없다고 할 것이다. 그러나 유담보형 양도담보에 이 법률을 적용한 결과는 청산형에 대하여 앞의 [248]에서 본 양도담보에 관한 규율이 적용된 결과보다 채권자(즉 담보권자)에 있어서 훨씬 열악한 것이다. 그러므로 과연 청산형에 위 법률의 적용이 없다고 하는 것이 '해석'으로서 타당한지 의문이 있다. 왜냐하면, 담보권자에게 보다 유리한 지위를 부여하는 유담보약정을 한 경우에는 위 법률의 적용을 받아 결과적으로 오히려 더욱 불리한 법적인 지위에 놓이게 된다면 이는 아무래도 균형이 맞지 않기 때문이다.

이와 같이 권리이전형 담보의 일부(중요한 일부이기는 하나, 여전히 일부임에는 변함이 없다)에 대하여 적용되는 위 법률은, 첫째, 민법 제607조·제608조와 연계하여 특수한 의미의 '담보계약'을 법정하며 나아가 이 담보계약에 기하여 설정되는 담보권을 새로운 물권적 담보권으로 인정하되, 이에 종전의 가등기담보 외에도 양도담보도 포함시켜 부분적이나마 규율하고, 둘째, 담보권자가 단지 가등기만을 받은 경우, 즉 가등기담보의 경우에는 그에게 저당권자에 유사한 법적 지위를 인정하며, 특히 가등기담보권을 실행하는 절차에 대하여는 청산기간제도를 도입하고 나아가 그 가등기에 기한 본등기와 목적물의 인도는 청산금의 지급과 동시이행으로 이루어지도록 하였으며, 셋째, 담보권자 앞으로 이미 소유권이전등기가 이전된 양도담보의 경우에 대하여도 청산금의 지급이 없으면 소유권이 이전되지 않는다고 정하였다.

[250] 가등기담보권의 내용

그러면 「가등기담보 등에 관한 법률」이 적용되는 경우에, 거기서 정하는 바의 '담보계약에 기한 담보권'은 구체적으로 어떠한 내용을 가지고 있는가를 살펴보기로 하자. 그 내용을 설명함에 있어서는 채권자가 가등기만을 경료하여 두고 있는 경우(동법 제2조 제3호 참조. 이하 그냥 '가등기담보'라고 해 두자)와 소유권이전등기까지 경료한 경우(종전의 양도담보에 해당하는 경우)를 구분할 필요가 있다. 전자에 대하여는 규정이 비교적 상세하나, 후자에 대하여는 그렇지 아니하다.

가등기담보의 경우에 가등기담보권자(위 법은 '담보가등기권리자'라고 부른다)는 대체로 두 가지의 권능을 가진다.

하나는 저당권자와 유사한 지위이다. 즉 그는 경매를 청구할 수 있고(제12조 제1항 전단 제2 경우), 경매가 개시된 경우(다른 채권자나 담보권자에 의하여 이미 개시되어 있는 경우도 포함된다)에는 그 절차에서 저당권자와 마찬가지의 지위에서 다른 채권자보다 자기 채권의 우선변제를 받을 권리를 가지는 한편으로(제13조), 부동산이 그 절차에서 매각되어 매수인이 소유권을 취득하면 저당권과 마찬가지로(앞의 [241] "넷째" 참조) 가등기담보권은 소멸한다(제15조). 나아가 가등기담보권을 경매 이외의 절차, 예를 들면 파산이나 회생과 같은 도산절차에서는 물론이고 국세 또는 지방세의 징수절차에서도 저당권과 동일하게 취급하도록 하고 있다(제17조).

다른 하나는, 담보가등기권리자는 위와 같은 공경매절차를 통하여서가 아니라도 이른바 귀속청산의 방법으로(앞의 [248] "넷째" 참조) 자기 채권의 만족을 얻을 수 있고, 이른바 처분청산은 위에서 본 저당권자와 유사한 지위에서 경매를 통하여서만 할 수 있다. 위 법률의 가장 중요한 내용 중의 하나는 이 귀속청산절차에 엄격한 제한을 가한 점에 있다. 그 제한의 요점은, '청산기간'의 제도를 도입하여, 가등기담보권자가 청산금의 평가액을 담보제공자에게 통지한 때로부터 기산하여 2개월이 경과하여야만 소유권이전등기를 청구할 수 있다는 것이다(제 3 조, 제 4 조 제 1 항 · 제 2 항). 그리고 채무자의 청산금 청구권을 확보하기 위하여 그것과 채권자의 위와 같은 소유권이전등기청구 또는/및 인도청구와의 사이에는 동시이행의 관계가 있음을 못박았다(제 4 조 제 3 항). 그리고 이와 같은 귀속실행의 절차에 관한 여러 규정을 강행규정으로 하여, 이와 다른 내용의 특약은 원칙적으로 이를 무효로 하였다(제 4 조 제 4 항).

그리고 대법원 1994년 1월 25일 판결 92다20132사건(법원공보 964호, 790면) 이래 근자의 대법원 2019년 6월 13일 판결 2018다300661사건(판례공보 2019하, 1381면)에 이르기까지 판례는 일관하여 "위 법률 제 3 조, 제 4 조의 각 규정에 비추어 볼 때, 위 각 규정을 위반하여 청산절차를 거치지 아니한 채로 담보가등기에 기한 본등기가 이루어진 경우에는 그 본등기는 무효"라는 태도를 취하고, 나아가 "설령 그와 같은 본등기가 가등기권리자와 채무자 사이에 이루어진 특약에 의하여 이루어졌다고 할지라도 만일 그 특약이 채무자에게 불리한 것으로서 무효라고 한다면 그 본등기는 여전히 무효일 뿐, 이른바 약한 의미의 양도담보[즉 청산형 양도담보]로서 담보의 목적 내에서는 유효하다고 할 것도 아니다"라고 판시한다.

한편 소유권이전등기가 이루어진 경우에 대하여는, 채권자가 담보부동산에 관하여 소유권이전등기를 경료받았더라도 그것만으로는 그 부동산의 소유권을 취득하지 못한다는 것은 명백하다(제 4 조 제 2 항 제 1 경우). 그러나 그렇다면 소유권이전등기를 경료받은 채권자는 어떠한 법적 지위를 가지는가 하는 점에 대하여는 이를 적극적으로 정하는 아무런 규정이 없다. 동법은 단지 그 경우 채권자는 "청산기간 경과 후에 청산금을 지급"하여야만 목적부동산의 소유권을 취득한다고 정할 따름이다. 따라서 청산기간 및 청산금지급에 관한 규정은 이 경우에도 적용된다는 것을 알 수 있을 뿐이다.

[251] 법률의 태도에 대한 의문

위 법률이 제정되기 전의 법상태가 만족스럽지 못하였었다는 점은 분명 인정되어야 할 것이다. 그러나 그것과는 별도로 위와 같은 내용의 법률에는 입법론적으로 커다란 의문을 품는다. 그 상세한 내용에 대하여는 여기서 언급하지 않는데(상세한 것은 양창수, "「가등기담보 등에 관한 법률」의 현황과 문제점", 민법연구, 제 1 권(1991), 281면 이하를 보라), 세부적인 점을 제외하고 그 기본적인 태도에 대하여 느끼는 문제점을 극히 간략히 요약하면 다음과 같다.

첫째, 위 법률은 앞에서 본 대로 민법 제607조·제608조를 전제로 하여 그 규정에 반하는 경우만을 적용대상으로 하고 있으나, 민법 제607조·제608조는 여러 모로 권리이전형 담보에 대한 새로운 입법의 기초로 적합하지 않다는 것이다. 민법 제607조·제608조는 문언상으로 보아도 또 체계적 위치로 보아도 단지 소비대차계약에 기한 반환채무에 한정된 규정이고(확고한 판례의 태도이기도 하다), 또 기껏해야 유담보약정이 있는 경우에만 적용이 있다. 그런데 앞에서 본 대로 권리이전형 담보에 대한 현재의 법상태에 대한 불만은 청산형의 경우에도 그대로 적용되는 것이며, 다른 한편 청산형이 권리이전형 담보의 원칙적인 형태인 것이다. 새로운 입법을 하려면 이와 같이 원칙적인 형태를 겨냥할 것이고, 또 피담보채무가 소비대차에 기한 반환채무인 경우에만 한정할 것은 아니다.

둘째, 위 법률은 민법 제607조에 반하는 한의 부동산**양도담보**에 대하여도 규정하고 있는데, 그 내용은 결국 소유권이전등기는 유효하나 소유권은 인정되지 않는다는 것에 귀착된다. 그러나 이는 기상천외한 발상이며, 부동산물권변동에 등기주의를 택한 우리 민법의 기본적이고 타당한 결단의 취지, 즉 등기에 의하여 부동산물권변동의 존재와 시기 및 내용을 명확하게 한다는 취지를 근본에서 뒤엎는 것이다.

나로서는 모든 경우의 권리이전형 부동산담보에 의하여, 우선 일반적으로 담보제공자의 청산금청구권이 아직 담보권자의 청산이 실행되기 전이라도 피담보채무의 채무불이행 당시를 기준으로 하여 발생하는 것으로 인정하고, 나아가 그 청산금청구권의 담보를 위하여 부득이하게 유치권을, 가등기담보의 경우에는 채권자의 본등기(및 인도) 청구에 대항하여 주장될 수 있는 청산금청구권에 기한 동시이행의 항변권을 각각 인정하며, 또한 담보권자가 목적물을 그의 담보제공자에 대한 담보계약상의 의무에 위반하여 처분한 경우에는 민법 제107조 제 1 항 단서 및 동 제 2 항을 준용한다는 규정을 두는 것으로도 충분히 만족스러운 규율을 할 수 있지 않았을까 생각한다. 그와 아울러 신탁행위의 이론 전반에 대하여 새로운 검토가 있어야 하고, 그 중에서 배신적 수탁자의 처분행위의 효력이라는 문제를 근본에서부터 재음미해 보아야 할 것이다.

[252] 해석론과 입법론

법 공부를 함에 있어서는 남의 의견을 듣고 이에 대하여 평가를 내리는 일이 무척이나 많은데, 그 경우에는 해석론과 입법론을 명확하게 구별할 줄 알아야 한다. 그러한 구별에는 당연히 해석론에는 한계가 있다는 전제가 깔려 있는데, 이에 대한 인식이 별로 보편화되어 있지 않은 것으로 느껴진다.

우리와 같이 조문의 수가 적고 다수의 중요한 문제에 대한 명확한 입법적 결단이 결여되어 있는 민법전을 가지고 있는 경우에는, 그 '법률의 흠결'을 보충하는 작업이 매우 빈번하게 행하여지게 마련이다. 그 과정에서 경우에 따라서는 해석론의 한계에 대한 의식이 희박하여져서, 해석자는 만사에 대하여 자신이 옳다고 생각하는 바를 '법의 해석'의 이름으로 주장할 수 있다고 생각하는 경향이 없지 않다. 그러나 '법률에 반하는(contra legem) 해석'과 '법률의 밖에서의(praeter legem) 해석'(특히 후자는 보다 정확하게 말하면 해석이라기보다는 법의 보충이라고 할 것이다)은 구별되어야 한다.

물론 구체적인 경우에 그에 대한 법률의 흠결을 인정할 것인가 자체도 다투어질 수 있다. 그리고 예외적으로는 '법률에 반하는 해석'도 허용되기도 한다. 그럼에도 불구하고 역시 해석론으로서는 허용되지 않고 단지 입법론으로서만 허용되는 주장이 있다고 생각한다. 입법자가 그 법률을 제정함에 있어서 명확한 규율의도를 가지고 있었고 그것이 명료하게 법률문언에 표현되어 있는 경우에는, 그에 반하는 해석을 하려면 매우 제한적이고 예외적인 조건이 갖추어져야 하며, 이러한 조건이 갖추어지지 아니한 채 그 문언에 반하는 언필칭 법률의 '해석'은 배척되어야 할 것이다. 그 예외적인 조건이라고 하는 것은, 예를 들면 법규정들의 각 태도 사이에 모순(이른바 평가모순)이 있어서 어느 한쪽을 버리지 않으면 안 되는 경우라든지, 법률을 제정할 당시 그 입법의 배경을 이루었던 사회적·경제적 사정이 현저하게 변하여서 애초의 규율의도를 유지한다면 오히려 그 규율대상의 이익을 해치는 결과를 낳을 경우라든지, 또 — 보다 한정적이기는 한데— 입법자가 입법 당시에 전제하였던 지식에 오류가 있었음이 뒤에 밝혀져서 그들이 그 오류 등을 알았더라면 그와 같은 입법을 하지 않았을 것임이 명백한 경우 등이 그것이며, 쉽게 말하면 입법부의 참을 수 없는 활동지연으로 말미암아 그 '법률에 좇은(secundum legem) 해석'이 정의의 요청을 확실하게 무시하게 되는 때이다.

만일 이러한 해석론의 한계를 인정하지 않는다면, 법을 구체적으로 해석·적용하는 법원은 무한대의 권한을 가지게 되어, 실질적으로는 입법부의 권한을 무시하고 헌법 제103조에서 정하는 "법률에 의한 심판"의 요구를 짓밟게 될 것이다. 이와 관련하여서는, 그렇다면 악법도 법이라고 하여 이를 따를 수밖에 없는가 하는 법의 가장 어려운 문제가 제기된다. 그러나 그 어느 하나의 대답에 전적으로 의존하기보다는 예를 들면 위헌법률심사(헌법 제107조 제 1 항, 제111조 제 1 항 제 1 호 등 참조)에 의하여 우리 헌법에 반하는 법률의 효력이 배제되도록 노력해 보고, 그러고서도 과연 도저히 따를 수 없는 '악법'이 존재하는가를 냉철하게 생각하여 보고 싶다.

[253] 위헌법률심사와 민사법률

국회에서 제정한 법률이 과연 헌법에 위반되는 것이 아닌지에 대한 심판을 할 권한을 위헌법률심사권이라고 한다. 우리나라에서는 헌법재판소가 그 권한을 가진다(헌법 제111조 제 1 항 제 1 호). 민법 기타 민사관련 법률도 이러한 위헌법률심사의 대상이 됨은 물론이다.

1987년의 이른바 제 5 공화국 헌법이 제정·시행되기 전까지 민사법률에 대하여 헌법에 위반하는 것으로 선언된 예는 거의 찾아볼 수 없었다. 그러나 헌법적 이념이 사회 전반에서 구체적으로 실현되는 것을 의미하는 1980년대 후반부터의 '민주화'는 위헌법률심사도 활발하게 행하여지게 하였다. 그 도도한 흐름은 당연히 민사법률에도 미쳤다.

민사법률에 대한 헌법적 검토가 행하여져서 실효적으로 민사법리에 영향을 미친 아마도 첫번째의 예로는 헌법재판소 1991년 4월 1일 결정 89헌마160사건(헌법재판소판례집 3권, 149면)을 들 수 있을 것이다. 민법 제764조는 명예훼손에 대하여 법원은 "명예회복에 적당한 처분"을 명할 수 있다고 규정하고 있고, 그때까지 법원은 별다른 의심 없이 사죄광고를 명하여 왔었다. 그런데 위 헌법재판소 결정은 위 규정에서의 '처분'에 사죄광고가 포함된다고 해석하는 것은 양심의 자유 및 인격권을 침해하는 것으로서 헌법에 위반된다고 판단하였다(이른바 한정위헌결정). 물론 대법원은 1996년 4월 9일 판결 95누11405사건(대법원판례집 44권 1집, 특별편 762면) 이래로 현재까지 일관하여 어떠한 법률규정에 대하여 "이를 이렇게 해석하는 것은 헌법에 위반된다"는 한정위헌결정 또는 "이렇게 해석하여야 헌법에 합치된다"는 한정합헌결정은 법원이 전적인 권한을 가지는 구체적인 법률조항의 해석에 대한 것으로서 법원이 이에 일절 기속되지 아니한다는 태도를 취하고 있다. 그러나 법원은 제한적으로는 법률의 해석에 관한 헌법재판소의 견해를 사실상 존중하는 태도를 취하기도 하는데(이른바 '호양적互讓的 관행'), 그리하여 위 헌법재판소 결정이 있은 후로는 법원이 사죄광고를 명한 예를 찾기 어렵다. 그리하여 명예회복을 위한 처분으로서의 사죄광고에 관한 종전의 법상황은 헌법재판소로 말미암아 달라졌다고 해도 좋을 것이다. 이러한 법변경은 헌법재판소 2007년 8월 30일 결정 2004헌가25사건(헌법재판소판례집 19권 2집, 203면)이 실화의 경우에 중대한 과실이 있는 때에만 불법행위책임을 진다고 하는「실화책임에 관한 법률」에 대하여 종전의 헌법재판소 1995년 3월 23일 결정 92헌가4사건(헌법재판소판례집 7권 1집, 289면)이 합헌이라고 판단하였던 것을 뒤집고 헌법에 합치하지 아니한다고 선언한 것(이른바 헌법불합치결정. 위 헌법재판소 결정에 의하면, "그 법률에 대하여 단순위헌을 선언하기보다는 헌법불합치를 선고하여 개선입법을 촉구하되, 그 법률을 계속 적용할 경우에는 경과실로 인한 실화피해자로서는 아무런 보상을 받지 못하게 되는 위헌적인 상태가 계속되므로, 입법자가 실화책임법의 위헌성을 제거하는 개선입법을 하기 전에도 실화책임법의 적용을 중지시킴이 상당하다"는 것이다)에 의해서도 보다 선명하게 일어나게 되었다. 그리하여「실화책임에 관한 법률」은 2009년 5월에 전면적으로 개정되기에 이르렀다.

또한 근자에 이르러 헌법재판소 2013년 12월 26일 결정 2011헌바234사건(헌법재판소판례집 25권 2집(하), 649면)은 임대차계약의 존속기간을 견고한 건물 등의 소유를 위한 토지임대차를 제외하고는 20년을 넘지 못한다고 정한 민법 제651조 제 1 항이 사적 자치에 의한 자율적 거래관계 형성을 왜곡하고 합리적 근거가 없다는 등의 이유로 "헌법에 위반된다"고 판단하였다(이른바 위헌결정). 또한 헌법재판소 2018년 8월 30일 결정 2014헌바148사건(헌법재판소판례집 30권 2집, 237면)은 소멸시효의 일반적인 기산점을 '권리를 행사할 수 있는 때'로 정하는 민법 제166조 제 1 항, 또 불법행위로 인한 손해배상청구권의 기산점을 '불법행위를 한 날'로 정하는 제766조 제 2 항 중 「진실·화해를 위한 과거사 정리 기본법」 제 2 조 제 1 항 제 3 호, 제 4 호에 규정된 사건에 적용되는 부분은 "국가가 소속 공무원들의 조직적 관여를 통해 불법적으로 민간인을 집단 희생시키거나 장기간의 불법구금·고문 등에 의한 허위자백으로 유죄판결을 하고 사후에도 조작·은폐를 통해 진상규명을 저해하였음에도 불구하고, 그 불법행위가 있었던 때를 소멸시효의 기산점으로 삼는 것은 피해자와 가해자 보호의 균형을 도모하는 것이라고 할 수 없다"는 등의 이유로 헌법에 위반된다고 판시하였다. 위의 민법조항 등은 그 한도에서 이들 결정으로 바로 그 효력을 상실하게 된 것이다(헌법재판소법 제47조 제 2 항 본문 참조).

[254] 친족법 및 상속법에 대한 헌법적 통제

그러나 민사법률에 대한 헌법적 통제가 그 본령을 발휘한 것은 역시 친족법과 상속법의 분야에서였다(그 연유에 관하여는 뒤의 제 6 장 제 1 절 Ⅳ. 3. 참조). 먼저 친족법을 보면, 예를 들어 헌법재판소 1997년 7월 16일 결정 95헌가6사건(헌법재판소판례집 9권 2집, 1면)은 동성동본인 혈족 사이의 혼인을 금하는 민법 제809조 제 1 항에 대하여, 헌법재판소 2005년 2월 3일 결정 2001헌가9사건(헌법재판소판례집 17권 1집, 1면)은 호주제가 헌법에 위반된다고 하면서, 그에 관한 민법 제778조(호주의 정의), 제781조 제 1 항 본문 후단(자子의 부가父家에의 입적), 제826조 제 3 항 본문(처의 부가夫家에의 입적)에 대하여, 또한 헌법재판소 2005년 12월 22일 결정 2003헌가5사건(헌법재판소판례집 17권 2집, 544면)은 "자子는 부父의 성과 본을 따른다"고 한 민법 제781조 제 1 항 본문 전단에 대하여, 각기 헌법에 합치하지 않는다는 결론을 내렸다. 이들 규정은 우리 친족법의 근간에 해당하던 것으로서 민법 제정 때부터 줄곧 유지되어 왔었다. 2005년 3월에 친족법을 대대적으로 '현대화'하여 건국 이래의 입법적 숙제를 해결한 민법 개정이 행하여진 것(이에 대하여는 뒤의 제 6 장 제 1 절 Ⅳ. 4. 참조)은 실로 — 다른 요소들과 함께— 위와 같은 헌법재판소의 결정들에 의하여 뒷받침되었다고 해도 과언이 아니다.

그 후에도 헌법재판소는 2010년 7월 29일 결정 2009헌가8사건(헌법재판소판례집 22권 2집(상), 113면)에서 민법 제818조가 중혼의 취소권자를 정하면서 직계존속과 4촌 이내의 방계혈족만을 규정하고 직계비속을 제외한 것은 가부장적·종법적 사고에 바탕을 둔 것으로서 합리적 이유 없이 직계비속을 차별한 것이라는 이유로 헌법불합치를 선고하였다. 그 결과 위의 민법 규정은 2012년 2월에 이르러 거기서의 '직계존속'이 '직계혈족'으로 개정되었다. 또한 헌법재판소 2015년 4월 30일 결정 2013헌마623사건(헌법재판소판례집 27권 1집, 107면)은 '혼인관계 종료의 날로부터 300일 내에 출생한 자子'에 대하여 아무런 예외 없이 혼인 중에 임신한 것으로 추정한다는 민법 제844조 제 3 항(그러한 추정을 받는 자는 제소권자 및 기간의 제한이 있는 민법 제847조 소정의 친생부인의 소에 의해서만 친생관계를 부인할 수 있다)에 대하여 과도한 엄격함을 주된 이유로 헌법불합치의 판단을 하였다. 이를 받아서 친생부인의 소 외에도 가정법원의 심판을 받음으로써 친생추정을 배제할 수 있는 별도의 방법을 정하는 민법 제854조의 2, 제855조의 2가 신설되기에 이르렀다. 또한 헌법재판소 2023년 3월 23일 결정 2021헌마975사건(헌법재판소판례집 35권 1집(상), 827면)은 사람은 누구나 태어난 즉시 출생등록될 기본권을 가짐을 선언하고, 구체적으로는 혼인 중인 여자와 남편 아닌 남자 사이에서 출생한 자녀에 대한 생부의 출생신고가 허용되도록 규정하지 아니한 「가족관계의 등록 등에 관한 법률」 제46조 제 2 항, 동 법률의 개정 후 제57조 제 1 항 및 제 2 항은 혼인 외 출생자들의 태어난 즉시 '출생등록될 권리'를 침해하는 것으로서 헌법불합치라고 판단하였다(한편 2025년 5월 31일을 시한으로 입법자의 개정이 있을 때까지 위 규정들은 계속 적용된다고 선언하였는데, 위 규정들은 2025년 10월 현재까지 개정되지 않고 있다).

나아가 상속법에 관하여 보면, 헌법재판소는 1998년 8월 27일 결정 96헌가22사건(헌법재판소판례집 10권 2집, 339면)에서, 상속인이 적법하게 상속의 한정승인(이에 대하여는 앞의 [216] 참조) 또는 포기를 하지 아니하면 단순승인한 것으로 본다고 정하는 민법 제1026조 제 2 호는 "상속인이 귀책사유 없이 한정승인 또는 포기를 하지 못한 경우"에 관하여는 헌법에 불합치한다고 판단하였다. 이는 2002년 1월 14일의 법률로 민법 제1019조 제 3 항(상속채무가 상속재산을 넘는 사실을 중대한 과실 없이 알지 못하여 단순승인을 하게 되었으면 그 사실을 안 날로부터 3개월 내에 한정승인을 할 수 있다고 정한다)이 신설되게 하는 바탕이 되었다(위 제 3 항은 2022년 12월에 개정되었는데, 그때 미성년자가 성년이 되기 전에 단순승인하였던 경우에 그 예외를 인정하는 동조 제 4 항도 신설되었다). 또 헌법재판소 2024년 4월 25일 결정 2020헌가4사건(헌법재판소판례집 36권 1집(상), 381면)은 피상속인의 형제자매의 유류분을 규정한 민법 제1112조 제 4 호를 단순위헌이라고 판단하고, 유류분상실사유를 별도로 규정하지 아니한 민법 제1112조 제 1 호부터 제 3 호 및 기여분에 관한 민법 제1008조의2를 준용하는 규정을 두지 아니한 민법 제1118조는 모두 헌법에 합치되지 아니한다고 결정하였다(한편 후자의 규정들은 2025년 12월 31일을 시한으로 입법자가 개정할 때까지 계속 적용된다고 선언하였는데, 이들은 역시 2025년 10월까지 개정되지 않고 있다).

[255] 민사법 해석·운용에서의 헌법적 고려

한편 헌법재판소의 민사법률에 대한 헌법적 검토는 위와 같이 입법에 직접적인 영향을 미칠 뿐만 아니라, 일반 법원의 법운용에도 간접적으로 영향을 미친다. 예를 들어 앞서 본 사죄광고결정의 경우는 물론이거니와, 헌법재판소는 위 결정에 곧바로 이어서 1991년 5월 3일 결정 89헌가97사건(헌법재판소판례집 3권, 202면)에서, 국유재산은 취득시효(앞의 [195] 이하 참조)의 대상이 되지 아니한다고 정한 국유재산법 제 5 조 제 2 항을 국유재산 중 이른바 잡종재산에 적용하는 것은 헌법에 위반된다고 선언하였다(이른바 한정위헌결정). 이 결정이 가져온 파장은 적지 않은 것이었다. 국가 소유의 토지 중에는 국민이 무허가로 건물을 짓거나 해서 무단으로 점유하고 있는 것이 드물지 않게 있었다. 그러한 토지는 대체로 행정목적에 제공되거나 특별히 보존되어야 하는 것이 아니므로 잡종재산(국유재산법 제 4 조 제 4 항)에 해당하였다. 위 결정은 실제에 있어서는 그와 같이 국유의 잡종재산을 무단으로 점유하는 사람들에게까지 취득시효의 주장을 허용하는 결과를 가져왔다. 대법원이 1997년 8월에 이르러 전원합의체 판결로써 부동산의 무단점유자에 대하여 자주점유 추정규정(민법 제197조 제 1 항)의 적용을 원칙적으로 부인하여(앞의 [196] 참조) 그 취득시효를 인정하지 않는 쪽으로 방향을 잡은 배경에는 분명히 그러한 '몰염치한' 주장에 반작용을 가하려는 의지도 놓여 있었다고 추측된다.

또 예를 들어 헌법재판소는 1999년 6월 24일 결정 97헌마265사건(헌법재판소판례집 11권 1집, 768면)에서 "언론매체의 명예훼손적 표현에 실정법을 해석·적용할 때에는 … 공적 인물과 사인, 공적인 관심사안과 사적인 영역에 속하는 사안 간에는 심사기준에 차이를 두어야 하고, 더

욱이 이 사건과 같은 공적 인물의 공적 활동과 관련된 명예훼손적 표현은 그 제한이 더 완화되어야 하는 등 개별 사례에서의 이익형량에 따라 그 결론도 달라지게 된다"고 설시한 바 있다. 종전에 대법원은 그러한 '심사기준의 차이'를 인식하여 판단하였는지 의문이 전혀 없지는 않았는데, 대법원 2003년 7월 8일 판결 2002다64384사건(판례공보 2003하, 1683면)에서 "언론·출판의 자유와 명예보호 사이의 한계를 설정함에 있어서는, 당해 표현으로 명예를 훼손당하게 되는 피해자가 공적인 존재인지 사적인 존재인지, 그 표현이 공적인 관심사안에 관한 것인지 순수한 사적인 영역에 속하는 사안에 관한 것인지 등에 따라 그 심사기준에 차이를 두어, 공공적·사회적인 의미를 가진 사안에 관한 표현의 경우에는 언론의 자유에 대한 제한이 완화되어야 하고, 특히 공직자의 도덕성, 청렴성에 대하여는 국민과 정당의 감시기능이 필요함에 비추어 볼 때, 그 점에 관한 의혹의 제기는 악의적이거나 현저히 상당성을 잃은 공격이 아닌 한 쉽게 책임을 추궁하여서는 안 된다"고 판시하기에 이르렀다. 그리고 이러한 태도는 그 후에도 이어지고 있는 것이다(이러한 '가치 충돌'의 법문제에 대하여는 앞의 [73] "둘째" 말미도 참조).

제 6 장

민법과 민법 공부

제 1 절　민법이란 무엇인가?

Ⅰ. 민법의 의의

민법이라는 말은 두 가지 의미로 쓰인다.

하나는, 1958년 2월 22일에 공포되어 1960년 1월 1일부터 시행되었고 그 후 수십 차례 개정된 바 있는 '민법'이라는 이름을 가진 법률(1958년 법률 제471호)이 그것이다. 이러한 의미의 민법은 보통 '민법전'이라고 부름으로써 뒤에서 보는 실질적 의미의 민법과 구별하기도 한다. 또 다른 하나의 민법은 사법私法, 즉 사람이 영위하는 인류로서의 사회생활을 규율하는 법 중에서 일반적으로 적용되는 것을 말한다. 법 전체를 성질에 따라 우선 공법과 사법으로 나누고, 사법 중에서도 누구에게나 일반적으로 적용되는 것, 즉 일반사법이면 모두 민법이라는 것이다. 이는 그 법규가 법률인가 또 어떠한 이름의 법률인가, 아니면 관습법인가 하는 등의 구체적인 형태와는 상관없다.

'민법전'을 형식적 의미의 민법, 일반사법을 실질적 의미의 민법이라고 부르기도 한다.

Ⅱ. 실질적 의미의 민법 — 민법의 법체계상의 지위

1. 법을 공법과 사법으로 나눈다면, 민법은 사법에 속하며, 또 그 중에서 가장 중요한 것이다.

인간은 사회를 이루어 생활하고 있는데, 현재의 사회생활에서 가장 두드러진 공동체의 형식은 국가이다. 그리하여 사람의 사회생활은 국가를 조직하고 유지하는 생활(예를 들면, 국가기관의 구성원이 되고, 선거를 하고, 조세를 납부하고, 병역에 임하는 등)과 그 이전에 하나의 인간으로서 생존의 유지와 계속 그 자체를 위한 생활(예를 들면, 의식주를 위한 물건 기타 재산을 취득하고, 가정을 이루어 아이를 가지고 하는 등)의 둘로 일단 나누어 생각할 수 있다. 말하자면 전자는 국민으로서의 생활이고, 후자는 인간으로서의 생활이다.

이와 같이 국가생활에 대비하여 생각되는 인류생활의 규율을 정하는 것이 바로 사법이다. 그 내용은 곧 재산관계와 가족관계를 다루는 것으로서, 사적 생활의 법이라고도 할 수 있다. 민법은 그러한 의미의 사법에 속한다.

2. 나아가 민법은 일반사법이다. 민법은 인간이기만 하면 누구에게나 일반적으로 적용이 되는 것을 예정하고 있고, 특수한 계층에 속하거나 특정한 직업을 가진 사람에게만 적용되는 것이 아니다. 이와 같이 민법은 누구라도 당사자가 될 수 있는 법률관계에 대하여 규율한다. 오늘은

내가 매도인이나, 내일은 네가 매도인이 될 수 있다. 이번에는 내가 불법행위의 가해자이나, 다음에는 어느 누군가 다른 사람의 불법행위에 의하여 손해를 입을지 모른다. 민법은 이와 같은 '지위의 호환성'을 예정하고 있다.

사법 중에서도 상법은 영리를 목적으로 활동하는 사람, 즉 상인에게만 적용되는 법이라고 일컬어지고 있다. 따라서 민법은 거래라고 하더라도 누구나 보편적으로 하는 거래(예를 들면 물건을 매매하는 것, 주택을 임대차하는 것 등)를 규율하고 있는 데 비하여, 상법은 이러한 규율을 상인의 특성에 맞추어 수정하거나 상인에 고유한 거래형태(예를 들면 물건운송업, 중개상, 어음 등)를 다루고 있다.

3. 민법은 권리의무의 발생, 소멸과 그 내용 기타 법률관계의 실질적인 판단기준을 정하는 실체법에 속하고 권리의무관계를 공적으로 확정하고 실현하는 절차를 정하는 법인 절차법에 속하지 않는다. 민사에 관한 절차법은 주로 민사소송법에서 다루어지고 있다.

Ⅲ. 민법의 법원

법은 다양한 형식으로 존재할 수 있는데, 통상 법원法源이라고 하면 법의 이러한 존재형식을 말한다. 무엇이 법원이 되는가는 결국 법이란 무엇인가 하는 근본문제와 직결되는 것으로 어떠한 원초적·기본적 태도결정을 요한다. 한편 민법 제 1 조는 '법원'이라는 표제 아래 "민사에 관하여 법률에 규정이 없으면 관습법에 의하고 관습법이 없으면 조리에 의한다"고 정한다. 이 규정은 1차적으로 법관을 상대로 그가 민사재판을 함에 있어서("민사에 관하여") 적용하여야 할 법적 준거와 그 서열을 제시한 것으로 이해할 수 있다.

1. 우선 법률 기타 성문법규로서 가장 중요한 것은 민법전(보다 자세한 것은 뒤에서 보기로 한다)이다. 민법전에서 규정하고 있는 것 중에는 법인의 이사 등에 대한 과태료 규정(제97조)과 같이 실질적 의미의 민법에 속하지 않는 것도 있다.

그 외에 민법전의 규정들을 보충·수정하는 민사특별법으로 매우 다양한 법률이 있는데, 그 주요한 것을 열거하면 다음과 같다. 이 법률들의 이름만을 보아도, 넓은 의미의 민법이 일상의 생활에서 얼마나 중요한 의미가 있는가 하는 것을 알 수 있을 것이다.

- 신원보증법(1957년 법률 제449호, 전부개정 2002년 법률 제6592호)
- 실화책임에 관한 법률(1961년 법률 제607호, 전부개정 2009년 법률 제9648호)
- 공장 및 광업재단 저당법(원래는 광업재단저당법(1961년 법률 제750호)이었으나, 2009년 법률 제9520호에 의한 전부개정으로 명칭이 변경되었다)
- 신탁법(1961년 법률 제900호, 전부개정 2011년 법률 제10924호)
- 부재선고에 관한 특별조치법(1967년 법률 제1867호)
- 국가배상법(1967년 법률 제1899호)
- 원자력손해배상법(1969년 법률 제2094호)
- 입목에 관한 법률(1973년 법률 제2484호)
- 공익법인의 설립·운영에 관한 법률(1975년 법률 제2814호)
- 소비자기본법(원래 '소비자보호법'(1980년 법률 제3257호)이었으

나, 2006년 법률 제7988호에 의한 전부개정으로 명칭이 변경되었다)

- 주택임대차보호법(1981년 법률 제3379호)
- 가등기담보 등에 관한 법률(1983년 법률 제3681호)
- 집합건물의 소유 및 관리에 관한 법률(1984년 법률 제3725호)
- 자동차손해배상보장법(1984년 법률 제3774호, 전부개정 2008년 법률 제9065호)
- 하도급거래 공정화에 관한 법률(1985년 법률 제3779호)
- 약관의 규제에 관한 법률(1986년 법률 제3922호)
- 할부거래에 관한 법률(1991년 법률 제4480호. 전부개정 2010년 법률 제10141호)
- 유류오염 손해배상보장법(1992년 법률 제4532호, 전부개정 2009년 법률 제9740호)
- 방문판매에 관한 법률(1994년 법률 제4726호. 전부개정 2012년 법률 제11324호)
- 농지법(1994년 법률 제4817호)
- 국가를 당사자로 하는 계약에 관한 법률(1995년 법률 제4868호)
- 부동산 실권리자 명의 등기에 관한 법률(1995년 법률 제4944호)
- 금융실명거래 및 비밀보장에 관한 법률(1997년 법률 제5493호)
- 전자문서 및 전자거래 기본법(원래는 '전자거래기본법'(1999년 법률 제5834호, 전부개정 2002년 법률 제6614호)이었으나 2012년 법률 제11461호로 위와 같이 명칭이 변경되었다)
- 제조물책임법(2000년 법률 제6109호)
- 상가건물임대차보호법(2001년 법률 제6542호)
- 전자상거래 등에서의 소비자 보호에 관한 법률(2002년 법률 제6687호)

- 언론중재 및 피해구제 등에 관한 법률(2005년 법률 제7370호)
- 국제물품매매계약에 관한 국제연합 협약(2005년 조약 제1711호)
- 이자제한법(2007년 법률 제8322호. 원래의 이자제한법은 1962년 법률 제971호로 시행되었으나 1998년 1월 폐지되었다가 부활하였다)
- 보증인 보호를 위한 특별법(2008년 법률 제8918호)
- 채권의 공정한 추심에 관한 법률(2009년 법률 제9418호)
- 자동차 등 특정동산 저당법(2009년 법률 제9525호)
- 동산·채권 등의 담보에 관한 법률(2010년 법률 제10366호)
- 부동산 거래신고 등에 관한 법률(2016년 법률 제13797호. 전의 「부동산 거래신고에 관한 법률」과 「외국인토지법」이 통합된 것이다).

또한 민법전에 규정되어 있는 제도를 구체적으로 실현하기 위한 민사부속법률로서, 부동산등기법(1960년 법률 제536호, 전부개정 2011년 법률 제10580호), 부동산등기 특별조치법(1990년 법률 제4244호), 축사의 부동산등기에 관한 특례법(2009년 법률 제9805호), 유실물법(1961년 법률 제717호), 공탁법(1975년 법률 제492호, 전부개정 2007년 법률 제8319호), 가족관계의 등록 등에 관한 법률(2007년 법률 제8435호), 후견등기에 관한 법률(2013년 법률 제11732호) 등이 있다.

이러한 법률들 외에도, 개인정보보호법, 「신용정보의 이용 및 보호에 관한 법률」, 「정보통신망 이용촉진 및 정보보호 등에 관한 법률」, 「언론중재 및 피해구제 등에 관한 법률」, 「공익사업을 위한 토지 등의 취득에 관한 법률」, 공인중개사법, 건축법, 주택법, 공동주택관리법, 「민간임대주택에 관한 특별법」, 「대부업 등의 등록 및 금융이용자 보호에 관한 법률」 또는 환경정책기본법 등과 같이, 기본적으로는 대체로 공법에 속하나 그 중에 민사에 관한 규정을 포함하는 것도 적지 않다.

또한 대통령령과 같은 행정입법, 대법원규칙, 지방자치단체의 조례 등과 같은 성문법규에도 민법사항을 포함하는 것이 있다. 이 중에서 대법원규칙으로서는 앞에서 본 민사부속법률의 구체적인 내용을 정하는 부동산등기규칙, 공탁규칙, 가족관계의 등록 등에 관한 규칙, 등기에 관한 규칙 등이 중요하다.

2. 관습법도 민법의 법원이 된다. 관습법이란 사회생활에서 반복적으로 행하여지는 관행이 사회일반인의 법적 확신에 의하여 뒷받침됨으로써 규범력을 획득한 것을 말한다. 그 구체적인 존재와 내용은 대개 법원에 의하여 인식 내지 인정된다. 예를 들면 설치 당시의 소유자의 승낙을 얻어 설치된 분묘에 대하여는 후의 토지취득자가 그 철거를 청구하지 못한다는 내용의 '관습상의 분묘기지권墳墓基地權'이나 토지 위에 서 있는 입목이나 농작물 등에 대하여 명인방법明認方法이라는 관습상의 공시방법을 취하면 토지로부터 독립한 물건으로서 거래의 목적이 된다는 것 등이 이에 해당한다.

관습법이 성문법규와 대등한 지위에서 이를 변경하는 효력을 가질 수 있느냐, 아니면 성문법규보다는 효력이 뒤떨어져서 단지 이를 보충하는 한도에서 민법의 법원이 되느냐에 관하여는 견해의 대립이 있다.

3. 한편 민법 제 1 조는 법원으로 법률(성문법규)과 관습법 외에 조리를 들고 있다. 이 규정은 성문의 법규와 관습법이 모든 민사재판의 기준을 제공하여 주지 못할 수 있다는 것을 전제로 하고 있다. 그와 같이 '법률의 흠결'이 있는 경우에도 법관은 이를 이유로 재판을 거부할 수 없으며, 조리를 스스로 발견하여 이를 적용하여야 하는 것이다. 조리란 무엇인가는 어려운 문제이나, 대체로 입법자가 당해 사항에 관하여 법규칙

을 마련한다면 정하였을 바를 말한다고 이해되고 있으며(이와 관련하여 스위스민법 제 1 조 제 2 항은 "이 법에 규정이 없는 경우에는 법원은 관습법에 따르고, 관습법도 없는 경우에는 그가 입법자라면 제정하였을 규칙에 좇아 재판하여야 한다"고 정한다), 그 기준은 국민의 일반적 규범의식 또는 '사물의 당연한 이치'라고 한다. 그 구체적인 내용은 결국 법원에 의하여 판단될 것이다. 대법원 전원합의체 2005년 7월 21일 판결 2002다1178 사건(대법원판례집 53권, 87면)은 종중 구성원의 자격을 성년남자만으로 제한하는 종전 관습법의 효력을 부인한 다음, 여성도 당연히 종중 구성원이 되는 것이 "조리에 합당하다"고 판시한 바 있다.

4. 법원은 삼권분립제도 아래서는 이미 존재하는 법을 적용할 뿐이고 스스로 법을 정립하는 것이 아니다. 헌법은 입법권은 국회에 속한다고 하고, 법관에 대하여는 "헌법과 법률에 의하여" 심판하도록 정한다(제40조, 제103조). 그러므로 구체적인 재판이 쌓인다고 해서 그것이 법이 되지는 않는다고 말할 수 있다.

그러나 성문법규나 관습법은 그 내용이 언제나 명확한 것은 아니므로 그 의미를 확정할 필요가 있다. 또 분쟁이 생길 소지가 있는 모든 사항에 대하여 애초부터 미리 그 판단기준을 마련해 둘 수는 없으므로 법에는 공백이 있기 마련인데(앞서 말한 '법률의 흠결'이 바로 그것이다), 그러한 기준이 미리 마련되어 있지 않다고 해서 특히 민사재판을 거부할 수는 없는 노릇이다. 나아가 사회생활이 진전되어 감에 따라 현존의 규정 등이 대다수 사람의 정의관념에 현저히 어긋나게 되었는데도 이를 수정하지 않거나 못하고 있는 경우도 아주 없지는 않다.

이러한 여러 경우에 있어서 법원이 구체적인 재판을 통하여 법의 의미를 명확하게 하고 흠결된 법을 보충하며 법을 사회의 변화에 맞게 조절하여 가는 것은 극히 중요한 것이다. 특히 최고법원(우리나라의 경우는 대법원)의 판결에서 명확하게 선언된 법의 해석·적용에 관한 의견은 대법원 자신은 물론 하급심법원의 장차의 재판, 나아가서는 일반인들의 법생활에 결정적인 영향을 미친다.

결국 이와 같이 하여 정립된 법리를 '판례법'이라고 하는데, 이는 앞서 본 대로 국법상 체계로서는 법원이 될 수 없어도 그 기능에 있어서는 역시 법원과 다를 바 없다.

Ⅳ. 민 법 전

1. 우리나라의 민법전은 1958년 2월 22일 공포되어 1960년 1월 1일부터 시행되고 있다. 제정 당시의 기준으로 볼 때 전문 1111개조와 부칙 28개조로 되어 있는 우리나라 최대의 법률이다.

일본식민지시대에는 일본의 민법이 조선총독부제령인 조선민사령에 의하여 이 땅에 의용되고 있었고, 다만 친족과 상속에 관하여는 우리나라의 관습에 따른 규율이 이루어지고 있었다(그러나 그 '관습'은 일본의 편의에 따라 왜곡된 점이 적지 않았고, 그나마 일정 말기에는 일본민법의 친족·상속편도 많은 규정이 의용되었다). 광복이 되었어도 이러한 법상태는 그대로 지속되었다(제헌헌법 제100조 참조). 그러나 우리의 법률을 제정·시행함으로써 이러한 치욕적인 상태를 하루라도 빨리 청산하려는 노력은 이미 미군정시대인 1947년 6월 30일에 '법전기초위원회'가 구성된 때로부터 이루어졌다. 그 후 정부가 수립되고 얼마되지 아니한 1948년 9월 30일에 '법전편찬위원회'(그 위원장은 당시의 대법원장인 김병로이었다)가 구성되자 이를 중심으로 민법 기타 기본법률의 제정작업이 진행되었다. 그 작업은 6·25전란으로 인한 인적·물적 손실에도 불구하고 꾸준히 진척되어 1953년 9월 30일에는 민법 초안이 일단 완성되었다. 정부는 1954년 이 초안에 명목상의 수정을 가하여 그 해 10월 13일 전문 1118개조 부칙 32개조로 된 민법안을 국회에 제출하였다.

국회는 민법 제정의 중요성을 감안하여 법제사법위원회에 '민법안심의소위원회'를 두고 그로 하여금 민법안의 예비심의를 담당케 하였다. 이 소위원회가 장기간에 걸쳐 행한 심의의 결과는 모두 343항목에 달하는 수정안으로 나타났고, 법사위는 이를 그대로 채택하여 그 수정안을 정부제출안과 함께 1957년 9월 15일 본회의에 회부하였다.

그 외에도 국회의 심의과정에서 약간의 수정안이 제출되었는데, 그 중 중요한 것은 다음의 둘이다. 첫째는 현석호 의원 외 19인이 제출한 37항목에 이르는 앞의 3편에 관한 수정안이다. 이는, 민법안이 공포되자 당시 각 대학의 민법학교수가 중심이 되어 결성된 '민법초안연구회'에서 민법안의 내용을 검토한 결과를 모은 『민법안의견서』의 내용 중에서 중요한 것을 발췌하여 만든 것이다. 둘째는 정일형 의원 외 33인이 제출한 가족관계(상속 포함)에 관한 57항목의 수정안이다. 이는 대체로 남녀평등의 이념과 가족제도의 근대화를 보다 완벽하게 관철하려는 내용을 가지는 것이었다.

민법안은 1957년 11월 5일부터 국회 본회의에서 2회의 독회를 거쳤는데, 토론은 대체로 가족제도를 둘러싸고 행하여졌다. 그 심의과정에서 법사위수정안이 거의 전부, 현석호 의원 등의 수정안이 일부 채택되었고, 정일형 의원 등의 수정안은 별로 채택되지 않았다. 그리하여 1957년 12월 27일 국회는 위와 같은 수정을 받은 민법안을 통과시켰고, 1958년 2월 7일 이를 공포를 위하여 정부에 이송하였다.

2. 민법전은, 의용되었던 일본민법 그리고 독일민법과 같이, 그 내용을 총칙·물권·채권·친족·상속의 5개편으로 나누어 담는 이른바 판덱텐식 편별법(앞의 [97] 말미 참조)을 취하고 있다.

이 편별법의 특징은 총칙편을 두는 점에 있는데, 그것은 적어도 이상으로서는 민법의 규율대상인 재산관계와 가족관계에 모두 통용되는 규율을 추출하여 앞세운다는 야심적인 구상을 구체화한 것이다. 그럼으로써 극히 다양하고 복잡한 내용을 가지는 인간의 재산관계와 가족관계에 대하여 그 규율을 보다 체계적이면서도 집약적으로 구성해 갈 수 있다고 믿었다. 그리고 그와 같은 총칙편을 가능하게 하는 단위로서, 사람의 의사에 따라 형성되는 모든 법률관계(재산에 관한 계약뿐만 아니라, 혼인·입양 등의 친족법상의 계약, 나아가서는 유언과 같은 단독행위도 포함하여)에 공통된다고 생각한 의사표시 내지 법률행위의 개념을 내세웠다. 그러나 실제로 마련된 민법총칙상의 법률행위 규정은 재산적 행위를 염두에 두고 마련된 것이 적지 않아서, 앞서 본 민법 전체의 체계구성에 관한 이상이 실제로 어느 만큼 실현되었는가에 대하여는 의문이 없지 않다.

그 외의 4개의 편 중 재산관계에 대한 규정(재산법)은 물권편과 채권편에, 혼인·친자 등의 가족관계에 관한 규정(가족법)은 친족편에, 그리고 사람이 사망함으로써 일어나는 재산의 포괄승계(상속)나 유언 등에 관한 규정은 상속편에 각각 두었다. 상속편은 재산법과 가족법이 교차하는 영역이라고 할 수 있다.

3. 민법전은 이것을 내용적으로 보면, 적어도 재산법에 관한 한, 그 전까지 우리나라에서 시행되고 있던 의용민법을 기초로 하였다. 그리고 거기다가 학자들이 그것을 해석·적용하는 과정에서 밝혀낸 결함 내지 단점을 없애고, 그 부분 또는 해석상 의문이 있던 약간의 문제에 대하여

새로운 규정을 덧붙인 것이 대부분이다. 그 과정에서 우리 민법전은 프랑스민법의 요소를 많이 간직하고 있던 일본민법에 비하여 독일민법 또는 같은 계열에 속하는 스위스민법에 가까운 규정을 보다 많이 채택하였다. 그러나 우리 민법전을 유럽대륙의 어느 한 나라 민법, 특히 독일민법의 복사판 내지 그 변형이라고 파악하여서는 안 된다. 우리 민법은 몇 가지 기본적인 제도에 대하여 독일민법과 규율태도를 달리한다. 예를 들면 채무불이행과 불법행위책임에 관한 일반규정이 그러하다(2001년 11월의 대개정으로 독일에도 채무불이행에 대하여 일반규정이 도입되기는 하였다). 심지어 물권변동에 관한 우리 민법의 원칙은 종종 독법주의라고 불리고 있으나, 그 내용에 있어서는 현저히 다른 것이다. 오히려 민법전은, 비록 유럽대륙의 여러 나라와 일본 및 그 주변국이라는 한정된 시야에서 행하여지기는 하였으나, 일반적으로는 비교법제적比較法制的 작업의 성과라고 불러야 할 것이다.

한편 가족법에 있어서는 그 입법과정에서부터 중국의 종법제에 터잡은 전통적·가부장적 가족관과 자유·평등의 이념을 앞세운 개인 우위의 가족관 사이의 갈등이 날카롭게 드러났다. 그 갈등은 당시 우리나라의 사회의식의 수준, 입법자들의 보수성 등을 반영하여, 호주와 부를 중심으로 하는 전통적인 가족제도를 그대로 유지하되 새로운 이념의 요구를 개별적으로 가미하는 방향에서 미봉되었다. 그러나 그 결과는 헌법이 정하는 개인의 존엄과 가치의 존중, 법 앞의 평등의 요구에 미치지 못하는 것이어서, 여전히 논의의 불씨를 남기고 있었다.

4. 민법전은 시행 후 2025년 10월 현재로 30차례 이상의 개정을 겪었다. 민법이 법체제 전체에서 차지하는 비중과 그 규율대상의 다양함 그리고 그 간의 우리 사회의 격심한 변화에 비추어 볼 때, 이 개정의 횟

수는 오히려 지나치게 적은 것이라고 할 수 있다. 특히 재산법이 규모 있게 개정된 것은 1984년과 2012년의 두 번뿐이다. 재산법분야에서는 앞서 본 각종의 민사특별법에 의하여 그 개정에의 필요가 충족되어 왔다고 할 수 있다.

한편 1999년부터 민법 중 총칙·물권·채권의 3편에 대하여 광범위하게 개정안을 준비하는 작업이 진행되어 2004년 초에 일정한 규모의 개정안이 정부에 의하여 국회에 제출되었다. 그럼에도 그 후 국회에서의 심의가 지지부진하여 결국 2008년 5월 하순에 제17대 국회의원의 임기가 만료됨으로써 위 개정안은 폐기되기에 이르렀다(헌법 제51조 단서 참조).

그러나 민법에 대한 개정의 필요 자체가 해소된 것은 아니어서, 2009년에 다시 법무부는 민법 중 앞 3편의 개정을 위한 작업을 개시하였다. 그 성과는 법인, 소멸시효·취득시효, 유치권, 보증 및 여행계약 등에 관한 개정안으로 집약되었다. 그 중 일부는 정부안으로 국회에 상정되었고, 보증과 여행계약 부분은 사소한 수정 후 2015년 2월에 법률로 공포되었다(시행은 그 1년 후부터). 나머지는 본격적인 심의를 받지 못하다가 마찬가지로 2016년 5월에 국회의원의 임료 만료로 폐기되었다.

민법이 제정·시행된 1960년 이래 우리 사회의 급격하고도 현저한 변화는 물론이고, 우리 민법에 중대한 영향을 미친 다른 여러 나라의 그 동안의 입법상황에 비추어 보더라도, 이와 같이 민법의 이 부분 개정이 지지부진한 것은 유감스러운 일이 아닐 수 없다.

5. 그러나 친족편과 상속편에 대하여는 중요한 개정이 여러 차례 있었다.

1977년 12월의 개정에 이은 1990년 1월의 대개정에서는 재산상속에서의 남녀간의 차별을 없애고 친권의 행사에서 부모의 평등을 보장하며 친족의 범위도 부계와 모계를 동일하게 획정하였다. 또 계모자繼母子 및 적모서자嫡母庶子 간에 당사자의 의사와 관계 없이 당연히 친자관계가 인정되던 것을 폐지하였다.

그리고 2005년 3월에 민법개정법률이 국회를 통과하여, 그 중 호주제도를 폐지한다는 내용은 2008년 1월 1일부터 시행되었다. 그리고 이에 수반하여 종래 우리의 법의식에 큰 영향을 미치던 호적제도를 없애기로 하여 호적법(1960년 법률 제535호)을 폐지하고 그 대신에 「가족관계의 등록 등에 관한 법률」(2007년 법률 제8435호)이 새로이 제정되어 역시 2008년 1월 1일부터 시행되었다. 그리하여 이제 가족관계의 공시는 종전처럼 호주를 기준으로 편성하는 호적에 의해서가 아니라 각 개인마다 별개로 이루어지고 있다. 위 1991년 1월의 개정으로 이미 호주의 권한은 대부분 없어지고 호주상속도 폐지되었지만 전통적 가족제도의 상징으로서의 호주제 자체는 유지되었던 것인데, 이제 그 오랜 명맥이 끊기게 되었다.

이로써 민법전 제정 이래의 묵은 과제는 이 부분 제도의 차원에서는 대체로 해결을 보았다고 하겠다. 그러나 양성평등의 이념을 우리 사회의 실제 생활 구석구석까지 세밀하게 실현하는 일은 아직도 갈 길이 멀다고 하지 않을 수 없다.

V. 우리 민법의 기본원칙

민법전은 위에서 본 바와 같이 주로 19세기 이후에 만들어진 유럽대륙의 여러 민법전들의 영향 아래서 제정되었다. 따라서 민법전도 그것들과 마찬가지로 기본적으로는 시민적·자유주의적 사법의 원칙들에 의하여 지배되고 있고, 단지 약간의 점에서 이를 수정하여 사회국가적 이념을 가미하고 있다.

1. 민법의 기본을 이루는 것은 개인의 존엄이라는 이념으로부터 도출되는 사적 자치의 원칙이라고 생각된다. 사적 자치란 각자가 자신의 법률관계를 그의 의사에 따라 자유롭게 형성할 수 있다는 것을 말한다. 우리나라의 헌법은 최고의 가치를 "인간으로서의 존엄"에 둠을 선언하고, 각 개인은 행복을 추구할 권리를 가진다고 한다(제10조). 따라서 각자는 자신의 인간성을 자신의 의지에 따라 전개·형성하여 갈 수 있는 자유, 즉 '일반적 행동의 자유'를 가진다. 헌법재판소 2009년 11월 26일 결정 2008헌바58사건(헌법재판소판례집 21권 3집, 520면)이 —혼인빙자간음죄를 정하는 형법 제304조에 대하여 위헌판단을 하는 맥락에서— 일반적으로 '우리 헌법이 지향하는 바람직한 인간상'을 "개인 스스로 선택한 인생관·사회관을 바탕으로 사회공동체 안에서 각자의 생활을 자신의 책임 아래 스스로 결정하고 형성하는 성숙한 민주시민"이라고 판시한 것이 바로 이를 가리킨다. 이것은 바꾸어 말하면 공동체라고 하더라도 그것이 진리를 독점하지 않는다는 믿음의 표현이다. 공동체는 무엇이 그 구성원 각자에게 '좋은 것'인가를 알 수 없으며, 만에 하나 안다고 하더라도 개인이 공동체가 일일이 지정하는 방식의 행동만을 하여야 한다면 그는 인격을 가진다고 하기보다는 하나의 꼭두각시에 불과하다. 이와 같이 각 개인의 자유로운 자기형성을 공동체보다 앞세우는 이념이 민법에 투사된 것이 바로 사적 자치의 원칙이다.

이로부터 인격 존중의 원칙, 계약자유의 원칙, 소유권 존중의 원칙,

유책성의 원칙, 양성 평등의 원칙 등이 도출되며, 이들 원칙들은 민법전상의 여러 제도로부터 귀납될 수도 있다.

(1) 인격 존중의 원칙

민법은 각 개인이 자유롭고 독립한 존재로서 가지는 권리로서 '일반적 인격권'을 인정한다. 그리고 나아가 인격의 구체적인 형상들이라고 할 수 있는 생명·건강·신체·명예·초상·프라이버시·개인정보·성적性的 정체성 등 다양한 법익에 대한 개별적 인격권을 판례나 학설은 의문의 여지 없이 받아들인다. 이러한 권리들은 오늘날 특히 타인의 사적私的 영역을 침범할 수 있는 인터넷 등 전자장비 내지 기술이 현저히 발달함으로써 그 보호의 필요성 또는 그 한계에 대하여 더욱 예민하게 의식되기에 이르렀다.

민법전은 그 제정 당시의 법적 상태를 반영하여 그에 대한 보호에 있어서, 불법행위와 관련하여 그 중에서 생명·건강·명예에 대한 침해를 그 한 모습으로 정하고 있을 뿐이나(제751조, 제752조 및 제764조 참조), 그 이외의 인격적 법익에 대한 침해도 불법행위가 될 수 있음은 물론이다. 나아가 인격적 법익에 대한 위법한 침해에 대하여는 방해배제 등의 대세적인 효력이 있는 청구권이 인정된다. 앞의 [155]에서도 언급한 바 있는 대법원 1996년 4월 12일 판결 93다40614사건(대법원판례집 44권 1집, 323면)이 "인격권은 그 성질상 일단 침해된 후의 구제수단(금전배상이나 명예회복 처분 등)만으로는 그 피해의 완전한 회복이 어렵고 손해전보의 실효성을 기대하기 어려우므로, 인격권 침해에 대하여는 사전(예방적) 구제수단으로 침해행위 정지·방지 등의 금지청구권도 인정된다"고 설시하고 있는 대로, 판례는 일찍부터 이를 긍정하여 왔다.

뿐만 아니라, 계약자유라고 하더라도 인격을 무시하거나 인격의 자유로운 발전을 위태롭게 하거나 지나치게 간섭하는 내용은 허용되어서는 안 된다. 이러한 계약이 유효하다고 하면, 그 의무에 묶여서 인간으로서의 존엄과 가치가 현저히 훼손될 우려가 있기 때문이다(이에 대하여는 우선 앞의 [129] '셋째'도 참조).

종래에는 주로 재산적 법익이 규율의 중심을 이루고 있었으나, 특히 개성이 사회 또는 단체의 집단적 압력에 함몰하기 쉬운 우리 사회에서는 각 개인의 인격이 자유롭게 발현될 수 있게 하기 위한 법적 고려가 절실하게 요청된다.

(2) 계약자유의 원칙

각자는 자기의 자유로운 의사에 따라 타인과의 사이에 계약을 맺음으로써 그 타인에 대하여 의무를 부담하고 나아가 권리를 취득할 수 있다. 이러한 계약자유의 원칙의 구체적 내용으로서는, 첫째 계약 자체를 맺거나 맺지 않거나를 결정하는 계약체결 여부의 자유, 둘째 누구와의 사이에 계약을 맺을까를 결정하는 상대방 선택의 자유, 셋째 어떠한 내용으로 계약을 맺는가에 관한 계약내용 형성의 자유, 넷째 어떠한 방식으로 계약을 맺든 상관없는 계약방식의 자유 등을 들 수 있다. 우리 민법도 이러한 계약자유의 원칙 위에 서 있다. 일반적으로 계약에 관한 법규정은 당사자의 의사에 따라 그와 다른 내용을 정하여도 상관없고 그 합의가 우선하는 임의법규의 성격(이에 대하여는 앞의 [125] 참조)을 가지며, 분쟁의 소지가 있는 사항에 관하여 당사자의 의사가 명확하지 않을 때에 대비하여 이를 보충하는 기능을 한다.

이러한 원칙의 반면을 이루는 것이 이와 같이 하여 일단 맺어진 계약을 준수하여야 한다는 것이다. 계약은 자유인 동시에 사회생활의 유지·발전에 불가결한 의무들의 1차적인 발생원인이 된다.

(3) 소유권 존중의 원칙

재산, 그 중에서도 소유권은 인격이 자유롭게 존립하고 각자가 자신의 인간성을 건전하게 전개하여 가기 위한 물질적 기초로서, 강한 보호를 받는다(헌법 제23조 제 1 항 본문: "모든 국민의 재산권은 보장된다"). 그리하여 소유자가 소유물로부터 방해를 받으면 그 방해가 소유자 자신의 의사에 의하여 설정된 권리에 기한 것이 아닌 한 이를 언제든지 배제할 수 있다('물권적 청구권'). 또 소유권의 내용을 해치는 것은 그 침해자에게 과실이 없어도 일단 위법하다고 평가된다.

소유권 등의 재산은 그 주인의 의사에 의하지 아니하고 박탈되거나 소멸하지 않으며, 재산을 가지는 사람은 그 의사에 따라 이를 이용하고 또 처분할 수 있다. 따라서 유언도 재산의 보유자가 자신의 사망시에 재산을 어떻게 처리할 것인가를 주요한 내용으로 하는 것으로서 원칙적으로 자유이다.

(4) 유책성의 원칙

자기의 행위로 인하여 타인에게 재산적·인격적 손실 기타의 불이익을 주었을 때에 그 불이익이 자신의 행위에 의하여 야기되었다는 사실만으로는 그 불이익을 상대방에게 전보해 주어야 할 책임이 발생하지 않는다. 어떠한 원인행위로부터 이어지는 인과관계의 끈은 끝없이 전개되어 가므로(극단적으로 말하면 부모는 자식의 모든 가해행위에 대하여 원인을 제공한 것이다), 만일 그 행위의 모든 결과에 대하여 책임을 져야 한다면 인간은 아무런 행위도 할 수 없고 따라서 인격의 자기형성이란 불가능하게 된다. 그러므로 그러한 불이익을 원인행위를 한 사람에게 전가하여 그로부터 배상을 청구할 수 있기 위하여는 그 사람에게 인적인 책임을 돌릴 수 있는 일정한 근거가 있어야 한다. 그러한 귀책사유로서 대표적인 것은, 자신의 행위가 그와 같은 침해의 위법한 결과를 발생시킬 것을 알면서 이를 의욕하였거나 적어도 인용認容하는 고의와 그 행위를 함에 있어서 일반적으로 요구되는 결과의 예견 또는 회피를 위한 주의를 다하지 아니하였다는 과실이다.

원칙적으로 민법은 자기가 의욕하지 아니한 의무의 부담 기타 불이익한 법적 효과가 발생하려면 그에게 귀책사유가 있을 것을 요구한다. 예를 들면 불법행위로 인한 손해배상책임이 인정되려면, "고의 또는 과실로 인한 위법행위"로 인하여 그 손해가 발생하였어야 하는 것이 원칙이다(제750조). 이는 계약 위반 기타 채무불이행의 경우에도 마찬가지이다(제390조 단서). 뿐만 아니라 하나의 권리에 관하여 양립할 수 없는 이해관계를 각기 맺은 사람이 있는 경우에 누구를 우선시킬 것인가 하는 문제에 대하여서도 이러한 원칙을 적용하여, 보다 귀책성이 적은 사람을 보호한다는 태도가 제도설계의 차원에서 일반적으로 관철되고 있다.

이러한 유책성의 원칙은 실은 민법 기타 사법에서뿐만 아니라 공법에서도 유지되고 있다. 예를 들어 행정법에서는 "행정법규 위반에 대하여 가하여지는 제재조치는 위반자의 의무 위반을 탓할 수 없는 정당한 사유가 있는 경우까지 부과할 수는 없다"는 일반적 법리가 확고하게 인정되고 있는 것이다(대법원 1976년 9월 14일 판결 75누255사건(대법원 판례집 24권 3집, 행정편 5면)이 시사한 이래 대법원 1997년 5월 16일 판결 95누14602사건(공보 1784면); 대법원 2003년 9월 2일 판결 2002두5177사건(공보 1961면) 등 다수의 재판례 참조. 다만 여기서 '의무 위반을 탓할 수 없는 정당한 사유'란 고의·과실이 없다는 것만으로는 인정되지 않으며, 예를 들면 대법원 2000년 5월 26일 판결 98두5972사건(공보 1540면)은 이에 대하여 "위반자가 그 의무를 알지 못하는 것이 무리가 아니었다고 할 수 있어 그것을 정당시할 수 있는 사정이 있을 때 또는 그 의무의 이행을 그 당사자에게 기대하는 것이 무리라고 하는 사정이 있을 때 등 그 의무 해태를 탓할 수 없는 정당한 사유가 있는 때"라고 설시한다. '고의 또는 과실이 없음'이라는 법개념이 '무리가 아니다'라는, 내용이 매우 불명확한 사회관념상의 판단으로 갈음되는 매우 흥미로운 현상이다).

(5) 양성 평등의 원칙

여성과 남성은 그 성에 의하여 차별을 받아서는 안 되고, 모든 법률관계에서 특히 가족관계에서(헌법 제36조 제 1 항 참조) 동등한 취급을 받아야 한다. 인격의 가치가 성에 따라 달라지는 것은 아니며, 따라서 그 존중도 이에 영향을 받아서는 안 되는 것이다. 이는 우선 부부관계, 부모와 자녀 사이의 친자관계 등 모든 가족관계, 나아가 상속관계 등에서 관철되어야 하고, 또 관철되어 있다. 양성의 평등은 앞의 Ⅳ. 4.의 말미에서 말한 2005년의 민법 개정 이전에는 과연 그것이 '원칙'인지 의심하게 하는 규정이 적지 않았으나 이제는 다르다고 할 것이다.

그런데 현재의 우리 사회 사정 아래서 양성 평등의 원칙은 단지 법원칙의 차원이 아니라 관련 개별 법규정의 해석·운용의 차원에서도 중요한 의미를 가진다고 하겠다. 우리 사회에서 여성 차별의 현실은, 예를 들면 2024년 또는 그에 가까운 연도 현재 성 격차 지수(Gender Gap Index)가 세계에서 105위, 남녀 임금 격차는 경제협력개발기구 가입국 중 1위, 유리천정 지수(Glass Ceiling Index)가 29개국 중 최하위, 국가인권위원회에 접수된 성희롱 진정 건수는 여성이 85.5%, 남성이 14.5%라는 등의 지표에서 보듯이 아직 심각한 점이 있는 것이다.

2. 위와 같이 개인의 자유와 권리를 강조하는 시민법적 원칙이 우리 민법의 기본을 이루고 있다. 그러나 다른 한편으로 소유권, 계약, 불법

행위 등은 하나의 사회적인 제도로서 그에 관한 법률관계는 다른 모든 개인의 자유나 권리와 조화될 수 있도록 유지·발전되어야 한다. 만일 어떠한 권리가 주어졌다고 하여서 이를 무차별하게 추구해 나아간다면, 결국 권리와 권리의 끝없는 충돌이 있기 쉽고, 법이 종국적인 목표로 하는 평화와 질서는 내내 달성되지 않는다. 이로부터 '사회적 형평' 내지 '권리의 사회적 책임성'이라고 부를 수 있는 제 2 의 — 그러나 단지 소극적·제한적인— 이념이 점차 명확하게 인식되고 있다. 예를 들면 헌법은 "재산권의 행사는 공공복리에 적합하도록 하여야 한다"고 정하고(제 23조 제 2 항), 민법도 "권리의 행사와 의무의 이행은 신의에 좇아 성실하게 하여야 한다. 권리는 남용하지 못한다"고 정하는데(제 2 조), 이는 위와 같은 정신의 표현이라고 할 것이다.

제 2 절 민법 공부

Ⅰ. 법 공부에의 초대

1. 법 공부는 앞으로의 자기의 일을 위하여 하는 것이다. '일'은 삶을 유지하는 데 필요한 자원을 얻으려고 하는 생계수단일 뿐만 아니라, 우리가 그것을 수행하는 속에서 살아 있는 보람을 찾는 천직이다. 일이 없으면 삶의 가장 중요한 한 측면이 결여된다.

법 공부는 대학에 들어오기 위하여 하는 공부나 또 단순한 교양쌓기와는 다르다. 이들 공부는 법을 전공하는 학생에게는 말하자면 이제 하려는 법 공부의 밑거름 또는 준비로서 하였다고도 할 수 있다. 자신의 '일'에 소홀하고 싶지 않다면 법 공부를 소홀하게 하여서는 안 된다. 자신의 일을 함부로 하는 자는 스스로를 함부로 하는 것이므로, 남으로부터도 함부로 대접받을 것이다.

2. 법 공부에 대하여는 예전부터 각종의 비난이 있다.

(1) 하나는, '빵을 위한 학문'이라는 것이다.

그러나 우선 여러분은 학문을 하는 것이 아니다. 의학도가 육신의 병을 고치기 위하여 의술을 배우는 것처럼, 법학도는 사회의 분쟁을 해결하기 위하여 법술, 즉 '선과 형평의 기예(ars boni et aequi)'(앞의 [96] 참조)를 배운다. 아직은 학문이라기보다는 기예를 배운다고 하는 편이 적절하다.

나아가 오늘날의 어떠한 대학교육도 적어도 한편으로는 '빵을 위하여' 행하여지는 것이다. 그리고 '빵을 번다'는 것은 나날의 책임을 다하기 위한 존귀한 행위이다.

(2) 다른 하나는, 권력의 앞잡이가 되기 위한 공부라는 것이다. 그러나 기본적으로 법률가는 법치주의를 실현하는 사람이고, 기본적 인권의 수호자이다. 불행하게도 우리의 최근 역사에서 종종 발견되는 '권력의 앞잡이'가 된 법률가는 법의 이념을 왜곡하는 법세계의 변종이며, 그러한 변종은 다른 어느 분야에서도 존재한다.

(3) 또 다른 하나는, 법 공부는 출세의 도구라는 것이다. '출세'라는 것이 일반사람들이 사회생활의 측면에서 가치를 부여하는 바(예를 들면 부, 권력, 명망 등)를 얻는 것을 가리킨다면, 출세하고자 하는 것은 사람

의 통상적인 욕구이다. 그리고 그 '출세'를 위하여 기업경영을 하는가, 학문을 하는가, 예술가가 되는가, 또는 법 공부를 하는가 사이에는 차등이 없다. 아마도 문제는, 법을 단순히 그러한 세속적 가치를 얻기 위한 수단만으로 사용하지 않고 이를 통하여 그 이상의 다른 높은 가치를 실현하도록 노력하여야 한다는 점에 있다. 그리고 이는 법률가뿐만 아니라 다른 모든 전문인에게 부과된 과제이기도 하다.

(4) 이상과 같이 법 공부에 대한 비난은 매우 감정적인, 따라서 의미의 폭이 넓은 단어를 사용하고 있으며, 일종의 정치적 선동구호 또는 질투심의 발로 이상의 것이 아니라는 느낌이 든다. 사리私利에 의하여 왜곡된 법 공부나 법률가의 모습에 바탕을 두고서 법 공부 일반에 대하여 비난하는 것은 마치 자동차 사고가 일어나므로 자동차를 아예 다니지 못하도록 하여야 한다는 주장처럼 본말이 전도된 것이다. 우리는 좋은 법 공부, 바람직한 법률가를 지향하여야 하며, 또 이것이 충분히 가치 있는 일이고 또한 가능한 일이라는 것을 다짐함으로써 족하다.

Ⅱ. 법 공부의 '방법' 일반에 대하여

1. 열심히 공부하는 것

(1) 평범한 말이지만 제일 중요한 것은 '열심히 공부한다'는 것이다. 밤에 잠자리에 들면서 오늘 하루 할 만큼 했는지 스스로에게 물어 보라. 이 물음에 떳떳하게 그렇다고 대답할 수 있도록 열심히 하여야 한다. 그런데 여기서 열심히 한다는 것은, 단지 많은 시간을 책상 앞에 앉아 있었다는 것만을 의미하지 않는다. 사람이 하는 일은 그가 얼마나 그것에

마음을 모았는지에 따라 결과가 뚜렷이 달라진다. 공부에 몰두하는 것이야말로 바로 여기서 '열심히 한다'는 것의 가장 핵심적인 부분이다. 열심熱心이라는 말에서 보는 것처럼 목표를 향해서 뜨겁게 달구어진 마음으로 책상 앞에 앉아 있는 시간이 얼마인가가 중요하다. '열심히 한다'고 하려면 이와 같이 전심으로 공부하는 시간이 — 강의 듣는 시간을 제외하고— 하루에 최소한 5시간은 되어야 하고, 방학 중이라면 적어도 8시간은 되어야 할 것이다.

(2) 그러나 너무 지나쳐서는 안 된다. 열심히 공부하는 것과 쉬는 것 또는 노는 것은 서로 상충되지 않는다. 열심히 공부하려면 쉬고 놀아야 한다. 이것 역시 사람 마음의 자연적 문법에 속하는 바이다. 정신을 너무 오랫동안 팽팽하게 감아두면 그것은 탄력을 잃는다. 그러면 읽는 책이 머릿속에 들어오지 않고 단지 눈이 활자 위를 스칠 뿐이게 된다. 여러분도 그런 경험이 있을 것이다.

특히 법 공부는 장거리를 달리는 것과 같다. 공부해야 할 것이 끝도 없이 많다. 그러니 장거리주자와 같은 자세로 공부에 임하지 않으면 안 된다. 느긋하게 세상의 온갖 맛을 다 보고 세상의 온갖 풍경을 다 구경하면서 뛸 수는 없다. 그렇다고 해서 조급히 서둘러서도 안 된다. 마라톤에서 주자들은 100미터 경주에서처럼 뛰지 않는다. 일정한 페이스를 지켜가며 꾸준히 뛴다.

물론 쉬고 놀면서도 그것은 당연히 '열심히 공부한' 끝이어야 한다. 자신이 이러한 휴식을 얻을 만큼 충분히 공부하였는지 양심에 거리낌이 없어야 한다. 막스 베버가 다른 맥락에서 말하는 것처럼, "자기 자신을 버리고 스스로의 과제에만 전념하는 사람이야말로 오히려 그 일의 가치를 증대시키는 동시에 자연히 그의 이름도 높이는 결과에 이를 것이다.”

(3) 결국 열심히 공부하고 또 쉬다가 하다 보면, 초반의 어디쯤에서 어떤 리듬을 스스로 발견하게 될 것이다. 법학전문대학원 학생 또는 대학생이라면 공부의 규율(Lerndisziplin)은 자연히 배우게 되어 있다. 사람은 모두 다르므로, 모두에게 일률적으로 맞는 리듬이란 없다. 각자가 자기에게 맞는 리듬을 찾아내서 그에 맞추어 가면 된다. 그 리듬이라는 것도 시간이 지나면서 조금씩 변해 갈 것이다. 마음이 단련되어 가면 리듬도 달라지게 되어 있다.

이 리듬 또는 규율은 동시에 자기에게 부과한 기준이기도 하다. 그것은 일과표로 표현되기도 하고, 공부계획표로 구체화되기도 한다. 이러한 '계획표'를 어떠한 사정 아래서라도 꼭 지켜야 하는 것은 아니지만, 그래도 역시 지켜져야 할 것으로 스스로에게 납득되어 있어야 한다.

(4) 리듬이든 '계획표'든 반복되는 것을 전제로 한다. 오늘과 내일과 모레가, 또는 이번 주와 다음 주와 그 다음 주가, 또는 이 달과 다음 달과 그 다음 달이 동일하게 진행되는 것이다. 공부에서는 반복처럼 효율적인 것이 없다.

매일 5시간씩 공부하면 1주일이면 35시간을 공부한다. 그리고 하루 건너씩 매일 10시간을 공부해도 1주일이면 마찬가지로 평균 35시간을 공부한다. 그러나 전자가 훨씬 낫다. 매일 반복하면 가속도가 붙는다. 어제 공부했던 것에 대한 기억이 생생해서 오늘 읽는 것이 무슨 맥락에서 무엇과 관련되어서 논의되는 것을 쉽게 알 수 있다. 그러나 중간에 맥을 놓고 아예 공부를 하지 않았으면 페이스를 다시 찾는 데 흔히 시간이 걸린다.

그러므로 조금씩이라도 매일 계속해서 하는 것이 좋다. 만일 "삶이 다람쥐 쳇바퀴 돌듯 이렇게 메말라서야!"하고 한탄하는 사람이 있다면, 그 또는 그녀에게는 공부를 하고자 하는 결심이 없다고 또는 약하다고 말할 수밖에 없다. 그리고 삶은 그렇게 무미건조한 수련을 통하지 않으면 종국에는 메마른 것이 되고 만다는 것도 덧붙이고 싶다.

2. 강의를 듣는 것

법을 공부하는 학생들의 대부분은 법학전문대학원이나 대학에서 법학을 전공하여 법학과목을 수강한다. 그런데 강의를 듣는 것은 법 공부에 매우 유용하다. 이는 당연한 것인데도, 실제로는 반드시 잘 납득되어 있지 않고 또 실행되지 않고 있는 듯도 하다.

강의를 듣는 것이 중요한 이유는 다음과 같다.

(1) 첫째, 강의를 통해서 무엇이 중요하고 무엇이 덜 중요한지를 알 수 있다. 강의하는 교수는 대체로 '교과서' 또는 기타의 강의교재를 그대로 읽어내려 가지 않으며, 또 그렇게 할 시간적인 여유도 없다. 그러므로 중요한 것을 보다 상세히 설명하고, 덜 중요한 것은 간단하게 언급하거나 그냥 뛰어넘는다. 이러한 경중의 판별은 단지 교과서나 강의교재만을 읽고 있어서는 얻어지지 않는데, 공부하여야 할 것이 매우 많은 만큼 그 판별은 더욱 유의미하다. 또 무엇이 줄기이고 무엇이 곁가지인지를 아는 것이 법 공부의 매우 중요한 항목의 하나이기도 하다.

(2) 둘째, 강의에서는 지금 다루고 있는 법제도 또는 법문제 등에 한정하여 설명하기보다는 그 법제도 등이 다른 법제도와 어떠한 연관이 있는지, 이 법문제가 어떠한 보다 기본적인 문제에 연원을 두고 있으며, 이와 관련되는 법문제로 어떤 것이 있는지가 아울러 설명된다.

그런데 '교과서'는 전체가 한 덩어리인 것으로 쓰여진다. 민법처럼 여러 권으로 되어 있는 경우에도, 교과서는 그 전부를 하나인 것처럼 다룬다. 그리고 기껏해야 관련 법제도 또는 관련 법률문제를 괄호 안에서 "어디어디를 참조하라"는 식으로 지시할 뿐이다. 그러나 강의에서는 많은 경우에 다양한 각도에서의 설명이 행하여진다.

법제도나 법문제 간의 상호 관련을 아는 것은 아무리 강조해도 지나치지 않은 법 공부의 포인트이다. 법을 공부하는 궁극적 목적의 하나는 사회에서 실제로 일어나는 법적 분쟁을 해결하기 위한 것이다. 그런데 법적 분쟁은 교과서에 쓰여 있는 개별의 법장치 하나만에 의해서는 바로 해결되지 않는 경우가 대부분이다. 강의를 통하여 이러한 '맥락'과 '관련'을 배울 수 있는 것이다.

(3) 셋째, 대학교수는 각자 전공이 있어서 그 전공분야를 심도 있게 연구한다. 그리고 그 연구의 과정에서 얻은 것을 강의를 통하여 학생들에게 전달한다. 그런데 교수가 연구의 과정에서 얻는 것은 비단 개별 법문제에 대하여 설득력 있다고 여겨지는 해석론에 그치는 것은 아니다. 오히려 이것이 더 중요하다고 해도 될 터인데, 법을 바라보는 시각, 법규정을 다루는 방법, 나아가서 좋은 사회, 옳은 삶에 대한 식견도 있다. 교과서에는 어떠한 법률문제에 대한 결론만이 제시되는 경우가 많다. 그러나 강의에서 개별 법문제를 다루는 경우에도 교수는 자신이 왜 그러한 결론을 취하게 되었는지를 설명하게 된다. 강의를 들음으로써 학생들은 고기 몇 마리를 얻는 데 그치지 않고 고기를 낚는 법을 은연중에 익히게 되는 것이다.

(4) 넷째, 강의를 하는 교수는 자기 나름의 정리된 입장이 있다. 어느 규정을 어떻게 해석하고 어떠한 법제도를 어떻게 이해할 것인가에 대하

여는 학자에 따라 다양한 견해가 있을 수 있다. 그리고 공부는 이와 같이 다양한 견해를 잘 듣고 어느 것이 보다 설득력이 있는지를 판단해 가는 과정이기도 하다. 하나의 교과서에만 매달리면 그러한 '자기 나름대로 생각하는' 버릇을 들이기가 쉽지 않다. 강의를 통하여 여러분은 보다 다양한 입장에 접하게 된다. 그렇게 여러 가지 견해에 접해 보는 것은 여러분의 법적 사고를 훈련하는 데 매우 좋은 일이다.

3. 차례와 때를 지키는 것

(1) 법 공부에서는 앞서도 말한 대로 해야 할 것이 매우 많다. 그런데 거기에는 차례가 있고 경중이 서로 다르다.

법은 하나의 체계를 이루고 있다. 물론 법의 분야는 매우 다양하게 나누어져 있다. 그러나 법은 잡다한 소재를 기준 없이 열거해 놓은 것이 아니라, 기초적인 법들과 그 법들의 원리나 기술을 전제로 해서 이것을 수정하거나 보충하는 보다 특수한 영역에 관한 법들로 체계적으로 구성되어 있다. 그러므로 법을 배우고 이해하려면, 먼저 배워야 할 것과 먼저 배운 것을 바탕으로 해서 나중에 배워야 할 것이 있다. 다시 말하면 먼저 기초적인 법분야로부터 잘 배우고, 그 다음에 보다 특수적인 또는 보다 첨단적인 법분야로 나가는 것이 바람직하다.

모든 교육과정은 그러한 순서로 짜여져 있고, 법학전문대학원이나 대학의 법학커리큘럼도 예외는 아니다. 물론 현재 행하여지고 있는 것에 개선의 여지가 전혀 없다고는 말할 수 없겠으나, 그 커리큘럼은 오랫동안 법학교육을 행하고 받은 경험에 입각해서 신중하게 짜여진 것이고, 아무 생각 없이 배열해 놓은 것이 아니다. 그리고 그러한 기초적인 법분야로 헌법과 민법과 형법을 드는 데 별다른 의문이 없다.

(2) 나중에 배울 것을 먼저 공부하게 되면 힘이 갑절 든다. 나중에 배울 것으로 된 법분야는 대개 먼저 배워야 할 법분야의 법리를 수정하거나 보충하는 것으로 되어 있다. 예를 들면 상법을 보면 거의 맨 앞에 상행위에 관한 규정이 나오는데(상법 제46조 내지 제168조), 그것은 민법을 공부하지 아니하고는 그것이 체계적으로 어떠한 의미를 가지는지 잘 알 수 없도록 되어 있다. 또 어음·수표 기타 유가증권에 관한 법리는 민법의 채권총론, 특히 채권양도의 제도를 알지 않고는 왜 그렇게 되어야 하는지 충분히 이해하지 못하게 되어 있다. 그러므로 법 공부는 차례를 지켜서 하여야 한다.

(3) 법 공부는 차례를 지켜서 해야 하고, 또 강의를 듣는 것이 법 공부에 극히 유용하다면, 법 공부를 때에 맞추어 하는 것도 중요하다는 귀결이 거기서부터 당연히 나온다. 즉 교과과정이 편성되어 있는 대로 강의를 듣는 동안 응분의 공부를 충실히 하여야 한다는 것이다.

우리나라 법학전문대학원에서의 공부에 대하여는 더 말할 것도 없다. 그리고 법과대학 또는 법학과의 통상적인 교과과정을 전제로 한다면, 이것은 대체로 개별의 법학과목이 개설되는 1학년 2학기부터는 교과과정에 맞추어 법 공부를 '열심히'(그 뜻은 앞서 말한 대로이다) 하여야 한다는 말이 된다. 특히 2학년 1학기쯤 되면 헌법·민법·형법 등 중요과목의 강의가 한꺼번에 쏟아지므로, 이들을 제대로 쫓아가려면 비상한 노력을 하지 않으면 안 된다. 이렇게 3학년을 마칠 때까지 약 2년 동안 강의를 따라가며 열심히 공부해 두는 것이 가장 효율적이라는 것이 내 생각이다. 그렇게 하지 않고 극히 중요한 2학년, 3학년의 시기를 초점 없이 지내 놓고서 뒤늦게서야 법 공부를 한다고 마음을 돌려 책상 앞에 앉고 보면, 강의는 다시 들을 수 없고 차례도 지키기 어렵다. 어떤 의미에서는 고군분투하여야 하는 것이다. 그러므로 대학교 2학년, 3학년을 극히 귀중한 시간으로 여겨야 한다. 이상은 법학전문대학원의 과정에서도 기본적으로 하등 다를 바 없다.

나는 선배 학생들이 새로 대학에 들어온 후배들에게 이런 말을 많이 한다고 들었다. 대학에 들어오면 1년 정도는 실컷 노는 것이 좋다, 그래야 법 공부 또는 고시공부라는 장거리경주를 할 힘이 모아진다는 것이다. '잘 노는 것'은 물론 좋은 일이다. 그러나 그렇게 오랫동안 마냥 놀기만 해서는 안 된다. 그렇게 하면, 아예 공부의 끈을 놓아버려서 웬만해서는 다시 공부에 손대지 못하게 되기도 하고, 적어도 책상 앞에 돌아와 전심으로 공부하게 되기까지는 매우 오랜 시간이 걸린다.

4. 배우고 또 생각하는 것

일반적으로 법 공부를 함에 있어서 필요한 자세라고 하면 무엇보다도, "배우기만 하고 생각하지 않으면 혼란스럽고, 생각만 하고 배우지 않으면 위태롭다(學而不思則罔 思而不學則殆)"는 공자의 말처럼, 읽는 것과 생각해 보는 것을 수레의 두 바퀴처럼 균형잡히게 하여야 한다는 것이다.

뒤의 Ⅲ. 2.에서도 말하지만, 흔히 법 공부라고 하면 언필칭 교과서라는 것을 처음부터 끝까지 몇 번이고 읽어가는 것으로 알기 쉽다. 그러나 교과서에 쓰여져 있는 것이 무슨 뜻인지, 어떠한 경우가 어떻게 처리되어야 한다는 말인지를 알지 못하면, 이는 피곤한 헛수고일 뿐이다. 요컨대 그 수많은 명제들의 구체적 의미를 생각해 보아야 하는 것이다.

그런데 예를 들어 시험답안지를 채점하다 보면, 법의 중요한 원칙에 해당하는 것을 엉뚱하게 이해를 하고 있는 경우가 적지 않다. 이는 혼자서 함부로 '생각'만 굴리고 과연 그 이해가 옳은지를 넓은 '읽음'을 통해서 검증해 보지 않았기 때문일 것이다. 다시 공자의 말대로, "배우고 때에 맞게 익혀 체득하는(學而時習之)" 습관이 긴요한 것이다.

5. 법학전문대학원제도 아래에서의 법 공부

(1) 법학전문대학원제도가 2009년 3월에 실행되면서 법학전문대학원이 마련된 상당수의 주요한 대학에서는 학부 레벨의 법과대학은 이제 신입생을 모집하지 않게 되었다. 그리고 법학전문대학원을 수료한 학생은 변호사시험을 통과함으로써 종전처럼 2년의 사법연수원 과정을 거칠 필요 없이 바로 변호사의 자격을 얻는다(변호사법 제4조 제3호 참조). 그리고 현재 매년 1,500명 내외의 학생이 이 관문을 통하여 법조계에 들어오고 있다.

한편 사법시험은 2018년부터 없어졌고(변호사시험법 부칙 제2조, 제1조 단서), 그 전에도 그 합격자 수는 점차 줄고 있었다. 실로 법률가 양성의 제도적인 틀은 현저한 변화를 겪었다고 할 것이다.

(2) 학부 레벨에서 법을 공부하든 법학전문대학원에서 법을 공부하든, 앞에서 말한 법 공부의 기본은 조금도 다를 것이 없다.

먼저 학부 레벨에서의 법 공부에 대해서 보면, 법학전문대학원이 생겼다고 해서 달라질 것이 없다. 대학 4년은 귀중한 시간이다. 이 귀중한 시간을 함부로 보낼 수는 없다. 어떠한 전문직을 수행하기 위한 공부가 모두 그러한 대로, 법 공부를 열심히 하여 쌓은 실력은 여러분이 어떠한 경로로 법률가가 되었든 여러분을 튼튼히 받쳐줄 것이다. 그리하여 법학전문대학원에 들어와서 비로소 법 공부를 시작하는 것에 비하면, 마치 마라톤에서 출발점을 한참 저 앞으로 당겨놓은 것처럼 여러분에게 유리한 자리를 제공할 것이 틀림없다. 이러한 전환기일수록 차분하게 실력을 쌓아서 장래를 준비한 사람은 더 큰 비약의 기회를 가지게 되는 것이다.

(3) 그리고 법학전문대학원에서의 법 공부라고 해도 기본적으로 마찬가지이다.

흔히 법학전문대학원은 바로 실무에서 일하게 될 변호사를 양성하므로 "판례 공부를 열심히 하여야 한다"고, 심지어는 '판례'만을 공부하면 된다고 생각하기 쉽다. 결코 그렇지 않다. 판례라고 하는 것은 앞서 말한 대로 과거의 실제 사건에 법을 적용하여 당사자들의 구체적인 법률관계를 밝히는 판결로부터 일정한 관점에서 추출된 법리를 말한다([111] 이하 참조). 그러므로 우선 무엇이 판례인지가 반드시 명확하지 아니할 뿐만 아니라, 판례만으로는 법의 전체 모습을 도저히 파악할 수 없다. 그리고 과거의 일과 똑같이 벌어지는 세상일은 하나도 없으므로, 여러분이 앞으로 다룰 사건이 그 판례가 적용될 만한 것인지가 우선 판단되어야 하는데, 이는 제대로 된 법 공부가 상당한 정도로 쌓인 다음에나 제대로 할 수 있는 바인 것이다. 결국 비록 법학전문대학원에서의 강의가 판결 기타 재판례를 소재로 하여 전개되는 것이 강의를 하는 편에서나 듣는 편에서나 편의로운 점이 있는지 몰라도, 법학전문대학원에서 역시 법 공부는 교과서를 잘 읽고, 차례와 때에 좇아 교과과정에 따라서 강의를 들으며, 그리고 부지런히 배우고 또한 스스로 생각하면서 긴 호흡으로 줄기차게 하여야 하는 것이다.

법학전문대학원제도 아래서 법 공부의 기간이 도합 3년으로 전보다 짧아졌다고 한다면, 오히려 이제 법 공부는 처음부터 지나치게 재판례 등과 같은 세부에만 매달려서 단편적인 지식을 얻으려 애쓰기보다는 오히려 개개의 법제도, 특히 기본적 의미가 있는 법제도가 그러한 내용 내지 태도를 택하고 있는 이유를 잘 이해하고 과연 그것이 합리적인지를 비판적으로 음미하여 보는 것, 말하자면 '거시적인 접근'을 하는 것이 출발점, 아니면 도달점이 되어야 하며 또 그것이 더욱 효율적이라고 생각된다.

Ⅲ. 민법의 공부에 대하여

1. 민법의 중요성

전부터 "좋은 민사법률가가 아니면 누구라도 좋은 법률가가 아니다"는 말이 있는 것처럼, 민법 공부는 법 공부 전체에 있어서 막중한 비중을 지니고 있다. 대체로 법 공부를 시작하는 사람은 민법, 그 중에서도 계약법 또는 민법총칙의 교과서를 읽는 것으로 시작한다. 또 실제로 법 공부를 하여 본 경험이 있는 사람이라면 민법이 법 공부의 반 또는 그 이상이라는 말을 흔히 한다. 그것은 다음과 같은 몇 가지 이유에 의한 것이다. 그리고 이를 잘 이해하고 납득하는 것이야말로 민법 공부를 제대로 하기 위한 전제이고 출발점이다.

(1) 민법은 사람이기만 하면 일상적으로 문제되는 사항, 즉 쉽게 말하면 재산관계와 가족관계 중에서 보편적인 것을 규율하고 있다. 그런데 온갖 종류의 재산적 이해관계가 복잡하게 얽혀 있는 양상을 잠깐만이라도 생각하여 본다면, 또 남녀관계 나아가 부부관계나 부모와 자식 간의 관계 등이 얼마나 착잡하고 다양한가를 잠깐만이라도 생각하여 본다면, 즉 한 마디로 하면 사람이 그냥 사람으로서 살아 가는 모습이 그 욕구와 희망과 능력에 좇아 얼마나 다채로운가를 생각하여

본다면, 민법 그 자체의 복잡성과 다양성을 쉽사리 짐작할 수 있을 것이다. 그러므로 하나하나의 규율대상마다 그 전개의 양상에 맞추어 규정을 '원칙/예외/그 예외에 대한 예외/또 그 예외 …'와 같이 **다층적·복안적**으로 구축하여 가지 않을 수 없으며(앞의 [36]도 참조), 또한 그 다양한 규율 사이에 모순이 없도록 논리적·체계적 자리를 마련하여 놓아야 하는 것이다.

이와 같이 다층적·복안적으로 구축된 민법을 공부하다 보면, 저절로 법 일반에 두루 통용될 수 있는 법적 논리의 특성을 이해하게 된다.

(2) 그리고 민법이 규율하는 내용은 자족적이어서, 다른 법영역에 마련되어 있는 규정이나 제도를 원용하는 일이 별로 없다. 그만큼 요건과 효과를 주도면밀하게 구성하고 있는 것이다.

그런데 예를 들어 상법을 보면, 상행위에 관한 규정은 물론이고, 회사나 해상운송에 관한 규정 등 어디서나 이러저러한 경우에는 손해배상책임을 지게 된다는 규정이 다수 있다. 그러면 그 손해배상을 어떠한 방법으로, 어떠한 범위에서 하여야 한다는 것인가? 물론 상법 자체에 이들 문제에 대하여 특별한 규정을 두는 경우도 없지 않지만(예를 들어 상법 제137조), 그러한 특칙이 없는 한은 상법에서 정하는 손해배상책임에 대하여도 민법 제393조로부터 제399조까지가 적용된다. 그러므로 상법에서 정하여진 손해배상이라도, 피해자에게 발생한 모든 손해가 아니라 그 중에서 '통상의 손해'에 한정하여 배상하는 것이 원칙이다(민법 제393조 제 1 항). 또 그 손해배상은 원칙적으로 금전으로 하며(민법 제394조), 피해자에게 과실이 있으면 이를 고려하여 손해배상액을 감경하거나 아예 배상책임을 면할 수 있는 것이다(민법 제396조). 상법은 그 맨 앞의 제 1 조에서 "상사商事에 관하여 본법에 규정이 없으면 상관습법에 의하고 상관습법이 없으면 민법의 규정에 의한다"고 하여, 민법이 보충적으로, 그러나 일반적으로 상사에도 적용됨을 명확하게 밝히고 있다. 그러나 설령 그러한 명문의 규정이 없었다고 하더라도, 체계해석상 민법은 당연히 마찬가지로 적용될 것이다.

이상은 비단 상법에서 정하는 손해배상책임뿐만 아니라, 예를 들어 「독점규제 및 공정거래에 관한 법률」, 자동차손해배상보장법, 제조물책임법, 환경정책기본법 등 다른 법률들에서 정하는 손해배상책임에 대하여도 다를 바 없다.

(3) 민법은 역사적으로 보면 아주 오래 전부터 발전하여 가장 완벽하게 전개된, 다시 말하면 '끝까지 생각된' 법기술을 담고 있다.

이는 주로 근대 이후에 입헌주의나 죄형법정주의가 자리를 잡은 후에 비로소 체계적으로 전개된 헌법이나 형법의 제도나 이론과 대비하여 보면 쉽사리 알 수 있는 일이다. 그리하여 다른 많은 법영역은, 민법으로부터 개념이나 명제를 차용하여 스스로의 제도나 이론을 구성·전개하거나, 적어도 민법상의 개념이나 이론 또는 제도를 바탕으로 하여 그 위에서 자신이 다루는 사항의 특수성에 좇은 특별한 법리를 발전시켜 가고 있다. 이는 특별사법의 대표격인 상법(예를 들면 상법 중 해상법이나 보험법은 해상운송계약법 또는 보험계약법으로서 민법상의 계약법리를 당연한 전제로 하고 있으며, 앞의 Ⅱ. 3. (2)에서 본 대로 어음·수표법도 민법이 정하는 채권양도에 관한 일반법리를 수정·보충한다는 관점에서야 비로소 제대로 이해될 수 있다)이나 민법에서 정하는 실체적 권리의무의 실행절차법인 민사소송법(가령 '청구'의 개념 등)은 물론이고, 나아가 민법과 관련이 별로 없을 것 같은 행정법(가령 그 기축적 지위에 있는 '행정행위'의 개념 등) 등에 있어서도 다를 바 없다. 그리하여 많은 경우에 민법은 다른 법영역에 존재하는 '흠결'을 보충하는 역할을 한다.

(4) 한편 민법은 방대한 내용을 담고 있다. 우리나라에는 많은 법률이 있는데, 그 중에서 민법은 앞서 말한 대로 1천 1백개 이상의 법조문으로 되어 있는 최대의 법률이다. 또한 민법은 앞에서 본 대로(제 1 절 Ⅲ. 1. 참조) 많은 특별법은 물론이고, 민법전에 규정되어 있는 제도를 구체적으로 실현하기 위한 부속법률을 거느리고 있다. 이들도 역시 통상 민법 공부의 범위 내에서 다루어진다. 현재의 법학전문대학원의 통상적인 교과과정상으로 보면, 민법은 대체로 1단위에 매주 3시간 이상의 수강을 요하는 수업이 넷 또는 다섯 정도로 나누어져서 1학년부터 2학년까지 학기마다 개설되어 있고, 그 외에도 '민법연습' 또는 '민사실무' 등의 교과목이 마련되어 있다. 그리고 법과대학(또는 법학과)으로 보아도, 민법은 대체로 6개의 단위(민법의 각편을 하나의 단위로 하되, 다만 채권편은 이를 총칙과 각칙(또는 총론과 각론)으로 나누어 두 단위로 하고 있다)로 1학년부터 4학년까지 걸쳐 있는 경우가 흔하다.

2. 몇 가지 방법의 제안

(1) 이처럼 민법은 매우 방대하고 어려운 내용을 담고 있다. 이를 이해하는 것은 결국 자신의 노력에 의하여야 하는 것이고, 또 그 노력은 상당한 것일 수밖에 없다.

물론 민법이 양적으로도 질적으로도 다른 과목에 비하여 훨씬 공부하기 어렵다는 것, 변호사시험에서 민법이 기본을 이루는 민사법 과목에 형사법이나 공법보다 75% 더 많은 비중이 주어진다고 해도 그것이 그 어려움에 대한 충분한 배려라고 단정할 수 없는 것, 따라서 법 공부가 아니라 변호사시험이라는 것만을 놓고 '자원의 효율적 배분'을 생각한다면 '요령 좋게 민법의 관문을 일단 통과하는 것' 또는 '민사법에서 과락만을 면하는 것'을 목표로 삼는 것이 남보다 앞서가는 길이라고 생각될 소지도 있다는 것을 모르는 바는 아니다. 그러나 역시 제대로 된 공부를 하여야만 제대로 된 법률가가 될 수 있을 것이 아니겠는가. 법률가를 자기의 일로 선택한 이상, 그리고 그 일이 삶의 보람의 가장 중요한 부분을 차지하는 이상, 그 출발점으로서 제대로 법 공부를 하여야 하지 않겠는가.

이하에서 여러분이 앞으로 민법을 공부해 가는 데 있어서 요령이라고 할 것들을 들어두기로 한다.

(2) 우선 '교과서'를 읽는 것에 대하여.

(가) 법 공부는 '교과서'를 읽는 일로부터 시작된다. 그런데 많은 경우에 우리나라의 '교과서'는 법 공부의 자료로서보다는, 추상적 명제를 체계적·종합적으로 서술하는 학문적 작업의 관점에서 작성된 것이다. 그러므로 그 '교과서'는 엄밀한 의미에서는 교과서가 아니다(이것이 내가 '교과서'를 이와 같이 따옴표 안에 써 온 이유이다. 이하에서는 이를 제거하기로 한다). 따라서 초학자가 이를 통하여 법의 속살을 알기에 별로 적합하지 않다고 할 수 있을는지도 모른다. 그러나 어쨌거나 현재의 상황에서는 교과서를 통하여 법의 세계로 들어갈 수밖에 없는 현실이다.

(나) 실제로 교과서를 착실하게 읽고 소화하는 일은 극히 중요한 것이며, 또 모든 법 공부의 가장 기초적이고 동시에 가장 효율적인 방법이다.

교과서는 저자가 일정한 체계를 세우고 이에 맞추어 어떠한 분야의 법을 균형 있게 서술한 것이다. 그것을 다 공부하고 나면, 머릿속에 민법에 대한 큰 그림이 그려질 수 있고, 민법상 제도들의 복잡한 얽힘을 이해할 수 있도록 되어 있는 것이다. 그러니 이것은 대중소설처럼 한 번 죽 읽고 책장에 박아두는 성질의 책이 아니다. 여러 번 반복하고 읽는 과정에서 비로소 조금씩 윤곽이 떠오르고 의미가 이해된다. 그 '파악'의 고통스러운 긴 과정을 견디어 내는 것이 바로 법 공부다. 그것은 두세 달 사이에 해치울 수는 도저히 없고, 상당한 기간 동안 앞의 Ⅱ. 1.에서 본 바의 '열심히 하는 공부'에 의하지 않고는 어찌하여 볼 도리가 없는 것이다.

이러한 과정을 요약서 등으로 둘러가려 해서는 안 된다. 나무 한 그루가 있다고 하자. 거기 돋아난 잎파리만을 뜯어서 죽 펼쳐 놓고 "이것이 나무요, 나무요" 하고 외친들, 듣는 사람이 나무를 알 수 있을 것인가? 땅 속 깊이 박힌 뿌리로부터 땅 위로 튼실한 둥치가 솟아 오르고, 거기서 줄기가 분수처럼 뻗어나가고, 그 끝에 수많은 잎이 싱싱한 초록빛을 내며 햇빛에 반짝이고 있는 나무를 알아야 할 것이 아니겠는가?

(다) 교과서를 읽어가는 데 있어서는 다음과 같은 점에 주의하여야 한다.

(a) 아마 처음 한두 번은 전체에 대한 개관을 얻기 위하여 죽 훑어보는 것이 필요할는지도 모른다. 그러나 그 후로는 꼼꼼하게 읽어야 한다. 쓰여 있는 것이 무엇을 말하는지를 알고 넘어가야 한다.

(b) 자신이 읽고 이해한 바를 자신의 말로 다시 써 보는 것이 좋다. 한 단락이 끝나면 그 단락의 내용을 요목식으로 정리하는 것도 한 방법이다.

(c) 그 의미를 곰곰히 생각하여 보아도 알 수 없는 것은 이해할

수 없는 점을 적어두고, 다음으로 넘어간다. 그러면 후에 이에 관련되는 서술이 다시 나오고, 그 때 비로소 앞서 알 수 없었던 점을 알게 되는 경우가 의외로 많다.

(d) 교과서에 인용되어 있는 판결을 찾아 읽어라. 판결을 읽을 때는 그 요지만이 아니라 판결 전부를 읽어야 한다. 그리고 그 판결의 내용을, ① 사실관계, ② 원고가 그 소송에서 종국적으로 청구하는 바와 그 청구의 법적 원인(민사소송법 제249조 제 1 항에서 말하는 청구취지와 청구원인), ③ 판결에서 문제된 법적 쟁점, ④ 그에 대한 대법원(필요하면 원심도)의 판단과 그 이유, ⑤ 사건의 결말(원고의 청구가 전부 또는 일부 인용되었는지, 기각되었는지)의 다섯 가지로 정리하라.

(e) '참조' 표시가 되어 있는 것(책에 "… 참조"라고 쓰여 있는 것은 "참조하라"는 명령이다)은 그 부분으로 가서 읽어야 한다. 모르는 용어가 나오면 그 뜻을 알고 넘어가야 한다.

(f) 여러분의 흥미를 끄는 법률문제에 대하여는 때로 그에 관한 본격적인 논문을 찾아서 읽어 보는 것도 유익하다. 법학논문은 그것이 잘 쓰여진 것이라면, 교과서에서는 별로 언급되어 있지 않은 시각과 이익형량을 제시할 것이다. 설사 그 논문의 결론에 백 퍼센트 동의할 수 없는 경우라도, 통설적 견해가 미처 생각하지 못할 바나 그 난점을 찌르고 나올 것이다. 그리하면 여러분은 법적 논의의 방식에 보다 익숙하게 되면서 동시에 거기서 다루어진 법리를 보다 심도있게 이해하게 될 것이다.

(g) 읽은 양에 집착하여서는 안 된다. 모든 공부가 그렇듯이, 민법 공부도 체계적으로 하여야 함은 당연하나, 통상 하는 방법, 즉 교과서의 머리부터 꼬리까지 거의 아무것도 이해하지 못하면서 '꾹 참고' 그냥 몇 번씩이고 읽어가는 것은, 가능한 방법 중의 하나라고는 할 수 있

어도, 역시 우둔한 방법이다.

(h) 학설대립에 구애되지 말라. 학자들은 구체적인 법해석문제에 대하여 자신의 입장을 변호하고 상대방의 입장의 난점을 지적하기 위하여 필설을 다하여 노력한다. 그러나 법을 배우는 입장에서는 그 견해의 상위가 기본적으로 어디서 연유하는가를 파악함으로써 족하다. 특히 실제로 법적 처리에 별다른 차이를 낳지 않는, 또는 차이가 있다고 해도 매우 예외적으로밖에 문제되지 않는, 극히 미세한 법률논의에 말려 들어갈 필요가 없다(그러한 의미에서 민법총칙의 초입에 태아의 권리능력을 둘러싼 이른바 정지조건설과 해제조건설의 대립이 제시되어 있는 것은 슬픈 일이다. 과격한 충고를 하자면, 이 부분의 서술은 아예 읽지 않아도 무방하다).

(3) 법전을 항상 곁에 두고 참고하여야 한다.

(가) 법전은 모든 법 공부의 출발점이다. 법조문이 인용되어 있으면, 언제나 법전을 들추어 꼼꼼하게 읽어야 한다. 교과서는 말하자면 법전의 의미를 보다 자세히 풀어 해석하고 거기에 법전이 규정하고 있지 않은 것을 보충하면서 체계를 세운 것에 불과하다고도 말할 수 있다.

어느 하나의 법규정을 읽고 난 다음에는, 우선 그 규정이 그렇게 되어 있고 달리 되어 있지 않은 이유, 즉 입법이유(ratio legis)를 잘 생각해 보라. 그 규정으로 말미암아 어떠한 이익이 증진되고 어떠한 목적이 실현되며, 반면에 어떠한 이익과 목적이 희생되거나 후퇴하는지를 따져 보라. 그리고 그 규정과 관련된다고 교과서에 적혀 있는 제도 또는 규정을 찾아서 읽어 보라. 그리하여 어느 하나의 규정을 보면, 바로 그 관련 제도 등이 곧바로 연상되도록 익혀 두라.

(나) 이와 관련하여 중요한 점은, 자신이 법적으로 논의하는 바를 뒷받침하는 법조항을 인용하는 것이다. 성문의 법조항은 자신의 주장에 대하여 1차적이면서도 강력한 근거가 되는 것이다. 법적 논의 또는 법적 담론이 결국 '근거를 제시함(Begründung)'의 문제임을 생각한다면, 이와 같이 강력한 근거를 동원하지 아니하는 또는 동원할 줄 모르는 사람은 법률가가 되기 위한 훈련을 아직 충분히 받지 못하였다고 할 수밖에 없을 것이다. 당장 버릇을 들이기 위해서는, 불필요하다 싶을 정도로 번거롭게 법조항을 인용하는 것이 좋다.

(4) 법 공부를 함에 있어서 관련 문헌 또는 재판례 자료를 컴퓨터를 통하여 전자적 방법으로 접근·수집하는 일은 흔히 행하여진다. 요즈음에는 사항·조문별로 편집한 재판례를 전면적으로 수집하여 제공하는 사적私的 영리설비도 적지 않다(앞의 [115] 말미도 참조). 종전에 책 형태의 자료를 통하여 법 공부를 했던 때와는 그 접근의 용이성이나 대상의 포괄성·다양성의 면에서 비교가 되지 않는다.

그러나 이에는 일정한 주의가 필요하다.

(가) 그러한 접근의 용이성 등이 오히려 법 공부를 하는 데 별로 도움이 되지 않을 수 있다. 예를 들어 어떠한 구체적인 법문제와 관련 있는 재판례를 검색하면 지나치게 많은 숫자가 제시되어서 이들 중에서 어느 것이 과연 '기준적'인 법리, 즉 그에 대한 '판례'를 제시하고 있는가를 쉽사리 파악할 수 없게 된다. 앞에서도 말한 대로([111] 참조) 재판은 1차적으로 당해 사건의 해결을 목적으로 하며 법 해석론을 전개하고자 하는 것이 아니다. 그리하여 그 해결은 기본적으로 당해 소송사건의 사실관계 여하에 따라 달라지는 것이어서, 그 사건에서 다루어지는 법문

제가 동일하다고 하더라도 그 배경에 있는 사실관계(그리고 당사자의 법적 주장)는 그 법적 판단의 구체적 서술·표현에 적지 않은 영향을 미친다. 그리하여 많은 재판례로부터 '판례'를 가려내어 인식하는 일은 결코 쉬운 일이 아니게 된다. 이러한 경우라면 판례를 인식함에 오히려 교과서 등 선행 자료의 재판례 선정 '지침'이 필요할 수 있는 것이다.

(나) 법 공부를 통하여 점차 습득하여 가야 하는 것 중에는 구체적 분쟁에서 문제되고 있는 법문제가 무엇인지를 파악하는 능력이 있다. 그것은 어떠한 법리의 내용을 이해하기보다 현재 다투어지고 있는 사건의 사실관계의 어떠한 측면이 그 법리의 적용을 통하여 법적으로 처리될 수 있는가를 알게 한다. 여러분이 변호사가 되어 일하여 보면 어렵지 않게 알 수 있는 대로, 고객의 '어려움'을 법적으로 해결한다는 변호사의 통상적인 일에서 시간적으로 앞부분을 차지하는 것은 고객이 말하는 '사정'이 어떠한 구체적 법문제에 걸려 있는지를 이해하는 일이다. 그 이해를 전제로 하면 단지 고객이 스스로 제시하는 사정만으로는 부족한 경우가 적지 않게 있으므로, 이쪽에서 질문을 발하여 고객으로 하여금 그 다른 측면을 털어놓도록 하게 된다('발문력發問力'). 이는 법률가와 같은 전문가에게는 판사·검사 등의 일에서도 마찬가지이다.

그런데 앞서 말한 전자적 설비로 제공되는 자료들은 이러한 측면을 익히는 별로 적절하지 않다. 그것은 대체로 기존의 사실관계로부터 제기되는 어떠한 법문제를 전제로 그에 대하여 이미 판단을 내린 결과를 담은 기성의 자료를 모은 것이기 때문이다. 그에 앞서서 행하여져야 할 법문제의 '발견'에는 오히려 사람의 일에 대한 감수성과 상상력이 더욱 요구될 것이다.

(5) 마지막으로 이해하는 것도 외우는 것도 다 중요하다는 것을 덧붙

여 둔다.

(가) 다른 모든 공부에서도 마찬가지로, 무비판적으로 받아들이는 것과 아울러 무조건 외우는 것처럼 위험한 것은 없다. 이를 피하기 위하여는, 우선 교과서의 추상적 명제가 어떠한 구체적 사실관계를 대상으로 하는 것인가를 눈 앞에 그려 보아야 한다. 그러한 의미에서도 교과서에 인용되어 있는 판결을 찾아 읽어보는 것은 매우 유익하다.

(나) 그렇다고 해서 외우기를 외면하여서는 안 된다. '외우기'는 특히 공부의 초입단계에서 매우 중요한 공부방법이다. 물론 외워야 할 것을 구별해 내는 것 자체가 어려운 일이기는 하나, 일단 기초적인 정의나 개념, 그리고 중요한 법제도의 일반적 내용은 외워야 한다.

Ⅳ. 소 결

1. 무릇 모든 공부는 엉성하게 해서는 안 된다. 엉성하게 공부하느니 노는 것이 낫다. 어른들은 늘 공부하라, 공부하라 하고 귀찮도록 말하지만, 실상은 잘 노는 것도 이 거친 삶에서 매우 중요한 의미가 있다. 뿐만 아니라, 놀고 있으면 아예 마음의 고삐를 놓아 버리지 않은 한 그래도 자신이 비워 둔 정신의 빈터를 스스로 의식하게 되어서 언젠가는 그것을 채우려고 씨름하게 된다. 그것이 사람 마음의 구조이다. 그러나 공부를 한다고 늘상 책상 앞에 붙어 앉아서 요령만 피우고 있으면, 공부를 한 듯한 생각을 하게 된다. 때로는 아주 공을 들여서 공부한 듯한 착각도 들게 하는 것이다.

의사가 엉성한 지식을 가지고 환자를 다루면 환자의 건강을 나쁘게 하고 때로는 끔찍한 결과를 볼 수도 있다. 엉성하게 공부를 한 사람은 애초 의사가 되지 않는 편이 훨씬 낫다. 법률가도 마찬가지다.

2. 법학전문대학원에 들어가 법 공부를 하여 변호사시험에 응시하는 것은 법 공부의 어느 한 단계일 뿐임을 명심하여야 한다. 변호사시험에 합격하였다고 해서 법 공부가 끝나는 것은 아니다. 비록 변호사시험에 합격하였을지는 몰라도, 법 공부를 엉성하게 하였으면 엉성한 법률가밖에 될 수 없다. 한참 전처럼 법률가자격 취득의 유일한 방법인 사법시험에서 그 합격자가 몇 십 명밖에 안 되었던 때에는 그 시험에 합격하였다는 것만으로 혹 평생 안락한 생활이 보장되었는지 모른다. 그러나 이제 한 해에 변호사자격을 얻는 사람의 수가 1천7백명 전후가 되는 오늘날에 엉성한 법률가로 지내는 것은 헛된 명예와 고통 이외의 아무것도 아니다.

그러므로 공부할 때를 놓치지 말라. 또한 열심히 그리고 제대로 공부를 하라. 사람은 어떠한 특정한 객관적 대상이나 양식樣式에 전념하는 것이 아니면 자신의 참다운 기질, 즉 개성을 발견·획득하기 어려운 것이다. 그리고 길고 정돈된 수련만이 여러분에게 진정한 즐거움과 휴식을 가져다 줄 것이다.

3. 위대한 법학자 사비니가 말한 대로 법의 본질은 "어떠한 관점에서 바라본 인간의 삶 그 자체"이다. 인간사가 다양하고 복잡한 만큼, 법도 당연히 복잡하다. 그러므로 이것은, 법학전문대학원 학생이 법 공부를 시작하면서 스스로를 위안하는 말대로, 가령 "3년 내에 끝낼" 수 있는 성질의 것이 아니다. 법학전문대학원 과정은 3년 내에 끝낼 수 있을지 몰라도, 그것은 출발에 불과하다.

모든 진지한 '일'과 마찬가지로 법 공부는 일생에 걸쳐 사람들의 시시콜콜한 사연과 욕망에 겸허하게 귀기울이면서 시련과 모색을 쌓아감으로써 조금씩 전진하여 가는 '성인成人의 공부'이다. 아마도 그것은 남이 쓴 글을 익히는 것에 그치지는 않는다. 법 공부의 긴 과정은 동시에 한 사람으로서의 성장의 궤적이기도 할 것이다. "한 가지를 잘 알고 행하는 것은 백 가지에서 어설픈 것보다 더 높은 자기완성(Bildung)을 주는 것이다."(괴테)

재판례 색인

[대법원 전원합의체]

1962년 12월 24일 결정 4294민재항675사건(전집 민 Ⅰ, 13) ······ 80
1976년 11월 6일 판결 76다148사건(집 24-3 민, 277) ······ 229
1977년 9월 28일 판결 77다1241사건(집 25-3 민, 121) ······ 136
1979년 11월 13일 판결 79다483사건(집 27-3 민, 140) ······ 241
1983년 7월 12일 판결 82다708사건(집 31-4 민, 7) ······ 356
1985년 1월 29일 판결 83다카1730사건(집 33-1, 1) ······ 235, 359
1985년 4월 9일 판결 84다카1131등사건(집 33-1, 174) ······ 229
1989년 12월 26일 판결 87다카2176사건(집 37-4, 185) ······ 235, 360
1991년 12월 24일 판결 90다12243사건(집 39-4, 303) ······ 229
1991년 12월 24일 판결 90다카23899사건(집 39-4, 334) ······ 229
1992년 6월 23일 판결 91다33070사건(집 40-2, 119) ······ 307
1997년 8월 21일 판결 95다28625사건(집 45-3, 84) ······ 229, 357
2000년 3월 16일 판결 97다37661사건(집 48-1, 78) ······ 357
2003년 12월 18일 판결 98다43601사건(집 51-2, 315) ······ 230
2005년 7월 21일 판결 2002다1178사건(집 53, 87) ······ 230, 486
2006년 4월 20일 판결 2004다37775사건(집 54-1, 91) ······ 230
2006년 6월 22일 결정 2004스42사건(집 54-1, 290) ······ 230
2007년 2월 15일 판결 2004다50426사건(집 55-1, 66) ······ 321
2008년 11월 20일 판결 2007다27670사건(집 56-2, 164) ······ 234
2009년 3월 19일 판결 2008다45828사건(집 57-1, 3) ······ 231
2009년 5월 21일 판결 2009다17417사건(집 57-2, 246) ······ 231
2011년 9월 2일 결정 2009스117사건(집 59-2, 337) ······ 230
2012년 5월 17일 판결 2010다28604사건(집 60 민, 328) ······ 231
2014년 7월 16일 판결 2012므2888사건(집 62 민, 308) ······ 231
2014년 12월 18일 판결 2011다50233사건(집 62 민, 912) ······ 231
2015년 7월 23일 판결 2015다200111사건(집 63 민·특, 229) ······ 232, 236

2016년 5월 19일 판결 2009다66549사건(집 64 민, 173) ································ 232
2016년 10월 19일 판결 2014다46648사건(집 64 민, 647) ······························ 232
2017년 1월 19일 판결 2013다17292사건(집 65 민, 190) ································ 232
2017년 12월 21일 판결 2012다74076사건(집 65 민, 982) ······························ 226
2018년 7월 19일 판결 2018다22008사건(집 66 민, 408) ································ 233
2018년 10월 30일 판결 2014다61654사건(집 66 민, 840) ······························ 122
2019년 6월 20일 판결 2013다218156사건(집 67 민, 547) ······························ 233
2019년 7월 18일 판결 2014다206983사건(집 67 민, 664) ······························ 233
2019년 12월 19일 판결 2016다24284사건(집 67 민, 1190) ································ 57
2021년 7월 22일 판결 2020다248124사건(집 69 민, 796) ······························ 281
2022년 7월 21일 판결 2018다248855사건(공보 2022하, 1659) ························ 233
2022년 8월 25일 판결 2018다205209사건(공보 2022하, 1902) ························ 449
2022년 8월 25일 판결 2019다229202사건(공보 2022하, 1927) ························ 391
2023년 3월 23일 결정 2020그42사건(집 71 민, 107) ···································· 234
2024년 7월 18일 판결 2023두36800사건(공보 2024하, 1372) ·························· 234
2025년 7월 24일 판결 2023다240299사건(공보 2025하, 1526) ························ 234

[대법원 각부]

1963년 2월 21일 판결 62다913사건(집 11-1 민, 119) ···································· 447
1963년 9월 12일 판결 63다452사건(집 11-2 민, 131) ···································· 423
1969년 11월 25일 판결 69다1592사건(집 17-4 민, 91) ································· 433
1970년 9월 29일 판결 70다466사건(집 18-3 민, 94) ···································· 175
1970년 11월 24일 판결 70다2065사건(집 18-3 민, 304) ······························· 242
1970년 12월 29일 판결 70다2449사건(집 18-3 민, 443) ······························· 347
1971년 12월 14일 판결 71다2045사건(집 19-3 민, 162) ······························· 160
1974년 8월 30일 판결 74다1124사건(집 22-2 민, 275) ································· 144
1975년 4월 22일 판결 74다410사건(집 23-1 민, 224) ···································· 18
1976년 2월 10일 판결 75다994사건(공보 532, 8979) ···································· 449
1976년 3월 23일 판결 74다1383사건(요집 민·상 I-2, 민법 제548조 24번) ······ 339
1976년 5월 11일 판결 75다1305사건(집 24-2 민, 16) ··································· 436
1976년 9월 14일 판결 75누255사건(집 24-3 행, 5) ······································ 497
1977년 1월 23일 판결 75다2092사건(집 25-1, 21) ·· 369

1978년 3월 28일 판결 77다2298사건(집 26-1 민, 237) ············ 420
1982년 7월 27일 판결 80다2968사건(공보 1982, 810) ············ 343
1982년 10월 12일 판결 81도2621사건(집 30-3 형, 133) ············ 275
1983년 1월 18일 판결 82다594사건(집 31-1 민, 18) ············ 176
1983년 6월 28일 판결 83다카217사건(집 31-3 민, 103) ············ 126
1984년 6월 12일 판결 81다558사건(집 32-3, 53) ············ 296
1984년 10월 10일 판결 84다카453사건(집 32-4, 54) ············ 420
1985년 4월 9일 판결 84다카130사건(집 33-1, 167) ············ 341
1985년 8월 13일 판결 84다카979사건(집 33-2, 149) ············ 126
1985년 11월 12일 판결 85다카246사건(집 33-3, 155) ············ 447
1987년 3월 10일 판결 86다카1114사건(집 35-1, 147) ············ 132
1987년 7월 7일 판결 86다카1004사건(집 35-2, 223) ············ 214
1987년 10월 26일 판결 87다카14사건(집 35-3, 179) ············ 133
1988년 5월 10일 판결 87다카2578사건(집 36-2, 1) ············ 212
1988년 9월 13일 판결 86다카563사건(집 36-2, 104) ············ 242
1988년 12월 13일 판결 85다카1491사건(집 36-3, 79) ············ 32
1989년 1월 17일 판결 88다카143사건(집 37-1, 18) ············ 133
1990년 2월 27일 판결 89다카1381사건(집 38-1, 78) ············ 420
1991년 1월 11일 판결 90다8954사건(집 39-1, 1) ············ 126, 435
1992년 2월 14일 판결 91다24564사건(공보 917호, 1022) ············ 18
1992년 11월 24일 판결 92다18139사건(집 40-3, 158) ············ 370
1993년 4월 9일 판결 92다25946사건(공보 945호, 1359) ············ 339
1993년 6월 25일 판결 93다11821사건(집 41-2, 138) ············ 265
1993년 12월 10일 판결 93다12947사건(집 41-3, 319) ············ 238
1994년 1월 25일 판결 92다20132사건(공보 964호, 790) ············ 467
1994년 1월 28일 판결 93다43590사건(공보 964호, 824) ············ 267
1994년 4월 15일 판결 92다25885사건(집 42-1, 267) ············ 268
1994년 12월 27일 판결 94다19242사건(공보 985호, 663) ············ 183, 200
1995년 2월 10일 판결 93다52402사건(집 43-1, 51) ············ 297
1995년 3월 10일 판결 94다39567사건(집 43-1, 123) ············ 298
1996년 4월 9일 판결 95누11405사건(집 44-1 특, 762) ············ 472
1996년 4월 12일 판결 93다40614사건(집 44-1, 323) ············ 282, 494

1996년 5월 10일 판결 95다26735사건(공보 1996상, 1801) ………………………… 252
1996년 6월 28일 판결 96다14807사건(공보 1996상, 2358) ………………………… 108
1996년 6월 28일 판결 96다18281사건(집 44-1, 665) ………………………………… 55
1997년 5월 7일 판결 96다39455사건(공보 1997상, 1702) …………………………… 368
1997년 5월 16일 판결 95누14602사건(공보 1784) …………………………………… 497
1997년 6월 27일 판결 95다40977, 40984사건(공 1997하, 2302) ……………… 183
1999년 8월 20일 판결 99다18039사건(공보 1999하, 1878) ………………………… 64
1999년 9월 7일 판결 99다30534사건(공보 1999하, 2088) ………………………… 108
2000년 2월 11일 판결 97다702사건(법률신문 2860호, 9) ………………………… 375
2000년 2월 25일 판결 98다15934사건(공보 2000상, 785) …………………… 298, 371
2000년 5월 26일 판결 98두5972사건(공보 1540) …………………………………… 497
2000년 7월 28일 판결 2000다14101사건(공보 2000하, 1940) …………………… 395
2000년 12월 22일 판결 2000다55904사건(공보 2001상, 354) …………………… 56
2001년 2월 9일 판결 2000다51797사건(집 49-1, 89) ……………………………… 395
2001년 5월 8일 판결 99다38699사건(집 49-1, 319) ……………………………… 121
2001년 10월 9일 판결 2000다51216사건(집 49-2, 156) …………………………… 54
2002년 4월 23일 판결 2000두8752사건(집 50-1 특, 660) ………………………… 462
2002년 10월 11일 판결 2001다10113사건(공보 2002하, 2675) …………………… 155
2003년 3월 14일 판결 2000다32437사건(공보 2003상, 965) ……………………… 121
2003년 6월 24일 판결 2002다48214사건(공보 2003하, 1583) …………………… 177
2003년 7월 8일 판결 2002다64384사건(공보 2003하, 1683) ……………………… 478
2003년 9월 2일 판결 2002두5177사건(공보 1961) …………………………………… 497
2003년 11월 14일 판결 2003다30968사건(공보 2003하, 2346) …………………… 403
2003년 12월 12일 판결 2003다44370사건(공보 2004상, 127) …………………… 55
2004년 2월 13일 판결 2003다43490사건(집 52-1, 52) …………………………… 59, 181
2004년 3월 12일 판결 2003다16771사건(집 52-1, 59) ……………………………… 372
2004년 5월 13일 판결 2004다6979사건(공보 2004상, 964) ……………………… 179
2004년 6월 24일 판결 2002다6951사건(공보 2004, 1201) ………………………… 317
2004년 7월 8일 판결 2002다73203(집 52-2, 3) ……………………………………… 343
2004년 7월 22일 판결 2002다51586사건(공보 2004하, 1431) …………………… 365
2004년 8월 20일 판결 2001다70337사건(공보 2004하, 1561) …………………… 365
2005년 8월 19일 판결 2004다53173사건(공보 2005하, 1498) …………………… 265

2005년 8월 19일 판결 2005다22688사건(공보 2005하, 1503) ························ 434
2006년 9월 8일 판결 2004다55230사건(공보 2006하, 1652) ························ 122
2006년 11월 10일 판결 2004다10299사건(공보 2006하, 2066) ························ 177
2007년 3월 29일 판결 2004다31302사건(공보 2007상, 601) ························ 421
2007년 6월 15일 판결 2004다37904사건(공보 2007, 1062) ························ 342
2007년 6월 29일 판결 2005도3832사건(집 55-1, 957) ························ 275
2007년 9월 20일 판결 2004다43886사건(공보 2007, 1615) ························ 126
2007년 9월 20일 판결 2005다63337사건(공보 2007하, 1626) ················ 265, 305
2007년 12월 27일 판결 2007다70285사건(법고을) ························ 319
2008년 2월 28일 판결 2007다52287사건(공보 2008상, 444) ························ 373
2009년 1월 15일 판결 2008다70763사건(공보 2009상, 158) ························ 434
2009년 9월 10일 판결 2009다23283사건(공보 2009하, 1632) ························ 324
2009년 10월 29일 판결 2009다47685사건(공보 2009하, 1996) ························ 56
2010년 2월 11일 판결 2009다93671사건(공보 2010상, 565) ························ 108
2010년 2월 25일 판결 2009도5064사건(공보 2010상, 694) ························ 460
2010년 4월 29일 판결 2009다96083사건(공보 2010상, 993) ························ 177
2010년 5월 27일 판결 2009다93992사건(공보 2010하, 1250) ························ 387
2010년 6월 24일 판결 2010다12852사건(공보 2010하, 1440) ························ 291
2010년 7월 8일 판결 2010다21276사건(공보 2010하, 1540) ························ 307
2010년 10월 14일 판결 2010다40505사건(공보 2010하, 2088) ························ 317
2011년 2월 24일 판결 2010다96911사건(공보 2011상, 644) ···················· 60, 200
2011년 6월 9일 판결 2011다29307사건(공보 2011하, 1376) ························ 395
2012년 3월 29일 판결 2011다100527사건(법고을) ························ 387
2013년 3월 14일 판결 2011다91876사건(법고을) ························ 121
2013년 6월 27일 판결 2013다23372사건(공보 2013하, 1320) ························ 408
2013년 7월 12일 판결 2006다17553사건(법고을) ························ 373
2013년 8월 22일 판결 2013다35412사건(공보 2013하, 1721) ························ 241
2013년 9월 26일 판결 2011다88870사건(공보 2013하, 1897) ························ 372
2014년 4월 10일 판결 2011다22092사건(집 62 민, 31) ························ 373
2014년 5월 16일 판결 2012다72582사건(공보 2014상, 1188) ························ 374
2014년 9월 4일 판결 2011다51540사건(공보 2014하, 1969) ························ 18
2015년 1월 29일 판결 2013다100750사건(공보 2015상, 422) ························ 317

2015년 10월 15일 판결 2015다21295사건(법고을) ………… 32
2016년 7월 14일 판결 2015다71856사건(집 64 민, 496) ………… 455
2017년 3월 9일 판결 2015다217980사건(공보 2017상, 623) ………… 396
2017년 5월 17일 판결 2016다248806사건(공보 2017상, 1253) ………… 311
2017년 6월 8일 판결 2016다249557사건(공보 2017하, 1457) ………… 422
2017년 8월 18일 판결 2014다87595사건(법고을) ………… 291
2018년 1월 24일 판결 2017다37324사건(공보 2018상, 489) ………… 117
2018년 3월 15일 판결 2015다239508사건(공보 2018상, 672) ………… 145
2018년 3월 27일 판결 2015다12130사건(공보 2018상, 780) ………… 420
2018년 5월 15일 판결 2016다211620사건(공보 2018상, 1056) ………… 411
2019년 1월 17일 판결 2018다200855사건(공보 2019상, 473) ………… 395
2019년 6월 13일 판결 2018다300661사건(공보 2019하, 1381) ………… 467
2020년 1월 30일 판결 2019다268252사건(공보 2020상, 528) ………… 365
2020년 10월 29일 판결 2018다228868사건(공보 2020하, 2254) ………… 117
2020년 12월 10일 판결 2020다254846사건(공보 2020하, 216) ………… 422
2021년 4월 8일 판결 2017다202050사건(공보 2021상, 950) ………… 365
2021년 4월 29일 판결 2017다228007사건(집 69 민, 317) ………… 233
2021년 5월 7일 판결 2017다220416사건(공보 2021하, 1161) ………… 343
2021년 6월 30일 판결 2019다276338사건(공보 2021하, 1381) ………… 422
2022년 5월 26일 판결 2019다21344사건(공보 2022하, 1230) ………… 156
2022년 5월 26일 판결 2021다300791사건(공보 2022하, 1263) ………… 270
2022년 8월 25일 판결 2018다205209사건(공보 2022하, 1902) ………… 234
2022년 8월 25일 판결 2020도16897사건(공보 2022하, 2056) ………… 122
2022년 11월 24일 결정 2020스117사건(공보 2023상, 178) ………… 230
2023년 5월 11일 판결 2018다248626사건(집 71 민, 429) ………… 234
2023년 12월 28일 판결 2019다300866사건(공보 2024상, 267) ………… 299

[헌법재판소]

1991년 4월 1일 결정 89헌마160사건(헌집 3, 149) ………… 472
1991년 5월 3일 결정 89헌가97사건(헌집 3, 202) ………… 477
1995년 3월 23일 결정 92헌가4사건(헌집 7-1, 289) ………… 473
1997년 7월 16일 결정 95헌가6사건(헌집 9-2, 1) ………… 474

1998년 8월 27일 결정 96헌가22사건(헌집 10-2, 339) ···································· 476
1999년 6월 24일 결정 97헌마265사건(헌집 11-1, 768) ································· 477
2005년 2월 3일 결정 2001헌가9사건(헌집 17-1, 1) ·· 474
2005년 12월 22일 결정 2003헌가5사건(헌집 17-2, 544) ································ 474
2007년 8월 30일 결정 2004헌가25사건(헌집 19-2, 203) ································ 473
2009년 11월 26일 결정 2008헌바58사건(헌집 21-3, 520) ······························ 493
2010년 7월 29일 결정 2009헌가8사건(헌집 22-2(상), 113) ···························· 475
2013년 12월 26일 결정 2009헌마747사건(헌집 25-2, 745) ···························· 122
2013년 12월 26일 결정 2011헌바234사건(헌집 25-2(하), 649) ······················ 473
2015년 4월 30일 결정 2013헌마623사건(헌집 27-1, 107) ······························ 475
2018년 8월 30일 결정 2014헌바148사건(헌집 30-2, 237) ······························ 473
2019년 4월 11일 결정 2017헌바127사건(헌집 31-1, 404) ······························ 275
2023년 3월 23일 결정 2021헌마975사건(헌집 35-1(상), 827) ························ 475
2024년 4월 25일 결정 2020헌가4사건(헌집 36-1(상), 381) ···························· 476

사항 및 인명 색인

(숫자는 페이지를 가리킨다. 설명이 계속 이어지는 경우에는 처음 페이지만 적었다)

[ㄱ]

가동능력 313
가등기 79, 94, 97, 381, 452, 459
가등기담보 458, 459, 464
가이우스 169
가장행위 170
가족법 489
가처분 94, 381
간이인도 86
간접강제 280
간접점유 83
간주 294
강박 166, 220
강제이행 276
강제집행 131, 170, 278, 462
강제집행법 284
강행규정 24, 47, 221, 223, 418
객관적 불능 245
갱신요구권 141
거래적 불법행위 126
건물 75
결과채무/수단채무 32
결과책임 119
결함(제조물) 369
경과실 34
경매 90, 109, 430, 448
계속적 계약관계 338
계속적 보증 406, 414
계약 위반 249
계약금 5
계약의 성립 153
계약의 해석 154
계약자유 22, 144, 461, 493, 495
고의 34, 119, 272, 497
고지 187
공동소유 415
공동신청주의 77
공동저당 444
공서양속 235, 236, 324
공시 59, 82, 99
공시의 원칙 61
공신의 원칙 110, 347
공적 인물 477
공정거래 25, 222
공취 385, 400
공탁 33
공해 123, 296
과실 119, 123, 272, 320, 358, 404, 497
과실상계 124
과실책임 119
과책 404
과책주의 119
관념의 통지 200
관습법 232, 481, 485
괴테 523

교과서 333
교회 230
구분건물 76
구상 423, 428
구체적 손해평가 318
국유재산 477
권리/의무 393
권리금 141
권리남용금지 393, 499
권리능력 16
권리멸각규정 289
권리이전형 담보 428, 456
권리장애규정 290
권리행사저지규정 291
귀속청산 464
귀책사유 119, 272, 347, 366, 403
근보증 406, 410
근저당권 445
금융실명제 230
금전 38
금전배상 37, 320
금전채권 36, 57, 383
금지청구권 494
급부이득반환청구권 115
기술수준의 항변 371

[ㄴ]
낙성계약 2
내부관계/외부관계 18, 327

[ㄷ]
다수의견 228
단기취득시효 358
단속규정 223
담보권실행경매 284
담보물권 98, 401
담보적 기능 381
담보책임 148, 251, 343, 449
대가위험 256
대금감액청구권 364
대금지급거절권 29
대리 11, 59, 198
대리권남용 212
대리의사 200
대법관 192
대법원규칙 485
대법원판례 178
대법원판례집 207
대부업 321
대위 386
대위소송 386
대체집행 280
대표권 17, 176
대항력(임차권의) 131, 135
대항불능 173
대항요건(채권양도의) 59, 196
도산 285, 382, 442
독일민법 246
동기착오 215
동물 28
동산담보권 453
동성동본 금혼 474
동시이행관계 136, 467
동시이행의 항변권 28, 34, 260, 331, 383, 438
등기 32, 76, 99, 106, 109, 128
등기권리자 77
등기권리증 78
등기부취득시효 358
등기연속의 원칙 77
등기의무자 77
등기주의 100

등기필정보 78
등기필통지 78

[ㄹ]
로렌츠 404
로마법 168, 287

[ㅁ]
마르크스 20
말기치료 231
매도증서 78
매매 1, 19, 249
명예훼손 472, 477
명인방법 485
무과실책임 119
무권대리 15, 164
무권리처분 352
무기명채권 58
무단점유 229, 357, 477
무의식적 불합의 154
무자력위험 442
무주물선점 82
무한책임 402
물건 28
물권/채권 276, 326, 377, 379
물권법정주의 44, 97, 128
물권적 청구권 111, 231
물권적 합의 101, 106
물권행위 102
물권행위의 유인성 108
물리적 불능 252
물상보증인 402, 444
물품결함 361
미성년자 13, 151, 157
민법개정 492
민법전 487, 489
민사소송 167, 285

[ㅂ]
반사회질서 235, 243
발자크 207
방문신청 78
배신적 처분 463
법개념의 상대성 274
법고을 210
법률가 168
법률문장 205
법률심 196, 202
법률요건 49
법률의 흠결 214, 470, 485
법률행위 9, 489
법률효과 49
법원 481
법원공보 209
법인 16, 327
법적 불능 252
법전편찬위원회 487
법정갱신 140, 294
법정담보물권 432
법정대리 13
법정대리인 159
법정이율 318
법정이자 336
법정추인 163
법정해제 329, 330, 342
법조경합 240
법학전문대학원 509
법해석 146, 179, 203, 470
베버 203, 502
변론주의 288
변제 31, 44, 382
변제비용 80
변제원인 108

변제제공 33, 331
별제권 443, 462
보증 405
보증금 132, 135, 435
보증보험 406
보증채무의 보충성 412, 426
보증채무의 부종성 411
보통관습법 415
본권 82, 97
부당이득 31, 89, 114, 162, 174, 226, 233, 240, 348, 425, 450
부동산 27, 74
부동산등기실명제 222, 224, 233, 401
부동산임차권 131
부수의무 267
부실등기 349
부작위채무 261
부정경쟁 121
부진정연대채무 240
부합 446
분묘기지권 232, 485
불법원인급여 238
불법행위 88, 118, 273, 348
불완전급부 266, 304
불완전이행 261
불특정물매매 373
불합의 154
비용이득반환청구권 118
비재산적 손해 306
비진의의사표시 211
비채변제 72

[ㅅ]

사기 166, 220
사단법인 16
사람 274
사무관리 114, 117, 425
사무집행관련성 125, 435
사법 479
사비니 522
사생활 122
사실관계 288
사실심 202
사실인정 196, 288
사용대차 26
사용이익 반환 339
사용자책임 124, 435
사적 자치의 원칙 493
사정변경 111, 421
사죄광고 477
사해행위 394
사행행위 238
사회관념상 불능 252
사회질서 95, 217, 235, 351, 463
상가건물임대차 132, 139, 145
상계 47, 338, 381
상계의 담보적 기능 381
상계적상 48
상고 179, 187, 190
상고제한 195
상당인과관계 309
상법 481, 512
상속 109
상속의 포기 395, 476
상속의 한정승인 403, 476
상환판결 30, 438
새것 콤플렉스 333
서면방식 406
선과 형평의 기예 168, 500
선량한 풍속 기타 사회질서 217, 231

선례 179
선의 54, 174, 326
선의의 제3자 54, 172
선의취득 83, 102, 347, 353
설명의무 268
성공보수약정 231
성년후견 157
성전환 230
소극요건 50, 113, 116, 272, 292
소극적 손해 309
소급효 295, 338
소멸시효 65, 229, 287, 355, 386, 474
소비대차 398
소수의견 228
소액보증금 137, 431, 446
소액사건 195
소유권 87, 98, 496
소유권유보부 매매 107, 384, 459
소유권의 탄력성 98, 429
소유권 이전 73
소유권이전등기 283, 449
소유물반환청구 112, 240, 390
소유물방해배제청구 113, 172
소유물방해예방청구 112
손해배상 8, 18, 88, 90, 94, 118, 131, 157, 241, 250, 255, 300, 345, 348
손해배상액 산정에서의 증명도 경감 316
수령지체 33, 257, 425
스탕달 207
시효 65
시효정지 70
시효중단 68, 232
신뢰이익 245, 302, 364, 367
신사협정 7
신용보증 406
신용정보 414
신원보증 417
신의칙 39, 217, 268, 421, 499
신탁행위 464, 470
실체관계에 부합하는 등기 101
실화책임 473
쌍무계약 255, 335, 383
쌍무관계 26

[ㅇ]
악의 55, 174
안전배려의무 267
압류 90, 109, 136
약관 224
약정담보물권 432
약정해제 329, 342
양도담보 461, 468
양성평등 492, 498
연대보증 412, 426
연대채무 426
연명치료 231
예링 169
예측가능성 203
완전물급부청구권 374, 377
완전성이익 266, 302, 365
외국의 이론 332
요물계약 2
요식행위 2, 407
용돈조항 159
용익물권 98, 127, 450
우선변제권 133, 137, 445
원상회복 114, 171, 238, 256, 336, 393
원시적 불능 244, 253, 346

원인 108, 338
원칙/예외 52
위법성 113, 120
위약금 6
위임 8, 424
위자료 307, 308
위헌결정 473
위헌법률심사 471
위험부담 255
위험이전 257
유담보약정 431, 451, 458, 469
유담보流擔保약정 440
유류분반환 387
유언 10
유저당약정 450, 458
유질계약 440
유책성 496
유책주의 119
유체물 38
유추해석 214
유치권 97, 432
유한책임 403
유형화 218, 236, 250
은닉행위 172
의무부담행위 102
의사무능력 155
의사의 흠결 171
의사주의 100
의사표시 9, 171, 221, 294, 489
의사표시의 해석 153
의제 163, 294
의제된 의사표시 294
이자 398
이자의 제한 320
이중매도 95, 237
이중양도(채권) 61
이중요건 106
이행거절 263
이행기 258
이행보조자 126, 272, 295, 312
이행불능 34, 90, 250, 251, 279, 323, 330
이행이익 302, 347
이행제공 33
이행지체 257, 273, 306, 331, 378
이행청구권 162
이행행위 31
이혼급부 281
인간으로서의 존엄 24, 493
인감증명 81
인격 493
인격권 116, 494
인과관계 123, 286, 297, 310
인도 85, 107
인도주의 100
인도채무 266
일물일권주의 99
일반적 행동의 자유 493
일반조항 217
일부불능 244
일신전속권 387
일실이익 313
임대차 95, 129, 144, 473
임의규정 46, 223, 292
임의대리 12
임차권 95, 131
임차권등기 133, 138
임차권등기명령 134, 138
입증책임 175, 289
있는 법 334
있어야 할 법 334

[ㅈ]

자력구제 283
자산유동화 59
자유심증주의 297
자주점유 84, 229, 355, 477
장기취득시효 355
재단법인 16
재산법 489, 491
재산적 손해 306
재판 179
재판례 179
재판상 청구 69, 278, 360
저당권 137, 439, 467
적극요건 50, 112, 292
적극적 손해 309
전보배상 231, 305, 347
전세권 95, 128, 145
전세금 132, 135
전원합의체 193, 228
전자신청 78
점유 81, 100
점유개정 86, 440, 456
점유보호청구권 82
점유취득시효 110, 229, 356, 477
점유할 권리 82
정기금배상 313
정보제공의무 269, 412
정의규정 27
제 3 자 175, 336
제 3 자의 채권침해 88, 120
제 3 자이의의 소 92, 462
제 3 취득자 430
제소전 화해 458
제조물책임 298, 373
제한물권 98, 401, 429, 436
제한행위능력 13, 157
조리 230, 485
조선민사령 487
조세우선권 453
종류채무 376
종물 447
종법제 490
종중 230, 415, 486
주관적 불능 245
주택임대차 133, 136, 145, 446
준물권행위 58
준법률행위 200
준용 45
중대한 과실(중과실) 34, 55, 354
증거법칙 197
증명의 완화 295, 298, 316, 371
증명책임 175, 288, 289
증서 3
증여 4
지명채권 57
지배권 96
지상권 145
지시채권 57, 349, 354
지식재산권 352, 456
지연배상 306, 446
지연이자 318
지참채무 45
지체책임 35, 258
직접강제 280
직접점유 38, 84, 437
질권 428, 439
집합건물 76
집합채권양도담보 53
집행권원 284, 286, 398, 448
징벌적 손해배상 313

[ㅊ]

차액설 307
차임증감청구권 144
착오 154, 166, 215
채권담보권 453
채권양도 54, 197, 325, 513
채권양도의 제한 54, 56
채권자 평등의 원칙 401
채권자대위권 88, 385
채권자지체 33, 272
채권자취소권 393
채권자평등의 원칙 91, 92
채권행위 58, 103
채무명의 448
채무불이행 34, 43, 85, 93, 131, 245
채무불이행책임 300, 323
채무자위험부담주의 256
채증법칙 197
책임 403, 404
책임능력 156
책임재산 90, 385, 400
처분권 105
처분문서 3
처분청산 463
처분행위 103, 352
첩계약 239
청구권 29, 96
청구권경합 239
청구의 병합 389
청구이의의 소 291
청산금 464
청산기간 467
총유 230
총체재산차액설 307
총칙/각칙 11, 40, 41
최고·검색의 항변권 29, 412, 426
최고권 164
최우선변제권 137, 431, 445, 452
추상적 손해평가 318
추심채무 45
추완 266
추완청구권 375
추인 164
추정 292
추탈담보책임 349
취득시효 65, 83, 102, 110, 229, 235, 355, 477
취소 159, 174, 328
친생부인의 소 475
침해이득반환청구권 116

[ㅋ]

칸트 404
켈수스 168
코로나 사태 145

[ㅌ]

타인 권리의 매매 345
타주점유 84
태아 275
토지거래허가 225, 229
토지수용 109
통모허위표시 170
통상의 손해 310
퇴직연금 231
특정물/불특정물 376
특정물채권 89
특정이행 278
특정채권 380, 389
특정후견 160

[ㅍ]
파산 177, 382, 443
파산관재인 177
판결 187, 188, 202
판덱텐식 편별법 170, 489
판례 178, 202, 237
판례공보 209
판례법 487
편면적 강행규정 224, 418
편무계약 26, 410
평가모순 471
포괄근보증 410
포괄근저당 445
폭리행위 242
표견대리 15
프랑스민법 346, 351, 415
피담보채권 401, 446
피성년후견인 13, 157
피특정후견인 13, 157
피한정후견인 13, 157

[ㅎ]
하자 있는 의사표시 153, 219
하자담보책임 362
하자보수청구권 375
학설휘찬 169
한정위헌결정 472, 477
한정치산자 157
할 수 있으나, 하여서는 안 된다 325
할 수 있으나, 하여야 하는 것은 아니다 392
합의해제 342
합의해지 342
항변권 29
항소 190
해제 5, 162, 264, 328, 329, 338, 421
해제계약 342
해지 337, 420
해지계약 342
행위착오 215
행위채무 267
행정상 제재 222
허위표시 170, 176
헌법불합치결정 473
현명 14, 199
현실매매 21
현재 있는 법(what the law is) 334
형벌 222
형성권 144, 165, 329, 330, 387
형식적 심사주의 79
형식주의 100
호주제 474, 492
확정일자 63, 138
환경오염 123, 296
환취권 462
회사회생 285, 443
회생담보권 462
후순위저당권 430, 444, 445

저자약력

서울대학교 법과대학 졸업
법학박사(서울대학교)
서울대학교 법과대학 교수
대법관
한양대학교 법학전문대학원 교수
현재 서울대학교 명예교수

주요저술

(저) 民法硏究 제 1 권, 제 2 권(1991), 제 3 권(1995), 제 4 권(1997),
제 5 권(1999), 제 6 권(2001), 제 7 권(2003), 제 8 권(2005),
제 9 권(2007), 제10권(2019), 제11권(2025)
민법 Ⅰ: 계약법, 제 4 판(2024)(공저)
민법 Ⅱ: 권리의 변동과 구제, 제 5 판(2023)(공저)
민법 Ⅲ: 권리의 보전과 담보, 제 5 판(2023)(공저)
민법주해 제 1 권(1992, 제 2 판 2022), 제 4 권, 제 5 권(각 1992),
제 9 권(1995), 제16권(1997), 제17권, 제19권(각 2005)(분담 집필)
註釋 債權各則(Ⅲ)(1986)(분담 집필)
民法散考(1998)
민법산책(2006)
노모스의 뜨락(2019)
민사의견서집 제 1 권, 제 2 권(2025)

(편) 민법전 제정자료 집성 : 총칙 · 물권 · 채권(2023)

(역) 라렌츠, 정당한 법의 원리(1986, 신장판 2022)
츠바이게르트/쾨츠, 比較私法制度論(1991)
로슨, 大陸法入門(1994)(공역)
독일민법전 — 총칙 · 채권 · 물권(1999, 2024년판 2024)
포르탈리스, 民法典序論(2003)
독일민법학논문선(2005)(편역)
로버트슨, 계몽 — 빛의 사상 입문(2023)

제10판
민법입문

초판발행 1991년 8월 30일
제10판발행 2025년 11월 5일

지은이 양창수
펴낸이 안종만 · 안상준

편 집 김선민
기획/마케팅 조성호
표지디자인 권아린
제 작 고철민 · 김원표

펴낸곳 (주) 박영사
서울특별시 금천구 가산디지털2로 53, 210호(가산동, 한라시그마밸리)
등록 1959. 3. 11. 제300-1959-1호(倫)
전 화 02)733-6771
f a x 02)736-4818
e-mail pys@pybook.co.kr
homepage www.pybook.co.kr
ISBN 979-11-303-4988-6 93360

정 가 32,000원